【传世经典 文白对照】

资治通鉴

十一

隋纪 唐纪

〔宋〕司马光　　编撰

沈志华　张宏儒　主编

中华书局

目录

卷第一百七十七　隋纪一

起己酉(589)尽辛亥(591)凡三年

高祖文皇帝上之上
开皇九年(己酉,589)

1　春,正月乙丑朔,陈主朝会群臣,大雾四塞,入人鼻,皆辛酸,陈主昏睡,至晡时乃寤。

是日,贺若弼自广陵引兵济江。先是弼以老马多买陈船而匿之,买弊船五六十艘,置于渎内。陈人觇之,以为内国无船。弼又请缘江防人每交代之际,必集广陵,于是大列旗帜,营幕被野,陈人以为隋兵大至,急发兵为备,既知防人交代,其众复散;后以为常,不复设备。又使兵缘江时猎,人马喧噪。故弼之济江,陈人不觉。韩擒虎将五百人自横江宵济采石,守者皆醉,遂克之。晋王广帅大军屯六合镇桃叶山。

丙寅,采石戍主徐子建驰启告变;丁卯,召公卿入议军旅。戊辰,陈主下诏曰:"犬羊陵纵,侵窃郊畿,蜂虿有毒,宜时扫定。朕当亲御六师,廓清八表,内外并可戒严。"以骠骑将军萧摩诃、护军将军樊毅、中领军鲁广达并为都督,司空司马消难、湘州刺史施文庆并为

高祖文皇帝上之上

隋文帝开皇九年(己酉,公元589年)

1　春季,正月乙丑朔(初一),南陈举行元旦朝会,陈后主朝会群臣百官时,大雾弥漫,进入鼻孔,感到又辣又酸,陈后主昏睡过去,一直到下午四时左右才醒过来。

这一天,隋吴州总管贺若弼从广陵统帅军队渡过长江。起先,贺若弼卖掉军中老马,大量购买南陈的船只,并把这些船只藏匿起来,然后又购买了破旧船只五六十艘,停泊在小河内。南陈派人暗中窥探,认为隋朝没有船只。贺若弼又请求让沿江防守的兵士每当轮换交接的时候,都一定要聚集广陵,于是隋军大张旗帜,营幕遍野,南陈以为是隋朝大军来到,于是急忙调集军队加强戒备,随后知道是隋朝士卒换防交接,就将已聚集的军队解散;后来南陈对此已习以为常,就不再加强戒备。贺若弼又时常派遣军队沿江打猎,人欢马叫。所以贺若弼渡江时,南陈守军竟没有发觉。庐州总管韩擒虎也率领将士五百人从横江浦夜渡采石,南陈守军全都喝醉了酒,隋军轻而易举就攻下了采石。晋王杨广统帅大军驻扎在六合镇桃叶山。

丙寅(初二),南陈采石镇戍主将徐子建携带告急文书飞骑赶赴都城报告隋军已渡江的消息;丁卯(初三),陈后主召集公卿大臣进宫商议军务事宜。戊辰(初四),陈后主下诏书说:"隋军胆敢任意兴兵凌逼,侵犯占据我都城近郊,就好似蜂虿有毒,应该及时扫灭。朕当亲自统帅大军,消灭敌军,廓清天下,并在朝廷内外实施戒备。"于是任命骠骑将军萧摩诃、护军将军樊毅、中领军鲁广达三人为都督,任命司空司马消难、湘州刺史施文庆两人为

大监军,遣南豫州刺史樊猛帅舟师出白下,散骑常侍皋文奏将兵镇南豫州。重立赏格,僧、尼、道士,尽令执役。

庚午,贺若弼攻拔京口,执南徐州刺史黄恪。弼军令严肃,秋毫不犯,有军士于民间酤酒者,弼立斩之。所俘获六千馀人,弼皆释之,给粮劳遣,付以敕书,令分道宣谕。于是所至风靡。

樊猛在建康,其子巡摄行南豫州事。辛未,韩擒虎进攻姑孰,半日,拔之,执巡及其家口。皋文奏败还。江南父老素闻擒虎威信,来谒军门者昼夜不绝。

鲁广达之子世真在新蔡,与其弟世雄及所部降于擒虎,遣使致书招广达。广达时屯建康,自劾,诣廷尉请罪;陈主慰劳之,加赐黄金,遣还营。樊猛与左卫将军蒋元逊将青龙八十艘于白下游弈,以御六合兵;陈主以猛妻子在隋军,惧有异志,欲使镇东大将军任忠代之,令萧摩诃徐谕猛,猛不悦,陈主重伤其意而止。

于是贺若弼自北道,韩擒虎自南道并进,缘江诸戍,望风尽走;弼分兵断曲阿之冲而入。陈主命司徒豫章王叔英屯朝堂,萧摩诃屯乐游苑,樊毅屯耆阇寺,鲁广达屯白土冈,忠武将军孔范屯宝田寺。己卯,任忠自吴兴入赴,仍屯朱雀门。

辛未,贺若弼进据钟山,顿白土冈之东。晋王广遣总管杜彦与韩擒虎合军,步骑二万屯于新林。蕲州总管王世积以舟师出九江破陈将纪瑱于蕲口,陈人大骇,降者相继。晋王广

大监军，又派遣南豫州刺史樊猛统帅水军出守白下城，散骑常侍皋文奏统帅军队镇守南豫州。陈后主又下令设立重赏，征发僧、尼、道士等出家人从军服役。

庚午（初六），隋将贺若弼率军攻克京口，生俘南陈南徐州刺史黄恪。贺若弼的军队纪律严明，秋毫不犯，有士卒在民间买酒的，贺若弼即令将他斩首。所俘获的南陈军队六千余人，贺若弼全部予以释放，发给资粮，好言安慰，遣返回乡，并付给他们隋文帝敕书，让他们分道宣传散发。因此，隋军所到之处，南陈军队望风溃败。

南陈南豫州刺史樊猛当时还在建康，由他的儿子樊巡代理南豫州事。辛未（初七），隋将韩擒虎率军进攻姑孰，只用了半天，就攻下了姑孰城，俘虏了樊巡及其全家。皋文奏军败，退还建康。江南地区的百姓早就听说过韩擒虎的威名，前来军营谒见拜访的人昼夜不绝。

南陈都督鲁广达的儿子鲁世真在新蔡，与他弟弟鲁世雄一起率部投降了韩擒虎，并派遣使节持书信招抚鲁广达。鲁广达当时率军驻扎在建康，接到鲁世真劝降信后自己上表弹劾自己，并自己到廷尉请求治罪；陈后主对他好言慰劳，并额外赏赐他黄金，让他返回军营。樊猛和左卫将军蒋元逊率领青龙船八十艘在白下城附近的江面上游弋，以防御从六合方面发动进攻的隋军；陈后主由于樊猛的妻儿家人都被隋军俘获，恐怕他心怀异意，打算派遣镇东大将军任忠代替他，并让萧摩诃向樊猛慢慢讲明情况，樊猛听后很不高兴，陈后主感到很难违背樊猛的意愿，只好作罢。

此时，隋将贺若弼率军从北道，韩擒虎率军从南道，齐头并进，夹攻建康。南陈沿江的镇戍要塞守军都望风尽逃；贺若弼分兵占领曲阿，隔断了南陈援军的通道，自己率主力进逼建康。陈后主命令司徒、豫章王陈叔英率军守卫朝堂，萧摩诃率军驻守乐游苑，樊毅率军驻守耆阇寺，鲁广达率军驻守白土冈，忠武将军孔范率军驻守宝田寺。己卯（十五日），任忠率军自吴兴入援京师，驻守朱雀门。

辛未，隋将贺若弼率军进据钟山，驻扎在白土冈的东面。晋王杨广派遣总管杜彦和韩擒虎合军，共计步骑两万人驻扎在新林。隋蕲州总管王世积统帅水军出九江，在蕲口击败陈将纪瑱，南陈将士大为惊恐，向隋军投降的人接连不断。晋王杨广

上状,帝大悦,宴赐群臣。

时建康甲士尚十馀万人,陈主素怯懦,不达军士,唯日夜啼泣,台内处分,一以委施文庆。文庆既知诸将疾己,恐其有功,乃奏曰:"此辈怏怏,素不伏官,迫此事机,那可专信?"由是诸将凡有启请,率皆不行。

贺若弼之攻京口也,萧摩诃请将兵逆战,陈主不许。及弼至钟山,摩诃又曰:"弼悬军深入,垒堑未坚,出兵掩袭,可以必克。"又不许。陈主召摩诃、任忠于内殿议军事,忠曰:"兵法:客贵速战,主贵持重。今国家足兵足食,宜固守台城,缘淮立栅,北军虽来,勿与交战;分兵断江路,无令彼信得通。给臣精兵一万,金翅三百艘,下江径掩六合;彼大军必谓其渡江将士已被俘获,自然挫气。淮南土人与臣旧相知悉,今闻臣往,必皆景从。臣复扬声欲往徐州,断彼归路,则诸军不击自去。待春水既涨,上江周罗睺等众军必沿流赴援。此良策也。"陈主不能从。明日,欻然曰:"兵久不决,令人腹烦,可呼萧郎一出击之。"任忠叩头苦请勿战。孔范又奏:"请作一决,当为官勒石燕然。"陈主从之,谓摩诃曰:"公可为我一决!"摩诃曰:"从来行陈,为国为身;今日之事,兼为妻子。"陈主多出金帛赋诸军以充赏。甲申,使鲁广达陈于白土冈,居诸军之南,任忠次之,樊毅、孔范又次之,萧摩诃军最在北。诸军南北亘二十里,首尾进退不相知。

上表禀报军情，隋文帝非常高兴，于是宴请和赏赐百官群臣。

当时建康还有军队十馀万人，但是陈后主生性怯懦软弱，又不懂军事，只是日夜哭泣，台城内的所有军情处置，全部委任给施文庆。施文庆知道将帅们都痛恨自己，唯恐他们建立功勋，于是向陈后主上奏说："这些将帅们平时总是心中不满，一向不甘心情愿地服事陛下，现在到了危机时刻，怎么可以完全信任他们呢？"因此这些将帅凡是有所启奏请求，绝大部分都未获批准。

在隋将贺若弼进攻京口时，南陈都督萧摩诃曾经请求率军迎战，陈后主不许。等到贺若弼进至钟山，萧摩诃又上奏说："贺若弼孤军深入，立足未稳，如果乘机出兵袭击，可保必胜。"陈后主还是不许。陈后主召集萧摩诃、任忠在宫中内殿商议军事，任忠说："兵法上说：来犯之军利在速战，守军利在坚持。现在国家兵足粮丰，应该固守台城，沿秦淮河建立营栅，隋军虽然来攻，不要轻易出战；分兵截断长江水路，不要让隋军音信相通。陛下可给我精兵一万人，金翅战船三百艘，顺江而下，径直突然袭击六合镇；这样，隋朝大军一定会认为他们渡过江的将士已经被我们俘获，锐气自然就会受挫。此外，淮南土著居民与我以前" 互相熟悉，如今听说是我率军前往，必定会群起响应。我再扬言将要率军进攻徐州，断敌退路，这样，各路隋军就会不战自退。待到雨季春水既涨，上游周罗睺等军必定顺流而下赶来增援。这是一个很好的战略计策。"陈后主也不听从。到了第二天，陈后主忽然说："与隋军长久相持不进行决战，令人心烦，可叫萧摩诃出兵攻打敌军。"任忠向陈后主跪地叩头，苦苦请求不要出战。忠武将军孔范又上奏说："请求与隋军进行决战，我军必胜，我将为陛下刻石立碑纪念战功。"陈后主听从了孔范的意见，对萧摩诃说："你可为我率军与敌军一决胜负！"萧摩诃说："从来作战都是为了国家与自己，今日与敌决战，兼为妻儿家人。"于是陈后主拿出很多金钱财物，分配给诸军用作奖赏。甲申（二十日），命令鲁广达率军在白土冈摆开阵势，在各军的最南边，由南往北，依次是任忠、樊毅、孔范，萧摩诃的军队在最北边。南陈军队所摆开的阵势南北长达二十里，首尾进退互不知晓。

贺若弼将轻骑登山，望见众军，因驰下，与所部七总管杨牙、员明等甲士凡八千，勒陈以待之。陈主通于萧摩诃之妻，故摩诃初无战意；唯鲁广达以其徒力战，与弼相当。隋师退走者数四，弼麾下死者二百七十三人，弼纵烟以自隐，窘而复振。陈兵得人头，皆走献陈主求赏，弼知其骄惰，更引兵趣孔范；范兵暂交即走，陈诸军顾之，骑卒乱溃，不可复止，死者五千人。员明擒萧摩诃，送于弼，弼命牵斩之，摩诃颜色自若，弼乃释而礼之。

任忠驰入台，见陈主言败状，曰："官好住，臣无所用力矣！"陈主与之金两滕，使募人出战，忠曰："陛下唯当具舟楫，就上流众军，臣以死奉卫。"陈主信之，敕忠出部分，令宫人装束以待之，怪其久不至。时韩擒虎自新林进军，忠已帅数骑迎降于石子冈。领军蔡徵守朱雀航，闻擒虎将至，众惧而溃。忠引擒虎直入朱雀门，陈人欲战，忠挥之曰："老夫尚降，诸军何事？"众皆散走。于是城内文武百司皆遁，唯尚书仆射袁宪在殿中，尚书令江总等数人居省中。陈主谓袁宪曰："我从来接遇卿不胜馀人，今日但以追愧。非唯朕无德，亦是江东衣冠道尽。"

陈主遑遽，将避匿，宪正色曰："北兵之入，必无所犯。大事如此，陛下去欲安之？臣愿陛下正衣冠，御正殿，依梁武帝见侯景故事。"陈主不从，下榻驰去，曰："锋刃之下，未可交当，吾自有计！"从宫人十馀出后堂景阳殿，将自投于井，宪苦谏不从。

隋将贺若弼率领轻骑登上钟山，望见南陈众军已摆开阵势，于是驰骑下山，与所部七位总管杨牙、员明等将领率兵士共八千人，也摆好阵势准备迎战。因为陈后主私通萧摩诃的妻子，所以萧摩诃一开始就不想为陈后主打仗；只有鲁广达率领部下拼死力战，与贺若弼的军队旗鼓相当。隋军曾经四次被迫后退，贺若弼部下战死二百七十三人，后来贺若弼部队纵放烟雾用来掩护隐蔽，才摆脱困境重新振作起来。南陈兵士获得隋军人头，纷纷跑去献给陈后主以求得奖赏，贺若弼看到南陈军队骄傲轻敌，不愿再苦战，于是再一次率军冲击孔范的军阵；孔范的兵士与隋军刚一交战即败走，南陈诸军望见，骑兵、步卒也一起纷纷溃逃，不可阻止，死了五千人。总管员明擒获了萧摩诃，把他送交贺若弼，贺若弼命令推出去斩首，萧摩诃神色自若，贺若弼于是给他松绑并以礼相待。

　　任忠驰马进入建康台城，谒见陈后主，叙说了失败经过，然后说："陛下好自为之，我是无能为力了！"陈后主交给他两串金子，让他再募兵出战，任忠说："陛下只有赶紧准备船只，前往上游会合周罗睺等人统领的大军，我当豁出性命护送陛下。"陈后主相信了任忠，敕令他出外布置安排，又下令后宫宫女收拾行装，等待任忠，久等不至，觉得奇怪。当时韩擒虎率军从新林向台城进发，任忠已经率领部下数骑到石子冈去投降了。当时南陈领军将军蔡徵率军守卫朱雀航，听说韩擒虎将到，部队惊惧，望风溃逃。任忠带领韩擒虎的军队径直进入朱雀门，还有一些陈军将士想进行抵抗，任忠对他们挥挥手说："我都投降了隋军，你们还抵抗什么？"于是陈军全都逃散。此时台城内文武大臣全都逃跑，只有尚书仆射袁宪在殿内，尚书令江总等数人在尚书省中。陈后主对袁宪感叹说："我从来对待你不比别人好，今日只有你还留在我的身边，对此我感到很惭愧。这不只是朕失德无道所致，也是由于江东士大夫的气节全都丧失净尽了。"

　　南陈后主惊慌失措，想要躲藏，袁宪严肃地说道："隋军进入皇宫后，必不会对陛下有所侵侮。事已至此，陛下还能躲到什么地方去？我请求陛下把衣服冠冕穿戴整齐，端坐正殿，依照当年梁武帝见侯景的作法。"陈后主没有听从，下了坐床飞奔而去，并说："兵刃之下，不能拿性命去冒险，我自有办法！"于是跟着十多个宫人逃出后堂景阳殿，就要往井里跳，袁宪苦苦哀求，陈后主不听。

后阁舍人夏侯公韵以身蔽井,陈主与争,久之,乃得入。既而军人窥井,呼之,不应,欲下石,乃闻叫声;以绳引之,惊其太重,及出,乃与张贵妃、孔贵嫔同束而上。沈后居处如常。太子深年十五,闭阁而坐,舍人孔伯鱼侍侧,军士叩阁而入,深安坐,劳之曰:"戎旅在涂,不至劳也?"军士咸致敬焉。时陈人宗室王侯在建康者百馀人,陈主恐其为变,皆召入,令屯朝堂,使豫章王叔英总督之,又阴为之备,及台城失守,相帅出降。

贺若弼乘胜至乐游苑,鲁广达犹督馀兵苦战不息,所杀获数百人,会日暮,乃解甲,面台再拜恸哭,谓众曰:"我身不能救国,负罪深矣!"士卒皆流涕歔欷,遂就擒。诸门卫皆走,弼夜烧北掖门入,闻韩擒虎已得陈叔宝,呼视之,叔宝惶惧,流汗股栗,向弼再拜。弼谓之曰:"小国之君当大国之卿,拜乃礼也。入朝不失作归命侯,无劳恐惧。"既而耻功在韩擒虎后,与擒虎相询,挺刃而出;欲令蔡徵为叔宝作降笺,命乘骡车归己,事不果。弼置叔宝于德教殿,以兵卫守。

高颎先入建康,颎子德弘为晋王广记室,广使德弘驰诣颎所,令留张丽华,颎曰:"昔太公蒙面以斩妲己,今岂可留丽华?"乃斩之于青溪。德弘还报,广变色曰:"昔人云,'无德不报',我必有以报高公矣!"由是恨颎。

丙戌,晋王广入建康,以施文庆受委不忠,曲为谄佞以蔽耳目,沈客卿重赋厚敛以悦其上,与太市令阳慧朗、刑法监徐析、

后阁舍人夏侯公韵用自己的身子遮挡住井口，陈后主极力相争，争了很长时间才得以跳进井里。不久，有隋军兵士向井里窥视，并大声喊叫，井下无人回答，扬言要往井里扔石头，方才听到井下有人呼唤，于是抛下绳索往上拉人，感到非常沉重，十分吃惊，直到把人拉了上来，看见是陈后主与张贵妃、孔贵嫔三人绑在绳子上一同上来，而沈皇后仍像平常一样，毫不惊慌。皇太子陈深当时年方十五岁，关上阁门，安然端坐，太子舍人孔伯鱼在一旁侍奉，隋军兵士推门而入，陈深端坐不动，好言慰劳说："你们一路上鞍马劳顿，还不至于过于疲劳吧？"隋军兵士纷纷向他致敬。当时南陈宗室王侯在建康城中的约有一百余人，陈后主恐怕他们发动政变，就把他们全都召进宫里，命令他们都聚集在朝堂，派遣豫章王陈叔英监督他们，并暗中严加戒备。到台城失守以后，他们都相继出降。

隋将贺若弼率军乘胜进至乐游苑，南陈都督鲁广达仍督率残兵败将苦战不止，共杀死俘虏隋军数百人，赶上天色近晚，鲁广达方才放下武器，面向台城拜了三拜，忍不住失声痛哭，对部下说："我没有能够拯救国家，负罪深重！"部下兵士也都痛哭流涕，于是被隋军俘获。台城的宫门卫士都四散逃走，贺若弼率军在夜间焚烧北掖门而进入皇宫，得知韩擒虎已抓住了陈叔宝，就把他叫来亲自察看，陈叔宝非常害怕，汗流浃背，浑身战栗，向贺若弼跪拜叩头。贺若弼对他说："小国的君主相当于大国的公卿大臣，按照礼节应该跪拜。阁下到了隋朝仍不失封侯，所以不必恐惧。"过后，贺若弼因耻于功在韩擒虎之后，与韩擒虎发生争吵詈骂，随后怒气冲冲地拔刀而出，想令南陈前吏部尚书蔡徵为陈叔宝起草降书，又下令陈后主乘坐骡车归附自己，但没有实现。于是贺若弼将陈后主置于德教殿内，派兵守卫。

隋高颎先进入建康，当时高颎的儿子高德弘是晋王杨广的记室参军，杨广派他驰马来见高颎，传令留下张丽华，高颎说："古时候姜太公吕尚蒙面斩了殷纣王的宠姬妲己，今天岂能留张丽华？"于是将张丽华斩于青溪。高德弘还报杨广，杨广脸色大变说："古人云：'无德不报。'我一定有办法回报高公！"因此杨广忌恨高颎。

丙戌(二十二日)，晋王杨广进入建康，认为南陈中书舍人施文庆接受委命，却不忠心国事，反而谄媚为奸，以蒙蔽天子耳目；前中书舍人沈客卿重赋厚敛，盘剥百姓，以博取天子的欢心；与太市令阳慧朗、刑法监徐析、

尚书都令史暨慧皆为民害,斩于石阙下,以谢三吴。使高颎与元帅府记室裴矩收图籍,封府库,资财一无所取,天下皆称广,以为贤。矩,让之之弟子也。

广以贺若弼先期决战,违军令,收以属吏。上驿召之,诏广曰:"平定江表,弼与韩擒虎之力也。"赐物万段;又赐弼与擒虎诏,美其功。

开府仪同三司王颁,僧辩之子,夜,发陈高祖陵,焚骨取灰,投水而饮之。既而自缚,归罪于晋王广;广以闻,上命赦之。诏陈高祖、世祖、高宗陵,总给五户分守之。

上遣使以陈亡告许善心,善心衰服号哭于西阶之下,藉草东向坐三日;敕书唁焉。明日,有诏就馆,拜通直散骑常侍,赐衣一袭。善心哭尽哀,入房改服,复出,北面立,垂泣,再拜受诏,明日乃朝,伏泣于殿下,悲不能兴。上顾左右曰:"我平陈国,唯获此人。既能怀其旧君,即我之诚臣也。"敕以本官直门下省。

陈水军都督周罗睺与郢州刺史荀法尚守江夏,秦王俊督三十总管水陆十馀万屯汉口,不得进,相持逾月。陈荆州刺史陈慧纪遣南康内史吕忠肃屯岐亭,据巫峡,于北岸凿岩,缀铁锁三条,横截上流以遏隋船,忠肃竭其私财以充军用。杨素、刘仁恩奋兵击之,四十馀战,忠肃守险力争,隋兵死者五千馀人,陈人尽取其鼻以求功赏。既而隋师屡捷,获陈之士卒,三纵之。

尚书都令史暨慧等人都是祸国害民的奸臣，一并斩于石阙下，以谢三吴地区百姓。杨广又让高颎和元帅府记室参军裴矩一道收缴南陈地图和户籍，封存国家府库，金银财物一无所取，因此，天下都称颂杨广，认为他贤明。裴矩是裴让之弟弟的儿子。

晋王杨广因为贺若弼率军与南陈军队先期决战，违犯了军令，下令将他收捕送交执法官吏。隋文帝派遣驿使传令召贺若弼入朝，并给杨广下诏书说："这次平定江表地区，全仗贺若弼和韩擒虎二人之力。"还下令赏赐贺若弼布帛等物一万段。不久又赐给贺若弼和韩擒虎诏书，赞美他们二人的功绩。

隋开府仪同三司王颁是王僧辩的儿子，在一天夜里，他挖了陈高祖的陵墓，焚毁了陈霸先的尸骨，并将骨灰投进水中然后喝下去，以报杀父之仇。随后把自己捆绑起来，向晋王杨广投案，请求治罪；杨广把此事报告了隋文帝，隋文帝下令赦免了他。隋文帝又下诏令给陈高祖、陈世祖、陈高宗安排五户守陵人，分别负责守护陵墓。

隋文帝派遣使节将南陈灭亡的消息告诉了许善心，许善心穿上丧服在客馆西边的台阶下面放声痛哭，并在干草上面朝东坐了三天；隋文帝下敕书向他表示慰问。次日，隋文帝又派人持诏书到客馆，拜许善心为通直散骑常侍，并赏赐他朝服一套。许善心又大哭了一场，然后进屋脱掉丧服，改穿隋文帝所赐朝服，再重新出来面北站立，流着眼泪跪拜受诏，第二天才入宫朝见隋文帝，伏在殿下哭泣，悲不能起。隋文帝看着左右的朝臣说："我出兵平定陈国，只得到了此人。他既然不忘旧日的国君，也就是我的忠臣。"于是下敕令许善心以本官散骑常侍暂理门下省。

南陈水军都督周罗睺和郢州刺史荀法尚率军驻守江夏，隋秦王杨俊督率三十位总管水陆十馀万大军驻扎在汉口，不能向前推进，双方相持了一个多月。陈荆州刺史陈慧纪派遣南康内史吕忠肃率军驻扎在岐亭，据守巫峡，并在长江北岸岩石上凿孔，跨江系三条铁锁链，横截上流江面以遏制隋军船只。吕忠肃又拿出自己的全部财产充作军饷。隋元帅杨素、大将军刘仁恩指挥隋军猛攻陈军，前后四十馀战，吕忠肃率军据险全力抗拒，隋军损失惨重，阵亡达五千馀人，陈军将士将他们的鼻子全部割下拿去邀功求赏。随后隋军多次取胜，俘获了一些陈军士卒，分多次释放了他们。

忠肃弃栅而遁,素徐去其锁。忠肃复据荆门之延洲,素遣巴蜑千人,乘五牙四艘,以拍竿碎其十馀舰,遂大破之,俘甲士二千馀人,忠肃仅以身免。陈信州刺史顾觉屯安蜀城,弃城走。陈慧纪屯公安,悉烧其储蓄,引兵东下,于是巴陵以东无复城守者。陈慧纪帅将士三万人,楼船千馀艘,沿江而下,欲入援建康,为秦王俊所拒,不得前。是时,陈晋熙王叔文罢湘州,还,至巴州,慧纪推叔文为盟主。而叔文已帅巴州刺史毕宝等致书请降于俊,俊遣使迎劳之。会建康平,晋王广命陈叔宝手书招上江诸将,使樊毅诣周罗睺,陈慧纪子正业诣慧纪谕指。时诸城皆解甲,罗睺乃与诸将大临三日,放兵散,然后诣俊降,陈慧纪亦降,上江皆平。杨素下至汉口,与俊会。王世积在蕲口,闻陈已亡,告谕江南诸郡,于是江州司马黄偲弃城走,豫章诸郡太守皆诣世积降。

癸巳,诏遣使者巡抚陈州郡。二月乙未,废淮南行台省。

2　苏威奏请五百家置乡正,使治民,简辞讼。李德林以为:“本废乡官判事,为其里闾亲识,剖断不平,今令乡正专治五百家,恐为害更甚。且要荒小县,有不至五百家者,岂可使两县共管一乡!”帝不听。丙申,制:“五百家为乡,置乡正一人;百家为里,置里长一人。”

3　陈吴州刺史萧瓛能得物情,陈亡,吴人推瓛为主,右卫大将军武川宇文述帅行军总管元契、张默言等讨之。落丛公燕荣以舟师自东海至,陈永新侯陈君范自晋陵奔瓛,并军拒述。述军且至,瓛立栅于晋陵城东,留兵拒述,

吕忠肃放弃营栅率军逃走,杨素得以从容毁掉跨江锁链。吕忠肃又退守荆门的延洲,杨素派遣居住在巴中一带的蛮族士卒一千人,乘坐五牙战舰四艘,用拍竿击碎陈军十馀艘战船,于是大败陈军,俘获士卒两千馀人,吕忠肃侥幸只身逃走。南陈信州刺史顾觉率军驻守安蜀城,闻信弃城逃走。陈慧纪驻守公安,也全部烧掉物资储备,率领军队顺流东下,于是自巴陵以东,再没有守城抵抗的南陈军队。陈慧纪统率将士三万人,楼船一千馀艘,顺江而下,本来打算入援建康,因为受到隋秦王杨俊的阻拦,无法前进。这时,南陈晋熙王陈叔文卸任湘州刺史,返回建康,到了巴州,于是陈慧纪就推举陈叔文为上游各军盟主。而此时陈叔文已经率领陈巴州刺史毕宝等人给杨俊写信请求投降,杨俊派出使节迎接并慰劳他们。逢建康已被平定,于是晋王杨广命令陈叔宝亲自写信招抚陈军驻守在上游诸位将帅,派遣樊毅到周罗睺处,陈慧纪的儿子陈正业到陈慧纪处,传达陈后主的命令。当时各城陈军都放下武器,周罗睺和众将帅大哭三天,将部队解散,然后向杨俊投降,陈慧纪也向隋军投降,于是南陈长江上游地区被全部平定。杨素率军顺流而下到达汉口,与杨俊大军会合。隋蕲州总管王世积率军驻扎蕲口,得知陈朝已经灭亡,就派人告谕南陈江南各郡,于是南陈江州司马黄偲弃城逃走,豫章诸郡太守都向王世积投降。

　　癸巳(二十九日),隋文帝诏令派遣使节巡视安抚南陈各州郡。二月乙未(初一),隋朝撤销淮南行台省。

　　2　隋纳言苏威上奏请求在地方上每五百家设置乡正一人,管理本乡百姓,审理诉讼纠纷。内史令李德林认为:"本来已经废掉乡一级官吏审理案件的权力,是因为他们和案件当事人乡里乡亲,往往判案不公平,现在却令乡正专治一乡五百家,恐怕危害更大。况且有些边远荒僻小县,百姓不满五百家,难道能让两县共管一乡?"隋文帝不听。丙申(初二),下制书说:"民间五百家为乡,设置乡正一人;一百家为里,设置里长一人。"

　　3　南陈吴州刺史萧瓛甚得民心,南陈灭亡后,吴地人民推举他为首领,割据自立,隋右卫大将军武川人宇文述统率行军总管元契、张默言等率军讨伐。隋落丛公燕荣率领水军从东海赶来参战,陈永新侯陈君范从晋陵投奔萧瓛,合军抗拒宇文述的军队。宇文述的军队快到时,萧瓛在晋陵城东面建立营栅,留下军队抗拒宇文述,

遣其将王褒守吴州，自义兴入太湖，欲掩述后。述进破其栅，回兵击瓛，大破之；又遣兵别道袭吴州，王褒衣道士服弃城走。瓛以馀众保包山，燕荣击破之。瓛将左右数人匿民家，为人所执。述进至奉公埭，陈东扬州刺史萧岩以会稽降，与瓛皆送长安，斩之。

杨素之下荆门也，遣别将庞晖将兵略地，南至湘州，城中将士，莫有固志。刺史岳阳王叔慎，年十八，置酒会文武僚吏。酒酣，叔慎叹曰："君臣之义，尽于此乎！"长史谢基伏而流涕。湘州助防遂兴侯正理在坐，乃起曰："主辱臣死。诸君独非陈国之臣乎？今天下有难，实致命之秋也；纵其无成，犹见臣节，青门之外，有死不能！今日之机，不可犹豫，后应者斩！"众咸许诺。乃刑牲结盟，仍遣人诈奉降书于庞晖。晖信之，克期入城，叔慎伏甲待之，晖至，执以徇，并其众皆斩之。叔慎坐于射堂，招合士众，数日之中，得五千人。衡阳太守樊通、武州刺史邬居业皆请举兵助之。隋所除湘州刺史薛胄将兵适至，与行军总管刘仁恩共击之；叔慎遣其将陈正理与樊通拒战，兵败。胄乘胜入城，禽叔慎，仁恩破邬居业于横桥，亦擒之，俱送秦王俊，斩于汉口。

岭南未有所附，数郡共奉高凉郡太夫人冼氏为主，号圣母，保境拒守。诏遣柱国韦洸等安抚岭外，陈豫章太守徐璒据南康拒之，洸等不得进。晋王广遣陈叔宝遗夫人书，谕以国亡，使之归隋。夫人集首领数千人，尽日恸哭，遣其孙冯魂帅众迎洸。

并派遣部将王褒守吴州,自己则率领大军从义兴进入太湖,打算从背后袭击宇文述的军队。宇文述进兵攻破晋陵城东营栅,然后回兵攻打萧瓛,大败萧瓛的军队;又派遣军队从别道攻打吴州,王褒换上道士衣服弃城逃走。萧瓛率领残余部队退保包山,又被燕荣打败。萧瓛带领左右数人藏匿百姓家中,被人抓获。宇文述率军进至奉公埭,南陈东扬州刺史萧岩献上会稽城投降,后来与萧瓛都被送往长安斩首。

　　隋杨素在攻下荆门后,派遣部下别将庞晖率军略地,庞晖向南进至湘州,城中的南陈将士都丧失了固守的斗志。南陈湘州刺史岳阳王陈叔慎,年仅十八岁,设置酒席宴请部下文武官吏。当酒喝到尽兴时,陈叔慎感叹说:"我们之间的君臣关系,到此就算结束了!"这时湘州长史谢基悲不自胜,伏地流涕。湘州助防遂兴侯陈正理也在座,于是站起来说道:"君主受辱,臣子应该以死相报。在座各位哪个不是陈国的臣子?如今天下有难,国家将亡,正是我们以死报国的时候,就是不能够成功,也可以显示出我们陈国臣子的气节,就这样束手就擒,沦为亡国之民,死不瞑目!现在已经到了危急关头,不可再犹豫了,敢有不响应的立即斩首!"酒宴上的众人全都响应。于是陈叔慎和文武官吏杀牲结盟,并派人奉诈降书信送交庞晖。庞晖相信了,约定日期入城受降,陈叔慎预先埋伏下伏兵,等庞晖率军来到,就把他抓起来斩首示众,并把他率领的将士也全部杀掉。陈叔慎坐在射堂之上,招集士众,扩大队伍,数天之内就得到了五千人。衡阳太守樊通、武州刺史邬居业都请求率军协助陈叔慎抵抗隋军。这时,隋朝所任命的湘州刺史薛胄率军赶到,与隋行军总管刘仁恩合兵攻打湘州;陈叔慎派遣部将陈正理和樊通率军抵抗,陈军失败。薛胄率军乘胜进城中,俘获了陈叔慎,刘仁恩大败邬居业于横桥,也俘获了他,然后把他们押送到隋秦王杨俊那里,在汉口把他们斩首。

　　南陈灭亡后,岭南地区还没有归附,该地区的几个郡共同推举前南陈高凉郡太夫人洗氏为首领,号称"圣母",保境自守。隋文帝派遣柱国韦洸等人前去安抚岭南,南陈豫章太守徐璒据守南康郡抗拒,韦洸等人无法前进。晋王杨广派遣使节送去陈叔宝写给洗夫人的信,告诉他陈国已经灭亡,让她归附隋朝。于是洗夫人召集各部首领数千人,痛哭了一整天,然后派遣她的孙子冯魂率军前去迎接韦洸。

洸击斩徐璒,入,至广州,说谕岭南诸州皆定;表冯魂为仪同三司,册洗氏为宋康郡夫人。洸,夐之子也。

衡州司马任瓌劝都督王勇据岭南,求陈氏子孙,立以为帝;勇不能用,以所部来降,瓌弃官去。瓌,忠之弟子也。

于是陈国皆平,得州三十,郡一百,县四百。诏建康城邑宫室,并平荡耕垦,更于石头置蒋州。

晋王广班师,留王韶镇石头城,委以后事。三月己巳,陈叔宝与其王公百司发建康,诣长安,大小在路,五百里累累不绝。帝命权分长安士民宅以俟之,内外修整,遣使迎劳;陈人至者如归。夏,四月辛亥,帝幸骊山,亲劳旋师。乙巳,诸军凯入,献俘于太庙,陈叔宝及诸王侯将相并乘舆服御、天文图籍等以次行列,仍以铁骑围之,从晋王广、秦王俊入,列于殿庭。拜广为太尉,赐辂车、乘马、衮冕之服、玄圭、白璧。丙辰,帝坐广阳门观,引陈叔宝于前,及太子、诸王二十八人,司空司马消难以下至尚书郎凡二百馀人,帝使纳言宣诏劳之;次使内史令宣诏,责以君臣不能相辅,乃至灭亡。叔宝及其群臣并愧惧伏地,屏息不能对。既而宥之。

初,武元帝迎司马消难,与消难结为兄弟,情好甚笃,帝每以叔父礼事之。及平陈,消难至,特免死,配为乐户,二旬而免,犹以旧恩引见;寻卒于家。

韦洸率军打败陈军，并杀了徐璒，进入岭南地区，到达广州，告谕岭南地区各州，使全部得以平定，韦洸又上表朝廷授予冯魂仪同三司，册封洗夫人为宋康郡夫人。韦洸是韦敻的儿子。

南陈衡州司马任瓖劝说都督王勇出兵占领岭南，然后访求陈氏宗室子孙，立为皇帝；王勇没有听从任瓖的劝告，率领所部归降隋朝，任瓖弃官而去。任瓖是任忠弟弟的儿子。

于是陈国被全部平定，隋朝共得到三十个州，一百个郡，四百个县。隋文帝诏令将建康的城邑宫殿房屋，全部毁掉为耕田，又在石头城设置蒋州。

隋晋王杨广下令班师还朝，留下元帅府司马王韶镇守石头城，委托他处理之后的事。三月己巳（初六），陈叔宝和他的王公百官大臣从建康起程，去往长安，大人小孩陆续上路，连绵不断达五百里。隋文帝下令暂时调拨长安士民房舍作为降人住处，将院舍内外都修整一新，并派人负责迎接慰问；南陈降人来到后有宾至如归之感。夏季，四月辛亥（十八日），隋文帝驾幸骊山，亲自慰劳凯旋的将士。乙巳，南征各军奏唱凯歌进入长安，先到太庙举行献俘仪式，将陈叔宝和南陈王侯将相以及他们的车子服装和南陈的天文图籍等依次摆开，并由带铁甲的骑兵围住，跟着晋王杨广、秦王杨俊进入，排列在殿庭中。隋文帝任命杨广为太尉，赐给他辂车、乘马、皇帝穿的衮服和冠冕以及象征拥有特殊权力和地位的珍宝玄圭、白璧等。丙辰（二十三日），隋文帝坐在广阳门观阙上，传令带上陈叔宝和南陈太子、宗室诸王共二十八人，以及南陈百官大臣自司空司马消难以下至尚书郎共二百余人，文帝先让纳言宣读诏书对他们加以安抚慰问；接着又让内史令宣读诏书，责备他们君臣不能同心同德，以至于国家灭亡。陈叔宝与他的百官群臣都惶愧恐惧，伏在地上，屏息静听，无言以对。随后文帝赦免了他们。

当初，司马消难自北齐叛降北周时，隋文帝的父亲武元帝杨忠曾率军接应，与司马消难结拜为兄弟，两人交情深厚，隋文帝也经常以侍奉叔父的礼节对待他。隋朝平定南陈后，司马消难也被押送到长安，隋文帝特下令免除一死，将他发配为身份低下的乐户，二十天后，又下令免除了他的乐户身份，并且还由于过去的交情接见过他，不久司马消难就在家中去世了。

庚戌,帝御广阳门宴将士,自门外夹道列布帛之积,达于南郭,班赐各有差,凡用三百馀万段。故陈之境内,给复十年,馀州免其年租赋。

乐安公元谐进曰:"陛下威德远被,臣前请以突厥可汗为候正,陈叔宝为令史,今可用臣言矣。"帝曰:"朕平陈国,本以除逆,非欲夸诞。公之所奏,殊非朕心。突厥不知山川,何能警候;叔宝昏醉,宁堪驱使!"谐默然而退。

辛酉,进杨素爵为越公,以其子玄感为仪同三司,玄奖为清河郡公;赐物万段,粟万石。命贺若弼登御坐,赐物八千段,加位上柱国,进爵宋公。仍各加赐金宝及陈叔宝妹为妾。

贺若弼、韩擒虎争功于帝前。弼曰:"臣在蒋山死战,破其锐卒,擒其骁将,震扬威武,遂平陈国。韩擒虎略不交陈,岂臣之比?"擒虎曰:"本奉明旨,令臣与弼同时合势以取伪都,弼乃敢先期,逢贼遂战,致令将士伤死甚多。臣以轻骑五百,兵不血刃,直取金陵,降任蛮奴,执陈叔宝,据其府库,倾其巢穴。弼至夕方扣北掖门,臣启关而纳之,斯乃救罪不暇,安得与臣相比?"帝曰:"二将俱为上勋。"于是进擒虎位上柱国,赐物八千段。有司劾擒虎放纵士卒,淫污陈宫;坐此不加爵邑。

加高颎上柱国,进爵齐公,赐物九千段。帝劳之曰:"公伐陈后,人言公反,朕已斩之。君臣道合,非青蝇所能间也。"帝从容命颎与贺若弼论平陈事,颎曰:"贺若弼先献十策,后于蒋山苦战破贼。臣文吏耳,焉敢与大将论功?"帝大笑,嘉其有让。

庚戌，隋文帝驾幸广阳门，宴请出征将士，从门外起夹道堆积布帛物资，一直摆到城南的城墙边，赏赐各有等级差别，一共用去布帛三百馀万段。原来南陈境内地区，免除十年的赋税徭役；其馀地区州郡，免除当年的租税。

乐安公元谐上言说："陛下威德流播远方，我以前曾请求过陛下可任用突厥可汗为候正，任用陈叔宝为令史，如今可以采用我的建议了。"隋文帝回答说："朕平定陈国，本是为了除掉叛逆无道，而不是为了向世人夸耀。你所奏请的，根本不合我的心意。突厥可汗不知山川形势，怎么能够侦候报警；陈叔宝昏聩嗜酒，岂能经受驱使？"元谐无语而退。

辛酉(二十八日)，隋文帝下令进封杨素为越公，授予杨素的儿子杨玄感为仪同三司，杨玄奖为清河郡公；并赏赐杨素布帛一万段，粟米一万石。文帝又令贺若弼登上皇帝宝座同坐，赏赐他布帛八千段，越级授予他上柱国，进封爵位为宋公。后来文帝对杨素、贺若弼每人又增加赏赐许多金银财宝，并以陈叔宝的妹妹为妾。

贺若弼和韩擒虎在文帝面前争论谁的功大，贺若弼说："我在蒋山拼死鏖战，打垮了南陈的精锐部队，俘虏了南陈骁将萧摩诃、鲁广达等人，打出了国威和军威，于是才平定了陈国。而韩擒虎和南陈军队几乎没有交锋过，怎么能与我相比？"韩擒虎说："本来接到晋王的明确指示，令我和贺若弼同时合兵攻打南陈都城，可是贺若弼竟敢独自提前进军，遭逢敌军便投入决战，以至于所部将士伤亡很大。而我率领轻装骑兵五百人，兵不血刃，直取金陵，降服了任忠，抓获了陈叔宝，占领了南陈的府库，捣毁了陈后主盘踞的老窝。贺若弼直到傍晚才进至北掖门，是我打开城门让他进入的，贺若弼赎罪还来不及，怎么能与我相比？"文帝说："两位将军都立了上等功勋。"于是晋级授予韩擒虎上柱国，赏赐布帛八千段。有关官吏弹劾说韩擒虎放纵士卒，奸淫南陈宫女，因此不加封爵邑。

隋文帝授予尚书左仆射高颎上柱国，进封爵位为齐公，赏赐布帛九千段。文帝又慰劳他说："你讨伐陈国出发后，有人上书说你将拥兵造反，朕已将此人处斩。你我君臣志同道合，不是谗言所能离间得了的。"后来文帝又平心静气地让高颎和贺若弼理论各自在平定南陈中的功绩，高颎说道："贺若弼先提出过平陈十策，后又在蒋山拼死鏖战打败陈军。而我不过是一位文职官吏，怎么敢和大将争论功劳大小？"文帝听后大笑，称赞高颎有谦让之风。

帝之伐陈也，使高颎问方略于上仪同三司李德林，以授晋王广；至是，帝赏其功，授柱国，封郡公，赏物三千段。已宣敕讫，或说高颎曰："今归功于李德林，诸将必当愤惋，且后世观公有若虚行。"颎入言之，乃止。

以秦王俊为扬州总管四十四州诸军事，镇广陵。晋王广还并州。

晋王广之戮陈五佞也，未知都官尚书孔范、散骑常侍王瑳、王仪、御史中丞沈瓘之罪，故得免；及至长安，事并露。乙未，帝暴其过恶，投之边裔，以谢吴、越之人。瑳刻薄贪鄙，忌害才能；仪倾巧侧媚，献二女以求亲昵；瓘险惨苛酷，发言邪谄，故同罪焉。

帝给赐陈叔宝甚厚，数得引见，班同三品；每预宴，恐致伤心，为不奏吴音。后监守者奏言："叔宝云，'既无秩位，每预朝集，愿得一官号。'"帝曰："叔宝全无心肝！"监者又言："叔宝常醉，罕有醒时。"帝问："饮酒几何？"对曰："与其子弟日饮一石。"帝大惊，使节其酒，既而曰："任其性；不尔，何以过日？"帝以陈氏子弟既多，恐其在京城为非，乃分置边州，给田业使为生，岁时赐衣服以安全之。

诏以陈尚书令江总为上开府仪同三司，仆射袁宪、骠骑萧摩诃、领军任忠皆为开府仪同三司，吏部尚书吴兴姚察为秘书丞。上嘉袁宪雅操，下诏，以为江表称首，授

隋文帝在下令讨伐南陈时，曾经派遣高颎向上仪同三司李德林询问用兵方略，然后授给了晋王杨广；现在，文帝为了酬谢李德林运筹帷幄的功劳，授予他柱国，进封爵位为郡公，赏赐布帛等物三千段。宣读过敕令以后，有人对高颎说："现在朝廷把胜利归功于李德林，在这次战役中出生入死的各位将帅必定会愤愤不平，况且在后世看来，你亲临前线不过是白跑了一趟而已。"高颎进宫向文帝上言，文帝只好作罢。

隋朝任命秦王杨俊为扬州总管四十四州诸军事，出镇广陵。晋王杨广回并州镇守。

晋王杨广在建康处决原南陈施文庆、沈客卿、阳慧朗、徐析、暨慧景五位佞臣的时候，还不知道都官尚书孔范、散骑常侍王瑳、王仪、御史中丞沈瓘等人的罪行，所以这四位奸臣得以免死；及至他们都被押送到长安，罪行才被揭露出来。乙未，隋文帝公布了他们的罪行，下令将他们四人流放到边疆地区，以向吴越地区的百姓谢罪。王瑳为人刻薄，贪得无厌，忌才害能；王仪狡诈阴险，阿谀奉承，向陈后主进献两位女儿以邀恩宠；沈瓘心黑手辣，残酷苛暴，而嘴里却好话说尽，投人所好，所以文帝将他们一同治罪。

隋文帝赏赐给陈叔宝许多金银财物，又多次接见他，让他和三品以上公卿大臣同班站立；每当陈后主参加宴会时，隋文帝恐怕引起他的亡国之悲，就禁止在宴会上演奏吴地音乐。后来监护看守陈后主的官吏上奏说："陈叔宝说：'我没有官秩品位，却得经常参加朝会宴集，希望能得到一个官号。'"文帝不高兴地说："陈叔宝真是没有一点心肝！"监护官吏又上奏说："陈叔宝经常喝得大醉，很少有清醒的时候。"文帝于是问道："他每天喝多少酒？"监护官吏回答说："每天和他的子弟家人能喝一石酒。"文帝大惊，下令对陈后主的狂饮滥喝加以限制，不一会又说："随他去吧，不用管他，他不如此酗酒，又怎么能打发日子呢？"文帝因为陈氏宗室子弟很多，恐怕他们在京城长安惹是生非，于是下令把他们分散安置在边远州郡，分配给他们田地产业使他们得以为生，并且每年都派人去赏赐给他们一些衣服以使他们安然度日。

隋文帝诏令授予原南陈尚书令江总上开府仪同三司，授予尚书仆射袁宪、骠骑将军萧摩诃、领军将军任忠开府仪同三司，并任命吏部尚书吴兴人姚察为秘书丞。文帝称赞袁宪有高尚正直的品德操行，于是颁下诏书，认为袁宪是江表地区士大夫的表率，任命他

昌州刺史。闻陈散骑常侍袁元友数直言于陈叔宝,擢拜主爵侍郎。谓群臣曰:"平陈之初,我悔不杀任蛮奴。受人荣禄,兼当重寄,不能横尸徇国,乃云无所用力,与弘演纳肝何其远也!"

帝见周罗睺,慰谕之,许以富贵。罗睺垂泣对曰:"臣荷陈氏厚遇,本朝沦亡,无节可纪。得免于死,陛下之赐也,何富贵之敢望!"贺若弼谓罗睺曰:"闻公郢、汉捉兵,即知扬州可得。王师利涉,果如所量。"罗睺曰:"若得与公周旋,胜负未可知。"顷之,拜上仪同三司。先是,陈将羊翔来降,伐陈之役,使为向导,位至上开府仪同三司,班在罗睺上。韩擒虎于朝堂戏之曰:"不知机变,乃立在羊翔之下,能无愧乎?"罗睺曰:"昔在江南,久承令问,谓公天下节士;今日所言,殊非所望。"擒虎有愧色。

帝之责陈君臣也,陈叔文独欣然有得色。既而复上表自陈:"昔在巴州,已先送款,乞知此情,望异常例!"帝虽嫌其不忠,而欲怀柔江表,乃授叔文开府仪同三司,拜宜州刺史。

初,陈散骑常侍韦鼎聘于周,遇帝而异之,谓帝曰:"公当大贵,贵则天下一家,岁一周天,老夫当委质于公。"及至德之初,鼎为太府卿,尽卖田宅,大匠卿毛彪问其故,鼎曰:

为昌州刺史。文帝又听说原南陈散骑常侍袁元友曾经多次直言规谏陈叔宝,于是提拔任命他为吏部主爵侍郎。文帝还对百官群臣说:"我很后悔在刚刚平定南陈的时候没有处死任忠。任忠在南陈享受着荣华富贵,担任着高官显职,不能横尸疆场以报效国家,却在危急关头对陈叔宝说他已经无能为力了,这和春秋时期卫国大臣弘演为战死的卫懿公剖腹纳肝而以身殉国的所作所为相差多么遥远。"

隋文帝又召见原南陈水军都督周罗睺,好言安慰他,并答应将会使他富贵荣华。周罗睺流着眼泪回答说:"我受过南陈朝廷的大恩厚德,现在陈国已灭亡,我不能以死报国,实在是没有节操可言。现在得免于一死,是由于陛下的恩惠,还敢再奢望什么富贵荣华?"贺若弼对周罗睺说:"我听到您前往郢、汉地区指挥部队,即料到扬州地区唾手可得。结果隋朝军队很顺利就渡过长江,一如我所预料的那样。"周罗睺回答说:"如果我能够率军和您对阵,那么双方谁胜谁负还很难说呢。"不久,隋朝即授予周罗睺上仪同三司。以前,南陈将领羊翔归降隋朝,在讨伐南陈的战役中,令他做隋军的向导,因此位至上开府仪同三司,百官大臣朝会排列时站在了周罗睺的前面。韩擒虎在朝堂上戏笑周罗睺说:"你不懂得随机应变,所以现在朝会时站在了羊翔的后面,难道不感到惭愧吗?"周罗睺回答说:"我过去在江南时,久闻您的好名声,认为您是一位有气节操守的天下名士;可是你今天所说的话,却令我大失所望。"说得韩擒虎面有愧色。

当初隋文帝数落南陈君臣的时候,唯独原晋熙王陈叔文面露喜色。不久陈叔文又上表陈述说:"以前我在巴州时,已率先向隋请求归降,请求陛下明察这一事实,希望能够给我和普通南陈降人不同的待遇。"文帝虽然厌恶他的为臣不忠,但考虑到需要怀柔江表地区以收揽民心,于是授予陈叔文开府仪同三司,任命他为宜州刺史。

以前,南陈散骑常侍韦鼎作为使节出使北周时,见到隋文帝,对他的相貌气度大为惊奇,于是就对隋文帝说:"您以后定会大贵,到那时则会四海一统,天下一家,十二年后,老夫将委质称臣。"到了陈后主至德初年,韦鼎为南陈太府卿时,把自己的田地和住宅全部卖掉,大匠卿毛彪问他为什么这样做,韦鼎回答说:

"江东王气,尽于此矣!吾与尔当葬长安。"及陈平,上召鼎为上仪同三司。鼎,叡之孙也。

壬戌,诏曰:"今率土大同,含生遂性;太平之法,方可流行。凡我臣民,澡身浴德,家家自修,人人克念。兵可立威,不可不戢;刑可助化,不可专行。禁卫九重之馀,镇守四方之外,戎旅军器,皆宜停罢。世路既夷,群方无事,武力之子,俱可学经;民间甲仗,悉皆除毁。颁告天下,咸悉此意。"

贺若弼撰其所画策上之,谓为《御授平陈七策》。帝弗省,曰:"公欲发扬我名,我不求名;公宜自载家传。"弼位望隆重,兄弟并封郡公,为刺史、列将,家之珍玩,不可胜计,婢妾曳罗绮者数百,时人荣之。其后突厥来朝,上谓之曰:"汝闻江南有陈国天子乎?"对曰:"闻之。"上命左右引突厥诣韩擒虎前曰:"此是执得陈国天子者。"擒虎厉色顾之,突厥惶恐,不敢仰视。

左卫将军庞晃等短高颎于上,上怒,皆黜之,亲礼逾密。因谓颎曰:"独孤公,犹镜也,每被磨莹,皎然益明。"初,颎父宾为独孤信僚佐,赐姓独孤氏,故上常呼为独孤而不名。

4 乐安公元谐,性豪侠,有气调,少与上同学,甚相爱,及即位,累历显仕。谐好排诋,不能取媚左右。与上柱国王谊善,

"江南地区的王气已经完全丧失了,我和你都将会埋葬在长安。"及至南陈被平定后,隋文帝召韦鼎并授予他上仪同三司。韦鼎是韦叡的孙子。

壬戌(二十九日),隋文帝下诏书说:"如今天下大同,四海一统,黎民百姓得以任情随意,安居乐业;太平盛世的法律制度,也能够得以传布天下。凡我大隋臣民百姓,都要洁身自爱,沐浴德化,家家努力,弘扬德教,人人自觉,克制私欲。军队可以树立国威,但也不能不加以节制;刑罚可以帮助推行教化,但也不能肆意专行。自今以后,除了禁卫京师皇宫和镇守四方重镇要塞的军队之外,其他的军队都要解散,军器物资也一概停止建造或者征用。如今抗拒王命的割据势力已被铲除,天下太平,各方无事,以军旅征伐为业的将帅军人家庭的子弟,都要开始学习经书儒学;民间拥有的兵器刀枪甲仗,要全部予以销毁。可将此诏书颁行天下,使黎民百姓都了解朕偃武修文的意愿。"

贺若弼撰写了他在隋朝出兵讨伐南陈前所提出的方略计策呈奏隋文帝,题名为《御授平陈七策》。隋文帝看也不看,说:"你想提高我的名望,可是我不想求名,你自己把它记载到家史中去吧。"贺若弼地位高,名望大,他的兄弟们都被封为郡公,担任刺史或者列将职务,家中的珠宝珍玩,多得不可胜计,婢妾使女也都穿戴绫罗绸缎,多达数百人,当时朝廷上下都很羡慕他。后来突厥的使节来长安朝见,隋文帝对他说:"你听说过江南的陈国天子吗?"对方回答说:"听说过。"文帝传令左右侍从带领突厥使节到韩擒虎跟前,对他说:"这位就是抓获陈国天子的将军。"韩擒虎威严地看着突厥使节,突厥使节十分惊恐,不敢抬头看他。

左卫将军庞晃等人在隋文帝面前诋毁高颎,隋文帝大怒,将庞晃等人免官,而对高颎愈加亲近。文帝对高颎说:"独孤公就像一面镜子,每经过一次打磨后,就会更加皎洁明亮。"以前,高颎的父亲高宾曾经担任过独孤信的僚佐,被赐姓独孤氏,所以隋文帝经常称呼高颎为独孤公而不直呼其名。

4 乐安公元谐性情豪爽,有气概风度,少年时和隋文帝曾同窗学习,非常友好,隋文帝即位后,元谐多次担任显要职位。元谐好诋毁排挤别人,不能讨好文帝左右近臣。又与上柱国王谊友善,

谊诛,上稍疏忌之。或告谐与从父弟上开府仪同三司滂、临泽侯田鸾、上仪同三司祈绪等谋反,下有司按验,奏"谐谋令祈绪勒党项兵断巴、蜀。又,谐尝与滂同谒上,谐私谓滂曰:'我是主人,殿上者贼也。'因令滂望气,滂曰:'彼云似蹲狗走鹿,不如我辈有福德云。'"上大怒,谐、滂、鸾、绪并伏诛。

5 闰月己卯,以吏部尚书苏威为右仆射。六月乙丑,以荆州总管杨素为纳言。

6 朝野皆称封禅,秋,七月丙午,诏曰:"岂可命一将军除一小国,邈迩注意,便谓太平。以薄德而封名山,用虚言而干上帝,非朕攸闻。而今而后,言及封禅,宜即禁绝!"

7 左卫大将军广平王雄,贵宠特盛,与高颎、虞庆则、苏威称为四贵。雄宽容下士,朝野倾属,上恶其得众,阴忌之,不欲其典兵马;八月壬戌,以雄为司空,实夺之权。雄既无职务,乃杜门不通宾客。

8 帝践阼之初,柱国沛公郑译请修正雅乐,诏太常卿牛弘、国子祭酒辛彦之、博士何妥等议之,积年不决。译言:"古乐十二律,旋相为宫,各用七声,世莫能通。"译因龟兹人苏祗婆善琵琶,始得其法,推演为十二均、八十四调,以校太乐所奏,例皆乖越。译又于七音之外更立一声,谓之应声,作书宣示朝廷。与邳公世子苏夔议累黍定律。

王谊被诛后,文帝渐渐疏远猜忌他。后来有人上告元谐和堂弟上开府仪同三司元滂、临泽侯田鸾、上仪同三司祈绪等人谋反,文帝下令有关部门调查,他们上奏说:"元谐密谋使祈绪率领党项人的军队切断通向巴、蜀地区的道路。其次,元谐曾经和元滂一同谒见皇上,元谐私下对元滂说:'我是主人,在殿上坐的不过是个窃国盗贼。'于是让元滂观望王气,元滂说:'皇上上面的云气就好像是只蹲着的狗和跑动的鹿,而我们上面的是象征福德双全的云气。'"文帝听后大怒,于是元谐、元滂、田鸾、祈绪都被处死。

5　闰四月己卯(十七日),隋朝任命吏部尚书苏威为尚书右仆射。六月乙丑(初四),又任命荆州总管杨素为纳言。

6　朝野上下都请求隋文帝举行封禅大典,秋季,七月丙午(十五日),文帝下诏书说:"怎么能够因为我们派遣一位将军灭掉了一个小国南陈,引起了内外远近的注意,便说现在已经天下太平。以朕的薄德去封禅泰山,拿虚言诳语去祭告上天,这不是朕所愿意听到的建议。从今以后,禁止任何人再提及封禅之事。"

7　左卫大将军广平王杨雄深得隋文帝的宠信,权势显赫,与高颎、虞庆则、苏威被称为当朝四贵。杨雄对待部下宽容,朝野内外都倾慕攀附,文帝嫌恶他深得人心,暗中猜忌他,不想让他继续再掌管兵马。八月壬戌(初二),文帝任命杨雄为司空,其实是剥夺了他的军权。杨雄既然没有实权,于是就闭门闲居,不见宾客。

8　在隋文帝即位初期,柱国沛公郑译请求修订用于郊庙朝会的传统音乐,于是文帝下诏令太常卿牛弘、国子祭酒辛彦之、博士何妥等人一起讨论研究,好多年没能做出决定。郑译上言说:"古乐有十二律,五行运转,更相为宫,每律用宫、商、角、徵、羽、变宫、变徵七个音级,后世没有能通晓的。"郑译因为龟兹人苏祗婆擅长弹奏琵琶,就向他学习,于是才弄明白了古乐演奏的方法,推演出十二均、八十四调,用来校正太常寺太乐署乐师所演奏的音乐,发现全都乖异不符。于是郑译又在七个音级之外增加一个音级,称作应声,并把演奏的方法写成文章宣示朝廷。他又和郧公苏威的长子苏夔商议重新用排列黍粒的方法测量并确定律管的长度,以便重定律调。

　　时人以音律久无通者，非译、夔一朝可定。帝素不悦学，而牛弘不精音律，何妥自耻宿儒反不逮译等，常欲沮坏其事，乃立议，非十二律旋相为宫及七调，竞为异议，各立朋党；或欲令各造乐，待成，择其善者而从之。妥恐乐成善恶易见，乃请帝张乐试之，先白帝云："黄钟象人君之德。"及奏黄钟之调，帝曰："滔滔和雅，甚与我心会。"妥因奏止用黄钟一宫，不假馀律。帝悦，从之。

　　时又有乐工万宝常，妙达钟律。译等为黄钟调成，奏之，帝召问宝常，宝常曰："此亡国之音也。"帝不悦。宝常请以水尺为律，以调乐器，上从之。宝常造诸乐器，其声率下郑译调二律，损益乐器，不可胜纪。其声雅淡，不为时人所好，太常善声者多排毁之。苏夔尤忌宝常，夔父威方用事，凡言乐者皆附之而短宝常，宝常乐竟为威所抑，寝不行。

　　及平陈，获宋、齐旧乐器，并江左乐工，帝令廷奏之，叹曰："此华夏正声也。"乃调五音为五夏、二舞、登歌、房内十四调，宾祭用之。仍诏太常置清商署以掌之。

　　时天下既壹，异代器物，皆集乐府，牛弘奏："中国旧音多在江左，前克荆州得梁乐，今平蒋州又得陈乐，史传相承

当时的人都认为古乐音律长期以来就无人通晓,不是郑译、苏夔一下子就能够确定的。隋文帝不喜欢读书学习,而牛弘不大精通音乐律调,何妥因为自愧身为饱学宿儒而在古乐方面的造诣反不如郑译等人,所以时常想阻挠修正古乐之事,于是他也提出了一种意见,反对郑译等人古乐十二律更相为宫和七个音级的主张,因此双方互相异议非难,各树朋党;有人提出可让他们各制造出一种乐调,等待完成后,选择其中好的作为标准。何妥深怕乐调制成后好坏就会显而易见,于是奏请文帝立即举行演奏会比试各种演奏方法,并且预先对隋文帝说:"各律调中的黄钟调演奏出来的音乐象征君主的德行。"及至用黄钟调演奏之后,文帝说:"黄钟调演奏的音乐似滔滔洪流,声音宏大响亮,浑厚典雅,非常合我的心意。"何妥于是奏请只用黄钟一种律调演奏音乐,不得再使用别的律调。文帝非常高兴,就听从了他的建议。

当时又有一位乐师名叫万宝常,非常通晓黄钟律调。郑译等人确定了演奏黄钟的律调,呈奏给隋文帝,文帝召见万宝常询问效果如何,万宝常回答说:"这是亡国之音。"文帝听了很不高兴。于是万宝常请求使用水尺作为仪器来调理乐器,文帝听从了他的建议。万宝常制造出了各种乐器,用这些乐器演奏出来的音乐大抵比郑译等人确定的律调低两个律调。经他增加或者淘汰的各种乐器,多得不可胜计。用这些乐器演奏出来的音乐雅淡柔和,不为当时人所喜爱,太常寺中擅长音乐的人大都排斥诋毁这种音乐。苏夔尤其忌恨万宝常,当时苏夔的父亲苏威刚刚执政,凡是谈论音乐的人都附和苏夔而攻击万宝常,万宝常制造出的乐调竟被苏威所压制,弃置而未行于世。

及至平定南陈后,得到了南朝宋、齐的旧乐器和江南地区的乐师,隋文帝让他们在宫廷上演奏,听后感叹说:"这才真正是华夏正音!"于是下令调理五音为五夏、二舞、登歌、房内十四种律调,在接待宾客和举行祭祀时使用。文帝又诏令在太常寺设置清商署负责掌管乐师和乐器。

当时天下已经统一,不同时代的器物全部积聚在乐府,于是牛弘上奏说:"中国的传统音乐多保存在江南地区,以前攻占荆州时得到了南梁的音乐,如今平定蒋州又得到了南陈的音乐,这些音乐是历代相传下来的,

以为合古,请加修缉以备雅乐。其后魏之乐及后周所用,杂有边裔之声,皆不可用,请悉停之。"冬,十二月,诏弘与许善心、姚察及通直郎虞世基参定雅乐。世基,荔之子也。

9　己巳,以黄州总管周法尚为永州总管,安集岭南,给黄州兵三千五百人为帐内,陈桂州刺史钱季卿等皆诣法尚降。定州刺史吕子廓,据山洞,不受命,法尚击斩之。

10　以驾部侍郎狄道辛公义为岷州刺史。岷州俗畏疫,一人病疫,阖家避之,病者多死。公义命皆舆置己之听事,暑月,病人或至数百,厅廊皆满,公义设榻,昼夜处其间,以秩禄具医药,身自省问。病者既愈,乃召其亲戚谕之曰:"死生有命,岂能相染?若相染者,吾死久矣。"皆惭谢而去。其后人有病者,争就使君,其家亲戚固留养之,始相慈爱,风俗遂变。后迁牟州刺史,下车,先至狱中露坐,亲自验问。十馀日间,决遣咸尽,方还厅事受领新讼。事皆立决;若有未尽,必须禁者,公义即宿听事,终不还阁。或谏曰:"公事有程,使君何自苦?"公义曰:"刺史无德,不能使民无讼,岂可禁人在狱而安寝于家乎!"罪人闻之,咸自款服。后有讼者,乡闾父老遽晓之曰:"此小事,何忍勤劳使君!"讼者多两让而止。

被认为是符合古乐的,请令人加以修订以作为郊庙朝会演奏的正乐。而西魏和北周所使用的音乐,都杂有边疆夷族的声调,不能再继续使用,请明令全部停止使用。"冬季,十二月,文帝下诏令牛弘和许善心、姚察以及通直郎虞世基参酌修定雅乐。虞世基是虞荔的儿子。

9　己巳(十一日),隋朝任命黄州总管周法尚为永州总管,前去安抚岭南地区,调拨给他黄州兵三千五百人作为亲兵,原南陈桂州刺史钱季卿等人都归降了周法尚。原南陈定州刺史吕子廓占据山洞,不接受隋军要他投降的命令,于是周法尚率军打败了吕子廓并杀了他。

10　隋朝任命尚书省驾部侍郎狄道人辛公义为岷州刺史。岷州地区的社会风俗,人们特别害怕疾疫,如果一人有病,全家都避免与他接触,因此病人大多死亡。辛公义下令将病人都抬到自己的厅事大堂内,当时正是炎热季节,病人被送来数百人,厅堂内和外面走廊里都挤满了病人,辛公义就在厅堂内铺设榻床,昼夜守候在病人中间,用自己的俸禄请医买药,亲身一个个省视慰问。每当病人痊愈后,就召见他的亲戚家属告诉说:"死生有命,疾病怎么会互相传染呢? 如果会互相传染,我早就死了。"病人的亲属都深感惭愧,拜谢而去。其后岷州人得病,都争着要住到辛公义身边去,他们的亲属都一定要留下并看护他们,于是人们的关系开始变得和睦慈爱,这一坏风俗也被改变了过来。辛公义后来调任牟州刺史,他一到牟州,先到监狱内露天坐下,亲自一个个审问囚犯,在十多天的时间里,就把监狱里的囚犯判决并遣送完毕,然后才回到州衙厅事堂受理新的案件。辛公义审理案件都当天立即判决,如果有的案件白天处理不完,案件的当事人必须暂时拘禁的,他就住在厅事堂里,始终不回后室歇息。有人劝他说:"处理公事都有一定的程序,使君您何必如此自找苦吃?"辛公义说:"我作为刺史没有德行,不能使老百姓都和睦相处,不打官司,又怎么能把人拘禁在狱中而自己在家安然大睡?"犯罪的人听到了辛公义的话后,都深受感动,痛快地认罪服法。后来再有要上官府诉讼的人,他们的乡里父老赶紧解劝他们说:"这是小事一桩,你们怎么能忍心再去烦劳刺史大人呢?"于是要去诉讼的人多双方互相谦让而作罢。

十年(庚戌,590)

1　春,正月乙未,以皇孙昭为河南王,楷为华阳王。昭,广之子也。

2　二月,上幸晋阳,命高颎居守。夏,四月辛酉,至自晋阳。

3　成安文子李德林,恃其才望,论议好胜,同列多疾之;由是以佐命元功,十年不徙级。德林数与苏威异议,高颎常助威,奏德林狠戾,上多从威议。上赐德林庄店,使自择之,德林请逆人高阿那肱卫国县市店,上许之。及幸晋阳,店人诉称高氏强夺民田,于内造店赁之。苏威因奏德林诬罔,妄奏自入。司农卿李圆通等复助之曰:"此店收利如食千户,请计日追赃。"上自是益恶之。虞庆则等奉使关东巡省,还,皆奏称"乡正专理辞讼,党与爱憎,公行货贿,不便于民"。上令废之。德林曰:"兹事臣本以为不可,然置来始尔,复即停废,政令不一,朝成暮毁,深非帝王设法之义。臣望陛下自今群臣于律令辄欲改张,即以军法从事;不然者,纷纭未已。"上遂发怒,大诟云:"尔欲以我为王莽邪?"先是,德林称父为太尉谘议以取赠官,给事黄门侍郎猗氏陈茂等密奏:"德林父终于校书,妄称谘议。"上甚衔之。至是,上因数之曰:"公为内史,典朕机密,比不可豫计议者,以公不弘耳,宁自知乎!又罔冒取店,妄加父官,朕实忿之,

隋文帝开皇十年(庚戌,公元590年)

1 春季,正月乙未(初七),隋朝册封皇孙杨昭为河南王,杨楷为华阳王。杨昭是晋王杨广的儿子。

2 二月,隋文帝巡幸晋阳,下令高颎留守长安。夏季,四月辛酉(初四),文帝从晋阳回到长安。

3 成安县人李德林,谥曰文,封子爵,他倚仗自己有才智和名望,喜好议论争辩,争强好胜,因此同事们大多痛恨他。由于这个原因,他虽然是佐命元勋,却有十年没有晋级升迁。李德林多次和尚书右仆射苏威意见不合,而高颎又常常帮助苏威,并上奏称李德林秉性凶狠暴戾,因此隋文帝多听从苏威的建议。文帝要赏赐李德林一座庄店,让他自己挑选,于是李德林请求北周末年跟随王谦起兵反对隋文帝的逆臣高阿那肱在卫国县的市店,文帝答应了他。及至文帝到晋阳巡幸,店人上诉说该店是高阿那肱当年强夺民田,在县城内修建的,然后出租出去,收取租金。于是苏威上奏说李德林犯了欺君之罪,因为他妄奏说自己将住进这个市店。司农卿李圆通也帮助苏威说:"该店每年收取的租金,跟食邑一千户差不多,请求陛下根据日期追回赃款。"自此以后文帝更加厌恶李德林。虞庆则等人奉命出使潼关以东地区巡视检查,回到长安后,都上奏说:"乡正全权处理民间诉讼纠纷,往往按照自己的爱憎,袒护同党,徇私枉法,贿赂公行,对黎民百姓有害无益。"于是文帝下令废除乡正。李德林说:"这事我本来就认为不可行,只是刚设置不久,复又废除,如此政令不一,朝成暮毁,完全违背了帝王制定法律制度的根本意义。因此,我请求陛下明令宣布,自今以后,百官群臣对于已确定的律令制度胆敢动辄随意更改的,即以军法从事;不这样做,以后还会出现朝令夕改之事,纷纷扰扰,没有完结。"文帝听后勃然大怒,大声骂道:"你这是想把我当成王莽吗?"以前,李德林向朝廷报称他的父亲曾经担任过太尉府谘议参军,以此取得了赠官,给事黄门侍郎猗氏人陈茂等人密奏说:"李德林的父亲是死在校书郎任上的,李德林却妄称他父亲做过谘议参军。"于是文帝痛恨李德林。这次事情发生后,文帝一一具数李德林的罪行说:"你担任着内史职务,掌管朕的机密政事,近来不让你参与朝政商议决策的原因,是由于你的所作所为不光明正大,难道你自己没感觉到吗?你又编造谎言骗取市店,还荒谬地提高父亲的官职,朕其实早已对你愤恨在心,

而未能发，今当以一州相遣耳。"因出为湖州刺史。德林拜谢曰："臣不敢复望内史令，请但预散参。"上不许，迁怀州刺史而卒。

李圆通，本上微时家奴，有器干；及为隋公，以圆通及陈茂为参佐，由是信任之。梁国之废也，上以梁太府卿柳庄为给事黄门侍郎。庄有识度，博学，善辞令，明习典故，雅达政事，上及高颎皆重之。与陈茂同僚，不能降意，茂谮之于上，上稍疏之，出为饶州刺史。

上性猜忌，不悦学，既任智以获大位，因以文法自矜，明察临下，恒令左右觇视内外，有过失则加以重罪。又患令史赃污，私使人以钱帛遗之，得犯立斩。每于殿庭捶人，一日之中，或至数四；尝怒问事挥楚不甚，即命斩之。尚书左仆射高颎、治书侍御史柳或等谏，以为"朝堂非杀人之所，殿廷非决罚之地"。上不纳。颎等乃尽诣朝堂请罪，上顾谓领左右都督田元曰："吾杖重乎？"元曰："重。"帝问其状，元举手曰："陛下杖大如指，捶人三十者，比常杖数百，故多死。"上不怿，乃令殿内去杖，欲有决罚，各付所由。后楚州行参军李君才上言："上宠高颎过甚。"上大怒，命杖之，而殿内无杖，遂以马鞭捶杀之，自是殿内复置杖。未几，怒甚，又于殿廷杀人；兵部侍郎冯基固谏，上不从，竟于殿廷杀之。上亦寻悔，宣慰冯基，而怒群臣之不谏者。

只是还没有发作出来罢了，现在应当把你派遣到一个州去。"于是下令外放李德林为湖州刺史。李德林拜谢说："我不敢再奢望担任内史令，但请允许我以散职参与朝会。"文帝不答应，又调任他为怀州刺史，不久他就去世了。

司农卿李圆通本是隋文帝过去地位还比较低微时的家奴，很有器度和才干。及至隋文帝承袭了父亲杨忠的隋公爵位后，就提拔李圆通和陈茂做他的僚佐，从这时开始就很信任他。在后梁国萧氏被废除以后，文帝任命原后梁太府卿柳庄为给事黄门侍郎。柳庄很有识见和风度，又博学多才，善于辞令，通晓历史典故，通达朝廷政事，文帝和尚书左仆射高颎都非常器重他。柳庄和陈茂是同僚，不能曲意奉承陈茂，因此陈茂向文帝诬陷中伤他，于是文帝逐渐疏远柳庄，后外放他为饶州刺史。

隋文帝秉性猜忌多疑，又不喜欢读书学习，由于他是完全凭借智谋而获得了君主之位，因此他就以熟悉法律制度而自负，以明察秋毫而驾驭朝臣，经常派遣左右近臣窥视刺探朝廷内外百官大臣，发现某人犯有过失就治以重罪。他又担心负责掌管各种具体事务的令史贪污腐败，于是暗地里派人拿着钱财布帛去贿赂试探，发现某人收受财物则立即处死。经常在朝堂殿庭中杖打官吏，有时一天之内，多达三四人。有一次他恼怒行刑之人杖打时下手不重，就立即下令将行刑之人斩首。尚书左仆射高颎、治书侍御史柳彧等人进言规谏，认为"朝堂不是杀人的处所，殿庭也不是行刑的地方"。文帝不听。于是高颎等百官大臣都来到朝堂请罪，文帝问领左右都督田元说："我的杖刑重吗？"田元回答说："重。"文帝又问其中情由，田元举起手来回答说："陛下的杖和指头一样粗，捶打人三十下，就等于普通杖具捶打数百下，所以受刑人多被打死。"文帝听了很不高兴，但还是下令撤掉殿庭内的杖具，以后要是有所处罚，分送给有关主管部门执行。后来楚州行参军李君才进言说："皇上过于宠信高颎了。"文帝大怒，命令用杖打他，而殿庭内已经没有杖具，于是就用马鞭将李君才打死，从此又在殿庭内放置了杖具。不几天，文帝由于怒不可遏，又在殿庭中杀人，兵部侍郎冯基苦苦劝谏，文帝根本不听，最后还是在殿廷内将人杀死。事后不久，文帝也有些后悔，于是好言安慰冯基，而恼恨没有进谏的百官群臣。

4　五月乙未，诏曰："魏末丧乱，军人权置坊府，南征北伐，居处无定，家无完堵，地罕包桑，朕甚愍之。凡是军人，可悉属州县，垦田、籍帐，一与民同。军府统领，宜依旧式。罢山东、河南及北方缘边之地新置军府。"

5　六月辛酉，制民年五十免役收庸。

6　秋，七月癸卯，以纳言杨素为内史令。

7　冬，十一月辛丑，上祀南郊。

8　江表自东晋已来，刑法疏缓，世族陵驾寒门；平陈之后，牧民者尽更变之。苏威复作《五教》，使民无长幼悉诵之，士民嗟怨。民间复讹言隋欲徙之入关，远近惊骇。于是婺州汪文进、越州高智慧、苏州沈玄𢙏皆举兵反，自称天子，署置百官。乐安蔡道人、蒋山李棱、饶州吴世华、温州沈孝彻、泉州王国庆、杭州杨宝英、交州李春等皆自称大都督，攻陷州县。陈之故境，大抵皆反，大者有众数万，小者数千，共相影响，执县令，或抽其肠，或脔其肉食之，曰："更能使侬诵《五教》邪！"诏以杨素为行军总管以讨之。

素将济江，使始兴麦铁杖戴束藁，夜，浮渡江觇贼，还而复往，为贼所擒，遣兵仗三十人防之。铁杖取贼刀，乱斩防者，杀之皆尽，割其鼻，怀之以归。素大奇之，奏授仪同三司。

素帅舟师自杨子津入，击贼帅朱莫问于京口，破之。进击晋陵贼帅顾世兴、无锡贼帅叶略，皆平之。沈玄𢙏败走，素追擒之。高智慧据浙江东岸为营，周亘百馀里，船舰被江。

4　五月乙未(初九)，隋文帝下诏书说："自北魏末年丧乱以来，在军队建制上设立坊、府，南征北伐，居住没有固定的地方，庭院没有完整的围墙，地里很少有丛生的桑树，朕对此非常怜悯。自今以后，凡是军人，都隶属各州县，垦田种地，户籍及赋税管理与普通百姓完全相同。军府统领，还沿用原来的编制形式。废掉崤山以东、黄河以南地区和北方边疆地区新建立的军府。"

5　六月辛酉(初五)，隋朝规定百姓年满五十岁免除徭役，收庸绢代役。

6　秋季，七月癸卯(十八日)，隋朝任命纳言杨素为内史令。

7　冬季，十一月辛丑，隋文帝举行南郊大祀。

8　江南地区自从东晋以来，刑法宽大，执行不严，世家大族凌驾于寒门庶族之上。平定南陈以后，隋朝地方官吏完全改变了这种情况。尚书右仆射苏威又撰写了《五教》，令江南百姓不分男女老少都得熟读，因此士民抱怨。当时江南民间又传言隋朝将要把百姓都迁徙到关内去，于是远近惊骇。婺州人汪文进、越州人高智慧、苏州人沈玄恰都起兵造反，各自称天子，设置百官。又有乐安人蔡道人、蒋山人李棱、饶州人吴世华、温州人沈孝彻、泉州人王国庆、杭州人杨宝英、交州人李春等都自称大都督，起兵攻陷隋朝州县。在南陈原来管辖的境内，几乎都发生了反叛，势力大的有数万人，小的有几千人，他们互相声援，抓获隋朝县令后，或者抽出他的肠子，或者割下他的肌肉作为食物，气愤地发泄道："看你还能让我们诵读《五教》不能！"隋文帝下诏任命杨素为行军总管，率军前去讨伐。

杨素将要渡过长江，先派遣始兴人麦铁杖头戴蒿草，在夜里游过长江去刺探敌情，返回后又去，被反叛的军队抓获，派遣兵士三十人看守他。麦铁杖伺机夺取了一个兵士的大刀，一鼓作气把看守他的兵士全部杀死，然后割下他们的鼻子，渡江返回。杨素非常惊奇，于是上书奏请朝廷授予他仪同三司。

杨素率领水军从杨子津进入江南，攻打叛军首领朱莫问于京口，并打败了他。随后又进军攻打晋陵叛军首领顾世兴、无锡叛军首领叶略，都被平定。叛军首领沈玄恰兵败逃走，被杨素率军追上抓获。叛军首领高智慧据守浙江东岸以为营垒，连绵达一百馀里，战船布满江面。

素击之。子总管南阳来护儿言于素曰:"吴人轻锐,利在舟楫,必死之贼,难与争锋,公宜严陈以待之,勿与接刃。请假奇兵数千潜渡江,掩破其壁,使退无所归,进不得战,此韩信破赵之策也。"素从之。护儿以轻舸数百直登江岸,袭破其营,因纵火,烟焰涨天。贼顾火而惧,素因纵兵奋击,大破之,贼遂溃。智慧逃入海,素蹑之至海曲,召行军记室封德彝计事,德彝坠水,人救,获免,易衣见素,竟不自言。素后知之,问其故,曰:"私事也,所以不白。"素嗟异之。德彝名伦,以字行,隆之之孙也。汪文进以蔡道人为司空,守乐安,素进讨,悉平之。

素遣总管史万岁帅众二千,自婺州别道逾岭越海,攻破溪洞,不可胜数。前后七百馀战,转斗千馀里,寂无声问者十旬,远近皆以万岁为没。万岁置书竹筒中,浮之于水,汲者得之,言于素。素上其事,上嗟叹,赐万岁家钱十万。

素又破沈孝彻于温州,步道向天台,指临海,逐捕遗逸,前后百馀战,高智慧走保闽、越。上以素久劳于外,令驰传入朝。素以馀贼未殄,恐为后患,复请行,遂乘传至会稽。王国庆自以海路艰阻,非北人所习,不设备。素泛海奄至,国庆惶遽弃州走。馀党散入海岛,或守溪洞,素分遣诸将,水陆追捕。密令人说国庆,使斩送智慧以自赎;国庆乃执送智慧,斩于泉州,馀党悉降。江南大定。

杨素进军攻打,部将南阳人来护儿对杨素说:"吴地人轻灵敏捷,善于使用战船作战,而且都怀着必死的决心,因此难以与他们争锋。您应该率军严阵以待,不要和他们交锋。请给我奇兵数千人,偷偷渡过浙江,袭击敌军的后方营垒,使他们退没有路,进不得战,这就是韩信击破赵军所采取的战术。"杨素听从了他的建议。于是来护儿率领轻型战船数百艘,径直登上浙江东岸,攻破了高智慧的大本营,纵火焚烧敌军营垒,烟焰冲天。叛军回望后方营垒起火,十分恐惧,杨素乘机率军奋勇进攻,大败敌军,叛军溃败。高智慧逃入海中,杨素也率军跟踪追击直达海边。杨素召见行军总管府记室参军封德彝商议军事,封德彝失足落水,被人救起得免一死,他换过衣服后就去见杨素,没有说自己落水的事。杨素后来知道了此事,就问他为什么不说,封德彝回答说:"那是私事,所以没有告诉您。"杨素不由得为之感叹。封德彝名叫封伦,人们一般都称他的字,他是封隆之的孙子。叛军首领汪文进任命蔡道人为司空,守卫乐安,杨素又率军进讨,把他们平定。

杨素派遣行军总管史万岁率领军队两千人,从婺州经小道翻岭渡海,攻下了无数叛军盘踞的溪洞。前后共经过七百多次战斗,转战一千多里,一百多天毫无消息,人们都认为史万岁已全军覆没。史万岁把书信封进竹筒里,然后放在水中,被挑水的人得到,转告了杨素。于是杨素向朝廷上书报告了史万岁的事迹,隋文帝看后感叹不已,赏赐给史万岁家人十万钱。

杨素又率军在温州打败了叛军首领沈孝彻,随后由陆路向天台山,直指临海县,一路上追捕漏网溃逃的叛军,前后战斗一百多次,高智慧退保闽、越地区。隋文帝因为杨素长期在前线勤苦奔波,传令征召他乘坐驿站传车回朝休养。杨素认为叛军的残馀还没有肃清,恐怕留下后患,又请求出征,于是又乘坐传车来到会稽。叛军首领王国庆自以为海路艰难险阻,北方人又不习惯驾船航行,于是根本不加防备。不料杨素率军突然渡海来到,王国庆惊慌失措弃城而逃。王国庆馀党四散逃入海岛,有的则据守溪洞,杨素又分派部将,从水中陆上两路追捕。杨素又秘密派人劝说王国庆,让他除掉高智慧以赎罪。于是王国庆抓获高智慧送交隋军,杨素在泉州将高智慧斩首,高智慧的馀党也全部投降。江南大部分被平定。

素班师,上遣左领军将军独孤陀至浚仪迎劳;比到京师,问者日至。拜素子玄奖为仪同三司,赏赐甚厚。陀,信之子也。

杨素用兵多权略,驭众严整,每将临敌,辄求人过失而斩之,多者百馀人,少不下十数,流血盈前,言笑自若。及其对陈,先令一二百人赴敌,陷陈则已,如不能陷而还者,无问多少,悉斩之;又令二三百人复进,还如向法。将士股栗,有必死之心,由是战无不胜,称为名将。素时贵幸,言无不从,其从素行者,微功必录,至他将虽有大功,多为文吏所谴却,故素虽残忍,士亦以此愿从焉。

9　以并州总管晋王广为扬州总管,镇江都,复以秦王俊为并州总管。

10　番禺夷王仲宣反,岭南首领多应之,引兵围广州。韦洸中流矢卒,诏以其副慕容三藏检校广州道行军事。又诏给事郎裴矩巡抚岭南,矩至南康,得兵数千人。仲宣遣别将周师举围东衡州,矩与大将军鹿愿击斩之,进至南海。

高凉洗夫人遣其孙冯暄将兵救广州,暄与贼将陈佛智素善,逗留不进。夫人知之,大怒,遣使执暄,系州狱,更遣孙盎出讨佛智,斩之。进会鹿愿于南海,与慕容三藏合击仲宣,仲宣众溃,广州获全。洗氏亲被甲,乘介马,张锦伞,引彀骑卫,从裴矩巡抚二十馀州。苍梧首领陈坦等皆来谒见,矩承制署为刺史、县令,使还统其部落,岭表遂定。

杨素班师回朝,隋文帝派遣左领军将军独孤陀到浚仪迎接慰劳。杨素回到京师后,文帝每天都要派人到他府上问候。隋文帝又拜授杨素的儿子杨玄奖为仪同三司,并且赏赐给他许多财物。独孤陀是独孤皇后父亲独孤信的儿子。

杨素用兵很有权略计谋,治军严整,军令如山,每当要临敌打仗的时候,就寻找一些士兵的过失而将他们处斩,多的时候达一百多人,少的时候也不下十多人,面前血流满地,而杨素谈笑自若,毫不在意。及至双方摆开阵势后,杨素就先派一二百人前去冲击敌阵,能攻破敌阵则罢,如不能攻破敌阵而退回,不论多少全部处斩,然后又派二三百人再次冲击敌阵,还像前面那样处置。因此,将士们莫不战栗惊恐,都怀有必死之心,奋勇向前,从不后退,因此杨素战无不胜,称为名将。杨素深得隋文帝的宠信,对他言听计从,跟随杨素征战的将士,即使只有一点点功劳也会得到赏赐,至于别的将士,虽然有大功,却经常受到朝中文官的压制,所以杨素虽然残忍,将士们也愿意跟随他。

9 隋文帝任命并州总管晋王杨广为扬州总管,镇守江都,重又任命秦王杨俊为并州总管。

10 番禺夷族人王仲宣起兵造反,岭南地区各族首领多起兵响应他,于是王仲宣率军包围了广州。总管韦洸中流矢而死,隋文帝下诏令他的副手慕容三藏检校广州道行军事。文帝又下诏令给事郎裴矩前去巡抚岭南地区,裴矩进至南康,得到军队数千人。王仲宣派遣部下别将周师举率军围攻东衡州,裴矩和大将军鹿愿率军打败了周师举并杀死了他,随后率军进至南海。

岭南蛮族首领高凉洗夫人派她的孙子冯暄率军救援广州,冯暄一向与叛军将领陈佛智友善,于是故意逗留不进。洗夫人得知后十分愤怒,就派人到军中逮捕了冯暄,关押在州城监狱;又派遣孙子冯盎率军讨伐陈佛智,将他斩首。冯盎率军进至南海,与大将军鹿愿的部队会合,然后与广州守将慕容三藏合兵攻打王仲宣,王仲宣的部队溃败,因此广州得以保全。洗夫人亲自身着甲胄,乘坐披甲的马,张开用锦缎做的伞盖,率领军队张弓搭箭,禁卫保护,陪同裴矩巡抚岭南地区二十馀州。苍梧首领陈坦等来拜见裴矩。裴矩根据朝廷的旨意任命他们为刺史、县令,让他们回去统率各自的部落,于是岭南地区被平定。

矩复命,上谓高颎、杨素曰:"韦洸将二万兵不能早度岭,朕每患其兵少。裴矩以三千弊卒径至南海,有臣若此,朕亦何忧?"以矩为民部侍郎。拜冯盎高州刺史,追赠冯宝广州总管、谯国公。册洗氏为谯国夫人,开谯国夫人幕府,置长史以下官属,官给印章,听发部落六州兵马,若有机急,便宜行事。仍敕以夫人诚效之故,特赦暄逗留之罪,拜罗州刺史。皇后赐夫人首饰及宴服一袭。夫人并盛于金箧,并梁、陈赐物,各藏一库,每岁时大会,陈之于庭,以示子孙,曰:"我事三代主,惟用一忠顺之心,今赐物具存,此其报也;汝曹皆念之,尽赤心于天子!"

番州总管赵讷贪虐,诸俚、獠多亡叛。夫人遣长史张融上封事,论安抚之宜,并言讷罪,不可以招怀远人。上遣推讷,得其赃贿,竟致于法;委夫人招慰亡叛。夫人亲载诏书,自称使者,历十馀州,宣述上意,谕诸俚、獠,所至皆降。上嘉之,赐夫人临振县为汤沐邑,赠冯仆崖州总管、平原公。

十一年(辛亥,591)

1 春,正月,皇太子妃元氏薨。

2 二月戊午,吐谷浑遣使入贡。吐谷浑可汗夸吕闻陈亡,大惧,遁逃保险,不敢为寇。夸吕卒,子世伏立,使其兄子无素奉表称藩,并献方物,请以女备后庭。上谓无素曰:"若依来请,

裴矩回朝复命，隋文帝对尚书左仆射高颎与内史杨素说："当年韦洸率军两万人不能尽早到达岭南，朕总是担心他带兵太少。如今裴矩率领三千弱兵却能径至海南，有了这样的臣子，我还有什么可担忧的呢？"于是任命裴矩为民部侍郎。又任命冯盎为高州刺史，追赠洗夫人的丈夫冯宝为广州总管、谯国公。册封洗夫人为谯国夫人，设立谯国夫人幕府，配备长史以下的官吏，朝廷授给洗夫人印章，允许她调发本部落所属六州兵马，如果出现紧急情况，可相机行事。还下敕令：由于洗夫人忠心朝廷，特赦免冯暄逗留不进之罪，任命他为罗州刺史。独孤皇后也赏赐给洗夫人一些金银首饰和宴会礼服一套。洗夫人把这些东西都放在一个黄金小箱子里，和南梁、南陈朝廷赏赐的物品分别藏在库中，每年举行部落大朝会时，拿出来陈列在大厅里，让子孙们看，并对他们说："我历事南梁、南陈、隋朝三代君主，用的只是一颗忠诚的心，现在朝廷赏赐的物品俱在，这就是我得到的酬报，你们应该牢记我的话，对朝廷天子赤胆忠心。"

　　后来，番州总管赵讷贪虐残暴，岭南各地的俚族、獠族多逃亡反叛。洗夫人派遣幕府长史张融呈上密封的奏疏，论叙了应该怎样安抚百姓，并揭发了赵讷的罪行，认为赵讷的所作所为不能招抚和怀柔边远地区的各族人民。于是隋文帝派遣使者到番州审查赵讷，取得了他贪赃受贿的证据，将他依法治罪；又委命洗夫人招抚慰问逃亡反叛的百姓。洗夫人亲自带着隋文帝的诏书，自称为朝廷的使节，经过十多个州，宣布文帝的旨意，晓谕各州的俚族、獠族百姓，所到之处都纷纷归降。因此，隋文帝下令嘉奖洗夫人，赏赐给洗夫人临振县作为汤沐邑，又追赠冯仆为崖州总管、平原公。

隋文帝开皇十一年(辛亥,公元591年)

　　1　春季，正月，皇太子杨勇的妃子元氏去世。

　　2　二月戊午(初六)，吐谷浑派遣使者到隋朝纳贡。吐谷浑可汗夸吕得悉南陈亡国，非常害怕，于是逃往远方，依险自保，不敢再来侵犯房掠。后来夸吕去世，他的儿子世伏继承汗位。世伏派遣他哥哥的儿子无素向隋朝奉表称藩，献上很多地方物产，并请求将女儿送进隋文帝的后宫。隋文帝对无素说："如果依从了世伏的请求，

他国闻之,必当相效,何以拒之! 朕情存安养,各令遂性,岂可聚敛子女以实后宫乎?"竟不许。

3　平乡令刘旷有异政,以义理晓谕,讼者皆引咎而去,狱中草满,庭可张罗;迁临颍令。高颎荐旷清名善政为天下第一,上召见,劳勉之,谓侍臣曰:"若不殊奖,何以为劝!"丙子,优诏擢为莒州刺史。

4　辛巳晦,日有食之。

5　初,帝微时,与滕穆王瓒不协。帝为周相,以瓒为大宗伯,瓒恐为家祸,阴欲图帝,帝隐之。瓒妃,周高祖妹顺阳公主也,与独孤后素不平,阴为咒诅;帝命出之,瓒不可。秋,八月,瓒从帝幸栗园,暴薨,时人疑其遇鸩。乙亥,帝至自栗园。

6　沛达公郑译卒。

那么别的国家听说了,也必定会竞相仿效,到时候用什么理由拒绝他们呢?朕想的是如何爱护天下百姓,使他们能够安居乐业,怎么能搜集天下美女以充实后宫呢?"终究没有答应吐谷浑的请求。

3 平乡县令刘旷有突出的政绩,他对前来告状的人晓之以理,使他们都自责而去,以至于监狱中都因为没有犯人而长满了草,判案大厅里也因为没有人来打官司而可以张网捕鸟。刘旷后来调任临颍县令。尚书左仆射高颎荐举刘旷,说他的清名善政是天下第一,于是隋文帝召见了刘旷,对他加以慰问鼓励,又对侍卫近臣说:"如果不破格奖赏刘旷,怎么能够勉励天下官吏都勤政爱民呢?"丙子(二十四日),隋文帝下诏提升刘旷为莒州刺史。

4 辛巳晦日(二十九日),出现日食。

5 当初,隋文帝地位低微时,和滕穆王杨瓒不和睦。后来隋文帝担任北周丞相时,任命杨瓒为大宗伯,杨瓒恐怕招致灭族之祸,曾经暗中谋划除掉隋文帝,隋文帝发现后隐瞒了此事。杨瓒的妃子是北周高祖宇文邕的妹妹顺阳公主,她与独孤皇后一向不和,于是就暗中诅咒独孤皇后;隋文帝命令杨瓒休掉顺阳公主,杨瓒不同意。秋季,八月,杨瓒跟随文帝前往长安城南栗园,得病突然死亡,当时人们怀疑他是被毒死的。乙亥(二十六日),隋文帝自栗园还宫。

6 沛达公郑译去世。

卷第一百七十八　隋纪二

起壬子(592)尽己未(599)凡八年

高祖文皇帝上之下

开皇十二年(壬子,592)

1　春,二月己巳,以蜀王秀为内史令兼右领军大将军。

2　国子博士何妥与尚书右仆射邳公苏威争议事,积不相能。威子夔为太子通事舍人,少敏辩,有盛名,士大夫多附之。及议乐,夔与妥各有所持;诏百僚署其所同,百僚以威故,同夔者什八九。妥恚曰:"吾席间函丈四十馀年,反为昨暮儿之所屈邪!"遂奏:"威与礼部尚书卢恺、吏部侍郎薛道衡、尚书右丞王弘、考功侍郎李同和等共为朋党。省中呼弘为世子,同和为叔,言二人如威之子弟也。"复言威以曲道任其从父弟彻、肃冈冒为官等数事。上命蜀王秀、上柱国虞庆则等杂按之,事颇有状。上大怒。秋,七月乙巳,威坐免官爵,以开府仪同三司就第;卢恺除名,知名之士坐威得罪者百馀人。

初,周室以来,选无清浊;及恺摄吏部,与薛道衡甄别士流,故涉朋党之谤,以至得罪。未几,上曰:"苏威德行者,但为人所误耳!"命之通籍。威好立条章,每岁责民间五品不逊,或答云:

高祖文皇帝上之下

隋文帝开皇十二年(壬子,公元 592 年)

1　春季,二月己巳,隋朝任命蜀王杨秀为内史令兼右领军大将军。

2　国子博士何妥与尚书右仆射邳公苏威议论政事时,素来意见不同,各不相让。苏威的儿子苏夔担任太子通事舍人,他从小就机敏善辩,享有盛名,士大夫都攀附巴结他。及至讨论修订音乐时,苏夔和何妥各有自己的主张。于是隋文帝下诏令百官群臣各自发表意见,百官大臣由于苏威的缘故,十分之八九都表示赞成苏夔的主张。何妥愤愤不平地说:"我当国子博士都四十多年了,现在反倒屈居于一个乳臭未干的小儿之下!"于是向文帝上奏说:"苏威和礼部尚书卢恺、吏部侍郎薛道衡、尚书右丞王弘、吏部考功侍郎李同和等人结党营私。尚书省中称呼王弘为世子,称呼李同和为叔,这是说他们两人就如同苏威的儿子和兄弟。"又告发苏威以不正当手段为堂弟苏徹、苏肃谋求官职等几项罪行。于是文帝命令蜀王杨秀、上柱国虞庆则等人负责调查此事,基本属实。隋文帝非常愤怒。秋季,七月乙巳(初一),苏威因此被免除官职爵位,只保留开府仪同三司,回家闲居;卢恺被免官除名,朝野上下受牵连而获罪的知名人士多达一百多人。

自从北周建立以来,选拔官吏不管品德好坏,及至卢恺代理吏部尚书,与薛道衡一起对官吏的品德加以分别,所以遭到结交朋党的诽谤,以至于获罪。不久,隋文帝又说:"苏威是个有德行的人,只是被别人所误罢了。"于是下令苏威可以参与朝会宴请。苏威热衷于订立各种规章制度,每年都责备民间各地不重视推行儒家仁、义、礼、智、信五常的教化,有的地方官回答道:

“管内无五品之家。”其不相应领，类多如此。又为馀粮簿，欲使有无相赡；民部侍郎郎茂以为烦迁不急，皆奏罢之。茂，基之子也，尝为卫国令，有民张元预兄弟不睦，丞、尉请加严刑，茂曰：“元预兄弟本相憎疾，又坐得罪，弥益其忿，非化民之意也。”乃徐谕之以义。元预等各感悔，顿首请罪，遂相亲睦，称为友悌。

3 己巳，上享太庙。

4 壬申晦，日有食之。

5 帝以天下用律者多蹐驳，罪同论异，八月甲戌，制：“诸州死罪，不得辄决，悉移大理按覆，事尽，然后上省奏裁。”

6 冬，十月壬午，上享太庙。十一月辛亥，祀南郊。

7 己未，新义公韩擒虎卒。

8 十二月乙酉，以内史令杨素为尚书右仆射，与高颎专掌朝政。素性疏辩，高下在心，朝臣之内，颇推高颎，敬牛弘，厚接薛道衡，视苏威蔑如也，自馀朝贵，多被陵轹。其才艺风调优于颎；至于推诚体国，处物平当，有宰相识度，不如颎远矣。

右领军大将军贺若弼，自谓功名出朝臣之右，每以宰相自许。既而杨素为仆射，弼仍为将军，甚不平，形于言色，由是坐免官，怨望愈甚。久之，上下弼狱，谓之曰：“我以高颎、杨素为宰相，汝每昌言曰：‘此二人惟堪啖饭耳。’是何意也？”弼曰：“颎，臣之故人；素，臣舅子；臣并知其为人，诚有此语。”

"在我管辖的地区内没有具备五常的家庭。"苏威就像这样不识时务。苏威又编制出馀粮账簿,打算令民间有无互相调节,民部侍郎郎茂认为这种做法烦琐迂阔,难以推行,于是向文帝上奏,予以废除。郎茂是郎基的儿子,他曾经担任卫国县令,有平民百姓张元预兄弟不相和睦,县丞、县尉请求对张元预兄弟严刑治罪,郎茂说:"张元预兄弟之间本来就互相憎恶,如果因此将他们治罪,他们就会更加仇恨,达不到教化百姓的目的。"于是郎茂就用仁义慢慢开导他们。张元预兄弟都深受感动而后悔不已,向郎茂叩头请罪,于是兄弟之间互相亲爱和睦,民间乡里都称赞他们的友爱孝悌。

3 己巳(二十六日),隋文帝到太庙祭祀祖先。

4 壬申晦(二十九日),出现日食。

5 隋文帝因为天下的执法官吏对法律的理解多有错误,往往发生罪行相同而判决不同的现象,八月甲戌(初一),下制书说:"各州犯有死罪的案件,州府不得随意判决定案,要全部移送大理寺审理复查,复查完毕后,再呈奏朕省览裁决。"

6 冬季,十月壬午(初十),隋文帝到太庙祭祀祖先。十一月辛亥(初九),文帝在南郊举行祭天大祀。

7 己未(十七日),新义公韩擒虎去世。

8 十二月乙酉(二十四日),隋朝任命内史令杨素为尚书右仆射,与尚书左仆射高颎一起掌管朝政。杨素秉性粗疏而有辩才,对待他人随意褒贬,在朝臣之中,他很推崇高颎,尊敬太常卿牛弘,倾心结交薛道衡,而根本瞧不起苏威,其馀的当朝权贵大都受到他的欺凌侮辱。杨素的才艺风度优于高颎,至于以诚待人,体谅国家,处事公平,具备宰相的见识和器度,他远不如高颎。

右领军大将军贺若弼自认为他的功勋名望在其他的群臣之上,因此经常以宰相自任。不久,杨素被任命为尚书右仆射,自己还是将军,所以非常愤恨不平,并在言谈脸色上表现出来,于是他被朝廷罢免职务,因而愈加怨恨。过了一段时间后,隋文帝将贺若弼逮捕下狱,问他说:"我任命高颎、杨素为宰相,而你经常扬言说:'这两个人只会吃饭。'你这话是什么意思?"贺若弼回答说:"高颎是我的老朋友,杨素是我的舅子,我深知他们的为人,所以敢说那样的话。"

公卿奏弼怨望,罪当死。上曰:"臣下守法不移,公可自求活理。"弼曰:"臣恃至尊威灵,将八千兵渡江,擒陈叔宝,窃以此望活。"上曰:"此已格外重赏,何用追论?"弼曰:"臣已蒙格外重赏,今还格外望活。"既而上低回数日,惜其功,特令除名。岁馀,复其爵位,上亦忌之,不复任使,然每宴赐,遇之甚厚。

9 有司上言:"府藏皆满,无所容,积于廊庑。"帝曰:"朕既薄赋于民,又大经赐用,何得尔也?"对曰:"入者常多于出,略计每年赐用,至数百万段,曾无减损。"于是更辟左藏院以受之。诏曰:"宁积于人,无藏府库。河北、河东今年田租三分减一,兵减半功,调全免。"时天下户口岁增,京辅及三河地少而人众,衣食不给,帝乃发使四出,均天下之田,其狭乡每丁才至二十亩,老少又少焉。

十三年(癸丑,593)

1 春,正月壬子,上祀感生帝。

2 壬戌,行幸岐州。

3 二月丙午,诏营仁寿宫于岐州之北,使杨素监之。素奏前莱州刺史宇文恺检校将作大匠,记室封德彝为土木监。于是夷山堙谷以立宫殿,崇台累榭,宛转相属。役使严急,丁夫多死,疲顿颠仆,推填坑坎,覆以土石,因而筑为平地。死者以万数。

公卿大臣上奏说贺若弼怨恨朝廷,犯了死罪。文帝又对贺若弼说:"百官大臣严格执法,判定你犯有死罪,你得自己寻找活命的理由。"贺若弼说:"我仰仗着陛下威灵,率领八千名兵士渡过长江,俘获了南陈后主陈叔宝,我想以此功劳请求活命。"文帝说:"朝廷对此已格外重赏,现在怎么还能再提此事?"贺若弼说:"我是已经得到过格外重赏,只是今天还想请求陛下格外开恩,保全性命。"在这以后的几天里,文帝稍微回心转意,吝惜他战功卓著,特令免除一切官爵职务,除名为民。一年以后,文帝虽然又恢复了贺若弼的爵位,但也对他产生猜忌,不再任命他担任具体职务,但是朝会宴请赏赐群臣时,给他的待遇仍很优厚。

9 有关官吏上奏说:"国家的府库已经全堆满了,以至于财物没有地方存放,只好暂时堆放在府库外的厢房里。"隋文帝问:"朕不但对天下百姓征收很轻的赋税,而且又曾经用来大量地赏赐平定南陈的有功将士,为什么府库还会全满呢?"回答说:"由于每年收入经常多于支出,估计每年用于赏赐和日常支用达到数百万段,所以府库所藏根本不会减少。"于是文帝下令另外开辟左藏院以存放新征收的财帛。文帝又下诏书说:"粮食布帛宁愿积蓄在民间百姓家里,也不要储藏于国家府库。今年河北、河东地区的田租可减征三分之一,军人应缴纳的份额可减征一半,全国各地成丁应缴纳的调全部免征。"当时隋朝全国的户口每年都在增加,京畿地区和河北、河南、河东三河地区地少人多,许多平民衣食不足,于是文帝就向全国各地派出使节,重新调整分配天下的田地,地少人多的狭乡每个成年丁口只能分到二十亩地,老人和孩童能分到的土地更少。

隋文帝开皇十三年(癸丑,公元593年)

1 春季,正月壬子(十一日),隋文帝祭祀感生帝。

2 壬戌(二十一日),隋文帝巡幸岐州。

3 二月丙午,隋文帝下诏令在岐州北面营建仁寿宫,派遣杨素监督施工。杨素上奏请求朝廷委派前莱州刺史宇文恺临时代理将作大匠,记室参军封德彝为土木监。于是平山填谷构筑宫殿,高台累榭,宛转相连。在营建过程中督使严急,服役丁夫死亡众多。很多人疲惫不堪,倒地而死,尸体被填入坑中,上面用土石覆盖,因而筑成平地。总共死了一万多人。

4 丁亥,上至自岐州。

5 己卯,立皇孙暕为豫章王。暕,广之子也。

6 丁酉,制:"私家不得藏纬候、图谶。"

7 秋,七月戊辰晦,日有食之。

8 是岁,上命礼部尚书牛弘等议明堂制度。宇文恺献明堂木样,上命有司规度安业里地,将立之;而诸儒异议,久之不决,乃罢之。

9 上之灭陈也,以陈叔宝屏风赐突厥大义公主。公主以其宗国之覆,心常不平,书屏风,为诗叙陈亡以自寄;上闻而恶之,礼赐渐薄。彭公刘昶先尚周公主,流人杨钦亡入突厥,诈言昶欲与其妻作乱攻隋,遣钦密告大义公主,发兵扰边。都蓝可汗信之,乃不修职贡,颇为边患。上遣车骑将军长孙晟使于突厥,微观察之。公主见晟,言辞不逊,又遣所私胡人安遂迦与杨钦计议,扇惑都蓝。晟至京师,具以状闻。上遣晟往索钦;都蓝不与,曰:"检校客内无此色人。"晟乃赂其达官,知钦所在,夜,掩获之,以示都蓝,因发公主私事,国人大以为耻。都蓝执安遂迦等,并以付晟。上大喜,加授开府仪同三司,仍遣入突厥废公主。内史侍郎裴矩请说都蓝使杀公主。时处罗侯之子染干,号突利可汗,居北方,遣使求婚,上使裴矩谓之曰:"当杀大义公主,乃许婚。"

4　丁亥(十七日),隋文帝自岐州返回长安。

5　己卯,隋朝册封皇孙杨暕为豫章王。杨暕是晋王杨广的儿子。

6　丁酉(二十七日),隋文帝下制书说:"民间私家不得收藏预卜吉凶的纬候、图谶之类的书籍。"

7　秋季,七月戊辰晦(三十日),出现日食。

8　这一年,隋文帝下令礼部尚书牛弘等人讨论研究古代明堂的建筑结构。宇文恺向文帝呈献了明堂的木制模型,于是文帝下令有关官吏在长安安业里规划出地皮,准备建立明堂。可是由于朝中的儒生意见不同,很长时间不能形成一致意见,只好作罢。

9　隋文帝灭掉南陈后,将陈叔宝的屏风赏赐给突厥可贺敦大义公主。大义公主因为她的宗国北周宇文氏灭亡,心里一直愤愤不平,于是就在屏风上作诗,叙述南陈亡国的事,借以寄托自己对故国的哀思。隋文帝知道此事后就忌恨大义公主,对她逐渐冷淡,赏赐也日益减少。彭公刘昶以前也娶了北周帝室公主为妻,隋朝流民杨钦逃入突厥,谎称刘昶打算和妻子一起兴兵作乱,攻打隋朝,因此派遣杨钦来密告大义公主,请求突厥发兵侵扰隋朝边境。突厥都蓝可汗相信了杨钦的话,于是就不再谨守藩国的职责,按时朝贡,时常发兵侵犯隋境。隋文帝派遣车骑将军长孙晟出使突厥,暗中观察了解情况。大义公主见了长孙晟后,出言不恭,又派和她私通的胡人安遂迦去与杨钦计议谋划,煽动鼓惑都蓝可汗。长孙晟回到京师后,将所见所闻向隋文帝作了报告。于是文帝又派遣长孙晟到突厥索要杨钦,都蓝可汗不给,回答说:"检查过我们的宾客,其中没有这个人。"于是长孙晟就贿赂突厥的达官贵人,知道了杨钦躲藏的地方,在夜里突然将他抓获,然后给都蓝可汗看,并趁机揭发了大义公主和胡人安遂迦的私情,突厥国人得知后认为是极大的耻辱。于是都蓝可汗拿获了安遂迦等人,一并交付长孙晟带回隋朝。隋文帝十分高兴,加授长孙晟开府仪同三司,并派他出使突厥劝说废除大义公主。内史侍郎裴矩请求出使突厥劝说都蓝可汗,使他杀掉大义公主。当时前突厥莫何可汗处罗侯的儿子染干号称为突利可汗,居住在突厥国的北方,他派遣使者向隋朝求婚,隋文帝就派遣裴矩对他说:"只有杀掉大义公主,隋朝才能答应婚事。"

突利复谮之于都蓝,都蓝因发怒,杀公主,更表请婚,朝议将许之。长孙晟曰:"臣观雍虞闾反覆无信,直以与玷厥有隙,所以欲依倚国家,虽与为婚,终当叛去。今若得尚公主,承藉威灵,玷厥、染干必受其征发。强而更反,后恐难图。且染干者,处罗侯之子,素有诚款,于今两代,前乞通婚,不如许之,招令南徙,兵少力弱,易可抚驯,使敌雍虞闾以为边捍。"上曰:"善。"复遣晟慰谕染干,许尚公主。

10　牛弘使协律郎范阳祖孝孙等参定雅乐,从陈阳山太守毛爽受京房律法,布管飞灰,顺月皆验。又每律生五音,十二律为六十音,因而六之,为三百六十音,分直一岁之日以配七音,而旋相为宫之法,由是著名。弘等乃奏请复用旋宫法,上犹记何妥之言,注弘奏下,不听作旋宫,但用黄钟一宫。于是弘等复为奏,附顺上意,其前代金石并销毁之,以息异议。弘等又作武舞,以象隋之功德;郊庙飨用一调,迎气用五调。旧工稍尽,其馀声律,皆不复通。

十四年(甲寅,594)

1　春,三月乐成。夏,四月乙丑,诏行新乐,且曰:"民间音乐,流僻日久,弃其旧体,竞造繁声,宜加禁约,务存其本。"

于是突利可汗也向都蓝可汗说大义公主的坏话，都蓝可汗因此大怒，杀了大义公主，重新向隋朝上表求婚，朝廷准备答应都蓝可汗。长孙晟说："我看都蓝反复无常，不讲信用，只因为和西方达头可汗玷厥结下怨恨，所以才依倚我朝，即使是我们双方建立了婚姻关系，他终久也会叛变而去。现在都蓝可汗如果能娶到大隋公主为妻，那么他就可以凭借我们大隋的威灵而发号施令，达头可汗玷厥与染干必然会听从他的指挥调度。这样都蓝可汗的势力将会更加强大，强大后再起来反叛，以后恐怕就很难制服了。况且染干是处罗侯的儿子，素来诚心归服，至今已有两代，以前他曾派遣使节来求婚，不如答应他，然后招抚劝诱他率领部落向南迁移，染干兵少力弱，容易驯服，我们可以利用他抵御都蓝可汗以保卫北方边疆。"文帝听了称赞道："这个主意好！"于是再次派遣长孙晟前去安慰晓谕染干，答应他可以娶公主为妻。

10 礼部尚书牛弘请协律郎范阳人祖孝孙等人参与修订雅乐，祖孝孙曾从师陈阳山太守毛爽学习京房的律吕之法，律管中葭灰飞动，顺序和十二个月份全部符合。又每种律调有五个音级，十二种律调共有六十个音级，把这六十个音级重复六次，就构成三百六十个音级，分别和一年的三百六十天对应起来，然后再和宫、商、角、徵、羽、变宫、变徵七个音级配合起来而形成各种律调节奏，于是，古代旋相为宫之法，才重新大白于天下，被人们所认识。因此，牛弘等人上奏请求重新使用旋宫法演奏音乐，可是文帝还记着以前何妥所说的话，于是就在牛弘等人的奏书上面批示，不许采用旋宫法，仍旧只使用黄钟一宫。于是，牛弘等人重新上奏，附合文帝的旨意，请求把前代的金石乐器之类全部予以销毁，以平息人们在音乐方面的不同意见。牛弘等人又创作了武舞，用来表现隋朝的功德；规定在举行郊、庙祭祀时只使用黄钟一宫，在祈求丰年的迎气馨祀时，可分别使用黄钟的角、徵、宫、商、羽五调。从此以后，老乐师逐渐死去，新乐师对黄钟律调以外的其他声律，都不再通晓。

隋文帝开皇十四年(甲寅，公元594年)

1 春季，三月，隋朝新乐修订完成。夏季，四月乙丑（初一），隋文帝下诏令颁行新乐，并且说："民间音乐放荡邪僻已经很久，丢弃了音乐原来的主体风格，竞相造作繁杂的声律，应该加以禁止，务必保存音乐调和阴阳、辅助教化的本来意义。"

万宝常听太常所奏乐,泫然泣曰:"乐声淫厉而哀,天下不久将尽!"时四海全盛,闻者皆谓不然;大业之末,其言卒验。宝常贫而无子,久之,竟饿死。且死,悉取其书烧之,曰:"用此何为?"

2 先是,台、省、府、寺及诸州皆置公廨钱,收息取给。工部尚书苏孝慈以为"官司出举兴生,烦扰百姓,败损风俗,请皆禁止,给地以营农。"上从之。六月丁卯,始诏:"公卿以下皆给职田,毋得治生,与民争利。"

3 秋,七月乙未,以邳公苏威为纳言。

4 初,张宾历既行,广平刘孝孙、冀州秀才刘焯并言其失。宾方有宠于上,刘晖附会之,共短孝孙,斥罢之。后宾卒,孝孙为掖县丞,委官入京,上其事,诏留直太史,累年不调,乃抱其书,使弟子舆榇来诣阙下,伏而恸哭;执法拘而奏之。帝异焉,以问国子祭酒何妥,妥言其善。乃遣与宾历比校短长。直太史勃海张胄玄与孝孙共短宾历,异论锋起,久之不定。上令参问日食事,杨素等奏:"太史凡奏日食二十有五,率皆无验,胄玄所刻,前后妙中,孝孙所刻,验亦过半。"于是上引孝孙、胄玄等亲自劳徕。孝孙请先斩刘晖,乃可定历,帝不怿,又罢之。孝孙寻卒。

著名乐师万宝常听了太常寺乐师所演的音乐后,伤心落泪地说:"乐声淫厉而又哀婉,天下不久将会灭亡!"当时隋朝正处在全盛时期,听到的人都认为他的预言不会兑现;到了大业末年,万宝常的预言终于得到证实。万宝常生活贫穷又没有儿子,很久以后,竟饥饿而死。临死的时候,他把自己的书籍全部烧掉,悲愤地说:"读这些书能有什么用处?"

　　2　以前,隋朝在中央台、省、府、寺各机构和地方各州县都设立了公廨钱,每年放贷出去,收取利息作为各级官吏的薪俸。工部尚书苏孝慈认为:"官府放贷,收息盈利,烦扰百姓,败坏风俗,请求陛下明令禁止,而由国家拨给各级官吏田地耕种,以收获作为俸禄。"隋文帝听从了他的建议,六月丁卯(初四),下诏书说:"公卿大臣以下各级官吏都分配给职分田,不得再经商放贷,与民争利。"

　　3　秋季,七月乙未(初三),隋朝任命邳公苏威为纳言。

　　4　当初,隋朝颁行了张宾修撰的《甲子元历》以后,广平人刘孝孙与冀州秀才刘焯都上书指出了新历的失误。当时因为张宾正受到隋文帝的宠信,仪同三司刘晖又附会张宾,两人一起向隋文帝诋毁刘孝孙,于是文帝就驳回了刘孝孙的建议。后来张宾去世,刘孝孙担任了掖县县丞,他弃官入京,再一次上书提出了自己的意见,文帝下诏令他留在太史曹担任直太史,但多年没有调动他的职务,于是他自己抱着书,让弟子门生们抬着棺材来到宫阙前,伏地痛哭;执法官吏拘捕了他,然后奏报隋文帝。文帝感到惊异,就询问国子祭酒何妥,何妥回答说刘孝孙的建议很对。于是文帝就让他将自己的历法和张宾的历法比较高下优劣。直太史勃海人张胄玄和刘孝孙共同指责张宾的历法,于是异议蜂起,长期争论不休。文帝派人询问验证双方历法所定日食的情况,尚书右仆射杨素等人上奏说:"太史们根据张宾的历法所奏报的日食总共有二十五次,基本上都与事实不符;而张胄玄所推定的日食日期,前后全都得到验证,准确无误;刘孝孙所推定的日食日期,符合的也超过一半。"于是文帝就召见刘孝孙和张胄玄两人,亲自加以慰问勉励。刘孝孙请求先处斩刘晖,然后他才能制定新历,文帝很不高兴,就又下令终止了制定新历的工作。刘孝孙不久就去世了。

5 关中大旱,民饥,上遣左右视民食,得豆屑杂糠以献。上流涕以示群臣,深自咎责,为之不御酒肉,殆将一期。八月辛未,上帅民就食于洛阳,敕斥候不得辄有驱逼。男女参厕于仗卫之间,遇扶老携幼者,辄引马避之,慰勉而去;至艰险之处,见负担者,令左右扶助之。

6 冬,闰十月甲寅,诏以齐、梁、陈宗祀废绝,命高仁英、萧琮、陈叔宝以时修祭,所须器物,有司给之。陈叔宝从帝登邙山,侍饮,赋诗曰:"日月光天德,山河壮帝居;太平无以报,愿上东封书。"并表请封禅。帝优诏答之。他日,复侍宴,及出,帝目之曰:"此败岂不由酒?以作诗之功,何如思安时事?当贺若弼渡京口,彼人密启告急,叔宝饮酒,遂不之省。高颖至日,犹见启在床下,未开封。此诚可笑,盖天亡之也。昔苻氏征伐所得国,皆荣贵其主,苟欲求名,不知违天命;与之官,乃违天也。"

7 齐州刺史卢贲坐民饥闭民粜,除名。帝后复欲授以一州,贲对诏失旨,又有怨言,帝大怒,遂不用。皇太子为言:"此辈并有佐命功,虽性行轻险,诚不可弃。"帝曰:"我抑屈之,全其命也。微刘昉、郑译、卢贲、柳裘、皇甫绩等,则我不至此。然此等皆反覆子也,当周宣帝时,以无赖得幸。及

5 隋朝关中地区大旱,百姓饥荒,隋文帝派遣左右侍臣察看老百姓的食物,左右侍臣拿回了百姓所吃的豆屑杂糠呈献给文帝。文帝流着眼泪将这些东西展示给百官大臣们看,并深深地自责,从此不再饮酒吃肉,坚持了将近一年。八月辛未(初九),隋文帝率领关中百姓前往洛阳地区度荒,并下敕令警卫的士兵不得驱赶百姓。百姓们男男女女掺杂行进在禁卫和仪仗队伍中间,文帝如果遇到扶老携幼的逃难者,总是牵马让路,好言慰勉而去;到了艰险难行的地方,遇到挑担负重的逃难者,就命令左右随从上前扶助。

6 冬季,闰十月甲寅(二十三日),隋文帝下诏,由于北齐、南梁、南陈三国帝室的宗庙祭祀废绝,命令原北齐高平王高仁英、原后梁国君萧琮、原南陈后主陈叔宝三人分别按时负责祭祀,祭祀时所需要的器物,由朝廷有关部门主管官吏供给。陈叔宝随从文帝登上洛阳城北邙山,在陪侍文帝饮酒时赋诗说:"日月光天德,山河壮帝居;太平无以报,愿上东封书。"并上表请求文帝上泰山祭祀天地。文帝用亲切客气的诏令答复了他。在另一天,陈叔宝又在文帝举行的宴会上作陪,等他离开时,文帝目送他说:"他的败亡难道不正是由于酒吗?与其在作诗上下功夫,不如用来考虑安定时事政局!当初在贺若弼率军渡过长江拿下京口时,就有人向南陈朝廷密信告急,可是陈叔宝正在饮酒,根本不看。一直到高颎到达建康的那天,才发现告急密信仍然扔在床下,根本就没有开封。这件事真是可笑,实在是上天要让南陈灭亡。以前前秦苻坚南征北伐所吞并的国家,都荣耀尊贵原来的国君,苻坚只是想博取好名声,不知道这样做是违背天命的。给上天已经抛弃的君主官做,就是违背了上天的旨意。"

7 齐州刺史卢贲因饥荒时关闭义仓不让粜粮给老百姓,被朝廷除名为民。隋文帝后来想再授予他一州刺史,而卢贲在回复文帝诏书时不合文帝的意,再加上又有怨言,文帝十分愤怒,就不再起用他。皇太子杨勇为他上奏说:"像卢贲这些人都有佐命大功,他虽然秉性轻薄,行为险诈,但是也不能弃之不用。"文帝回答说:"我压制他,是为了保全他的性命。如果不是刘昉、郑译、卢贲、柳裘、皇甫绩等人的辅助,我也不会成为大隋天子。但他们都是些反复无常的小人,在北周宣帝时,他们都是以不正当的手段得到了宣帝宠幸。及至

帝大渐,颜之仪等请以赵王辅政,此辈行诈,顾命于我。我将为政,又欲乱之,故眆谋大逆,译为巫蛊。如贲之例,皆不满志,任之则不逊,置之则怨望,自为难信,非我弃之。众人见此,谓我薄于功臣,斯不然矣。"贲遂废,卒于家。

8　晋王广帅百官抗表,固请封禅。帝令牛弘创定仪注,既成,帝视之,曰:"兹事体大,朕何德以堪之?但当东巡,因致祭泰山耳。"十二月乙未,车驾东巡。

9　上好禨祥小数,上仪同三司萧吉上书曰:"甲寅、乙卯,天地之合也。今兹甲寅之年,以辛酉朔旦冬至,来年乙卯,以甲子夏至。冬至阳始,郊天之日,即至尊本命;夏至阴始,祀地之辰,即皇后本命。至尊德并乾之覆育,皇后仁同地之载养,所以二仪元气并会本辰。"上大悦,赐物五百段。吉,懿之孙也。员外散骑侍郎王劭言上有龙颜戴干之表,指示群臣。上悦,拜著作郎。劭前后上表,言上受命符瑞甚众,又采民间歌谣,引图书谶纬,捃摭佛经,回易文字,曲加诬饰,撰《皇隋灵感志》三十卷奏之,上令宣示天下。劭集诸州朝集,使盥手焚香而读之,曲折其声,有如歌咏,经涉旬朔,遍而后罢。上益喜,前后赏赐优洽。

十五年(乙卯,595)

1　春,正月壬戌,车驾顿齐州。庚午,为坛于泰山,柴燎祀天,以岁旱谢愆咎,礼如南郊;又亲祀青帝坛。赦天下。

宣帝病重，颜之仪等人请求让赵王宇文招辅政，而他们这些人公然作假，伪造遗诏，让我辅政。及至我将要当政，他们又想作乱，所以刘昉谋反，郑译用巫术诅咒。像卢贲这类人，永远不会有满足欲望的时候，任用他们则骄横不法，弃置他们则怨天尤人，这要怪他们自己不能取信于人，并不是我要抛弃他们。众人见我这样对待他们，都认为我对待功臣太刻薄，其实并不是那么回事。"卢贲遂被废黜，后来在家中去世。

8　晋王杨广率领百官大臣上表，极力坚持请求文帝上泰山祭祀天地。于是隋文帝命令牛弘制定祭祀天地的礼节仪式，牛弘制定完成，文帝看后说："这件事非同小可，朕有什么德行能承受呢？只到东方巡视，顺便祭祀一下泰山。"十二月乙未(初五)，文帝巡幸东方。

9　隋文帝喜爱预卜吉凶灾祥的雕虫小技，上仪同三司萧吉上书说："甲寅、乙卯之年，是天地阴阳之气相互交合的时候。今年是甲寅年，辛酉朔那天冬至，来年是乙卯年，甲子那天夏至。冬至过后阳气开始上升，是祭天的日子，那天正是陛下的本命日；夏至过后阴气开始上升，是祭地的时刻，那天正是皇后的本命日。陛下的恩德如同天之覆育众生，皇后的仁爱如同地之载养万物，所以天地两仪的元气一起聚合在陛下和皇后的生辰日期上。"文帝听后大喜，于是赏赐萧吉布帛等物五百段。萧吉是萧懿的孙子。员外散骑侍郎王劭说文帝相貌奇异，有龙颜，头部有肉突起如角，并指示给百官大臣们看。文帝听了也大为高兴，于是就任命王劭为著作郎。王劭前后多次上表书，陈述文帝受命即位所出现的种种吉祥的征兆，又采集民间歌谣，征引预卜吉凶的谶纬图书，摘录佛经中的记载，采取改换文字、歪曲附会等手法，撰成《皇隋灵感志》三十卷上奏文帝，文帝下令将此书宣示天下。于是王劭召集全国各州的朝集使，让他们洗手焚香而诵读此书，并且故意读得抑扬顿挫，好像歌咏一般，读了十多天，直到把全书读完才罢。文帝更加高兴，先后赏赐给王劭大量钱财。

隋文帝开皇十五年(乙卯，公元595年)

1　春季，正月壬戌(初三)，隋文帝车驾停在齐州。庚午(十一日)，在泰山上修起祭坛，焚烧柴火祭祀上天，由于去年出现了旱情，文帝就自陈过失，以向上天请罪，祭祀仪式和南郊大祀相同。随后文帝又亲自登坛祭祀青帝。又下令大赦天下。

2 二月丙辰，收天下兵器，敢私造者坐之；关中、缘边不在其例。

3 三月己未，至自东巡。

4 仁寿宫成。丁亥，上幸仁寿宫。时天暑，役夫死者相次于道，杨素悉焚除之，上闻之，不悦。及至，见制度壮丽，大怒曰："杨素殚民力为离宫，为吾结怨天下。"素闻之，惶恐，虑获谴，以告封德彝，曰："公勿忧，俟皇后至，必有恩诏。"明日，上果召素入对，独孤后劳之曰："公知吾夫妇老，无以自娱，盛饰此宫，岂非忠孝？"赐钱百万，锦绢三千段。素负贵恃才，多所陵侮；唯赏重德彝，每引之与论宰相职务，终日忘倦，因抚其床曰："封郎必须据吾此坐。"屡荐于帝，帝擢为内史舍人。

5 夏，四月己丑朔，赦天下。

6 六月戊子，诏凿底柱。

7 庚寅，相州刺史豆卢通贡绫文布，命焚之于朝堂。

8 秋，七月，纳言苏威坐从祠泰山不敬，免，俄而复位。上谓群臣曰："世人言苏威诈清，家累金玉，此妄言也。然其性狠戾，不切世要，求名太甚，从己则悦，违之必怒，此其大病耳。"

9 戊寅，上至自仁寿宫。

10 冬，十月戊子，以吏部尚书韦世康为荆州总管。世康，洸之弟也，和静谦恕，在吏部十馀年，时称廉平。常有止足之志，谓子弟曰："禄岂须多，防满则退；年不待暮，

2　二月丙辰(二十七日),隋文帝下令收缴天下兵器,民间敢有私自制造者问罪;关中和沿边地区不在此例。

3　三月己未(初一),隋文帝结束东巡回到长安。

4　隋岐州仁寿宫修建完工。丁亥(二十九日),隋文帝驾幸仁寿宫。当时天气暑热,服役丁夫死者相连于道,杨素把死尸全部都焚烧清除,文帝听说后,心中不高兴。及至文帝来到仁寿宫,见宫殿结构雄伟壮丽,就怒冲冲地说:"杨素殚竭民力修建这座离宫,是为我结怨于天下百姓。"杨素听说后,惶恐不安,预料将会受到谴责,就将文帝发怒之事告诉了土木监封德彝,封德彝说:"您不必担忧,等皇后来到以后,陛下必定会有诏书赞扬您。"第二天,隋文帝果然召见杨素入宫谈话,独孤皇后慰劳杨素说:"你知道我们夫妇已老,没有娱乐的地方,所以将这座宫殿装修得如此华丽,这岂不正是你忠孝的表现?"于是赏赐给他钱一百万,锦帛三千段。杨素仗着自己地位高贵,富有才气,对公卿大臣常有凌侮,唯独赏识器重封德彝,常邀他一起议论宰相的职务,畅谈终日,不知疲倦,并手抚自己的坐床说:"封郎一定能坐上我的宰相座位。"杨素因此屡次向文帝推荐封德彝,文帝提拔封德彝为内史舍人。

5　夏季,四月己丑朔(初一),隋朝大赦天下。

6　六月戊子(初一),隋文帝下诏令凿开黄河中的底柱山。

7　庚寅(初三),相州刺史豆卢通向朝廷进贡绫纹布,隋文帝下令在朝堂上予以焚毁。

8　秋季,七月,纳言苏威由于在随从隋文帝祭祀泰山时犯了大不敬之罪,被免官,但很快就又恢复了职务。文帝对百官群臣说:"世人都说苏威假装清廉,实际上家中堆满了金玉珍宝,这完全是一派胡言。但是苏威秉性残暴,为人处事不合时宜,求名的欲望太强,别人顺从自己则皆大欢喜,不顺从自己则恼羞成怒,这是他最大的缺点。"

9　戊寅(二十二日),隋文帝从仁寿宫回到长安。

10　冬季,十月戊子(初三),隋朝任命吏部尚书韦世康为荆州总管。韦世康是韦洸的弟弟,他秉性温和谦虚,前后主管吏部十多年,当时人都称赞他清廉公正。他常怀有知足之乐,对子弟家人告诫说:"俸禄岂能越多越好,为防止多而招祸,应该抽身早退;年龄也不必等到衰老以后,

有疾便辞。"因恳乞骸骨。帝不许,使镇荆州。时天下惟有四总管,并、扬、益、荆,以晋、秦、蜀三王及世康为之,当时以为荣。

11 十一月辛酉,上幸温汤。

12 十二月戊子,敕:"盗边粮一升已上,皆斩,仍籍没其家。"

13 己丑,诏文武官以四考受代。

14 汴州刺史令狐熙来朝,考绩为天下之最,赐帛三百匹,颁告天下。熙,整之子也。

十六年(丙辰,596)

1 春,正月丁亥,以皇孙裕为平原王,筠为安成王,嶷为安平王,恪为襄城王,该为高阳王,韶为建安王,煚为颍川王,皆勇之子也。

2 夏,六月甲午,初制工商不得仕进。

3 秋,八月丙戌,诏:"决死罪者,三奏然后行刑。"

4 冬,十月己丑,上幸长春宫;十一月壬子,还长安。

5 党项寇会州,诏发陇西兵讨降之。

6 帝以光化公主妻吐谷浑可汗世伏;世伏上表请称公主为天后,上不许。

十七年(丁巳,597)

1 春,二月癸未,太平公史万岁击南宁羌,平之。初,梁睿之克王谦也,西南夷、獠莫不归附,唯南宁州酋帅爨震恃远不服。

有病便可以辞官归养。"因此上表恳求告老退休。文帝不答应,派遣他出镇荆州。当时全国只有四位总管,设在并、扬、益、荆四州,分别由晋王杨广、秦王杨俊、蜀王杨秀和韦世康担任,当时都认为这是很荣耀的事。

11　十一月辛酉(初七),隋文帝驾幸骊山温泉。

12　十二月戊子(初四),隋文帝下敕书说:"凡是盗取边疆军粮一升以上,都要斩首,并且没收全部家产。"

13　己丑(初五),隋文帝下诏令天下文武官吏要连考四年,决定升降。

14　汴州刺史令狐熙考满入朝,由于他的政绩为天下第一,所以隋文帝赏赐给他绢帛三千匹,并且将他的事迹布告天下。令狐熙是令狐整的儿子。

隋文帝开皇十六年(丙辰,公元596年)

1　春季,正月丁亥,隋朝册封皇孙杨裕为平原王,杨筠为安城王,杨嶷为安平王,杨恪为襄城王,杨该为高阳王,杨韶为建安王,杨煚为颍川王,他们都是皇太子杨勇的儿子。

2　夏季,六月甲午(十三日),隋朝首次下制令工商业者不得做官。

3　秋季,八月丙戌(初六),隋文帝下诏书说:"判决死刑的罪犯,必须呈奏三次,然后才能行刑。"

4　冬季,十月己丑(初十),隋文帝驾幸同州长春宫;十一月壬子(初三),文帝回到长安。

5　党项人侵犯会州,文帝下诏令调发陇西的军队讨伐并降附了党项族。

6　隋文帝将光化公主嫁给吐谷浑可汗世伏,世伏上表请求称呼公主为天后,文帝不答应。

隋文帝开皇十七年(丁巳,公元597年)

1　春季,二月癸未(初六),太平公史万岁率军攻打南宁的羌族人,平定了他们。当初,北周行军元帅梁睿平定王谦的时候,西南夷、獠等族莫不归顺朝廷,唯有南宁州的酋帅爨震依恃路途遥远,不肯臣服。

睿上疏，以为："南宁州，汉世牂柯之地，户口殷众，金宝富饶。梁南宁州刺史徐文盛为湘东王征赴荆州，属东夏尚阻，未遑远略，土民爨瓒遂窃据一方，国家遥授刺史，其子震相承至今。而震臣礼多亏，贡赋不入，乞因平蜀之众，略定南宁。"其后南宁夷爨玩来降，拜昆州刺史，既而复叛。乃以左领军将军史万岁为行军总管，帅众击之，入自蜻蛉川，至于南中。夷人前后屯据要害，万岁皆击破之；过诸葛亮纪功碑，渡西洱河，入渠滥川，行千馀里，破其三十馀部，虏获男女二万馀口。诸夷大惧，遣使请降，献明珠径寸，于是勒石颂美隋德。万岁请将爨玩入朝，诏许之。爨玩阴有贰心，不欲诣阙，赂万岁以金宝，万岁于是舍玩而还。

2　庚寅，上幸仁寿宫。

3　桂州俚帅李光仕作乱，帝遣上柱国王世积与前桂州总管周法尚讨之。法尚发岭南兵，世积发岭北兵，俱会尹州。世积所部遇瘴，不能进，顿于衡州，法尚独讨之。光仕战败，帅劲兵走保白石洞。法尚大获家口，其党有来降者，辄以妻子还之，居旬日，降者数千人；光仕众溃而走，追斩之。

帝又遣员外散骑侍郎何稠募兵讨光仕，稠谕降其党莫崇等，承制署首领为州县官。稠，妥之兄子也。

于是梁睿上疏,认为:"南宁州本是汉代的牂柯,人口众多,财宝丰富。在侯景之乱时,南梁南宁州刺史徐文盛被湘东王萧绎召赴荆州,由于当时华夏战乱,无暇顾及经略边远地区,当地土著爨瓒遂得以窃据一方,国家只好远远地授予他刺史职务,由他的儿子爨震承袭至今。而爨震作为臣子,礼节多缺,又不向朝廷缴纳贡赋,所以我请求率领平定巴、蜀地区的军队,前去平定南宁。"后来南宁夷族首领爨玩归降隋朝,被任命为昆州刺史,可是他不久就又反叛。于是隋朝任命左领军将军史万岁为行军总管,率军攻打爨玩,从靖蛉川进入,到达南中地区。夷族人前后屯据着战略要地,依险固守,都被史万岁率军攻破。越过诸葛亮的纪功碑,渡过西洱河,进入渠滥川,转战千馀里,攻破夷族三十多个部落,俘获男女两万馀口。因此夷人害怕,纷纷派遣使节向史万岁请求归降,献出直径约长一寸的大明珠,于是刻碑歌颂隋朝的功德。史万岁又向朝廷上书请求带爨玩入朝,文帝下诏同意。可是爨玩暗中怀有二心,不想入朝,因此用金银珠宝贿赂史万岁,史万岁就放了爨玩而班师还朝。

2　庚寅(十三日),隋文帝驾幸仁寿宫。

3　居住在桂州的俚族首领李光仕反叛作乱,隋文帝派遣上柱国王世积和前桂州总管周法尚率军前去讨伐。周法尚调发驻扎在岭南地区的军队,王世积调发驻扎在岭北地区的军队,都在尹州会师。王世积率领的军队因为遇到瘴疫,无法前进,只得停在衡州,于是周法尚独自率军攻打李光仕。李光仕战败,率领精锐部队退保白石洞。周法尚俘获了大批李光仕部队的亲属家人,李光仕的部下有来向官军投降的,就归还他的妻子家人,十多天内,投降的俚人有数千人。最后,李光仕部众溃散,他本人狼狈逃跑,被隋军追上斩首。

隋文帝又派遣员外散骑侍郎何稠招募军队讨伐李光仕,何稠劝降了李光仕的党羽莫崇等人,又以朝廷之命署置俚族首领担任州县官。何稠是何妥哥哥的儿子。

上以岭南夷、越数反,以汴州刺史令狐熙为桂州总管十七州诸军事,许以便宜从事,刺史以下官得承制补授。熙至部,大弘恩信,其溪洞渠帅更相谓曰:"前时总管皆以兵威相胁,今者乃以手教相谕,我辈其可违乎?"于是相帅归附。先是州县生梗,长吏多不得之官,寄政于总管府。熙悉遣之,为建城邑,开设学校,华、夷感化焉。俚帅宁猛力,在陈世已据南海,隋因而抚之,拜安州刺史。猛力恃险骄倨,未尝参谒。熙谕以恩信,猛力感之,诣府请谒,不敢为非。熙奏改安州为钦州。

4　帝以所在属官不敬惮其上,事难克举,三月丙辰,诏"诸司论属官罪,有律轻情重者,听于律外斟酌决杖。"于是上下相驱,迭行捶楚,以残暴为干能,以守法为懦弱。

帝以盗贼繁多,命盗一钱以上皆弃市,或三人共盗一瓜,事发即死。于是行旅皆晏起早宿,天下懔懔。有数人劫执事而谓之曰:"吾岂求财者邪?但为枉人来耳。而为我奏至尊:自古以来,体国立法,未有盗一钱而死者也。而不为我以闻,吾更来,而属无类矣!"帝闻之,为停此法。

帝尝乘怒,欲以六月杖杀人,大理少卿河东赵绰固争曰:"季夏之月,天地成长庶类,不可以此时诛杀。"帝报曰:"六月虽曰生长,此时必有雷霆;我则天而行,有何不可?"遂杀之。

由于居住在岭南地区的夷族、越族多次起兵反叛,于是隋文帝任命汧州刺史令狐熙为桂州总管十七州诸军事,允许他相机行事,授权他可以朝廷之命任免州刺史以下各级官吏。令狐熙上任后,大力推行恩德信义,于是岭南溪洞中的夷、越族首帅互相说道:"以前各任总管都是以军队相威胁,今天的总管却是以亲笔教令来开导,我们怎么能再违抗呢?"于是相继率领部落归降。先前,岭南各地州县往往违抗命令,朝廷委派的官吏无法到位任职,只好寄居在总管府。现在令狐熙把他们全都派遣到职,并为各州县营建城邑,开设学校,因此汉、夷各族人民都感化宾服。俚族首领宁猛力在南陈统治时期已据有南海,隋朝因此对他采取安抚政策,任命他为安州刺史。宁猛力依仗着地形险要,桀骜不驯,从来不曾参拜谒见总管。令狐熙对他施以恩德信义,宁猛力大受感动,于是来到总管府拜见,从此不敢再胡作非为。令狐熙又奏报朝廷,把安州改称钦州。

4 隋文帝因为政府各部门的属官往往不尊敬惧怕上司长官,难以提高办事效率,三月丙辰(初九),下诏书说:"各主管部门给属官定罪,如果按律应该从轻发落,但犯罪情节又比较严重的,允许在法律规定之外斟酌处以杖刑。"于是各级部门上下互相强迫,乱行捶打,把残暴酷虐当作有办事能力,把遵纪守法当作懦弱无能。

隋文帝由于天下盗贼繁多,下令凡是偷窃一文钱以上的人都要在闹市中被处死,暴尸街头,曾有三人一起偷了一个瓜,事情败露后三人都被立即处死。于是行旅之人都早睡晚起,天下百姓人心惶惶。有几个人劫持了执法官吏,对他们说:"我们岂是贪财之人?只为被冤死的众人而来。现在要求你们替我们上奏皇上:自古以来制定的法律,都没有偷窃一文钱就判处死刑的条款。你们如果不将我们的话转奏朝廷,等我们再来抓住你们,你们就不能活命了!"文帝听说后,就废除了这项法令。

隋文帝曾经在盛怒之时,想在六月份杖刑杀人,大理少卿河东人赵绰苦苦诤谏说:"盛夏季节,正是天地间万物旺盛生长的月份,不可在此时杀人。"文帝回答说:"六月份虽然是万物生长的季节,但上天也会有雷霆震怒发生;我效法上天行事,有什么不可以?"于是就下令将人杖杀了。

　　大理掌固来旷上言大理官司太宽，帝以旷为忠直，遣每旦于五品行中参见。旷又告少卿赵绰滥免徒囚，帝使信臣推验，初无阿曲，帝怒，命斩之。绰固争，以为旷不合死，帝拂衣入阁。绰矫言："臣更不理旷，自有他事，未及奏闻。"帝命引入阁，绰再拜请曰："臣有死罪三，臣为大理少卿，不能制御掌固，使旷触挂天刑，一也。囚不合死，而臣不能死争，二也。臣本无他事，而妄言求入，三也。"帝解颜。会独孤后在坐，命赐绰二金杯酒，并杯赐之。旷因免死，徙广州。

　　萧摩诃子世略在江南作乱，摩诃当从坐，上曰："世略年未二十，亦何能为，以其名将之子，为人所逼耳。"因赦摩诃。绰固谏不可，上不能夺，欲绰去而赦之，因命绰退食。绰曰："臣奏狱未决，不敢退。"上曰："大理其为朕特赦摩诃也！"因命左右释之。

　　刑部侍郎辛亶尝衣绯裈，俗云利官；上以为厌蛊，将斩之。绰曰："法不当死，臣不敢奉诏。"上怒甚，曰："卿惜辛亶而不自惜也？"命引绰斩之。绰曰："陛下宁杀臣，不可杀辛亶。"至朝堂，解衣当斩，上使人谓绰曰："竟何如？"对曰："执法一心，不敢惜死。"上拂衣而入，良久，乃释之。明日谢绰，劳勉之，赐物三百段。

大理掌固来旷上言说大理寺执法官吏对囚犯量刑定罪太宽，隋文帝因此认为来旷忠诚正直，让他每天早晨站在五品官员的行列中参见。来旷又上告说大理少卿赵绰违法释放囚徒，文帝派遣使臣前去调查，发现赵绰根本没有枉法偏袒之事，文帝非常愤怒，下令将来旷斩首。赵绰苦苦谏诤，认为来旷按照法律构不成死罪，文帝不听，拂衣进入阁中。赵绰又假称："我不再审理来旷的事情，我还有别的事没有来得及奏闻。"文帝让人引赵绰来到后阁，赵绰再拜奏请说："我犯了三项死罪：身为大理少卿，没有能管制约束住掌固来旷，使他触犯了朝廷刑律，这是第一；囚犯罪不当死，而我不能以死相争，这是第二；我本来没有别的事，而以妄言求见陛下，这是第三。"文帝听了他的话，脸色才缓和下来。当时正碰上独孤皇后在座，就下令赏赐赵绰两金杯酒，并且连金杯也赏赐给他。因此，来旷得以免除一死，被流放到广州。

原南陈骠骑将军萧摩诃的儿子萧世略在江南地区举兵作乱，萧摩诃应当连坐治罪，隋文帝说："萧世略年纪还未满二十岁，能有什么作为，只因为他是名将的儿子，所以被别人所胁迫罢了。"于是下令赦免萧摩诃。赵绰苦苦谏诤不能这样做，文帝也不能使他屈服，文帝又想等赵绰离去后再下令赦免萧摩诃，于是让赵绰退下去吃饭。但是赵绰回答说："我呈奏的案件还没有判决，因此我不敢退下。"文帝只好宣布："请大理寺法官为朕特赦萧摩诃。"于是命令左右近臣释放了萧摩诃。

刑部侍郎辛亹曾经穿过红色的裤子，民间风俗说穿红色裤子可以官运亨通；隋文帝认为这是妖术，将要把他斩首。赵绰说："根据法律不应当处死，我不敢接受诏命。"文帝震怒，对赵绰说："你可惜辛亹的性命，难道不可惜自己的性命吗？"于是下令将赵绰推出斩首。赵绰回答说："陛下可以处死我，但不能处死辛亹。"赵绰被押到朝堂，解去衣服，正准备处斩时，文帝又派人对他说："你抗命不尊的下场如何？"赵绰回答说："我一心一意公正执法，因此不敢爱惜自己的性命。"文帝拂衣进入后宫，过了很长时间，才传令释放赵绰。第二天，文帝又向赵绰道歉，好言慰问勉励他，赏赐他布帛等物三百段。

　　时上禁行恶钱，有二人在市，以恶钱易好者，武候执以闻，上令悉斩之，绰进谏曰："此人所坐当杖，杀之非法。"上曰："不关卿事。"绰曰："陛下不以臣愚暗，置在法司，欲妄杀人，岂得不关臣事？"上曰："撼大木，不动者当退。"对曰："臣望感天心，何论动木。"上复曰："啜羹者热则置之，天子之威，欲相挫邪？"绰拜而益前，诃之，不肯退，上遂入。治书侍御史柳彧复上奏切谏，上乃止。

　　上以绰有诚直之心，每引入阁中，或遇上与皇后同榻，即呼绰坐，评论得失，前后赏赐万计。与大理卿薛胄同时，俱名平恕；然胄断狱以情而绰守法，俱为称职。胄，端之子也。

　　帝晚节用法益峻，御史于元日不劾武官衣剑之不齐者，帝曰："尔为御史，纵舍自由。"命杀之；谏议大夫毛思祖谏，又杀之。将作寺丞以课麦蒴迟晚，武库令以署庭荒芜，左右出使，或授牧宰马鞭、鹦鹉，帝察知，并亲临斩之。

　　帝既喜怒不恒，不复依准科律。信任杨素，素复任情不平，与鸿胪少卿陈延有隙，尝经蕃客馆，庭中有马屎，又众仆于毡上樗蒲，以白帝。帝大怒，主客令及樗蒲者皆杖杀之，棰陈延几死。

　　帝遣亲卫大都督长安屈突通往陇西检覆群牧，得隐匿马

当时隋文帝严禁民间使用质料低劣的钱币,有两人在集市上用劣质钱币兑换由官府铸造的好钱,巡查社会治安的武候抓获了他们,并报告了朝廷,文帝下令将他们全斩首,赵绰进谏说:"他们所犯的罪应该判处杖刑,处死他们不符合法律。"文帝回答说:"这不关你的事。"赵绰说:"陛下不因为我愚昧无知,把我放置在执法部门,现在陛下想胡乱杀非罪之人,怎么能不关我执法大臣的事?"文帝又说:"摇动高大树木的时候,如果树木不动就该知难而退。"赵绰也回答说:"我希望自己的一片忠心能感动苍天,何况是摇动树木。"文帝又说:"喝汤的时候,如果汤热就放在一边,天子的权威,你也想挫折它吗?"赵绰跪拜后又向前靠近,文帝厉声呵斥他,赵绰还是不肯退避,于是文帝就起身回后宫。治书侍御史柳彧又上奏恳切劝谏,文帝才不再坚持将那两人处死。

　　隋文帝因为赵绰忠诚正直,常常把他带进阁中谈话,有时遇到文帝正和皇后同床而坐,即令赵绰也就坐,和他评论朝政得失,前后赏赐的布帛财物多达上万。赵绰和大理卿薛胄同时,都享有公正宽恕的好名声;只是薛胄审理和判决案件多根据情理定罪,而赵绰只根据法律条文办案,两人都很称职。薛胄是薛端的儿子。

　　隋文帝晚年用法愈加严厉苛刻,曾有当值的御史在正月初一的大朝会时没有对衣冠佩剑不整齐的武官提出弹劾,文帝就说:"你作为御史,却不履行职责,放任自流。"于是下令将当值御史处死;谏议大夫毛思祖进谏,文帝又下令将他处死。将作寺丞由于征收麦秆迟晚,卫尉寺武库令由于署庭荒芜,左右近臣出使,有的收受地方官吏赠送的马鞭、鹦鹉,文帝访察知道后,都亲临刑场将他们斩首。

　　隋文帝变得喜怒无常,不再依据法律条款量刑定罪。文帝信任尚书右仆射杨素,而杨素又感情用事,不能公平地处事待人,他因和鸿胪少卿陈延之间有隔阂,有一次经过接待藩邦客人的客馆,发现庭院中有马屎,又有一些仆人在毡毯上赌博,就告诉了文帝。文帝听后大怒,下令把鸿胪寺主客令和参加赌博的仆人全部杖杀,陈延也被捶打得奄奄一息。

　　隋文帝派遣亲卫大都督长安人屈突通到陇西去检查由太仆寺掌管的牧场,得到各牧场隐匿下来没有登记在册的马匹共

二万馀匹,帝大怒,将斩太仆卿慕容悉达及诸监官千五百人。通谏曰:"人命至重,陛下奈何以畜产之故杀千有馀人?臣敢以死请!"帝瞋目叱之,通又顿首曰:"臣一身分死,就陛下丐千馀人命。"帝感寤,曰:"朕之不明,以至于此!赖有卿忠言耳。"于是悉达等皆减死论,擢通为左武候将军。

5　上柱国刘昶与帝有旧,帝甚亲之;其子居士,任侠不遵法度,数有罪,上以昶故,每原之。居士转骄恣,取公卿子弟雄健者,辄将至家,以车轮括其颈而棒之,殆死能不屈者,称为壮士,释而与交。党与三百人,殴击路人,多所侵夺,至于公卿妃主,莫敢与校。或告居士谋为不轨,帝怒,斩之,公卿子弟坐居士除名者甚众。

6　杨素、牛弘等复荐张胄玄历术。上令杨素与术数人立议六十一事,皆旧法久难通者,令刘晖等与胄玄等辩析。晖杜口一无所答,胄玄通者五十四,上乃拜胄玄员外散骑侍郎兼太史令,赐物千段,令参定新术。至是,胄玄历成。夏,四月戊寅,诏颁新历;前造历者刘晖四人并除名。

7　秋七月,桂州人李世贤反,上议讨之。诸将数人请行,上不许,顾右武候大将军虞庆则曰:"位居宰相,爵乃上公,国家有贼,遂无行意,何也?"庆则拜谢,恐惧,乃以庆则为桂州道行军总管,讨平之。

两万馀匹,于是文帝怒不可遏,将要把太仆卿慕容悉达和各牧场监牧官吏一千五百人一齐斩首。屈突通进谏说:"人命关天,最为珍贵,陛下怎么能因为畜牲的缘故而一下子杀害一千多人? 我将以死相争!"文帝瞪眼怒骂他,屈突通又叩头说:"我确实该死,想拿自己一条性命向陛下换取一千多条性命。"文帝这才醒悟过来,对屈突通说:"这都是由于朕不明事理,以至于荒唐到这个地步! 幸亏有了你的忠言,才没有铸成大错。"于是慕容悉达等人都被免死定罪,文帝又提拔屈突通为左武候将军。

5 上柱国彭公刘昶和隋文帝有旧交,隋文帝非常亲信他;刘昶的儿子刘居士负气仗义,不遵守朝廷法度,曾数次犯罪,文帝由于刘昶的缘故,每次都宽宥了他。于是刘居士有恃无恐,越加骄横放纵,猎取公卿大臣子弟中高大健壮者,到自己家里,把车轮套到他脖子上,然后用棍棒一通乱打,差不多快被打死还能不屈服求饶的人,就称为壮士,解开与他相交为友。刘居士的党羽有三百人,他们无故殴打路人,侵夺财物,为非作歹,甚至连公卿大臣、后妃公主也都不敢和他们争辩。后来有人上告说刘居士图谋不轨,文帝很愤怒,下令将刘居士斩首,公卿大臣的子弟受到牵连而被除名为民的非常多。

6 尚书右仆射杨素、太常卿牛弘等人再次向隋文帝推荐张胄玄的历法。于是文帝令杨素和掌管律历的官吏讨论提出了六十一个问题,都是旧历法长期以来很难解释清楚的,让拥护旧历法的刘晖等人和张胄玄等人互相辩难解释。结果刘晖闭口无言,而张胄玄解释通了五十四个问题,于是文帝就任命张胄玄为员外散骑侍郎兼太史令,赏赐给他布帛财物一千段,并令他参酌修定新的历法。此时,张胄玄历法修订完成。夏季,四月戊寅(初二),文帝下诏令颁行新历。先前参加修订张宾历法的刘晖等四人都被除名为民。

7 秋季,七月,桂州人李世贤举兵造反,隋文帝和百官大臣商议发兵征讨。有好几位将帅请命出征,文帝都没答应,而对右武候大将军虞庆则说:"你位居宰相,受封上柱国、鲁国公,现在国家出现了叛贼,你却根本没有领兵出征的意思,这是为什么?"虞庆则叩头请罪,惶恐不安,于是文帝就任命虞庆则为桂州道行军总管,率军前去平定叛乱。

8　秦王俊，幼仁恕，喜佛教，尝请为沙门，不许。及为并州总管，渐好奢侈，违越制度，盛治宫室。俊好内，其妃崔氏，弘度之妹也，性妒，于瓜中进毒，由是得疾，征还京师。上以其奢纵，丁亥，免俊官，以王就第。崔妃以毒王，废绝，赐死于家。左武卫将军刘昇谏曰："秦王非有他过，但费官物，营廨舍而已，臣谓可容。"上曰："法不可违。"杨素谏曰："秦王之过，不应至此，愿陛下详之！"上曰："我是五儿之父，非兆民之父？若如公意，何不别制天子儿律！以周公之为人，尚诛管、蔡，我诚不及周公远矣，安能亏法乎？"卒不许。

9　戊戌，突厥突利可汗来逆女，上舍之太常，教习六礼，妻以宗女安义公主。上欲离间都蓝，故特厚其礼，遣太常卿牛弘、纳言苏威、民部尚书斛律孝卿相继为使。

突利本居北方，既尚主，长孙晟说其帅众南徙，居度斤旧镇，锡赉优厚。都蓝怒曰："我，大可汗也，反不如染干！"于是朝贡遂绝，亟来抄掠边鄙。突利伺知动静，辄遣奏闻，由是边鄙每先有备。

10　九月甲申，上至自仁寿宫。

11　何稠之自岭南还也，宁猛力请随稠入朝，稠见其疾笃，遣还钦州，与之约曰："八九月间，可诣京师相见。"使还，奏状，上意不怿。冬，十月，猛力病卒。上谓稠曰："汝前不将猛力来，今竟死矣！"稠曰："猛力与臣约，假令身死，当遣

8　秦王杨俊从小就仁爱宽恕,爱好佛教,曾经请求出家当和尚,隋文帝没有答应。等到他担任了并州总管以后,生活逐渐奢侈,违越制度规定,大规模修建和装饰宫殿府第。杨俊好近女色,他的妃子崔氏是崔弘度的妹妹,生性妒忌,就在瓜中置毒,杨俊因此中毒得病,被文帝召回京师。文帝因为杨俊骄奢纵欲,丁亥(十三日),下令罢免了他的官职,以王爵回家闲居。崔妃因为向秦王下毒,被废除了妃子名位,赐死在家中。左武卫将军刘昇上言谏道:"秦王并没有别的罪过,只不过是耗费国家钱财营造宫舍府第而已,我认为可以宽容他。"文帝回答说:"国家的法律不可违背。"尚书右仆射杨素又进谏说:"秦王的过错,不应如此惩处,请陛下再慎重考虑!"文帝又回答说:"我难道只是太子杨勇、晋王杨广、秦王杨俊、蜀王杨秀、汉王杨谅五个儿子的父亲,而不是天下百姓的君父?如果像你说的那样,为何不专门制定用于天子儿子的法令?以周公姬旦的为人施政,尚且诛杀举兵造反的管叔、蔡叔,我确实比周公差得很远,又怎么能枉法徇私呢?"始终没有答应。

9　戊戌(二十四日),突厥突利可汗来长安迎娶隋室公主,隋文帝招待他住在太常寺,并派人教他学习中国传统婚制的纳彩、问名、纳吉、纳征、请期、亲迎六礼,将宗女安义公主嫁给他为妻。文帝因为想离间突利可汗和都蓝可汗之间的关系,所以故意将这次婚礼操办得特别隆重,相继派遣太常卿牛弘、纳言苏威、民部尚书斛律孝光作为使节出使突厥。

突利可汗本来居住在突厥的北方,在娶了安义公主以后,长孙晟劝说他率领部落南迁,居住在都斤山旧镇,隋朝对他赏赐优厚。于是都蓝可汗恼羞成怒,说:"我是突厥国的大可汗,现在反不如小可汗染干!"于是就断绝了向隋朝的朝贡,屡次出兵侵扰抄掠隋朝边境。但是突利可汗每当观察了解到都蓝可汗的动静,就很快派遣使节奏报朝廷,因此隋朝边境每次都先做好了准备。

10　九月甲申(十一日),隋文帝从仁寿宫回到长安。

11　员外散骑侍郎何稠从岭南起程返回京师时,钦州刺史宁猛力请求随何稠入朝,何稠见他病得厉害,就让他返回钦州,与他相约说:"八九月间,可到京师相会。"何稠回朝后,奏明了情况,文帝有些不高兴。冬季,十月,宁猛力病逝。文帝对何稠说:"你以前没有带宁猛力来长安,现在他竟然去世了!"何稠说:"宁猛力与我约定,如果他去世,就派遣

子入侍。越人性直，其子必来。"猛力临终，果戒其子长真曰：
"我与大使约，不可失信，汝葬我毕，宜即登路。"长真嗣为刺
史，如言入朝。上大悦曰："何稠著信蛮夷，乃至于此！"

12　鲁公虞庆则之讨李世贤也，以妇弟赵什住为随府长
史。什住通于庆则爱妾，恐事泄，乃宣言庆则不欲此行，上闻
之，礼赐甚薄。庆则还，至潭州临桂岭，观眺山川形势，曰：
"此诚险固，加以足粮，若守得其人，攻不可拔。"使什住驰诣
京师奏事，观上颜色，什住因告庆则谋反，下有司按验。十二
月壬子，庆则坐死，拜什住为柱国。

13　高丽王汤闻陈亡，大惧，治兵积谷，为拒守之策。是
岁，上赐汤玺书，责以"虽称藩附，诚节未尽"。且曰："彼之一
方，虽地狭人少，今若黜王，不可虚置，终须更选官属，就彼安
抚。王若洒心易行，率由宪章，即是朕之良臣，何劳别遣才
彦！王谓辽水之广，何如长江？高丽之人，多少陈国？朕若
不存含育，责王前愆，命一将军，何待多力？殷勤晓示，许王
自新耳。"汤得书，惶恐，将奉表陈谢。会病卒，子元嗣立，上
使使拜元为上开府仪同三司，袭爵辽东公。元奉表谢恩，因
请封王，上许之。

14　吐谷浑大乱，国人杀世伏，立其弟伏允为主，遣使陈
废立之事，并谢专命之罪，且请依俗尚主；上从之。自是朝贡
岁至。

他的儿子入朝侍奉。越人性格直爽,他的儿子必定会来朝。"宁猛力临终的时候,果然告诫儿子宁长真说:"我和朝廷大使何稠有约,不能失信,你把我安葬完毕,就应当立即上路。"宁长真继任钦州刺史,遵照父亲的遗言入朝长安。隋文帝十分高兴,说:"何稠在蛮、夷族心中拥有的信誉,竟达到了这种地步!"

12　鲁公虞庆则率军讨伐李世贤时,任命妻弟赵什住为总管府长史。赵什住和虞庆则的爱妾私通,恐怕事情泄露,于是对外宣扬说虞庆则不乐意出征,隋文帝听到后,对虞庆则的礼遇赏赐很微薄。虞庆则班师途中,走到潭州临桂岭,观察眺望山川形势,说道:"此地确实地形险要,如果有充足的粮草,再委派得力干将据险防守,攻不可破。"虞庆则派遣赵什住驰骑赶往京师向朝廷呈奏公事,顺便观察文帝对他的态度,赵什住乘机向朝廷告发说虞庆则谋反,文帝下令有关部门调查。十二月壬子(初十),虞庆则因此事被处死,又授予赵什住柱国。

13　高丽王高汤得悉南陈灭亡后,非常害怕,于是大力训练军队,聚积粮草,筹划一旦遭到隋军侵犯时所应采取的抵抗策略。这一年,隋文帝赐给高汤玺书,责备他"虽然做了隋朝的藩附属国,却没有尽到臣子应有的忠诚"。并且说:"你所统辖的地区,虽然地狭民少,但如果现在废黜了你的王位,也不能没有人负责治理,终究需要朝廷重新选派官属,前去安抚黎民百姓。你如果能洗心革面,完全遵照朝廷的法令制度,就是朕的良臣,朕又何必再派遣贤才?你认为辽河的宽广比长江如何?高丽的兵民比南陈多少?如果朕不是存有包容、养育天下黎民百姓之心,责问你以往的过失,派遣一位将帅率军前去问罪,根本用不着跟你多费气力!之所以对你殷勤劝导,是允许你改过自新。"高汤得到文帝玺书后,惶恐不安,准备向朝廷奉表谢罪。恰巧得病去世,他的儿子高元继位,文帝派遣使节授予高元上开府仪同三司,承袭辽东公爵位。高元向朝廷奉表谢恩,并请求授予王爵,文帝同意。

14　吐谷浑大乱,国中人杀死可汗世伏,拥立他的弟弟伏允为君主,派遣使臣向隋朝陈述废立可汗的理由和经过,并且请求朝廷宽恕国人的擅命专行之罪,还请求依照吐谷浑的习俗,允许伏允娶嫂子光化公主为妻;隋文帝允从。从此以后,吐谷浑每年都遣使朝贡。

十八年(戊午,598)

1　春,二月甲辰,上幸仁寿宫。

2　高丽王元帅靺鞨之众万馀寇辽西,营州总管韦冲击走之。上闻而大怒,乙巳,以汉王谅、王世积并为行军元帅,将水陆三十万伐高丽,以尚书左仆射高颎为汉王长史,周罗睺为水军总管。

3　延州刺史独孤陀有婢曰徐阿尼,事猫鬼,能使之杀人,云每杀人,则死家财物潜移于畜猫鬼家。会独孤后及杨素妻郑氏俱有疾,医皆曰:"猫鬼疾也。"上以陀,后之异母弟,陀妻,杨素异母妹,由是意陀所为,令高颎等杂治之,具得其实。上怒,令以犊车载陀夫妻,将赐死,独孤后三日不食,为之请命曰:"陀若蠹政害民者,妾不敢言;今坐为妾身,敢请其命。"陀弟司勋侍郎整诣阙求哀,于是免陀死,除名为民,以其妻杨氏为尼。先是,有人讼其母为猫鬼所杀者,上以为妖妄,怒而遣之。至是,诏诛被讼行猫鬼家。夏,四月辛亥,诏:"畜猫鬼、蛊毒、厌媚野道之家,并投于四裔。"

4　六月丙寅,下诏黜高丽王元官爵。汉王谅军出临渝关,值水潦,馈运不继,军中乏食,复遇疾疫。周罗睺自东莱泛海趣平壤城,亦遭风,船多飘没。秋,九月己丑,师还,死者什八九。高丽王元亦惶惧遣使谢罪,上表称"辽东粪土臣元",上于是罢兵,待之如初。

百济王昌遣使奉表,请为军导,帝下诏谕以"高丽服罪,朕已赦之,

隋文帝开皇十八年(戊午,公元598年)

1　春季,二月甲辰(初三),隋文帝驾幸仁寿宫。

2　高丽王高元率领靺鞨族部众一万六馀人侵犯隋朝辽西地区,营州总管韦冲率军打退了高元。隋文帝得知后非常愤怒,乙巳(初四),任命汉王杨谅、上柱国王世积同为行军元帅,统率水陆三十万大军征伐高丽;又任命尚书左仆射高颎为汉王元帅府长史,周罗睺为水军总管。

3　延州刺史独孤陀有个婢女名叫徐阿尼,她供奉猫的鬼魂,能让猫鬼杀人,还说每当猫鬼杀人以后,死者家中的财物都会神不知鬼不觉地转移到供奉猫鬼的家庭。正好独孤皇后和杨素的夫人郑氏都生病,医生都说:"这是由于猫鬼作祟而引发的疾病。"隋文帝因为独孤陀是皇后的同父异母弟,独孤陀的妻子是杨素的同父异母妹,因此怀疑是独孤陀所为,下令高颎等人一起审理验证,全部弄清了事实真相。于是文帝怒从心起,下令用牛车押解独孤陀夫妻,要把他们赐死,独孤皇后三天没有吃饭,为独孤陀请求保全性命说:"如果独孤陀由于蠹政害民而获罪,我不敢为他说话;现在独孤陀是由于我而获罪,所以斗胆请求陛下保全他的性命。"独孤陀的弟弟司勋侍郎独孤整也来到宫中求情,因此文帝赦免了独孤陀的死罪,将他革职为民,令他的妻子杨氏出家为尼姑。以前,曾有人上告说他的母亲是被人供奉的猫鬼所杀,文帝认为是妖言妄语,愤怒地将他斥退遣返。至此,文帝就下诏令诛杀被告发供奉猫鬼的人家。夏季,四月辛亥(十一日),隋文帝又下诏书说:"凡是供奉猫鬼、畜养毒虫、从事妖术的家庭,都流放到边陲地区。"

4　六月丙寅(二十七日),隋文帝下诏废黜高丽王高元的官爵。汉王杨谅率军从临渝关出塞,正碰上连日大雨,后方粮草运不到,军中缺乏食粮,又遇到了疾疫流行。周罗睺率水军从东莱渡海向平壤城前进,途中也碰上了大风,船只多被吹散沉没。秋季,九月己丑(二十一日),隋朝大军被迫还师,兵士死了十分之八九。高丽王高元也很害怕,派遣使节向朝廷谢罪认错,上表称"辽东粪土臣子高元",文帝于是下令罢兵,像以前一样对待他。

百济国王余昌派遣使节向隋朝上表,请求在讨伐高丽时担任军队的向导,隋文帝下诏书,告诉说:"高丽已经服罪归附,朕已经下令加以赦免,

不可致伐。"厚其使而遣之。高丽颇知其事,以兵侵掠其境。

5 辛卯,上至自仁寿宫。

6 冬,十一月癸未,上祀南郊。

7 十二月,自京师至仁寿宫,置行宫十有二所。

8 南宁夷爨玩复反。蜀王秀奏"史万岁受赂纵贼,致生边患。"上责万岁,万岁诋谰;上怒,命斩之。高颎及左卫大将军元旻等固请曰:"万岁雄略过人,将士乐为致力,虽古名将,未能过也。"上意少解,于是除名为民。

十九年(己未,599)

1 春,正月癸酉,赦天下。

2 二月甲寅,上幸仁寿宫。

3 突厥突利可汗因长孙晟奏言都蓝可汗作攻具,欲攻大同城。诏以汉王谅为元帅,尚书左仆射高颎出朔州道,右仆射杨素出灵州道,上柱国燕荣出幽州道以击都蓝,皆取汉王节度;然汉王竟不临戎。

都蓝闻之,与达头可汗结盟,合兵掩袭突利,大战长城下,突利大败。都蓝尽杀其兄弟子侄,遂渡河入蔚州。突利部落散亡,夜,与长孙晟以五骑南走,比旦,行百馀里,收得数百骑。突利与其下谋曰:"今兵败入朝,一降人耳,大隋天子岂礼我乎?玷厥虽来,本无冤隙,若往投之,必相存济。"晟知之,密遣使者入伏远镇,令速

不可再进行讨伐。"隆重地接待百济的使节后遣送回国。后来高丽知道了此事,就出动军队侵犯掠夺百济国的边境地区。

5 辛卯(二十三日),隋文帝从仁寿宫回到长安。

6 冬季,十一月癸未(十六日),隋文帝在南郊举行祭天大祀。

7 十二月,隋朝在从京师长安到岐州仁寿宫之间,建立了十二所行宫。

8 南宁夷族首领爨玩再次起兵反叛。蜀王杨秀上奏说:"去年史万岁率军平定南宁地区时收受爨玩的贿赂而释放了他,致使现在又生祸患。"于是隋文帝就责问史万岁,而史万岁则矢口否认,文帝大怒,下令将史万岁斩首。尚书左仆射高颎和左卫大将军元旻等向文帝一再求情说:"史万岁勇气智谋过人,将士都乐意为他效力,即使是古代的名将,也没有超过他的。"文帝稍微有些回心转意,于是将史万岁革职为民。

隋文帝开皇十九年(己未,公元599年)

1 春季,正月癸酉(初七),隋朝大赦天下罪人。

2 二月甲寅(十九日),隋文帝驾幸仁寿宫。

3 突厥突利可汗通过长孙晟上奏说都蓝可汗制造攻城器械,打算进攻大同城。于是隋文帝下诏任命汉王杨谅为元帅,命令尚书左仆射高颎率军从朔州道出塞,尚书右仆射杨素率军从灵州道出塞,上柱国燕荣率军从幽州道出塞,攻打突厥都蓝可汗,各军都受汉王杨谅指挥节度;然而汉王并没有亲临前线,指挥战事。

都蓝可汗得知后,就与达头可汗结成同盟,合兵袭击突利可汗,双方在长城附近展开激战,结果突利可汗大败。都蓝可汗将突利可汗的兄弟子侄全部杀害,然后率军渡河进入蔚州。突利可汗的部落败散,夜里和长孙晟带着五名骑兵向南奔逃,等天亮时,逃出一百多里,又收罗了数百名骑兵。突利可汗与他的部下商议道:"如今我兵败投奔隋朝,不过是一个降人罢了,大隋天子又怎么会再对我以礼相待?达头可汗玷厥虽然和都蓝可汗连兵而来,但他和我本无冤仇,我如果去投奔他,他必然会收留帮助。"长孙晟得悉了突利可汗的打算,就悄悄地派人进入附近的伏远镇,下令火速

举烽。突利见四烽俱发,以问晟,晟绐之曰:"城高地迥,必遥见贼来。我国家法,若贼少,举二烽;来多,举三烽;大逼,举四烽。彼见贼多而又近耳。"突利大惧,谓其众曰:"追兵已逼,且可投城。"既入镇,晟留其达官执室领其众,自将突利驰驿入朝。夏,四月丁酉,突利至长安。帝大喜,以晟为左勋卫骠骑将军,持节护突厥。

上令突利与都蓝使者因头特勒相辩诘,突利辞直,上乃厚待之。都蓝弟郁速六弃其妻子,与突利归朝,上嘉之,使突利多遗之珍宝以慰其心。

高颎使上柱国赵仲卿将兵三千为前锋,至族蠡山,与突厥遇,交战七日,大破之;追奔至乞伏泊,复破之,虏千馀口,杂畜万计。突厥复大举而至,仲卿为方陈,四面拒战,凡五日。会高颎大兵至,合击之,突厥败走,追度白道,逾秦山七百馀里而还。杨素军与达头遇。先是诸将与突厥战,虑其骑兵奔突,皆以戎车步骑相参,设鹿角为方陈,骑在其内。素曰:"此乃自固之道,未足以取胜也。"于是悉除旧法,令诸军为骑陈。达头闻之,大喜曰:"天赐我也!"下马仰天而拜,帅骑兵十馀万直前。上仪同三司周罗睺曰:"贼陈未整,请击之。"帅精骑逆战,素以大兵继之,突厥大败,达头被重创而遁,杀伤不可胜计,其众号哭而去。

4 六月丁酉,以豫章王暕为内史令。

燃起烽火。突利可汗望见四处烽火同时燃起,向长孙晟询问情况,长孙晟欺骗他说:"烽火台都是建在高处,所以能看得很远,必定是发现有敌军入侵。我国的制度是如果敌军来得少,就举起两处烽火;来得多,就举起三处烽火;只有敌军大兵压境,才举起四处烽火。现在四处烽火俱起,显然是守护的将士发现敌军既来得多又离得近。"突利可汗非常害怕,就对他的部众说:"后面追兵已经逼近,只好暂且进城避难。"进入伏远镇以后,长孙晟留下突利可汗的部下执室率领他的部众,自己带领突利可汗乘驿马入朝。夏季,四月丁酉(初二),突利可汗来到长安。隋文帝十分高兴,任命长孙晟为左勋卫骠骑将军,持节监护突厥。

隋文帝令突利可汗和都蓝可汗的使节因头特勒进行辩论,突利可汗理直气壮,文帝于是厚待他。都蓝可汗的弟弟都速六抛弃了妻儿家人,和突利可汗一起投奔隋朝,文帝称赞了他,让突利可汗多送给他财宝珍玩加以慰劳。

高颎派遣上柱国赵仲卿率军三千人为前锋,进至族蠡山,与突厥军队遭遇,连续交战了七天,大败突厥军队;又追击来到乞伏泊,又一次打败突厥军队,俘获一千多人,牛羊杂畜达万头之多。这时突厥的大军来到,赵仲卿将军队布成方阵,四面抗击,前后又激战了五天。正巧高颎率大军赶到,和赵仲卿合击突厥,突厥军队战败退走,高颎率军继续追击,经过白道,逾越秦山七百多里,然后还师。杨素的军队和达头可汗遭遇。在此之前,隋军将领率军和突厥打仗,因为担心突厥的骑兵往来冲突,都采用战车、骑兵和步兵相互交叉配合的阵法,摆下方阵,营外普遍埋设带尖的木桩,骑兵在最里边。杨素说:"这种阵法是自我保守的办法,难以克敌取胜。"于是全部废除以前的阵法,下令各军都摆开骑兵阵势。达头可汗听说后,欣喜若狂地说:"这真是上天赐予我的大好时机!"于是下马对天而拜,率领骑兵十馀万直扑隋军。上仪同三司周罗睺说:"敌军阵形不整,请求发起攻击。"于是率领精锐骑兵迎战,杨素指挥大军随后继进,突厥军队大败,达头可汗带着重伤逃跑,隋军杀伤敌军不可胜计,突厥残军号啕痛哭而去。

　　4　六月丁酉,任命豫章王杨暕为内史令。

5　宜阳公王世积为凉州总管,其亲信安定皇甫孝谐有罪,吏捕之,亡抵世积,世积不纳。孝谐配防桂州,因上变,称"世积尝令道人相其贵不,道人答曰:'公当为国主,又将之凉州。'其所亲谓世积曰:'河西天下精兵处,可图大事。'世积曰:'凉州土旷人希,非用武之国。'"世积坐诛,拜孝谐上大将军。

6　独孤后性妒忌,后宫莫敢进御。尉迟迥女孙,有美色,先没宫中,上于仁寿宫见而悦之,因得幸。后伺上听朝,阴杀之,上由是大怒,单骑从苑中出,不由径路,入山谷间二十余里。高颎、杨素等追及上,扣马苦谏。上太息曰:"吾贵为天子,不得自由!"高颎曰:"陛下岂以一妇人而轻天下?"上意少解,驻马良久,中夜方还宫。后俟上于阁内,及至,后流涕拜谢,颎、素等和解之,因置酒极欢。先是后以高颎父之家客,甚见亲礼,至是,闻颎谓己为一妇人,遂衔之。

时太子勇失爱于上,潜有废立之志,从容谓颎曰:"有神告晋王妃,言王必有天下,若之何?"颎长跪曰:"长幼有序,其可废乎?"独孤后知颎不可夺,阴欲去之。

会上令选东宫卫士以入上台,颎奏称:"若尽取强者,恐东宫宿卫太劣。"上作色曰:"我有时出入,宿卫须得勇毅。太子毓德春宫,左右何须壮士? 此极弊法。如我意者,恒于交番之日,分向东宫,上下团伍不别,岂非佳事? 我熟见前代,公不须仍踵旧风。"颎子表仁,娶太子女,故上以此言防之。

5　宜阳公王世积任凉州总管,他的亲信安定人皇甫孝谐犯罪,执法官吏搜捕他,他逃亡来到王世积府第,王世积不收留庇护他。皇甫孝谐被抓获后,被配隶军伍,防守桂州,因此他上书告发王世积,说:"王世积曾经让道士为他看相,问自己能否富贵,道士回答说:'你会当上国君,又将往凉州任职。'王世积的亲信对他说:'河西是全国出精兵强将的地区,可以图谋大事。'王世积回答说:'凉州地旷人稀,不是用武的地方。'"王世积因此被处死,任命皇甫孝谐为上大将军。

6　独孤皇后生性妒忌,后宫妃嫔宫女都不敢进御侍夜。原北周尉迟迥的孙女非常漂亮,过去被籍没入宫,隋文帝在仁寿宫见到她后非常喜欢,因此得到文帝的宠幸。独孤皇后趁隋文帝坐朝听政的时候,暗中派人杀害了她,文帝大为愤怒,单骑从皇宫后苑出门,也不走正路,进入山谷中二十余里。高颎、杨素等人驰骑追上,拉住他的马苦苦劝谏。隋文帝叹息道:"我贵为天子,竟如此不得自由!"高颎说:"陛下怎能由于一个妇人而看轻天下?"于是文帝心中的怒气稍有缓和,立马长久,一直到半夜才回到宫中。独孤皇后也一直坐在寝宫内等候文帝,文帝回来后,皇后涕泪交流,拜谢请罪,高颎、杨素等人又好言劝解,于是隋文帝才高兴起来,置酒设宴欢乐。以前,独孤皇后由于高颎是父亲独孤信的家客,对他很客气礼敬,这件事发生后,得悉高颎称自己为一妇人,因此怨恨他。

当时皇太子杨勇失去了隋文帝的宠爱,文帝暗地里起了废立的念头,曾经从容地对高颎说:"有神告诉晋王杨广的妃子,说晋王必定享有天下,你说该怎么办?"高颎长跪不起,回答说:"长幼有序,怎么可以废黜太子?"独孤皇后知道高颎在废立问题上肯定不会曲意赞成,于是暗中打算把他赶出朝廷。

恰好隋文帝下令挑选东宫卫士到皇宫上台值班宿卫,高颎上奏说:"如果陛下把强壮的卫士都选走,恐怕东宫的宿卫力量太弱。"文帝脸色大变说:"我时常出外巡幸,所以宿卫之士必须要壮勇强健。而太子只需要安坐东宫培养仁德,左右哪里用得着壮士宿卫?所以在东宫保持强大的警卫力量是极大的弊政。卫士中合我意的,经常在轮换当值交接的那天,分配前去宿卫东宫,如此则两宫宿卫合为一体,难道不是件好事情?我十分熟悉前代各种制度的得失,你不必请求仍然沿袭传统的作法。"因为高颎的儿子高表仁娶了太子杨勇的女儿,所以文帝用这些话提醒他。

颍夫人卒，独孤后言于上曰："高仆射老矣，而丧夫人，陛下何能不为之娶？"上以后言告颍。颍流涕谢曰："臣今已老，退朝，唯斋居读佛经而已，虽陛下垂哀之深，至于纳室，非臣所愿。"上乃止。既而颍爱妾生男，上闻之，极喜，后甚不悦。上问其故，后曰："陛下尚复信高颍邪？始，陛下欲为颍娶，颍心存爱妾，面欺陛下。今其诈已见，安得信之！"上由是疏颍。

伐辽之役，颍固谏，不从，及师无功，后言于上曰："颍初不欲行，陛下强遣之，妾固知其无功矣！"又，上以汉王年少，专委军事于颍，颍以任寄隆重，每怀至公，无自疑之意，谅所言多不用。谅衔之，及还，泣言于后曰："儿幸免高颍所杀。"上闻之，弥不平。

及击突厥，出白道，进图入碛，遣使请兵，近臣缘此言颍欲反。上未有所答，颍已破突厥而还。及王世积诛，推核之际，有宫禁中事，云于颍处得之，上大惊。有司又奏"颍及左右卫大将军元旻、元胄，并与世积交通，受其名马之赠。"旻、胄坐免官。上柱国贺若弼、吴州总管宇文㢸、刑部尚书薛胄、民部尚书斛律孝卿、兵部尚书柳述等明颍无罪，上愈怒，皆以属吏，自是朝臣无敢言者。秋，八月，癸卯，颍坐免上柱国、左仆射，以齐公就第。

未几，上幸秦王俊第，召颍侍宴。颍歔欷悲不自胜，独孤后亦对之泣。上谓颍曰："朕不负公，公自负也。"因谓侍臣曰：

高颎夫人去世,独孤皇后对隋文帝说:"高仆射已经老了,又丧夫人,陛下怎能不为他再娶一房继室?"文帝把皇后的话转告了高颎。高颎凄然泪下,感谢说:"我已经年迈,退朝以后,只是斋居诵读佛经而已,虽然陛下如此深深地哀怜我,但是说到再娶,实非我所愿。"于是文帝只好作罢。随后不久高颎的爱妾生下一个儿子,文帝听说后非常高兴,而皇后却很不愉快。文帝问她其中缘故,皇后说:"陛下还能再相信高颎吗?开始时,陛下打算为高颎迎娶继室,而高颎由于心里装着爱妾,于是当面欺哄陛下,说他不愿再娶。如今他的欺诈已经暴露,陛下怎么能再信任他!"文帝因此开始疏远高颎。

隋文帝决定讨伐高丽时,高颎曾一再进谏,文帝没有听从,及至出师无功,独孤皇后又对文帝说:"高颎一开始就不愿意出征,陛下强派他前往,我就知道他一定不会成功!"另外,文帝由于元帅汉王杨谅年少,把所有军务都委任高颎,而高颎也因为文帝对他寄以厚望,所以常怀有至公守正之心,没有产生过自避嫌疑的念头,对杨谅的话多不听从。于是杨谅十分痛恨高颎,及至回到长安,痛哭流涕对皇后说:"我幸亏没有被高颎杀掉。"文帝知道后,心中愈发愤愤不平。

及至高颎领军攻打突厥,大军追击越过了白道,谋划进一步深入大漠之中,于是派人向朝廷请求增兵,隋文帝左右近臣据此说高颎图谋造反。文帝还没有答复,而高颎已打败突厥而班师还朝。及至前凉州总管王世积被朝廷处死,在审问的时候,有一些宫禁中的事情,王世积说是从高颎那里得知的,文帝大吃一惊。有关职掌官吏又上奏说:"高颎和左右卫大将军元旻、元胄,都与王世积交结往来,并接受了王世积赠送的名马。"于是元旻、元胄都被朝廷罢免了官职。上柱国贺若弼、吴州总管宇文弼、刑部尚书薛胄、民部尚书斛律孝卿、兵部尚书柳述等人都上奏申明高颎无罪,可是文帝更加发怒,下令将他们都交付执法官吏问罪,因此百官群臣没有人再敢为高颎说情。秋季,八月癸卯(初十),高颎被罢免上柱国、尚书左仆射官职,以齐公归家闲居。

不久,隋文帝驾幸秦王杨俊的府第,召高颎在宴会上作陪。高颎见到文帝后歔欷不已,悲不自胜,独孤皇后也当着高颎的面泫然落泪。文帝对高颎说:"朕不负你,这是你自作自受。"文帝因此对左右侍臣们说:

"我于高颎，胜于儿子，虽或不见，常似目前；自其解落，瞑然忘之，如本无高颎。人臣不可以身要君，自云第一也。"

顷之，颎国令上颎阴事，称其子表仁谓颎曰："司马仲达初托疾不朝，遂有天下，公今遇此，焉知非福！"于是上大怒，囚颎于内史省而鞫之。宪司复奏沙门真觉尝谓颎云："明年国有大丧。"尼令晖复云："十七、十八年，皇帝有大厄，十九年不可过。"上闻而益怒，顾谓群臣曰："帝王岂可力求？孔子以大圣之才，犹不得天下。颎与子言，自比晋帝，此何心乎！"有司请斩之。上曰："去年杀虞庆则，今兹斩王世积，如更诛颎，天下其谓我何？"于是除名为民。

颎初为仆射，其母戒之曰："汝富贵已极，但有一斫头耳，尔其慎之！"颎由是常恐祸变。至是，颎欢然无恨色。先是国子祭酒元善言于上曰："杨素粗疏，苏威怯懦，元胄、元旻正似鸭耳。可以付社稷者，唯独高颎。"上初然之。及颎得罪，上深责之，善忧惧而卒。

7　九月，以太常卿牛弘为吏部尚书。弘选举先德行而后文才，务在审慎，虽致停缓，其所进用，并多称职。吏部侍郎高孝基鉴赏机晤，清慎绝伦，然爽俊有馀，迹似轻薄，时宰多以此疑之；唯弘深识其真，推心任委。隋之选举得人，于斯为最，时论弥服弘识度之远。

"我对待高颎胜过自己的亲生儿子，即使不见他的面，他也好像常在我的眼前。自从他解官离职以后，我就把他完全遗忘了，好像从来也没有过高颎这个人。所以，做人臣的不能要挟君主，自认为是天下第一。"

没多久，高颎封国的国令上言告发高颎秘事，称高颎的儿子高表仁对高颎说："曹魏时太傅司马仲达起初借口有病不入宫朝见，后来遂夺取了天下，您如今也有此遭遇，又怎知道这不是将来洪福齐天的征兆！"隋文帝异常愤怒，下令把高颎囚禁在内史省，进行审问。执法部门又上奏说佛门真觉禅师曾经对高颎说："明年国家有大丧。"尼姑令晖也对高颎说："开皇十七、十八年，皇帝有大难，十九年则过不去。"文帝知道后愈加怒不可遏，对百官群臣说："帝王难道是可力求而得的吗？孔子以大圣之才，还不能得天下。高颎和他儿子的谈话，自比西晋宣帝司马懿，这是居心何在！"有关职掌官吏请求将高颎斩首。文帝说："我去年杀了虞庆则，今年又斩了王世积，如果再诛戮高颎，天下人会怎么看我呢？"于是下令将高颎除名为民。

高颎刚担任尚书左仆射时，他的母亲告诫他说："你现在富贵已极，但不要忘了还有掉脑袋的危险，你可要处处小心谨慎！"因此高颎时常担心发生灾祸。现在得以保全性命，高颎很高兴而没有怨恨。以前，国子祭酒元善曾对文帝说："杨素粗疏，苏威懦弱，元胄、元旻之流就好像鸭子，随波逐流。可以托付国事的只有高颎一人。"文帝起初也认为他说得很对。及至高颎获罪，文帝狠狠地责备元善，元善忧惧而死。

7　九月，隋朝任命太常寺卿牛弘为吏部尚书。牛弘主持选拔官吏时先德行而后文才，十分谨慎，虽然导致对官吏的除授缓慢，但是所进用的官吏大都能称职。吏部侍郎高孝基有鉴赏之才，机敏明察，清廉谨慎无人可比，可惜太过于豪爽俊逸，反使人觉得他有些轻薄不端，当时的大臣多因此对他有些疑虑；唯有牛弘最了解他，对他诚心任用。整个隋朝的选举，此时做得最好，最能获得人才，当时舆论更加佩服牛弘有远见卓识和涵养度量。

8 冬,十月甲午,以突厥突利可汗为意利珍豆启民可汗,华言"意智健"也。突厥归启民者男女万馀口,上命长孙晟将五万人于朔州,筑大利城以处之。时安义公主已卒,复使晟持节送宗女义成公主以妻之。

晟奏:"染干部落,归者益众,虽在长城之内,犹被雍虞间抄掠,不得宁居。请徙五原,以河为固,于夏、胜两州之间,东西至河,南北四百里,掘为横堑,令处其内,使得任情畜牧。"上从之。

又令上柱国赵仲卿屯兵二万为启民防达头,代州总管韩洪等将步骑一万镇恒安。达头骑十万来寇,韩洪军大败,仲卿自乐宁镇邀击,斩首千馀级。

9 帝遣越公杨素出灵州,行军总管韩僧寿出庆州。太平公史万岁出燕州,大将军武威姚辩出河州,以击都蓝。师未出塞,十二月乙未,都蓝为部下所杀,达头自立为步迦可汗,其国大乱。长孙晟言于上曰:"今官军临境,战数有功,虏内自携离,其主被杀,乘此招抚,可以尽降。请遣染干部下分道招慰。"上从之。降者甚众。

8　冬季，十月甲午(初二)，隋朝册封突厥突利可汗为意利珍豆启民可汗，汉语的意思是"有意志和智慧的健儿"。突厥部落归附启民可汗的男女百姓达一万多人，文帝命令长孙晟率军五万人，在朔州修建大利城，以安置突厥降人。当时隋安义公主已经去世，文帝又派遣长孙晟持节护送宗女义成公主嫁给启民可汗。

长孙晟上奏说："突利可汗染干部落，百姓归附的越来越多，虽然让他们居住在长城以内，但还是遭到都蓝可汗雍虞闾间的侵扰抄掠，没法安定地生活。请求将他们迁徙到五原地区，以黄河作为天然屏障，在夏、胜两州之间，东西都到黄河，南北相隔四百里，挖掘横向壕沟，让突厥人居住在里面，使他们任意畜牧。"隋文帝听从了他的建议。

隋文帝又命令上柱国赵仲卿屯兵两万为启民可汗防御突厥达头可汗，代州总管韩洪等人率步骑一万人镇守恒安。达头可汗率领骑兵十万来入侵，韩洪军队大败，赵仲卿从乐宁镇率军截击达头军队，斩首一千多级。

9　隋文帝派遣越公杨素率军从灵州出塞，行军总管韩僧寿率军从庆州出塞。太平公史万岁率军从燕州出塞，大将军武威人姚辩率军从河州出塞，攻打突厥都蓝可汗。隋军还没有出塞，十二月乙未(初四)，都蓝可汗被部下杀死，达头可汗自立为步迦大可汗，突厥国内大乱。长孙晟对文帝说："如今官军已逼近突厥边境，并且取得数次胜利，敌国内部分崩离析，可汗被杀，如果乘机前去招抚，突厥部落会全部降附。请求派遣启民可汗染干的部下分道去招抚慰问。"文帝听从了他的建议。突厥部落很多归附隋朝。

卷第一百七十九　隋纪三

起庚申（600）尽癸亥（603）凡四年

高祖文皇帝中

开皇二十年（庚申，600）

1　春，二月，熙州人李英林反。三月辛卯，以扬州总管司马河内张衡为行军总管，帅步骑五万讨平之。

2　贺若弼复坐事下狱，上数之曰："公有三太猛：嫉妒心太猛，自是、非人心太猛，无上心太猛。"既而释之。他日，上谓侍臣曰："弼将伐陈，谓高颎曰：'陈叔宝可平也。不作高鸟尽、良弓藏邪？'颎云：'必不然。'及平陈，遽索内史，又索仆射。我语颎曰：'功臣正宜授勋官，不可预朝政。'弼后语颎：'皇太子于己，出口入耳，无所不尽。公终久何必不得弼力，何脉脉邪？'意图广陵，又图荆州，皆作乱之地，意终不改也。"

3　夏，四月壬戌，突厥达头可汗犯塞，诏命晋王广、杨素出灵武道，汉王谅、史万岁出马邑道以击之。

长孙晟帅降人为秦州行军总管，受晋王节度。晟以突厥饮泉，易可行毒，因取诸药毒水上流，突厥人畜饮之多死，于是大惊曰："天雨恶水，其亡我乎！"因夜遁。晟追之，斩首千馀级。

高祖文皇帝中
隋文帝开皇二十年(庚申,公元600年)

1 春季,二月,熙州人李英林率众造反。三月辛卯(初二),隋文帝任命扬州总管司马河内人张衡为行军总管,统帅步兵、骑兵共计五万人讨伐李英林,予以平定。

2 贺若弼又获罪而被捕入狱,隋文帝列举他的罪状说:"你有三个太过分:嫉妒心太过分;自以为是、贬抑别人太过分;目无尊上太过分。"但不久文帝就释放了他。一天,文帝对侍臣说:"贺若弼在即将讨伐南陈国的时候,对高颎说:'陈叔宝一定要被平灭了,皇帝不就会做飞鸟灭绝、良弓收藏起来的事吗?'高颎说:'绝不会这样的。'在平定南陈国之后,贺若弼就急忙索要内史令,又索要仆射等官职。我对高颎说:'功臣是应当授以勋官的,但是不能干预朝政。'贺若弼后来对高颎说:'皇太子和我之间,无论什么机密,都无所不言,言无不尽。您为什么不来依靠我的势力,何必含情而不吐实呢?'贺若弼早就想谋取广陵,还想谋取荆州,这两地都是适于作乱的地方,这个意图他一直没有改变。"

3 夏季,四月壬戌(初四),突厥达头可汗率军侵犯隋帝国的边境,隋文帝颁下诏书,命令晋王杨广、大将杨素率兵出灵武道,汉王杨谅、大将史万岁率兵出马邑道,阻击突厥军队的入侵。

长孙晟统帅着归降的军队,被任命为秦州行军总管,受晋王杨广节制。长孙晟认为突厥人饮用泉水,可以在水中投毒,于是就在泉水上游投毒。突厥人与牲畜饮水后很多被毒死,他们大惊失措地说:"天降恶水,天要亡我们了!"于是连夜逃走。长孙晟率军追杀,斩敌首级一千多。

史万岁出塞,至大斤山,与虏相遇。达头遣使问:"隋将为谁?"候骑报:"史万岁也。"突厥复问:"得非敦煌戍卒乎?"候骑曰:"是也。"达头惧而引去。万岁驰追百馀里,纵击,大破之,斩数千级;逐北,入碛数百里,虏远遁而还。诏遣长孙晟复还大利城,安抚新附。

达头复遣其弟子俟利伐从碛东攻启民,上又发兵助启民守要路;俟利伐退走入碛。启民上表陈谢曰:"大隋圣人可汗怜养百姓,如天无不覆,地无不载。染干如枯木更叶,枯骨更肉,千世万世,常为大隋典羊马也。"帝又遣赵仲卿为启民筑金河、定襄二城。

4 秦孝王俊久疾未能起,遣使奉表陈谢。上谓其使者曰:"我戮力创兹大业,作训垂范,庶臣下守之;汝为吾子而欲败之,不知何以责汝!"俊惭怖,疾遂笃,乃复拜俊上柱国;六月丁丑,俊薨。上哭之,数声而止;俊所为侈丽之物,悉命焚之。王府僚佐请立碑,上曰:"欲求名,一卷史书足矣,何用碑为!若子孙不能保家,徒与人作镇石耳。"俊子浩,崔妃所生也;庶子曰湛。群臣希旨,奏:"汉之栗姬子荣、郭后子彊皆随母废,今秦王二子,母皆有罪,不合承嗣。"上从之,以秦国官为丧主。

5 初,上使太子勇参决军国政事,时有损益;上皆纳之。勇性宽厚,率意任情,无矫饰之行。上性节俭,勇尝文饰蜀铠,上见而不悦,戒之曰:"自古帝王未有好奢侈而能久长者。汝为储后,

史万岁率军出边塞,行至大斤山,与突厥军相遇。达头可汗派遣使者询问:"隋朝大将是哪位?"隋军候骑报道:"史万岁。"使者又问:"莫不是当年威震敦煌的那个配军?"候骑回答:"是的。"达头可汗惧怕史万岁的威名引军退去。史万岁率军纵马飞驰追杀了一百多里,大破突厥军,斩敌首级数千,并追击败兵,进入沙漠几百里,直到突厥军逃远了才还师。文帝下诏书派遣长孙晟再返回大利城任职,安抚新归附的百姓。

不久,达头可汗又派他的侄子俟利伐从沙漠东面攻打启民可汗,隋文帝再次发兵协助启民可汗防守军事要道,俟利伐只得退入沙漠。启民可汗向隋文帝上表陈谢说:"大隋圣人可汗怜惜百姓,您的恩德犹如天无不覆、地无不载一样。染干得到您的恩惠,如枯树长出新叶,枯骨长出新肉一样,愿意千世万代,永远为大隋牧养羊马。"文帝又派遣赵仲卿为启民可汗修筑金河、定襄两座城池。

4 秦孝王杨俊久病而不能痊愈,他派遣使者向隋文帝上表陈谢。文帝对他派来的使者说:"我竭尽全力创下此大业,制定了典章制度颁布下来作为人们遵守的准则,期望臣下都要遵守。你作为我的儿子反而要败坏它,我不知如何责罚你!"杨俊既羞愧又恐惧,病势愈加沉重,于是文帝再次授杨俊为上柱国。六月丁丑(二十日),秦孝王杨俊去世。文帝得讯哭了几声也就罢了。杨俊生前所制作的奢侈华丽的物品,文帝命令全部烧毁。王府内的官吏们请求为杨俊立碑,文帝说:"要是追求名节,一卷史书就足够了,何必用碑!若子孙们不能保持家业,碑只不过白白地给人家作镇石了。"杨俊的儿子杨浩是崔王妃所生,另一个儿子杨湛是妾所生。群臣为了迎合文帝的旨意,便奏请说:"汉代栗姬的儿子刘荣,郭皇后的儿子刘彊都因其母获罪而被废黜,如今杨俊两个儿子的母亲也都犯了罪,所以他们也不应该作为继承人。"文帝听从了他们的意见,以秦孝王封国内的官员为丧主主持祭祀。

5 当初,隋文帝让太子杨勇参与决策军国政事,他经常提出批评建议,文帝都采纳了。杨勇性情宽厚,直率热情,平易近人,无弄虚作假的品行。文帝本性崇尚节俭,杨勇曾经在已经很精美华丽的蜀地出的铠甲上再加装饰,文帝看到后很不高兴,他告诫杨勇说:"自古以来帝王无一喜好奢侈而能长久的,你作为皇位继承人,

当以俭约为先,乃能奉承宗庙。吾昔日衣服,各留一物,时复观之以自警戒。恐汝以今日皇太子之心忘昔时之事,故赐汝以我旧所带刀一枚,并菹酱一合,汝昔作上士时常所食也。若存记前事,应知我心。"

后遇冬至,百官皆诣勇,勇张乐受贺。上知之,问朝臣曰:"近闻至日内外百官相帅朝东宫,此何礼也?"太常少卿辛亶对曰:"于东宫,乃贺也,不得言朝。"上曰:"贺者正可三数十人,随情各去,何乃有司征召,一时普集? 太子法服设乐以待之,可乎?"因下诏曰:"礼有等差,君臣不杂。皇太子虽居上嗣,义兼臣子,而诸方岳牧正冬朝贺,任土作贡,别上东宫;事非典则,宜悉停断。"自是恩宠始衰,渐生猜阻。

勇多内宠,昭训云氏尤幸。其妃元氏无宠,遇心疾,二日而薨,独孤后意有他故,甚责望勇。自是云昭训专内政,生长宁王俨,平原王裕,安成王筠;高良娣生安平王嶷,襄城王恪;王良媛生高阳王该,建安王韶;成姬生颍川王煚;后宫生孝实,孝范。后弥不平,颇遣人伺察,求勇过恶。

晋王广弥自矫饰,唯与萧妃居处,后庭有子皆不育,后由是数称广贤。大臣用事者,广皆倾心与交。上及后每遣左右至广所,无贵贱,广必与萧妃迎门接引,为设美馔,申以厚礼;婢仆往来者,无不称其仁孝。上与后尝幸其第,广悉屏匿美姬于别室,唯留老丑者,衣以缦彩,给事左右;屏帐改用缣素;故绝乐器之弦,不令拂去

应当以节俭为先,这样才能承继宗庙。我过去的衣服,都各留一件,时常取出它们观看以告诫自己。恐怕你已经以当今皇太子自居而忘却了过去的事情,因此我赐给你一把我旧时所佩带的刀,一盒你旧日为上士时常常吃的腌菜,要是你还能记得以前的事,你就应该懂得我的良苦用心。"

后来到了冬至,百官都去见杨勇,杨勇排列乐队接受百官的祝贺。文帝知道了这件事,就问朝臣:"最近听说冬至那天朝廷内外百官都去朝见太子,这是什么礼法?"太常少卿辛亶回答:"百官到东宫,是祝贺,不能说是朝见。"文帝说:"祝贺的人应该三五十人,随意各自去,为什么由有关部门召集,一时间百官都集中起来同去?太子身穿礼服奏乐来接待百官,能这样吗?"于是文帝下诏说:"礼法有等级差别,君臣之间不能混杂。皇太子虽然是皇帝的继承人,但从礼义上讲也是臣子,各地方长官在冬至节来朝贺,进献自己辖地的特产,但另外给皇太子上贡,这就不符合典章制度了,应该全部停止。"从此,文帝对杨勇的恩宠开始衰落,渐渐有了猜疑和戒心。

杨勇有很多姬妾,他对昭训云氏尤其宠爱。杨勇的妃子元氏不得宠,突然得了心疾,两天就死了。独孤皇后认为这里还有别的缘故,对杨勇很是责备。此后,云昭训总揽东宫内的事务,她生了长宁王杨俨、平原王杨裕、安成王杨筠;高良娣生了安平王杨嶷、襄城王杨恪;王良媛生了高阳王杨该、建安王杨韶;成姬生了颍川王杨煚;其他的宫人生了杨孝实、杨孝范。独孤皇后更加不高兴,经常派人来窥伺探查,找杨勇的过失和罪过。

晋王杨广了解这件事后就更加伪装自己,他只和萧妃住在一起,对后宫所生子女都不去抚育,独孤皇后因此多次称赞杨广有德行。朝廷中执掌朝政的重臣,杨广都尽心竭力地与他们结交。文帝和独孤皇后每次派身边的人到杨广的住处,无论来人的地位高低,杨广必定和萧妃一起在门口迎接,为来人摆设盛宴,并厚赠礼品。于是来往的奴婢仆人没有不称颂杨广为人仁爱贤孝的。文帝与独孤皇后曾经驾临杨广的府第,杨广将他的美姬都藏到别的房间里,只留下年老貌丑之人身着没有文饰的衣服来服侍伺候。房间里的屏帐都改用朴素的幔帐,断绝琴瑟丝弦,不让拂去上面的

尘埃。上见之，以为不好声色，还宫，以语侍臣，意甚喜，侍臣皆称庆，由是爱之特异诸子。

上密令善相者来和遍视诸子，对曰："晋王眉上双骨隆起，贵不可言。"上又问上仪同三司韦鼎："我诸儿谁得嗣位？"对曰："至尊、皇后所最爱者当与之，非臣敢预知也。"上笑曰："卿不肯显言邪！"

晋王广美姿仪，性敏慧，沉深严重；好学，善属文；敬接朝士，礼极卑屈；由是声名籍甚，冠于诸王。

广为扬州总管，入朝，将还镇，入宫辞后，伏地流涕，后亦泫然泣下。广曰："臣性识愚下，常守平生昆弟之意，不知何罪失爱东宫，恒蓄盛怒，欲加屠陷。每恐谗谮生于投杼，鸩毒遇于杯勺，是以勤忧积念，惧履危亡。"后忿然曰："睍地伐渐不可耐，我为之娶元氏女，竟不以夫妇礼待之，专宠阿云，使有如许豚犬。前新妇遇毒而夭，我亦不能穷治，何故复于汝发如此意？我在尚尔，我死后，当鱼肉汝乎！每思东宫竟无正嫡，至尊千秋万岁之后，遣汝等兄弟向阿云儿前再拜问讯，此是几许苦痛邪！"广又拜，呜咽不能止，后亦悲不自胜。自是后决意欲废勇立广矣。

广与安州总管宇文述素善，欲述近己，奏为寿州刺史。广尤亲任总管司马张衡，衡为广画夺宗之策。广问计于述，述曰："皇太子失爱已久，令德不闻于天下。大王仁孝著称，才能盖世，数经将领，颇有大功；主上之与内宫，咸所钟爱，四海之望，实归大王。然废立者国家大事，处人父子骨肉之间，

灰尘。文帝看到这种情况，以为杨广不爱好声色，返回皇宫后，告诉侍臣这一情况，他感到非常高兴，侍臣们也都向文帝祝贺，从此，文帝喜爱杨广超出别的儿子。

文帝命令善于看相的来和暗中把他的儿子们都看了一遍，来和回答："晋王杨广眉上有双骨隆起，贵不可言。"文帝又问上仪同三司韦鼎："我这些儿子哪个可以继承皇位？"韦鼎回答："陛下和皇后最喜爱的儿子应当继承皇位，这不是我敢预知的。"文帝笑道："你不肯明说呀！"

晋王杨广容貌俊美，举止优雅，性情聪颖机敏，性格深沉持重，喜好学习，擅长做文章，对朝中之士恭敬结交，待人非常礼貌谦卑，因此他的声誉很盛，高于文帝其他的儿子。

杨广被任命为扬州总管，去朝见文帝，将要返回扬州，他进皇宫向独孤皇后辞行，跪在地上流泪，独孤皇后也潸然泪下。杨广说："我性情见识愚笨低下，常常顾念平时兄弟之间的感情，不知什么地方得罪了皇太子，他常常满怀怒气，想对我诬陷杀害。我常常恐惧谗言出于亲人之口、酒具食器中被投入毒药的事情发生，因此我非常忧虑，念念在心，忧惧遭到危亡的命运。"独孤皇后气忿地说："睍地伐越发让人无法忍受了，我给他娶了元氏的女儿，他竟然不以夫妇之礼对待元氏，却特别宠爱阿云。这样，元氏就好像许配给了猪狗一般。先前，才娶不久的妻子元氏被毒害而死，我也不能特别地追究此事，为什么他对你又生出如此念头？我还活着，他就如此，我死后，他就该残害你们了！我每每想到东宫皇太子竟然没有正妻生的嫡子，在你们皇父百年之后，让你们兄弟几个跪拜问候阿云儿，这是多么痛苦的事啊！"杨广又跪在地上，呜咽不止，独孤皇后也悲伤得不能自抑。从此独孤皇后下决心要废掉杨勇而立杨广为太子。

杨广与安州总管宇文述素来要好，他想拉拢宇文述，于是奏请任命宇文述为寿州刺史。杨广尤其亲近信任总管司马张衡，张衡为杨广筹划谋取皇太子地位。杨广向宇文述请教计策，宇文述说："皇太子失去皇帝的喜爱已经很久了，杨勇的德行不为天下人所了解。大王以仁孝著称，才能盖世，您几次被任命为统帅军队的将领，屡建大功；皇帝与皇后都对您非常钟爱，四海之内的声望，实际上已为大王所有。但是太子的废立是国家大事，而我处在你们父子骨肉之间，

诚未易谋也。然能移主上意者,唯杨素耳,素所与谋者唯其弟约。述雅知约,请朝京师,与约相见,共图之。"广大悦,多赍金宝,资述入关。

约时为大理少卿,素凡有所为,皆先筹于约而后行之。述请约,盛陈器玩,与之酣畅,因而共博,每阳不胜,所赍金宝尽输之约。约所得既多,稍以谢述,述因曰:"此晋王之赐,令述与公为欢乐耳。"约大惊曰:"何为尔?"述因通广意,说之曰:"夫守正履道,固人臣之常致;反经合义,亦达者之令图。自古贤人君子,莫不与时消息以避祸患。公之兄弟,功名盖世,当涂用事有年矣,朝臣为足下家所屈辱者,可胜数哉?又,储后以所欲不行,每切齿于执政;公虽自结于人主,而欲危公者固亦多矣!主上一旦弃群臣,公亦何以取庇?今皇太子失爱于皇后,主上素有废黜之心,此公所知也。今若请立晋王,在贤兄之口耳。诚能因此时建大功,王必永铭骨髓,斯则去累卵之危,成太山之安也。"约然之,因以白素。素闻之,大喜,抚掌曰:"吾之智思殊不及此,赖汝启予。"约知其计行,复谓素曰:"今皇后之言,上无不用,宜因机会早自结托,则长保荣禄,传祚子孙。兄若迟疑,一旦有变,令太子用事,恐祸至无日矣!"素从之。

后数日,素入侍宴,微称"晋王孝悌恭俭,有类至尊",用此揣后意。后泣曰:"公言是也!吾儿大孝爱,每闻至尊及我遣内使到,必迎于境首;言及违离,未尝不泣。又其新妇亦大可怜,我使婢去,常与之同寝共食。岂若睍地伐与阿云对坐,终日酣宴,昵近小人,疑阻骨肉!我所以益怜阿㸎者,

实在不好谋划。然而能使皇帝改变主意的人只有杨素,能与杨素商量筹划的人只有他弟弟杨约。我很了解杨约,请您派我去京师,与杨约相见,一起筹划这件事。"杨广非常高兴,送给宇文述许多金银财宝,资助他入关进京。

杨约当时是大理少卿,杨素凡是要做什么事,都先和杨约商量后再做。宇文述邀请杨约,陈设了许多玩物器皿,和他一起畅饮,一起下棋,每次宇文述都装作下输了,把杨广所送的金银财宝都输给了杨约。杨约得到很多金银财宝,就向宇文述略表谢意,宇文述就说:"这些金银财宝是晋王杨广的赏赐,让我与你一起玩乐的。"杨约大吃一惊,说:"为什么?"宇文述就转达了杨广的意思,劝说杨约:"恪守常规固然是人臣的本分,但是违反常规以符合道义,也是明智之人的期望。自古的贤人君子,没有不关注世情以避免祸患的。你们兄弟功名盖世,执掌大权有多年了,朝臣中被您家侮辱的人数得清吗?还有,皇太子往往想做的事而不能做到,常常切齿痛恨当政的大臣;您虽然主动地结好于皇上,但是要危害您的人本来就很多啊!皇上一旦弃群臣而去,您又靠谁来庇护呢?现在皇太子不为皇后所喜爱,皇上平素就有废黜皇太子的意思,这您是知道的。现在要是请皇上立晋王杨广为太子,那就全凭您这张嘴了。要是真能在这时建立大功,晋王必定永远将这事铭记心中,这样您就可以去掉累卵之危,而地位像泰山一样安全稳固了。"杨约深以为然,就将此话告诉了杨素。杨素听了,非常高兴,拍着手说:"我的智慧思虑远远达不到这儿,全仗你启发了我。"杨约知道他的计策成功了,又对杨素说:"现在皇后的建议,皇帝无不采纳,应当趁机会早早自动结交依靠皇后,就会长久地保住荣华富贵,并传给子孙后代。兄长若是迟疑,一旦情况发生变化,太子执掌朝政,恐怕灾祸很快就要临头了!"杨素听从了杨约的话。

过了几天,杨素进入皇宫侍奉宴会,他婉转地说"晋王杨广孝悌恭俭,像他父亲一样",用此话来揣摩独孤皇后的意思。独孤皇后流着泪说:"您的话说得对!我儿子阿麼非常孝敬友爱,每次听到皇上和我派宫内的使者去,必定亲自远迎;说到远离双亲,没有一次不落泪的。还有他的新婚妻子也很令人怜爱,我派婢女去她那里,她常与婢女同寝共食,哪像睍地伐和阿云面对面地对坐,整天沉溺于酒宴,亲近小人,猜疑防备骨肉至亲!所以我愈加爱怜阿麼,

常恐其潜杀之。"素既知后意,因盛言太子不才。后遂遗素金,使赞上废立。

勇颇知其谋,忧惧,计无所出,使新丰人王辅贤造诸厌胜;又于后园作庶人村,室屋卑陋,勇时于中寝息,布衣草褥,冀以当之。上知勇不自安,在仁寿宫,使杨素观勇所为。素至东宫,偃息未入,勇束带待之,素故久不进以激怒勇;勇衔之,形于言色。素还言:"勇怨望,恐有他变,愿深防察!"上闻素谮毁,甚疑之。后又遣人伺觇东宫,纤介事皆闻奏,因加诬饰以成其罪。

上遂疏忌勇,乃于玄武门达至德门量置候人,以伺动静,皆随事奏闻。又,东宫宿卫之人,侍官以上,名籍悉令属诸卫府,有勇健者咸屏去之。出左卫率苏孝慈为淅州刺史,勇愈不悦。太史令袁充言于上曰:"臣观天文,皇太子当废。"上曰:"玄象久见,群臣不敢言耳。"充,君正之子也。

晋王广又令督王府军事姑臧段达私赂东宫幸臣姬威,令伺太子动静,密告杨素;于是内外喧谤,过失日闻。段达因胁姬威曰:"东宫过失,主上皆知之矣。已奉密诏,定当废立;君能告之,则大富贵!"威许诺,即上书告之。

秋,九月壬子,上至自仁寿宫。翌日,御大兴殿,谓侍臣曰:"我新还京师,应开怀欢乐;不知何意翻邑然愁苦?"吏部尚书牛弘对曰:"臣等不称职,故至尊忧劳。"上既数闻谮毁,疑朝臣悉知之,故于众中发问,冀闻太子之过。弘对既失旨,上因作色,谓东宫官属曰:"仁寿宫此去不远,而令我每还京师,严备仗卫,如入敌国。我为下利,不解衣卧。昨夜欲近厕,

常常怕睨地伐将他暗害。"杨素已经了解了皇后的意思,因此就竭力地说太子杨勇不成器。于是皇后就给杨素财物,让他辅佐文帝进行废立太子之事。

杨勇非常清楚这个阴谋,感到忧虑恐惧,但是想不出办法来。他让新丰人王辅贤制作了巫术诅咒之物,又在其府邸后园建造了一个平民村,村里的房屋低矮简陋,杨勇时常在其中睡觉休息,他身穿布衣,铺着草褥子,希望以此来挡住谗言。文帝知道杨勇为此不安,在仁寿宫派杨素去观察杨勇的行为。杨素到了东宫,停住不进,杨勇换好衣服等待杨素进来,杨素故意很久不进门,以此激怒杨勇;杨勇怀恨杨素,并在言行上表现出来。杨素回去报告:"杨勇怨恨,恐怕会发生变故,希望陛下多多防备观察!"文帝听了杨素的谗言和诋毁之词,对杨勇更加猜疑了。独孤皇后又派人暗中探察东宫,细碎琐事都上报给文帝,依据诬陷之词而构成杨勇的罪状。

于是文帝就对杨勇疏远、猜忌,竟然在玄武门到至德门之间的路上,派人观察杨勇的动静,事无巨细都要随时上报。另外,东宫值宿警卫侍官以上的,名册都令归属各个卫府管辖,勇猛矫健的人都要调走。左卫率苏孝慈被调出任命为淅州刺史,杨勇愈加不高兴。太史令袁充对文帝说:"我观察天象,皇太子应当废黜。"文帝说:"玄象出现很久了,群臣不敢说啊。"袁充是袁君正的儿子。

晋王杨广又命令姑臧人皆王府军事段达私下贿赂东宫受宠信的官吏姬威,让他暗中观察太子的动静,密报给杨素。于是朝廷内外到处是对杨勇的议论诽谤,天天可以听到杨勇的罪过。段达趁机威胁姬威说:"东宫的过失,皇上都知道了。我已得到密诏,一定要废黜太子。你要是能告发杨勇的过失,就会大富大贵!"姬威答应了,随即就上书告发杨勇。

秋季,九月壬子(二十六日),文帝从仁寿宫归来。第二天到大兴殿,他对侍臣说:"我刚返回京师,应该是开怀畅饮寻求欢乐,不知为什么变得抑郁愁闷?"吏部尚书牛弘回答:"是臣等不称职,使陛下忧愁劳累。"文帝已经多次听到对杨勇的诬陷诋毁,怀疑朝臣们都知道了,因此向朝臣们发问,希望听到太子的过失。牛弘的回答不合文帝的意思,于是文帝脸色一变,对东宫的官吏僚属说:"仁寿宫离这里不远,但是我每次返回京师都得严格准备仪仗保卫,就像进入敌国一样。我因为拉肚子,不敢脱衣服睡觉。昨天夜里要上厕所,

故在后房恐有警急,还移就前殿,岂非尔辈欲坏我家国邪?”于是执太子左庶子唐令则等数人付所司讯鞫;命杨素陈东宫事状以告近臣。

素乃显言之曰:“臣奉敕向京,令皇太子检校刘居士馀党。太子奉诏,作色奋厉,骨肉飞腾,语臣云:‘居士党尽伏法,遣我何处穷讨?尔作右仆射,委寄不轻,自检校之,何关我事!’又云:‘昔大事不遂,我先被诛,今作天子,竟乃令我不如诸弟,一事以上,不得自遂!’因长叹回视云:‘我大觉身妨。’”上曰:“此儿不堪承嗣久矣,皇后恒劝我废之。我以布衣时所生,地复居长,望其渐改,隐忍至今。勇尝指皇后侍儿谓人曰:‘是皆我物。’此言几许异事!其妇初亡,我深疑其遇毒,尝责之,勇即怼曰:‘会杀元孝矩。’此欲害我而迁怒耳。长宁初生,朕与皇后共抱养之,自怀彼此,连遣来索。且云定兴女,在外私合而生,想此由来,何必是其体胤?昔晋太子取屠家女,其儿即好屠割。今俔非类,便乱宗祐。我虽德惭尧、舜,终不以万姓付不肖子!我恒畏其加害,如防大敌;今欲废之以安天下!”

左卫大将军五原公元旻谏曰:“废立大事,诏旨若行,后悔无及。谗言罔极,惟陛下察之。”

上不应,命姬威悉陈太子罪恶。威对曰:“太子由来与臣语,唯意在骄奢,且云:‘若有谏者,正当斩之,不杀百许人,自然永息。’营起台殿,四时不辍。前苏孝慈解左卫率,太子奋髯扬肘曰:‘大丈夫会当有一日,终不忘之,决当快意。’又宫内所须,尚书多执法不与,辄怒曰:‘仆射以下,吾

所以在后边的房间，又恐怕有紧急之事，就返回前殿居住，难道不是你们这些人要危害我的家国吗？"于是把太子左庶子唐令则等几个人抓起来交付有关部门进行审讯，命令杨素把东宫的情况告诉近臣。

于是杨素就公开地说："我奉旨到京师，命令皇太子查核刘居士的馀党。太子接到诏书，脸色大变，表情非常愤怒，他对我说：'刘居士的馀党都已伏法，让我到哪里去追究呢？你作为右仆射，责任不轻，你自己去查核此事吧，关我什么事！'又说：'过去的禅让大事要是不顺利，我先得被杀，如今父亲做了天子，居然让我还不如几个弟弟，凡事都不能自作主张！'他就长叹说：'我觉得太不自由了。'"文帝说："这个儿子我很早就觉得不能够继承皇位了，皇后老劝我废黜他。我认为他是我做平民时生的，又是长子，希望他能够逐渐改正错误，我已克制忍耐到现在了。杨勇曾经指着皇后的侍女对人说：'都是我的。'这话说的是多么地奇怪！他的妻子元妃刚死时，我很怀疑她是被毒死的，曾经责问过杨勇，他就怨恨地说：'应当杀掉元孝矩。'这是想要害我而迁怒他人。长宁王刚出生时，我和皇后一起抱来抚养他，杨勇却心中另有想法，连连派人索要。况且云定兴的女儿，是云定兴在外面私合而生，想到她的出身来历，何必用她的后代作为继承杨家基业的人？以前晋太子娶了屠户的女儿，他的儿子就喜欢屠宰之事。如今他们不是咱们这一类人，会乱了宗祠。我虽然德行不及尧舜，但终归不能把天下百姓交付给品行不端的儿子！我总担忧他会谋害我，对他就像防备大敌一样，现在我打算废掉他以安定天下！"

左卫大将军五原公元旻劝说文帝："废立太子是大事，诏书若颁布实行了，后悔就来不及了。谗言说起来是无定准的，希望陛下再仔细调查这些事。"

文帝不听元旻的话，他命令姬威把太子的罪恶都讲出来。姬威回答："太子向来对我讲话意气极为骄横，还说：'要是有劝我的人，就该杀掉他，杀百把人，自然就永远清静了。'太子又营建楼台宫殿，一年四季都不停止。先前苏孝慈被解除左卫率官职的时候，太子愤怒得胡子都翘起来了，他挥着胳膊说：'大丈夫终会有扬眉吐气的一天，我不会忘记此事，会有杀伐决断的快感。'另外，东宫内所索取的东西，尚书经常恪守制度不给，太子往往立即发怒，说：'仆射以下的人，我

会戮一二人,使知慢我之祸。'每云:'至尊恶我多侧庶,高纬、陈叔宝岂孽子乎?'尝令师姥卜吉凶,语臣云:'至尊忌在十八年,此期促矣。'"上泫然曰:"谁非父母生,乃至于此!朕近览《齐书》,见高欢纵其儿子,不胜忿愤,安可效尤邪?"于是禁勇及诸子,部分收其党与。杨素舞文巧诋,锻炼以成其狱。

居数日,有司承素意,奏元旻常曲事于勇,情存附托,在仁寿宫,勇使所亲裴弘以书与旻,题云"勿令人见"。上曰:"朕在仁寿宫,有纤介事,东宫必知,疾于驿马,怪之甚久,岂非此徒邪?"遣武士执旻于仗。右卫大将军元胄时当下直,不去,因奏曰:"臣向不下直者,为防元旻耳。"上以旻及裴弘付狱。

先是,勇见老枯槐,问:"此堪何用?"或对曰:"古槐尤宜取火。"时卫士皆佩火燧,勇命工造数千枚,欲以分赐左右;至是,获于库。又药藏局贮艾数斛,索得之,大以为怪,以问姬威,威曰:"太子此意别有所在,至尊在仁寿宫,太子常饲马千匹,云:'径往守城门,自然饿死。'"素以威言诘勇,勇不服,曰:"窃闻公家马数万匹,勇忝备太子,马千匹,乃是反乎?"素又发东宫服玩,似加雕饰者,悉陈之于庭,以示文武群臣,为太子之罪。上及皇后迭遣使责问勇,勇不服。

冬,十月乙丑,上使人召勇,勇见使者惊曰:"得无杀我邪?"上戎服陈兵,御武德殿,集百官立于东面,诸亲立于西面,引勇及诸子列于殿庭,命内史侍郎薛道衡宣诏,废勇及其男、女为王、公主者。

可以杀一两个,让你们知道怠慢我的灾祸。'太子常说:'皇父厌恶我有许多姬妾,北齐后主高纬、南陈后主陈叔宝是庶子吗?'太子曾令女巫占卜吉凶,他对我说:'皇帝的忌期在开皇十八年,这个期限快到了。'"文帝流着泪说:"谁不是父母所生,他竟然这样!我近来翻阅《齐书》,看到高欢纵容他的儿子,就非常气忿,怎么能仿效这种人呢?"于是把杨勇和他的几个儿子都拘禁起来,并逮捕了他的部分党羽。杨素舞文弄墨,巧言诋毁,罗织罪名以构成下狱之罪。

过了几天,有关部门的官员秉承杨素的意思,奏报文帝说元旻常常曲意逢迎杨勇,有阿谀结交之事,在仁寿宫,杨勇派他的亲信裴弘给元旻送信,信上写着"勿令人见"。文帝说:"朕在仁寿宫,无论什么细微之事东宫必定知道,比驿马传信还快,我对此事感到奇怪已经很久了,难道不是这恶徒的缘故吗?"于是派武士从左卫仗将元旻抓了起来。右卫大将军元胄当时不应该值班了,但他没有离开,对文帝说:"我先前不下班的原因是为了防备元旻。"文帝把元旻和裴弘都投入监狱。

当初,杨勇看见枯老的槐树,问道:"这树能做什么用?"有人回答:"古槐尤其适于作柴来取火。"当时杨勇的卫士都带着火燧,杨勇命令工匠制作了几千枚火燧,打算分赐给身边的人;现在,库中的火燧都被收缴。另外,药藏局贮存着好几斛的艾绒,杨素收缴上来,感到很奇怪,就问姬威,姬威说:"太子此意另有用处,皇帝在仁寿宫,太子经常饲养着一千匹马,说:'要是直接守住城门,自然就会饿死。'"杨素以姬威的话来盘问杨勇,杨勇不服气,说:"我听说公家饲养的马有好几万匹,我作为太子,养一千匹马就是造反吗?"杨素又找出东宫的服饰玩器,凡是有雕刻缕画装饰的器物都陈列在宫庭里,展示给文武群臣,作为太子的罪证。文帝和独孤皇后屡次派人去责问杨勇,杨勇都不服气。

冬季,十月乙丑(初九),文帝派人召来杨勇,杨勇见到使者,吃惊地说:"不是要杀我吧?"文帝身着戎装,陈列军队,来到武德殿。召集来的百官立在殿东面,皇室宗亲立在殿西面,引着杨勇和他的几个儿子排列在武德殿的庭院里,文帝命令内史侍郎薛道衡宣读诏书,将杨勇和他封王封公主的子女都废为庶人。

勇再拜言曰："臣当伏尸都市，为将来鉴戒；幸蒙哀怜，得全性命！"言毕，泣下流襟，既而舞蹈而去，左右莫不闵默。长宁王俨上表乞宿卫，辞情哀切；上览之闵然。杨素进曰："伏望圣心同于螫手，不宜复留意。"

己巳，诏："元旻、唐令则及太子家令邹文腾、左卫率司马夏侯福、典膳监元淹、前吏部侍郎萧子宝、前主玺下士何竦并处斩，妻妾子孙皆没官。车骑将军榆林阎毗、东郡公崔君绰、游骑尉沈福宝、瀛州术士章仇太翼，特免死，各杖一百，身及妻子、资财、田宅皆没官。副将作大匠高龙叉、率更令晋文建、通直散骑侍郎元衡皆处尽。"于是集群官于广阳门外，宣诏戮之。乃移勇于内史省，给五品料食。赐杨素物三千段，元胄、杨约并千段，赏鞫勇之功也。

文林郎杨孝政上书谏曰："皇太子为小人所误，宜加训诲，不宜废黜。"上怒，挞其胸。

初，云昭训父定兴，出入东宫无节，数进奇服异器以求悦媚；左庶子裴政屡谏，勇不听。政谓定兴曰："公所为不合法度。又，元妃暴薨，道路籍籍，此于太子，非令名也。公宜自引退，不然，将及祸。"定兴以告勇，勇益疏政，由是出为襄州总管。唐令则为勇所昵狎，每令以弦歌教内人，右庶子刘行本责之曰："庶子当辅太子以正道，何有取媚于房帏之间哉？"令则甚惭而不能改。时沛国刘臻、平原明克让、魏郡陆爽，并以文学为勇所亲；行本怒其不能调护，每谓三人曰："卿等正解读书耳！"夏侯福尝于阁内与勇戏，福大笑，声闻于外。行本闻之，待其出，数之曰："殿下宽容，赐汝颜色。汝何物小人，敢为亵慢？"

杨勇再三跪伏在地,说:"我应该被斩首于闹市以为后人的借鉴,幸而得到陛下的哀怜,我才得以保全性命!"说完,眼泪流满了衣襟,随即跪拜行礼后离去,文帝身边的人没有不怜悯沉默的。长宁王杨俨给文帝上表乞求允许他担当文帝的宿卫,奏表中的文辞非常哀婉凄切,文帝看后感到很难过。杨素向文帝进言:"希望圣上对这件事应像蝮蛇螫手一样,不应再留此意。"

己巳(十三日),文帝下诏书说:"元旻、唐令则和太子家令邹文腾、左卫率司马夏侯福、典膳监元淹、前吏部侍郎萧子宝、前主玺下士何竦一并斩首处死,他们的妻妾子孙都没入官府。车骑将军榆林人阎毗、东郡公崔君绰、游骑尉沈福宝、瀛州术士章仇太翼,特赦免死,各受杖刑一百,本人及其妻子儿女、家产田宅都没入官府。副将作大匠高龙叉、率更令晋文建、通直散骑侍郎元衡都被判罪令其自尽。"于是在广阳门外召集百官宣读诏书,将上述判死刑的人处死。把杨勇迁到内史省,给他五品官员的俸禄。赐给杨素财物三千段,赐给元旻、杨约财物共一千段,作为审讯杨勇的功劳的奖赏。

文林郎杨孝政上书给文帝进谏:"皇太子是被小人教坏了,应该加强训诫教诲,不宜废黜。"文帝发怒,用鞭子抽打杨孝政的胸部。

当初云昭训的父亲云定兴出入东宫没有节制,他多次给杨勇进献奇异的服饰器物以求得杨勇的高兴和青睐;左庶子裴政屡次劝说,杨勇不听。裴政对云定兴说:"您的行为不符合法度。还有,元妃突然暴死,外面议论纷纷,这对于太子,不是好名声。您最好自行引退,否则将会遭到灾祸。"云定兴将此话告诉了杨勇,杨勇越发疏远裴政,并因此把裴政外放为襄州总管。唐令则被杨勇所亲近,杨勇常常命令唐令则教东宫的宫人丝弦歌舞,右庶子刘行本责备唐令则说:"庶子应当辅佐太子走正路,为什么要用声色歌舞来取媚于太子呢?"唐令则感到很惭愧却改不了。当时沛国人刘臻、平原人明克让、魏郡人陆爽都因为辞章修养而被杨勇所亲近。刘行本对这三个人对太子不能加以调教保护非常愤怒,他常对这三人讲:"你们只会读书!"夏侯福曾在房间里与杨勇开玩笑,夏侯福哈哈大笑,声音传到门外。刘行本听见,等夏侯福出来,责备他说:"太子殿下性情宽容,给你面子。你是什么小人物,敢做这样轻慢之事?"

因付执法者治之。数日,勇为福致请,乃释之。勇尝得良马,欲令行本乘而观之,行本正色曰:"至尊置臣于庶子,欲令辅导殿下,非为殿下作弄臣也。"勇惭而止。及勇败,二人已卒,上叹曰:"向使裴政、刘行本在,勇不至此。"

　　勇尝宴宫臣,唐令则自弹琵琶,歌《媆媚娘》。洗马李纲起白勇曰:"令则身为宫卿,职当调护;乃于广坐自比倡优,进淫声,秽视听。事若上闻,令则罪在不测,岂不为殿下之累邪? 臣请速治其罪!"勇曰:"我欲为乐耳,君勿多事。"纲遂趋出。及勇废,上召东宫官属切责之,皆惶惧无敢对者。纲独曰:"废立大事,今文武大臣皆知其不可而莫肯发言,臣何敢畏死,不一为陛下别白言之乎? 太子性本中人,可与为善,可与为恶。乿使陛下择正人辅之,足以嗣守鸿基。今乃以唐令则为左庶子,邹文腾为家令,二人唯知以弦歌鹰犬娱悦太子,安得不至于是邪? 此乃陛下之过,非太子之罪也。"因伏地流涕呜咽。上惨然良久曰:"李纲责我,非为无理,然徒知其一,未知其二;我择汝为宫臣,而勇不亲任,虽更得正人,何益哉?"对曰:"臣所以不被亲任者,良由奸人在侧故也。陛下但斩令则、文腾,更选贤才以辅太子,安知臣之终见疏弃也。自古废立冢嫡,鲜不倾危,愿陛下深留圣思,无贻后悔。"上不悦,罢朝,左右皆为之股栗。会尚书右丞缺,有司请人,上指纲曰:"此佳右丞也!"即用之。

　　太平公史万岁还自大斤山,杨素害其功,言于上曰:"突厥本降,初不为寇,来塞上畜牧耳。"遂寝之。万岁数抗表陈状,

于是把夏侯福交执法人员治罪。过了几天，杨勇替夏侯福讲情，才将他释放。杨勇曾得到良马，他想命令刘行本骑上马让他观看，刘行本正色道："皇上任命我为右庶子，是要我辅佐教导殿下，而不是作殿下的戏弄之臣。"杨勇听后感到惭愧，才作罢。到杨勇被废黜时，裴政、刘行本二人均已去世。文帝叹息道："要是裴政、刘行本二人还在，杨勇不至于到这个地步。"

杨勇曾宴请东宫的臣僚，唐令则亲自弹奏琵琶，唱《斌媚娘》。洗马李纲起身对杨勇说："唐令则身为宫卿，职责应是调教保护太子，他却在大庭广众之下自比娼妓优伶，进献靡靡之音，污浊视听。这种事要是皇上知道了，唐令则的罪责就大了，这岂不是要连累殿下吗？我请您赶快将他治罪！"杨勇说："我想要快乐快乐，你不要多管闲事。"于是李纲就赶快退出。等到杨勇被废黜，文帝召集东宫的臣僚严厉责备他们，大家都惶恐而无人敢于答话。只有李纲说："太子的废立大事，如今文武大臣都知道这事不可更改了而不肯说话，我怎能因为怕死就把对此事的不同看法不为陛下讲清楚呢？太子的性格本来就是个常人的性格，可以使之变好，也可以使之变坏。从前要是陛下挑选正直的人辅佐太子，他足以继承皇统鸿业。如今却用唐令则为左庶子，邹文腾为家令，这两个人只知道用声色犬马娱悦太子，哪能不到这个地步啊？这是陛下的过失，并不是太子的罪过。"于是跪在地上呜咽流泪。文帝神色惨然，过了半天才说："李纲责备我，不是没有道理。但是你只知其一，不知其二。我挑选你为东宫臣僚，但杨勇不亲近信任你，就是换上正直的人又有什么用处呢？"李纲回答："我所以不为杨勇亲近信任，确实是有佞人在太子身边的缘故，陛下只要将唐令则、邹文腾斩首，更换贤能才学之士辅佐太子，怎么会知道我最后会被疏远抛弃呢。自古废立嫡长子，国家很少有不发生倾覆危险的，希望陛下好好考虑，不要后悔啊。"文帝不高兴，退朝后，文帝身边的人都替李纲心惊胆战。正好尚书右丞空缺，有关部门请求派人，文帝指着李纲说："此人是很好的尚书右丞。"李纲马上就被任命。

太平公史万岁从大斤山回来，杨素嫉妒史万岁的功劳，对文帝说："突厥人本来已经投降了，开始并不是来侵犯，只是来塞上放牧牲畜。"文帝于是将这件事放下了。史万岁几次上表陈述自己的功劳，

上未之悟。上废太子，方穷东宫党与。上问万岁所在，万岁实在朝堂，杨素曰："万岁谒东宫矣！"以激怒上。上谓为信然，令召万岁。时所将将士在朝堂称冤者数百人，万岁谓之曰："吾今日为汝极言于上，事当决矣。"既见上，言："将士有功，为朝廷所抑！"词气愤厉。上大怒，令左右搒杀之。既而追之，不及，因下诏陈其罪状，天下共冤惜之。

十一月戊子，立晋王广为皇太子。天下地震，太子请降章服，宫官不称臣。十二月戊午，诏从之。以宇文述为左卫率。始，太子之谋夺宗也，洪州总管郭衍预焉，由是征衍为左监门率。

帝囚故太子勇于东宫，付太子广掌之。勇自以废非其罪，频请见上申冤，而广遏之不得闻。勇于是升树大叫，声闻帝所，冀得引见。杨素因言勇情志昏乱，为癫鬼所著，不可复收。帝以为然，卒不得见。

初，帝之克陈也，天下皆以为将太平，监察御史房彦谦私谓所亲曰："主上忌刻而苛酷，太子卑弱，诸王擅权，天下虽安，方忧危乱。"其子玄龄亦密言于彦谦曰："主上本无功德，以诈取天下，诸子皆骄奢不仁，必自相诛夷，今虽承平，其亡可翘足待。"彦谦，法寿之玄孙也。

玄龄与杜杲之兄孙如晦皆预选，吏部侍郎高孝基名知人，见玄龄，叹曰："仆阅人多矣，未见如此郎者，异日必为伟器，恨不见其大成耳。"见如晦，谓曰："君有应变之才，必任栋梁之重。"俱以子孙托之。

文帝还是不醒悟。文帝废黜太子杨勇,正追究太子的党羽。文帝问史万岁在哪里,当时史万岁实际就在朝堂之上,杨素却说:"史万岁拜谒东宫去了!"以此来激怒文帝。文帝听信了这话,命令将史万岁召来。当时史万岁部下的将士在朝堂受冤屈的有好几百人,史万岁对他们说:"我今天为你们对皇帝把事情完全讲清楚,问题就会解决的。"他见到文帝说:"将士有功却被朝廷压抑!"措辞严厉,语气愤怒。文帝勃然大怒,命令身边的人把史万岁打死。可是文帝随即就后悔了,但已经来不及了,于是文帝颁诏陈述史万岁的罪状,天下的人都为史万岁感到冤枉可惜。

十一月戊子(初三),文帝立晋王杨广为皇太子。国内地震,太子杨广请求免穿礼服,东宫的臣僚对太子不自称臣。十二月,戊午(初三),文帝下诏采纳杨广的建议。杨广任命宇文述为左卫率。当初杨广策划夺取继承权时,洪州总管郭衍参与了这个阴谋,因此就把郭衍召来任命他为左监门率。

文帝把前太子杨勇囚禁在东宫,交给太子杨广管束。杨勇认为自己没有犯下该被废黜的罪过,多次请求见文帝申明冤情,但杨广阻拦他,不让文帝知道。于是杨勇就爬到树上大声喊叫,声音传到文帝的住所,他希望能得到文帝的接见。杨素就说杨勇情志昏乱,有疯鬼附身,无法复原。文帝听了很相信,杨勇最终还是没有见到文帝。

当初文帝平灭南陈国时,天下人都以为将要太平了,监察御史房彦谦私下对他亲近的人说:"皇帝性情猜忌严厉而又苛刻残忍,太子性情谦恭软弱,几个王据有大权,天下虽然安定了,又要忧虑危亡动乱之事。"他的儿子房玄龄也暗地对房彦谦说:"皇帝本来没什么功劳德行,以奸诈计谋取得天下,他的几个儿子都骄横奢侈不行仁义,必定会自相残杀。现在虽然太平了,但杨家天下的覆亡很快就会到来。"房彦谦是房法寿的玄孙。

房玄龄和杜果哥哥的孙子杜如晦都被吏部预选为候补官员。吏部侍郎高孝基有知人的名声,他见到房玄龄,叹息道:"我见的人也很多了,还没有见过这样的年轻人,以后必成大器,只可惜我不能见到他成大材了。"他见到杜如晦说:"您有随机应变的才能,一定会被委以栋梁重任的。"高孝基把子孙都托付给了他们。

6　帝晚年深信佛道鬼神，辛巳，始诏“有毁佛及天尊、岳、镇、海、渎神像者，以不道论；沙门毁佛像，道士毁天尊像者，以恶逆论”。

7　是岁，征同州刺史蔡王智积入朝。智积，帝之弟子也，性修谨，门无私谒，自奉简素，帝甚怜之。智积有五男，止教读《论语》，不令交通宾客。或问其故，智积曰：“卿非知我者！”其意盖恐诸子有才能以致祸也。

8　齐州行参军章武王伽送流囚李参等七十馀人诣京师，行至荥阳，哀其辛苦，悉呼谓曰：“卿辈自犯国刑，身婴缧绁，固其职也；重劳援卒，岂不愧心哉？”参等辞谢。伽乃悉脱其枷锁，停援卒，与约曰：“某日当至京师，如致前却，吾当为汝受死。”遂舍之而去。流人感悦，如期而至，一无离叛。上闻而惊异，召见与语，称善久之。于是悉召流人，令携负妻子俱入，赐宴于殿庭而赦之。因下诏曰：“凡在有生，含灵禀性，咸知善恶，并识是非。若临以至诚，明加劝导，则俗必从化，人皆迁善。往以海内乱离，德教废绝，更无慈爱之心，民怀奸诈之意。朕思遵圣法，以德化民，而伽深识朕意，诚心宣导，参等感寤，自赴宪司：明是率土之人，非为难教。若使官尽王伽之俦，民皆李参之辈，刑厝不用，其何远哉！”乃擢伽为雍令。

9　太史令袁充表称：“隋兴已后，昼日渐长，开皇元年，冬至之景长一丈二尺七寸二分；自尔渐短，至十七年，短于旧三寸七分。日去极近则景短而日长，去极远则景长而日短；行内道则去极近，行外道则去极远。谨按《元命包》曰：‘日月出内道，璇玑得其常。’《京房别对》曰：‘太平，日行上道；

6　文帝晚年笃信佛、道、鬼神。辛巳(二十六日),开始颁诏"有毁坏佛以及天尊、山岳、镇、海、渎神像的人,以不道罪惩处;僧尼毁坏佛像,道士毁坏天尊像的,以恶逆罪论处"。

7　这一年,文帝征召同州刺史蔡王杨智积入朝。杨智积是文帝的侄子,他性情和善谨慎,门下没有私自进见的人;他自奉俭朴,文帝很怜爱他。杨智积有五个儿子,只教他们读《论语》,他不让儿子们与宾客结交往来。有人问其原因,杨智积说:"你不理解我!"杨智积的用意是怕他的儿子有才能而招来灾祸。

8　齐州行参军章武人王伽,押送判流刑的犯人李参等七十多人到京师,走到荥阳,王伽可怜犯人们辛苦,把他们都叫来说:"你们这些人犯了国法,身受枷锁之苦,固然是你们应得的惩处,但是使押送你们的人辛苦,你们心里不惭愧吗?"李参等人都谢罪。于是王伽把他们身上的枷锁都解下,遣散押送犯人的兵卒,与李参等人约好:"某日应当到达京师,如果不能如期到达,我只好代你们受死。"说完就离开犯人们走了。犯人们感动欣悦,如期到达京师,没有一个人背约逃走。文帝听到此事感到惊奇,就召见王伽谈话,不断地称赞他。于是犯人们都被召见,并命令他们带着妻子儿女一起进宫,在殿堂赐宴并赦免了他们。文帝因此下诏说:"凡世上之人,都有灵悟的禀性,都懂得善恶,明晓是非。如果以至诚之心关怀他们,明加劝导,那么恶俗必定改变,人都会变得善良。以前因为海内动乱流离,德教废弛湮没,官吏没有慈爱之心,百姓存有奸诈之意。朕想遵循先圣的办法,用德来感化子民,王伽非常理解朕的用意,诚心诚意地加以宣传教化;李参等人感化醒悟,自己赴往司法机关。这说明四海之内的百姓并不难以教化。要是让官吏都成为王伽一类的人物,庶民都向李参等人学习,不用刑律的日子就不会远了!"于是提拔王伽为雍县令。

9　太史令袁充上表称:"隋朝兴起之后,白昼渐渐变长,开皇元年冬至那天的影长是一丈二尺七寸二分。从那以后渐渐缩短,到开皇十七年,比过去短了三寸七分。太阳离北极近则日影就短,白昼就长;离北极远则日影就长,白昼就短。太阳在黄道之北运行时就离北极星近,在黄道之南运行时就离北极星远。据纬书《春秋元命包》记载:'日月在黄道之北运行,季节则正常。'《京房别对》记载:'太平之时,太阳在黄道之北运行;

升平,行次道;霸代,行下道。'伏惟大隋启运,上感乾元,景短日长,振古希有。"上临朝,谓百官曰:"景长之庆,天之佑也。今太子新立,当须改元,宜取日长之意以为年号。"是后百工作役,并加程课,以日长故也。丁匠苦之。

仁寿元年(辛酉,601)

1　春,正月乙酉朔,赦天下,改元。

2　以尚书右仆射杨素为左仆射,纳言苏威为右仆射。

3　丁酉,徙河南王昭为晋王。

4　突厥步迦可汗犯塞,败代州总管韩弘于恒安。

5　以晋王昭为内史令。

6　二月乙卯朔,日有食之。

7　夏,五月己丑,突厥男女九万口来降。

8　六月乙卯,遣十六使巡省风俗。

9　乙丑,诏以天下学校生徒多而不精,唯简留国子学生七十人,太学、四门及州县学并废。殿内将军河间刘炫上表切谏;不听。秋,七月,改国子学为太学。

10　初,帝受周禅,恐民心未服,故多称符瑞以耀之,其伪造而献者,不可胜计。冬,十一月己丑,有事于南郊,如封禅礼,版文备述前后符瑞以报谢云。

11　山獠作乱,以卫尉少卿洛阳卫文昇为资州刺史镇抚之。文昇名玄,以字行。初到官,獠方攻大牢镇,文昇单骑造其营,谓曰:"我是刺史,衔天子诏,安养汝等,勿惊惧也!"群獠莫敢动。于是说以利害,渠帅感悦,解兵而去。前后归附者十馀万口。帝大悦,赐缣二千匹。壬辰,以文昇为遂州总管。

盛世之时,在黄道运行;乱世之时,在黄道之南运行。'因为大隋启动了天运,感应了上天,所以日影缩短,白昼变长,这是自古少有的。"文帝上朝对百官说:"影短日长的福庆是上天的佑护。现在刚立太子,应当改年号,最好取日长之意作为年号。"此后工匠们服役,都增加了工作量,是因为白昼延长的缘故。壮丁工匠们都苦于白昼延长。

隋文帝仁寿元年(辛酉,公元601年)

1　春季,正月乙酉朔(初一),大赦天下,改年号。

2　任命尚书右仆射杨素为左仆射,纳言苏威为右仆射。

3　丁酉(十三日),改封河南王杨昭为晋王。

4　突厥的步迦可汗率兵侵犯边塞,在恒安击败代州总管韩弘。

5　任命晋王杨昭为内史令。

6　二月乙卯朔(初一),出现日食。

7　夏季,五月己丑(初七),有突厥男女九万人来归附。

8　六月乙卯(初三),文帝派遣十六名使者到各地巡视风俗。

9　乙丑(十三日),文帝颁诏,认为天下学校的学生多而不精,经过选拔,只留国子监的学生七十人,太学、四门及各州、县的学校一并停办。殿内将军河间人刘炫呈上奏表恳切劝说,文帝不听。秋季,七月,改国子学为太学。

10　当初,文帝受北周的禅让,他怕民心不服,因此就用很多符瑞现象来表明自己受禅是符合天意的,伪造符瑞进献的人多得数不过来。冬季,十一月己丑(初九),到京师南郊举行封禅典礼,刻板制文详细叙述符瑞现象出现的前后情况以报谢上天。

11　山中的獠人造反,任命卫尉少卿洛阳人卫文昇为资州刺史,去镇压剿抚獠人。卫文昇名玄,通常以字来称呼他。卫文昇刚到任,獠人正在进攻大牢镇,卫文昇一个人骑马来到獠人的营帐,说:"我是刺史,奉天子诏命,安抚保护你们,不要惊惶恐惧!"獠人们都不敢动了。于是卫文昇向獠人陈说利害,獠人的首领被感化,撤兵离去。前后归附朝廷的獠人有十馀万人。文帝非常高兴,赏赐卫文昇细绢两千匹。壬辰(十二日),任命卫文昇为遂州总管。

12 潮、成等五州獠反,高州酋长冯盎驰诣京师,请讨之。帝敕杨素与盎论贼形势,素叹曰:"不意蛮夷中有如是人!"即遣盎发江、岭兵击之。事平,除盎汉阳太守。

13 诏以杨素为云州道行军元帅,长孙晟为受降使者,挟启民可汗北击步迦。

二年(壬戌,602)

1 春,三月己亥,上幸仁寿宫。

2 突厥思力俟斤等南渡河,掠启民男女六千口、杂畜二十馀万而去。杨素帅诸军追击,转战六十馀里,大破之,突厥北走。素复进追,夜,及之,恐其越逸,令其骑稍后,亲引两骑并降突厥二人与虏并行,虏不之觉;候其顿舍未定,趣后骑掩击,大破之,悉得人畜以归启民。自是突厥远遁,碛南无复寇抄。素以功进子玄感爵柱国,赐玄纵爵淮南公。

3 兵部尚书柳述,庆之孙也,尚兰陵公主,怙宠使气,自杨素之属皆下之。帝问符玺直长万年韦云起:"外间有不便事,可言之。"述时侍侧,云起奏曰:"柳述骄豪,未尝经事,兵机要重,非其所堪,徒以主婿,遂居要职。臣恐物议以为陛下'官不择贤,专私所爱',斯亦不便之大者。"帝甚然其言,顾谓述曰:"云起之言,汝药石也,可师友之。"秋,七月丙戌,诏内外官各举所知。柳述举云起,除通事舍人。

12 潮州、成州等五个州的獠人造反,高州的酋长冯盎驰马到京师,请朝廷派兵去讨伐獠人。文帝命令杨素和冯盎讨论獠人的情况,杨素感叹道:"没想到蛮夷中竟有这样的人!"随即派冯盎率领江南、岭南等地的官军去进攻獠人。叛乱平息后,任命冯盎为汉阳太守。

13 文帝下诏任命杨素为云州道行军元帅,长孙晟为受降使者,带领启民可汗向北进攻步迦可汗。

隋文帝仁寿二年(壬戌,公元602年)

1 春季,三月己亥(二十一日),文帝驾临仁寿宫。

2 突厥思力俟斤可汗等率众向南渡河掠走启民可汗部落的男女六千人,各种牲畜二十余万头。杨素统帅各路军队追击思力俟斤,转战六十余里,大破思力俟斤,突厥人向北逃走。杨素又继续追击,在夜里追上了突厥人,杨素恐怕突厥人逃跑,命令骑兵稍稍后退,亲自带领两名骑兵和两名投降的突厥人与突厥军队一起行进,突厥军没有察觉。杨素趁突厥人没有安置停当的时候,催促后面的隋军骑兵追击掩杀,大破突厥军队,将俘获的人、畜都给了启民可汗。自此,突厥人远远地逃走,沙漠以南的地方不再有侵犯掠夺之事。杨素因为有功,文帝封他儿子杨玄感为柱国,赐给杨素另一个儿子杨玄纵淮南公的爵位。

3 兵部尚书柳述是柳庆的孙子,他娶了兰陵公主,柳述依仗着文帝的宠信,飞扬跋扈,连杨素之辈都不在眼下。文帝对符玺直长万年人韦云起说:"在外面有不便直说的事,在这里可以说。"柳述当时正侍立在文帝身旁,韦云起奏文帝说:"柳述为人骄傲强横,他没有经过什么大事,兵权机要的重任不是他所能担当得起来的,只是因为他是主上的女婿,才身居要职。我恐怕有人议论陛下'官不选择贤能之人,专选自己所宠信的人',这也是不便于在大庭广众之中说的事。"文帝认为韦云起的话很对,回头对柳述说:"云起的话是你的治病良药,你可以把他看作老师和朋友。"秋季,七月丙戌(初十),文帝下诏让朝廷内外的官员各自举荐自己了解的人。柳述就举荐韦云起,文帝任命他为通事舍人。

4 益州总管蜀王秀,容貌瑰伟,有胆气,好武艺。帝每谓独孤后曰:"秀必以恶终,我在当无虑,至兄弟,必反矣。"大将军刘哙之讨西爨也,帝令上开府仪同三司杨武通将兵继进。秀以嬖人万智光为武通行军司马。帝以秀任非其人,谴责之,因谓群臣曰:"坏我法者,子孙也。譬如猛虎,物不能害,反为毛间虫所损食耳。"遂分秀所统。

自长史元岩卒后,秀渐奢僭,造浑天仪,多捕山獠充宦者,车马被服,拟于乘舆。

及太子勇以谗废,晋王广为太子,秀意甚不平。太子恐秀终为后患,阴令杨素求其罪而谮之。上遂征秀,秀犹豫,欲谢病不行。总管司马源师谏,秀作色曰:"此自我家事,何预卿也?"师垂涕对曰:"师忝参府幕,敢不尽忠! 圣上有敕追王,以淹时月,今乃迁延未去,百姓不识王心,悦生异议,内外疑骇,发雷霆之诏,降一介之使,王何以自明?愿王熟计之!"朝廷恐秀生变,戊子,以原州总管独孤楷为益州总管,驰传代之。楷至,秀犹未肯行;楷讽谕久之,乃就路。楷察秀有悔色,因勒兵为备;秀行四十馀里,将还袭楷,觇知有备,乃止。

5 八月甲子,皇后独孤氏崩。太子对上及宫人哀恸绝气,若不胜丧者;其处私室,饮食言笑如平常。又,每朝令进二溢米,而私令取肥肉脯鲊,置竹筒中,以蜡闭口,衣襆裹而纳之。

著作郎王劭上言:"佛说:'人应生天上及生无量寿国之时,天佛放大光明,以香花妓乐来迎。'伏惟大行皇后福善祯符,备诸秘记,皆云是妙善菩萨。臣谨按八月二十二日,仁寿宫内再雨金银花;二十三日,大宝殿后夜有神光;

4　益州总管蜀王杨秀,容貌奇特雄伟,有胆量气魄,喜好武艺。文帝常对独孤皇后说:"杨秀肯定会不得好死,我活着他还不会出什么问题,要是他兄弟当政,他一定会造反。"大将军刘哙去讨伐西爨的时候,文帝命令上开府仪同三司杨武通率兵随后出发。杨秀任命一个受他宠信的叫万智光的人做杨武通的行军司马。文帝认为杨秀任命的人不称职,就责备他,并对群臣说:"破坏我的法度的是我的子孙。就好比猛虎,别的动物不能伤害它,它反而被毛间虫损害、蚕食一样。"于是削减了杨秀统领的军队。

自从长史元岩死后,杨秀渐渐变得奢侈僭越,他制作浑天仪,又多抓山中的獠人充作奴仆,他的车马被服都以皇帝的标准制作。

太子杨勇因谗言被废黜后,晋王杨广被立为太子,杨秀为此怏怏不平。太子杨广怕杨秀终归是个祸患,就暗地命令杨素搜罗杨秀的罪状以诬陷诋毁他。于是文帝就征召杨秀进京,杨秀犹豫,想以病为由推辞不动身。总管司马源师劝他,杨秀变了脸色说:"这是我家的事,跟你有什么相干?"源师流着泪说:"我被任命为大王府中的幕僚,怎敢不尽心竭力!皇上有敕命追究您,已经有很长时间了,如今您仍然拖延不去,庶民百姓不了解大王的心意,如果产生了非议,朝廷内外猜疑骇惧,圣上颁下震怒的诏书,派来一名使者,大王又怎么自我申辩呢?希望大王仔细考虑这件事!"朝廷怕杨秀生变,戊子(十二日),任命原州总管独孤楷为益州总管,驿马驰至益州来替代杨秀。独孤楷到了益州,杨秀还是不肯动身。独孤楷劝说开导他许久,杨秀才上路。独孤楷觉察到杨秀有反悔之意,就率领军队做了准备。杨秀上路才四十馀里,打算返回袭击独孤楷,他派人探知独孤楷已有准备才作罢。

5　八月甲子(十九日),皇后独孤氏去世。太子杨广当着文帝和宫人的面悲痛欲绝,好像是不胜哀痛;而在自己府内饮食谈笑如同平常。另外,杨广每天早上命令进米二溢,私下却命令取来肥肉、干肉、酿鱼肉,装在竹筒里以蜡封口,用衣帕包起来偷偷运入府内。

著作郎王劭上书文帝说:"佛祖说:'人应运生在天上和生在无量寿国的时候,天佛会大放光明,以香花妓乐来迎接。'大行皇后的福善征兆,在诸秘记中都有记载,都说皇后是妙善菩萨。我考察到八月二十二日,仁寿宫内再降下金银花;二十三日,大宝殿后夜里出现神光;

二十四日卯时,永安宫北有自然种种音乐,震满虚空;至夜五更,奄然如寐,遂即升遐,与经文所说,事皆符验。"上览之悲喜。

6 九月丙戌,上至自仁寿宫。

7 冬,十月癸丑,以工部尚书杨达为纳言。达,雄之弟也。

8 闰月甲申,诏杨素、苏威与吏部尚书牛弘等修定五礼。

9 上令上仪同三司萧吉为皇后择葬地,得吉处,云:"卜年二千,卜世二百。"上曰:"吉凶由人,不在于地。高纬葬父,岂不卜乎?俄而国亡。正如我家墓田,若云不吉,朕不当为天子;若云不凶,我弟不当战没。"然竟从吉言。吉退,告族人萧平仲曰:"皇太子遣宇文左率深谢余云:'公前称我当为太子,竟有其验,终不忘也。今卜山陵,务令我早立。我立之后,当以富贵相报。'吾语之云:'后四载,太子御天下。'若太子得政,隋其亡乎!吾前给云'卜年二千'者,三十字也;'卜世二百'者,取世二传也。汝其识之!"

壬寅,葬文献皇后于太陵。诏以"杨素经营葬事,勤求吉地,论素此心,事极诚孝,岂与夫平戎定寇比其功业?可别封一子义康公,邑万户。"并赐田三十顷,绢万段,米万石,金珠绫锦称是。

10 蜀王秀至长安,上见之,不与语;明日,使使切让之。秀谢罪,太子诸王流涕庭谢。上曰:"顷者秦王糜费财物,我以父道训之。今秀蠹害生民,当以君道绳之。"于是付执法者。开府仪同三司庆整谏曰:"庶人勇既废,秦王已薨,陛下见子无多,何至如是?

二十四日卯时,永安宫北面出现天降神乐,声振虚空,到夜里五更时,又逐渐沉寂下去,随即升空远去,这些与经文上所讲的,事事都应验了。"文帝看后又悲又喜。

6　九月丙戌(十一日),文帝从仁寿宫回来。

7　冬季,十月癸丑(初九),任命工部尚书杨达为纳言。杨达是杨雄的弟弟。

8　闰月甲申(初十),文帝下诏命杨素、苏威和吏部尚书牛弘等人修定五礼。

9　文帝命令上仪同三司萧吉为独孤皇后选择葬地,萧吉选到一块吉地,说:"占卜年可以延续杨家基业两千年,占卜世可以延续皇统二百世。"文帝说:"吉凶之事在于人不在于地。北齐后主高纬埋葬他的父亲难道就没有占卜吗?但是北齐很快就亡国了。正如我家的墓地,如果说不吉,我就不应做天子;如果说不凶,我弟弟就不应战死。"但最后文帝还是听从了萧吉的建议。萧吉退朝后告诉族人萧平仲说:"皇太子杨广派宇文左率向我深表谢意说:'您从前说我会当太子,竟然得到了验证,我终归是不能忘记您的。现在您占卜陵地,务必让我早些继承皇位,我做了皇帝后,一定以富贵来报答你。'我对他说:'四年之后,太子应会君临天下。'其实要是太子得掌朝政,隋朝就要灭亡了!我先前哄骗人说:'占卜可以延续两千年',是三十年的意思;'占卜可以延续二百世'是只传二世的意思。你记住这事!"

壬寅(二十八日),将独孤皇后埋葬在太陵。文帝下诏说:"杨素经手办理丧事,不辞劳苦地寻找吉地,就杨素的心意而言,对君父之事极为虔诚至孝,平灭夷狄寇贼怎能与之相提并论?应该另封他的一个儿子为义康公,食邑一万户。"并赐给杨素田地三十顷,绢一万段,米一万石,相应的金珠绫锦等等。

10　蜀王杨秀到了长安,文帝见到他,不和他说话。第二天,派一个使者严厉责备他。杨秀谢罪,太子杨广和其他的几个王都流泪谢罪。文帝说:"原先秦王杨俊浪费财物,我曾用父道来训斥他。现在杨秀残害百姓,我应该用为君之道来制裁他。"于是就把杨秀交付执法官员。开府仪同三司庆整劝文帝说:"庶人杨勇已被废黜,秦王已经死了,陛下的儿子现在不多了,何必这样?

蜀王性甚耿介，今被重责，恐不自全。”上大怒，欲断其舌，因谓群臣曰：“当斩秀于市以谢百姓。”乃令杨素等推治之。

太子阴作偶人，缚手钉心，枷锁杻械，书上及汉王姓名，仍云：“请西岳慈父圣母收杨坚、杨谅神魂，如此形状，勿令散荡。”密埋之华山下，杨素发之；又云秀妄述图谶，称京师妖异，造蜀地征祥；并作檄文，云“指期问罪”，置秀集中，俱以闻奏。上曰：“天下宁有是邪？”十二月癸巳，废秀为庶人，幽之内侍省，不听与妻子相见，唯獠婢二人驱使，连坐者百馀人。秀上表摧谢曰：“伏愿慈恩，赐垂矜愍，残息未尽之间，希与瓜子相见；请赐一穴，令骸骨有所。”瓜子，其爱子也。上因下诏数其十罪，且曰：“我不知杨坚、杨谅是汝何亲！”后乃听与其子同处。

初，杨素尝以少谴敕送南台，命治书侍御史柳彧治之。素恃贵，坐彧床。彧从外来，于阶下端笏整容谓素曰：“奉敕治公之罪！”素遽下。彧据案而坐，立素于庭，辨诘事状。素由是衔之。蜀王秀尝从彧求李文博所撰《治道集》，彧与之；秀遗彧奴婢十口。及秀得罪，素奏彧以内臣交通诸侯，除名为民，配戍怀远镇。

帝使司农卿赵仲卿往益州穷按秀事，秀之宾客经过之处，仲卿必深文致法，州县长吏坐者太半。上以为能，赏赐甚厚。

久之，贝州长史裴肃遣使上书，称：“高颎以天挺良才，元勋佐命，为众所疾，以至废弃。愿陛下录其大功，忘其小过。

蜀王杨秀性格耿直独特,如今被重责,恐怕他难以承受。"文帝勃然大怒,要割掉庆整的舌头,接着他对群臣说:"应该把杨秀在闹市斩首向百姓谢罪。"于是就命令杨素等人对杨秀追究治罪。

太子杨广暗中制作了偶人,捆住偶人的手脚,用针钉住偶人的心,将偶人上了枷锁,并写上文帝及汉王杨谅的姓名,还写上"请西岳慈父圣母收去杨坚、杨谅的神魂,就保持这样的形状,不要使它散开流失"。秘密将偶人埋在华山下,杨素发掘出偶人;又控告杨秀说他胆大妄为记述图谶,称京师有妖异,制造蜀地的祥瑞现象;并做好了檄文,说"指日就可以问罪",将这些材料都收到杨秀的文集里,这些情况都奏报了文帝。文帝说:"天下哪有这样的人?"十二月癸巳(二十日),将杨秀废为庶人,幽禁在内侍省,不许他与妻子儿女见面,只派两名獠人奴仆供他使用,牵连获罪的人有百馀名。杨秀上表文帝悲伤地谢罪:"希望圣上慈爱恩准,能够对我同情怜悯,在我残息未尽之时,希望能和我儿子杨瓜子相见。请赐给我一墓穴,让我的骸骨有个归所。"杨瓜子是杨秀的爱子。文帝就下诏列举杨秀的十条罪状,并说:"我不知道杨坚、杨谅是你的什么亲人!"但后来仍允许杨秀和他儿子在一起。

当初,杨素曾经因犯小过被敕命送到御史台,文帝命令治书侍御史柳彧将杨素治罪。杨素依恃地位显贵,坐在柳彧的坐榻上。柳彧从外面进来,在台阶下端举笏板,神色庄重地对杨素说:"我奉皇帝命令要治您的罪!"杨素急忙退下来。柳彧手扶桌案而坐,让杨素站在庭堂上,辨别查问杨素的过失。杨素因此对柳彧怀恨在心。蜀王杨秀曾经向柳彧要李文博撰写的《治道集》,柳彧给了杨秀;杨秀送给柳彧十名奴婢。到杨秀获罪,杨素便奏报文帝说柳彧作为内臣与诸侯结交往来,因此将柳彧除名为民,发配到怀远镇去戍边。

文帝派司农卿赵仲卿到益州彻底追查杨秀的事情,杨秀宾客曾经到过的地方,赵仲卿必定苛刻地以法律条文追究并严厉治罪,那些州县长吏大半都受牵连而被定罪。文帝认为赵仲卿能干,赏赐他很丰厚的财物。

很久以后,贝州刺史裴肃派使者给文帝上书说:"高颎因为有天生的突出才能,又是开国元勋,佐命为大臣,受到人们的妒忌以至于被废黜不用。希望陛下记着高颎的大功,忘掉他的小过。

又二庶人得罪已久，宁无革心？愿陛下弘君父之慈，顾天性之义，各封小国，观其所为：若能迁善，渐更增益；如或不悛，贬削非晚。今者自新之路永绝，愧悔之心莫见，岂不哀哉？"书奏，上谓杨素曰："裴肃忧我家事，此亦至诚也。"于是征肃入朝。太子闻之，谓左庶子张衡曰："使勇自新，欲何为也？"衡曰："观肃之意，欲令如吴太伯、汉东海王耳。"肃至，上面谕以勇不可复收之意而罢遣之。肃，侠之子也。

杨素弟约及从父文思、文纪、族父忌并为尚书、列卿，诸子无汗马之劳，位至柱国、刺史；广营资产，自京师及诸方都会处，邸店、碾硙、便利田宅，不可胜数；家僮千数，后庭妓妾曳绮罗者以千数；第宅华侈，制拟宫禁；亲故吏布列清显。既废一太子及一王，威权愈盛。朝臣有违忤者，或至诛夷；有附会及亲戚，虽无才用，必加进擢；朝廷靡然，莫不畏附。敢与素抗而不桡者，独柳彧及尚书右丞李纲、大理卿梁毗而已。

始，毗为西宁州刺史，凡十一年，蛮夷酋长皆以金多者为豪隽，递相攻夺，略无宁岁，毗患之。后因诸酋长相帅以金遗毗，毗置金坐侧，对之恸哭，而谓之曰："此物饥不可食，寒不可衣，汝等以此相灭，不可胜数，今将此来，欲杀我邪！"一无所纳。于是蛮夷感悟，遂不相攻击。上闻而善之，征为大理卿，处法平允。

毗见杨素专权，恐为国患，乃上封事曰："臣闻臣无有作威作福，其害于而家，凶于而国。窃见左仆射越国公素，幸遇愈重，

再有,杨勇、杨秀两个庶人获罪已经很久了,难道他们没有洗心革面的心意吗?希望陛下弘扬君父的慈爱,顾念父子天性之道,每人封个小国,观察其所做所为:如果能变好,就逐渐地改变其地位;如果仍然不悔改,贬位削爵也不晚。现在他们改过自新的路永远断绝,惭愧悔恨的心思不为人们所了解,这不是很悲哀吗?"奏表呈上去后,文帝对杨素说:"裴肃忧虑我的家事,这也是诚心诚意啊。"于是召裴肃来京师。太子杨广听说此事,对左庶子张衡说:"让杨勇悔过自新,这要干什么?"张衡说:"我看裴肃的意思,是要让他像周代吴国的太伯、汉代的东海王一样。"裴肃到了京师,文帝当面告诉他杨勇有疯鬼附身无法复原的情况,自新之事只能作罢,让裴肃走了。裴肃是裴侠的儿子。

杨素的弟弟杨约和叔父杨文思、杨文纪,同族的叔父杨忌都官居尚书、列卿,他们的儿子没有什么汗马功劳,却位居柱国、刺史;杨家广营资产,从京师到各地的都会,客店、磨坊、丰腴的田产和房宅不计其数;家中的奴仆有几千人,府内穿着华丽罗绮的歌妓姬妾有千人;宅第豪华奢侈,规制模仿皇宫禁城;亲戚朋友旧部下都官列显要之职。杨素已经废黜了一个太子和一个王,权势更加显赫。朝臣忤逆他们的,有人就被处死甚至夷灭全家;附会他们的人和他们的亲朋故旧,即使没有才能,也必定加官封爵。朝廷内外的人都屈服于杨家的势力,无人不畏附杨素。敢于与杨素对抗而不屈从的人,只有柳彧和尚书右丞李纲、大理卿梁毗而已。

当初,梁毗被任命为西宁州刺史,共十一年。西宁州的蛮夷酋长都以金子多的人为豪强,他们互相攻击掠夺,简直没有宁静的年月,梁毗对此感到忧虑。后来因为各酋长竞相送梁毗金子,梁毗把金子放在座椅旁,对着金子痛哭道:"金子这东西饥不能食,寒不能衣,你们为了它相互残害,争战之事多得数不过来,现在你们送金子来,是要杀我啊!"他一点都没有接受。于是那些蛮夷人都受感动而醒悟,不再互相攻掠了。文帝听到后很高兴,任命梁毗为大理卿,梁毗执掌司法公平允正。

梁毗看到杨素专擅权柄,恐怕他成为国家的祸患,就给文帝上了一封密表说:"我听说臣子没有一个不是因为作威作福而危害其家并祸患于国的。我看到左仆射越国公杨素越来越得到主上的宠信,

权势日隆,搢绅之徒,属其视听。忤旨者严霜夏零,阿旨者甘雨冬澍;荣枯由其唇吻,废兴候其指麾;所私皆非忠谠,所进咸是亲戚,子弟布列,兼州连县。天下无事,容息异图;四海有虞,必为祸始。夫奸臣擅命,有渐而来,王莽资之于积年,桓玄基之于易世,而卒殄汉祀,终倾晋祚。陛下若以素为阿衡,臣恐其心未必伊尹也。伏愿揆鉴古今,量为处置。俾洪基永固,率土幸甚!"书奏,上大怒,收毗系狱,亲诘之。毗极言"素擅宠弄权,将领之处,杀戮无道。又太子、蜀王罪废之日,百僚无不震竦,唯素扬眉奋肘,喜见容色,利国家有事以为身幸。"上无以屈,乃释之。

其后上亦寖疏忌素,乃下敕曰:"仆射国之宰辅,不可躬亲细务,但三五日一向省,评论大事。"外示优崇,实夺之权也。素由是终仁寿之末,不复通判省事。出杨约为伊州刺史。

素既被疏,吏部尚书柳述益用事,摄兵部尚书,参掌机密;素由是恶之。

太子问于贺若弼曰:"杨素、韩擒虎、史万岁皆称良将,其优劣何如?"弼曰:"杨素猛将,非谋将;韩擒虎斗将,非领将;史万岁骑将,非大将。"太子曰:"然则大将谁也?"弼拜曰:"唯殿下所择!"弼意自许也。

11 交州俚帅李佛子作乱,据越王故城,遣其兄子大权据龙编城,其别帅李普鼎据乌延城。杨素荐瓜州刺史长安刘方有将帅之略,诏以方为交州道行军总管,统二十七营而进。方军令严肃,有犯必斩;然仁爱士卒,有疾病者亲临抚养,士卒亦以此

他权势日见显赫,朝中官宦都是他的耳目。忤逆他的人便遭到似严冬的霜冻、酷夏的暴雨般的打击,阿谀奉承他的人便会受到适时的雨露般的照顾;每个人的荣辱都在于杨素的口唇,升迁贬谪都得听从他的指派;他所偏爱的人都不是忠心为国的人,他所推荐提拔的人都是他的亲戚,他的子弟势力遍布各州县。天下没有什么事,还可以容忍他有私图,要是国家有什么忧患,杨素一定是祸端。奸臣专擅权力这是由来已久的,王莽经营积累了多年,桓玄在皇位变动时打下了基础;终于王莽灭掉了西汉王朝,桓玄倾覆了东晋皇位。陛下要是任命杨素为执掌朝政的大臣,我恐怕他的心未必能像殷商的伊尹一样。希望陛下能考察借鉴古今之事,酌情处置。如果大隋的基业能够永远巩固,天下百姓就很幸运了!"奏表送上去,文帝看后勃然大怒,把梁毗投入监狱,亲自审问他。梁毗恳切地说:"杨素依恃陛下的信任任意使用权力,对朝廷的将领无缘无故地杀害。还有,太子杨勇、蜀王杨秀获罪被废黜的时候,朝中的文武百官无不震惊惶恐,只有杨素眉飞色舞,手舞足蹈,喜形于色,他视国家有难为自己的幸事。"文帝无法使梁毗屈服,就释放了他。

此后,文帝也暗中疏远防忌杨素,他颁诏说:"仆射是国家的宰辅,不可事必躬亲,只要三五天到省里去一次,评论审视一下大事即可。"表面上表示优待推崇杨素,实际上是夺下杨素的权力。自此直到仁寿末年,杨素不再完全经办省里的事务。文帝把杨约外放为伊州刺史。

杨素既然被疏远,吏部尚书柳述的权力越来越大,并兼理兵部尚书,参与掌握军国机密。杨素因此就憎恶柳述。

太子杨广问贺若弼:"杨素、韩擒虎、史万岁都称得上是良将,他们各自的优缺点如何?"贺若弼说:"杨素是猛将,不是善谋略的将领;韩擒虎是斗将,不是统帅全军的将领;史万岁是骑将,不是大将。"太子杨广问:"那么谁是大将呢?"贺若弼跪拜道:"只有殿下挑选的才是大将!"他的意思是说自己是大将。

11 交州的俚人首领李佛子率众造反,占据了骆越王的故城,他派侄子李大权占据龙编城,他下属的另一个首领李普鼎占据乌延城。杨素推荐瓜州刺史长安人刘方,认为他有将帅的谋略,文帝下诏任命刘方为交州道行军总管,率领二十七营军队进发。刘方军令严明整肃,有违犯军令的人必被斩首;但是他对士兵仁慈爱护,士兵患病他亲自抚慰调养,士兵们也因此

怀之。至都隆岭,遇贼,击破之。进军临佛子营,先谕以祸福。佛子惧,请降,送之长安。

三年(癸亥,603)

1　秋,八月壬申,赐幽州总管燕荣死。荣性严酷,鞭挞左右,动至千数。尝见道次丛荆,以为堪作杖,命取之,辄以试人。人或自陈无罪,荣曰:"后有罪,当免汝。"既而有犯,将杖之,人曰:"前日被杖,使君许以有罪宥之。"荣曰:"无罪尚尔,况有罪邪?"杖之自若。

观州长史元弘嗣迁幽州长史,惧为荣所辱,固辞。上敕荣曰:"弘嗣杖十已上罪,皆须奏闻。"荣忿曰:"竖子何敢玩我!"于是遣弘嗣监纳仓粟,飏得一糠一秕,皆罚之。每笞虽不满十,然一日之中,或至三数。如是历年,怨隙日构。荣遂收弘嗣付狱,禁绝其粮,弘嗣抽絮杂水咽之。其妻诣阙称冤,上遣使按验,奏荣暴虐,赃秽狼籍;征还,赐死。元弘嗣代荣为政,酷又甚之。

2　九月壬戌,置常平官。

3　是岁,龙门王通诣阙献《太平十二策》,上不能用,罢归。通遂教授于河、汾之间,弟子自远至者甚众,累征不起。杨素甚重之,劝之仕,通曰:"通有先人之弊庐足以蔽风雨,薄田足以具饘粥,读书谈道足以自乐。愿明公正身以治天下,时和岁丰,通也受赐多矣,不愿仕也。"或谮通于素曰:"彼实慢公,公何敬焉?"素以问通,通曰:"使公可慢,则仆得矣;不可慢,则仆失矣:得失在仆,公何预焉!"素待之如初。

感念刘方。刘方军队到达都隆岭,遇到反叛的俚人,率军将俚人击败。进军到李佛子的营地时,刘方先向李佛子陈述利害。李佛子恐惧,请求投降,刘方将李佛子送到长安。

隋文帝仁寿三年(癸亥,公元603年)

1　秋季,八月壬申(初三),文帝将幽州总管燕荣赐死。燕荣性情严酷,鞭笞身边的人往往到上千下。他曾经看到路旁长的一丛丛荆条,认为可以做杖,命人取来,立即就以人来试。有人说自己无罪,燕荣就说:"以后你有罪再免掉你受杖刑。"不久这人有了过失,燕荣又要鞭打他,被打的人说:"上次被打,您答应以后有罪就宽恕我。"燕荣说:"无罪尚且要打,何况有罪呢?"燕荣鞭打人却神情自若。

观州长史元弘嗣调为幽州长史,他怕受到燕荣的侮辱,坚决推辞。文帝就命令燕荣说:"元弘嗣凡犯打十杖以上的罪过,都必须上报给我。"燕荣气忿地说:"这小子怎敢要弄我!"于是他派元弘嗣监管收储粮食,风吹走一糠一秕,都要责罚元弘嗣。每次鞭打数虽不满十,但一天有时要打好几次。这样过了几年,燕荣与元弘嗣的矛盾日益加深,燕荣就把元弘嗣投入监狱,断绝他的食粮,元弘嗣抽棉絮加上水咽下去。元弘嗣的妻子到皇宫门口喊冤,文帝派人调查,使者回报燕荣为政暴虐,贪赃枉法,声名狼藉。文帝将燕荣召回,命他自尽。元弘嗣代替燕荣执政,他比燕荣还要酷虐。

2　九月壬戌(二十四日),设置常平官。

3　这年,龙门人王通到皇宫门前献上《太平十二策》,文帝未予采用,王通作罢返回。他就在河、汾一带教书,他的学生从远方来的人很多,朝廷多次征召他都不出来。杨素很器重王通,劝他做官,王通说:"我有祖先留下的破草房足以遮挡风雨,薄田足以使我喝上粥,读书论道足以自娱。希望明公端正自己的言行来治理天下,四时和谐,年年丰收,我也就受到许多恩赐了,我不愿意作官。"有人对杨素说王通的坏话:"他实在太怠慢您了,您为什么要尊敬他呢?"杨素以此来问王通,王通说:"如果您可以被怠慢,那我就有所得;如果您不可以被怠慢,那我就有所失。得失都在我自己,您何必参与进来呢?"杨素对待他还像当初一样地尊重。

弟子贾琼问息谤,通曰:"无辩。"问止怨,曰:"不争。"通尝称:"无赦之国,其刑必平;重敛之国,其财必削。"又曰:"闻谤而怒者,谗之囮也;见誉而喜者,佞之媒也:绝囮去媒,谗佞远矣。"大业末,卒于家,门人谥曰文中子。

4　突厥步迦可汗所部大乱,铁勒仆骨等十馀部,皆叛步迦降于启民。步迦众溃,西奔吐谷浑;长孙晟送启民置碛口,启民于是尽有步迦之众。

王通的弟子贾琼问王通如何平息诽谤,王通说:"不去争辩。"贾琼问如何制止住怨恨,王通说:"不去争论。"王通曾声称:"没有罪过可赦免的国家,其刑法必定公允;横征暴敛的国家,其财力必定削弱。"又说:"听到诽谤就发怒的人容易中了进谗言者的圈套;听到称赞就高兴的人容易为阿谀奉承的人所利用。如果去掉这些毛病,谗言奸佞就会远离而去。"大业末年,王通在家去世,他的弟子追谥他为"文中子"。

　　4　突厥步迦可汗的部下大乱。铁勒、仆骨等十馀个部族都背叛了步迦,归降了启民可汗。步迦可汗的部众溃散,向西逃到吐谷浑,长孙晟将启民可汗安置在碛口,于是启民可汗统辖了步迦可汗的所有部众。

卷第一百八十　隋纪四

起甲子(604)尽丁卯(607)凡四年

高祖文皇帝下
仁寿四年(甲子,604)

1　春,正月丙午,赦天下。

2　帝将避暑于仁寿宫,术士章仇太翼固谏;不听。太翼曰:"是行恐銮舆不返!"帝大怒,系之长安狱,期还而斩之。甲子,幸仁寿宫。乙丑,诏赏赐支度,事无巨细,并付皇太子。夏,四月乙卯,帝不豫。六月庚申,赦天下。秋,七月甲辰,上疾甚,卧与百僚辞诀,并握手歔欷,命太子赦章仇太翼。丁未,崩于大宝殿。

高祖性严重,令行禁止。每旦听朝,日昃忘倦。虽啬于财,至于赏赐有功,即无所爱;将士战没,必加优赏,仍遣使者劳问其家。爱养百姓,劝课农桑,轻徭薄赋。其自奉养,务为俭素,乘舆御物,故弊者随宜补用;自非享宴,所食不过一肉;后宫皆服浣濯之衣。天下化之,开皇、仁寿之间,大夫率衣绢布,不服绫绮,装带不过铜铁骨角,无金玉之饰。故衣食滋殖,仓库盈溢。受禅之初,民户不满四百万,末年,逾八百九十万,独冀州已一百万户。然猜忌苛察,信受谗言,功臣故旧,无始终保全者;乃至子弟,皆如仇敌,此其所短也。

高祖文皇帝下
隋文帝仁寿四年(甲子,公元 604 年)

1　春季,正月丙午(初九),大赦天下。

2　文帝要去仁寿宫避暑,术士章仇太翼竭力劝说,文帝不听。章仇太翼说:"这次出行恐怕主上回不来了!"文帝勃然大怒,将章仇太翼投入长安的监狱,准备回来杀掉他。甲子(二十七日),文帝驾临仁寿宫。乙丑(二十八日),文帝下诏凡赏赐、财政支出,事无巨细一并交付皇太子杨广处理。夏季,四月乙卯,文帝感到身体不适。六月庚申,大赦天下。秋季,七月甲辰(初十),文帝病重,他躺在床上和文武百官诀别,并握住大臣们的手歔欷不止。文帝命太子杨广赦免章仇太翼。丁未(十三日),文帝在大宝殿驾崩。

隋文帝性格谨严持重,办事令行禁止,每日清晨听理朝政,到日偏西时还不知疲倦。虽然吝啬钱财,但赏赐有功之臣则不吝惜;将士战死,文帝必定从优抚恤,并派使者慰问死者家属。他爱护百姓,劝课农桑,轻徭薄赋。自己生活务求节俭朴素,所乘车驾及所用之物,旧了坏了都随时修理使用;如果不是享宴,吃饭不过一个肉菜;后宫都身着洗旧了的衣服。天下人都为文帝的行为所感化。开皇、仁寿年间,男子都身穿绢布衣服,不穿绫绮;衣带饰品用的不过是铜铁骨角所制,没有金玉的装饰。因此国家的财富日益增长,仓库丰盈。文帝受禅之初,隋朝的民户不满四百万户;到了隋文帝仁寿末年,超过了八百九十万户,仅冀州就已有一百万户。但是文帝好猜忌苛察,容易听信谗言,他的功臣故旧,没有能始终保全的;至于他的子弟辈,都像仇敌一样,这是他的短处。

初，文献皇后既崩，宣华夫人陈氏、容华夫人蔡氏皆有宠。陈氏，陈高宗之女；蔡氏，丹杨人也。上寝疾于仁寿宫，尚书左仆射杨素、兵部尚书柳述、黄门侍郎元岩皆入阁侍疾，召皇太子入居大宝殿。太子虑上有不讳，须预防拟，手自为书，封出问素；素条录事状以报太子。宫人误送上所，上览而大恚。陈夫人平旦出更衣，为太子所逼，拒之，得免，归于上所；上怪其神色有异，问其故。夫人泫然曰："太子无礼！"上恚，抵床曰："畜生何足付大事？独孤误我！"乃呼柳述、元岩曰："召我儿！"述等将呼太子，上曰："勇也。"述、岩出阁为敕书。杨素闻之，以白太子，矫诏执述、岩，系大理狱；追东宫兵士帖上台宿卫，门禁出入，并取宇文述、郭衍节度；令右庶子张衡入寝殿侍疾，尽遣后宫出就别室；俄而上崩。故中外颇有异论。陈夫人与后宫闻变，相顾战栗失色。晡后，太子遣使者赍小金合，帖纸于际，亲署封字，以赐夫人。夫人见之，惶惧，以为鸩毒，不敢发。使者促之，乃发，合中有同心结数枚，宫人咸悦，相谓曰："得免死矣！"陈氏恚而却坐，不肯致谢；诸宫人共逼之，乃拜使者。其夜，太子烝焉。

乙卯，发丧，太子即皇帝位。会伊州刺史杨约来朝，太子遣约入长安，易留守者，矫称高祖之诏，赐故太子勇死，缢杀之；然后陈兵集众，发高祖凶问。炀帝闻之，曰："令兄之弟，果堪大任。"追封勇为房陵王，不为置嗣。八月丁卯，梓宫至自仁寿宫；丙子，殡于大兴前殿。柳述、元岩并除名，述徙龙川，岩徙南海。帝令兰陵公主与述离绝，欲改嫁之。

当初，独孤皇后去世，宣华夫人陈氏、容华夫人蔡氏都受到文帝的宠爱。陈氏是南陈陈高宗的女儿，蔡氏是丹杨人。文帝患病住在仁寿宫，尚书左仆射杨素、兵部尚书柳述、黄门侍郎元岩都进入仁寿宫侍病。文帝召皇太子杨广入内居住在大宝殿。杨广考虑到如果文帝去世，必须预先做好防备措施，他亲手写了一封信封好，派人送出来询问杨素。杨素把情况一条条写下来回复太子。宫人误把回信送到了文帝的寝宫，文帝看后极为愤怒。天刚亮，陈夫人出去更衣，被太子杨广所逼迫，陈夫人拒绝了他才得以脱身。她回到文帝的寝宫，文帝奇怪她神色不对，问什么原因，陈夫人流着泪说："太子无礼！"文帝愤怒，捶着床说："这个畜生！怎么可以将国家大事交付给他？独孤误了我！"于是他叫来柳述、元岩说："召见我的儿子！"柳述等人要叫杨广来。文帝说："是杨勇。"柳述、元岩出了文帝的寝宫，起草敕书。杨素闻知此事，告诉了太子杨广。杨广假传文帝的旨意将柳述、元岩逮捕，关进大理狱。他们迅速调来东宫的禅将兵士来宿卫仁寿宫，宫门禁止出入，并派宇文述、郭衍进行调度指挥；命令右庶子张衡进入文帝的寝宫侍候文帝。后宫的人员全被赶到别的房间去。一会儿，文帝死了。因此朝廷内外有很多不同的说法。陈夫人与后宫们闻知发生变故，面面相觑，战栗失色。黄昏时，太子杨广派使者送来小金盒，盒边上贴封纸，杨广亲笔写上封字，赐给陈夫人。陈夫人看见小金盒，惊惶恐惧，以为是鸩毒，不敢打开。使者催促陈夫人，于是她打开小金盒，盒内有几枚同心结。宫人们都高兴了，互相说："可以免死了！"陈夫人愤怒得想坐下，不肯致谢。宫人们一起逼迫陈夫人，她才拜谢使者接受了小金盒。当天夜里，太子杨广将陈夫人奸淫。

乙卯(二十一日)，为文帝发丧。太子杨广即皇帝位。正好伊州刺史杨约来朝见，杨广派杨约进入长安，调换了留守者。诈称文帝的诏命，将前太子杨勇赐死，杨勇被勒死。然后陈兵集众，发布文帝去世的凶信。炀帝听到杨约的行动后对杨素说："您的弟弟果然能够担当重任。"他追封杨勇为房陵王，不给杨勇立继承人。八月，丁卯(初三)，文帝的梓宫从仁寿宫至京师；丙子(十二日)，在大兴前殿为文帝出殡。柳述、元岩被一起除名，柳述被流放到龙川，元岩被流放到南海。炀帝命令兰陵公主和柳述断绝关系，打算把她改嫁别人。

公主以死自誓,不复朝谒,上表请与述同徙,帝大怒。公主忧愤而卒,临终,上表请葬于柳氏,帝愈怒,竟不哭,葬送甚薄。

3　太史令袁充奏言:"皇帝即位,与尧受命年合。"讽百官表贺。礼部侍郎许善心议,以为"国哀甫尔,不宜称贺。"左卫大将军宇文述素恶善心,讽御史劾之;左迁给事郎,降品二等。

4　汉王谅有宠于高祖,为并州总管,自山以东,至于沧海,南距黄河,五十二州皆隶焉;特许以便宜从事,不拘律令。谅自以所居天下精兵处,见太子勇以谗废,居常怏怏;及蜀王秀得罪,尤不自安,阴蓄异图。言于高祖,以"突厥方强,宜修武备。"于是大发工役,缮治器械,招集亡命,左右私人殆将数万。突厥尝寇边,高祖使谅御之,为突厥所败;其所领将帅坐除解者八十馀人,皆配防岭表。谅以其宿旧,奏请留之,高祖怒曰:"尔为藩王,惟当敬依朝命,何得私论宿旧,废国家宪法邪? 嗟乎小子,尔一旦无我,或欲妄动,彼取尔如笼内鸡雏耳,何用腹心为!"

王頍者,僧辩之子,倜傥好奇略,为谅谘议参军,萧摩诃,陈氏旧将,二人俱不得志,每郁郁思乱,皆为谅所亲善,赞成其阴谋。

会荧惑守东井,仪曹邺人傅奕晓星历,谅问之曰:"是何祥也?"对曰:"天上东井,黄道所经,荧惑过之,乃其常理,若入地上井,则可怪耳。"谅不悦。

及高祖崩,炀帝遣车骑将军屈突通以高祖玺书征之。先是,高祖与谅密约:"若玺书召汝,敕字傍别加一点,又与玉麟符合者,当就征。"及发书无验,谅知有变。诘通,通占对不屈,乃遣归长安。谅遂发兵反。

兰陵公主以死来发誓,不再朝见炀帝。她上表炀帝要求和柳述一起流放,炀帝大怒,兰陵公主忧愤而死。她临终时上表给炀帝请求归葬柳氏墓地。炀帝更加发怒,竟然没哭。兰陵公主的葬礼葬物极为简单菲薄。

3 太史令袁充奏道:"皇帝即位,与尧受天命的时间吻合。"他示意百官上表庆贺。礼部侍郎许善心提出,由于"国丧刚完,不适宜称贺",左卫大将军宇文述向来讨厌许善心,他示意御史弹劾许善心,许善心被降职为给事郎,降了两级。

4 汉王杨谅受到文帝的宠爱,他是并州总管,崤山以东到沧海,南至黄河,五十二州都隶属于并州。杨谅得到特许可以便宜行事,可以不拘泥于法律条文。杨谅自认为他所在的地方是天下精兵的聚集地,他看到太子杨勇因谗言被废黜,常常怏怏不乐;到蜀王杨秀获罪,杨谅极为不安,暗中怀有异图。他对文帝说,由于"突厥正处于强盛时期,应该修整军备"。于是他大规模地征发工匠夫役,修造武器,招集亡命之徒,身边的私人门客将近数万。突厥人曾进犯边塞,文帝派杨谅抵御突厥人,他被突厥人打败,他属下的将帅因罪被解职除名的有八十余人,都被发配流放到岭表。杨谅因为这些人是他过去的老部下,奏请文帝留下这些人。文帝发怒说:"你作为藩王,只应恭敬地遵从朝廷的命令,怎么可以因私而谈论宿旧,废弃国家的法令呢?你这小子,一旦没了我,要想轻举妄动,人家抓你就像抓笼子里的鸡雏一样,心腹又有什么用呢?"

王頍是王僧辩的儿子,为人洒脱,善于谋略,他是杨谅的谘议参军。萧摩诃是南陈国的旧将。两个人都不得志,常常郁闷想要作乱,他们都得到杨谅的信任优待,都赞同杨谅谋反的阴谋。

当时正好火星处在井宿的位置,仪曹邺人傅奕通晓天文星历,杨谅问他:"这是什么征兆?"傅奕回答:"天上的井宿,在黄道带上,是火星必经之路,这是正常的规律,倘若进入地上井的位置,那就怪异了。"杨谅听了很不高兴。

到文帝去世时,炀帝派车骑将军屈突通持印有文帝玉玺的诏书召杨谅进京。原来,文帝与杨谅秘密约定:"要是玺书召你,敕字旁另加一点,还要与玉麟符相契合,才可以应召。"杨谅看到发来的玺书与原约不能验证,就知道出了事,他盘问屈突通,屈突通闪烁其词而不回答,于是,屈突通被打发回长安,杨谅起兵造反。

总管司马安定皇甫诞切谏，谅不纳。诞流涕曰："窃料大王兵资非京师之敌；加以君臣位定，逆顺势殊，士马虽精，难以取胜。一旦陷身叛逆，结于刑书，虽欲为布衣，不可得也。"谅怒，囚之。

岚州刺史乔钟葵将赴谅，其司马京兆陶模拒之曰："汉王所图不轨，公荷国厚恩，当竭诚效命，岂得身为厉阶乎！"钟葵失色曰："司马反邪！"临之以兵，辞气不挠，钟葵义而释之。军吏曰："若不斩模，无以压众心。"乃囚之。于是从谅反者凡十九州。

王颁说谅曰："王所部将吏，家属尽在关西，若用此等，则宜长驱深入，直据京都，所谓疾雷不及掩耳；若但欲割据旧齐之地，宜任东人。"谅不能决，乃兼用二策，唱言杨素反，将诛之。

总管府兵曹闻喜裴文安说谅曰："井陉以西，在王掌握之内，山东士马，亦为我有，宜悉发之；分遣羸兵屯守要害，仍命随方略地，帅其精锐，直入蒲津。文安请为前锋，王以大军继后，风行雷击，顿于霸上。咸阳以东，可指麾而定。京师震扰，兵不暇集，上下相疑，群情离骇；我陈兵号令，谁敢不从！旬日之间，事可定矣。"谅大悦，于是遣所署大将军余公理出太谷，趣河阳，大将军綦良出滏口，趣黎阳，大将军刘建出井陉，略燕、赵，柱国乔钟葵出雁门，署文安为柱国，与柱国纥单贵、王聃等直指京师。

帝以右武卫将军洛阳丘和为蒲州刺史，镇蒲津。谅选精锐数百骑戴羃䍦，诈称谅宫人还长安，门司弗觉，径入蒲州，城中豪杰亦有应之者；丘和觉其变，逾城，逃归长安。蒲州长史勃海高义明、司马北平荣毗皆为反者所执。裴文安等未至蒲津百馀里，谅忽改图，令纥单贵断河桥，守蒲州，而召文安还。

总管司马安定人皇甫诞恳切规劝杨谅，杨谅不听。皇甫诞流着泪说："我预料大王的兵力不是京师军队的对手；加上君臣的地位已经确定，双方势力悬殊，军队虽然精锐但难以取胜。一旦身处叛逆的地位，被追究刑法，就是想做一个平民也不可能了。"杨谅听了发怒，把皇甫诞关进监狱。

岚州刺史乔钟葵要去投奔杨谅，岚州司马京兆人陶模反对，说："汉王杨谅图谋不轨，您身受国家的厚恩，应当竭诚为国效命，怎么能身陷祸端呢？"乔钟葵变了脸色，说："司马造反吗？"用兵器对着他，但陶模言辞气度都不屈服，乔钟葵感于陶模的义气就放了他。军吏说："要是不杀陶模，无法让大家心服。"乔钟葵就把陶模关起来。此时跟从杨谅造反的共有十九个州。

王颎劝说杨谅："大王属下的将领官吏，家属都在关西，要是用这些人，就应该长驱直入，直捣京都，也就是所谓的迅雷不及掩耳；要是只打算割据过去北齐的地盘，就应该任用关东人。"杨谅不能决断，就两条计策并用。他声称杨素谋反，要诛杀杨素。

总管府兵曹闻喜人裴文安劝说杨谅："井陉以西的地方在大王手中，崤山以东的军队也是我们的，应该全部征发。分派弱兵屯守要害，并命令将领随时攻城略地；率领精锐部队直入蒲津关。我请求担任前锋，大王率领大军随后，以迅雷不及掩耳之势屯兵霸上，咸阳以东的地方便可以挥手而定。这样京师被震动惊扰，没有时间调集军队，上下相互猜疑，大家离心惊骇，我们陈兵以待，发号施令，谁敢不服从？十天之内，大事可定。"杨谅听了大为高兴，就派遣他任命的大将军余公理率兵出太谷，奔河阳；大将军綦良率兵出滏口，奔黎阳；大将军刘建率兵出井陉，攻取燕、赵之地；柱国乔钟葵率军出雁门；任命裴文安为柱国，与柱国纥单贵、王聃等率军直指京师。

炀帝任命右武卫将军洛阳人丘和为蒲州刺史，镇守蒲津关。杨谅挑选精锐骑兵几百名，戴妇人蔽身用的面罩，诈称是杨谅的宫人返回长安，守城的门卫没有觉察出来，杨谅军队直入蒲州，城中也有豪杰响应，丘和发觉出事，越过城墙逃回长安。蒲州长史勃海人高义明、司马北平人荣毗都被叛军抓住。裴文安等人距百馀里到蒲津关时，杨谅忽然改变计划，他命令纥单贵拆断河桥，据守蒲州，将裴文安召回。

文安至,谓谅曰:"兵机诡速,本欲出其不意。王既不行,文安又返,使彼计成,大事去矣。"谅不对。以王聃为蒲州刺史,裴文安为晋州刺史,薛粹为绛州刺史,梁菩萨为潞州刺史,韦道正为韩州刺史,张伯英为泽州刺史。代州总管天水李景发兵拒谅,谅遣其将刘嵩袭景;景击斩之。谅复遣乔钟葵帅劲勇三万攻之,景战士不过数千,加以城池不固,为钟葵所攻,崩毁相继,景且战且筑,士卒皆殊死斗;钟葵屡败。司马冯孝慈、司法吕玉并骁勇善战,仪同三司侯莫陈乂多谋画,工拒守之术,景知三人可用,推诚任之,己无所关预,唯在阁持重,时抚循而已。

杨素将轻骑五千袭王聃、纥单贵于蒲州,夜,至河际,收商贾船,得数百艘,船内多置草,践之无声,遂衔枚而济;迟明,击之;纥单贵败走,聃惧,以城降。有诏征素还。初,素将行,计日破贼,皆如所量,于是以素为并州道行军总管、河北道安抚大使,帅众数万以讨谅。

谅之初起兵也,妃兄豆卢毓为府主簿,苦谏,不从,私谓其弟懿曰:"吾匹马归朝,自得免祸,此乃身计,非为国也,不若且伪从之,徐伺其便。"毓,勣之子也。毓兄显州刺史贤言于帝曰:"臣弟毓素怀志节,必不从乱,但逼凶威,不能自遂,臣请从军,与毓为表里,谅不足图也。"帝许之。贤密遣家人赍敕书至毓所,与之计议。

谅出城,将往介州,令毓与总管属朱涛留守。毓谓涛曰:"汉王构逆,败不旋踵,吾属岂可坐受夷灭,孤负国家邪!当与卿出兵拒之。"涛惊曰:"王以大事相付,何得有是语!"

裴文安到后对杨谅说:"兵机在于神速诡秘,本来打算出其不意,大王却不这样做,又把我召回,使对方计谋成功,现在大势已去。"杨谅无言以对。他任命王聃为蒲州刺史,裴文安为晋州刺史,薛粹为绛州刺史,梁菩萨为潞州刺史,韦道正为韩州刺史,张伯英为泽州刺史。代州总管天水人李景发兵抵抗杨谅的军队。杨谅派将领刘皓袭击李景,被李景击杀。杨谅又派乔钟葵率领三万精兵进攻代州,李景手下士兵只有几千人,加上城墙不很牢固,受到乔钟葵的进攻,城墙相继崩塌毁坏,李景一边打仗一边筑城,士卒们都殊死战斗,乔钟葵多次被击败。代州司马冯孝慈、司法吕玉都骁勇善战,仪同三司侯莫陈义富于谋略策划,擅长防御坚守的战斗。李景知道这三人可以任用,对他们充分信任,自己不干预具体事务,只是在衙署内坐镇,不时地抚慰巡视而已。

杨素率领轻骑五千在蒲州袭击王聃、纥单贵。夜里,杨素率军到了河边,收集了几百只商船,船内铺上许多草,踩上去没有声音。为防止喧哗,杨素让士兵口中衔枚渡过河,天快亮时,进攻杨谅的军队。纥单贵战败逃走,王聃恐惧,献城投降。炀帝下诏征召杨素返回。当初,杨素要动身时,计算好打败叛军的日期,结果如杨素估计的一样。于是炀帝任命杨素为并州道行军总管、河北道安抚大使,率领几万军队讨伐杨谅。

杨谅当初起兵时,他妃子的哥哥豆卢毓是汉王府主簿。豆卢毓苦苦劝谏杨谅不要造反,杨谅不听。豆卢毓私下对他弟弟豆卢懿说:"我一个人回归朝廷,自然可以免祸,这是为我自身考虑,不是为国家。不如暂且装作跟从杨谅,慢慢地再见机行事。"豆卢毓是豆卢勋的儿子。豆卢毓的哥哥是显州刺史豆卢贤,他对炀帝说:"我弟豆卢毓平素就有抱负有气节,一定不会跟着造反,但是迫于叛逆的凶威,不能自主。我请求从军,和豆卢毓一里一外,杨谅就无法图谋作乱了。"炀帝答应了,豆卢贤秘密派家人把皇帝的诏书送到豆卢毓的住处,和他商议大事。

杨谅出了城要去介州,他命令豆卢毓和总管属朱涛留守。豆卢毓对朱涛说:"汉王杨谅已构成了叛逆罪,很快就会失败。我们怎么可以受牵连获灭族之罪,同时又辜负国家呢?我应当和您出兵抗拒杨谅。"朱涛吃惊地说:"汉王把大事托付给我们,怎么说这样的话?"

因拂衣而去,毓追斩之。出皇甫诞于狱,与之协计,及开府仪同三司宿勤武等闭城拒谅。部分未定,有人告谅,谅袭击之。毓见谅至,绐其众曰:"此贼军也!"谅攻城南门,稽胡守南城,不识谅,射之;矢下如雨;谅移攻西门,守兵识谅,即开门纳之,毓、诞皆死。

綦良攻慈州刺史上官政,不克,引兵攻行相州事薛胄,又不克,遂自滏口攻黎州,塞白马津。余公理自太行下河内,帝以右卫将军史祥为行军总管,军于河阴。祥谓军吏曰:"余公理轻而无谋,恃众而骄,不足破也。"公理屯河阳,祥具舟南岸,公理聚兵当之。祥简精锐于下流潜济,公理闻之,引兵拒之,战于须水。公理未成列,祥击之,公理大败。祥东趣黎阳,綦良军不战而溃。祥,宁之子也。

帝将发幽州兵,疑幽州总管窦抗有贰心,问可使取抗者于杨素,素荐前江州刺史勃海李子雄,授上大将军,拜广州刺史。又以左领军将军长孙晟为相州刺史,发山东兵,与李子雄共经略之。晟辞以男行布在谅所部,帝曰:"公体国之深,终不以儿害义,朕今相委,公其勿辞。"李子雄驰至幽州,止传舍,召募得千馀人。抗来诣子雄,子雄伏甲擒之。抗,荣定之子也。

子雄遂发幽州兵步骑三万,自井陉西击谅。时刘建围戍将京兆张祥于井陉,子雄破建于抱犊山下,建遁去。李景被围月馀,诏朔州刺史代人杨义臣救之。义臣帅马步二万,夜出西陉。乔钟葵悉众拒之。义臣自以兵少,悉取军中牛驴,得数千头,复令兵数百人,人持一鼓潜驱之,匿于涧谷间。

于是就拂袖而去,豆卢毓追上去杀死朱涛,把皇甫诞从监狱里放出来,与他协商,并和开府仪同三司宿勤武等人关闭城门以抗拒杨谅。豆卢毓尚未完全布置好,有人把这事报告了杨谅,他就率军袭击豆卢毓。豆卢毓见杨谅率军来到,便哄骗大家说:"这是贼军!"杨谅进攻南城门,稽胡人守卫南城门,他们不认识杨谅,用弓箭射击,箭如雨下。杨谅就转攻西城门,守兵认识杨谅,就开城门让杨谅进城,豆卢毓、皇甫诞都被杀死。

綦良率军进攻慈州刺史上官政,未能攻克,就率兵进攻兼任相州事务的薛冑,又未攻克,于是就从滏口进攻黎州,堵塞白马津。余公理从太行山到河内。炀帝任命右卫将军史祥为行军总管,在河阴驻军。史祥对军吏说:"余公理轻率无计谋,倚恃人多而骄横,很容易打败。"余公理驻扎在河阳。史祥在河的南岸准备好船只,余公理集中兵力以抵挡史祥的进攻。史祥挑选精兵从河下游暗地渡河,余公理听到这个消息就率兵抵抗,两军在须水交战。余公理的军队尚未布置好阵容,史祥已率军进攻,大败余公理。史祥率军向东进逼黎阳,綦良的军队不战而溃。史祥是史宁的儿子。

炀帝要征发幽州的军队。他怀疑幽州总管窦抗有二心,就问杨素谁能把窦抗抓来。杨素推荐了前江州刺史勃海人李子雄。炀帝任命李子雄为上大将军、广州刺史;又任命左领军将军长孙晟为相州刺史,征发崤山以东的军队,和李子雄一起筹划处理此事。长孙晟因为他儿子长孙行布在杨谅的军队里,就推辞任命。炀帝说:"您能够体谅国家的困难,终归不会因为儿子而损害国家大义,我委您以重任,您不要推辞。"李子雄驰马到达幽州,就在驿站停住。他招募到一千人。窦抗来见李子雄,李子雄埋伏好甲士将窦抗逮捕。窦抗是窦荣定的儿子。

李子雄征发幽州的军队,步、骑兵共三万人,从井陉向西进攻杨谅。当时刘建将守将京兆人张祥包围在井陉,李子雄在抱犊山下击败刘建,刘建逃走。李景被杨谅的军队包围了一个来月,炀帝下诏命令朔州刺史代人杨义臣救援李景。杨义臣率领骑、步兵共两万人,夜间出了西陉关。乔钟葵集中全部兵力抵抗杨义臣。杨义臣知道自己兵少,就集中军中所有的牛、驴,共有几千头,又命令几百名士兵,每人持鼓一面,暗地驱赶牛驴隐蔽在山谷间。

晡后，义臣复与钟葵战，兵初合，命驱牛驴者疾进，一时鸣鼓，尘埃涨天，钟葵军不知，以为伏兵发，因而奔溃；义臣纵击，大破之。晋、绛、吕三州皆为谅城守，杨素各以二千人縻之而去。谅遣其将赵子开拥众十馀万，栅绝径路，屯据高壁，布陈五十里。素令诸将以兵临之，自引奇兵潜入霍山，缘崖谷而进。素营于谷口，自坐营外，使军司入营简留三百人守营，军士惮北兵之强，不欲出战，多愿守营，因尔致迟。素责所由，军司具对，素即召所留三百人出营，悉斩之；更令简留，人皆无愿留者。素乃引军驰进，出北军之北，直指其营，鸣鼓纵火；北军不知所为，自相蹂践，杀伤数万。谅所署介州刺史梁修罗屯介休，闻素至，弃城走。

谅闻赵子开败，大惧，自将众且十万，拒素于蒿泽。会大雨，谅欲引军还，王颎谏曰："杨素悬军深入，士马疲弊，王以锐卒自将击之，其势必克。今望敌而退，示人以怯，沮战士之心，益西军之气，愿王勿还。"谅不从，退守清源。

王颎谓其子曰："气候殊不佳，兵必败，汝可随我。"杨素进击谅，大破之，擒萧摩诃。谅退保晋阳，素进兵围之，谅穷蹙，请降，馀党悉平。帝遣杨约赍手诏劳素。王颎将奔突厥，至山中，径路断绝，知必不免，谓其子曰："吾之计数不减杨素，但坐言不见从，遂至于此，不能坐受擒获，以成竖子名。吾死之后，汝慎勿过亲故。"于是自杀，瘗之石窟中。其子数日不得食，遂过其故人，竟为所擒；并获颎尸，枭于晋阳。

群臣奏汉王谅当死，帝不许，除名为民，绝其属籍，竟以幽死。谅所部吏民坐谅死徙者二十馀万家。初，高祖与独孤后甚相爱重，誓无异生之子，尝谓群臣曰："前世天子，溺于嬖幸，嫡庶

黄昏后,杨义臣又与乔钟葵交战。刚一交兵,杨义臣就命令驱赶牛、驴的士兵迅速前进,一时间战鼓敲响,尘埃满天,乔钟葵的军队不知怎么回事,以为对方的伏兵出击了,因而奔逃溃散。杨义臣纵兵进攻,大败乔钟葵。晋、绛、吕三州城池都是杨谅军防守,杨素向每座城池各派两千人去牵制,杨谅派遣将领赵子开率领十多万人,用栅栏堵塞山径小路,在高壁岭上屯兵据守,军队摆开的阵势达五十里。杨素命令手下的将领们率兵对阵,自己率领奇兵潜入霍山,沿着悬崖山谷前进。杨素在山谷口扎营,自己坐在营帐外,派军司进军营挑选三百人守营,军士们恐惧杨谅军队的强盛,不想出战,多数人愿意守营,因此行动迟缓。杨素责问迟缓的原因,军司以实回答了,杨素马上把留下守营的三百人召出军营,全部斩首。他再次命令挑选留守人员,人们都不愿意留下。于是杨素率军驰马行进,出现在杨谅军队的北面,直指对方的营地,击鼓纵火;杨谅的军队不知所措,自相践踏,死伤了几万人。杨谅所任命的介州刺史梁修罗屯兵在介休,听到杨素将至就弃城逃跑。

杨谅知道赵子开被打败,大为恐惧,亲自率领近十万人在蒿泽抵抗杨素。正逢天降大雨,杨谅打算率军退回,王颎劝道:"杨素孤军深入,人马疲惫,大王亲自率领精兵进攻杨素,必能将他打败。现在望敌而退,让人以为我们怯懦,败坏我军将士的士气,长敌军之气势。希望大王不要撤退。"杨谅不听,率军退守清源。

王颎对他儿子说:"情况很不妙,我军必败,你可要跟着我。"杨素率军进攻,大败杨谅,捉住了萧摩诃。杨谅退守晋阳。杨素进军包围晋阳,杨谅束手无策,只得乞降,其馀党都被平灭。炀帝派杨约送他的手诏慰劳杨素。王颎要投奔突厥,走到山中,道路断绝,他知道自己无法幸免,对他儿子说:"我的计谋韬略不亚于杨素,但是因为我的建议不被采纳,以至到了这步田地。我不能坐受擒获,以成全那小子的名声。我死后,你千万不要去亲朋故友家。"他说完自杀,尸体被埋葬在石洞里。他儿子几天没有吃的,就到王颎熟人家,最后被人抓住。王颎的尸体也被找到,在晋阳受枭首之刑。

群臣奏议汉王杨谅应被处死,炀帝不许,将其除名为民,将他从宗室中除名,杨谅最后被幽禁而死。他部下的官吏臣民受牵连而获罪,被处死和流放的有二十多万家。当初,文帝和独孤皇后相互之间非常敬爱尊重,文帝发誓不要有别的姬妾生的儿子,曾对群臣说:"前代的皇帝对所宠幸的姬妾极为溺爱,出现了嫡子、庶子

分争,遂有废立,或至亡国;朕旁无姬侍,五子同母,可谓真兄弟也,岂有此忧邪!"帝又惩周室诸王微弱,故使诸子分据大镇,专制方面,权侔帝室。及其晚节,父子兄弟迭相猜忌,五子皆不以寿终。

　　臣光曰:昔辛伯谂周桓公曰:"内宠并后,外宠贰政,嬖子配嫡,大都偶国,乱之本也。"人主诚能慎此四者,乱何自生哉! 隋高祖徒知嫡庶之多争,孤弱之易摇,曾不知势钧位逼,虽同产至亲,不能无相倾夺。考诸辛伯之言,得其一而失其三乎!

　　5　冬,十月己卯,葬文皇帝于太陵,庙号高祖,与文献皇后同坟异穴。

　　6　诏除妇人及奴婢、部曲之课,男子二十二成丁。

　　7　章仇太翼言于帝曰:"陛下木命,雍州为破木之冲,不可久居。又谶云:'修治洛阳还晋家。'"帝深以为然。十一月乙未,幸洛阳,留晋王昭守长安。杨素以功拜其子万石、仁行、侄玄挺为仪同三司,赉物五万段,绮罗千匹,谅妓妾二十人。

　　8　丙申,发丁男数十万掘堑,自龙门东接长平、汲郡,抵临清关,渡河至浚仪、襄城,达于上洛,以置关防。

　　9　壬子,陈叔宝卒;赠大将军、长城县公,谥曰炀。

　　10　癸丑,下诏于伊、洛建东京,仍曰:"宫室之制,本以便生,今所营构,务从俭约。"

之争,也就有了废立之举,有的因此而亡国。我没有别的姬妾,五个儿子是同一个母亲,可以说是真正的兄弟,难道会有这种忧虑吗?"文帝又鉴于北周皇室诸王势力微弱,就让几个儿子分别据守重镇,专门独当一面,诸王的权力与皇帝相等。到了文帝晚年,父子兄弟纷纷互相猜疑防备,五个儿子都未能寿终正寝。

　　臣司马光说:从前辛伯劝告周桓公说:"内宠姬妾地位与皇后相等;外宠重臣与皇帝一样也可发号施令;庶子与嫡子相匹敌;大的都城与国家的势力相匹敌。这都是动乱的根本原因。"作为人主如果真能在这四方面慎重从事,动乱怎么能自动发生呢? 隋文帝只知嫡、庶之分容易出现纷争,皇室的地位孤立微弱容易动摇,却不懂得诸王的势力与皇帝势均力敌就会危逼皇位。虽然一母至亲骨肉,也不能免于相互倾轧夺权。考察辛伯的这些话,文帝只吸取了一点而丢掉了另外三点啊!

　　5　冬季,十月己卯(十六日),文帝葬于太陵,庙号高祖,与独孤皇后同坟异穴。

　　6　炀帝下诏免除妇女及奴婢、部曲的赋税,规定男子二十二岁成丁。

　　7　章仇太翼对炀帝说:"陛下属木命,雍州是克木之冲,不可长久居住,谶语也说:'修治洛阳还晋家。'"炀帝听后深以为然。十一月乙未(初三),驾临洛阳,留下晋王杨昭守卫长安。杨素因功授其子杨万石、杨仁行、侄子杨玄挺为仪同三司,赏赐财物五万段,绮罗一千匹,杨谅的歌妓侍妾二十人。

　　8　丙申(初四),炀帝征发男丁几十万人挖掘壕沟,从龙门东接长平、汲郡,到临清关,越过黄河至浚仪、襄城,到达上洛,用来布置关防。

　　9　壬子(二十日),南朝陈国后主陈叔宝去世,被追赠为大将军、长城县公,谥号为炀。

　　10　癸丑(二十一日),炀帝下诏在伊、洛营建东京,诏书说:"宫室的规制,本应从方便使用出发,现在营建的宫室,务必要节俭。"

11 蜀王秀之得罪也,右卫大将军元胄坐与交通除名,久不得调。时慈州刺史上官政坐事徙岭南,将军丘和以蒲州失守除名,胄与和有旧,酒酣,谓和曰:"上官政,壮士也,今徙岭表,得无大事乎!"因自拊腹曰:"若是公者,不徒然矣。"和奏之,胄竟坐死。于是征政为骁卫将军,以和为代州刺史。

炀皇帝上之上

大业元年(乙丑,605)

1 春,正月壬辰朔,赦天下,改元。

2 立妃萧氏为皇后。

3 废诸州总管府。

4 丙辰,立晋王昭为皇太子。

5 高祖之末,群臣有言林邑多奇宝者。时天下无事,刘方新平交州,乃授方骧州道行军总管,经略林邑。方遣钦州刺史宁长真等以步骑万馀出越裳,方亲帅大将军张愻等以舟师出比景,是月,军至海口。

6 二月戊辰,敕有司大陈金宝、器物、锦彩、车马,引杨素及诸将讨汉王谅有功者立于前,使奇章公牛弘宣诏,称扬功伐,赐赉各有差。素等再拜舞蹈而出。己卯,以素为尚书令。

7 诏天下公除,惟帝服浅色黄衫、铁装带。

8 三月丁未,诏杨素与纳言杨达、将作大匠宇文恺营建东京,每月役丁二百万人,徙洛州郭内居民及诸州富商大贾数万户以实之。废二崤道,开圊册道。

9 戊申,诏曰:"听采舆颂,谋及庶民,故能审刑政之得失。今将巡历淮、海,观省风俗。"

11 蜀王杨秀获罪的时候,右卫大将军元胄因犯有与杨秀结交往来的罪而被除名,长期不得起用。当时慈州刺史上官政因犯罪被流放到岭南,将军丘和因为蒲州失守被除名,元胄与丘和有旧谊,两人饮酒酣醉,元胄对丘和说:"上官政是壮士,现在被流放到岭表,不会出大事吧?"他抚摩着肚子说:"要是您这样的人,就不会不出事了。"丘和将此话报告炀帝,元胄竟然因此获罪而死。于是炀帝召回上官政任命为骁卫将军,任命丘和为代州刺史。

炀皇帝上之上
隋炀帝大业元年(乙丑,公元605年)

1 春季,正月壬辰朔(初一),大赦天下,改年号。

2 炀帝册立王妃萧氏为皇后。

3 炀帝下诏撤销各州的总管府。

4 丙辰(二十五日),炀帝立晋王杨昭为皇太子。

5 文帝末年,群臣中有人说林邑有许多奇珍异宝,当时天下无事,刘方刚刚平息了交州的叛乱,文帝就任命刘方为骧州道行军总管,筹划处理林邑方向的事务。刘方派钦州刺史宁长真等人率领步骑兵一万馀人出越裳;刘方亲自率领大将军张愻等人统帅水师出比景,当月,刘方军队到达林邑出海口。

6 二月戊辰(初七),炀帝命令有关部门官员大规模地陈列金宝、器物、锦彩、车马,让人领着杨素和各位讨伐汉王杨谅有功的将领站在前面,命令奇章公牛弘宣读诏书,称赞讨伐杨谅的功劳,炀帝对他们分别进行赏赐。杨素等人再三拜谢舞蹈而去。己卯(十八日),任命杨素为尚书令。

7 炀帝颁诏于天下,除去丧服,只有炀帝身穿浅色黄衫,束着铁饰的衣带。

8 三月丁未(十七日),炀帝下诏派杨素和纳言杨达、将作大匠宇文恺营建东京,每个月役使壮丁二百万人,迁徙洛州城内的居民和各州的富商大贾几万户充实东京。废弃二崤道,开辟蓨册道。

9 戊申(十八日),炀帝下诏说:"听取采集百姓的意见和颂扬,向百姓咨询治国的建议,这样才能够考查到治理国家的得失。我将要派人巡视淮海一带,考察民情风俗。"

10　敕宇文恺与内史舍人封德彝等营显仁宫，南接皂涧，北跨洛滨。发大江之南、五岭以北奇材异石，输之洛阳；又求海内嘉木异草，珍禽奇兽，以实园苑。辛亥，命尚书右丞皇甫议发河南、淮北诸郡民，前后百余万，开通济渠。自西苑引谷、洛水达于河；复自板渚引河历荥泽入汴；又自大梁之东引汴水入泗，达于淮；又发淮南民十余万开邗沟，自山阳至杨子入江。渠广四十步，渠旁皆筑御道，树以柳；自长安至江都，置离宫四十余所。庚申，遣黄门侍郎王弘等往江南造龙舟及杂船数万艘。东京官吏督役严急，役丁死者什四五，所司以车载死丁，东至城皋，北至河阳，相望于道。又作天经宫于东京，四时祭高祖。

11　林邑王梵志遣兵守险，刘方击走之。师渡阇黎江，林邑兵乘巨象，四面而至。方战不利，乃多掘小坑，草覆其上，以兵挑之，既战，伪北；林邑逐之，象多陷地颠踬，转相惊骇，军遂乱。方以弩射象，象却走，蹂其陈，因以锐师继之，林邑大败，俘馘万计。方引兵追之，屡战皆捷，过马援铜柱南，八日至其国都。夏，四月，梵志弃城走入海。方入城，获其庙主十八，皆铸金为之；刻石纪功而还。士卒肿足，死者什四五，方亦得疾，卒于道。

初，尚书右丞李纲数以异议忤杨素及苏威，素荐纲于高祖，以为方行军司马。方承素意，屈辱之，几死。军还，久不得调，威复遣纲诣南海应接林邑，久而不召。纲自归奏事，威劾奏纲擅离所职，下吏按问；会赦，免官，屏居于鄠。

10　炀帝命令宇文恺和内史舍人封德彝等人营建显仁宫,显仁宫南边连接阜涧,北边跨越洛水,征调大江以南五岭以北的奇材异石,输送到洛阳;又搜求海内的嘉木异草,珍禽奇兽,用以充实皇家园苑。辛亥(二十一日),命令尚书右丞皇甫议征发河南、淮北各郡的百姓前后一百多万人,开辟通济渠。从西苑引谷水、洛水到黄河,又从板渚引黄河水经过荥泽进入汴水,从大梁以东引汴水进入泗水到淮河。又征发淮南的百姓十多万人开凿邗沟从山阳到杨子进入长江。通济渠宽四十步,渠两旁都筑有御道,栽种柳树。从长安到江都设置离宫四十多所。庚申(三十日),派遣黄门侍郎王弘等人到江南建造龙舟和各种船只几万艘。东京的官吏监督工程严酷急迫,服役的壮丁死去十之四五。有关部门用车装着死去的役丁,东到城皋,北至河阳,载尸之车连绵不断。炀帝又在东京建造天经宫,一年四季祭祀文帝。

11　林邑国王梵志,派兵把守险要之地,刘方率军进攻并赶走了他们。隋军渡过阇黎江,林邑的士兵乘坐巨象,从四面八方攻来。隋军与林邑军交战不利,就挖了许多小坑,用草盖上,刘方让士兵向林邑军队挑战,两军交战,隋军佯作战败;林邑士兵追击隋军,他们乘坐的大象很多陷入小坑被绊倒,于是林邑士兵非常惊恐,军队大乱,刘方命士兵用弩射击大象,大象后退逃跑,将林邑军的阵势践踏扰乱。刘方趁机用精兵继续进攻,林邑军大败,被俘杀者万馀人。刘方率军追击,屡战屡胜,追过了马援铜柱以南,用了八天就打到林邑的国都。夏季,四月,梵志放弃城池逃到海上。刘方率军入城,缴获庙主牌位十八枚,都是用金子铸成的。刘方刻石立碑记录了这次征伐的功绩,尔后返回。隋军士卒患脚肿病,死去十之四五。刘方也患病,死于途中。

当初,尚书右丞李纲因为几次有不同意见违逆了杨素和苏威,杨素就向文帝推荐李纲,让他作刘方的行军司马。刘方懂得杨素的用意,他侮辱冤屈李纲几乎致死。刘方军队返回,李纲很久得不到调动。苏威又派李纲到南海应对处理林邑方面的事务,很久不召回他。李纲自己返回汇报情况,苏威就弹劾李纲擅离职守,将他交给司法官员审问治罪。正逢大赦天下,李纲被免去官职,隐居在鄠县。

12　五月,筑西苑,周二百里;其内为海,周十馀里;为蓬莱、方丈、瀛洲诸山,高出水百馀尺,台观殿阁,罗络山上,向背如神。北有龙鳞渠,萦纡注海内。缘渠作十六院,门皆临渠,每院以四品夫人主之,堂殿楼观,穷极华丽。宫树秋冬凋落,则翦彩为华叶,缀于枝条,色渝则易以新者,常如阳春。沼内亦翦彩为荷芰菱芡,乘舆游幸,则去冰而布之。十六院竞以殽羞精丽相高,求市恩宠。上好以月夜从宫女数千骑游西苑,作《清夜游曲》,于马上奏之。

13　帝待诸王恩薄,多所猜忌;滕王纶、卫王集内自忧惧,呼术者问吉凶及章醮求福。或告其怨望咒诅,有司奏请诛之。秋,七月丙午,诏除名为民,徙边郡。纶,瓒之子;集,爽之子也。

14　八月壬寅,上行幸江都,发显仁宫,王弘遣龙舟奉迎。乙巳,上御小朱航,自漕渠出洛口,御龙舟。龙舟四重,高四十五尺,长二百丈。上重有正殿、内殿、东、西朝堂,中二重有百二十房,皆饰以金玉,下重内侍处之。皇后乘翔螭舟,制度差小,而装饰无异。别有浮景九艘,三重,皆水殿也。又有漾彩、朱鸟、苍螭、白虎、玄武、飞羽、青凫、陵波、五楼、道场、玄坛、板舫、黄篾等数千艘,后宫、诸王、公主、百官、僧、尼、道士、蕃客乘之,及载内外百司供奉之物,共用挽船士八万馀人,其挽漾彩以上者九千馀人,谓之殿脚,皆以锦彩为袍。又有平乘、青龙、艨艟、艚舫、八棹、艇舸等数千艘,并十二卫兵乘之,并载兵器帐幕,兵士自引,不给夫。舳舻相接二百馀里,照耀川陆,骑兵翊两岸而行,旌旗蔽野。所过州县,五百里内皆令献食,多者一州至百轝,极水陆珍奇;后宫厌饫,将发之际,多弃埋之。

12　五月,营建西苑,方圆二百里,苑内有海,周长十馀里。海内建造蓬莱、方丈、瀛洲诸座神山,山高出水面百馀尺,台观殿阁星罗棋布地分布在山上,无论从哪个方面看都如若仙境。苑北面有龙鳞渠,曲折蜿蜒地流入海内。沿着龙鳞渠建造了十六院,院门临渠,每院以一名四品夫人主持,院内的堂殿楼观,极端华丽。宫内树木秋冬季枝叶凋落后,就剪彩彩绸为绿叶缀在枝条上,颜色旧了就换上新的,使景色常如阳春。池内也剪彩绸做成荷、芰、菱、芡。炀帝来游玩,就去掉池冰布置上彩绸做成阳春美景。十六院竞相用珍馐百肴精美食品一比高低,以求得到炀帝的恩宠。炀帝喜欢在月夜带领几千名宫女骑马在西苑游玩,他作《清夜游曲》,在马上演奏。

13　炀帝对待诸王的恩宠很薄,却多有猜疑防范。滕王杨纶、卫王杨集心中感到忧虑恐惧,就叫术士卜问吉凶并打醮求福。有人告发他们怨恨诅咒皇帝,有关部门奏请炀帝杀掉他们。秋季,七月丙午(十八日),炀帝下诏将杨纶、杨集除名为民,流放边郡。杨纶是杨瓒的儿子;杨集是杨爽的儿子。

14　八月壬寅(十五日),炀帝到江都游玩。他从显仁宫出发,王弘派龙舟来迎接。乙巳(十八日),炀帝乘坐小朱航船,从漕渠出洛口,乘坐龙舟。龙舟上有四重建筑,高四十五尺,长二百尺。龙舟最上层是正殿、内殿、东西朝堂;中间两层有一百二十个房间,都用金玉装饰;下层是宫内侍臣住的地方。皇后萧氏乘坐的翔螭舟规制比炀帝乘坐的龙舟要小一些,但装饰没什么不同。另有浮景船九艘,船上建筑有三重,都是水上宫殿。还有漾彩、朱鸟、苍螭、白虎、玄武、飞羽、青凫、陵波、五楼、道场、玄坛、板簉、黄篾等几千艘船,供后宫、诸王、公主、百官、僧尼、道士、蕃客乘坐,并装载朝廷内外各机构部门进献的物品。这些船共用挽船的民夫八万多人,其中挽漾彩级以上的有九千多人,称为殿脚,都身穿锦彩制作的袍服。又有平乘、青龙、艨艟、艒舫、八棹、艇舸等几千艘船供十二卫士兵乘坐,并装载兵器帐幕,由士兵自挽,不给民夫。舟船首尾相接二百多里,灯火照耀江河陆地,骑兵在两岸护卫行进,旌旗蔽野。队伍所经过的州县,五百里内都命令进献食物。多的一州要献食百车,极尽水陆珍奇;后宫都吃腻了,将出发时,就把食物扔掉埋起来。

15　契丹寇营州,诏通事谒者韦云起护突厥兵讨之,启民可汗发骑二万,受其处分。云起分为二十营,四道俱引,营相去一里,不得交杂,闻鼓声而行,闻角声而止,自非公使,勿得走马,三令五申,击鼓而发。有纥干犯约,斩之,持首以徇。于是突厥将帅入谒,皆膝行股栗,莫敢仰视。契丹本事突厥,情无猜忌。云起既入其境,使突厥诈云向柳城与高丽交易,敢漏泄事实者斩。契丹不为备,去其营五十里,驰进袭之,尽获其男女四万口,杀其男子,以女子及畜产之半赐突厥,馀皆收之以归。帝大喜,集百官曰:"云起用突厥平契丹,才兼文武,朕今自举之。"擢为治书侍御史。

16　初,西突厥阿波可汗为叶护可汗所虏,国人立鞅素特勒之子,是为泥利可汗。泥利卒,子达漫立,号处罗可汗。其母向氏,本中国人,更嫁泥利之弟婆实特勒。开皇末,婆实与向氏入朝,遇达头之乱,遂留长安,舍于鸿胪寺。处罗多居乌孙故地,抚御失道,国人多叛,复为铁勒所困。铁勒者,匈奴之遗种,族类最多,有仆骨、同罗、契苾、薛延陀等部,其酋长皆号俟斤。族姓虽殊,通谓之铁勒,大抵与突厥同俗,以寇抄为生,无大君长,分属东、西两突厥。是岁,处罗引兵击铁勒诸部,厚税其物,又猜忌薛延陀,恐其为变,集其酋长数百人,尽杀之。于是铁勒皆叛,立俟利发俟斤契苾歌楞为莫何可汗,又立薛延陀俟斤字也咥为小可汗。与处罗战,屡破之。莫何勇毅绝伦,甚得众心,为邻国所惮,伊吾、高昌、焉耆皆附之。

二年(丙寅,606)

1　春,正月辛酉,东京成,进将作大匠宇文恺位开府仪同三司。

15　契丹人侵犯营州。炀帝下诏命令通事谒者韦云起监领突厥军队去讨伐契丹人。启民可汗发骑兵两万人，受韦云起指挥。韦云起将士兵分为二十营，分四路出发，每营相隔一里，不得混杂，听到鼓声行动，听到号角声就停止。无公事派遣不得驰马，三令五申之后，军队擂鼓进发。突厥军的一个纥干违犯了军令，被斩首示众。于是突厥军的将帅进见韦云起，都跪着行走，战栗不已，不敢仰视。契丹本来是依附突厥的，所以对突厥人并无猜忌防范之心。韦云起率军进入契丹境内，他让突厥人诈称到柳城与高丽人做买卖，并严令有敢泄露实情的人就杀。契丹人不加防备，韦云起率领突厥军队前进到距契丹人营地五十里的地方，突然驰进营帐袭击契丹人。契丹男女四万人全被俘获，杀掉男子，把俘获的契丹女人和畜产的一半赏赐给突厥人，其馀的都收起来带回去。炀帝非常高兴，集合百官说："韦云起用突厥人平定契丹，文武双全，我今天要亲自举荐他。"提升韦云起为治书侍御史。

16　当初，西突厥阿波可汗被叶护可汗俘获，突厥人立鞅素特勒的儿子为可汗即泥利可汗。泥利去世，他儿子达漫继位，号称处罗可汗。达漫的母亲向氏本是中原人，改嫁泥利的弟弟婆实特勒。开皇末年，婆实和向氏入朝，正逢达头可汗叛乱，就留在长安，住在鸿胪寺。处罗所部大多居住在乌孙国的旧地，处罗统治失当，很多部众都背叛了他，后来又被铁勒人困扰。铁勒人是匈奴人的后裔，分为许多部族，有仆骨、同罗、契苾、薛延陀等部，这些部族的酋长都号称俟斤。各部族的姓氏虽然不同，但都通称为铁勒，与突厥人的习俗大致相同，以侵略掠夺为生，没有大的君长，分属东、西突厥。这一年，处罗可汗率兵攻击铁勒各部，对铁勒人的财物征以重税，又猜忌薛延陀部，怕它生变，将其部族酋长几百人集中到一起全部杀死。于是，铁勒各部族都造反了，立俟利发俟斤契苾歌楞为莫何可汗，又立薛延陀部俟斤字也咥为小可汗。与处罗部交战，屡次击败处罗。莫何可汗为人勇毅绝伦，很得铁勒部众的民心，邻国都怕他，伊吾、高昌、焉耆等国都依附莫何可汗。

隋炀帝大业二年(丙寅,公元 606 年)

1　春季，正月辛酉(初六)，东京建成，炀帝提升将作大匠宇文恺为开府仪同三司。

2 丁卯,遣十使并省州县。

3 二月丙戌,诏吏部尚书牛弘等议定舆服、仪卫制度。以开府仪同三司何稠为太府少卿,使之营造,送江都。稠智思精巧,博览图籍,参会古今,多所损益;衮冕画日、月、星、辰,皮弁用漆纱为之。又作黄麾三万六千人仗,及辂辇车舆,皇后卤簿,百官仪服,务为华盛,以称上意。课州县送羽毛,民求捕之,网罗被水陆,禽兽有堪氅毦之用者,殆无遗类。乌程有高树,逾百尺,旁无附枝,上有鹤巢,民欲取之,不可上,乃伐其根;鹤恐杀其子,自拔氅毛投于地。时人或称以为瑞,曰:“天子造羽仪,鸟兽自献羽毛。”所役工十万馀人,用金银钱帛钜亿计。帝每出游幸,羽仪填街溢路,亘二十馀里。三月庚午,上发江都,夏,四月庚戌,自伊阙陈法驾,备千乘万骑入东京。辛亥,御端门,大赦,免天下今年租赋。制五品已上文官乘车,在朝弁服,佩玉;武官马加珂,戴帻,服袴褶。文物之盛,近世莫及也。

4 六月壬子,以杨素为司徒;进封豫章王暕为齐王。

5 秋,七月庚申,制百官不得计考增级,必有德行、功能灼然显著者进擢之。帝颇惜名位,群臣当进职者,多令兼假而已;虽有阙员,留而不补。时牛弘为吏部尚书,不得专行其职,别敕纳言苏威、左翊卫大将军宇文述、左骁卫大将军张瑾、内史侍郎虞世基、御史大夫裴蕴、黄门侍郎裴矩参掌选事,时人谓之“选曹七贵”。虽七人同在坐,然与夺之笔,虞世基独专之,受纳贿赂,多者超越等伦,无者注色而已。蕴,邃之从曾孙也。

2　丁卯(十二日),炀帝派十名使者一同巡视州县。

3　二月丙戌(初一),炀帝下诏命吏部尚书牛弘等人议定皇帝的车驾服饰、仪仗制度。任命开府仪同三司何稠为太府少卿,让他负责督办,送往江都。何稠聪慧精巧,博览群书,贯通古今,有很多自己的独特见解。他在天子礼服上画日、月、星、辰,用漆纱制成皮帽。何稠又制作三万六千人的黄麾仪仗,以及辂辇、车舆和皇后的仪仗,文武百官的礼服,都务求华丽壮观以使炀帝满意。又向各州县征收羽毛,百姓为搜捕鸟兽,水上陆地都置满了捕鸟兽的罗网,可用作羽毛装饰的鸟兽几乎被捕尽杀绝。乌程有棵很高的树超过百尺,树周没有可以攀附的枝条,树上有鹤巢,有人要捉鹤,但爬不上树,就砍伐树根。鹤怕它的后代被杀,就自己把羽毛拔下来扔在地上。当时有人称之为吉祥的征兆,说:"天子造有羽毛装饰的仪仗,鸟兽自动献出羽毛。"服役的工匠有十万多人,用的金银钱帛不计其数。炀帝每次出行,羽仪仪仗队伍把街巷都填满了,连绵二十多里。三月庚午,炀帝从江都出发。夏季,四月庚戌(二十六日),从伊阙排列千乘万骑的车驾仪仗进入东京。辛亥(二十七日),炀帝驾临端门,下诏大赦天下,免除今年租赋。制定五品以上文官的车驾、上朝时的礼服、佩玉等品级规制;武官的马要用珂来装饰,人须戴头巾,穿骑服。礼乐典章的盛况,近世无法相比。

4　六月壬子(二十九日),炀帝任命杨素为司徒;进封豫章王杨暕为齐王。

5　秋季,七月庚申(初八),规定百官不能按正常的考核制度升级,必须有德行,并有显著功劳、能力的人才得以提升。炀帝很吝惜名位,群臣中有应当升官封爵的,多让其兼职暂代而已。虽然有的职务有空缺,却空着不补上。当时牛弘任吏部尚书,都不能专行其职,炀帝另外又命令纳言苏威、左翊卫大将军宇文述、左骁卫大将军张瑾、内史侍郎虞世基、御史大夫裴蕴、黄门侍郎裴矩掌握选择官吏之事,当时人们称之为"选曹七贵"。虽然这七个人同时在座,但是官吏升迁任免的实权,由虞世基独霸,他收受贿赂,行贿多的人就超越等级和不按一般常理去提拔,不行贿的人就仅只登记而已。裴蕴是裴邃的堂房曾孙。

6　元德太子昭自长安来朝,数月,将还,欲乞少留;帝不许。拜请无数,体素肥,因致劳疾,甲戌,薨。帝哭之,数声而止,寻奏声伎,无异平日。

7　楚景武公杨素,虽有大功,特为帝所猜忌,外示殊礼,内情甚薄。太史言隋分野有大丧,乃徙素为楚公,意言楚与隋同分,欲以厌之。素寝疾,帝每令名医诊候,赐以上药,然密问医者,恒恐不死。素亦自知名位已极,不肯饵药,亦不将慎,谓其弟约曰:"我岂须更活邪!"乙亥,素薨,赠太尉公、弘农等十郡太守,葬送甚盛。

8　八月辛卯,封皇孙倓为燕王,侗为越王,侑为代王,皆昭之子也。

9　九月乙丑,立秦孝王子浩为秦王。

10　帝以高祖末年,法令峻刻,冬,十月,诏改修律令。

11　置洛口仓于巩东南原上,筑仓城,周回二十馀里,穿三千窖,窖容八千石以还,置监官并镇兵千人。十二月,置回洛仓于洛阳北七里,仓城周回十里,穿三百窖。

12　初,齐温公之世,有鱼龙、山车等戏,谓之散乐。周宣帝时,郑译奏征之。高祖受禅,命牛弘定乐,非正声清商及九部四舞之色,悉放遣之。帝以启民可汗将入朝,欲以富乐夸之。太常少卿裴蕴希旨,奏括天下周、齐、梁、陈乐家子弟皆为乐户;其六品以下至庶人,有善音乐者,皆直太常。帝从之。于是四方散乐,大集东京,阅之于芳华苑积翠池侧。有舍利兽先来跳跃,激水满衢,鼋鼍、龟鳖、水人、虫鱼,遍覆于地。又有鲸鱼喷雾翳日,倏忽化成黄龙,长七八丈。又

6 元德太子杨昭从长安来朝见炀帝,几个月后要返回长安。他想乞求允许再留住一些时候,炀帝不许。杨昭跪拜请求了无数次,他身体本来就很胖,因此得病,甲戌(二十二日),太子杨昭去世。炀帝哭了几声就停住,寻欢作乐,声色歌妓与平常没什么两样。

7 楚景武公杨素,虽然有大功,却特别被炀帝所猜忌,表面上对杨素以特殊的礼遇,实际上对待杨素很刻薄。太史说隋的分野应有大丧,于是炀帝改封杨素为楚公,意思是说楚与隋同在一分野内,想以此来镇压妖邪。杨素卧病,炀帝常常命名医给杨素治病,赐给杨素上好的药,但暗地里问医生,总怕杨素不死。杨素也知道自己的名分和地位已经达到了顶点,不肯吃药,也不再仔细调养,杨素对他弟弟杨约说:"我还再活着干吗?"乙亥(二十三日),杨素去世。炀帝赠杨素为太尉公、弘农等十郡太守的官衔,对他的葬礼葬送极为隆重丰厚。

8 八月辛卯(初九),炀帝封皇孙杨倓为燕王,杨侗为越王,杨侑为代王,他们都是杨昭的儿子。

9 九月乙丑(十四日),炀帝立秦孝王的儿子杨浩为秦王。

10 炀帝认为文帝晚年法令严峻苛细,冬季,十月,下诏修改法律条文。

11 在巩县东南原上设置洛口仓,修筑仓城,周围二十多里,开凿三千个粮窖,每个窖可装粮食八千多石。洛口仓设置监官和镇守的士兵一千人。十二月,在洛阳北七里处设置回洛仓,仓城周围十里,开凿了三百个粮窖。

12 当初,在北齐后主高纬的时候,有鱼龙、山车等杂戏,称之为散乐。北周宣帝时,郑译奏请征召这些杂戏乐人。文帝受周禅让后,命令牛弘制定礼乐,凡不是正声清商和九部四舞的乐曲舞蹈,全部摒弃不用。炀帝因为启民可汗将要入朝,想以隋朝富丽的声乐向启民可汗炫耀,太常少卿裴蕴迎合炀帝的旨意,奏请将天下原来的周、齐、梁、陈等国的乐家子弟都编为乐户;六品以下官员至庶民百姓,有擅长音乐的,都到太常寺当差。炀帝采纳了这个建议。于是散在各地的乐人都集中到东京,炀帝在芳华苑积翠池旁检阅散乐。有舍利兽先来跳跃,忽然激水注满街道,遍地都是鼋鼍、龟鳖、水人、虫鱼;又有鲸鱼喷雾掩蔽日光,转眼间化作黄龙,长七八丈。又有

二人戴竿，上有舞者，欻然腾过，左右易处。又有神鳌负山，幻人吐火，千变万化。伎人皆衣锦绣缯彩，舞者鸣环佩，缀花毦；课京兆、河南制其衣，两京锦彩为之空竭。帝多制艳篇，令乐正白明达造新声播之，音极哀怨。帝甚悦，谓明达曰："齐氏偏隅，乐工曹妙达犹封王；我今天下大同，方且贵汝，宜自修谨！"

三年(丁卯,607)

1 春，正月朔旦，大陈文物。时突厥启民可汗入朝，见而慕之，请袭冠带，帝不许。明日，又率其属上表固请，帝大悦，谓牛弘等曰："今衣冠大备，致单于解辫，卿等功也！"各赐帛甚厚。

2 三月辛亥，帝还长安。

3 癸丑，帝使羽骑尉朱宽入海求访异俗，至流求国而还。

4 初，云定兴、阎毗坐媚事太子勇，与妻子皆没官为奴婢。上即位，多所营造，闻其有巧思，召之，使典其事，以毗为朝请郎。时宇文述用事，定兴以明珠络帐赂述，并以奇服新声求媚于述；述大喜，兄事之。上将有事四夷，大作兵器，述荐定兴可使监造，上从之。述谓定兴曰："兄所作器仗，并合上心，而不得官者，为长宁兄弟犹未死耳。"定兴曰："此无用物，何不劝上杀之。"述因奏："房陵诸子年并成立，今欲兴兵诛讨，若使之从驾，则守掌为难；若留于一处，又恐不可。进退无用，请早处分。"帝然之，乃鸩杀长宁王俨，分徙其七弟于岭表，仍遣间使于路尽杀之。襄城王恪之妃柳氏自杀以从恪。

二人头顶长竿,竿上有人舞蹈,忽然两竿上的人飞腾而过,跳到对方的竿上。还有神鳌背负大山,魔术艺人吐火等技艺,千变万化。艺人们都穿着锦绣缯彩的衣服,舞蹈者身上环佩叮珰,还点缀着花色的羽毛。炀帝命令京兆、河南两地制作艺人所穿的彩服,以至于两京的锦彩为此空竭。炀帝自制艳诗多篇,命令乐正白明达谱新曲教人演奏,乐曲极为哀婉愁怨。炀帝非常高兴,对白明达说:"齐朝偏在一隅,乐工曹妙达还被齐后主封为王,如今我使天下大同,正要让你显贵,你要好好干呀!"

隋炀帝大业三年(丁卯,公元607年)

1　春季,正月朔旦(初一),大规模地陈列、表演仪仗、礼仪。当时突厥启民可汗入朝,看到这一场面非常倾慕,请求袭用隋朝服饰,炀帝没有允许。第二天,启民可汗又率领他的部属向炀帝上表恳切请求,炀帝非常高兴,对牛弘等人说:"如今公卿服饰制度完备,致使单于改易朝服,这是你们的功劳!"各自赏赐他们很丰厚的财物。

2　三月辛亥(初二),炀帝返回长安。

3　癸丑(初四),炀帝派遣羽骑尉朱宽出海求访异国风俗,朱宽到达流求国后返回。

4　当初,云定兴、阎毗因为取媚太子杨勇而获罪,他们及其妻子儿女都被官府籍没为官奴婢。炀帝即位,进行许多营建工作,听说他们构思奇巧,就召来让他们掌管营建之事,任命阎毗为朝请郎。当时宇文述当权,云定兴用缀有明珠的帐幕贿赂宇文述,并用奇装异服和新颖别致的音乐向宇文述献媚。宇文述非常高兴,对云定兴像兄长一样看待。炀帝将要征讨四夷,大造兵器,宇文述推荐云定兴来监造,炀帝同意了。宇文述对云定兴说:"你所造的器仗都合乎皇帝的心意,但得不到官做的原因是因为长宁王兄弟都还没有死啊!"云定兴说:"这些没用的东西,为什么不劝皇帝杀掉他们?"宇文述就奏报炀帝:"房陵王杨勇的几个儿子都已成年了,现在您正要出兵征讨四夷,倘若让他们跟着您出征,就很难掌管,倘若把他们留在一个地方,又恐怕不妥。进、退都不好办,请您早些处理。"炀帝认为宇文述的话很对,就毒死了长宁王杨俨,将杨俨的七个弟弟分别流放到岭表,派人在路上把他们全部杀死。襄城王杨恪的妃子柳氏自杀以殉杨恪。

5　夏,四月庚辰,下诏欲安辑河北,巡省赵、魏。

6　牛弘等造新律成,凡十八篇,谓之《大业律》;甲申,始颁行之。民久厌严刻,喜于宽政。其后征役繁兴,民不堪命,有司临时迫胁以求济事,不复用律令矣。旅骑尉刘炫预修律令,弘尝从容问炫曰:"《周礼》士多而府史少,今令史百倍于前,减则不济,其故何也?"炫曰:"古人委任责成,岁终考其殿最,案不重校,文不繁悉,府史之任,掌要目而已。今之文簿,恒虑覆治,若锻炼不密,则万里追证百年旧案。故谚云:'老吏抱案死。'事繁政弊,职此之由也。"弘曰:"魏、齐之时,令史从容而已,今则不遑宁处,何故?"炫曰:"往者州唯置纲纪,郡置守、丞,县置令而已。其馀具僚则长官自辟,受诏赴任,每州不过数十。今则不然,大小之官,悉由吏部,纤介之迹,皆属考功。省官不如省事,官事不省而望从容,其可得乎!"弘善其言而不能用。

7　壬辰,改州为郡;改度量权衡,并依古式。改上柱国以下官为大夫;置殿内省,与尚书、门下、内史、秘书为五省;增谒者、司隶台,与御史为三台;分太府寺置少府监,与长秋、国子、将作、都水为五监;又增改左、右翊卫等为十六府;废伯、子、男爵,唯留王、公、侯三等。

8　丙寅,车驾北巡;己亥,顿赤岸泽。五月丁巳,突厥启民可汗遣其子拓特勒来朝。戊午,发河北十馀郡丁男凿太行山,达于并州,以通驰道。丙寅,启民遣其兄子毗黎伽特勒来朝。辛未,启民遣使请自入塞奉迎舆驾,上不许。

5 夏季,四月庚辰(初二),炀帝下诏要安抚管理河北,巡视检查赵、魏之地。

6 牛弘等人制定新法律,共十八篇,称之为《大业律》;甲申(初六),开始颁布施行。百姓久已厌恶法律严酷苛繁,对宽政十分高兴。但后来频繁的劳役征发,使百姓无法忍受,官吏们常常临时胁迫百姓服役以应付差使,也就不再按律令执行了。旅骑尉刘炫参与修订律令,牛弘曾从容地问刘炫:"《周礼》记载是士多而官吏少,现在官吏比从前多出百倍,减少则无法应付事务,这是什么原因呢?"刘炫说:"古人委任官吏须有责任有成绩,年终考核成绩,案卷不用重新审理,文牍不求繁多琐碎,官吏的责任,只是掌握工作的要点而已。现在的官吏总是担心文簿要重新审理考核,假若文辞考虑不周密,就会不远万里去追查印证百年的旧案。所以有谚语说:"老吏伏案而死。"事物繁杂这是为政的弊端,这就是官吏多而效率低的原因。牛弘说:"北魏、北齐之时,官吏们办事很从容,现在则匆匆忙忙不得安宁,这是什么缘故?"刘炫说:"过去州只设置长史、司马,郡只设置郡守、郡丞,县仅设县令而已。其馀应配备的僚属,则由长官自己挑选任命,得到诏命后就赴任,每州官吏不过几十人。如今则不然,大大小小的官吏,全部由吏部掌管,零零碎碎的事务都属于考绩范围。减少官吏不如减少事务,官员们的事务不减,却希望他们办事从容,那可能吗?"牛弘很同意刘炫的话,但却不能采纳。

7 壬辰(十四日),炀帝改州为郡;改度、量、衡,全部依照古式。改上柱国以下的官为大夫;设置殿内省与尚书、门下、内史、秘书省共为五省;增设谒者台、司隶台与御史台并为三台;分太府寺设置少府监,与长秋、国子、将作、都水为五监;又增改左、右翊卫等为十六府;废除伯、子、男的爵位,只留王、公、侯三等爵位。

8 丙寅,炀帝到北方巡视。己亥(二十一日),在赤岸泽停留。五月丁巳(初九),突厥启民可汗派他的儿子拓特勒来朝见炀帝。戊午(初十),征发河北十几郡的男丁开凿太行山,到达并州,以开通驰道。丙寅(十八日),启民可汗派侄子毗黎伽特勒来朝见。辛未(二十三日),启民可汗派使者请求亲自入塞迎接炀帝,炀帝没有应允。

9　初，高祖受禅，唯立四亲庙，同殿异室而已，帝即位，命有司议七庙之制。礼部侍郎摄太常少卿许善心等奏请为太祖、高祖各立一殿，准周文、武二祧，与始祖而三，馀并分室而祭，从迭毁之法。至是，有司请如前议，于东京建宗庙。帝谓秘书监柳䛒曰：“今始祖及二祧已具，后世子孙处朕何所？”六月丁亥，诏为高祖建别庙，仍修月祭礼。既而方事巡幸，竟不果立。

10　帝过雁门，雁门太守丘和献食甚精；至马邑，马邑太守杨廓独无所献，帝不悦。以和为博陵太守，仍使廓至博陵观和为式。由是所至献食，竞为丰侈。

戊子，车驾顿榆林郡。帝欲出塞耀兵，径突厥中，指于涿郡，恐启民惊惧，先遣武卫将军长孙晟谕旨。启民奉诏，因召所部诸国奚、霫、室韦等酋长数十人咸集。晟见牙帐中草秽，欲令启民亲除之，示诸部落，以明威重，乃指帐前草曰：“此根大香。”启民遽嗅之，曰：“殊不香也。”晟曰：“天子行幸所在，诸侯躬自洒扫，耕除御路，以表至敬之心；今牙内芜秽，谓是留香草耳！”启民乃悟曰：“奴之罪也！奴之骨肉皆天子所赐，得效筋力，岂敢有辞？特以边人不知法耳，赖将军教之；将军之惠，奴之幸也。”遂拔所佩刀，自芟庭草。其贵人及诸部争效之。于是发榆林北境，至其牙，东达于蓟，长三千里，广百步，举国就役，开为御道。帝闻晟策，益嘉之。

丁酉，启民及义成公主来朝行宫。己亥，吐谷浑、高昌并遣使入贡。

9　当初,文帝接受禅让,只立了四亲庙,而且是同殿异室而已。炀帝即位,命令有关部门讨论建七庙的定制,礼部侍郎代行太常少卿许善心等奏请为太祖、高祖各建一座殿,依据周文王、周武王宗庙的标准,与始祖共建立三座殿,其馀的人都分室祭祀,按照轮流配享之法祭祀。于是,有关部门奏请炀帝按上述议定的那样,在东京建立宗庙。炀帝对秘书监柳𧩮说:"如今始祖与文、武王的宗庙都已具备,后世子孙把我又放到什么位置上呢?"六月丁亥(初十),炀帝下诏为文帝另建宗庙,太阴在丙之月祭祀。不久之后炀帝就忙于巡游之事,终究没有建立。

10　炀帝巡游经过雁门,雁门太守丘和进献的食物非常精美;他到了马邑,唯独马邑太守杨廓没有进献,炀帝很不高兴。他任命丘和为博陵太守,让杨廓到博陵去向丘和学习。由此炀帝所到之处所进献的食物,竞相丰富奢侈。

戊子(十一日),炀帝的车驾停留在榆林郡。炀帝想要出塞去炫耀兵力,径直进入突厥境内,想去涿郡。他怕启民可汗惊恐,先派遣武卫将军长孙晟传达他的旨意。启民可汗接到炀帝的诏书,就把他所属的奚、霫、室韦等国的首长几十人都召集起来。长孙晟看见启民可汗牙帐中杂草肮脏,打算让启民可汗亲自除掉,示范给各部落,以表示对朝廷的敬重。就指着帐前的草说:"这草很香。"启民可汗就急忙闻草,说:"一点也不香。"长孙晟说:"天子巡幸所到之地,诸侯都要亲自洒扫,修整御道,以表示对天子的至诚崇敬之心。现在牙帐内杂草丛生,我以为是留着香草呢!"启民可汗才醒悟过来,说:"这是我的罪过!我的骨肉都是天子赐给的,得到为天子效力的机会,怎么敢推辞呢?只是因为边远地区的人不知道法度,全靠将军教诲我们了,将军的恩惠,是我的幸运。"于是拔出佩刀,亲自割除牙帐中的草。启民部族的显贵和其他部族的人都争相仿效启民可汗。于是从榆林北境,到启民可汗的牙帐,向东到蓟,全体突厥人出动,开辟了一条长三千里、宽一百步的御道。炀帝知道了长孙晟的策略,更加赞许他。

丁酉(二十日),启民可汗和义成公主到炀帝的行宫来朝见。己亥(二十二日),吐谷浑、高昌都派遣使者朝见、进贡。

甲辰，上御北楼观渔于河，以宴百僚。定襄太守周法尚朝于行宫，太府卿元寿言于帝曰："汉武出关，旌旗千里。今御营之外，请分为二十四军，日别遣一军发，相去三十里，旗帜相望，钲鼓相闻，首尾相属，千里不绝。此亦出师之盛者也。"法尚曰："不然，兵亘千里，动间山川，猝有不虞，四分五裂；腹心有事，首尾未知，道路阻长，难以相救，虽有故事，乃取败之道也。"帝不怿，曰："卿意如何？"法尚曰："结为方陈，四面外拒，六宫及百官家属并在其内；若有变起，所当之面，即令抗拒，内引奇兵，出外奋击，车为壁垒，重设钩陈，此与据城，理亦何异！若战而捷，抽骑追奔，万一不捷，屯营自守，臣谓此万全之策也。"帝曰："善！"因拜法尚左武卫将军。

启民可汗复上表，以为"先帝可汗怜臣，赐臣安义公主，种种无乏。臣兄弟嫉妒，共欲杀臣。臣当是时，走无所适，仰视唯天，俯视唯地，奉身委命，依归先帝。先帝怜臣且死，养而生之，以臣为大可汗，还抚突厥之民。至尊今御天下，还如先帝养生臣及突厥之民，种种无乏。臣荷戴圣恩，言不能尽。臣今非昔日突厥可汗，乃是至尊臣民，愿率部落变改衣服，一如华夏"。帝以为不可。秋，七月辛亥，赐启民玺书，谕以"碛北未静，犹须征战，但存心恭顺，何必变服？"

帝欲夸示突厥，令宇文恺为大帐，其下可坐数千人；甲寅，帝于城东御大帐，备仪卫，宴启民及其部落，作散乐。诸胡骇悦，争献牛羊驼马数千万头。帝赐启民帛二千万段，其下各有差。又赐启民路车乘马，鼓吹幡旗，赞拜不名，位在诸侯王上。

甲辰（二十七日），炀帝上北楼观看渔人在黄河中捕鱼，宴请百官。定襄太守周法尚到行宫朝见炀帝。太府卿元寿对炀帝说："汉武帝出关，旌旗连绵千里，现在在御营外面，请把军队分为二十四军，每天派遣一军出发，相距三十里，旗帜相望，钲鼓相闻，首尾相连，千里不绝。这也是出师的盛况。"周法尚说："这样不行。军队连绵千里，在山川间行进，突然遇到不测，队伍就会四分五裂。若中央有事，则首尾不知道，况且道路险阻漫长，难以相救。虽然有汉武帝出关兵连千里的故事，但这是招致失败的办法。"炀帝听了不高兴，说："你的意思如何？"周法尚说："将军队列成方阵，四面向外防御，六宫及百官家属都在方阵内，倘若发生变故，就命令受敌的方面抵抗，并从阵内派奇兵，冲出阵外奋力攻击，以车子作壁垒，再设曲形钩阵，这与据守城池的战术原理没有什么不同。假若交战得胜，就调派骑兵追击，万一不胜，可以屯营自守，我认为这是万全之策。"炀帝说："好！"于是就任命周法尚为左武卫将军。

启民可汗又上表，以为"先帝可汗可怜我，将安义公主嫁给我，所应用的东西都不匮乏。我的兄弟们嫉妒，都要杀我。我当时是走投无路，抬头只有天，低头只有地，将身家性命都托付给先帝。先帝怜惜我将死，养护我使我又活下来，让我做了大可汗，还安抚了突厥的百姓。如今陛下治理天下，仍和先帝一样养护我和突厥的百姓，使我们什么也不缺乏。我身受圣恩，感恩的话说不尽。我现在已不是过去的突厥可汗，而是陛下的臣民，我愿意率领部落百姓改装易服，同华夏一样"。炀帝认为不可以。秋季，七月辛亥（初四），炀帝赐给启民可汗玺书，说由于"漠北并未平静，还须征战，只要你们存心恭顺朝廷，何必变易服装呢？"

炀帝想要向突厥人炫耀，他命令宇文恺制作大帐，帐内可坐几千人。甲寅（初七），炀帝来到设于城东的大帐，备好仪仗侍卫，宴请启民可汗及其部属，宴间演出散乐。各方部落的胡人都惊异欢悦，争着进献牛羊驼马几千万头。炀帝赐给启民可汗帛两千万段，启民的部属按等级都有不同的赏赐。炀帝又赐给启民可汗辂车与坐骑，鼓乐幡旗等仪仗，特许他朝拜时不必唱赞，其地位在诸侯王以上。

　　又诏发丁男百馀万筑长城,西拒榆林,东至紫河。尚书左仆射苏威谏,上不听,筑之二旬而毕。帝之征散乐也,太常卿高颎谏,不听。颎退,谓太常丞李懿曰:"周天元以好乐而亡,殷鉴不远,安可复尔?"颎又以帝遇启民过厚,谓太府卿何稠曰:"此虏颇知中国虚实,山川险易,恐为后患。"又谓观王雄曰:"近来朝廷殊无纲纪。"礼部尚书宇文敤私谓颎曰:"天元之侈,以今方之,不亦甚乎?"又言:"长城之役,幸非急务。"光禄大夫贺若弼亦私议宴可汗太侈。并为人所奏。帝以为诽谤朝政,丙子,高颎、宇文敤、贺若弼皆坐诛,颎诸子徙边,弼妻子没官为奴婢。事连苏威,亦坐免官。颎有文武大略,明达世务,自蒙寄任,竭诚尽节,进引贞良,以天下为己任。苏威、杨素、贺若弼、韩擒虎皆颎所推荐,自馀立功立事者不可胜数;当朝执政将二十年,朝野推服,物无异议,海内富庶,颎之力也。及死,天下莫不伤之。先是,萧琮以皇后故,甚见亲重,为内史令,改封梁公。宗族缌麻以上,皆随才擢用,诸萧昆弟,布列朝廷。琮性澹雅,不以职务为意,身虽羁旅,见北间豪贵,无所降下。与贺若弼善,弼既诛,又有童谣曰:"萧萧亦复起。"帝由是忌之,遂废于家,未几而卒。

　　11　八月壬午,车驾发榆林,历云中,溯金河。时天下承平,百物丰实,甲士五十馀万,马十万匹,旌旗辎重,千里不绝。令宇文恺等造观风行殿,上容侍卫者数百人,离合为之,下施轮轴,倏忽推移。又作行城,周二千步,以板为干,衣之以布,饰以丹青,楼橹悉备。胡人惊以为神,每望御营,十里之外,屈膝稽颡,无敢乘马。启民奉庐帐以俟车驾。乙酉,帝幸其帐,

炀帝又下诏征发男丁一百多万人修筑长城,西起榆林,东至紫河。尚书左仆射苏威劝阻,炀帝不听,修筑了二十天完工。炀帝征召全国的散乐艺人,太常卿高颎劝阻,炀帝不听。高颎退下来对太常丞李懿说:"北周天元帝因为好娱乐而亡国,殷的戒鉴并不远,怎么可以再重复呢?"高颎又认为炀帝对启民可汗的待遇过厚,对太府卿何稠说:"这个胡虏很清楚中国的虚实,山川的险易,恐怕会成为后患。"他又对观王杨雄说:"近来朝廷太无纲纪了。"礼部尚书宇文弼私下对高颎说:"北周天元帝的奢侈,以今天的情况与之比较,不也太过分吗?"又说:"修长城的工程,幸而不是急迫的任务。"光禄大夫贺若弼也私下议论宴请启民可汗的规模太奢侈。这些话都被人报告了炀帝。炀帝认为他们诽谤朝政。丙子(二十九日),高颎、宇文弼、贺若弼都获罪被杀。高颎的几个儿子流放到边地,贺若弼的妻子儿女被收捕为官奴婢。事情还牵连到苏威,也获罪而被免官。高颎有文韬武略,对世务贤明,通达事理,自从蒙受重任以来,竭诚尽力,推荐引进忠诚贤良之士,以天下为己任。苏威、杨素、贺若弼、韩擒虎都是高颎推荐的,其他建有功劳做成大事的人更不可胜数。他当朝执政将近二十年,朝野上下都非常敬重他,对他无异议。国家富庶,是高颎的功劳。他被杀,天下人没有不伤感的。原先,萧琮因为皇后萧氏的缘故,很为炀帝亲近推重,任命为内史令,后改封为梁公。萧琮宗族中的族人,都按才能提拔任用了,萧琮的几个兄弟,都在朝廷做官。萧琮性情恬淡儒雅,不把职务放在心上,虽然客居他乡,但对北方的豪强贵族,都没有看得上的。他与贺若弼有交情,贺若弼被杀,又有童谣说:"萧萧亦复起。"炀帝因此对他猜忌,就将他罢官回家,不久他就去世了。

11 八月壬午(初六),炀帝的车驾从榆林出发,经过云中,溯金河而上。当时天下承平,百物丰实,随驾的士兵有五十多万,马匹十多万,旌旗辎重,千里不绝。炀帝命令宇文恺等人制造观风行殿,殿上可容纳侍卫几百人,行殿可以离合,下设轮轴,可以很快地推移。又命宇文恺制作行城,行城周长二千步,以木板为主体,用布蒙上,再画上彩画,行城上观台、望敌楼全都齐备。胡人惊叹,以为神功,每望见御营,十里之外就跪伏叩头,没人敢骑马。启民可汗奉献庐帐以等待炀帝的到来。乙酉(初九),炀帝驾临启民可汗的营帐,

启民奉觞上寿，跪伏恭甚，王侯以下袒割于帐前，莫敢仰视。帝大悦，赋诗曰："呼韩顿颡至，屠耆接踵来；何如汉天子，空上单于台！"皇后亦幸义成公主帐。帝赐启民及公主金瓮各一，并衣服被褥锦彩，特勒以下，受赐各有差。帝还，启民从入塞，己丑，遣归国。

癸巳，入楼烦关；壬寅，至太原，诏营晋阳宫。帝谓御史大夫张衡曰："朕欲过公宅，可为朕作主人。"衡乃先驰至河内，具牛酒。帝上太行，开直道九十里，九月己未，至济源，幸衡宅。帝悦其山泉，留宴三日，赐赉甚厚。衡复献食，帝令颁赐公卿，下至卫士，无不沾洽。己巳，至东都。

12　壬申，以齐王暕为河南尹；癸酉，以民部尚书杨文思为纳言。

13　冬，十月，敕河南诸郡送一艺户陪东都三千馀家，置十二坊于洛水南以处之。

14　西域诸胡多至张掖交市，帝使吏部侍郎裴矩掌之。矩知帝好远略，商胡至者，矩诱访诸国山川风俗，王及庶人仪形服饰，撰《西域图记》三卷，合四十四国，入朝奏之。仍别造地图，穷其要害，从西倾以去，纵横所亘，将二万里。发自敦煌，至于西海，凡为三道，北道从伊吾，中道从高昌，南道从鄯善，总凑敦煌。且云："以国家威德，将士骁雄，泛蒙汜而越昆仑，易如反掌。但突厥、吐浑分领羌、胡之国，为其壅遏，故朝贡不通。今并因商人密送诚款，引领翘首，愿为臣妾。若服而抚之，务存安辑，皇华遣使，弗动兵车，诸蕃既从，浑、厥可灭，混壹戎、夏，其在兹乎！"帝大悦，赐帛五百段，

启民捧着酒杯为炀帝祝寿,跪伏在地上极为恭顺。突厥王侯以下的人都袒衣割肉立于帐前,不敢仰视。炀帝非常高兴,赋诗道:"呼韩顿颡至,屠耆接踵来;何如汉天子,空上单于台!"皇后萧氏也临幸义成公主的牙帐。炀帝赐启民可汗和义成公主金瓮各一只,以及衣服、被褥、锦彩,特勒以下的人也受到不同等级的赏赐。炀帝回返,启民可汗随从炀帝入塞,乙丑(十三日),炀帝让启民可汗回国。

癸巳(十七日),炀帝进入楼烦关;壬寅(二十六日),到达太原,下诏营建晋阳宫。炀帝对御史大夫张衡说:"我打算经过你的家,你可以为我做主人。"张衡就先驰马到河内,准备牛和酒等物品。炀帝上太行山,命开辟直达张衡家的道路九十里。九月己未(十三日),炀帝到达济源,驾临张衡宅邸。炀帝喜欢这里的山泉,留下来欢宴三天,赏赐的财物非常丰厚。张衡又进献食物,炀帝让赏赐给公卿大臣以至于卫士,人人都得到了赏赐,十分高兴。己巳(二十三日),炀帝到达东都。

12 壬申(二十六日),炀帝任命齐王杨暕为河南尹;癸酉(二十七日),任命民部尚书杨文思为纳言。

13 冬季,十月,敕命河南各郡送一家艺户到东京来辅助原有的三千馀家艺户,在洛水以南设置十二坊来安置他们。

14 西域诸多胡人都到张掖做买卖,炀帝派吏部侍郎裴矩掌管这件事。裴矩知道炀帝喜好经略远方,做买卖的胡人来了,裴矩就探询各国的山川地理和风俗,国王以及百姓的风土人情,服饰仪表,撰写了《西域图记》三卷,共四十四国,入朝奏报炀帝。另外还制作了西域地图,上面包括了西域所有重要的地点,从西倾山开始,纵横连亘将近两万里。从敦煌出发,到达西海,共分为三条路:北路从伊吾起,中路从高昌起,南路从鄯善起,总汇到敦煌。裴矩还说:"凭借国家的威德,将士的骁勇,渡过濛汜水,翻越昆仑山,易如反掌。但是突厥、吐谷浑分别统辖着羌人、胡人的国家,因为他们的阻挡和抑制,所以羌、胡之国不能来朝贡。如今由商人秘密送来很多诚恳的书信,翘首盼望,愿成为大隋的臣属。倘若降服并占有他们,务必要认真安抚管理。只须由朝廷派出使者,不必动用干戈,诸蕃从属于我们以后,吐谷浑、突厥就可以灭掉了。使戎狄、华夏融合为一体,就在此一举了!"炀帝大为高兴,赐帛五百段,

日引矩至御坐,亲问西域事。矩盛言"胡中多诸珍宝,吐谷浑易可并吞"。帝于是慨然慕秦皇、汉武之功,甘心将通西域;四夷经略,咸以委之。以矩为黄门侍郎,复使至张掖,引致诸胡,啖之以利,劝令入朝。自是西域胡往来相继,所经郡县,疲于送迎,糜费以万万计,卒令中国疲弊以至于亡,皆矩之唱导也。

15　铁勒寇边,帝遣将军冯孝慈出敦煌击之,不利。铁勒寻遣使谢罪,请降;帝使裴矩慰抚之。

每日让裴矩到御坐旁,亲自询问西域的情况。裴矩夸张地说:"西域有很多珍宝,吐谷浑容易被吞并。"炀帝于是感慨地仰慕秦皇、汉武的功绩,诚心要开通西域。将筹划处理四夷的事务都委托给了裴矩。任命裴矩为黄门侍郎,又派裴矩到张掖,招引西域各国的胡人,给他们以利益,劝告他们入朝。从此西域的胡人往来不断,他们所经过的郡县,疲于招待迎送,耗费以万万计,终于使隋王朝疲乏凋敝以至于灭亡,这都是裴矩所倡导的。

15　铁勒入侵边界,炀帝派将军冯孝慈率军出敦煌阻击铁勒,出师不利。不久铁勒人派遣使者来谢罪,请求归降,炀帝派裴矩安抚慰藉他们。

卷第一百八十一　隋纪五

起戊辰(608)尽壬申(612)凡五年

炀皇帝上之下
大业四年(戊辰,608)

1　春,正月乙巳,诏发河北诸军百馀万穿永济渠,引沁水南达于河,北通涿郡。丁男不供,始役妇人。

2　壬申,以太府卿元寿为内史令。

3　裴矩闻西突厥处罗可汗思其母,请遣使招怀之。二月己卯,帝遣司朝谒者崔君肃赍诏书慰谕之。处罗见君肃甚倨,受诏不肯起,君肃谓之曰:"突厥本一国,中分为二,每岁交兵,积数十岁而莫能相灭者,明知其势敌耳。然启民举其部落百万之众,卑躬折节,入臣天子者,其故何也?正以切恨可汗,不能独制,欲借兵于大国,共灭可汗耳。群臣咸欲从启民之请,天子既许之,师出有日矣。顾可汗母向夫人惧西国之灭,且夕守阙,哭泣哀祈,匍匐谢罪,请发使召可汗,令入内属。天子怜之,故复遣使至此。今可汗乃倨慢如此,则向夫人为诳天子,必伏尸都市,传首虏庭。发大隋之兵,资东国之众,左提右挈以击可汗,亡无日矣!奈何爱两拜之礼,绝慈母之命,惜一语称臣,使社稷为墟乎?"处罗矍然而起,流涕再拜,跪受诏书,因遣使者随君肃贡汗血马。

炀皇帝上之下

隋炀帝大业四年(戊辰,公元608年)

1　春季,正月乙巳(初一),炀帝下诏征发黄河以北各军一百多万人开凿永济渠,引沁水向南到黄河,向北通涿郡。男丁不足,开始役使妇女。

2　壬申(二十八日),任命太府卿元寿为内史令。

3　裴矩听说西突厥的处罗可汗思念他的母亲,请求炀帝派遣使者去招抚处罗可汗。二月己卯(初六),炀帝派遣司朝谒者崔君肃携带着诏书慰问并谕示他。处罗可汗见到崔君肃时态度很是傲慢,接受诏书不肯起程。崔君肃对他说:"突厥本来是一个国家,中间一分为二,每年双方交兵打仗,打了几十年的仗而不能互相消灭,其原因是明显的,双方势均力敌。但是启民可汗率领其部落的百万之众,卑躬屈膝,对大隋天子称臣的原因是什么呢? 正是因为对可汗您的切齿之恨,不能独自制服您,而想要凭借大国的兵力,共同灭掉可汗您。朝中群臣都想接受启民可汗的请求,天子要是允许了,出兵就有日可待了。只是可汗的母亲向夫人,惧怕西突厥国被灭亡,每日早晚守在宫门,哭泣着哀求着,匍匐在地谢罪,请求皇帝派使者召见可汗,让可汗入朝归附。天子怜悯向夫人,因此派使者到这里来。现在可汗既如此傲慢,那么向夫人就成了诳骗天子,一定会被在闹市杀掉,并将首级传示西域各国。天子发动大隋的兵马,借助东突厥的人力,左提右挈以夹击可汗,您的国家灭亡的日子就不远了。为什么要爱惜行两拜之礼,而丢掉慈母的性命呢? 吝惜说一句称臣的话,而使国家社稷成为废墟呢?"处罗可汗听了此话,惊惶四顾,一跃而起,流泪再三拜谢,跪在地上接受诏书,因此派遣使者随崔君肃朝贡上等好马。

4 三月壬戌,倭王多利思比孤入贡,遗帝书曰:"日出处天子致书日没处天子无恙。"帝览之,不悦,谓鸿胪卿曰:"蛮夷书无礼者,勿复以闻。"

5 乙丑,车驾幸五原,因出塞巡长城。行宫设六合板城,载以枪车。每顿舍,则外其辕以为外围,内布铁菱;次施弩床,皆插钢锥,外向;上施旋机弩,以绳连机,人来触绳,则弩机旋转,向所触而发。其外又以缯周围,施铃柱、槌磬以知所警。

6 帝募能通绝域者,屯田主事常骏等请使赤土,帝大悦。丙寅,命骏赍物五千段,以赐其王。赤土者,南海中远国也。

7 帝无日不治宫室,两京及江都,苑囿亭殿虽多,久而益厌,每游幸,左右顾瞩,无可意者,不知所适。乃备责天下山川之图,躬自历览,以求胜地可置宫苑者。夏,四月,诏于汾州之北汾水之源,营汾阳宫。

8 初,元德太子薨,河南尹齐王暕次当为嗣,元德吏兵二万馀人,悉隶于暕。帝为之妙选僚属,以光禄少卿柳謇之为齐王长史,且戒之曰:"齐王德业修备,富贵自钟卿门;若有不善,罪亦相及。"謇之,庆之从子也。暕宠遇日隆,百官趋谒,阗咽道路。暕以是骄恣,昵近小人,所为多不法。遣左右乔令则、库狄仲锜、陈智伟求声色。令则等因此放纵,访人家有美女,辄矫暕命呼之,载入暕第,淫而遣之。仲锜、智伟诣陇西,挝炙诸胡,责其名马,得数匹以进暕;暕令还主,仲锜等诈言王赐,取归其家,暕不知也。乐平公主尝奏帝,言柳氏女美,帝未有所答。

4 三月壬戌(十九日),倭王多利思比孤派人来朝贡,给炀帝的书信上说:"日出处的天子致书信给日没处的天子,您可好吗?"炀帝看后很不高兴,对鸿胪卿说:"蛮夷人的书信凡无礼的,就不要再给我看了。"

5 乙丑(二十二日),炀帝到达五原,因为他要出塞巡视长城。炀帝的行宫设置木制的六合城,城上载有枪车。每次停下住宿,则把车辕朝外作为外围,内布铁蒺藜;再安设弩床,都插上钢锥,锥向外;上面装置旋机弩,用绳子系在弩的扳机上,只要有人触动绳子,弩机就旋转,向触动的方向发射。在弩外周围又布置能弋射的短箭,并装设铃柱、木槌、石磬用来报警。

6 炀帝招募能够沟通极远地方关系的人,屯田主事常骏等人请求出使赤土,炀帝非常高兴。丙寅(二十三日),命令常骏携带着财物五千段,用来赏赐赤土国王。赤土国,是南海中一个很遥远的国家。

7 炀帝没有一天不在营建宫室,两京以及江都,苑囿亭殿虽然很多,时间久了炀帝仍感到非常厌倦,每次游玩,左顾右盼,觉得这些宫殿苑林都没有中意的,不知道什么是好。于是遍求天下山川图册,亲自察看,以寻求名胜之地营造宫苑。夏季,四月,炀帝下诏在汾州之北,汾水的源头营建汾阳宫。

8 当初,元德太子杨昭去世,河南尹齐王杨暕按次序应当立为嗣子,元德太子属下的两万多官吏兵卒,全都隶属于杨暕。炀帝为他精心地挑选僚属,任命光禄少卿柳謇之为齐王的长史,并且告诫柳謇之说:"齐王德行、业绩修习完美,那么富贵自然就会来到你身边,齐王若有什么不好的地方,罪过也会相及于你。"柳謇之是柳庆的侄子。杨暕得到炀帝的宠信日益隆重,文武百官都赶着去拜谒他,以至于人都挤满道路。杨暕因此而骄傲放纵,亲近小人,所作所为多是不法之事。他派身边的乔令则、库狄仲锜、陈智伟去寻找歌舞女色。乔令则等人因此就更加放纵,打听到人家有美女,立即就假借杨暕的命令招来,装上车子送入杨暕府第,奸淫后再放走。库狄仲锜、陈智伟到陇西去,对各部落胡人进行蹂躏,责令他们交出名马,得到几匹好马便进献给杨暕;杨暕命令把马还给主人,库狄仲锜等人诈称是齐王所赐,将马牵回家里,杨暕不知道这些事。乐平公主曾经奏报炀帝说柳家的女儿很美,炀帝没有答复。

久之，主复以柳氏进暕，暕纳之。其后，帝问主："柳氏女安在？"主曰："在齐王所。"帝不悦。暕从帝幸汾阳宫，大猎，诏暕以千骑入围，暕大获麋鹿以献；而帝未有得也，乃怒从官，皆言为暕左右所遏，兽不得前。帝于是发怒，求暕罪失。时制：县令无故不得出境；有伊阙令皇甫诩，得幸于暕，违禁，携之至汾阳宫。御史韦德裕希旨劾奏暕，帝令甲士千馀人大索暕第，因穷治其事。暕妃韦氏早卒，暕与妃姊元氏妇通，产一女。暕召相工令遍视后庭，相工指妃姊曰："此产子者当为皇后。"暕以元德太子有三子，恐不得立，阴挟左道为厌胜，至是皆发。帝大怒，斩令则等数人，赐妃姊死，暕府僚皆斥之边远。柳謇之坐不能匡正，除名。时赵王杲尚幼，帝谓侍臣曰："朕唯有暕一子，不然者，当肆诸市朝以明国宪。"暕自是恩宠日衰，虽为京尹，不复关预时政。帝恒令虎贲郎将一人监其府事，暕有微失，虎贲辄奏之。帝亦常虑暕生变，所给左右，皆以老弱，备员而已。太史令庾质，季才之子也，其子为齐王属，帝谓质曰："汝不能一心事我，乃使儿事齐王，何向背如此！"对曰："臣事陛下，子事齐王，实是一心，不敢有二。"帝犹怒，出为合水令。

9　乙卯，诏以突厥启民可汗遵奉朝化，思改戎俗，宜于万寿戍置城造屋，其帷帐床褥以上，务从优厚。

10　秋，七月辛巳，发丁男二十馀万筑长城，自榆谷而东。

后来,公主又把柳氏女给了杨暕,杨暕收纳了。之后,炀帝问乐平公主:"柳氏女在哪里呢?"公主说:"在齐王杨暕府里。"炀帝不高兴。杨暕跟随炀帝到汾阳宫,参加大规模的狩猎活动。炀帝命令杨暕率领一千骑兵进入围猎圈,杨暕猎获了很多麋鹿进献给炀帝,而炀帝什么也没有猎到,就向跟从的官员发怒,官员们都说因为杨暕身边人的阻挡,野兽不能到跟前来。于是炀帝发怒,搜罗杨暕的罪过。当时的制度:县令无故不得出县境,伊阙县令皇甫诩,受到杨暕的宠信,他违反了禁令,被杨暕带到了汾阳宫。御史韦德裕秉承炀帝的旨意向炀帝奏报弹劾杨暕。炀帝命令甲士一千多人大肆搜查杨暕的府第,彻底追查惩治此事。杨暕的妃子韦氏早死,杨暕与韦妃的姐姐元氏妇私通,生了一个女儿。杨暕召来一个看相的人,让他看遍府内的姬妾,看相者指着姐姐说:"这个生孩子的应当成为皇后。"杨暕认为元德太子有三个儿子,恐怕自己不能被立为太子,暗中倚靠左道妖术作咒诅,到后来这些都被揭发。炀帝勃然大怒,将乔令则等几人斩首,姐姐被赐死,杨暕府中的僚属都被流放到边远地区。柳謇之犯了不能纠正齐王错误的罪,而被除名。当时赵王杨杲还年幼,炀帝对侍臣说:"我只有杨暕这一个儿子,不然的话,应当处死并陈尸于闹市以昭明国家的法度。"对杨暕的恩宠自此日渐衰落,虽然身为河南尹,但不再参与时政。炀帝始终令虎贲郎派一人监视齐王府的情况,杨暕稍微有点过失,虎贲郎便立即上报。炀帝也常常担忧杨暕会发生变故,派到杨暕身边的人,都是老弱者,仅补齐人员而已。太史令庾质,是庾季才的儿子,他的儿子是齐王府的属官。炀帝对庾质说:"你不能一心一意地侍奉我,竟让你儿子侍奉齐王,为什么你的心意正反不一呢?"庾质回答说:"我侍奉陛下,儿子侍奉齐王,实在是一心一意,不敢有二心。"炀帝仍然发怒,把庾质外放为合水县令。

9　乙卯(十三日),炀帝下诏说,突厥启民可汗遵奉朝廷的感化,想改变戎狄的习俗,可以在万寿戍建立城池修造房屋,他们所用的帷帐、床褥等等物品,务必从优供应。

10　秋季,七月辛巳(初十),炀帝征发壮丁二十多万人修筑长城,从榆谷向东。

11 裴矩说铁勒,使击吐谷浑,大破之。吐谷浑可汗伏允东走,入西平境内,遣使请降求救;帝遣安德王雄出浇河,许公宇文述出西平迎之。述至临羌城,吐谷浑畏述兵盛,不敢降,帅众西遁;述引兵追之,拔曼头、赤水二城,斩三千馀级,获其王公以下二百人,虏男女四千口而还。伏允南奔雪山,其故地皆空,东西四千里,南北二千里,皆为隋有。置州、县、镇、戍,天下轻罪徙居之。

12 八月辛酉,上亲祠恒岳,赦天下。河北道郡守毕集,裴矩所致西域十馀国皆来助祭。

13 九月辛未,征天下鹰师悉集东京。至者万馀人。

14 冬,十月乙卯,颁新式。

15 常骏等至赤土境,赤土王利富多塞遣使以三十舶迎之,进金锁以缆骏船,凡泛海百馀日,入境月馀,乃至其都。其王居处器用,穷极珍丽,待使者礼亦厚,遣其子那邪迦随骏入贡。

16 帝以右翊卫将军河东薛世雄为玉门道行军大将,与突厥启民可汗连兵击伊吾,师出玉门,启民不至。世雄孤军度碛,伊吾初谓隋军不能至,皆不设备;闻世雄军已度碛,大惧,请降。世雄乃于汉故伊吾城东筑城,留银青光禄大夫王威以甲卒千馀人戍之而还。

五年(己巳,609)

1 春,正月丙子,改东京为东都。

2 突厥启民可汗来朝,礼赐益厚。

11　裴矩游说铁勒,让铁勒攻击吐谷浑,大败吐谷浑。吐谷浑可汗伏允向东逃跑,进入西平境内,派遣使臣向隋朝请求投降并要求救援。炀帝派安德王杨雄率兵出浇河郡,许公宇文述出西平迎接伏允可汗。宇文述到达临羌城,吐谷浑人畏惧宇文述兵势强盛,不敢投降,伏允可汗就率众向西逃跑。宇文述引兵追杀,攻下曼头、赤水二城,斩获首级三千多,俘获吐谷浑王公以下贵族二百人,俘虏男女百姓四千人返回。伏允可汗向南逃到雪山,他原来统辖的地域都丧失了,东西四千里,南北两千里,都为隋朝所有。隋朝在此设置州、县、镇、戍,将所有犯轻罪的人迁到此居住。

12　八月辛酉(二十日),炀帝亲自到恒山去祭祀,下诏大赦天下。河北道的郡守都集中到恒山,裴矩所罗致的西域十几个国家的使者都前来助祭。

13　九月辛未(初一),炀帝征召天下驯鹰师集中到东京,应征而至的有一万多人。

14　冬季,十月乙卯(十六日),颁布新的度、量、衡制度。

15　常骏等人到达赤土国的国境,赤土国王利富多塞派遣使者乘三十只大船来迎接他们,进献金锁以拴住常骏的船。常骏等人在海上航行了一百多天,入赤土境后又过了一个多月,才到达赤土国的国都。赤土国王居住的宫殿、器物用品,都极其珍贵华丽,接待使者的礼节也十分隆重。国王还派儿子那邪迦跟随常骏入朝进贡。

16　炀帝任命右翊卫将军河东人薛世雄为玉门道行军大将,与突厥的启民可汗联合进攻伊吾国。薛世雄率军出玉门,启民可汗没有到。薛世雄孤军越过沙漠,伊吾人开始以为隋军不可能来,所以都没有做防备,当听说薛世雄军已越过沙漠,大为恐惧,于是请求投降。薛世雄就在汉代旧伊吾城东筑新城,留下银青光禄大夫王威率领一千多名士兵戍守伊吾城,薛世雄率军返回。

隋炀帝大业五年(己巳,公元609年)

1　春季,正月丙子(初八),炀帝改东京为东都。

2　突厥启民可汗来朝见,接待之礼和赏赐更加丰厚。

3 癸未,诏天下均田。

4 戊子,上自东都西还。

5 己丑,制民间铁叉、搭钩、攒刃之类皆禁之。

6 二月戊申,车驾至西京。

7 三月己巳,西巡河右;乙亥,幸扶风旧宅。夏,四月癸亥,出临津关,渡黄河,至西平,陈兵讲武,将击吐谷浑。五月乙亥,上大猎于拔延山,长围亘二十里。庚辰,入长宁谷,度星岭;丙戌,至浩亹川。以桥未成,斩都水使者黄亘及督役者九人,数日,桥成,乃行。

吐谷浑可汗伏允帅众保覆袁川,帝分命内史元寿南屯金山,兵部尚书段文振北屯雪山,太仆卿杨义臣东屯琵琶峡,将军张寿西屯泥岭,四面围之。伏允以数十骑遁出,遣其名王诈称伏允,保车我真山。壬辰,诏右屯卫大将军张定和往捕之。定和轻其众少,不被甲,挺身登山,吐谷浑伏兵射杀之;其亚将柳武建击吐谷浑,破之。甲午,吐谷浑仙头王穷蹙,帅男女十馀万口来降。六月丁酉,遣左光禄大夫梁默等追讨伏允,兵败,为伏允所杀。卫尉卿刘权出伊吾道,击吐谷浑,至青海,虏获千馀口,乘胜追奔,至伏俟城。

辛丑,帝谓给事郎蔡徵曰:"自古天子有巡狩之礼;而江东诸帝多傅脂粉,坐深宫,不与百姓相见,此何理也?"对曰:"此其所以不能长世。"丙午,至张掖。帝之将西巡也,命裴矩说高昌王麹伯雅及伊吾吐屯设等,啗以厚利,召使入朝。壬子,帝至燕支山,伯雅、吐屯设等及西域二十七国谒于道左,皆令佩金玉,被锦罽,焚香奏乐,歌舞喧噪。帝复令武威、张掖士女盛饰纵观,衣服车马不鲜者,郡县督课之。

3 癸未(十五日),炀帝下诏,天下实行均田制。

4 戊子(二十日),炀帝从东都回西京。

5 己丑(二十一日),规定民间铁叉、搭钩、攒刃之类都属于违禁之物。

6 二月戊申(十一日),炀帝的车驾到达西京。

7 三月己巳(初二),炀帝向西巡视河右;乙亥(初八),到达扶风郡杨家旧宅。夏季,四月癸亥(二十七日),炀帝出临津关,渡过黄河,到达西平郡。布置军队,讲习武事,准备进攻吐谷浑。五月乙亥(初九),炀帝在拔延山举行大规模的围猎,长围竟达二十里。庚辰(十四日),炀帝进入长宁谷,越过星岭;丙戌(二十日),到达浩亹川。因为桥未建成,炀帝斩都水使者黄亘以及监工九人,几天后,桥建成,才继续前进。

吐谷浑可汗伏允率领部众据守覆袁川,炀帝分别命令内史元寿在南面金山驻军;兵部尚书段文振在北面雪山驻军;太仆卿杨义臣在东面琵琶峡驻军;将军张寿在西面泥岭驻军,四面包围吐谷浑人。伏允率几十骑兵逃出,派他的一个名王诈称是伏允,据守车我真山。壬辰(二十六日),炀帝命令右屯卫大将军张定和去抓捕他。张定和轻视吐谷浑人少,不穿铠甲,挺身登山,吐谷浑的伏兵将张定和射死。张定和的副将柳武建率兵进击吐谷浑,攻破他们。甲午(二十八日),吐谷浑仙头王走投无路,率领部众男女十多万来投降。六月丁酉(初二),炀帝派左光禄大夫梁默等率兵追击讨伐伏允,结果大败,梁默为伏允杀死。卫尉卿刘权率兵出伊吾道进攻吐谷浑,一直追到青海,俘获一千多人,乘胜追击,直到伏俟城。

辛丑(初六),炀帝对给事郎蔡徵说:"自古天子有巡狩之礼;而江东南朝的各位皇帝多爱敷脂粉,坐于深宫,不同百姓相见,这是什么道理呢?"蔡徵回答:"这就是他们王朝不能长久的原因。"丙午(十一日),炀帝到达张掖。在炀帝将要西巡的时候,命裴矩去游说高昌王麹伯雅以及伊吾的吐屯设等,以厚利引诱他们,召他们派遣使者入朝。壬子(十七日),炀帝到达燕支山,麹伯雅、吐屯设以及西域二十七国的国王、使者都在道路东侧拜见炀帝。他们均受命佩戴金玉,身着锦衣,焚香奏乐,歌舞欢腾。炀帝又命令武威、张掖的士女盛装修饰纵情观看。衣服、车马不艳丽整齐的,由郡县负责征收更换。

骑乘嗔咽,周亘数十里,以示中国之盛。吐屯设献西域数千里之地,上大悦。癸丑,置西海、河源、鄯善、且末等郡,谪天下罪人为戍卒以守之。命刘权镇河源郡积石镇,大开屯田,扞御吐谷浑,以通西域之路。

是时天下凡有郡一百九十,县一千二百五十五,户八百九十万有奇。东西九千三百里,南北万四千八百一十五里。隋氏之盛,极于此矣。

帝谓裴矩有绥怀之略,进位银青光禄大夫。自西京诸县及西北诸郡,皆转输塞外,每岁钜亿万计;经途险远及遇寇钞,人畜死亡不达者,郡县皆征破其家。由是百姓失业,西方先困矣。

初,吐谷浑伏允使其子顺来朝,帝留顺不遣。伏允败走,无以自资,帅数千骑客于党项。帝立顺为可汗,送至玉门,令统其馀众;以其大宝王尼洛周为辅。至西平,其部下杀洛周,顺不果入而还。

丙辰,上御观风殿,大备文物,引高昌王麹伯雅及伊吾吐屯设升殿宴饮,其馀蛮夷使者陪阶庭者二十馀国,奏九部乐及鱼龙戏以娱之,赐赍有差。戊午,赦天下。

吐谷浑有青海,俗传置牝马于其上,得龙种。秋,七月,置马牧于青海,纵牝马二千匹于川谷以求龙种,无效而止。

车驾东还,经大斗拔谷,山路隘险,鱼贯而出。风雪晦冥,文武饥馁沾湿,夜久不逮前营,士卒冻死者太半,马驴什八九,后宫妃、主或狼狈相失,与军士杂宿山间。九月乙未,车驾入西京。冬,十一月丙子,复幸东都。

车驾马匹充塞道路,周围绵延几十里,以显示中国的强盛。吐屯设进献西域几千里的土地,炀帝非常高兴。癸丑(十八日),设置西海、河源、鄯善、且末等郡,将天下的罪人流放这里,作为戍卒守卫这些地方。炀帝命刘权镇守河源郡积石镇,大规模开发屯田,以抵御吐谷浑,保持西域道路的畅通。

这时,全国共置郡一百九十个,县一千二百五十五个;有户八百九十多万;国土东西长九千三百里,南北宽一万四千八百一十五里。隋朝的强盛,这时已达到了顶点。

炀帝说裴矩有安抚、怀柔的韬略,提升他为银青光禄大夫。从西京各县以及西北各郡,都辗转输送财物到塞外,每年耗费以数万亿计,路途遥远险阻,或遇上强盗抢劫,凡人畜因死亡不能到达目的地的,郡县都要再行征调,以致他们家业破产。因此百姓失去生计,西部地区先贫困起来。

当初,吐谷浑可汗伏允派他的儿子顺来朝见炀帝,炀帝将顺留下不放他回去。伏允败走后,无法解决生计,就率领几千骑兵客居在党项境内。炀帝立顺为可汗,送他到玉门,让他统领吐谷浑剩下的部众,并任命吐谷浑的大宝王尼洛周为辅臣。顺到西平时,他的部下杀死了尼洛周,顺没能到达目的地就又返回了。

丙辰(二十一日),炀帝到观风行殿,大规模地陈列仪仗、礼仪,带着高昌王麹伯雅和伊吾的吐屯设上殿宴饮,其余的蛮夷使臣在殿下陪宴的共有二十多个国家。炀帝命人奏九部乐以及鱼龙戏来娱乐,对各国来使赏赐不等。戊午(二十三日),下诏大赦天下。

吐谷浑有青海,民间传说把母马放到青海内,可以得到龙种。秋季,七月,将马在青海放牧,山谷间纵养母马两千匹,以求得龙种,但没有效果,只好停止了。

炀帝的车驾向东返回,路经大斗拔谷,山路狭窄险要,队伍只能前后相接鱼贯通行。风雪使天色昏暗,文武百官饥饿难忍,衣服又全为风雪所打湿,都深夜了还未到达宿营地,士卒冻死大半,马驴冻死十之八九;后宫的妃嫔、公主有的都走散了,和军士们混杂在一起宿于山间。九月乙未,炀帝车驾进入西京。冬季,十一月丙子(十三日),炀帝又到东都。

8　民部侍郎裴蕴以民间版籍,脱漏户口及诈注老小尚多,奏令貌阅,若一人不实,则官司解职。又许民纠得一丁者,令被纠之家代输赋役。是岁,诸郡计帐进丁二十万三千,新附口六十四万一千五百。帝临朝览状,谓百官曰:"前代无贤才,致此阔冒;今户口皆实,全由裴蕴。"由是渐见亲委,未几,擢授御史大夫,与裴矩、虞世基参掌机密。蕴善候伺人主微意。所欲罪者,则曲法锻成其罪;所欲宥者,则附从轻典,因而释之。是后大小之狱,皆以付蕴,刑部、大理莫敢与争,必禀承进止,然后决断。蕴有机辩,言若悬河,或重或轻,皆由其口,剖析明敏,时人不能致诘。

9　突厥启民可汗卒,上为之废朝三日。立其子咄吉,是为始毕可汗;表请尚公主,诏从其俗。

10　初,内史侍郎薛道衡以才学有盛名,久当枢要,高祖末,出为襄州总管。帝即位,自番州刺史召之,欲用为秘书监。道衡既至,上《高祖文皇帝颂》,帝览之,不悦,顾谓苏威曰:"道衡致美先朝,此《鱼藻》之义也。"拜司隶大夫,将置之罪。司隶刺史房彦谦劝道衡杜绝宾客,卑辞下气,道衡不能用。会议新令,久不决,道衡谓朝士曰:"向使高颎不死,令决当久行。"有人奏之,帝怒曰:"汝忆高颎邪!"付执法者推之。裴蕴奏:"道衡负才恃旧,有无君之心,推恶于国,妄造祸端。论其罪名,似如隐昧;原其情意,深为悖逆。"帝曰:"然。我少时与之行役,轻我童稚,

8 民部侍郎裴蕴认为民间的名册、户籍,有很多脱漏户口以及诈骗注册为老少的情况,就奏请炀帝进行查阅面貌以验老小。如果一个人的情况不属实,那么有关的官员就被解职。又许诺如果百姓检举出一个壮丁,就命令被检举的人家替检举者缴纳赋役。这一年,各郡总计增加了男丁二十万三千人,新归附的人口六十四万一千五百人。炀帝上朝览阅报告,对百官说:"前代没有贤才,以致户口罔骗冒充,现在户口都确实了,全是由于有了裴蕴。"因此逐渐对裴蕴亲近信任,不久,就提升裴蕴为御史大夫,让他和裴矩、虞世基参与掌管机密。裴蕴善于观察以迎合皇帝细微的心思和意图。炀帝要加罪的人,裴蕴就曲解法律以编造成罪状;炀帝想要赦免的人,裴蕴就附和炀帝意旨,从轻解释典章法律,因此就将人释放了。此后大大小小的刑狱之案,都交给裴蕴办理。刑部、大理寺都不敢与裴蕴争论,必定要秉承裴蕴的意图来衡量法律,然后才决断案件。裴蕴机智、善辩,说起话来口若悬河,犯人的罪过或轻或重,都凭裴蕴的一张嘴。他剖析、解释问题明达敏捷,当时的人都不能把他问住。

9 突厥的启民可汗去世,炀帝为启民可汗之死,停止上朝三天。立启民的儿子咄吉为始毕可汗。始毕可汗上表请求娶义成公主,炀帝下诏,命遵从突厥的习俗。

10 当初,内史侍郎薛道衡因其才学而有盛名,他在枢要部门任职很久了,文帝末年出任襄州总管。炀帝即位后,将他从番州刺史的任上召回,打算让他作秘书监。薛道衡回来后,向炀帝奉上《高祖文皇帝颂》,炀帝看了,不高兴,看着苏威说:"薛道衡极力赞美前朝,这里有点《鱼藻》讽刺的意味。"炀帝任命薛道衡为司隶大夫,将他放置在易犯罪过的职位上。司隶刺史房彦谦劝薛道衡杜绝宾客,卑辞下气,薛道衡没能听从房彦谦的劝告。恰好正议定新的律令,议论很久仍不能决定下来,薛道衡对朝臣们说:"假使当初高颎不死,新律令早就会决定下来,而且颁布实行了。"有人报告了炀帝,炀帝发怒说:"你还想着高颎啊!"将薛道衡交付司法部门推究治罪。裴蕴奏报说:"薛道衡自负自己的才能,靠着过去文帝对他的信任,有目无君上之心,将坏事加于国家,妄造祸端。论他的罪名好像是比较隐晦暧昧,但追究他的真情实意,确实是重大的悖逆之罪。"炀帝说:"是这样的。我年轻的时候和他一起伐陈,他轻视我年纪轻,

与高颎、贺若弼等外擅威权;及我即位,怀不自安,赖天下无事,未得反耳。公论其逆,妙体本心。"道衡自以所坐非大过,促宪司早断,冀奏日帝必赦之,敕家人具馔,以备宾客来候者。及奏,帝令自尽,道衡殊不意,未能引决。宪司重奏,缢而杀之,妻子徙且末。天下冤之。

11　帝大阅军实,称器甲之美,宇文述因进言:"此皆云定兴之功。"帝即擢定兴为太府丞。

六年(庚午,610)

1　春,正月癸亥朔,未明三刻,有盗数十人,素冠练衣,焚香持华,自称弥勒佛,入自建国门,监门者皆稽首。既而夺卫士仗,将为乱;齐王暕遇而斩之。于是都下大索,连坐者千馀家。

2　帝以诸蕃酋长毕集洛阳,丁丑,于端门街盛陈百戏。戏场周围五千步,执丝竹者万八千人,声闻数十里,自昏至旦,灯火光烛天地,终月而罢,所费巨万。自是岁以为常。

诸蕃请入丰都市交易,帝许之。先命整饰店肆,檐宇如一,盛设帷帐,珍货充积,人物华盛,卖菜者亦藉以龙须席。胡客或过酒食店,悉令邀延就坐,醉饱而散,不取其直,绐之曰:"中国丰饶,酒食例不取直。"胡客皆惊叹。其黠者颇觉之,见以缯帛缠树,曰:"中国亦有贫者,衣不盖形,何如以此物与之,缠树何为?"市人惭不能答。

帝称裴矩之能,谓群臣曰:"裴矩大识朕意,凡所陈奏,皆朕之成算,未发之顷,矩辄以闻;自非奉国尽心,孰能若是?"是时矩与右翊卫大将军宇文述、内史侍郎虞世基、御史大夫裴蕴、

与高颎、贺若弼等人在外专擅权威,到我即位,他心中不安分,亏了天下无事,他没来得及谋反。你认为他悖逆,恰好体会了朕的意图。"薛道衡自以为犯的不是大错,就催促司法部门早些判决,他希望判决结果上奏时,炀帝一定会赦免他。还让家里人备好饭菜,准备招待来问候的宾客。待到上奏,炀帝命令薛道衡自尽,薛道衡完全没有料到会这样,未能自尽。司法部门又奏报给炀帝,炀帝命人将薛道衡勒死,他的妻子儿女被流放到且末。天下人都为薛道衡感到冤枉。

11 炀帝大规模地检查了军用器械,他称赞器械、铠甲的精美,宇文述趁机说:"这都是云定兴的功劳。"炀帝就提升云定兴为太府丞。

隋炀帝大业六年(庚午,公元 610 年)

1 春季,正月癸亥朔(初一),早晨,差三刻天亮时,有盗贼几十名,头戴白帽,衣穿白衣,焚着香,手持花,自称是弥勒佛,从建国门进入,看门的人都跪下叩头,接着这些人就夺取卫士的兵器,即将作乱。齐王杨暕遇见,率兵将这些人杀死。于是京师大肆搜捕,受牵连而获罪的有一千多家。

2 炀帝因为各蕃部落的酋长都汇集在洛阳,丁丑(十五日),在端门街举行盛大的百戏表演。戏场周围长五千步,演奏乐器的人有一万八千人,乐声几十里以外都能听到,从黄昏至清晨,灯火照亮了天地,至月末才结束。耗费巨万,从此每年都是这样。

各蕃部落酋长请求到丰都市场进行交易,炀帝允许了。他先下令整修装饰店铺,屋檐式样要划一,店内挂设帷帐,珍稀货物摆满堂堂,商人们服饰华丽,连卖菜人也要用龙须席铺地。胡客凡有经过酒食店的,命令店主要邀请入座,酒足饭饱之后,不取酬偿,并诳骗他们说:"中国富饶,酒食照例不要钱。"胡人都惊叹。他们中聪明的人有些发觉,看到用丝绸缠树,就问:"中国也有穷人,衣不蔽体,为什么不把这些丝绸给他们做衣服,却用来缠树呢?"市上的人惭愧得无言以对。

炀帝称赞裴矩能干,对群臣说:"裴矩非常能体会朕的意图,凡是他陈述奏报的,都是朕已经想好而还未说出来的话,裴矩就已经说给朕听了,要不是为国尽心,哪里能够这样?"这时裴矩与右翊卫大将军宇文述、内史侍郎虞世基、御史大夫裴蕴、

光禄大夫郭衍皆以谄谀有宠。述善于供奉，容止便辟，侍卫者咸取则焉。郭衍尝劝帝五日一视朝，曰："无效高祖，空自勤苦。"帝益以为忠，曰："唯有郭衍心与朕同。"

帝临朝凝重，发言降诏，辞义可观；而内存声色，其在两都及巡游，常以僧、尼、道士、女官自随，谓之四道场。梁公萧钜，琮之弟子；千牛左右宇文晶，庆之孙也；皆有宠于帝。帝每日于苑中林亭间盛陈酒馔，敕燕王倓与钜、晶及高祖嫔御为一席，僧、尼、道士、女官为一席，帝与诸宠姬为一席，略相连接。罢朝即从之宴饮，更相劝侑，酒酣骰乱，靡所不至，以是为常。杨氏妇女之美者，往往进御。晶出入宫掖，不限门禁，至于妃嫔、公主皆有丑声，帝亦不之罪也。

3　帝复遣朱宽招抚流求，流求不从，帝遣虎贲郎将庐江陈稜、朝请大夫同安张镇周发东阳兵万馀人，自义安泛海击之。行月馀，至其国，以镇周为先锋。流求王渴剌兜遣兵逆战；屡破之，遂至其都。渴剌兜自将出战，又败，退入栅；稜等乘胜攻拔之，斩渴剌兜，虏其民万馀口而还。二月乙巳，稜等献流求俘，颁赐百官，进稜位右光禄大夫，镇周金紫光禄大夫。

4　乙卯，诏以"近世茅土妄假，名实相乖，自今唯有功勋乃得赐封，仍令子孙承袭"。于是旧赐五等爵，非有功者皆除之。

5　庚申，以所征周、齐、梁、陈散乐悉配太常，皆置博士弟子以相传授，乐工至三万馀人。

6　三月癸亥，帝幸江都宫。

7　初，帝欲大营汾阳宫，令御史大夫张衡具图奏之。衡乘间进谏曰："比年劳役繁多，百姓疲弊，伏愿留神，稍加抑损。"帝意甚不平，后目衡谓侍臣曰："张衡自谓由其计画，令我有

光禄大夫郭衍都因为会阿谀奉承而得到炀帝宠信。宇文述善于侍奉炀帝，一举一动都逢迎谄媚，侍卫炀帝的人都以他为榜样。郭衍曾经劝炀帝五天上一次朝，说："不要效仿文帝，白白地让自己劳累、辛苦。"炀帝越发认为郭衍忠心，说："只有郭衍和朕同心。"

炀帝上朝时神态庄重，说话、颁旨，言辞堂皇；但是他内心却喜欢声色，他在东、西两京和巡游各地时，常常让僧、尼、道士、女道士跟随，称之为四道场。梁公萧钜是萧琮的侄子；千牛左右宇文晶是宇文庆的孙子，都被炀帝宠信。炀帝每日在苑中林亭间大摆酒筵，命令燕王杨倓与萧钜、宇文晶以及文帝的妃嫔坐一席；僧、尼、道士、女道士坐一席；炀帝和自己宠爱的姬妃为一席，各席相连。炀帝退朝后即入席宴饮，互相劝酒，酒酣之际就混乱了，无所不为，这是常有的事。杨氏妇女有漂亮的，往往被进献给炀帝。宇文晶出入皇宫不限门禁，至于妃嫔、公主都有不好的名声，炀帝也不怪罪她们。

3　炀帝又派朱宽去招抚流求国。流求不顺从，炀帝派虎贲郎将庐江人陈稜、朝请大夫同安人张镇周征发东阳兵一万多人，从义安渡海去进攻流求。他们在海上航行了一个多月，才到达流求，以张镇周为先锋。流求国王渴剌兜派兵迎战，隋军屡次击败流求军，于是就攻到流求国都。渴剌兜亲自率军出战，又被打败，退入营栅内，陈稜等人乘胜攻克了流求国都，杀死渴剌兜，俘获流求人一万多名返回。二月乙巳（十三日），陈稜等人向炀帝献流求俘，炀帝赏赐百官，提升陈稜为右光禄大夫，张镇周为金紫光禄大夫。

4　乙卯（二十三日），炀帝下诏，"近年来封侯加爵，名不副实，从今以后，只有建有功勋的人才能得到赐土封爵，仍让子孙承袭爵位"。于是过去所赐的五等爵，没有功勋的都被削去爵位。

5　庚申（二十八日），把所征召来的周、齐、梁、陈旧朝的散乐艺人，都安排在太常，都设置博士弟子以便相互传授技艺，乐工达到三万多人。

6　三月癸亥（初二），炀帝驾游江都宫。

7　当初，炀帝打算大规模地营建汾阳宫，他命令御史大夫张衡准备好图册奏报。张衡乘机进谏劝说道："连年劳役繁多，百姓疲惫，希望您注意，稍微地减少一点劳役。"炀帝心里很不高兴，听后眼睛看着张衡对侍臣说："张衡自认为是由他策划，让我得到

天下也。"乃录齐王暕携皇甫诩从驾及前幸涿郡祠恒岳时父老谒见者衣冠多不整,谴衡以宪司不能举正,出为榆林太守。久之,衡督役筑楼烦城,因帝巡幸,得谒帝。帝恶衡不损瘦,以为不念咎,谓衡曰:"公甚肥泽,宜且还郡。"复遣之榆林。未几,敕衡督役江都宫。礼部尚书杨玄感使至江都,衡谓玄感曰:"薛道衡真为枉死。"玄感奏之。江都郡丞王世充又奏衡频减顿具。帝于是发怒,锁诣江都市,将斩之,久乃得释,除名为民,放还田里。以王世充领江都宫监。

世充本西域胡人,姓支氏,父收。幼从其母嫁王氏,因冒其姓。世充性谲诈,有口辩,颇涉书传,好兵法,习律令。帝数幸江都,世充能伺候颜色为阿谀,雕饰池台,奏献珍物,由是有宠。

8 夏,六月甲寅,制江都太守秩同京尹。

9 冬,十二月己未,文安宪侯牛弘卒。弘宽厚恭俭,学术精博,隋室旧臣,始终信任,悔吝不及者,唯弘一人而已。弟弼,好酒而酗,尝因醉射杀弘驾车牛。弘来还宅,其妻迎谓之曰:"叔射杀牛。"弘无所怪问,直答云:"作脯。"坐定,其妻又曰:"叔忽射杀牛,大是异事!"弘曰:"已知之矣。"颜色自若,读书不辍。

10 敕穿江南河,自京口至馀杭,八百馀里,广十馀丈,使可通龙舟,并置驿宫、草顿,欲东巡会稽。

11 上以百官从驾皆服裤褶,于军旅间不便,是岁,始诏"从驾涉远者,文武官皆戎衣,五品以上,通著紫袍,六品以下,兼用绯绿,胥史以青,庶人以白,屠商以皂,士卒以黄。"

天下的。"于是举出了过去齐王杨暕带着皇甫诩跟随炀帝车驾之事和前次到涿郡祭祀恒岳时父老等拜见者的衣冠很多都不整齐的事,谴责张衡作为掌管司法的官员而不能指出纠正,因此外放张衡出任为榆林太守。后来,张衡监督营建楼烦城,因炀帝巡游楼烦城,张衡才得以谒见炀帝。炀帝厌恶张衡没有疲乏变瘦,认为他对自己错误不能时时自咎,对张衡说:"你太肥胖光润了,还是回榆林郡合适。"于是又派他回榆林。不久,炀帝命令张衡监督营建江都宫。礼部尚书杨玄感出使到江都,张衡对他说:"薛道衡真是冤枉死的。"杨玄感报告了炀帝。江都郡丞王世充又奏报说张衡频频减少宫中的设备物品。于是炀帝发怒,命令把张衡用枷锁锁往江都闹市,准备杀掉他,很久后才释放了张衡,除名为民,放回家乡。让王世充统领江都宫监。

王世充原本是西域的胡人,姓支氏,父亲叫支收。他很小就跟随母亲嫁给了王氏,因此就冒用了王姓。王世充性情狡诈,有口才,涉猎过不少书籍经传,喜好兵法,熟习律令。炀帝几次到江都,王世充都能察言观色阿谀谄媚,他雕镂装饰池台,进献珍奇物品,因此得到炀帝的宠信。

8　夏季,六月甲寅(二十四日),规定江都太守的品级与京兆尹相同。

9　冬季,十二月己未(初三),文安宪侯牛弘去世。牛弘为人宽厚谦恭,学术精深,隋王室的旧臣始终受到信任而没有受到耻辱和灾祸的,只有牛弘一人而已。牛弘的弟弟牛弼嗜好饮酒,酒醉后易发怒,曾经因醉酒而射死了牛弘驾车的牛。牛弘回家,他妻子迎上来告诉他:"叔叔射死了牛。"牛弘没有感到奇怪,只回答说:"做成肉脯。"他坐下后,妻子又说:"叔叔忽然射死牛,这是非常奇怪的事。"牛弘说:"我已经知道了。"神色自然若无其事,继续看书没有中断。

10　炀帝命令开凿江南河,自京口至馀杭,长八百多里,宽十多丈,使之可以通行龙舟,并在沿岸设置驿宫、临时停顿处,打算向东巡游会稽。

11　炀帝认为跟随车驾的百官都穿上下相连的戎服在军旅中行动不方便,这一年第一次颁诏:"跟从车驾长途跋涉的人,文武官员都穿戎服,五品以上的官员,一律穿紫袍,六品以下的官员穿绯绿色的袍子,胥吏穿青衣,庶民百姓穿白衣,屠户商人穿黑衣,士卒穿黄衣。"

12 帝之幸启民帐也,高丽使者在启民所,启民不敢隐,与之见帝。黄门侍郎裴矩说帝曰:"高丽本箕子所封之地,汉、晋皆为郡县;今乃不臣,别为异域。先帝欲征之久矣,但杨谅不肖,师出无功。当陛下之时,安可不取,使冠带之境,遂为蛮貊之乡乎?今其使者亲见启民举国从化,可因其恐惧,胁使入朝。"帝从之。敕牛弘宣旨曰:"朕以启民诚心奉国,故亲至其帐。明年当往涿郡,尔还日语高丽王;勿自疑惧,存育之礼,当如启民。苟或不朝,将帅启民往巡彼土。"高丽王元惧,藩礼颇阙,帝将讨之;课天下富人买武马,匹至十万钱;简阅器仗,务令精新,或有滥恶,则使者立斩。

七年(辛未,611)

1 春,正月壬寅,真定襄侯郭衍卒。

2 二月己未,上升钓台,临杨子津,大宴百僚。乙亥,帝自江都行幸涿郡,御龙舟,渡河入永济渠,仍敕选部、门下、内史、御史四司之官于船前选补,其受选者三千馀人,或徒步随船三千馀里,不得处分,冻馁疲顿,因而致死者什一二。

3 壬午,下诏讨高丽。敕幽州总管元弘嗣往东莱海口造船三百艘,官吏督役,昼夜立水中,略不敢息,自腰以下皆生蛆,死者什三四。夏,四月庚午,车驾至涿郡之临朔宫,文武从官九品以上,并令给宅安置。先是,诏总征天下兵,无问远近,俱会于涿。又发江淮以南水手一万人,弩手三万人,岭南排镩手三万人,于是四远奔赴如流。五月,敕河南、淮南、江南造戎车五万乘送高阳,供载衣甲幔幕,令兵士自挽之,发河南、北民夫以供军须。秋,七月,发江、

12　炀帝到达启民可汗营帐的时候，恰好高丽使者也在启民的帐里，启民不敢隐瞒，就让他觐见炀帝。黄门侍郎裴矩劝炀帝说："高丽本是西周时箕子的封地，汉、晋时代都是中国的郡县，如今却不称臣，成了一个国家。先帝很久以来就想征伐高丽，但是由于杨谅不成器，以致师出无功。陛下您君临天下之时，怎能不征伐它，而使文明礼仪之境，成为荒凉野蛮的地方呢？今天高丽的使者亲眼看到启民可汗举国归化中国，可以趁他恐惧时，胁迫高丽派遣使者入朝。"炀帝采纳了这个意见。让牛弘宣读诏旨说："朕因为启民诚心地尊奉中国，所以亲自来到他的营帐。明年朕将要去涿郡，你回去时告诉高丽王：不要心怀疑虑，抚慰存恤之礼，朕会像对待启民一样对待你们的。但是，假如不来朝见，朕将率领启民去巡视你的国土。"高丽王高元很害怕，但蕃国进贡的礼却很少，炀帝要讨伐高丽；命令天下的富人购买军马，每匹价至十万钱；命人挑选、查验兵器和仪仗，要求务必精、新，若发现有粗制滥造的，检查官立即斩首。

隋炀帝大业七年(辛未，公元611年)

1　春季，正月壬寅(十六日)，真定襄侯郭衍去世。

2　二月己未(初三)，炀帝登上钓台，在杨子津边，大宴百官。乙亥(十九日)，炀帝从江都巡游到涿郡，乘坐龙舟，渡过黄河进入永济渠。仍下敕命，令选部、门下、内史、御史四个部的官员在船前接受挑选，被挑选的有三千多人，有的人徒步随船行走了三千多里，没有得到安置，这些人冻饿疲顿，因而致死的有十之一二。

3　壬午(二十六日)，炀帝下诏征讨高丽。命令幽州总管元弘嗣到东莱海口造船三百艘，官吏们督促工程，工匠、役丁们昼夜站立在水中，不敢停下稍微休息一下，他们自腰以下都生了蛆，病累而死去的人有十之三四。夏季，四月庚午(十五日)，炀帝车驾到涿郡的临朔宫，随从车驾的文武官员九品以上的，都命令给宅邸安置。原先，炀帝下诏征发天下兵卒，无论远近，都在涿郡集中。又征发江淮以南的水手一万人，弩手三万人，岭南排镩手三万人，于是从全国各地奔赴涿郡的兵卒川流不息。五月，命令河南、淮南、江南等地制造兵车五万辆送往高阳，以供装载衣甲幔幕，命令士兵们自己拉车；征发河南、河北民夫以供应军需。秋季，七月，征发江、

淮以南民夫及船运黎阳及洛口诸仓米至涿郡,舳舻相次千馀里。载兵甲及攻取之具,往还在道常数十万人,填咽于道,昼夜不绝,死者相枕,臭秽盈路,天下骚动。

4　山东、河南大水,漂没三十馀郡。冬,十月乙卯,底柱崩,偃河逆流数十里。

5　初,帝西巡,遣侍御史韦节召西突厥处罗可汗,令与车驾会大斗拔谷,国人不从,处罗谢使者,辞以他故。帝大怒,无如之何。会其酋长射匮遣使来求婚,裴矩因奏曰:"处罗不朝,恃强大耳。臣请以计弱之,分裂其国,即易制也。射匮者,都六之子,达头之孙,世为可汗,君临西面,今闻其失职,附属处罗,故遣使来以结援耳。愿厚礼其使,拜为大可汗,则突厥势分,两从我矣。"帝曰:"公言是也。"因遣矩朝夕至馆,微讽谕之。帝于仁风殿召其使者,言处罗不顺之状,称射匮向善,吾将立为大可汗,令发兵诛处罗,然后为婚。帝取桃竹白羽箭一枚以赐射匮,因谓之曰:"此事宜速,使疾如箭也。"使者返,路径处罗,处罗爱箭,将留之,使者谲而得免。射匮闻而大喜,兴兵袭处罗;处罗大败,弃妻子,将数千骑东走,缘道被劫,寓于高昌,东保时罗漫山。高昌王麹伯雅上状。帝遣裴矩与向氏亲要左右驰至玉门关晋昌城,晓谕处罗使入朝。十二月己未,处罗来朝于临朔宫,帝大悦,接以殊礼。帝与处罗宴,处罗稽首,谢入见之晚。帝以温言慰劳之,备设天下珍膳,盛陈女乐,罗绮丝竹,眩曜耳目,然处罗终有怏怏之色。

淮以南民夫以及船只运输黎阳和洛口各粮仓的米到涿郡,船只首尾相连绵延千余里。运载兵器铠甲以及攻城器械的人来往于道路上的常达几十万人,拥挤于道,昼夜不停。病累而死的人互相枕着,路上到处散发臭气,天下都为攻打高丽的事闹得骚动不安。

4　崤山以东、黄河以南发大水,淹没三十余郡。冬季,十月乙卯(初三),黄河的砥柱崩塌,堵塞河道,使河水逆流几十里。

5　当初,炀帝西巡,派遣侍御史韦节召见西突厥处罗可汗,命令他与炀帝的车驾在大斗拔谷相会,西突厥人不愿意,处罗可汗以其他的原因为借口婉言谢绝了使者。炀帝勃然大怒,但也无可奈何。正逢西突厥首长射匮派使者来求婚,裴矩因而奏道:"处罗可汗不来朝见,是依恃他势力强大。我请求用计谋削弱他,使西突厥分裂,就容易制服他们。射匮是都六可汗的儿子,达头可汗的孙子。他家世代都是可汗,统治着突厥西部,现在闻知射匮统治失当,已附属于处罗可汗了。因此他派遣使者来结交求援,愿陛下对他的使者厚礼相待,任命射匮为大可汗,那么突厥就会分裂,他们两部分都会服从于我们了。"炀帝说:"你说的对。"于是就派裴矩朝夕都到馆驿,委婉地暗示劝告使者。炀帝在仁风殿召见射匮的使者,述说处罗不顺从的情况,称赞射匮一向亲善,并说将要立他为大可汗,命令他发兵诛灭处罗,然后再办婚事。炀帝取桃竹白羽箭一支,赐给射匮,并告诉他:"这件事应该快办,快得就如箭一样。"使者返回,路经处罗驻地,处罗很喜欢这支箭,想把它留下,射匮的使者施以诡计才得免。射匮听使者汇报此事后,大为高兴,发兵袭击处罗,处罗大败,抛弃妻子,仅率几千骑兵向东逃走,在路上又被劫持,只好寄居在高昌境内,向东据守曷罗漫山。高昌王麴伯雅把这一情况报告给朝廷。炀帝派遣裴矩和向氏的亲近左右驰马到达玉门关晋昌城,明白地告诉处罗让他入朝。十二月己未(初八),处罗可汗来到临朔宫朝见炀帝,炀帝大为高兴,以特殊的礼仪接待了处罗可汗。炀帝和处罗可汗一起宴饮,处罗向炀帝跪拜稽首,为这么晚才觐见皇帝而谢罪。炀帝以好言安慰他,准备了天下的山珍海味,安排了盛大的女子乐队,绚丽的罗绮,美妙的音乐,使人耳目一新,然而处罗可汗始终怏怏不乐。

6 帝自去岁谋讨高丽，诏山东置府，令养马以供军役。又发民夫运米，积于泸河、怀远二镇，车牛往者皆不返，士卒死亡过半，耕稼失时，田畴多荒。加之饥馑，谷价踊贵，东北边尤甚，斗米直数百钱。所运米或粗恶，令民籴而偿之。又发鹿车夫六十馀万，二人共推米三石，道途险远，不足充糇粮，至镇，无可输，皆惧罪亡命。重以官吏贪残，因缘侵渔，百姓困穷，财力俱竭，安居则不胜冻馁，死期交急，剽掠则犹得延生，于是始相聚为群盗。

邹平民王薄拥众据长白山，剽掠齐、济之郊，自称知世郎，言事可知矣；又作《无向辽东浪死歌》以相感劝，避征役者多往归之。

平原东有豆子䴚，负海带河，地形深阻，自高齐以来，群盗多匿其中。有刘霸道者，家于其旁，累世仕宦，赀产富厚。霸道喜游侠，食客常数百人，及群盗起，远近多往依之，有众十馀万，号"阿舅贼"。

漳南人窦建德，少尚气侠，胆力过人，为乡党所归附。会募人征高丽，建德以勇敢选为二百人长。同县孙安祖亦以骁勇选为征士，安祖辞以家为水所漂，妻子馁死，县令怒笞之。安祖刺杀令，亡抵建德，建德匿之。官司逐捕，踪迹至建德家，建德谓安祖曰："文皇帝时，天下殷盛，发百万之众以伐高丽，尚为所败。今水潦为灾，百姓困穷，加之往岁西征，行者不归，疮痍未复；主上不恤，乃更发兵亲击高丽，天下必大乱。丈夫不死，当立大功，岂可但为亡虏邪！"乃集无赖少年，得数百人，使安祖将之，入高鸡泊中为群盗，安祖自号将军。时鄃人张金称

6　炀帝自从去年就计划征伐高丽,下诏在崤山以东置府,命令养马以供军队役使。又征发民夫运米,储存在泸河、怀远二镇。运粮车的牛都没有返回的,士卒死亡过半。耕种失时,田地荒芜,再加上饥荒,谷价腾贵,东北边境地区尤其突出,一斗米要值几百钱。运来的米有的很粗恶,却命令百姓买进这些米而用钱来补偿损失。炀帝又征发小车夫六十余万,两个人推三石米,运粮的道路艰难险阻且又遥远,这三石米还不够车夫路上吃的,到达泸河、怀远二镇时,车夫们已没有可以缴纳的粮食,只好畏罪而逃亡了。再加上官吏贪狠暴虐,借机鱼肉百姓,百姓穷困,财力都枯竭了。安分守己则无法忍受饥寒,死期也将迫近;抢劫掠夺则还可能活命,于是百姓开始聚众闹事做盗贼。

邹平的百姓王薄,拥有部众占据长白山,在齐郡、济北郡附近抢劫掠夺,王薄自称知世郎,宣扬万事可知。王薄又作《无向辽东浪死歌》来劝说百姓,逃避征役的人很多都投奔了王薄。

平原郡东有豆子䴚,背靠大海且连接黄河,地形深远险阻,自从北齐的高氏王朝以来,成群的盗贼多隐匿在其中。有一个叫刘霸道的人,家住在豆子䴚旁边,他家世代为官作宦,资产丰厚。刘霸道喜好仗义助人,打抱不平,他家的食客常达几百人,待到群盗兴起,远近的盗贼很多都依附于刘霸道,他拥有部众十几万人,号称"阿舅贼"。

漳南人窦建德,年轻时就崇尚豪侠义气之举,他胆识力气超过常人,乡里人都归附于他。正逢朝廷招募人去征伐高丽,窦建德因勇敢而被挑选为二百人长。同县的孙安祖也因骁勇而被挑选为征士,孙安祖以家被水淹没,妻子饿死为由来推辞,县令发怒,鞭打孙安祖。孙安祖刺杀了县令,逃到窦建德家,窦建德把他藏匿起来。官军追捕孙安祖,循踪觅迹追到窦建德家。窦建德对孙安祖说:"文帝时,国家富庶强盛,他征发百万之众去讨伐高丽,尚且被打败。如今水涝成灾,百姓穷困,加上过去西征吐谷浑,去的人没能回来的,国家的疮痍尚未平复,皇上不知体恤百姓疾苦,仍然要发兵亲自征讨高丽,天下必定大乱。大丈夫不死,应当建立大功,怎么能只做逃奴呢?"于是就招集了无依靠的少年几百人,让孙安祖率领进入高鸡泊中做盗贼,孙安祖自称将军。当时鄃县人张金称

聚众河曲,蓨人高士达聚众于清河境内为盗。郡县疑建德与贼通,悉收其家属,杀之。建德帅麾下二百人亡归士达,士达自称东海公,以建德为司兵。顷之,孙安祖为张金称所杀,其众尽归建德,兵至万馀人。建德能倾身接物,与士卒均劳逸,由是人争附之,为之致死。

自是所在群盗蜂起,不可胜数,徒众多者至万馀人,攻陷城邑。甲子,敕都尉、鹰扬与郡县相知追捕,随获斩决;然莫能禁止。

八年(壬申,612)

1　春,正月,帝分西突厥处罗可汗之众为三,使其弟阙度设将羸弱万馀口,居于会宁,又使特勒大奈别将馀众居于楼烦,命处罗将五百骑常从车驾巡幸,赐号曷婆那可汗,赏赐甚厚。

2　初,嵩高道士潘诞自言三百岁,为帝合炼金丹。帝为之作嵩阳观,华屋数百间,以童男童女各一百二十人充给使,位视三品;常役数千人,所费巨万。云金丹应用石胆、石髓,发石工凿嵩高大石深百尺者数十处。凡六年,丹不成。帝诘之,诞对以“无石胆、石髓,若得童男女胆髓各三斛六斗,可以代之。”帝怒,锁诣涿郡,斩之。且死,语人曰“此乃天子无福,值我兵解时至,我应生梵摩天”云。

3　四方兵皆集涿郡,帝征合水令庾质,问曰:“高丽之众不能当我一郡,今朕以此众伐之,卿以为克不?”对曰:“伐之可克。然臣窃有愚见,不愿陛下亲行。”帝作色曰:“朕今总兵至此,岂可未见贼而先自退邪?”对曰:“战而未克,惧损威灵。若车驾留此,命猛将劲卒,指授方略,倍道兼行,出其不意,克之必矣。

在河曲聚众;鄃郡人高士达在清河境内聚众为盗。郡县官吏怀疑窦建德与盗贼来往,把他的家属都抓起来杀掉了。窦建德率领部下二百人逃奔高士达,高士达自称东海公,任命窦建德为司兵。不久,孙安祖被张金称杀死,孙安祖的部众都归附了窦建德,他的兵力达一万多人。窦建德能够尽心竭力地待人接物,与士卒同甘共苦,因此人们都争相归附他,愿意为他效命。

从此,群盗蜂拥而起,不可胜数,徒众多得可达万馀人,攻陷城邑。甲子(十三日),炀帝命令都尉、鹰扬郎将与郡县要互相配合追捕盗贼,随捕随杀,但是仍然无法制止百姓造反。

隋炀帝大业八年(壬申,公元612年)

1 春季,正月,炀帝将西突厥处罗可汗的部众分为三部分,让处罗的弟弟阙度设率领羸弱的部众一万多人,居住在会宁;又派特勒大奈另外率领其馀的部众居住在楼烦;命令处罗可汗率领五百名骑兵经常跟随炀帝的车驾巡游。赐处罗可汗曷婆那可汗的称号,对处罗的赏赐极为丰厚。

2 当初,嵩高山的道士潘诞,自称有三百岁,他为炀帝合炼金丹。炀帝为他建造嵩阳观,观内有华丽的房屋几百间,配给童男童女各一百二十人供潘诞使用,潘诞的地位相当于三品官员。他经常役使几千人,花费的钱财巨万。潘诞说炼金丹要用石胆、石髓,于是就征发石工开凿嵩高山的大石头,凿石深达百尺,共开凿了几十处,前后用了六年时间,金丹没有炼成。炀帝责问他,潘诞回答说:“没有石胆、石髓,要是得到童男童女的胆、髓各三斛六斗,也可以代替石胆、石髓。”炀帝大怒,将潘诞枷锁押往涿郡斩首。潘诞临死时还对人说“这是天子没有福气,待我为兵器所杀蜕骨登仙之时,我就升于梵摩天了”等等。

3 全国各地的军队都汇集在涿郡,炀帝召来合水县令庾质,问道:“高丽的人数还不到我国的一个郡,今天我率领这么多的军队征讨高丽,你认为能打败高丽吗?”庾质回答:“征伐可以取胜,但依我愚见,不愿意陛下亲自去征讨。”炀帝脸色一变,说:“今天我集结军队至此,怎么能还未看见敌军我就先退却呢?”庾质回答:“攻战而不能取胜,恐怕有损陛下的威名。要是陛下留在此地,指导传授谋略,命令指挥猛将劲卒,火速进击,出其不意,必定可以攻克。

事机在速，缓则无功。"帝不悦，曰："汝既惮行，自可留此。"右尚方署监事耿询上书切谏，帝大怒，命左右斩之，何稠苦救，得免。

壬午，诏左十二军出镂方、长岑、溟海、盖马、建安、南苏、辽东、玄菟、扶馀、朝鲜、沃沮、乐浪等道，右十二军出黏蝉、含资、浑弥、临屯、候城、提奚、踏顿、肃慎、碣石、东暆、带方、襄平等道。骆驿引途，总集平壤，凡一百一十三万三千八百人，号二百万，其馈运者倍之。宜社于南桑干水上，类上帝于临朔宫南，祭马祖于蓟城北。帝亲授节度：每军大将、亚将各一人；骑兵四十队，队百人，十队为团，步卒八十队，分为四团，团各有偏将一人；其铠胄、缨拂、旗幡，每团异色；受降使者一人，承诏慰抚，不受大将节制；其辎重散兵等亦为四团，使步卒挟之而行；进止立营，皆有次叙仪法。癸未，第一军发；日遣一军，相去四十里，连营渐进；终四十日，发乃尽，首尾相继，鼓角相闻，旌旗亘九百六十里。御营内合十二卫、三台、五省、九寺，分隶内、外、前、后、左、右六军，次后发，又亘八十里。近古出师之盛，未之有也。

4　甲辰，内史令元寿薨。

5　二月壬戌，观德王雄薨。

6　北平襄侯段文振为兵部尚书，上表，以为帝"宠待突厥太厚，处之塞内，资以兵食。戎狄之性，无亲而贪，异日必为国患，宜以时谕遣，令出塞外，然后明设烽候，缘边镇防，务令严重，此万岁之长策也"。兵曹郎斛斯政，椿之孙也，以器干明悟，为帝所宠任，使专掌兵事。文振知政险薄，不可委以机要，屡言于帝，帝不从。及征高丽，以文振为左候卫大将军，出南苏道。文振于道中疾笃，上表曰："窃见辽东小丑，未服严刑，远降六师，亲劳万乘。但夷狄多诈，深须防拟，口陈降款，毋宜遽受。

军机在于神速,迟缓就会无功。"炀帝不高兴地说:"你既然害怕,自可以留在此地。"右尚方署监事耿询上书炀帝恳切地劝谏,炀帝勃然大怒,命令左右将耿询斩首,何稠竭力相救,耿询才得以免死。

壬午(初二),炀帝下诏命令左十二军出镂方、长岑、溟海、盖马、建安、南苏、辽东、玄菟、扶馀、朝鲜、沃沮、乐浪等道;右十二军出黏蝉、含资、浑弥、临屯、候城、提奚、蹋顿、肃慎、碣石、东晴、带方、襄平等道。人马相继不绝于道,在平壤城总汇集,总计一百一十三万三千八百人,号称二百万,运送军需的人加倍。炀帝在桑干水的南面祭祀土地,在临朔宫南祭祀上天,在蓟城北祭祀马祖。炀帝亲自指挥:每军设大将、副将各一人;骑兵四十队,每队一百人,十队为一团;步兵八十队,分为四团,每团各有偏将一名;每团的铠甲、缨拂、旗幡颜色各异;设受降使者一名,负责奉授诏书、慰劳巡抚之职,不受大将节制;其他的辎重、散兵等也分为四团,由步兵夹路护送;军队的前进、停止或设营,都有一定的次序礼法。癸未(初三),第一军出发,以后每日发一军,前后相距四十里,一营接一营前进,经过四十天才出发完毕。各军首尾相接,鼓角相闻,旌旗相连九百六十里。炀帝的御营共有十二卫、三台、九省、九寺,分别隶属内、外、前、后、左、右六军,依次最后出发,又连绵八十里。这样的出师盛况,近古未有。

4　甲辰(二十五日),内史令元寿去世。

5　二月壬戌(十二日),观德王杨雄去世。

6　北平襄侯段文振是兵部尚书,他上表给炀帝,认为炀帝"对突厥的恩宠过于丰厚,将他们安置在塞内,供给他们武器、粮食。然而戎狄的性格无亲情却贪婪,以后必定是国家的祸患。应该适时发布谕旨,命令他们迁居塞外,然后公开设置烽火侦望台,沿边境设置镇防,务必命令边防谨严持重。这是国家长治久安之策略"。兵曹郎斛斯政是斛斯椿的孙子,他以精明强干而为炀帝所宠信,让他专掌军事。段文振知道斛斯政险诈薄情,不可委托以军国的机密大事,他屡次向炀帝进言,炀帝都没有听从。到征伐高丽时,炀帝任命段文振为左候卫大将军,率军出南苏道。段文振在途中病得很重,向炀帝上表说:"我认为辽东这个小丑,不服从朝廷的严格法令,致使我们从远处调来军队,劳陛下亲率大军。但夷狄性多狡诈,必须严加防备,他们口说投降的条件,不宜仓促接受。

水潦方降,不可淹迟。唯愿严勒诸军,星驰速发,水陆俱前,出其不意,则平壤孤城,势可拔也。若倾其本根,馀城自克;如不时定,脱遇秋霖,深为艰阻,兵粮既竭,强敌在前,靺鞨出后,迟疑不决,非上策也。"三月辛卯,文振卒,帝甚惜之。

7 癸巳,上始御师,进至辽水。众军总会,临水为大陈,高丽兵阻水拒守,隋兵不得济。左屯卫大将军麦铁杖谓人曰:"丈夫性命自有所在,岂能然艾灸頞,瓜蒂歆鼻,治黄不差,而卧死儿女手中乎!"乃自请为前锋,谓其三子曰:"吾荷国恩,今为死日!我得良杀,汝当富贵。"帝命工部尚书宇文恺造浮桥三道于辽水西岸,既成,引桥趣东岸,桥短不及岸丈馀。高丽兵大至,隋兵骁勇者争赴水接战,高丽兵乘高击之,隋兵不得登岸,死者甚众。麦铁杖跃登岸,与虎贲郎将钱士雄、孟叉等皆战死。乃敛兵,引桥复就西岸。诏赠铁杖宿公,使其子孟才袭爵,次子仲才、季才并拜正议大夫。更命少府监何稠接桥,二日而成,诸军相次继进,大战于东岸,高丽兵大败,死者万计。诸军乘胜进围辽东城,即汉之襄平城也。车驾渡辽,引曷萨那可汗及高昌王伯雅观战处以慑惮之,因下诏赦天下。命刑部尚书卫文昇、尚书右丞刘士龙抚辽左之民,给复十年,建置郡县,以相统摄。

8 夏,五月壬午,纳言杨达薨。

9 诸将之东下也,帝亲戒之曰:"今者吊民伐罪,非为功名。诸将或不识朕意,欲轻兵掩袭,孤军独斗,立一身之名以邀勋赏,非大军行法。公等进军,当分为三道,有所攻击,必三道相知,毋得轻军独进,以致失亡。又,凡军事进止,皆须奏闻待报,毋得专擅。"辽东数出战不利,乃婴城固守,帝命诸军攻之。又敕诸将,高丽若降,即宜抚纳,不得纵兵。辽东城将陷,

积水刚刚降下，不可耽误迟缓。只愿陛下严厉约束各军，星驰速发，水陆并进，出其不意，那么平壤这座孤城，势必被攻克。假若倾覆了高丽国的根本，其余的城池自然就会不攻自破。如果不能立即抓住时机，倘若遇到秋雨连绵，便会深陷艰难险阻的境地，兵粮枯竭，强敌在前，靺鞨人在后，若是还迟疑不决，就决非上策了。"三月辛卯（十二日），段文振去世，炀帝很是惋惜。

7　癸巳（十四日），炀帝开始指挥军队，隋军进至辽水。各路军队集结汇总，临辽水排列阵势，高丽兵依仗辽水据守，隋兵无法渡过辽水。左屯卫大将军麦铁杖对人说："大丈夫的性命自有归宿，怎么能燃艾灸鼻梁，用瓜蒂喷鼻，治热病不愈，躺着死在儿女怀里呢？"于是自请担任前锋，对他的三个儿子说："我身受国恩，今天是为国赴死的日子了，我死得其所，你们就会富贵了。"炀帝命令工部尚书宇文恺在辽水西岸建造三座浮桥，浮桥建成后，引着浮桥向东岸靠近，浮桥短，距东岸还有一丈多长的距离。高丽兵大批赶到，隋军中骁勇的士兵争相跳入水中与高丽兵交战，高丽兵凭借地势高，回击隋军，隋军无法登岸，战死的人很多。麦铁杖跳上岸，与虎贲郎将钱士雄、孟叉等都战死了。于是隋军收兵，将桥又带回西岸。炀帝下诏追赠麦铁杖为宿公，让他的儿子麦孟才承袭了爵位，铁杖的次子仲才、季才都授以正议大夫的官职。炀帝又命令少府监何稠接长浮桥，两天接成，各军依次相继进发，与高丽军大战于东岸，高丽军大败，战死者以万计。各军乘胜进击包围辽东城，即汉代的襄平城。炀帝车驾渡过了辽水，他带着曷萨那可汗和高昌王麹伯雅参观战场以慑服他们。炀帝下诏大赦天下。命令刑部尚书卫文昇、尚书右丞刘士龙安抚辽东百姓，免去辽东百姓徭役十年，在这里设置郡县以助于统治。

8　夏季，五月壬午（初四），纳言杨达去世。

9　诸位将领将向东进军时，炀帝亲自告诫说："今天我们吊民伐罪，不是为了功名。诸将若是有人不理解朕的意图，想以轻兵掩袭，孤军独斗，建立自身的功名以邀赏请封，这不符合大军征行之法。你们进军应当分为三路，有攻战之事，一定要三路人马互相配合，不许轻军独进，以致失利败亡。还有，凡是军事上的进止，都须奏报，等待命令，不许擅自行事。"辽东高丽军几次出战不利，于是就闭城固守。炀帝命令各军攻城，同时又命令诸将，高丽人若请求投降，立即就宣布安抚接纳，不得纵兵进攻。辽东城将要攻陷时，

城中人辄言请降；诸将奉旨不敢赴机，先令驰奏，比报至，城中守御亦备，随出拒战。如此再三，帝终不寤。既而城久不下，六月己未，帝幸辽东城南，观其城池形势，因召诸将诘责之曰："公等自以官高，又恃家世，欲以暗懦待我邪？在都之日，公等皆不愿我来，恐见病败耳。我今来此，正欲观公等所为，斩公辈耳！公今畏死，莫肯尽力，谓我不能杀公邪！"诸将咸战惧失色。帝因留城西数里，御六合城。高丽诸城各坚守不下。右翊卫大将军来护儿帅江、淮水军，舳舻数百里，浮海先进，入自浿水。去平壤六十里，与高丽相遇，进击，大破之。护儿欲乘胜趣其城，副总管周法尚止之，请俟诸军至俱进。护儿不听，简精甲四万，直造城下。高丽伏兵于罗郭内空寺中，出兵与护儿战而伪败，护儿逐之入城，纵兵俘掠，无复部伍。伏兵发，护儿大败，仅而获免，士卒还者不过数千人。高丽追至船所，周法尚整陈待之，高丽乃退。护儿引兵还屯海浦，不敢复留应接诸军。

左翊卫大将军宇文述出扶馀道，右翊卫大将军于仲文出乐浪道，左骁卫大将军荆元恒出辽东道，右翊卫将军薛世雄出沃沮道，左屯卫将军辛世雄出玄菟道，右御卫将军张瑾出襄平道，右武候将军赵孝才出碣石道，涿郡太守检校左武卫将军崔弘昇出遂城道，检校右御卫虎贲郎将卫文昇出增地道，皆会于鸭绿水西。述等兵自泸河、怀远二镇，人马皆给百日粮，又给排甲、枪稍并衣资、戎具、火幕，人别三石已上，重莫能胜致。下令军中："士卒有遗弃米粟者斩！"军士皆于幕下掘坑埋之，才行及中路，粮已将尽。

城中高丽人就声称要投降，将领们奉炀帝旨意，不敢抓住这一时机，先命人飞马奏报炀帝，等到答复回来，城中的防守已调整巩固好了，随即高丽军又坚守城池。如此再三，炀帝仍是不醒悟。因而城池久攻不下。六月己未(十一日)，炀帝来到辽东城南，观看辽东城的形势，他把将领们召集起来斥责说："你们自以为官居高位，又依恃着家世显赫，想要暗中怠慢欺骗朕吗？在京师的时候，你们都不愿意让我来，恐怕我看见你们的私弊和腐败。今天我到这里来，正是要观察你们的所作所为，要杀你们这些人！今天你们怕死，不肯尽力，以为我不能杀你们吗？"诸将都惊惧、战栗而变了脸色。炀帝因此就留在辽东城西几里外的地方，住在六合城。高丽的城池都各自坚守，未能攻下。左翊卫大将军来护兒率领江、淮水军，船只连绵几百里，渡海先行，从浿水进入高丽。距平壤六十里时，与高丽军相遇，隋水军进攻，大破高丽军。来护兒想乘胜进取平壤，副总管周法尚阻止他，请他等待各路军队到达后，一同进攻。来护兒不听，他挑选精锐甲士四万人，直趋城下。高丽人在外城的内空寺中设下伏兵，先出兵与来护兒交战，然后佯装战败，来护兒率兵追入城内，他纵兵俘获抢掠，队伍乱不成伍，这时高丽的伏兵出击，来护兒大败，仅只身逃出，士卒生还的不过几千人。高丽军追杀到隋军的船只停泊处，周法尚严阵以待，高丽军才退。来护兒率军返回，屯兵于海边，不敢再留下接应各路军队。

左翊卫大将军宇文述率军出扶馀道，右翊卫大将军于仲文率军出乐浪道，左骁卫大将军荆元恒率军出辽东道，右翊卫将军薛世雄率军出沃沮道，左屯卫将军辛世雄率军出玄菟道，右御卫将军张瑾率军出襄平道，右武候将军赵孝才率军出碣石道，涿郡太守检校左武卫将军崔弘昇率军出遂城道，检校右御卫虎贲郎将卫文昇率军出增地道，各路大军全部到鸭绿水西岸汇集。宇文述等率军从泸河、怀远二镇出发，供给人马一百天的粮秣，又装配排甲、枪矟以及衣资、戎具、火幕，每人负担三石以上重量，使人无法承受。宇文述还下令："士卒有丢弃粮食的斩首！"于是军士们都在幕帐内挖坑把粮草等物埋起来，队伍才走到半路，粮食已将吃尽了。

　　高丽遣大臣乙支文德诣其营诈降，实欲观虚实。于仲文先奉密旨："若遇高元及文德来者，必擒之。"仲文将执之，尚书右丞刘士龙为慰抚使，固止之。仲文遂听文德还，既而悔之，遣人绐文德曰："更欲有言，可复来。"文德不顾，济鸭绿水而去。仲文与述等既失文德，内不自安，述以粮尽，欲还。仲文议以精锐追文德，可以有功，述固止，仲文怒曰："将军仗十万之众，不能破小贼，何颜以见帝！且仲文此行，固知无功，何则？古之良将能成功者，军中之事，决在一人，今人各有心，何以胜敌！"时帝以仲文有计画，令诸军谘禀节度，故有此言。由是述等不得已而从之，与诸将渡水追文德。文德见述军士有饥色，故欲疲之，每战辄走。述一日之中，七战皆捷，既恃骤胜，又逼群议，于是遂进，东济萨水，去平壤城三十里，因山为营。文德复遣使诈降，请于述曰："若旋师者，当奉高元朝行在所。"述见士卒疲弊，不可复战，又平壤城险固，度难猝拔，遂因其诈而还。述等为方陈而行，高丽四面钞击，述等且战且行。秋，七月壬寅，至萨水，军半济，高丽自后击其后军，右屯卫将军辛世雄战死。于是诸军俱溃，不可禁止，将士奔还，一日一夜至鸭绿水，行四百五十里。将军天水王仁恭为殿，击高丽，却之。来护儿闻述等败，亦引还。唯卫文昇一军独全。

　　初，九军度辽，凡三十万五千，及还至辽东城，唯二千七百人，资储器械巨万计，失亡荡尽。帝大怒，锁系述等。癸卯，引还。

高丽派遣大臣乙支文德到隋军军营诈降，其实是要观察隋军的虚实。于仲文事先奉炀帝密旨："要是遇到高元和乙支文德来，一定要抓住他们。"于仲文就要把乙支文德抓起来，尚书右丞刘士龙作为慰抚使，他坚决反对抓乙支文德，于仲文只好放乙支文德返回了。但很快他就后悔了，派人哄骗乙支文德说："再要说什么话，可以再来。"乙支文德头也不回，渡过鸭绿水而去。于仲文与宇文述等人因为让乙支文德跑掉了，内心不安。宇文述因为粮食已尽，想要返回。于仲文建议派精兵追捕乙支文德，可以立功，宇文述坚决反对。于仲文发怒说道："将军依仗着十万之众，却不能打败小贼，有什么脸面去见圣上呢？况且，我这次出行，本来就知道不会有功，为什么呢？古时能够成功的良将，凡军中的事都由一人做主，现在各有各的心思，怎么能战胜敌人呢？"当时，炀帝认为于仲文有计谋，命令各军要向他咨询、汇报并听从他的调动指挥，因此才有他这一番话。由于这一原因，宇文述等人不得已而听从了于仲文的话，与诸将渡鸭绿水追乙支文德。乙支文德见宇文述的兵卒面有饥色，因此故意让隋军疲乏。每次与隋军交战立即就退走，宇文述在一天之中，七战七捷。宇文述既依仗着突然而来的胜利，又迫于各种议论的压力，于是率军进攻，东渡萨水，在距平壤城三十里处，凭借山势扎营。乙支文德又派使者来诈降，向宇文述请求说："假若隋军能退兵，就一定让高元去皇帝所在之地朝见。"宇文述见士卒疲惫，不能再战，而且平壤城险峻坚固，估计很难一下子攻破城池。于是顺势借高丽人假投降之机而还师。宇文述将队伍列成方阵行进，高丽军队从四面八方包抄攻击，宇文述率军且战且走。秋季，七月壬寅（二十四日），隋军到达萨水，隋军刚渡过一半，高丽军从后面袭击隋军的后部，右屯卫将军辛世雄战死，于是各军都溃乱，无法制止。将士们奔逃，一日一夜就跑到鸭绿水边，行程四百五十里。将军天水人王仁恭为后卫，截击高丽军，将他们挡住。来护儿闻知宇文述等人大败，也率军退回，只有卫文昇独以保全。

当初，九路军渡辽河，共三十万五千人，待回到辽东城时，只有二千七百人了。数以巨万的军资储备器械丧失殆尽。炀帝大怒，将宇文述等人枷锁拘押。癸卯（二十五日），炀帝率军返回。

初,百济王璋遣使请讨高丽,帝使之觇高丽动静,璋内与高丽潜通。隋军将出,璋使其臣国智牟来请师期,帝大悦,厚加赏赐,遣尚书起部郎席律诣百济,告以期会。及隋军渡辽,百济亦严兵境上,声言助隋,实持两端。

是行也,唯于辽水西拔高丽武厉逻,置辽东郡及通定镇而已。八月,敕运黎阳、洛阳、洛口、太原等仓谷向望海顿,使民部尚书樊子盖留守涿郡。九月庚寅,车驾至东都。

10 冬,十月甲寅,工部尚书宇文恺卒。

11 十一月己卯,以宗女为华容公主,嫁高昌。

12 宇文述素有宠于帝,且其子士及尚帝女南阳公主,故帝不忍诛。甲申,与于仲文等皆除名为民,斩刘士龙以谢天下。萨水之败,高丽追围薛世雄于白石山,世雄奋击,破之,由是独得免官。以卫文昇为金紫光禄大夫。诸将皆委罪于于仲文,帝既释诸将,独系仲文。仲文忧恚,发病困笃,乃出之,卒于家。

13 是岁,大旱,疫,山东尤甚。

14 张衡既放废,帝每令亲人觇衡所为。帝还自辽东,衡妾告衡怨望,谤讪朝政,诏赐尽于家。衡临死大言:“我为人作何等事,而望久活!”监刑者塞耳,促令杀之。

当初,百济国王璋派遣使者请隋朝廷出师讨伐高丽,炀帝让他们窥视高丽的动静,璋暗中又与高丽往来。隋军将要出动时,璋派遣他的大臣国智牟来请求了解出师的日期,炀帝大为高兴,厚加赏赐,派遣尚书起部郎席律前往百济,告之隋军出师以及各路军会师的日期。待到隋军渡过辽水,百济也在边境上严阵以待,声称是帮助隋军,实际上持两可观望的态度。

这次征讨高丽的行动,隋军仅在辽水西攻克了高丽的武厉逻,在此设置辽东郡以及通定镇而已。八月,炀帝敕命运黎阳、洛阳、洛口、太原等仓的谷子到望海顿,派民部尚书樊子盖留守涿郡。九月庚寅(十三日),炀帝车驾到达东都。

10　冬季,十月甲寅(初八),工部尚书宇文恺去世。

11　十一月己卯(初三),炀帝以宗室女为华容公主,嫁到高昌。

12　宇文述向来就受到炀帝的宠信,而且他的儿子宇文士及娶了炀帝的女儿南阳公主,因此炀帝不忍处死宇文述。甲申(初八),宇文述与于仲文等都被除名为民,刘士龙被斩首以谢罪天下。萨水之败,高丽军在白石山追击围困薛世雄军,薛世雄奋勇攻击,将高丽军打败,因此薛世雄单独受到免官的处分。任命卫文昇为金紫光禄大夫。诸将都把罪过推到于仲文身上,炀帝也就释放了诸将,只把于仲文关押起来。于仲文忧愤成病,发病急重,于是放他出狱,在家中去世。

13　这一年,国内大旱,疫病流行,崤山以东尤其严重。

14　张衡已经被除名为民放还乡里,炀帝经常让张衡的亲属窥视张衡的行动。炀帝从辽东回来,张衡的妾告发张衡对炀帝的怨恨,诽谤讥讽朝政,炀帝下诏命张衡在家自尽。张衡临死前大喊:"我为人做了什么样的事,却指望活得长久?"监刑的人堵住耳朵,催促将张衡杀死。

卷第一百八十二　隋纪六

起癸酉(613)尽乙亥(615)凡三年

炀皇帝中
大业九年(癸酉,613)

1 春,正月丁丑,诏征天下兵集涿郡。始募民为骁果,修辽东古城以贮军粮。

2 灵武贼帅白瑜娑劫掠牧马,北连突厥,陇右多被其患,谓之"奴贼"。

3 戊戌,赦天下。

4 己亥,命刑部尚书卫文昇等辅代王侑留守西京。

5 二月壬午,诏:"宇文述以兵粮不继,遂陷王师;乃军吏失于支料,非述之罪,宜复其官爵。"寻又加开府仪同三司。

6 帝谓侍臣曰:"高丽小虏,侮慢上国;今拔海移山,犹望克果,况此虏乎?"乃复议伐高丽。左光禄大夫郭荣谏曰:"戎狄失礼,臣下之事;千钧之弩,不为鼷鼠发机,奈何亲辱万乘以敌小寇乎?"帝不听。

7 三月丙子,济阴孟海公起为盗,保据周桥,众至数万,见人称引书史,辄杀之。

8 丁丑,发丁男十万城大兴。

9 戊寅,帝幸辽东,命民部尚书樊子盖等辅越王侗留守东都。

炀皇帝中

隋炀帝大业九年(癸酉,公元 613 年)

1 春季,正月丁丑(初二),炀帝下诏征召天下之兵在涿郡集结,开始招募平民为骁果,修辽东古城以贮备军粮。

2 灵武的贼帅白瑜娑劫掠牧马,向北连结突厥,陇右地区多受到白瑜娑的侵扰,人们称之为"奴贼"。

3 戊戌(二十三日),大赦天下。

4 己亥(二十四日),炀帝命令刑部尚书卫文昇等人辅佐代王杨侑留守西京。

5 二月壬午,炀帝下诏说:"宇文述因为兵粮没有接济上,因此我军被打败,这是军吏犯了军资供应不足的过失,不是宇文述的罪过,应该恢复他的官职爵位。"不久,炀帝又加升他为开府仪同三司。

6 炀帝对侍臣说:"高丽这个小虏,竟敢侮慢我隋朝上国,如今就是拔海移山,也是可以办到的,何况这个小虏呢?"于是又商议出兵征伐高丽。左光禄大夫郭荣劝道:"戎狄之国无礼,是臣子应该处理的事情,千钧之弩,不会为小老鼠而发射,陛下何必亲自征讨这样的小小敌寇呢?"炀帝不听。

7 三月丙子(初二),济阴人孟海公起事为盗,据守周桥,孟海公拥有部众几万人,他见到有称说引用书、史的人就杀掉。

8 丁丑(初三),炀帝下诏征发男丁十万人筑大兴城。

9 戊寅(初四),炀帝驾临辽东,他命令民部尚书樊子盖等人辅佐越王杨侗留守东都。

10　时所在盗起：齐郡王薄、孟让、北海郭方预、清河张金称、平原郝孝德、河间格谦、勃海孙宣雅各聚众攻剽，多者十馀万，少者数万人，山东苦之。天下承平日久，人不习战，郡县吏每与贼战，望风沮败。唯齐郡丞闲乡张须陀得士众心，勇决善战。将郡兵击王薄于泰山下，薄恃其骤胜，不设备；须陀掩击，大破之。薄收馀兵北渡河，须陀追击于临邑，又破之。薄北连孙宣雅、郝孝德等十馀万攻章丘，须陀帅步骑二万击之，贼众大败。贼帅裴长才等众二万掩至城下，大掠，须陀未暇集兵，帅五骑与战，贼竞赴之，围百馀重，身中数创，勇气弥厉。会城中兵至，贼稍退却，须陀督众击之，长才等败走。庚子，郭方预等合军攻陷北海，大掠而去。须陀谓官属曰："贼恃其强，谓我不能救，吾今速行，破之必矣。"乃简精兵倍道进击，大破之，斩数万级，前后获贼辎重不可胜计。

历城罗士信，年十四，从须陀击贼于潍水上。贼始布陈，士信驰至陈前，刺杀数人，斩一人首，掷空中，以稍盛之，揭以略陈；贼徒愕眙，莫敢近。须陀因引兵奋击，贼众大溃。士信逐北，每杀一人，劓其鼻怀之，还，以验杀贼之数；须陀叹赏，引置左右。每战，须陀先登，士信为副。帝遣使慰谕，并画须陀、士信战陈之状而观之。

11　夏，四月庚午，车驾渡辽。壬申，遣宇文述与上大将军杨义臣趣平壤。

12　左光禄大夫王仁恭出扶馀道。仁恭进军至新城，高丽兵数万拒战，仁恭帅劲骑一千击破之，高丽婴城固守。帝命诸将攻辽东，听以便宜从事。飞楼、橦、云梯、地道四面俱进，昼夜不息，而高丽应变拒之，二十馀日不拔，主客死者甚众。

10 当时盗贼到处蜂起:齐郡人王薄、孟让,北海人郭方预,清河人张金称,平原人郝孝德,河间人格谦,勃海人孙宣雅分别聚众攻城抢劫,他们多的达十多万人,少的有几万人。崤山以东的地方深受其害。天下太平的时间一长,人们都不习惯打仗了,郡县的官吏每次与盗贼交战,都望风溃败。只有齐郡郡丞阌乡人张须陀很得士众之心,他勇敢果断善于作战,率领郡兵在泰山下进攻王薄。王薄依仗自己突然取得的胜利,就不做防备。张须陀率兵掩杀攻击,大破王薄之众。王薄收集残部向北渡河,张须陀在临邑追击王薄,又击败了他。王薄联合北边的孙宣雅、郝孝德等部十多万人进攻章丘,张须陀率领步、骑兵两万人进击,王薄等部被打得大败。贼帅裴长才等人率众两万人掩杀到城下,大肆掠夺。张须陀来不及集结军队,只带领五名骑兵与贼众交战。贼人竞相前来交战。张须陀被包围百馀重,受伤几处,但他仍勇气百倍迎战,正好城里官军赶到,贼人才稍稍退却,张须陀督促士卒攻击,裴长才等人败走。庚子(二十五日),郭方预等各部联合攻陷北海,大肆掠夺后离去。张须陀对官吏僚属们说:"贼人依仗势力强盛,以为我不能救援北海,我现在迅速进兵,一定会击败贼军。"于是他挑选精兵兼程进击,大破贼军,斩获首级数万,前后缴获贼人的辎重不可胜数。

历城人罗士信,十四岁,他跟随张须陀在潍水进攻贼人。贼人刚开始布阵,罗士信驰马到阵前,刺杀数人,斩下一人的首级抛到空中,用长矛接住,他挑着首级在阵前巡走,贼众惊得目瞪口呆,不敢靠近罗士信。张须陀趁机率兵奋力进攻,贼众大败溃逃,罗士信追击败军,他每杀一人,就割下鼻子揣在怀里,返回后,来检核杀贼的数目。张须陀感叹赞赏,他让罗士信随侍身旁。每次打仗,张须陀身先士卒,罗士信紧随其后。炀帝派遣使者来慰问,并画下张须陀、罗士信战斗的场面观看。

11 夏季,四月庚午(二十七日),炀帝的车驾渡过辽水。壬申(二十九日),炀帝派遣宇文述和上大将军杨义臣率军进军平壤。

12 左光禄大夫王仁恭率军出扶馀道。王仁恭进军到达新城,高丽军队几万人阻击隋军,王仁恭率领劲骑一千名击败高丽军,高丽军队闭城固守。炀帝命令诸将进攻辽东,允许诸将可相机从事。隋军用飞楼、橦、云梯、地道从城池四面昼夜不停地进攻,但高丽守军随机应变抗击隋军,隋军攻城二十多天,还未攻克,双方都有大批人员阵亡。

冲梯竿长十五丈,骁果吴兴沈光升其端,临城与高丽战,短兵接,杀十数人,高丽竞击之而坠;未及地,适遇竿有垂绋,光接而复上。帝望见,壮之,即拜朝散大夫,恒置左右。

13 礼部尚书杨玄感,骁勇,便骑射,好读书,喜宾客,海内知名之士多与之游。与蒲山公李密善,密,弼之曾孙也,少有才略,志气雄远,轻财好士,为左亲侍。帝见之,谓宇文述曰:"向者左仗下黑色小儿,瞻视异常,勿令宿卫!"述乃讽密使称病自免,密遂屏人事,专务读书。尝乘黄牛读《汉书》,杨素遇而异之,因召至家,与语,大悦,谓其子玄感等曰:"李密识度如此,汝等不及也!"由是玄感与为深交。时或侮之,密曰:"人言当指实,宁可面谀!若决机两陈之间,暗呜咄嗟,使敌人震慑,密不如公;驱策天下贤俊,各申其用,公不如密。岂可以阶级稍崇而轻天下士大夫邪?"玄感笑而服之。

素恃功骄倨,朝宴之际,或失臣礼,帝心衔而不言,素亦觉之。及素薨,帝谓近臣曰:"使素不死,终当夷族。"玄感颇知之,且自以累世贵显,在朝文武多父之故吏,见朝政日紊,而帝多猜忌,内不自安,乃与诸弟潜谋作乱。帝方事征伐,玄感自言:"世荷国恩,愿为将领。"帝喜曰:"将门必有将,相门必有相,固不虚也。"由是宠遇日隆,颇预朝政。

帝伐高丽,命玄感于黎阳督运,遂与虎贲郎将王仲伯、汲郡赞治赵怀义等谋,故逗遛漕运,不时进发,欲令渡辽诸军乏食;帝遣使者促之,玄感扬言水路多盗,不可前后而发。

隋军所用的冲梯竿长十五丈,骁果吴兴人沈光爬到冲梯顶端,面对城墙与高丽士兵交战。双方短兵相接,沈光杀死高丽士兵十多人,高丽士兵竞相攻击沈光,沈光从冲梯上掉下来,还没掉到地上,正好冲梯的竿上有垂下的绳索,沈光抓住绳子又向上爬。炀帝望见这种场面,感到沈光的行为极为英勇,就任命他为朝散大夫,常让他随侍左右。

13 礼部尚书杨玄感,骁勇善战,骑射娴熟,爱读书,喜欢结交宾客,海内很多知名之士都与他来往。他与蒲山公李密交情很好,李密是李弼的曾孙。他年轻时就胸有才略,志气抱负远大,轻财好结交名士,官职为左亲侍。炀帝见到李密,对宇文述说:"过去在左翊卫的那个黑皮肤的小孩,相貌非常,不要让他宿卫!"宇文述就暗示李密称病自请免除宿卫。于是,李密就屏绝了应酬来往,专心读书。他曾在乘坐牛车时读《汉书》,恰好杨素遇到,认为他非同一般,就把李密召到自己家中和他交谈,杨素非常高兴,对他儿子杨玄感说:"李密有如此的见识气度,你们都不如他!"因此,杨玄感和李密结为深交。有时杨玄感侮弄李密,李密对杨玄感说:"人应该说实话,怎么能当面阿谀奉承?要是在两军阵前交战,大怒喝喊,使敌人震惊慑服,我不如您;要是指挥天下贤士俊杰各自施展才能,您不如我。怎么可以因为您地位较高就轻慢天下的士大夫呢?"杨玄感笑了,很是佩服李密。

杨素依恃自己有功,骄横倨傲,在朝宴上有时就有失做臣子的礼节,炀帝心中怀恨但不说,杨素也觉察出来了。等杨素去世,炀帝对身旁的侍臣说:"假使杨素不死,最终也得被诛灭九族。"杨玄感很清楚这一点,而且他自认为自己是累世显贵,朝廷中的文武大臣很多人都是他父亲过去的部下,他看到朝政日益混乱,炀帝对他又很猜忌,心里感到非常不安,就和他的几个弟弟暗地策划谋反。炀帝正在准备征伐高丽,杨玄感请求说:"我家世世代代蒙受国恩,愿作征伐高丽的将领。"炀帝高兴地说:"将门必出将,相门必出相,果然不假。"因此对杨玄感的宠信日重。他越来越多地参与朝政。

炀帝征伐高丽,他命令杨玄感在黎阳督运军资。杨玄感就和虎贲郎将王仲伯、汲郡赞治赵怀义等人策划商议,故意迟滞漕运,不按时发运军资,想让渡过辽河的各路隋军缺乏军粮,炀帝派遣使者催促杨玄感,杨玄感声称水路有很多盗贼,不能先后按时发运。

玄感弟虎贲郎将玄纵，鹰扬郎将万石，并从幸辽东，玄感潜遣人召之，二人皆亡还。万石至高阳，为监事许华所执，斩于涿郡。

时右骁卫大将军来护儿以舟师自东莱将入海趣平壤，玄感遣家奴伪为使者从东方来，诈称护儿反。六月乙巳，玄感入黎阳，闭城，大索男夫，取帆布为牟、甲，署官属，皆准开皇之旧。移书傍郡，以讨护儿为名，各令发兵会于仓所。郡县官有干用者，玄感皆以运粮追集之，以赵怀义为卫州刺史，东光尉元务本为黎州刺史，河内郡主簿唐祎为怀州刺史。

治书侍御史游元，督运在黎阳，玄感谓曰：“独夫肆虐，陷身绝域，此天亡之时也。我今亲帅义兵以诛无道，卿意如何？”元正色曰：“尊公荷国宠灵，近古无比，公之弟兄，青紫交映，当谓竭诚尽节，上答鸿恩。岂意坟土未干，亲图反噬！仆有死而已，不敢闻命！”玄感怒而囚之，屡胁以兵，不能屈，乃杀之。元，明根之孙也。

玄感选运夫少壮者得五千馀人，丹阳、宣城篙梢三千馀人，刑三牲誓众，且谕之曰：“主上无道，不以百姓为念，天下骚扰，死辽东者以万计。今与君等起兵以救兆民之弊，何如？”众皆踊跃称万岁。乃勒兵部分。唐祎自玄感所逃归河内。

先是玄感阴遣家僮至长安，召李密及弟玄挺赴黎阳。及举兵，密适至，玄感大喜，以为谋主，谓密曰：“子常以济物为己任，今其时矣！计将安出？”密曰：“天子出征，远在辽外，去幽州犹隔千里。南有巨海，北有强胡，中间一道，理极艰危。公拥兵出其不意，长驱入蓟，据临渝之险，扼其咽喉。归路既绝，高丽闻之，必蹑其后，不过旬月，资粮皆尽，其众不降则溃，可不战而擒。

杨玄感的弟弟虎贲郎将杨玄纵、鹰扬郎将杨万石,都跟随炀帝到了辽东,杨玄感暗地派人召他们回来,二人都暗地逃回。杨万石跑到高阳,被监事许华抓住在涿郡处死。

当时,右骁卫大将军来护儿率领水军从东莱将要入海进兵平壤,杨玄感派家奴伪装成东方来的使者,诈称来护儿谋反。六月乙巳(初三),杨玄感进入黎阳,关闭城门,大肆索要男夫,用帆布制成头盔铠甲,任命官员僚佐,都按隋文帝开皇年间的旧制。他向附近各郡发送文书,以讨伐来护儿为名,命令各郡发兵在黎阳仓集结。杨玄感以运粮的名义将郡县官吏中有才干的人召集在一起。他任命赵怀义为卫州刺史,东光县尉元务本为黎州刺史,河内郡主簿唐祎为怀州刺史。

治书侍御史游元在黎阳督运军粮,杨玄感对他说:"独夫逞肆暴虐,使自己陷于绝境,这是上天要灭亡他的时候啊。如今我亲率义兵诛灭无道之君,您意下如何?"游元正色道:"您父亲受国家的宠信恩遇,近世无比,您弟兄几个都位居高官显爵,正应该对国家竭诚尽节,上报鸿恩,怎想到您父亲坟土未干,您就亲自策划谋反!我只有一死而已,不能从命!"杨玄感发怒将游元关押起来,屡次以兵器威胁他,但不能使游元屈服,就将他杀害。游元是游明根的孙子。

杨玄感挑选输送军粮的民夫中身强力壮者五千多人,丹阳、宣城的船夫三千多人,杀三牲誓师。他还对这些人说:"皇帝无道,不体恤百姓,使天下受到骚扰,死在辽东的人数以万计,现在我与你们起兵以拯救百姓于水火,怎么样?"大家都踊跃高呼万岁。于是杨玄感统率部署军队。唐祎从杨玄感的军中逃回河内。

当初,杨玄感暗地派家奴到长安,召李密和他弟弟杨玄挺到黎阳来。及杨玄感起兵时李密正好赶到,杨玄感大为高兴。他让李密做自己的谋主,对李密讲:"你常常以拯救百姓为己任,现在是时候了!我们的策略将如何呢?"李密说:"天子出征,远在辽外,就是距幽州也还有千里之遥,南面有大海,北面有强大的胡人,中间夹着一条道,按理来说是极其险恶的。您率兵出其不意,长驱入蓟州,据守临渝关的险要,扼住这条路的咽喉,征伐高丽的隋军归路便被切断,高丽人知道了,必然追踪于隋军之后。不出一个月,隋军的军资粮秣都消耗殆尽,隋军不是投降就是溃散,皇帝就可以不战而擒了。

此上计也。"玄感曰:"更言其次。"密曰:"关中四塞,天府之国,虽有卫文昇,不足为意。今帅众鼓行而西,经城勿攻,直取长安,收其豪杰,抚其士民,据险而守之。天子虽还,失其根本,可徐图也。"玄感曰:"更言其次。"密曰:"简精锐,昼夜倍道,袭取东都,以号令四方。但恐唐祎告之,先已固守。若引兵攻之,百日不克,天下之兵四面而至,非仆所知也。"玄感曰:"不然,今百官家口并在东都,若先取之,足以动其心。且经城不拔,何以示威!公之下计,乃上策也。"遂引兵向洛阳,遣杨玄挺将骁勇千人为前锋,先取河内。唐祎据城拒守,玄挺无所获。

祎又使人告东都越王侗与樊子盖等勒兵为备,修武民相帅守临清关。玄感不得度,乃于汲郡南渡河,从之者如市。使弟积善将兵三千自偃师南缘洛水西入,玄挺自白司马坂逾邙山南入,玄感将三千馀人随其后,相去十里许,自称大军。其兵皆执单刀柳楯,无弓矢甲胄。东都遣河南令达奚善意将精兵五千人拒积善,将作监、河南赞治裴弘策将八千人拒玄挺。善意渡洛南,营于汉王寺;明日,积善兵至,不战自溃,铠仗皆为积善所取。弘策出至白司马坂,一战,败走,弃铠仗者太半,玄挺亦不追。弘策退三四里,收散兵,复结陈以待之。玄挺徐至,坐息良久,忽起击之,弘策又败,如是五战。丙辰,玄挺直抵太阳门,弘策将十馀骑驰入宫城,自馀无一人返者,皆归于玄感。

玄感屯上春门,每誓众曰:"我身为上柱国,家累钜万金,至于富贵,无所求也。今不顾灭族者,但为天下解倒悬之急耳!"众皆悦。父老争献牛酒,子弟诣军门请自效者,日以千数。

这是上计。"杨玄感说:"再说说其次的策略。"李密说:"关中之地四面都有要塞屏障,是天府之国,虽然有卫文昇,但他不足为虑,如今您统帅部众向西击鼓进军,经过城池不要攻取,直取长安,招收长安的豪杰之士,抚慰长安的士民,凭借险要据守长安,天子虽然从高丽返回,但失掉了根本之地,我们就可以慢慢进取了。"杨玄感说:"再说说再次的策略。"李密说:"挑选精锐士卒,昼夜兼程,袭取东都,借以号令四方。但恐怕唐祎告诉了东都,东都事先进行了固守的准备,要是率兵进攻东都,百日内攻城不下,全国各地的军队四面八方地到来,其结果就不是我所能预料的了。"杨玄感说:"不对。如今文武百官的家属都在东都,要是先攻取东都,就足以扰乱百官们的心。而且,如果经过城池却不攻取,怎能显示我军的威风? 你的下策,正是我的上策。"于是杨玄感率兵向洛阳进发,他派杨玄挺率领骁勇之士一千人为前锋,先攻取河内。唐祎凭借城池拒守,杨玄挺攻城不克。

唐祎又派人通知留守东都的越王杨侗和樊子盖率军防备。修武县的百姓纷纷据守临清关。杨玄感无法过关,就从汲郡向南渡河,投奔杨玄感的人多得就像市场上一样。杨玄感派他弟弟杨积善率兵三千从偃师以南沿着洛水从西面进军;杨玄挺从白司马坂越过邙山从南面进军;杨玄感率领三千余人跟随其后,相隔约十余里,自称大军。杨玄感的士兵都手执单刀柳楯,没有弓箭甲胄。东都方面派遣河南令达奚善意率领精兵五千人抵抗杨积善。将作监及河南赞治裴弘策率领八千人抵抗杨玄挺。达奚善意渡过洛水,在洛水南汉王寺扎营。第二天,杨积善兵到,达奚善意的军队不战自溃,铠甲武器都被杨积善的军队缴获。裴弘策率军到达白司马坂,与杨玄挺的军队一交战就败走,抛弃了大部分铠甲武器。杨玄挺也不追击,裴弘策退兵三四里,收集散兵,重新列阵等待杨军。杨玄挺率军慢慢到来,士兵们坐下来休息了很久,突然起来进攻隋军,裴弘策又败退,就这样双方交战五次。丙辰(十四日),杨玄挺直抵太阳门,裴弘策只带着十多名骑兵驰马逃入宫城,此外再没有一人返回,全部归降了杨玄感。

杨玄感在上春门屯兵,他每次誓师时都说:"我身为上柱国,累积的家资巨万,我对于富贵无所求,现在冒着灭族的风险,只是要拯救天下的百姓于水火之中啊!"大家都很高兴。父老们争相献上牛、酒,子弟们到杨玄感军营门口请求效力的每天有上千人。

内史舍人韦福嗣，洸之兄子也，从军出拒玄感，为玄感所获；玄感厚礼之，使与其党胡师耽共掌文翰。玄感令福嗣为书遗樊子盖，数帝罪恶，云："今欲废昏立明，愿勿拘小礼，自贻伊戚。"樊子盖新自外藩入为京官，东都旧官多慢之，至于部分军事，未甚承禀。裴弘策与子盖同班，前出讨贼失利，子盖更使出战，不肯行，子盖命引出斩之以徇。国子祭酒河东杨汪，小有不恭，子盖又将斩之；汪顿首流血，乃得免。于是将吏震肃，无敢仰视，令行禁止。玄感尽锐攻城，子盖随方拒守，玄感不能克。然达官子弟应募从军者，闻弘策死，皆不敢入城。韩擒虎子世咢、观王雄子恭道、虞世基子柔、来护儿子渊、裴蕴子爽、大理卿郑善果子俨、周罗睺子仲等四十馀人皆降于玄感，玄感悉以亲重要任委之。善果，译之兄子也。

玄感收兵得五万馀人，发五千守慈涧道，五千守伊阙道，遣韩世咢将三千人围荥阳，顾觉将五千人取虎牢。虎牢降，以觉为郑州刺史，镇虎牢。

代王侑使刑部尚书卫文昇帅兵四万救东都，文昇至华阴，掘杨素冢，焚其骸骨，示士卒以必死，遂鼓行出崤、渑，直趋东都城北。玄感逆拒之；文昇且战且行，屯于金谷。

辽东城久不拔，帝遣造布囊百馀万口，满贮土，欲积为鱼梁大道，阔三十步，高与城齐，使战士登而攻之。又作八轮楼车，高出于城，夹鱼梁道，欲俯射城内，指期将攻，城内危蹙。会杨玄感反书至，帝大惧，引纳言苏威入帐中，谓曰："此儿聪明，得无为患？"威曰："夫识是非，审成败，乃谓之聪明。

内史舍人韦福嗣是韦洸的侄子,他从军抵抗杨玄感,被杨玄感俘获。杨玄感对他优礼相待,让他和自己的亲信胡师耽共同掌管公文信札。杨玄感让韦福嗣给樊子盖写信,历数炀帝的罪恶。信中说:"如今我打算废黜昏君拥立明君,希望您不要拘泥于小的礼法,自找烦恼。"樊子盖是刚从外地调入东都做京官的。东都旧有的很多官吏对他都很轻慢,在军事部署方面,也很少向樊子盖汇报请示。裴弘策和樊子盖是同一班次的官员,前番出战讨伐杨玄感失利,樊子盖又派裴弘策出战,裴弘策不肯出行,樊子盖就命令将裴弘策押出去斩首示众。国子监祭酒河东人杨汪,对樊子盖稍有不恭敬,樊子盖又要杀掉杨汪,杨汪叩头流血,才得以免死。于是东都的将领官吏都震惊肃敬,不敢仰视樊子盖,樊子盖能让属下令行禁止。杨玄感使用全部精兵攻城,樊子盖根据军情率兵坚守,杨玄感无法攻克城池。但是达官子弟应募从军的人,听到裴弘策被处死,都不敢进城。韩擒虎的儿子韩世咢、观王杨雄的儿子杨恭道、虞世基的儿子虞柔、来护儿的儿子来渊、裴蕴的儿子裴爽、大理卿郑善果的儿子郑俨、周罗睺的儿子周仲等四十多人都归降了杨玄感,杨玄感将亲信要任的职位都授予了他们。郑善果是郑译的侄子。

杨玄感招集得到五万多名士兵,他分兵五千把守慈涧道,五千人把守伊阙道,派韩世咢率三千人包围荥阳,派顾觉率五千人攻取虎牢。虎牢隋军投降,杨玄感任命顾觉为郑州刺史,镇守虎牢。

代王杨侑派刑部尚书卫文昇统兵四万救援东都。卫文昇到了华阴,挖掘杨素的坟墓,焚烧了杨素的骸骨,向士卒们表明自己必死的决心。于是卫文昇率军击鼓进军,出崤谷、渑池,直奔东都城北。杨玄感迎击卫文昇,卫文昇率军且战且走,在金谷驻扎军队。

辽东城许久攻取不下,炀帝派人制作一百馀万个布袋,每个布袋装满土,打算用布袋堆积成一条宽三十步、与城墙同样高的像鱼脊梁一样的坡道,让士兵们登道攻城。他又命人制作八轮楼车,楼车高于城墙,设置在鱼梁道两旁,打算向下射杀城内的人。隋军很快就要攻城了,城内已危在旦夕,恰好报告杨玄感谋反的公文到了,炀帝大为惊恐,他让纳言苏威进入帐中,说:"这个孩子很聪明,恐怕要成为祸患了。"苏威说:"能辨别是非、判断成败的人才可以说是聪明。

玄感粗疏，必无所虑。但恐因此浸成乱阶耳。"帝又闻达官子弟皆在玄感所，益忧之。兵部侍郎斛斯政素与玄感善，玄感之反，政与之通谋，玄纵兄弟亡归，政潜遣之。帝将穷治玄纵等党与，政内不自安，戊辰，亡奔高丽。庚午，夜二更，帝密召诸将，使引军还，军资、器械、攻具，积如丘山，营垒、帐幕，按堵不动，皆弃之而去。众心恟惧，无复部分，诸道分散。高丽即时觉之，然不敢出，但于城内鼓噪。至来日午时，方渐出外，四远觇侦，犹疑隋军诈之。经二日，乃出数千兵追蹑，畏隋兵之众，不敢逼，常相去八九十里。将至辽水，知御营毕渡，乃敢逼后军。时后军犹数万人，高丽随而抄击，最后羸弱数千人为所杀略。

初，帝再征高丽，复问太史令庾质曰："今段何如？"对曰："臣实愚迷，犹执前见，陛下若亲动万乘，劳费实多。"帝怒曰："我自行犹不克，直遣人去，安得有功？"及还，谓质曰："卿前不欲我行，当为此耳。玄感其有成乎？"质曰："玄感地势虽隆，素非人望，因百姓之劳，冀幸成功。今天下一家，未易可动。"

帝遣虎贲郎将陈稜攻元务本于黎阳，又遣左翊卫大将军宇文述、右候卫将军屈突通乘传发兵以讨玄感。来护儿至东莱，闻玄感围东都，召诸将议旋军救之。诸将咸以无敕，不宜擅还，固执不从，护儿厉声曰："洛阳被围，心腹之疾；高丽逆命，犹疥癣耳。公家之事，知无不为，专擅在吾，不关诸人，有沮议者，军法从事！"即日回军。令子弘、整驰驿奏闻。帝时还至涿郡，已敕护儿救东都，见弘、整，甚悦，赐护儿玺书曰：

杨玄感为人粗疏,不必为他谋反而忧患,但是,只怕因此而逐渐成为动乱的来由。"炀帝又听说高官的子弟都在杨玄感那里,越加忧虑。兵部侍郎斛斯政平时就和杨玄感交情很好,杨玄感谋反,斛斯政曾与他一起谋划,杨玄纵兄弟逃回内地是斛斯政暗地送他们回去的。炀帝要追究查办杨玄纵等党羽,斛斯政内心极为恐惧不安,戊辰(二十六日),他逃跑投奔了高丽。庚午(二十八日),夜里二更时分,炀帝秘密召集诸将,让他们率军撤退。所有的军资器械、攻城之具堆积如山,营垒、帐幕,都原地不动,遗弃而去。隋军人人惊惶恐惧,军队部署已乱,各路兵马分离涣散。高丽方面对这种情况很快就觉察到了,但是不敢出去,只是在城内击鼓呐喊。到第二天中午时高丽方面才渐渐地派兵出城,四处远近地侦察,仍然怀疑隋军撤退是假的。过了两天,才出动几千名士兵在隋军后面追踪,但仍然畏惧隋军人多,不敢逼近,两军常常相隔八九十里。快到辽水时,高丽人得知炀帝车驾已经渡过了辽水,才敢逼近隋军后部,当时隋军后部还有几万人,高丽军队就包抄袭击隋军,最后有几千名隋军老弱士兵被杀死。

当初,炀帝准备再次征伐高丽时,曾再次问太史令庾质:"这次情况会怎样?"庾质回答:"我实在是愚钝迷惘,但还是坚持以前的看法,陛下要是亲自率军征伐,劳费实在太多。"炀帝发怒道:"我亲自征伐尚且没能取胜,只派别人去,难道会成功?"等炀帝从高丽回来,他对庾质说:"你以前不想让我去,就是为了动乱的缘故吧。杨玄感能够成功吗?"庾质回答:"杨玄感的地位势力虽然很高很强大,但他平时没有声望,他想凭借百姓之力,希望侥幸成功,如今天下一统,不是容易动摇的。"

炀帝派遣虎贲郎将陈棱去黎阳进攻元务本,又派遣左翊卫大将军宇文述、右候卫将军屈突通乘驿站的传车发兵讨伐杨玄感。来护儿率军到达东莱,闻知杨玄感围困东都,他召集诸将商议回师救援东都。诸将都认为没有皇帝的敕命,不宜擅自回师,都固执地不服从来护儿的命令。来护儿厉声说道:"洛阳被包围,是心腹之患,高丽抗拒王命不过是疥癣之疾。国家的事知道了就不能不去做。我来承担专擅权力的罪名,不关别人的事。有阻拦商议回师之事的人要军法从事!"来护儿即日回师。他命令儿子来弘、来整驰马传报上奏炀帝,炀帝当时回到涿郡,已经下令让来护儿救援东都。他见到来弘、来整,非常高兴,赏赐给来护儿的玺书中说:

"公旋师之时,是朕敕公之日,君臣意合,远同符契。"

先是,右武候大将军李子雄坐事除名,令从军自效,从来护儿在东莱,帝疑之,诏锁子雄送行在所。子雄杀使者,逃奔玄感。卫文昇以步骑二万渡瀍水,与玄感战,玄感屡破之。玄感每战,身先士卒,所向摧陷,又善抚悦其下,皆乐为致死,由是每战多捷,众益盛,至十万人。文昇众寡不敌,死伤太半且尽,乃更进屯邙山之阳,与玄感决战,一日十馀合。会杨玄挺中流矢死,玄感军乃稍却。

秋,七月癸未,馀杭民刘元进起兵以应玄感。元进手长尺馀,臂垂过膝,自以相表非常,阴有异志。会帝再发三吴兵征高丽,三吴兵皆相谓曰:"往岁天下全盛,吾辈父兄征高丽者犹太半不返;今已罢弊,复为此行,吾属无遗类矣!"由是多亡命。郡县捕之急,闻元进举兵,亡命者云集,旬月间,众至数万。

始,杨玄感至东都,自谓天下响应,得韦福嗣,委以心膂,不复专任李密。福嗣每画策,皆持两端;密揣知其意,谓玄感曰:"福嗣元非同盟,实怀观望;明公初起大事而奸人在侧,听其是非,必为所误,请斩之!"玄感曰:"何至于此?"密退,谓所亲曰:"楚公好反而不欲胜,吾属今为虏矣!"

李子雄劝玄感速称尊号,玄感以问密,密曰:"昔陈胜自欲称王,张耳谏而被外;魏武将求九锡,荀彧止而见诛。今者密欲正言,还恐追踪二子;阿谀顺意,又非密之本图。何者?兵起以来,虽复频捷,至于郡县,未有从者;东都守御尚强,天下救兵益至,公当挺身力战,早定关中,乃亟欲自尊,何示人不广也?"玄感笑而止。

"您回师之时，就是我下令让您回师之日，君臣意见相吻合，非常默契。"

先前，右武侯大将军李子雄因获罪被除名，现受命在军队中效力，他跟随来护儿在东莱，炀帝怀疑他，下诏命令将他上枷锁送到皇帝行营，李子雄杀死使者，逃走去投奔杨玄感。卫文昇率领步、骑兵两万人渡过瀍水，与杨玄感军交战。杨玄感屡次击败卫文昇，每次作战杨玄感都身先士卒，所向披靡。他还善于安抚部下，因此大家都愿意为他效命，所以每次作战大都能取胜。杨玄感部众愈来愈多，达十万人。卫文昇寡不敌众，部下死伤大半，军力将近耗竭，于是他率军进驻邙山的南面，与杨玄感决战，一天之内双方交锋十馀次。恰巧杨玄挺被流箭射死，杨玄感的军队才稍稍退却。

秋季，十月癸未（十一日），馀杭人刘元进起兵响应杨玄感。刘元进手长一尺有馀，手臂垂下来超过膝盖，他自认为自己相貌非同寻常，暗中另有图谋。正逢炀帝再次征发三吴之兵去征伐高丽，三吴之兵都互相说："往年国家处于全盛时期，我们的父兄中出征高丽的人还大半没有回来，如今国家已经疲惫，又要被征召去打仗，我们这辈人就要灭绝了！"因此很多人都逃亡。郡县官吏捕捉逃亡的人非常急迫，逃亡的人闻知刘元进起兵，都聚集到他的麾下，一个月内，刘元进部众达几万人。

当初，杨玄感到达东都，自以为天下会响应，他得到韦福嗣后，就视之为心腹，不再完全信任李密了。韦福嗣每次筹划计谋，都模棱两可，李密揣测到韦福嗣的心意，就对杨玄感说："韦福嗣原本不是我们的同盟，实际上他还心存观望，您刚开始做大事就有奸人在身旁，听从他的是非评断，必然被他耽误，请将韦福嗣杀掉！"杨玄感说："哪至于如此？"李密退下来，对他的亲信说："楚公为人喜欢谋反却不打算取胜，我们如今都将是人家的俘虏了！"

李子雄劝杨玄感赶快称帝，杨玄感征求李密的意见，李密说："从前陈胜打算自己称王，张耳规劝却被排斥在外，魏武帝曹操打算谋求加赐九锡，荀彧劝他却被诛杀。如今我打算直言规劝，却恐怕落得张耳、荀彧二人的下场。但是阿谀奉承逢迎上意，又不是我的本意。为什么呢？自从我们起兵以来，虽然屡次取胜，但郡县一级的官员却无人响应。东都的防卫力量还很强大，全国各地的援军到的越来越多，您应当挺身奋力作战，早早平定关中，可您却急于称帝，为什么让人看到您那么狭隘呢？"杨玄感听后笑了，称帝之事就作罢。

屈突通引兵屯河阳,宇文述继之,玄感问计于李子雄,子雄曰:"通晓习兵事,若一得渡河,则胜负难决,不如分兵拒之。通不能济,则樊、卫失援。"玄感然之,将拒通;樊子盖知其谋,数击其营,玄感不得往。通济河,军于破陵。玄感分为两军,西抗文昇,东拒通。子盖复出兵大战,玄感军屡败,与其党谋之,李子雄曰:"东都援军益至,我军数败,不可久留,不如直入关中,开永丰仓以振贫乏,三辅可指麾而定,据有府库,东面而争天下,亦霸王之业也。"李密曰:"弘化留守元弘嗣握强兵在陇右,可声言其反,遣使迎公,因此入关,可以绐众。"

会华阴诸杨请为向导,壬辰,玄感解东都围,引兵西趣潼关,宣言:"我已破东都、取关西矣!"宇文述等诸军蹑之。至弘农宫,父老遮说玄感曰:"宫城空虚,又多积粟,攻之易下。"玄感以为然。弘农太守蔡王智积谓官属曰:"玄感闻大军将至,欲西图关中,若成其计,则难克也;当以计縻之,使不得进,不出一旬,可以成擒。"及玄感军至城下,智积登陴詈之;玄感怒,留攻之。李密谏曰:"公今诈众西入,军事贵速,况乃追兵将至,安可稽留?若前不得据关,退无所守,大众一散,何以自全?"玄感不从,遂攻之,烧其城门,智积于内益火,玄感兵不得入。三日不拔,乃引而西。至阌乡,宇文述、卫文昇、来护儿、屈突通等军追及于皇天原。玄感上槃豆,布陈亘五十里,且战且行,玄感一日三败。八月壬寅,玄感陈于董杜原,诸军击之,玄感大败,独与十馀骑奔上洛。追骑至,

屈突通率军驻扎在河阳,宇文述率军跟随其后。杨玄感向李子雄问计,李子雄说:"屈突通精通军事,一旦他们渡过河来,那就胜负难分了,我们不如分兵抗击。屈突通不能渡河,那么樊子盖、卫文昇就会失去援助。"杨玄感认为这个意见很对,就准备抗击屈突通。樊子盖知道了杨玄感的意图,几次进攻杨玄感的营垒使杨玄感无法去阻击屈突通,屈突通率军渡河,在破陵驻军。杨玄感把军队分为两部分,西面抵抗卫文昇,东面阻击屈突通。樊子盖又出兵大战,杨玄感军队屡次被击败。杨玄感与党羽们谋划此事,李子雄说:"救援东都的军队到的越来越多,我军几次被打败,不可久留此地,不如直入关中,打开永丰仓赈济贫苦百姓,三辅之地就可以挥手而定了,我们据有府库,向东争夺天下,这也可以成就霸王之业。"李密说:"弘化留守元弘嗣在陇右掌握着强兵,我们可以扬言他谋反,派遣使者迎接您,咱们借此机会入关,就可以欺骗众人了。"

正巧华阴杨家的族人请求做向导,壬辰(二十日),杨玄感解除了对东都的包围,率军向西逼进潼关,他声称:"我已经攻破了东都,现在去攻取关西了!"宇文述等各路军队跟随其后。杨玄感到达弘农宫,父老们挡住道路劝杨玄感说:"弘农宫城空虚,又有很多积存的粮食,很容易攻下。"杨玄感认为这话很对。弘农太守蔡王杨智积对官员僚属们说:"杨玄感听说朝廷大军将到,他打算向西谋取关中,要是他这个计划成功了,就很难把他打败了,我们应当用计牵制住他,让他无法进军,不出十天,就可以将他抓住。"当杨玄感兵临城下,杨智积便登上城上的女墙大骂杨玄感。杨玄感勃然大怒,就停止前进,率军攻城。李密劝说:"您如今蒙骗众人向西进军,兵贵神速,何况追兵将到,怎能在此地停留耽误?要是向前不能占据潼关,退后无地可守,大众一散,凭什么保全自己?"杨玄感不听李密的劝告,就率军攻城,他放火烧弘农城的城门,杨智积从城内向外放更大的火,杨玄感的士兵无法进城,三天仍未攻下城池,杨玄感就率军向西而去。当他到达阌乡,宇文述、卫文昇、来护儿、屈突通等各路军队在皇天原追上了他。杨玄感率军登上槃豆,摆开战阵,连绵五十里,且战且走,杨玄感一天之内三次被击败。八月壬寅(初一),杨玄感在董杜原列阵,各路官军一起进攻杨玄感,杨玄感大败,仅率十馀骑逃往上洛。追击的骑兵追上了杨玄感,

玄感叱之，皆反走。至葭芦戍，独与弟积善徒步走，自度不免，谓积善曰："我不能受人戮辱，汝可杀我！"积善抽刀斫杀之，因自刺，不死，为追兵所执，与玄感首俱送行在所。磔玄感尸于东都市，三日，复脔而焚之。玄感弟玄奖为义阳太守，将赴玄感，为郡丞周旋玉所杀；仁行为朝请大夫，伏诛于长安。

玄感之围东都也，梁郡民韩相国举兵应之。玄感以为河南道元帅，旬月间众十馀万，攻剽郡县；至襄城，闻玄感败，众稍散，为吏所获，传首东都。

帝以元弘嗣，斛斯政之亲也，留守弘化郡，遣卫尉少卿李渊驰往执之，因代为留守，关右十三郡兵皆受征发。渊御众宽简，人多附之。帝以渊相表奇异，又名应图谶，忌之。未几，征诣行在所，渊遇疾未谒，其甥王氏在后宫，帝问曰："汝舅来何迟？"王氏以疾对，帝曰："可得死否？"渊闻之，惧，因纵酒纳赂以自晦。

14　癸卯，吴郡朱燮、晋陵管崇聚众寇掠江左。燮本还俗道人，涉猎经史，颇知兵法，形容眇小，为昆山县博士，与数十学生起兵，民苦役者赴之如归。崇长大，美姿容，志气倜傥，隐居常熟，自言有王者相，故群盗相与奉之。时帝在涿郡，命虎牙郎将赵六兒将兵万人屯扬子，分为五营以备南贼。崇遣其将陆颉渡江，夜，袭六兒，破其两营，收其器械军资而去，众益盛，至十万。

15　辛酉，司农卿云阳赵元淑坐杨玄感党伏诛。帝使大理卿郑善果、御史大夫裴蕴、刑部侍郎骨仪、与留守樊子盖推玄感党与。仪，本天竺胡人也。帝谓蕴曰："玄感一呼而从者十万，益知天下人不欲多，多即相聚为盗耳。不尽加诛，无以惩后。"

杨玄感呵斥追兵，这些人都转身退去。杨玄感到了葭芦戍，仅和他弟弟杨积善徒步行走，他自知不能幸免，就对杨积善说："我不能忍受别人的侮辱，你杀了我吧！"杨积善抽刀将杨玄感杀死，又用刀自杀，但未死，被追兵抓住，将他和杨玄感的首级一并送炀帝的行营。炀帝将杨玄感的尸首处以车裂之刑，在东都闹市陈尸三天，又将尸首剉碎焚烧。杨玄感的弟弟杨玄奖是义阳太守，他要去投奔杨玄感，被郡丞周旋玉杀死；杨仁行是朝请大夫，在长安被处死。

杨玄感围困东都时，梁郡人韩相国举兵响应。杨玄感任命他为河南道元帅，一月之内韩相国就招集部众十多万人，他率兵攻掠郡县，兵到襄城时，闻知杨玄感兵败，部众开始涣散，韩相国被官府抓获处死，首级被送到东都。

炀帝因为元弘嗣是斛斯政的亲戚，留守在弘化郡，他就派卫尉少卿李渊驰马到弘化将元弘嗣关押起来，李渊因此代替元弘嗣为留守，关西十三郡的军队都受李渊的调遣。李渊对待部下宽厚容忍，大家多去归附他。炀帝认为李渊相貌奇异，名字又与图谶相映合，就对他很猜忌。不久，炀帝征召李渊到他的行在，李渊患病未去应召谒见，李渊的外甥女王氏是炀帝的妃嫔，炀帝问王氏："你舅舅为什么迟到？"王氏回答说李渊病了，炀帝问："能死吗？"李渊知道了这件事很害怕，于是就酗酒受贿来伪装自己。

14 癸卯(初二)，吴郡人朱燮、晋陵人管崇聚众在江左一带抢掠。朱燮本来是还俗的道士，他涉猎经史，很懂得兵法，他个子很小，是昆山县的博士。他和几十名学生起兵后，那些苦于官府赋役的百姓都去投奔他。管崇身材高大，相貌英俊，抱负不凡，他在常熟隐居，自称有王者之相，因此群盗都尊奉他。当时炀帝在涿郡，他命令虎牙郎将赵六兒率兵一万人在扬子驻军，分为五营以防备南面的刘元进和管崇、朱燮等人。管崇派遣部将陆颛渡江，袭击赵六兒，攻破他的两个营垒，缴获官军的军资器械而去。管崇的势力越发强盛，部众达十万人。

15 辛酉(二十日)，司农卿云阳人赵元淑因是杨玄感的党羽而获罪被杀。炀帝派大理卿郑善果、御史大夫裴蕴、刑部侍郎骨仪与东都留守樊子盖追究杨玄感的党羽。骨仪本是天竺地区的胡人。炀帝对裴蕴说："杨玄感振臂一呼就有十万人响应，我越发知道天下的人不必多，人一多就相聚为盗了。若不把这些人全杀干净，就不能惩戒后人。"

子盖性既残酷,蕴复受此旨,由是峻法治之,所杀三万馀人,皆籍没其家,枉死者太半,流徙者六千馀人。玄感之围东都也,开仓赈给百姓。凡受米者,皆坑之于都城之南。玄感所善文士会稽虞绰、琅邪王胄俱坐徙边,绰、胄亡命,捕得,诛之。

帝善属文,不欲人出其右。薛道衡死,帝曰:"更能作'空梁落燕泥'否?"王胄死,帝诵其佳句曰:"'庭草无人随意绿',复能作此语邪?"帝自负才学,每骄天下之士,尝谓侍臣曰:"天下皆谓朕承藉绪馀而有四海,设令朕与士大夫高选,亦当为天子矣。"

帝从容谓秘书郎虞世南曰:"我性不喜人谏,若位望通显而谏以求名,弥所不耐。至于卑贱之士,虽少宽假,然卒不置之地上。汝其知之!"世南,世基之弟也。

16　帝使裴矩安集陇右,因之会宁,存问曷萨那可汗部落,遣阙度设寇掠吐谷浑以自富,还而奏状,帝大赏之。

17　九月己卯,东海民彭孝才起为盗,有众数万。

18　甲午,车驾至上谷,以供费不给,免太守虞荷等官。闰月己巳,幸博陵。

19　冬,十月丁丑,贼帅吕明星围东郡,虎贲郎将费青奴击破之。

20　刘元进帅其众将渡江,会杨玄感败,朱燮、管崇共迎元进,推以为主,据吴郡,称天子,燮、崇俱为尚书仆射。署置百官,毗陵、东阳、会稽、建安豪杰多执长吏以应之。帝遣左屯卫大将军代人吐万绪、光禄大夫下邳鱼俱罗将兵讨之。

樊子盖性情本来就残忍，裴蕴又秉承了炀帝的这个旨意，因此，用严刑惩治杨玄感的党羽，处死了三万多人，他们的家产全部被官府没收。其中冤死的人占大半，流放发配边地的有六千多人。杨玄感围困东都时曾开仓赈济百姓，凡是接受过赈济粮米的百姓都被坑杀在东都城南。与杨玄感有交情的文士会稽人虞绰、琅邪人王胄都获罪发配边地。虞绰、王胄逃亡，后被官府抓住处死。

炀帝擅长于文辞，不喜欢别人超过他。薛道衡被赐死，炀帝说："还能写'空梁落燕泥'吗？"王胄被处死，炀帝吟诵王胄的佳句："'庭草无人随意绿'，还能写出这样的句子吗？"炀帝对自己的才学非常自负，他往往看不起天下的文士，他曾对侍臣说："天下人都认为我继承先帝的遗业才君临天下，其实就是让我和士大夫比才学，我也该做天子。"

炀帝曾从容地对秘书郎虞世南说："我生性不喜欢别人进谏，如果是达官显贵想进谏以求名，我更不能容忍他。如果是卑贱士人，我还可以宽容些，但决不让他有出头之日，你记住吧！"虞世南是虞世基的弟弟。

16　炀帝派裴矩安抚陇右一带。裴矩到了会宁，慰问曷萨那可汗部落，派遣阚度设寇掠吐谷浑而使自己富有，裴矩回来向炀帝奏报情况，炀帝重重赏赐了裴矩。

17　九月己卯（初八），东海人彭孝才聚众为盗，拥有部众数万人。

18　甲午（二十三日），炀帝车驾到达上谷，因为供给接济不上，炀帝就免去了太守虞荷等人的官职。闰月己巳（二十八日），炀帝到达博陵。

19　冬季，十月丁丑（初七），贼帅吕明星包围了东郡，虎贲郎将费青奴将吕明星击败。

20　刘元进率部众正准备渡江时，恰逢杨玄感兵败，朱燮、管崇共同迎接刘元进，推举他为盟主。刘元进占据吴郡，自称天子，朱燮、管崇都被任命为尚书仆射。刘元进任命百官，毗陵、东阳、会稽、建安的很多豪杰之士都把地方官吏抓起来响应刘元进。炀帝派遣左屯卫大将军代郡人吐万绪、光禄大夫下邳人鱼俱罗率兵前往讨伐刘元进。

21 十一月己酉，右候卫将军冯孝慈讨张金称于清河，孝慈败死。

22 杨玄感之西也，韦福嗣亡诣东都归首，是时如其比者皆不问。樊子盖收玄感文簿，得其书草，封以呈帝；帝命执送行在。李密亡命，为人所获，亦送东都。樊子盖锁送福嗣、密及杨积善、王仲伯等十馀人诣高阳，密与王仲伯等窃谋亡去，悉使出其所赍金以示使者曰："吾等死日，此金并留付公，幸用相瘗，其馀即皆报德。"使者利其金，许诺，防禁渐弛。密请通市酒食，每宴饮，喧哗竟夕，使者不以为意，行至魏郡石梁驿，饮防守者皆醉，穿墙而逸。密呼韦福嗣同去，福嗣曰："我无罪，天子不过一面责我耳。"至高阳，帝以书草示福嗣，收付大理。宇文述奏："凶逆之徒，臣下所当同疾，若不为重法，无以肃将来。"帝曰："听公所为。"十二月甲申，述就野外，缚诸应刑者于格上，以车轮括其颈，使文武九品以上皆持兵斫射，乱发矢如猬毛。支体糜碎，犹在车轮中。积善、福嗣仍加车裂，皆焚而扬之。积善自言手杀玄感，冀得免死。帝曰："然则枭类耳！"因更其姓曰枭氏。

23 唐县人宋子贤，善幻术，能变佛形，自称弥勒出世，远近信惑，遂谋因无遮大会举兵袭乘舆；事泄，伏诛，并诛党与千馀家。

扶风桑门向海明亦自称弥勒出世，人有归心者，辄获吉梦，由是三辅人翕然奉之，因举兵反，众至数万。丁亥，海明自称皇帝，改元白乌。诏太仆卿杨义臣击破之。

21　十一月己酉（初九），右候卫将军冯孝慈在清河讨伐张金称，冯孝慈兵败身亡。

22　杨玄感向西进军时，韦福嗣就逃到东都投案自首，当时自首的人都不追究。樊子盖收缴了杨玄感的文件档案，得到韦福嗣起草的给樊子盖的信件，就封好呈送给炀帝。炀帝命令将韦福嗣押起来送到自己的行宫。李密逃亡，被人抓住，也送到东都。樊子盖将韦福嗣、李密及杨积善、王仲伯等十多人上了枷锁，押送到高阳。李密与王仲伯等人暗中策划逃跑，他们拿出所有的金子给使者看，说："我们死的时候，这些金子都留给您，请您用来埋葬我们，其馀的都给您以报答恩德。"使者贪图金子，就答应了，对李密等人的看守渐渐松懈。李密请人买来酒食，每次宴饮，都要喧哗吵闹一夜，使者不以为意。走到魏郡石梁驿，李密等人把看守的人都灌醉，凿穿墙壁逃跑，李密叫韦福嗣一同逃走，韦福嗣说："我没罪，天子不过是当面责骂我罢了。"到了高阳，炀帝将韦福嗣起草的杨玄感致樊子盖的信给韦福嗣看，并将他交付大理寺。宇文述奏道："凶恶叛逆之徒，做臣子的都应该痛恨，若不将这种人处以重刑，就不能警戒后人。"炀帝说："任你处置。"十二月甲申（十五日），在野外，宇文述把那些受刑的人绑在木格上，用车轮括住受刑者的脖子，让九品以上的文武官员都手持兵器砍杀射击。射在受刑者身上的乱箭如同刺猬毛一样，受刑者肢体破碎，仍然括在车轮里。杨积善和韦福嗣仍还要处以车裂之刑，处死后将尸体焚化扬灰。杨积善说亲手杀死了杨玄感，期望自己能免死。炀帝说："他不过是枭一类的动物罢了！"就将杨积善的姓改为枭氏。

23　唐县人宋子贤，擅长幻术，他能变幻出佛形，自称是弥勒出世。远近的人都相信他并为之迷惑。于是宋子贤就策划趁着举行无遮大会时举兵袭击炀帝的车驾，事情泄露了，宋子贤被处死。他的党羽一千馀家一并被处死。

扶风的僧人向海明也自称是弥勒出世，凡是有归附之心的人就可做吉梦。因此三辅一带的人都一致信奉他。于是，向海明举兵造反，部众达数万人。丁亥（十八日），向海明自称皇帝，改年号为白乌。炀帝下诏命太仆卿杨义臣讨伐并将向海明平灭。

24　帝召卫文昇、樊子盖诣行在;慰劳之,赏赐极厚,遣还所任。

25　刘元进攻丹阳,吐万绪济江击破之,元进解围去,绪进屯曲阿。元进结栅拒绪,相持百馀日;绪击之,贼众大溃,死者以万数。元进挺身夜遁,保其垒。朱燮、管崇等屯毗陵,连营百馀里,绪乘胜进击,复破之。贼退保黄山,绪围之,元进、燮仅以身免,于陈斩崇及其将卒五千馀人,收其子女三万馀口,进解会稽围。鱼俱罗与绪偕行,战无不捷,然百姓从乱者如归市,贼败而复聚,其势益盛。

元进退据建安,帝令绪进讨,绪以士卒疲弊,请息甲待来春;帝不悦。俱罗亦以贼非岁月可平,诸子在洛京,潜遣家仆迎之;帝怒。有司希旨,奏绪怯懦,俱罗败衄。俱罗坐斩,征绪诣行在,绪忧愤,道卒。

帝更遣江都丞王世充发淮南兵数万人讨元进。世充渡江,频战皆捷,元进、燮败死于吴,其馀众或降或散。世充召先降者于通玄寺瑞像前焚香为誓,约降者不杀。散者始欲入海为盗,闻之,旬月之间,归首略尽,世充悉坑之于黄亭涧,死者三万馀人。由是馀党复相聚为盗,官军不能讨,以至隋亡。帝以世充有将帅才,益加宠任。

26　是岁,诏为盗者籍没其家。时群盗所在皆满,郡县官因之各专威福,生杀任情矣。

24 炀帝召卫文昇、樊子盖到他的行在,对他们加以慰劳,赏赐极为丰厚,然后让他们返回自己的任所。

25 刘元进率兵进攻丹阳,吐万绪率兵渡江将刘元进击败,于是刘元进解围而去,吐万绪进军驻扎曲阿。刘元进把木栅栏连接在一起来抗拒吐万绪,双方相持百馀日;吐万绪发起进攻,刘元进的部众大乱溃散,死者数以万计。刘元进奋勇突围,在夜间逃走,据守在营垒中。朱燮、管崇等人率部众驻在毗陵,军营连接起来有百馀里。吐万绪乘胜进击,又将朱燮、刘元进等人击败。朱、刘等人率部众退保黄山,吐万绪将黄山包围,刘元进、朱燮只身逃脱,官军在阵前杀死管崇及其将卒五千多人,俘获其子女三万多人,进而解除了对会稽的围困。鱼俱罗与吐万绪一起行动,战无不胜,但是百姓响应造反的人越来越多,多得就像散了市一样。贼人溃散后又聚集在一起,声势越发浩大。

刘元进退守建安,炀帝命令吐万绪进军讨伐,吐万绪认为士卒已经疲惫不堪,请求停止用兵,到来年春天再战,炀帝不高兴。鱼俱罗也认为盗贼不是一年半载就可以平定的,他的儿子都在东都洛阳,他们暗地派家奴来接鱼俱罗,炀帝知道了发怒。有关部门的官员逢迎炀帝的旨意,上奏说吐万绪怯懦,鱼俱罗吃了败仗。鱼俱罗因此获罪被杀,炀帝征召吐万绪到他的行来,吐万绪忧惧郁愤,在路上就去世了。

炀帝改派江都郡丞王世充征发淮南兵几万人讨伐刘元进。王世充率军渡江,多次与刘元进交战都取得了胜利。刘元进、朱燮在吴县兵败身亡,其馀的部众或是投降或是溃散。王世充召来先投降的人在通玄寺的佛像前焚香为誓,约定降者不杀。刘元进溃散部众开始想入海为盗,听到这个消息,一个月内,基本都投降了王世充。王世充把这些人全都坑杀在黄亭涧,死者达三万多人。因此,其馀的人又相聚为盗,官军无法讨伐,直至隋帝国灭亡。炀帝认为王世充有将帅之才,对他越发宠信。

26 这一年炀帝下诏凡做盗贼的人其家属财产都要被官府没收。当时到处都是盗贼,郡县官吏因此各自作威作福,任意地对百姓生杀予夺。

27　章丘杜伏威与临济辅公祏为刎颈交,俱亡命为群盗。伏威年十六,每出则居前,入则殿后,由是其徒推以为帅。下邳苗海潮亦聚众为盗,伏威使公祏谓之曰:"今我与君同苦隋政,各举大义,力分势弱,常恐被擒,若合为一,则足以敌隋矣。君能为主,吾当敬从,自揆不堪,宜来听命;不则一战以决雌雄。"海潮惧,即帅其众降之。伏威转掠淮南,自称将军,江都留守遣校尉宋颢讨之。伏威与战,阳为不胜,引颢众入葭苇中,因从上风纵火,颢众皆烧死。海陵贼帅赵破陈以伏威兵少,轻之,召与并力。伏威使公祏严兵居外,自与左右十人赍牛酒入谒,于座杀破陈,并其众。

十年(甲戌,614)

1　春,二月辛未,诏百僚议伐高丽,数日,无敢言者。戊子,诏复征天下兵,百道俱进。

2　丁酉,扶风贼帅唐弼立李弘芝为天子,有众十万,自称唐王。

3　三月壬子,帝行幸涿郡,士卒在道,亡者相继。癸亥,至临渝宫,祃祭黄帝,斩叛军者以衅鼓,亡者亦不止。

4　夏,四月,榆林太守成纪董纯与彭城贼帅张大虎战于昌虑,大破之,斩首万馀级。

5　甲午,车驾至北平。

6　五月庚申,延安贼帅刘迦论自称皇王,建元大世,有众十万,与稽胡相表里为寇。诏以左骁卫大将军屈突通为关内讨捕大使,发兵击之。战于上郡,斩迦论并将卒万馀级,虏男女数万口而还。

27　章丘人杜伏威与临济人辅公祏是生死之交,他们都亡命为盗。杜伏威十六岁,每次行动都走在前面,撤退则走在最后,因此被徒众推举为统帅。下邳人苗海潮也聚众为盗,杜伏威派辅公祏对苗海潮说:"如今我和您都是不堪忍受隋朝的苛政,各举义旗,但力量分散,势单力薄,常常恐惧被擒获,若是我们合二为一,那么就足以与隋朝为敌了。要是您能做主帅,我理当恭敬从命,要是您估计自己不能做主帅,最好前来听命,否则我们就打一仗以决雌雄。"苗海潮恐惧,就率领部众归降了杜伏威。杜伏威率众在淮南一带转战掠夺,自称将军。江都留守派校尉宋颢率兵讨伐杜伏威。杜伏威与宋颢交战,佯装战败,将宋颢率领的官军引入芦苇丛中,于是顺风势放火,官军都被烧死。海陵贼帅赵破陈认为杜伏威兵少而看不起他。赵破陈召杜伏威来,想兼并他。杜伏威让辅公祏率兵在外严阵以待,自己和亲信十人带着牛、酒进入营帐谒见赵破陈,在座位上将赵破陈杀死,兼并了他的部众。

隋炀帝大业十年(甲戌,公元614年)

1　春季,二月辛未(初三),炀帝下诏命文武百官商议出兵征伐高丽之事。一连几天,没有敢说话的人。戊子(二十日),炀帝下诏再次征发全国军队,分百路并进。

2　丁酉(二十九日),扶风的贼帅唐弼拥立李弘芝为天子,拥有部众十万人,他自称唐王。

3　三月壬子(十四日),炀帝出行到涿郡,路途中士兵不断死亡。癸亥(二十五日),炀帝到达临渝宫,在野外祭祀黄帝,斩杀叛逃的士兵并将死者的血涂在鼓上,但逃亡仍然不止。

4　夏季,四月,榆林太守成纪人董纯与彭城贼帅张大虎在昌虑交战,董纯大败张大虎,斩首万馀级。

5　甲午(二十七日),炀帝车驾到达北平。

6　五月庚申(二十六日),延安贼帅刘迦论自称皇王,建年号为大世,拥有部众十万人,他与稽胡部落里应外合侵掠地方。炀帝下诏任命左骁卫大将军屈突通为关内捕讨大使,发兵进击刘迦论。两军在上郡交战,屈突通斩获刘迦论及其部众的首级万馀,俘获男女几万人返回。

7 秋,七月癸丑,车驾次怀远镇。时天下已乱,所征兵多失期不至,高丽亦困弊。来护儿至毕奢城,高丽举兵逆战,护儿击破之,将趣平壤,高丽王元惧,甲子,遣使乞降,囚送斛斯政。帝大悦,遣使持节召护儿还。护儿集众曰:"大军三出,未能平贼,此还不可复来,劳而无功,吾窃耻之。今高丽实困,以此众击之,不日可克。吾欲进兵径围平壤,取高元,献捷而归,不亦善乎?"答表请行,不肯奉诏。长史崔君肃固争,护儿不可,曰:"贼势破矣,独以相任,自足办之。吾在阃外,事当专决,宁得高元还而获谴,舍此成功,所不能矣!"君肃告众曰:"若从元帅违拒诏书,必当闻奏,皆应获罪。"诸将惧,俱请还,乃始奉诏。

八月己巳,帝自怀远镇班师。邯郸贼帅杨公卿帅其党八千人抄驾后第八队,得飞黄上厩马四十二匹而去。冬,十月丁卯,上至东都;己丑,还西京。以高丽使者及斛斯政告太庙;仍征高丽王元入朝,元竟不至。敕将帅严装,更图后举,竟不果行。

初,开皇之末,国家殷盛,朝野皆以高丽为意,刘炫独以为不可,作《抚夷论》以刺之,至是,其言始验。

十一月丙申,杀斛斯政于金光门外,如杨积善之法,仍烹其肉,使百官啖之,佞者或啖之至饱,收其馀骨,焚而扬之。

8 乙巳,有事于南郊,上不斋于次。诘朝,备法驾,至即行礼。是日,大风。上独献上帝,三公分献五帝。礼毕,御马疾驱而归。

7 秋季,七月癸丑(十七日),炀帝车驾临时停留于怀远镇。当时天下已乱,所征发的士兵很多过了期限还未来,高丽国也困顿疲惫。来护兒率军到达毕奢城,高丽发兵迎战。来护兒将高丽军队打败,将要逼近平壤,高丽王高元恐惧,甲子(二十八日),派遣使者来乞求投降,并把斛斯政关在囚车里押送而来。炀帝大为高兴,他派遣使者持节召来护兒返回。来护兒召集部下说:"大军三次出征,未能平定高丽,这次回去就再也不能来了,劳而无功,我感到耻辱。如今高丽确实已经疲惫不堪,以我们这么多的军队去讨伐高丽,不日可胜。我打算进兵直接包围平壤,俘获高元,凯旋而归不是很好吗?"于是来护兒上表炀帝请求出征,不肯奉诏返回。长史崔君肃力争奉旨班师,来护兒不答应,说:"高丽已经支持不住了,皇帝完全相信任用我,我完全可以自行决定此事。我在朝廷之外,有事应该自己决断,我宁可俘获高元返回而受到责罚,但放弃这次成功的机会,我办不到!"崔君肃告诉大家:"要是跟从元帅违抗皇帝的诏命,必定被人上奏皇帝,我们都得获罪。"诸将恐惧,都要求返回,来护兒才接受诏命班师。

八月己巳(初四),炀帝从怀远镇班师回朝。邯郸贼帅杨公卿率领部众八千人抢劫车驾后面的第八队,抢走飞黄上厩的马四十二匹而去。冬季,十月丁卯(初三),炀帝到达东都;己丑(二十五日),炀帝返回西京。他以高丽的使者及斛斯政祭告太庙,仍然征召高丽王高元入朝观见,高元最终还是没来。于是炀帝下令将帅们准备行装,打算再次大举进攻,但最后未能成行。

当初,开皇末年,国家殷实强盛,朝野上下都认为可以征伐高丽,唯独刘炫认为不可。他写了《抚夷论》来批评征高丽的论调,到这时,他的话应验了。

十一月丙申(初二),炀帝将斛斯政在金光门外处死,按照处死杨积善的办法来处死斛斯政,并且把他的肉煮了,让百官们吃,有的奸佞之人还吃了个饱。之后,将斛斯政的骨骸收在一起,焚化后扬掉。

8 乙巳(十一日),在西京南郊举行祭祀活动。炀帝没在斋宫斋戒。早晨,炀帝摆设法驾,到南郊行祭礼。这一天刮起大风,炀帝单独向上帝献祭,三公分别向五帝献祭。祭礼完毕,炀帝车驾迅速驰返皇宫。

9 乙卯,离石胡刘苗王反,自称天子,众至数万;将军潘长文讨之,不克。

10 汲郡贼帅王德仁拥众数万,保林虑山为盗。

11 帝将如东都,太史令庾质谏曰:"比岁伐辽,民实劳弊,陛下宜镇抚关内,使百姓尽力农桑,三五年间,四海稍丰实,然后巡省,于事为宜。"帝不悦。质辞疾不从,帝怒,下质狱,竟死狱中。十二月壬申,帝如东都,赦天下;戊子,入东都。

12 东海贼帅彭孝才转掠沂水,彭城留守董纯讨擒之。纯战虽屡捷,而盗贼日滋,或谮纯怯懦;帝怒,锁纯诣东都,诛之。

13 孟让自长白山寇掠诸郡,至盱眙,众十馀万,据都梁宫,阻淮为固。江都丞王世充将兵拒之,为五栅以塞险要,羸形示弱。让笑曰:"世充文法小吏,安能将兵?吾今生缚取,鼓行入江都耳!"时民皆结堡自固,野无所掠,贼众渐馁,乃少留兵,围五栅,分人于南方抄掠。世充伺其懈,纵兵出击,大破之,让以数十骑遁去,斩首万馀级。

14 齐郡贼帅左孝友众十万屯蹲狗山,郡丞张须陀列营逼之,孝友窘迫出降。须陀威振东夏,以功迁齐郡通守,领河南道十二郡黜陟讨捕大使。涿郡贼帅卢明月众十馀万军祝阿,须陀将万人邀之。相持十馀日,粮尽,将退,谓将士曰:"贼见吾退,必悉众来追,若以千人袭据其营,可有大利。此诚危事,谁能往者?"众莫对,唯罗士信及历城秦叔宝请行。于是须陀委栅而遁,使二人分将千兵伏葭苇中,明月悉众追之。

9　乙卯(二十一日),离石郡的胡人刘苗王率众造反,他自称天子,拥有部众几万人,将军潘长文率兵讨伐刘苗王,但未能获胜。

10　汲郡贼帅王德仁拥有部众几万人,在林虑山据守为盗。

11　炀帝要去东都,太史令庾质劝道:"连年征伐辽东,百姓实在是困苦疲惫之极。陛下应该安定安抚关内,让百姓尽力于农桑,三五年内,国家逐渐充实富裕了,然后再到各地巡视,这样做才合适。"炀帝听后不高兴。于是庾质托病不跟随炀帝出行,炀帝发怒,将庾质关进监狱,庾质终于死在监狱里。十二月壬申(初九),炀帝到达东都,大赦天下;戊子(二十五日),他进入东都。

12　东海的贼帅彭孝才辗转抢掠沂水。彭城留守董纯率兵讨伐并抓住了彭孝才。董纯虽然屡战屡胜,但是盗贼却日益增多。有人诬陷董纯怯懦,炀帝发怒,命人将董纯上了枷锁押到东都处死。

13　孟让从长白山抢掠各郡,他到了盱眙,拥有部众十多万人,占据了都梁宫,以淮水为坚固的屏障。江都郡丞王世充率兵抗击孟让,他用五道栅栏阻塞险要之处,装出赢弱的样子。孟让笑道:"王世充是个文法小吏,怎么能带兵呢? 今天我要生擒王世充,大张旗鼓地进入江都城!"当时百姓都筑堡垒以自卫,野外没有什么可供抢掠的东西了,孟让的部众渐渐挨饿,于是孟让就留下少量兵力,围住五道栅栏,分兵到南面进行抢掠。王世充趁对方松懈,挥军出击,大破孟让,孟让仅带着几十骑逃走,王世充斩获首级一万多。

14　齐郡贼帅左孝友率部众十万人屯守在蹲狗山。齐郡郡丞张须陀扎下军营进逼蹲狗山,左孝友走投无路,只得投降。张须陀威震东夏;因为有功升迁为齐郡通守,兼任河南道十二郡黜陟讨捕大使。涿郡贼帅卢明月率部众十多万人在祝阿县驻军,张须陀率领一万名士兵截击卢明月。双方相持十多天,官军粮食要吃完了,将要撤退时张须陀对将士们说:"贼人看见我们后退,一定率全部人马来追击,要是以一千人袭击并占据贼人的营地,就可以取得大胜。这确实是危险的事,谁能前往?"众人不敢答话。只有罗士信和历城人秦叔宝请求前往。于是张须陀遗弃营栅退走,派罗士信和秦叔宝每人率兵一千人埋伏在芦苇丛中,卢明月集中全部人马追击张须陀。

士信、叔宝驰至其栅，栅门闭，二人超升其楼，各杀数人，营中大乱。二人斩关以纳外兵，因纵火焚其三十餘栅，烟焰涨天。明月奔还，须陀回军奋击，大破之，明月以数百骑遁去，所俘斩无算。叔宝名琼，以字行。

十一年(乙亥，615)

1 春，正月，增秘书省官百二十员，并以学士补之。帝好读书著述，自为扬州总管，置王府学士至百人，常令修撰，以至为帝，前后近二十载，修撰未尝暂停。自经术、文章、兵、农、地理、医、卜、释、道乃至蒲博、鹰狗，皆为新书，无不精洽，共成三十一部，万七千餘卷。初，西京嘉则殿有书三十七万卷，帝命秘书监柳顾言等诠次，除其复重猥杂，得正御本三万七千餘卷，纳于东都修文殿。又写五十副本，简为三品，分置西京、东都宫、省、官府，其正书皆装剪华净，宝轴锦褾。于观文殿前为书室十四间，窗户床褥厨幔，咸极珍丽，每三间开方户，垂锦幔，上有二飞仙，户外地中施机发。帝幸书室，有宫人执香炉，前行践机，则飞仙下，收幔而上，户扉及厨扉皆自启，帝出，则垂闭复故。

2 帝以户口逃亡，盗贼繁多，二月庚午，诏民悉城居，田随近给。郡县驿亭村坞皆筑城。

3 上谷贼帅王须拔自称漫天王，国号燕。贼帅魏刀兒自称历山飞，众各十餘万，北连突厥，南寇燕、赵。

4 初，高祖梦洪水没都城，意恶之，故迁都大兴。申明公李穆薨，孙筠袭爵。叔父浑忿其齐嚣，使兄子善衡贼杀之，

罗士信、秦叔宝率兵驰马到卢明月的营寨外,营门紧闭,二人爬过栅栏上到寨楼,各自杀死了几个人,卢明月营中大乱。二人斩杀把守营门的士兵让外面的官军士兵进来,并趁势纵火烧毁了卢明月的三十多个营栅,火焰冲天。卢明月迅速驰返营地,张须陀回军奋力进攻,大破卢明月。卢明月率领几百名骑兵逃走,卢明月的部众被官军俘获杀死无数。秦叔宝名琼,一般都称呼他的字。

隋炀帝大业十一年(乙亥,公元615年)

1 春季,正月,炀帝增加秘书省的官员一百二十名,并以学士补充秘书省的官员。炀帝喜好读书写作,他任扬州总管时设置的王府学士达百人。他经常命令这些人进行修撰工作,直到他登上帝位,前后近二十年,修撰工作从未停止过。从经术、文章、兵、农、地理、医、卜、释、道以至赌博、鹰狗等都编撰有新书,无不精深广博,共编成书三十一部,一万七千多卷。当初,西京嘉则殿有书三十七万卷,炀帝命令秘书监柳顾言等人对这些书进行选择和编次,别除其中重复和猥杂的书籍,整理出正御本三万七千多卷,收藏在东都的修文殿。又抄写了五十部副本,选为三等,分别存放在西京、东都的宫内、省署和官府中。正本书都装帧精美豪华,玉石为轴,锦缎为端。炀帝在观文殿前设十四间书室,书室的窗户、床褥、厨幔,都极为珍贵华丽。每三间书室开一个双扇门,垂下锦质的幔帐,上面有两个飞翔的仙人,户外的地面上设置机关。炀帝驾临书室时,有宫人手捧香炉,走在前面踏踩机关,飞仙就会下来将幔帐卷上去,窗扉和厨扉都自动打开;炀帝离开书室,则窗扉厨扉及幔帐又垂下关闭如故。

2 炀帝因为户口逃亡,盗贼繁多,二月庚午(初七),下诏命令百姓都迁入城内居住,田地就近分给。郡县、驿亭、村坞都修筑城堡。

3 上谷的贼帅王须拔自称漫天王,定国号为燕。贼帅魏刀兒自称历山飞,他们各自拥有部众十多万人,在北方勾结突厥,在南方抢掠侵犯燕赵之地。

4 当初,文帝梦见洪水湮没了都城,心里厌恶旧都城,所以迁都大兴。申明公李穆去世,他的孙子李筠承袭了申明公的爵位。他的叔父李浑对李筠的吝啬很是气忿,就派其兄子李善衡杀害了李筠,

而证其从父弟瞿昙，使之偿死。浑谓其妻兄左卫率宇文述曰："若得绍封，当岁奉国赋之半。"述为之言于太子，奏高祖，以浑为穆嗣。二岁之后，不复以国赋与述，述大恨之。帝即位，浑累官至右骁卫大将军，改封郕公，帝以其门族强盛，忌之。会有方士安伽陀言"李氏当为天子"，劝帝尽诛海内凡李姓者。浑从子将作监敏，小名洪儿。帝疑其名应谶，常面告之，冀其引决。敏大惧，数与浑及善衡屏人私语。述谮之于帝，仍遣虎贲郎将河东裴仁基表告浑反。帝收浑等家，遣尚书左丞元文都、御史大夫裴蕴杂治之，按问数日，不得反状，以实奏闻。帝更遣述穷治之，述诱教敏妻宇文氏为表，诬告浑谋因度辽，与其家子弟为将领者共袭取御营，立敏为天子。述持入，奏之，帝泣曰："吾宗社几倾，赖公获全耳。"三月丁酉，杀浑、敏、善衡及宗族三十二人，自三从以上皆徙边徼。后数月，敏妻亦鸩死。

5　有二孔雀自西苑飞集宝城朝堂前，亲卫校尉高德儒等十馀人见之，奏以为鸾，时孔雀已飞去，无可得验，于是百僚称贺。诏以德儒诚心冥会，肇见嘉祥，擢拜朝散大夫，赐物百段，馀人皆赐束帛；仍于其地造仪鸾殿。

6　己酉，帝行幸太原；夏，四月，幸汾阳宫避暑。宫城迫隘，百官士卒布散山谷间，结草为营而居之。

7　以卫尉少卿李渊为山西、河东抚慰大使，承制黜陟选补郡县文武官，仍发河东兵讨捕群盗。渊行至龙门，击贼帅毋端兒，破之。

8　秋，八月乙丑，帝巡北塞。

却说是他的堂侄李瞿昙干的,让他抵命。李浑对他的妻兄左卫率宇文述说:"如果我能承袭申明公的爵位,我就每年奉送您一半的国赋。"宇文述就替李浑在太子面前说情,并上奏文帝,文帝就让李浑继承了李穆的爵位。两年以后,李浑就不再给宇文述国赋了,宇文述非常恨李浑。炀帝即位,李浑屡次升迁到右骁卫大将军,改封为郕公。炀帝因为李浑家族门第强盛,对他很猜忌。正好有方士安伽陁说:"李氏当为天子",他劝说炀帝杀尽天下姓李的人。李浑的侄子将作监李敏,小名洪儿。炀帝怀疑这个名字正好应验了谶语,曾当面告诉李敏这件事,希望李敏能自杀。李敏大为恐惧,他几次与李浑及李善衡避开他人私下交谈。宇文述在炀帝面前说李浑的坏话,还让虎贲郎将河东人裴仁基上表告发李浑要谋反。炀帝将李浑等各家关进监狱,派尚书左丞元文都、御史大夫裴蕴一起治李浑的罪。他们审问了几天,找不出李浑要谋反的罪状,就据实上报炀帝。炀帝改派宇文述尽力追究李浑的罪状,宇文述诱教李敏的妻子宇文氏上表诬告李浑策划趁着隋军渡辽河时,与家里子弟中做将领的一起袭取御营,然后拥立李敏为天子。宇文述拿着这个诬告状入见并奏报给炀帝,炀帝流泪说:"我的宗庙社稷几乎被倾覆,全靠您才得以保全啊。"三月丁酉(初五),炀帝把李浑、李敏、李善衡及其宗族三十二人处死,三族之内的亲属,都流放到边远地区。几个月后,李敏的妻子也被毒死。

5 有两只孔雀从西苑一起飞到宝城朝堂前面,亲卫校尉高德儒等十多人看见了孔雀,就奏报炀帝说看见了凤凰,这时孔雀已经飞走了,无法验证,于是百官们都向炀帝祝贺。炀帝下诏说,因为高德儒心地虔诚与祥瑞自然吻合,所以才能看见祥瑞征兆,因此,提升他为朝散大夫,赏赐他物品百段,其馀的人都赐帛一束,还在孔雀停留的地方营建仪鸾殿。

6 己酉(十七日),炀帝巡幸太原;夏季,四月,炀帝到汾阳宫避暑。由于宫城地方窄小,百官、士卒们都分散在山谷间用草搭成营帐居住。

7 炀帝任命卫尉少卿李渊为山西、河东抚慰大使,承担制定郡县选补的文武官员的升迁贬退的职责,还负责征发河东之兵讨伐群盗。李渊率军行进到龙门,进攻贼帅母端兒并将他打败。

8 秋季,八月乙丑(初五),炀帝巡游北塞。

初，裴矩以突厥始毕可汗部众渐盛，献策分其势，欲以宗女嫁其弟叱吉设，拜为南面可汗；叱吉不敢受，始毕闻而渐怨。突厥之臣史蜀胡悉多谋略，为始毕所宠任，矩诈与为互市，诱至马邑下，杀之。遣使诏始毕曰："史蜀胡悉叛可汗来降，我已相为斩之。"始毕知其状，由是不朝。

戊辰，始毕帅骑数十万谋袭乘舆，义成公主先遣使者告变。壬申，车驾驰入雁门，齐王暕以后军保崞县。癸酉，突厥围雁门，上下惶怖，撤民屋为守御之具，城中兵民十五万口，食仅可支二旬。雁门四十一城，突厥克其三十九，唯雁门、崞不下。突厥急攻雁门，矢及御前；上大惧，抱赵王杲而泣，目尽肿。

左卫大将军宇文述劝帝简精锐数千骑溃围而出，纳言苏威曰："城守则我有馀力，轻骑乃彼之所长，陛下万乘之主，岂宜轻动？"民部尚书樊子盖曰："陛下乘危徼幸，一朝狼狈，悔之何及！不若据坚城以挫其锐，坐征四方兵使入援。陛下亲抚循士卒，谕以不复征辽，厚为勋格，必人人自奋，何忧不济？"内史侍郎萧瑀以为："突厥之俗，可贺敦预知军谋；且义成公主以帝女嫁外夷，必恃大国之援。若使一介告之，借使无益，庸有何损？又，将士之意，恐陛下既免突厥之患，还事高丽，若发明诏，谕以赦高丽、专讨突厥，则众心皆安，人自为战矣。"瑀，皇后之弟也。虞世基亦劝帝重为赏格，下诏停辽东之役。帝从之。

帝亲巡将士，谓之曰："努力击贼，苟能保全，凡在行陈，勿忧富贵，必不使有司弄刀笔破汝勋劳。"乃下令："守城有功者，

当初,裴矩认为突厥始毕可汗部众逐渐强盛,就向炀帝献策分散突厥始毕可汗的势力。炀帝打算以宗室女嫁给始毕的弟弟叱吉设,并封他为南面可汗,叱吉设不敢接受册封,始毕知道了此事就对隋朝逐渐产生了怨恨。突厥的大臣史蜀胡悉善于谋略,受到始毕可汗的宠信。裴矩诈称与史蜀胡悉做买卖,将史蜀胡悉诱骗到马邑,将他杀害。然后派使者向始毕宣布诏命说:"史蜀胡悉背叛可汗来投降,我已经帮您将他处死。"始毕知道了这个情况,从此就不再入朝。

戊辰(初八),始毕可汗率领几十万名骑兵策划袭击炀帝的车驾。义成公主先派遣使者向炀帝报告发生了变故。壬申(十二日),炀帝的车驾迅速驰入雁门城,齐王杨暕率领后军进驻了崞县。癸酉(十三日),突厥军队包围了雁门郡,隋军上下惊惧恐怖,拆毁民房用作守卫城池的材料,城中有军、民十五万人,粮食仅够供应二十天。雁门郡的四十一座城池,突厥军队已经攻破了其中的三十九座,只有雁门、崞县没被攻下,突厥军队急攻雁门,箭都射到了炀帝面前,炀帝大为恐惧,抱着赵王杨杲哭泣,眼睛都哭肿了。

左卫大将军宇文述劝说炀帝挑选几千名精锐骑兵突围出去,纳言苏威说:"据守城池我方还有馀力,而轻骑则是对方的长处,陛下是万乘之主,怎么可以轻易行动?"民部尚书樊子盖说:"陛下在危境中侥幸保全,一旦处于狼狈的境地,则追悔莫及!不如坚守城池挫败敌军的锐气,据守在城中,征召全国各地兵马前来救援。陛下亲自抚慰士卒,宣布不再征伐辽东,重赏爵位,必定会人人奋勇争先,何愁不能成功?"内史侍郎萧瑀认为:"按突厥的习俗,可汗的妻子可以参与军机,况且义成公主是以皇帝女儿的身份嫁给外夷的,她肯定要依恃大国为后援。如果派一个使者通知公主,即便没有什么效果,又有什么损害呢?另外,将士们的心里,是怕陛下在免除了突厥的祸患后又去征伐高丽,陛下如果明确下诏,宣布赦免高丽的罪过,专事征伐突厥,那么大家心中安定,就会人人奋力作战了。"萧瑀是萧皇后的弟弟。虞世基也劝炀帝重重悬赏,下诏停止征伐辽东的兵役,炀帝只好采纳了这些意见。

炀帝亲自巡视军队,他对将士们说:"你们要努力打击敌军,如果这次能够保全的话,凡是参加战斗的人都不愁没有富贵,一定不允许有关部门的官吏要弄刀笔吞没你们的功劳。"于是他下令:"守城有功的人,

无官直除六品，赐物百段；有官以次增益。"使者慰劳，相望于道，于是众皆踊跃，昼夜拒战，死伤甚众。

甲申，诏天下募兵，守令竞来赴难。李渊之子世民，年十六，应募隶屯卫将军云定兴，说定兴多赍旗鼓为疑兵，曰："始毕敢举兵围天子，必谓我仓猝不能赴援故也。宜昼则引旌旗数十里不绝，夜则钲鼓相应，虏必谓救兵大至，望风遁去。不然，彼众我寡，若悉军来战，必不能支。"定兴从之。

帝遣间使求救于义成公主，公主遣使告始毕云："北边有急。"东都及诸郡援兵亦至忻口；九月甲辰，始毕解围去。帝使人出侦，山谷皆空，无胡马，乃遣二千骑追蹑，至马邑，得突厥老弱二千馀人而还。

丁未，车驾还至太原。苏威言于帝曰："今盗贼不息，士马疲弊，愿陛下亟还西京，深根固本，为社稷计。"帝初然之。宇文述曰："从官妻子多在东都，宜便道向洛阳，自潼关而入。"帝从之。

冬，十月壬戌，帝至东都，顾盻街衢，谓侍臣曰："犹大有人在。"意谓向日平杨玄感，杀人尚少故也。苏威追论勋格太重，宜加斟酌，樊子盖固请，以为不宜失信，帝曰："公欲收物情邪？"子盖惧，不敢对。帝性吝官赏，初平杨玄感，应授勋者多，乃更置戎秩：建节尉为正六品，次奋武、宣惠、绥德、怀仁、秉义、奉诚、立信等尉，递降一阶。将士守雁门者万七千人，得勋者才千五百人，皆准平玄感勋，一战得第一勋者进一阶，其先无戎秩者止得立信尉，三战得第一勋者至秉义尉，其在行陈而无勋者四战进一阶，亦无赐。会仍议伐高丽，由是将士无不愤怨。

没有官职的直接授予六品官职,赏赐物品百段;已有官职的人级别和赏赐依次增长。"他派出慰问将士的使者络绎不绝。于是大家都踊跃杀敌,昼夜抗击突厥人,伤亡很重。

甲申(二十四日),炀帝下诏招募天下之士,郡守县令都竞相应召赴难。李渊的儿子李世民十六岁应募从军,隶属于屯卫将军云定兴的部下。他劝云定兴多携带旗帜军鼓作为疑兵,说:"始毕可汗敢于举兵围困天子,必定以为我方仓促无法救援。我们最好在白天展开旌旗几十里连绵不断,夜里则金鼓相闻。敌人一定以为我方大批援军到来,就会望风而逃。否则,敌众我寡,如果对方全军来战,我军必定无法支持。"云定兴采纳了李世民的建议。

炀帝暗中派使者向义成公主求救,公主派人告诉始毕说:"北部边境告急。"这时东都和各郡的援兵也都到达忻口。九月甲辰(十五日),始毕可汗解围退走,炀帝派人出去侦察,山谷空无一人,没有突厥军队,才派出两千名骑兵在后面追踪突厥军队,隋兵追到马邑,俘获突厥老弱两千多人返回。

丁未(十八日),炀帝返回太原,苏威对炀帝说:"如今盗贼不息,士卒疲惫,希望陛下速返西京,巩固根本是国家的长久之计。"炀帝开始认为这个意见很好,宇文述说:"跟从车驾的官员家属大都在东都,最好就便道到洛阳去,从潼关进入。"炀帝采纳了这个建议。

冬季,十月壬戌(初三),炀帝到达东都。他斜着眼看看街道上的人,对侍臣说:"还是大有人在。"他的意思是说过去平定杨玄感的叛乱时杀人还少。苏威提到悬赏规格太重,应该再斟酌考虑。樊子盖恳切请求遵守先前的许诺,认为不应失信于将士。炀帝说:"你打算收买人心吗?"樊子盖害怕了,不敢再答话。炀帝生性吝惜官爵赏赐,当初平定杨玄感时,应该论功授勋的人很多,他就改变军队的职位级别:规定建节尉为正六品,以下依次是奋武、宣惠、绥德、怀仁、秉义、奉诚、立信等尉,依次降低一级。参加保卫雁门的将士有一万七千人,可是得到勋位的才有一千五百人,都是比照平定杨玄感时行赏的标准,打一仗得第一功的人晋升一级,此前没有军职的人仅授予立信尉的职位;打三次仗得第一功的人只作到秉义尉;那些虽在战场但未立功的人打四次仗晋升一级,也不赏赐物品。正好炀帝又商议攻伐高丽,因此将士们无不愤怒怨恨。

初,萧瑀以外戚有才行,尝事帝于东宫,累迁至内史侍郎,委以机务。瑀性刚鲠,数言事忤旨,帝渐疏之。及雁门围解,帝谓群臣曰:"突厥狂悖,势何能为? 少时未散,萧瑀遽相恐动,情不可恕!"出为河池郡守,即日遣之。候卫将军杨子崇从帝在汾阳宫,知突厥必为寇,屡请早还京师,帝怒曰:"子崇怯懦,惊动众心,不可居爪牙之官。"出为离石郡守。子崇,高祖之族弟也。

9 杨玄感之乱,龙舟水殿皆为所焚,诏江都更造,凡数千艘,制度仍大于旧者。

10 壬申,卢明月帅众十万寇陈、汝。

11 东海李子通,有勇力,先依长白山贼帅左才相,群盗皆残忍,而子通独宽仁,由是人多归之,未半岁,有众万人。才相忌之,子通引去,渡淮,与杜伏威合。伏威选军中壮士养为假子,凡三十馀人,济阴王雄诞、临济阚稜为之冠。既而李子通谋杀伏威,遣兵袭之,伏威被重创坠马,雄诞负之逃葭苇中,收散兵复振。将军来整击伏威,破之;其将西门君仪之妻王氏,勇而多力,负伏威以逃,雄诞帅壮士十馀人卫之,与隋兵力战,由是得免。来整又击李子通,破之,子通帅其馀众奔海陵,复收兵得二万人,自称将军。

12 城父朱粲始为县佐史,从军,遂亡命聚众为盗,谓之"可达寒贼",自称迦楼罗王,众至十馀万,引兵转掠荆、沔及山南郡县,所过噍类无遗。

13 十二月庚寅,诏民部尚书樊子盖发关中兵数万击绛贼敬盘陀等。子盖不分臧否,自汾水之北,村坞尽焚之,贼有降者皆坑之。百姓怨愤,益相聚为盗。诏以李渊代之,有降者,渊引置左右,由是贼众多降,前后数万人,馀党散入他郡。

当初，萧瑀因为是外戚，又有才干德行，曾经在炀帝为太子时做他的僚臣，他屡次升迁做到内史侍郎，被委以机要重任。萧瑀性格刚强耿直，几次谈论事情违背了炀帝的旨意，炀帝就逐渐疏远了他。雁门之围已解，炀帝对群臣说："突厥狂妄逆悖，他们能怎么样？突厥人一会儿不散，萧瑀就恐慌动摇，实不能宽恕！"于是调萧瑀出京，任为河池郡守，当天出发。候卫将军杨子崇跟随炀帝在汾阳宫，他知道突厥人必定要来侵犯，几次请求炀帝早日返回京师，炀帝发怒说："杨子崇怯懦，惊扰动摇众心，不能让他身为武臣。"于是炀帝将杨子崇调出任命为离石郡守。杨子崇是文帝的族弟。

9 杨玄感叛乱时，龙舟水殿都被他烧毁，于是炀帝下诏江都再造龙舟水殿，共几千艘，规制比原来的还大。

10 壬申（十三日），卢明月率部众十万人进犯陈州、汝州。

11 东海人李子通，有勇有力，他先依附长白山贼帅左才相，群盗都很残忍，只有李子通宽厚仁慈，于是很多人都去归附他。不到半年，李子通就拥有部众一万人。左才相猜忌李子通，李子通就离开他，率众渡过淮河，与杜伏威汇合。杜伏威挑选军中的壮士收为养子，共有三十多人，济阴人王雄诞、临济人阚棱是养子中最突出的。不久李子通策划刺杀杜伏威，他派兵袭击杜伏威，杜伏威受重伤落马，王雄诞背着杜伏威逃到芦苇丛中，收集溃散的部众重振军威。将军来整率官军袭击杜伏威，将杜伏威击败，杜伏威的部将西门君仪的妻子王氏勇敢有力，她背着杜伏威逃走，王雄诞率领壮士十多人保护着杜伏威，与隋军奋力作战，因此才得以逃脱。来整又进攻李子通并将他击败。李子通率领剩余的部众奔往海陵，又招得士卒两万人，自称将军。

12 城父人朱粲，开始是个县佐史，后来他参加了军队，就逃亡聚众为盗，人们称之为"可达寒贼"，朱粲自称迦楼罗王，拥有部众达十多万人。他率兵在荆州、沔阳转战抢掠，一直到长安南山之南的郡县。朱粲所部经过之处即无人烟。

13 十二月庚寅，炀帝下诏命令民部尚书樊子盖征发关中士兵几万名进击绛郡贼人敬盘陀等人。樊子盖不问青红皂白，自汾水以北，村坞都被烧毁，前来投降的贼人全被坑杀。百姓怨恨愤怒，越来越多的人相聚为盗。炀帝下诏用李渊替换樊子盖，再有投降的贼人，李渊就将投降者安置在自己身旁，因此有很多贼人投降，投降的人前后共有几万，其余的贼盗流散到别的郡去了。

卷第一百八十三　隋纪七

起丙子(616)尽丁丑(617)五月凡一年有奇

炀皇帝下

大业十二年(丙子,616)

1　春,正月,朝集使不至者二十馀郡,始议分遣使者十二道发兵讨捕盗贼。

2　诏毗陵通守路道德集十郡兵数万人,于郡东南起宫苑,周围十二里,内为十六离宫,大抵仿东都西苑之制,而奇丽过之。又欲筑宫于会稽,会乱,不果成。

3　三月上巳,帝与群臣饮于西苑水上,命学士杜宝撰《水饰图经》,采古水事七十二,使朝散大夫黄衮以木为之,间以妓航、酒船,人物自动如生,钟磬筝瑟,能成音曲。

4　己丑,张金称陷平恩,一朝杀男女万馀口;又陷武安、钜鹿、清河诸县。金称比诸贼尤残暴,所过民无孑遗。

5　夏,四月丁巳,大业殿西院火,帝以为盗起,惊走,入西苑,匿草间,火定乃还。帝自八年以后,每夜眠恒惊悸,云有贼,令数妇人摇抚,乃得眠。

6　癸亥,历山飞别将甄翟儿众十万寇太原,将军潘长文败死。

7　五月丙戌朔,日有食之,既。

8　壬午,帝于景华宫征求萤火,得数斛,夜出游山,放之,光遍岩谷。

炀皇帝下

隋炀帝大业十二年(丙子,公元616年)

1　春季,正月,大朝会,各地朝集使未到的有二十馀郡。朝廷中开始商议分别派遣使者分十二道发兵讨捕盗贼。

2　炀帝下诏命毗陵通守路道德汇集十郡之兵几万人,在毗陵郡城东南营建宫苑,方圆十二里;苑内有十六所离宫,大都模仿东都西苑的规制,但在新颖华丽方面还要超过西苑。炀帝还打算在会稽建造宫苑,正逢各地造反,未能建成。

3　三月上巳,炀帝与群臣在西苑水上宴饮,命令学士杜宝撰写《水饰图经》,收集古代七十二个关于水的故事让朝散大夫黄衮依故事用木头制成,间杂着乐妓的船只、装酒的船只,木制的人物能动,栩栩如生,钟、磬、筝、瑟,都能发出音乐曲调。

4　己丑(初三),张金称攻陷平恩县,一个早晨就杀死男女万馀人;他又攻陷武安、钜鹿、清河各县。张金称比其他的盗贼更为残暴,他率部所过之处,人迹全无。

5　夏季,四月丁巳(初一),大业殿西院起火,炀帝以为盗贼来了,惊慌逃入西苑,藏在草丛里,火熄灭后才出来。炀帝从大业八年以来每天夜里都睡不安稳,常常惊悸而醒,说有贼,必得命几个妇人摇抚才能入睡。

6　癸亥(初七),历山飞的部将甄翟儿率众十万人攻打太原,将军潘长文兵败身亡。

7　五月丙戌朔(初一),出现日食,是日全食。

8　壬午,炀帝在景华宫征求萤火虫,征得了几斛萤火虫,在夜里游山,把萤火虫放出来,其光亮遍及山谷。

9　帝问侍臣盗贼,左翊卫大将军宇文述曰:"渐少。"帝曰:"比从来少几何?"对曰:"不能什一。"纳言苏威引身隐柱,帝呼前问之,对曰:"臣非所司,不委多少,但患渐近。"帝曰:"何谓也?"威曰:"他日贼据长白山,今近在汜水。且往日租赋丁役,今皆何在?岂非其人皆化为盗乎?比见奏贼皆不以实,遂使失于支计,不时剪除。又昔在雁门,许罢征辽,今复征发,贼何由息?"帝不悦而罢。寻属五月五日,百僚多馈珍玩,威独献《尚书》。或谮之曰:"《尚书》有《五子之歌》,威意甚不逊。"帝益怒。顷之,帝问威以伐高丽事,威欲帝知天下多盗,对曰:"今兹之役,愿不发兵,但赦群盗,自可得数十万,遣之东征。彼喜于免罪,争务立功,高丽可灭。"帝不怿。威出,御史大夫裴蕴奏曰:"此大不逊!天下何处有许多贼?"帝曰:"老革多奸,以贼胁我!欲批其口,且复隐忍。"蕴知帝意,遣河南白衣张行本奏:"威昔在高阳典选,滥授人官;畏怯突厥,请还京师。"帝令按验,狱成,下诏数威罪状,除名为民。后月馀,复有奏威与突厥阴图不轨者,事下裴蕴推之,蕴处威死。威无以自明,但摧谢而已。帝悯而释之,曰:"未忍即杀。"并其子孙三世皆除名。

10　秋,七月壬戌,济景公樊子盖卒。

11　江都新作龙舟成,送东都;宇文述劝幸江都,右候卫大将军酒泉赵才谏曰:"今百姓疲劳,府藏空竭,盗贼蜂起,禁令不行,愿陛下还京师,安兆庶。"帝大怒,以才属吏,旬日,意解,乃出之。朝臣皆不欲行,帝意甚坚,无敢谏者。建节尉任宗上书极谏,

9　炀帝向侍臣询问盗贼的情况,左翊卫大将军宇文述说:"逐渐减少。"炀帝说:"比过去少多少?"宇文述回答:"不及过去的十分之一。"纳言苏威躲在柱子后面,炀帝把苏威叫到座前问他,苏威回答:"我不是管这方面的官员,不清楚有多少盗贼,但贼患距京越来越近。"炀帝问:"为什么这么说呢?"苏威说:"过去盗贼只占据长白山,如今已近在汜水。况且往日的租赋丁役,现在又都在什么地方呢?这难道不是人们都变成盗贼了吗?近来看到上奏的贼情都不是实情,于是措施失当,对盗贼不能及时地加以剿灭。还有,以前在雁门时,已经许诺停止征伐辽东,现在又征发士兵,盗贼怎么能够平息?"炀帝听了不高兴,就作罢了。不久到了五月五日,百官中很多人都上贡珍玩之物,唯独苏威献上《尚书》。有人诋毁苏威说:"《尚书》中有《五子之歌》,苏威的含意很不恭敬。"炀帝更加生气。不久,炀帝向苏威询问征伐高丽的事情,苏威想让炀帝了解天下有很多盗贼的情况,就回答说:"现在征辽之事,希望不要发兵,只要赦免群盗,自然可以得到几十万人,派他们去东征。这些人对被赦免罪过感到高兴,会竞相立功,高丽就可以被平灭。"炀帝不高兴。苏威就退了出来,御史大夫裴蕴奏道:"这太不恭敬了!天下哪里有许多盗贼?"炀帝说:"这老家伙极为奸佞,拿盗贼来吓唬我。我想打他嘴巴,暂且再忍耐一下。"裴蕴知道炀帝的心意,就让河南平民张行本上奏说:"苏威从前在高阳掌管挑选官员之事时,滥授官职,畏惧突厥,要求返回京师。"炀帝命人核查验证,构成罪状,于是炀帝下诏历数苏威的罪状,将他除名为民。一个多月后,又有人奏报苏威与突厥暗中勾结图谋不轨,此事交由裴蕴追究法办,裴蕴判苏威死刑。苏威无法为自己申辩,只是非常伤感地谢罪而已。炀帝怜悯苏威就将他释放了,说:"不忍心杀了他。"把苏威的子孙三代都除名为民。

10　秋季,七月壬戌(初八),济景公樊子盖去世。

11　江都新制造的龙舟完工,送到东都;宇文述劝炀帝巡游江都,右候卫大将军酒泉人赵才劝阻说:"如今百姓疲惫劳苦,国库空竭,盗贼蜂起,禁令不行,希望陛下返回京师,安抚天下百姓。"炀帝勃然大怒,把赵才交司吏处治,过了十天,炀帝才平息了怒气,将赵才放出。朝中的大臣都不想让炀帝出行,但炀帝去江都之意非常坚决,没有敢于进谏的人。建节尉任宗上书极力劝谏,

即日于朝堂杖杀之。甲子,帝幸江都,命越王侗与光禄大夫段达、太府卿元文都、检校民部尚书韦津、右武卫将军皇甫无逸、右司郎卢楚等总留后事。津,孝宽之子也。帝以诗留别宫人曰:"我梦江都好,征辽亦偶然。"奉信郎崔民象以盗贼充斥,于建国门上表谏;帝大怒,先解其颐,然后斩之。

12 戊辰,冯翊孙华举兵为盗。虞世基以盗贼充斥,请发兵屯洛口仓,帝曰:"卿是书生,定犹惶怯。"戊辰,车驾至巩。敕有司移箕山、公路二府于仓内,仍令筑城以备不虞。至氾水,奉信郎王爱仁复上表请还西京,帝斩之而行。至梁郡,郡人邀车驾上书曰:"陛下若遂幸江都,天下非陛下之有!"又斩之。是时李子通据海陵,左才相掠淮北,杜伏威屯六合,众各数万;帝遣光禄大夫陈稜将宿卫精兵八千讨之,往往克捷。

13 八月乙巳,贼帅赵万海众数十万,自恒山寇高阳。

14 冬,十月己丑,许恭公宇文述卒。初,述子化及、智及皆无赖。化及事帝于东宫,帝宠昵之,及即位,以为太仆少卿。帝幸榆林,化及、智及冒禁与突厥交市,帝怒,将斩之,已解衣辫发,既而释之,赐述为奴。智及弟士及,以尚主之故,常轻智及,惟化及与之亲昵。述卒,帝复以化及为右屯卫将军,智及为将作少监。

15 李密之亡也,往依郝孝德,孝德不礼之;又入王薄,薄亦不之奇也。密困乏,至削树皮而食之,匿于淮阳村舍,变姓名,聚徒教授。郡县疑而捕之,密亡去,抵其妹夫雍丘令丘君明。君明不敢舍,转寄密于游侠王秀才家,秀才以女妻之。君明从侄怀义告其事,帝令怀义自赍敕书与梁郡通守杨汪相知收捕。

当天就在朝堂上被用杖打死。甲子(初十),炀帝驾临江都,他命令越王杨侗与光禄大夫段达、太府卿元文都、检校民部尚书韦津、右武卫将军皇甫无逸、右司郎卢楚等人共同负责留守东都之事。韦津是韦孝宽的儿子。炀帝以诗向宫人留别:"我梦江都好,征辽亦偶然。"奉信郎崔民象以盗贼充斥全国为由,在建国门上表劝阻江都之行;炀帝勃然大怒,先摘掉崔民象的下巴,然后将他处斩。

12 戊辰(十四日),冯翊郡人孙华举兵为盗。虞世基以盗贼充斥,请求炀帝派兵屯驻洛口仓,炀帝说:"你是书生,必定还是恐惧畏缩。"戊辰(十四日),炀帝到达巩县,命令有关部门将箕山、公路二府移到洛口仓内,并命令修筑城池以备不测。炀帝到达汜水,奉信郎王爱仁又上表请求炀帝返回西京,炀帝杀死王爱仁后又继续南行。到达梁郡,梁郡有人半路拦阻车驾上书说:"陛下若是一定要巡游江都,天下就将不是陛下的了!"炀帝又将上书人杀死。这时,李子通占据海陵,左才相劫掠淮北,杜伏威屯兵于六合,他们各自拥有部众几万人;炀帝派光禄大夫陈稜率领宿卫精兵八千人去讨伐各路盗贼,连连取胜。

13 八月乙巳(二十一日),贼帅赵万海率领部众几十万人,从恒山进犯高阳。

14 冬季,十月己丑(初六),许恭公宇文述去世。当初,宇文述的儿子宇文化及、宇文智及都是无赖之徒。宇文化及曾在东宫侍奉炀帝,炀帝对他宠信亲昵,等到即位,任命宇文化及为太仆少卿。炀帝巡幸榆林时,宇文化及和宇文智及违犯禁令与突厥人做买卖,炀帝发怒,要杀掉他们,已经把他们的衣服剥下来头发披散开,随即,炀帝又释放了他们,将他们赐给宇文述为奴仆。宇文智及的弟弟宇文士及,因为娶了公主的缘故,常常看不起宇文智及,只有宇文化及和他亲近。宇文述去世,炀帝又任命宇文化及为右屯卫将军,宇文智及为将作少监。

15 李密逃亡,去投奔郝孝德,郝孝德对李密不以礼相待,李密又去投奔王薄,王薄也不把他作为特殊人物看待。李密困顿匮乏,到了剥树皮吃的地步,隐藏在淮阳郡的村舍里,改换姓名,聚徒教书。郡县的官员怀疑他并去抓捕他,李密逃走,到他妹夫雍丘县令丘君明家。丘君明不敢收留李密,就把李密转送到游侠王秀才家藏匿,王秀才把自己的女儿嫁给李密。丘君明的堂侄丘怀义向官府告发了这件事,炀帝命令丘怀义亲自把敕书送交梁郡通守杨汪,让他去收捕李密等人。

汪遣兵围秀才宅,适值密出外,由是获免,君明、秀才皆死。

韦城翟让为东都法曹,坐事当斩。狱吏黄君汉奇其骁勇,夜中潜谓让曰:"翟法司,天时人事,抑亦可知,岂能守死狱中乎?"让惊喜曰:"让,圈牢之豕,死生唯黄曹主所命。"君汉即破械出之。让再拜曰:"让蒙再生之恩则幸矣,奈黄曹主何?"因泣下。君汉怒曰:"本以公为大丈夫,可救生民之命,故不顾其死以奉脱,奈何反效儿女子涕泣相谢乎!君但努力自免,勿忧吾也!"让遂亡命于瓦岗为群盗。同郡单雄信,骁健,善用马槊,聚少年往从之。离狐徐世勣家于卫南,年十七,有勇略,说让曰:"东郡于公与勣皆为乡里,人多相识,不宜侵掠。荥阳、梁郡,汴水所经,剽行舟,掠商旅,足以自资。"让然之,引众入二郡界,掠公私船,资用丰给,附者益众,聚徒至万馀人。

时又有外黄王当仁、济阳王伯当、韦城周文举、雍丘李公逸等皆拥众为盗。李密自雍州亡命,往来诸帅间,说以取天下之策,始皆不信,久之,稍以为然,相谓曰:"斯人公卿子弟,志气若是。今人人皆云杨氏将灭,李氏将兴。吾闻王者不死,斯人再三获济,岂非其人乎!"由是渐敬密。

密察诸帅,唯翟让最强,乃因王伯当以见让,为让画策,往说诸小盗,皆下之。让悦,稍亲近密,与之计事,密因说让曰:"刘、项皆起布衣为帝王。今主昏于上,民怨于下,锐兵尽于辽东,和亲绝于突厥,方乃巡游扬、越,委弃东都,此亦刘、项奋起之会也。以足下雄才大略,士马精锐,席卷二京,诛灭暴虐,隋氏不足亡也!"让谢曰:"吾侪群盗,旦夕偷生草间,君之言者,非吾所及也。"

杨汪派兵包围了王秀才家,正好李密外出,因而幸免,丘君明、王秀才都被官府处死。

韦城人翟让是东都的法曹,因为犯罪当被处死。狱吏黄君汉认为翟让骁勇不寻常,于是在夜里悄悄对翟让说:"翟法司,天时人事,也许是可以预料的,哪能在监狱里等死呢?"翟让又惊又喜,说:"我翟让,是关在圈里的猪,生死只能听从黄曹主的吩咐了。"黄君汉当即给翟让打开枷锁把他救出来,翟让再三拜谢说:"让我蒙受您的再生之恩得以幸免,但黄曹主您怎么办呢?"于是流下泪来。黄君汉发怒道:"我本以为你是个大丈夫,可以拯救黎民百姓,所以才冒死来解救你,你怎么却像儿女子弟一样以涕泪来表示感谢呢?你就努力设法逃脱吧,不要管我了!"于是翟让逃亡到瓦岗为盗。与他同郡的单雄信,骁勇矫健,擅长使用马枪,他招集年轻人去投奔翟让。离狐人徐世勣家在卫南,十七岁,有勇有谋,他劝说翟让说:"东郡对于您和我都是乡里,那里的人大都认识,不应当去侵犯抢掠他们。荥阳、梁郡,是汴水流经的地方,我们抢劫行船,掠夺商人旅客,就足以自给。"翟让同意他的建议,于是就率众进入二郡的境界,抢掠公私船只,因此供给充裕,来归附的人越来越多,徒众达一万余人。

当时还有外黄人王当仁、济阳人王伯当、韦城人周文举、雍丘人李公逸等都聚众为盗。李密从雍州逃亡后,就往来于各部首领之间,向他们游说夺取天下的谋略。开始大家都不信,时间长了,他们渐渐相信了,互相说道:"此人是公卿子弟,有这样的志气、抱负,现在人们都说杨氏将灭,李氏将兴,我听说能成王业的人不会死,此人多次能渡过难关,难道他就是将成帝业的李姓人吗?"于是他们渐渐敬重李密。

李密观察各部统帅,只有翟让势力最强,于是由王伯当引见见到了翟让,他为翟让出谋划策,去游说劝导诸小股盗贼,他们都归附了翟让。翟让很高兴,渐渐信任李密,与他商议事情。李密趁机劝翟让说:"刘邦、项羽都出身平民而做了帝王,如今上面是皇帝昏庸,下面是百姓怨愤,精锐兵力都在辽东丧失了,突厥也断绝了和亲的关系,炀帝还在巡游扬、越一带,丢弃了东都,现在也是刘邦、项羽之辈奋起的机会。以您的雄才大略,兵马的精良,可以席卷东西二京,诛灭暴君,隋氏完全可以灭掉!"翟让向李密推辞说:"我辈身为群盗,旦夕都在草丛之间偷生,你所说的,不是我辈所能想到的。"

会有李玄英者，自东都逃来，经历诸贼，求访李密，云："斯人当代隋家。"人问其故，玄英言："比来民间谣歌有《桃李章》曰：'桃李子，皇后绕扬州，宛转花园里。勿浪语，谁道许？''桃李子'，谓逃亡者李氏之子也；皇与后，皆君也；'宛转花园里'，谓天子在扬州无还日，将转于沟壑也；'莫浪语，谁道许'者，密也。"既与密遇，遂委身事之。前宋城尉齐郡房玄藻，自负其才，恨不为时用，预于杨玄感之谋，变姓名亡命，遇密于梁、宋之间，遂与之俱游汉、沔，遍入诸贼，说其豪杰。还日，从者数百人，仍为游客，处于让营。让见密为豪杰所归，欲从其计，犹豫未决。

有贾雄者，晓阴阳占候，为让军师，言无不用。密深结于雄，使之托术数以说让；雄许诺，怀之未发，会让召雄，告以密所言，问其可否，对曰："吉不可言。"又曰："公自立恐未必成，若立斯人，事无不济。"让曰："如卿言，蒲山公当自立，何来从我？"对曰："事有相因。所以来者，将军姓翟，翟者，泽也。蒲非泽不生，故须将军也。"让然之，与密情好日笃。

密因说让曰："今四海糜沸，不得耕耘，公士众虽多，食无仓廪，唯资野掠，常苦不给。若旷日持久，加以大敌临之，必涣然离散。未若先取荥阳，休兵馆谷，待士马肥充，然后与人争利。"让从之，于是破金堤关，攻荥阳诸县，多下之。

荥阳太守郇王庆，弘之子也，不能讨，帝徙张须陁为荥阳通守以讨之。庚戌，须陁引兵击让，让向数为须陁所败，闻其来，

正好有个叫李玄英的人从东都逃来,经过了各部盗贼,以求访李密,并说:"此人当替代隋家坐天下。"别人问他缘故,李玄英说:"近来民间有一叫《桃李章》的歌谣,歌谣唱道:'桃李子,皇后绕扬州,宛转花园里。勿浪语,谁道许?''桃李子',是说逃亡的人是李氏之子;皇与后都是君主;'宛转花园里'指的是天子在扬州不会有回来的日子了,将会死无葬身之地;'莫浪语,谁道许'是密的意思。"不久他遇到李密,于是就投靠李密。原宋城县尉齐郡人房玄藻,自恃自己的才学,恨自己不能为当政的人所赏识任用,他曾参与过杨玄感的谋乱,后来改名换姓逃亡,在梁郡、宋城之间遇见了李密,于是就和李密遍游汉、沔之地,遍访各部贼帅,游说其中的豪杰之士。从汉、沔之地返回来的时候,跟从他们的有几百人,他们仍作为游客,留在翟让的营寨内。翟让看见豪杰们都归附李密,想采纳李密的建议,但仍犹豫不决。

有个叫贾雄的人,通晓阴阳占卜,是翟让的军师,翟让对他是言听计从。李密与贾雄结为深交,他让贾雄假借占卜之术去劝说翟让;贾雄答应了,想好了主意但还没说出来,正好翟让召见贾雄,把李密的建议告诉贾雄,问他是否可以采纳,贾雄回答:"吉不可言。"又说:"您自立为王恐怕未必能成功,要是拥立此人,事情就没有办不成的。"翟让说:"像你说的那样,蒲山公应当自立,为什么他又来投奔我呢?"贾雄回答:"有些事是有相互联系的。李密所以来投奔你,是因为将军您姓翟,翟是泽的意思。蒲草非泽则不生,所以他需要将军您。"翟让认为贾雄的话很对,他与李密的交情日益密切。

李密就劝翟让说:"如今国内沸腾,百姓不得耕耘,您兵马虽多,但吃粮没有仓储,只靠外出抢掠,常常苦于供给不足,若是旷日持久,加之大敌临头,部众必然会离散。不如先攻取荥阳,休兵取食仓储之粮,待兵强马壮,然后再与他人争夺利益。"翟让听从了他的意见,率军攻破了金堤关,进而攻打荥阳郡各县,大多数县城都被攻破。

荥阳太守郇王杨庆是杨弘的儿子,不能率军讨伐翟让,炀帝调张须陁为荥阳通守去讨伐翟让。庚戌(二十七日),张须陁率兵进击翟让,翟让从前几次都被张须陁所击败,他听到张须陁来,

大惧,将避之。密曰:"须陁勇而无谋,兵又骤胜,既骄且狠,可一战擒也。公但列陈以待,密保为公破之。"让不得已,勒兵将战,密分兵千馀人伏于大海寺北林间。须陁素轻让,方陈而前,让与战,不利,须陁乘之,逐北十馀里;密发伏掩之,须陁兵败。密与让及徐世勣、王伯当合军围之,须陁溃围出;左右不能尽出,须陁跃马复入救之,来往数四,遂战死。所部兵昼夜号哭,数日不止,河南郡县为之丧气。鹰扬郎将河东贾务本为须陁之副,亦被伤,帅馀众五千馀人奔梁郡,务本寻卒。诏以光禄大夫裴仁基为河南讨捕大使,代领其众,徙镇虎牢。

让乃令密建牙,别统所部,号蒲山公营。密部分严整,凡号令士卒,虽盛夏,皆如背负霜雪。躬服俭素,所得金宝,悉颁赐麾下,由是人为之用。麾下士卒多为让士卒所陵辱,以威约有素,不敢报也。让谓密曰:"今资粮粗足,意欲还向瓦岗,公若不往,唯公所适,让从此别矣。"让帅辎重东引,密亦西行至康城,说下数城,大获资储。让寻悔,复引兵从密。

16 鄱阳贼帅操师乞自称元兴王,建元始兴。攻陷豫章郡,以其乡人林士弘为大将军。诏治书侍御史刘子翊将兵讨之。师乞中流矢死,士弘代统其众,与子翊战于彭蠡湖,子翊败死。士弘兵大振,至十馀万人。十二月壬辰,士弘自称皇帝,国号楚,建元太平;遂取九江、临川、南康、宜春等郡,豪杰争杀隋守令,以郡县应之。其地北自九江,南及番禺,皆为所有。

17 诏以右骁卫将军唐公李渊为太原留守,以虎贲郎将王威、虎牙郎将高君雅为之副,将兵讨甄翟儿,与翟儿遇于雀鼠谷。渊众才数千,贼围渊数匝;李世民将精兵

大为恐惧,打算避开张须陀。李密说:"张须陀有勇无谋,他的军队又屡次取胜,既骄傲又凶狠,可以一仗就把张须陀擒住。您只要摆好阵势等待官军,我保证为您打败官军。"翟让不得已,率兵准备交战,李密分出一千馀士兵埋伏在大海寺北面的树林里。张须陀素来轻视翟让,他将军队列成方阵前进。翟让与张须陀交战,战败,张须陀追去败兵十馀里,李密发动伏兵掩杀官军,张须陀兵败。李密与翟让以及徐世勣、王伯当等合兵一处将张须陀包围;张须陀突破重围,但他的部将没能全冲出包围,张须陀又跃马冲入包围圈去救援,这样来回几次,张须陀战死。他所部士兵昼夜号哭,几天不止,黄河以南的郡县都为之沮丧。鹰扬郎将河东人贾务本是张须陀的副将,也受了伤,他率领剩下的五千多人逃到梁郡,贾务本不久也去世了。炀帝诏命光禄大夫裴仁基为河南讨捕大使,替代张须陀统领他的部下,迁到虎牢镇守。

翟让于是命李密建立自己的营署,单独统率自己的部众,号称蒲山公营。李密管理部众纪律严明,凡是号令士卒,虽然是在盛夏,士卒们似背上负有霜雪般的寒意。李密衣着节俭朴素,获得的金宝,全都颁赐给了部下,因此人们都愿为他效力。他部下的士卒很多人被翟让的部众欺辱,但因为李密管束严格,无人敢进行报复。翟让对李密说:"如今军资粮食大致够用,我打算返回瓦岗,您若是不去,那就随你所便了,我从此就与你分手了。"翟让带着辎重向东而去,李密也向西来到康城,劝降了几座城池,获得了大量的军资粮食。不久,翟让就后悔了,他又率兵来跟随李密。

16 鄱阳的贼帅操师乞自称元兴王,建年号始兴。他率兵攻陷了豫章郡,任命同乡林士弘为大将军。炀帝下诏命治书侍御史刘子翊率兵前去讨伐操师乞。操师乞中流矢而死,林士弘替代他统率部众。林士弘与刘子翊在彭蠡湖交战,刘子翊战败身亡。林士弘军威大振,兵力达到十馀万人。十二月壬辰(初十),林士弘自称皇帝,国号楚,建年号太平。于是林士弘又攻取九江、临川、南康、宜春等郡,各地豪杰竞相杀死隋朝的郡守县令,以整个郡县来响应林士弘。北自九江、南到番禺的广大地域都为林士弘所据有。

17 炀帝下诏任命右骁卫将军唐公李渊为太原留守,任命虎贲郎将王威、虎牙郎将高君雅为李渊的副将,率兵讨伐甄翟儿。在崔鼠谷与甄翟儿遭遇,李渊才有几千人,而贼军包围李渊有好几重。李世民率领精兵

救之，拔渊于万众之中，会步兵至，合击，大破之。

18　帝疏薄骨肉，蔡王智积每不自安，及病，不呼医，临终，谓所亲曰："吾今日始知得保首领没于地矣！"

19　张金称、郝孝德、孙宣雅、高士达、杨公卿等寇掠河北，屠陷郡县；隋将帅败亡者相继，唯虎贲中郎将蒲城王辩、清河郡丞华阴杨善会数有功。善会前后与贼七百馀战，未尝负败。帝遣太仆卿杨义臣讨张金称。金称营于平恩东北，义臣引兵直抵临清之西，据永济渠为营，去金称营四十里，深沟高垒，不与战。金称日引兵至义臣营西，义臣勒兵擐甲，约与之战，既而不出。日暮，金称还营，明旦，复来；如是月馀，义臣竟不出。金称以为怯，屡逼其营詈辱之。义臣乃谓金称曰："汝明旦来，我当必战。"金称易之，不复设备。义臣简精骑二千，夜自馆陶济河，伺金称离营，即入击其累重。金称闻之，引兵还，义臣从后击之，金称大败，与左右逃于清河之东。月馀，杨善会讨擒之。吏立木于市，悬其头，张其手足，令仇家割食之；未死间，歌讴不辍。诏以善会为清河通守。

20　涿郡通守郭绚将兵万馀人讨高士达。士达自以才略不及窦建德，乃进建德为军司马，悉以兵授之。建德请士达守辎重，自简精兵七千人拒绚。诈为与士达有隙而叛，遣人请降于绚，愿为前驱，击士达以自效。绚信之，引兵随建德至长河，不复设备。建德袭之，杀虏数千人，斩绚首，献士达，张金称馀众皆归建德。杨义臣乘胜至平原，欲入高鸡泊讨之。建德谓士达曰："历观隋将，善用兵者无如义臣，今灭张金称而来，其锋不可当。请引兵避之，使其欲战不得，

救援李渊，将李渊从万众之中救出来，正好李渊步兵赶到，两军合击，大破甄翟儿。

18　炀帝对骨肉亲人都疏远、刻薄，蔡王杨智积常常感到不安，他患了病，不请医生治病，临终时对他的亲人说："我今天才知道能够保全脑袋而死于地下！"

19　张金称、郝孝德、孙宣雅、高士达、杨公卿等抢掠河北，攻陷郡县，隋朝的将帅相继败亡，只有虎贲中郎将蒲城人王辩、清河郡丞华阴人杨善会几次立功。杨善会前后与贼人交战七百馀次，没有战败过。炀帝派遣太仆卿杨义臣讨伐张金称。张金称在平恩县东北处扎营，杨义臣率兵直抵临清县的西面，依据永济渠扎营，距张金称的营地有四十里，深沟高垒，不与张金称交战。张金称每天率兵到杨义臣营地的西面讨战，杨义臣穿戴铠甲率领着士兵，与张金称约定交战，但又不出战。直至天色将晚，张金称只好率军返回营地，第二天一早再来；这样过了一个来月，杨义臣竟然没有出战。张金称以为杨义臣怯战，几次逼近他的营地辱骂他，杨义臣对张金称说："你明天早晨来，我一定与你交战。"张金称因此轻敌，不再提防。杨义臣挑选精锐骑兵两千人，乘夜从馆陶渡河，趁张金称率兵离开营地，即进入张的营地袭击他的家属和辎重。张金称听到这个消息，率兵返回，杨义臣从后面袭击，张金称大败，仅与身边的人逃到清河郡东。一个多月后，杨善会讨伐并抓住了张金称，官吏在闹市中立一根木柱，将张金称的头悬吊起来，展开他的手足，让与他有仇的人割食其肉；张金称没死时，还不停地唱。炀帝下诏任命杨善会为清河通守。

20　涿郡通守郭绚率领一万馀人讨伐高士达。高士达自认为才能谋略不如窦建德，于是就提拔窦建德为军司马，并把兵权交给了他。窦建德请高士达看守辎重，自己挑选精兵七千人抗击郭绚。他假称与高士达有矛盾而背叛了他，派人向郭绚请求投降，表示愿作郭绚的前锋，进攻高士达来立功赎罪。郭绚相信了窦建德，率兵跟随窦建德到长河县，也不再防备他。窦建德突然袭击郭绚，杀获几千人，斩郭绚的首级献给高士达。张金称的馀部也都归附了窦建德。杨义臣乘胜进军到平原，打算进入高鸡泊讨伐窦建德。窦建德对高士达说："我观察了不少隋将，善于用兵的莫过于杨义臣了，如今他灭掉了张金称乘胜而来，锐不可当。请您率兵避开他，让他欲战不得，

坐费岁月,将士疲倦,然后乘间击之,乃可破也。不然,恐非公之敌。"士达不从,留建德守营,自帅精兵逆击义臣,战小胜,因纵酒高宴。建德闻之曰:"东海公未能破敌,遽自矜大,祸至不久矣。"后五日,义臣大破士达,于陈斩之,乘胜逐北,趣其营,营中守兵皆溃。建德与百馀骑亡去,至饶阳,乘其无备,攻陷之,收兵,得三千馀人。义臣既杀士达,以为建德不足忧,引去。建德还平原,收士达散兵,收葬死者,为士达发丧,军复大振,自称将军。先是,群盗得隋官及士族子弟,皆杀之,独建德善遇之;由是隋官稍以城降之,声势日盛,胜兵至十馀万人。

21 内史侍郎虞世基以帝恶闻贼盗,诸将及郡县有告败求救者,世基皆抑损表状,不以实闻,但云:"鼠窃狗盗,郡县捕逐,行当殄尽,愿陛下勿以介怀!"帝良以为然,或杖其使者,以为妄言,由是盗贼遍海内,陷没郡县,帝皆弗之知也。杨义臣破降河北贼数十万,列状上闻,帝叹曰:"我初不闻贼顿如此,义臣降贼何多也!"世基对曰:"小窃虽多,未足为虑,义臣克之,拥兵不少,久在阃外,此最非宜。"帝曰:"卿言是也。"遽追义臣,放散其兵,贼由是复盛。

治书侍御史韦云起劾奏:"世基及御史大夫裴蕴职典枢要,维持内外,四方告变,不为奏闻。贼数实多,裁减言少,陛下既闻贼少,发兵不多,众寡悬殊,往皆不克,故使官军失利,贼党日滋。请付有司结正其罪。"大理卿郑善果奏:"云起诋訾名臣,所言不实,非毁朝政,妄作威权。"由是左迁云起为大理司直。

耗费时间,将士疲劳厌倦,然后我们再乘机袭击他,杨义臣才能被攻破。否则,恐怕您不是他的对手。"高士达不听,他留下窦建德守营,自己率领精兵迎击杨义臣,取得小胜后,就纵酒畅饮。窦建德听到后说:"东海公未能将敌打败就骄傲自大,灾祸不久就要到了。"五天后,杨义臣大破高士达,在阵前将高士达杀死,乘胜追击,直逼他的营地,营中的守军都溃散奔逃。窦建德仅和百馀骑兵逃走,到了饶阳县,乘饶阳县没有防备,攻陷饶阳,收集兵卒三千馀人。杨义臣杀死高士达后,认为窦建德已不足为患,就率兵离去。窦建德返回平原,收集高士达所部的散兵,收集安葬死者,为高士达发丧,军威又重新大振,窦建德自称将军。原先,群盗抓住隋官及士族子弟都杀掉,唯独窦建德很好地对待他们,因此隋官中有些人就举城投降他,窦建德声势日渐浩大,拥有精兵十馀万。

21　内史侍郎虞世基因为炀帝厌恶听到贼盗的情况,所以诸将及各地郡县告败求救的表奏,虞世基都把它们加以删改处理,不据实上报,只说:"鼠窃狗盗之徒,郡县官吏搜捕追逐,快要被彻底消灭了,希望陛下不要放在心上!"炀帝很以为然,有时还用杖责打据实报告的使者,以为说的都是谎话。因此盗贼遍布海内,攻陷郡县,炀帝都不知道。杨义臣击败并收降河北的贼人几十万,他把情况写表上奏炀帝,炀帝看后感叹道:"我原来没听说盗贼一下子到如此地步,杨义臣降服的贼怎么这样多?"虞世基回答:"小贼虽然多,但不足为虑,杨义臣击败小贼,却拥兵不少,将帅久在朝廷之外,这样是最不适宜的。"炀帝说:"你说的是。"于是派人追回杨义臣,遣散他的士兵,盗贼因此又重新强盛起来。

治书侍御史韦云起参劾道:"虞世基和御史大夫裴蕴职掌机密枢要,掌管国家内外大事,现在四方告急,却不上报。盗贼的数量实际上已经很多了,他们将奏表修改删减报说贼少,陛下既然听说贼少,发兵也就不多,因此双方力量众寡悬殊,去征讨往往不能取胜,因此使官军失利,而贼党却日益增多。请将他们二人交付有关部门追究处理他们的罪过。"大理卿郑善果奏道:"韦云起诋毁诬蔑国家重臣,他所说的都不是实话,他诽谤诋毁朝政,妄自作威专权。"因此炀帝将韦云起降为大理司直。

22　帝至江都，江、淮郡官谒见者，专问礼饷丰薄。丰则超迁丞、守，薄则率从停解。江都郡丞王世充献铜镜屏风，迁通守；历阳郡丞赵元楷献异味，迁江都郡丞。由是郡县竞务刻剥，以充贡献。民外为盗贼所掠，内为郡县所赋，生计无遗；加之饥馑无食，民始采树皮叶，或捣藁为末，或煮土而食之，诸物皆尽，乃自相食；而官食犹充牣，吏皆畏法，莫敢振救。王世充密为帝简阅江淮民间美女献之，由是益有宠。

23　河间贼帅格谦拥众十馀万，据豆子䴚，自称燕王。帝命王世充将兵讨斩之。谦将勃海高开道收其馀众，寇掠燕地，军势复振。

24　初，帝谋伐高丽，器械资储，皆积于涿郡；涿郡人物殷阜，屯兵数万。又，临朔宫多珍宝，诸贼竞来侵掠；留守官虎贲郎将赵什住等不能拒，唯虎贲郎将云阳罗艺独出战，前后破贼甚众，威名日重，什住等阴忌之。艺将作乱，先宣言以激其众曰：“吾辈讨贼数有功，城中仓库山积，制在留守之官，而莫肯散施以济贫乏，将何以劝将士？”众皆愤怨。军还，郡丞出城候艺，艺因执之，陈兵而入。什住等惧，皆来听命，乃发库物以赐战士，开仓廪以赈贫乏，境内咸服；杀不同己者勃海太守唐祎等数人，威振燕地，柳城、怀远并归之。艺黜柳城太守杨林甫，改郡为营州，以襄平太守邓暠为总管，艺自称幽州总管。

25　突厥数寇北边。诏晋阳留守李渊帅太原道兵与马邑太守王仁恭击之。时突厥方强，两军众不满五千，仁恭患之。渊选善骑射者二千人，使之饮食舍止一如突厥，或与突厥遇，则伺便击之，前后屡捷，突厥颇惮之。

22　炀帝到了江都，凡江、淮各郡官员谒见的，炀帝专问进献礼品的多少。礼多则越级升迁郡丞、通守，礼少的则恣肆地黜免官职。江都郡丞王世充进献铜镜屏风，升为通守；历阳郡丞赵元楷进献珍奇美味，升为江都郡丞。因此郡县官吏竞相对百姓肆意盘剥，以充实进献之物。百姓外受盗贼的抢掠，内受郡县官吏课赋的逼迫，生计无着；加上饥馑无食，百姓开始采剥树皮、树叶充饥，有的人将草秆捣成碎末为食，有的煮土吃，各种能吃的东西都吃光了，就互相吃人；而官府仓库中的粮食还是充裕如初，官吏们畏惧刑法，不敢取粮救济饥民。王世充还秘密为炀帝挑选江淮民间的美女来进献，因此更加得到炀帝的宠信。

23　河间郡贼帅格谦拥有部众十馀万人，占据豆子䴚，自称燕王。炀帝命王世充率兵讨伐格谦并将他杀死。格谦的部将勃海人高开道收集馀部，侵掠燕地，军势又振兴起来。

24　当初，炀帝策划征伐高丽，隋军的器械和军资贮备都积存在涿郡；涿郡人口、物产殷实丰富，屯驻有几万隋军。另外，临朔宫里有很多珍宝，各地的贼寇竞相来侵掠。留守官虎贲郎将赵什住等人无法抵御，只有虎贲郎将云阳人罗艺独自出战，前后击败的贼人很多，罗艺的威望日重，赵什住等人暗中忌惮罗艺。罗艺将要造反，他先广泛宣传以激怒他的部众，他说："我们讨贼几次立功，城中的仓库里粮食堆积如山，都掌握在留守官员手中，但是不肯散施一点以救济贫苦困乏的百姓，将来靠什么勉励将士？"大家都极为愤怒怨恨。罗艺率军回城，郡丞出城迎候罗艺，罗艺将郡丞抓起来，排着队列入城。赵什住等人恐惧了，都前来听命。于是罗艺分发仓库里的物资以赏赐战士，打开粮仓以赈济贫苦困顿的百姓。涿郡境内都服从罗艺，罗艺杀掉不同自己一起造反的勃海太守唐祎等数人，威震燕地，柳城、怀远都归附了罗艺。罗艺废黜柳城太守杨林甫，改郡为营州，任命襄平太守邓暠为总管，罗艺自称幽州总管。

25　突厥人几次侵犯隋帝国的北部边境。炀帝下诏命晋阳留守李渊率领太原道军队与马邑太守王仁恭抗击突厥。这时突厥正处于强盛时期，太原道及马邑郡两处隋军不满五千人，王仁恭忧虑兵少。李渊挑选善于骑射的士卒两千人，让这些隋军士兵饮食起居完全同突厥人一样，隋军骑兵与突厥人相遇时，就伺机袭击突厥人，这样前后屡次获胜，突厥人颇怕李渊。

恭皇帝上
义宁元年（丁丑，617）

1　春，正月，右御卫将军陈稜讨杜伏威，伏威帅众拒之。稜闭壁不战，伏威遗以妇人之服，谓之"陈姥"。稜怒，出战，伏威奋击，大破之，稜仅以身免。伏威乘胜破高邮，引兵据历阳，自称总管，以辅公祏为长史，分遣诸将徇属县，所至辄下，江淮间小盗争附之。伏威常选敢死之士五千人，谓之"上募"，宠遇甚厚。有攻战，辄令上募先击之，战罢阅视，有伤在背者即杀之，以其退而被击故也。所获资财，皆以赏军。士有战死者，以妻、妾徇葬。故人自为战，所向无敌。

2　丙辰，窦建德为坛于乐寿，自称长乐王，置百官，改元丁丑。

3　辛巳，鲁郡贼徐圆朗攻陷东平，分兵略地，自琅邪以西，北至东平，尽有之，胜兵二万馀人。

4　卢明月转掠河南，至于淮北，众号四十万，自称无上王；帝命江都通守王世充讨之。世充与战于南阳，大破之，斩明月，馀众皆散。

5　二月壬午，朔方鹰扬郎将梁师都杀郡丞唐世宗，据郡，自称大丞相，北连突厥。

6　马邑太守王仁恭，多受货赂，不能振施。郡人刘武周，骁勇喜任侠，为鹰扬府校尉。仁恭以其土豪，甚亲厚之，令帅亲兵屯阁下。武周与仁恭侍儿私通，恐事泄，谋作乱，先宣言曰："今百姓饥馑，僵尸满道，王府君闭仓不赈恤，岂为民父母之意乎！"众皆愤怒。武周称疾卧家，豪杰来候问，武周椎牛纵酒，因大言曰："壮士岂能坐待沟壑？今仓粟烂积，谁能与我共取之？"豪杰皆许诺。己丑，仁恭坐听事，武周上谒，

恭皇帝上
隋恭帝义宁元年(丁丑,公元617年)

1 春季,正月,右御卫将军陈稜讨伐杜伏威,杜伏威率部众抗击官军。陈稜紧壁营垒,不出来交战,杜伏威送给他妇人的衣服,称他为"陈姥"。陈稜发怒,率军出战,杜伏威率军奋力攻击,大破官军,陈稜仅只身逃脱。杜伏威乘胜攻破了高邮,率兵占据了历阳,自称总管,任命辅公祏为长史,分派各位将领攻取江都郡所属各县,大军所到之处,城池都被攻破,江淮地区的小盗争相归附杜伏威。杜伏威常常挑选敢死之士五千人,称之为"上募",对这支队伍极为宠信,待遇优厚。凡有战斗,就命令"上募"先进行攻击,战罢审查将士,凡背上有伤的就处死,认为他背部被击伤是后退的缘故。凡所缴获的军资财物,都用来赏赐军队。将士有战死的,杜伏威就用妻、妾为死者殉葬。因此杜伏威的军队人自为战,所向无敌。

2 丙辰(初五),窦建德在乐寿县设坛,自称长乐王,设置百官,改年号丁丑。

3 辛巳(三十日),鲁郡贼人徐圆朗攻陷东平,他分兵攻占土地,从琅邪以西,北到东平的地域都为徐圆朗所有,拥有精兵两万馀人。

4 卢明月转掠河南,到达淮北,拥有的部众号称四十万,自称无上王;炀帝命令江都通守王世充率兵讨伐卢明月,王世充在南阳与卢明月交战,大破卢明月,卢明月死,其馀的部众都溃散了。

5 二月壬午(初一),朔方鹰扬郎将梁师都杀死郡丞唐世宗,占据朔方郡,自称大丞相,向北勾结突厥。

6 马邑太守王仁恭,收受了许多财物贿赂,但他却不对百姓赈济施舍。马邑郡人刘武周骁勇,喜好侠义之举,他是鹰扬府校尉。王仁恭因为刘武周是当地的土豪,对他非常亲近信任,令他率领亲兵驻防在太守官署。刘武周与王仁恭的侍女私通,恐怕事情泄露,就图谋作乱,先扬言说:"如今百姓饥馑,僵尸满道,而王府君关闭粮仓不肯赈济抚恤百姓,这难道是为民父母应做的吗?"大家都极为愤怒。刘武周称病躺在家里,当地豪杰都来问候,刘武周杀牛置酒大摆宴席,并夸口说:"壮士怎么能坐以待毙? 如今仓里的粮食腐烂堆积,谁能和我一起去取粮?"在场的豪杰都许诺共往。己丑(初八),王仁恭正坐在厅堂处理政事,刘武周上堂谒见,

其党张万岁等随入，升阶，斩仁恭，持其首出徇，郡中无敢动者。于是开仓以赈饥民，驰檄境内属城，皆下之，收兵得万馀人。武周自称太守，遣使附于突厥。

7 李密说翟让曰："今东都空虚，兵不素练；越王冲幼，留守诸官政令不壹，士民离心。段达、元文都，闇而无谋，以仆料之，彼非将军之敌。若将军能用仆计，天下可指麾而定。"乃遣其党裴叔方觇东都虚实，留守官司觉之，始为守御之备，且驰表告江都。密谓让曰："事势如此，不可不发。兵法曰：'先则制于己，后则制于人。'今百姓饥馑，洛口仓多积粟，去都百里有馀，将军若亲帅大众，轻行掩袭，彼远未能救，又先无豫备，取之如拾遗耳。比其闻知，吾已获之，发粟以赈穷乏，远近孰不归附？百万之众，一朝可集，枕威养锐，以逸待劳，纵彼能来，吾有备矣。然后檄召四方，引贤豪而资计策，选骁悍而授兵柄，除亡隋之社稷，布将军之政令，岂不盛哉？"让曰："此英雄之略，非仆所堪；惟君之命，尽力从事，请君先发，仆为后殿。"庚寅，密、让将精兵七千人出阳城北，逾方山，自罗口袭兴洛仓，破之；开仓恣民所取，老弱襁负，道路相属。

朝散大夫时德叡以尉氏应密，前宿城令祖君彦自昌平往归之。君彦，珽之子也，博学强记，文辞赡敏，著名海内。吏部侍郎薛道衡尝荐之于高祖，高祖曰："是歌杀斛律明月人儿邪？朕不须此辈！"炀帝即位，尤疾其名，依常调选东平书佐，检校宿城令。君彦自负其才，常郁郁思乱。密素闻其名，得之大喜，引为上客，军中书檄，一以委之。

他的党羽张万岁等人随他闯入厅堂,登上台阶杀死王仁恭,持王仁恭的首级出来示众,郡内无人敢动。于是刘武周开粮仓赈济饥民,在马邑郡所属各城驰马发布檄文,各城都降附了刘武周,共收得兵马一万馀人。刘武周自称太守,派遣使者向突厥表示归附。

7 李密劝说翟让:"现在东都空虚,军队平时又都没有训练;越王杨侗年幼,留守的诸位官员政令不一,士民离心。段达、元文都愚昧而无谋略,以我来看,他们不是将军的对手。要是将军能用我的计策,天下可以弹指而定。"于是派遣他的党羽裴叔方去侦探东都的虚实,留守东都的官员觉察到了这一情况,开始作防卫的准备,并且驰马送奏表去江都报告炀帝。李密对翟让说:"事情已经到了这个地步,我军不能不行动了。兵法云:'先动手则争取主动,后动手则受人挟制。'如今百姓饥馑,洛口仓有很多积存的粮食,离东都有百馀里,将军要是亲率大军,轻装前进,掩杀袭击,他们因路远无法救援,事先又无防备,取洛口仓就像拾丢在地上的东西一样容易。等对方知道消息,我们已经得手了。发放粮食以赈济贫苦的百姓,远近之人谁不归附我们呢?百万之众,一个早晨就可以召集到,我们依恃所得的威风,养精蓄锐,以逸待劳,纵然东都派军队来,我们也有防备了。然后我们就传布檄文号召四方响应,引用豪杰贤士,听取他们的谋略,挑选骁勇强悍的将才,授以兵权,推翻隋朝,颁布将军的政令,难道这不是一件盛举吗?"翟让说:"这是英雄的韬略,不是我所能承担的;我只是听命于您,尽力办事,请您先行进发,我作殿后。"庚寅(初九),李密、翟让率领精兵七千人出阳城北,越过方山,从罗口袭击并攻破了兴洛仓,打开粮仓听任百姓取粮,取粮的老弱妇孺,在路上接连不断。

朝散大夫时德叡以尉氏县响应李密,前宿城令祖君彦从昌平去归附李密。祖君彦是祖珽的儿子,他学问渊博记忆力强,文辞丰富,且思路敏捷,在国内很有名气。吏部侍郎薛道衡曾经把他推荐给文帝,文帝说:"是用歌谣杀了斛律明月那个人的儿子吗?我不要这样的人!"炀帝即位,尤为厌恶祖君彦的名声,按常规将祖君彦调选为东平郡的书佐,检校宿城令。祖君彦自负自己的才华,常常郁闷不快,想着作乱。李密向来知道他的名声,得到后大喜,将他视为上宾,军中的案卷文书、檄文等,全都委托他办理。

越王侗遣虎贲郎将刘长恭、光禄少卿房崱帅步骑二万五千讨密。时东都人皆以密为饥贼盗米，乌合易破，争来应募，国子三馆学士及贵胜亲戚皆来从军。器械修整，衣服鲜华，旌旗钲鼓甚盛。长恭等当其前，使河南讨捕大使裴仁基等将所部兵自汜水而入以掩其后，约十一日会于仓城南，密、让具知其计。东都兵先至，士卒未朝食，长恭等驱之渡洛水，陈于石子河西，南北十馀里。密、让选骁雄，分为十队，令四队伏横岭下以待仁基，以六队陈于石子河东。长恭等见密兵少，轻之。让先接战，不利，密帅麾下横冲之。隋兵饥疲，遂大败，长恭等解衣潜窜得免，奔还东都，士卒死者什五六。越王侗释长恭等罪，慰抚之。密、让尽收其辎重器甲，威声大振。

让于是推密为主，上密号为魏公。庚子，设坛场，即位，称元年，大赦。其文书行下，称行军元帅府；其魏公府置三司、六卫，元帅府置长史以下官属。拜翟让为上柱国、司徒、东郡公，亦置长史以下官，减元帅府之半；以单雄信为左武候大将军，徐世勣为右武候大将军，各领所部；房彦藻为元帅左长史，东郡邴元真为右长史，杨德方为左司马，郑德韬为右司马，祖君彦为记室，其馀封拜各有差。于是赵、魏以南，江、淮以北，群盗莫不响应。孟让、郝孝德、王德仁及济阴房献伯、上谷王君廓、长平李士才、淮阳魏六兒、李德谦、谯郡张迁、魏郡李文相、谯郡黑社、白社、济北张青特、上洛周比洮、胡驴贼等皆归密。密悉拜官爵，使各领其众，置百营簿以领之。道路降者不绝如流，众至数十万。乃命其护军田茂广筑洛口城，方四十里而居之。密遣房彦藻将兵东略地，取安陆、汝南、淮安、济阳，河南郡县多陷于密。

越王杨侗派遣虎贲郎将刘长恭、光禄少卿房崱率领步兵骑兵两万五千人去讨伐李密。当时东都人都以为李密是饥饿的抢米盗贼，只是一伙乌合之众，容易击破，都争相来应募，国子、太学、四门三馆的学士以及贵胄勋戚都来从军。官军器械完备整齐，衣服鲜明华美，旌旗钲鼓极为壮观。刘长恭等人率兵在前，让河南讨捕大使裴仁基等率所部自汜水进入兴洛仓以掩杀李密军后部，约好十一日在兴洛仓城南面会合。李密、翟让完全了解他们的计谋。东都的官兵先到，士兵们还没吃早饭，刘长恭等人就驱赶他们渡过洛水，在石子河西列阵，阵南北长十馀里。李密、翟让挑选骁勇强壮之士分作十队，令其中的四队埋伏在横岭下等待裴仁基，其馀的六队在石子河以东列阵，刘长恭等人见李密的军队人少，就很轻视他们。翟让先率兵与隋军交战，交战不利，李密即率所部横冲隋军。隋兵饥饿疲惫，于是被打得大败。刘长恭等人脱掉衣服潜逃才得以幸免逃回东都，隋军士卒死伤十之五六。越王杨侗赦免了刘长恭等人的罪过，慰问安抚了他们。李密、翟让将隋军的辎重、器械、铠甲全部缴获，因而威名大振。

于是翟让推举李密为主，给李密上尊号为魏公。庚子（十九日），设坛场，李密即位，称元年，大赦天下。李密向下颁发的公文书信等，署名为行军元帅府；魏公府设置三司、六卫，元帅府设置长史以下的官属。李密授翟让为上柱国、司徒、东郡公，东郡公府也设置长史以下的官属，数目比元帅府减少一半。任命单雄信为左武候大将军，徐世勣为右武候大将军，各自统领自己的部队；房彦藻被任命为元帅左长史，东郡人邴元真为右长史，杨德方为左司马，郑德韬为右司马，祖君彦为记室，其馀的人封爵拜官各有等次。于是赵、魏以南，江、淮以北地区的群盗莫不响应。孟让、郝孝德、王德仁以及济阴人房献伯，上谷人王君廓，长平人李士才，淮阳人魏六兒、李德谦，谯郡人张迁，魏郡人李文相，谯郡的黑社、白社，济北人张青特，上洛人周比洮、胡驴贼等都归附李密。李密对他们全部封官授爵，让他们各自统领本部人马，设置百营簿来总管他们。前来归降的人如流水一般络绎不绝，李密的部众达几十万人。于是李密命令护军田茂广修筑洛口城，方圆四十里，李密住在城内。他派房彦藻率兵向东攻占城池，取下安陆、汝南、淮安、济阳，河南的郡县大多为李密所攻取。

8 雁门郡丞河东陈孝意与虎贲郎将王智辩共讨刘武周,围其桑乾镇。壬寅,武周与突厥合兵击智辩,杀之;孝意奔还雁门。三月丁卯,武周袭破楼烦郡,进取汾阳宫,获隋宫人,以赂突厥始毕可汗。始毕以马报之,兵势益振,又攻陷定襄。突厥立武周为定杨可汗,遗以狼头纛。武周即皇帝位,立妻沮氏为皇后,改元天兴。以卫士杨伏念为尚书左仆射,妹婿同县苑君璋为内史令。武周引兵围雁门,陈孝意悉力拒守,乘间出击武周,屡破之。既而外无救援,遣间使诣江都,皆不报。孝意誓以必死,旦夕向诏敕库俯伏流涕,悲动左右。围城百馀日,食尽,校尉张伦杀孝意以降。

9 梁师都略定雕阴、弘化、延安等郡,遂即皇帝位,国号梁,改元永隆。始毕遗以狼头纛,号为大度毗伽可汗。师都乃引突厥居河南之地,攻破盐川郡。

10 左翊卫蒲城郭子和坐事徙榆林。会郡中大饥,子和潜结敢死士十八人攻郡门,执郡丞王才,数以不恤百姓,斩之,开仓赈施。自称永乐王,改元丑平。尊其父为太公,以其弟子政为尚书令,子端、子升为左右仆射。有二千馀骑,南连梁师都,北附突厥,各遣子为质以自固。始毕以刘武周为定杨天子,梁师都为解事天子,子和为平杨天子;子和固辞不敢当,乃更以为屋利设。

11 汾阴薛举,侨居金城,骁勇绝伦,家赀巨万,交结豪杰,雄于西边,为金城府校尉。时陇右盗起,金城令郝瑗募兵得数千人,使举将而讨之。夏,四月癸未,方授甲,置酒飨士,举与其子仁果及同党十三人,于座劫瑗发兵,囚郡县官,开仓赈施。自称西秦霸王,改元秦兴。以仁果为齐公,少子仁越为晋公,招集群盗,掠官牧马。贼帅宗罗睺帅众归之,以为义兴公。

8 雁门郡丞河东人陈孝意与虎贲郎将王智辩共同讨伐刘武周,将他包围在桑乾镇。壬寅(二十一日),刘武周与突厥人合兵攻击并杀死了王智辩,陈孝意逃回雁门。三月丁卯(十七日),刘武周袭击攻取了楼烦郡,并夺取了汾阳宫,俘获宫中的宫人,用她们去贿赂突厥的始毕可汗。始毕可汗以马回报刘武周,刘武周兵势越发强盛,又攻陷定襄。突厥封刘武周为定杨可汗,赠给他狼头旗。刘武周即皇帝位,立妻子沮氏为皇后,改年号为天兴。任命卫士杨伏念为尚书左仆射,妹婿与刘武周同县的苑君璋为内史令。刘武周率兵包围雁门,陈孝意全力拒守,同时还乘机出击刘武周,几次击败刘军。不久因为外无救援之兵,陈孝意派密使去江都告急,但都没有回音。陈孝意誓以必死的决心守卫雁门,每日早晚向存放皇帝诏敕的府库跪拜流泪,他的悲痛感动了身边的人。刘武周围城百馀日,城中粮尽,校尉张伦杀陈孝意向刘武周投降。

9 梁师都攻占了雕阴、弘化、延安等郡,于是即皇帝位,国号梁,改年号为永隆。始毕可汗赠以狼头大旗,并赠以大度毗伽可汗的称号。梁师都勾结突厥人占据河南之地,攻破盐川郡。

10 左翊卫蒲城人郭子和,犯罪被流放到榆林。正逢榆林郡遇大饥荒,郭子和暗中结交了敢死之士十八人进攻郡门,抓住郡丞王才,历数他不体恤百姓疾苦的罪状,将王才处死,开仓赈济百姓。郭子和自称永乐王,改年号丑平。尊他父亲为太公,任命他弟弟郭子政为尚书令,郭子端、郭子升为左右仆射。他拥有两千馀名骑兵,南面勾结梁师都,北面依附突厥,两边各送一个儿子作为人质以巩固自己的势力。始毕可汗封刘武周为定杨天子,梁师都为解事天子,郭子和为平杨天子,郭子和再三辞谢,不敢接受,于是始毕改封他为屋利设。

11 汾阴人薛举,侨居于金城,骁勇无比,有万贯家财,好交结豪杰之士,称雄于西部边地,是金城府校尉。当时陇右盗贼风起,金城县令郝瑗招募兵丁约有几千人,派薛举率领去讨伐盗贼。夏季,四月癸未(初三),募兵刚授以兵器,金城府摆设酒宴犒劳将士,薛举和他的儿子薛仁果及同党十三人,在座位上胁迫郝瑗发兵,把郡县官员监禁起来,并开仓赈济百姓。薛举自称西秦霸王,改年号秦兴。他封薛仁果为齐公,幼子薛仁越为晋公,招集群盗,抢掠官府的牧马。贼帅宗罗睺率部众归附了他,被封为义兴公。

将军皇甫绾将兵一万屯枹罕,举选精锐二千人袭之。岷山羌酋钟利俗拥众二万归之,举兵大振。更以仁果为齐王,领东道行军元帅,仁越为晋王,兼河州刺史,罗睺为兴王,以副仁果;分兵略地,取西平、浇河二郡。未几,尽有陇西之地,众至十三万。

12 李密以孟让为总管、齐郡公。己丑夜,让帅步骑二千入东都外郭,烧掠丰都市,比晓而去。于是东京居民悉迁入宫城,台省府寺皆满。巩县长柴孝和、监察御史郑颋以城降密,密以孝和为护军,颋为右长史。

裴仁基每破贼得军资,悉以赏士卒,监军御史萧怀静不许,士卒怨之;怀静又屡求仁基长短劾奏之。仓城之战,仁基失期不至,闻刘长恭等败,惧不敢进,屯百花谷,固垒自守,又恐获罪于朝。李密知其狼狈,使人说之,啖以厚利。贾务本之子闰甫在军中,劝仁基降密,仁基曰:“如萧御史何?”闰甫曰:“萧君如栖上鸡,若不知机变,在明公一刀耳。”仁基从之,遣闰甫诣密请降。密大喜,以闰甫为元帅府司兵参军,兼直记室事,使之复命,遗仁基书,慰纳之,仁基还屯虎牢。萧怀静密表其事,仁基知之,遂杀怀静,帅其众以虎牢降密。密以仁基为上柱国、河东公;仁基子行俨,骁勇善战,密亦以为上柱国、绛郡公。

密得秦叔宝及东阿程咬金,皆用为骠骑。选军中尤骁勇者八千人,分隶四骠骑以自卫,号曰“内军”,常曰:“此八千人足当百万。”咬金后更名知节。罗士信、赵仁基皆帅众归密,密署为总管,使各统所部。

将军皇甫绾率兵一万人驻扎在枹罕,薛举挑选精兵两千人袭击皇甫绾。岷山羌人酋长钟利俗率领部众两万人归附薛举,薛举兵势大振。他改封薛仁果为齐王,领东道行军元帅之衔;薛仁越为晋王,兼任河州刺史;宗罗睺为兴王,做薛仁果的副将。薛举分兵攻掠土地,攻取了西平、浇河二郡。不久,陇西都为薛举占有,他拥有部众达十三万。

12 李密任命孟让为总管,封他为齐郡公。己丑(初九),夜里,孟让率领步骑兵两千人进入东都外城,焚烧抢掠丰都市,到拂晓时才离去。于是东京居民都迁入宫城,台、省、府各衙署都住满了人。巩县长柴孝和、监察御史郑颋举城投降李密,李密任命柴孝和为护军,郑颋为右长史。

裴仁基每次击败贼军所缴获的军资全部赏赐给士卒,监军御史萧怀静反对这样做,士卒们都怨恨萧怀静;萧怀静又屡次搜罗裴仁基的过失上奏弹劾他。洛口仓城之战,裴仁基误期未到,他听说刘长恭等人被打败,惧怕李密而不敢前进,就屯兵于百花谷,加固营垒自守,但又害怕被朝廷治罪。李密知道裴仁基进退两难的狼狈处境,就派人劝说他投降,并以厚利来诱惑他。贾务本的儿子贾闰甫在裴军中,他劝裴仁基投降李密,裴仁基说:"萧御史怎么办?"贾闰甫说:"萧君就像栖身在树枝上的鸡,如果他不知道随机应变,就在于您的一刀了。"裴仁基采纳了贾闰甫的建议,派他去向李密请降。李密大喜,任命贾闰甫为元帅府司兵参军,兼直记室事,派他回去向裴仁基复命,并带给裴仁基书信,对他表示抚慰,接受他的归附,裴仁基退回仍驻军虎牢。萧怀静秘密上表奏报此事,裴仁基知道了,就杀死萧怀静,率领他的部众以虎牢城向李密投降。李密封裴仁基为上柱国、河东公;裴仁基的儿子裴行俨骁勇善战,李密也封他为上柱国、绛郡公。

李密得到了秦叔宝和东阿人程咬金,都任命为骠骑。李密挑选军中特别骁勇的士兵八千人,分别隶属于四骠骑作为自己的侍卫队,号称"内军"。他常说:"这八千人足以抵挡百万人。"程咬金后来改名为程知节。罗士信、赵仁基都率领各自的部众来归附李密,李密任命他们为总管,让他们各自统率本部人马。

癸巳，密遣裴仁基、孟让帅二万馀人袭回洛东仓，破之；遂烧天津桥，纵兵大掠。东都出兵击之，仁基等败走，密自帅众屯回洛仓。东都兵尚二十馀万人，乘城击柝，昼夜不解甲。密攻偃师、金墉，皆不克。乙未，还洛口。

东都城内乏粮，而布帛山积，至以绢为汲绠，然布以爨。越王侗使人运回洛仓米入城，遣兵五千屯丰都市，五千屯上春门，五千屯北邙山，为九营，首尾相应，以备密。

丁酉，房献伯陷汝阴，淮阳太守赵陁举郡降密。

己亥，密帅众三万复据回洛仓，大修营堑以逼东都；段达等出兵七万拒之。辛丑，战于仓北，隋兵败走。丁未，密使其幕府移檄郡县，数炀帝十罪，且曰："罄南山之竹，书罪无穷；决东海之波，流恶难尽。"祖君彦之辞也。

越王侗遣太常丞元善达间行贼中，诣江都奏称："李密有众百万，围逼东都，据洛口仓，城内无食。若陛下速还，乌合必散；不然者，东都决没。"因歔欷呜咽，帝为之改容。虞世基进曰："越王年少，此辈诳之。若如所言，善达何缘来至？"帝乃勃然怒曰："善达小人，敢廷辱我！"因使经贼中向东阳催运，善达遂为群盗所杀。是后人人杜口，莫敢以贼闻。

世基容貌沉审，言多合意，特为帝所亲爱，朝臣无与为比；亲党凭之，鬻官卖狱，贿赂公行，其门如市。由是朝野共疾怨之。内史舍人封德彝托附世基，以世基不闲吏务，密为指画，宣行诏命，

癸巳(十三日),李密派遣裴仁基、孟让率领两万馀人袭击并攻取了回洛仓的东仓,烧毁了天津桥,纵兵大肆抢劫。东都派兵出击,裴仁基等人被击败逃走,李密亲自率领部众屯驻于回洛仓。当时东都还有兵力二十馀万,士兵们在城上敲击梆子巡逻,昼夜不解铠甲。李密进攻偃师、金墉城,都未能攻克。乙未(十五日),李密返回洛口。

　　东都城内缺粮,但是布帛堆积如山,以至于用绢作汲水的绳子,用布烧火煮饭。越王杨侗派人把回洛仓的粮米运入城内,派五千士兵驻扎在丰都市,五千兵驻扎在上春门,五千兵驻扎在北邙山,分为九营,首尾相应,以防备李密的袭击。

　　丁酉(十七日),房献伯攻陷汝阴,淮阳太守赵陀举郡向李密投降。

　　己亥(十九日),李密率领部众三万人又占据回洛仓,大规模修筑营壕以逼近东都;段达等率七万隋军抗击李密。辛丑(二十一日),两军在回洛仓的北面交战,隋军大败退走。丁未(二十七日),李密让他的幕府向各郡县发布檄文,历数炀帝的十大罪状,并说:"即使把南山的竹子都做成竹简,也写不完他的罪恶;放开东海的波涛,也洗刷不尽他的罪恶。"这是祖君彦的手笔。

　　越王杨侗派太常丞元善达穿越贼军辖地到江都向炀帝奏报:"李密拥众百万,包围进逼东都,占据了洛口仓,东都城内已经没有粮食了。要是陛下迅速返回东都,李密的乌合之众必然会溃散,否则东都一定会陷落。"说着就歔欷呜咽哭泣起来。炀帝也为之改容。虞世基进言道:"越王年轻,这些人诳骗他。要是像他所说的那样,元善达怎么能来到这里呢?"于是炀帝勃然大怒,骂道:"元善达这个小人敢在朝廷上侮辱我!"于是派元善达经过贼人境地到东阳去催运粮食,元善达就被群盗杀死。此后人人都不再开口,不敢向炀帝报告贼情。

　　虞世基长得深沉稳重,说话大都迎合炀帝的心意,特别受到炀帝的亲近喜爱,朝中大臣没有人能与他相比;他的亲朋党羽凭借他的势力,卖官鬻狱,贿赂公行,他的家门庭若市。因此朝野上下对虞世基都极为痛恨怨愤。内史舍人封德彝阿附虞世基,因为虞世基不熟悉为官的要务,就秘密地替他筹划,如何传布实施皇帝的诏命,

谄顺帝意,群臣表疏忤旨者,皆屏而不奏;鞫狱用法,多峻文深诋;论功行赏,则抑削就薄。故世基之宠日隆而隋政益坏,皆德彝所为也。

13 初,唐公李渊娶于神武肃公窦毅,生四男,建成、世民、玄霸、元吉;一女,适太子千牛备身临汾柴绍。

世民聪明勇决,识量过人。见隋室方乱,阴有安天下之志,倾身下士,散财结客,咸得其欢心。世民娶右骁卫将军长孙晟之女;右勋卫长孙顺德,晟之族弟也,与右勋侍池阳刘弘基皆避辽东之役,亡命在晋阳依渊,与世民善。左亲卫窦琮,炽之孙也,亦亡命在太原,素与世民有隙,每以自疑;世民加意待之,出入卧内,琮意乃安。

晋阳宫监猗氏裴寂,晋阳令武功刘文静,相与同宿,见城上烽火,寂叹曰:"贫贱如此,复逢乱离,将何以自存?"文静笑曰:"时事可知,吾二人相得,何忧贫贱?"文静见李世民而异之,深自结纳,谓寂曰:"此非常人,豁达类汉高,神武同魏祖,年虽少,命世才也。"寂初未然之。

文静坐与李密连昏,系太原狱,世民就省之,文静曰:"天下大乱,非高、光之才,不能定也。"世民曰:"安知其无,但人不识耳。我来相省,非儿女子之情,欲与君议大事也。计将安出?"文静曰:"今主上南巡江、淮,李密围逼东都,群盗殆以万数。当此之际,有真主驱驾而用之,取天下如反掌耳。太原百姓皆避盗入城,文静为令数年,知其豪杰,一旦收拾,可得十万人,尊公所将之兵复且数万,一言出口,谁敢不从?以此乘虚入关,号令天下,不过半年,帝业成矣。"世民笑曰:"君言正合吾意。"乃阴部署宾客,渊不之知也。世民恐渊不从,犹豫久之,不敢言。

如何逢迎顺从炀帝的心意,群臣的表奏有偏离违背皇帝旨意的,都屏弃不上报;审理案件、实施刑法,大多引用严峻苛细的条文,刻意诋毁;凡是论功行赏,则极力抑制贬低。因此虞世基日益得到炀帝的宠信,而隋帝国的政治日益弛废腐败,这都是由于封德彝所作所为。

13　当初,唐公李渊娶了神武肃公窦毅的女儿为妻,窦氏生了四个儿子:李建成、李世民、李玄霸、李元吉;一个女儿,嫁给太子千牛备身临汾人柴绍。

李世民聪明、勇猛、果断,有见识,胆量过人。他看到隋王室正处于混乱之中,就暗中怀有要安定天下的抱负。他礼贤下士,散发资财以结交宾客,赢得了大家的爱戴拥护。李世民娶了右骁卫将军长孙晟的女儿为妻;右勋卫长孙顺德是长孙晟的族弟,他和右勋侍池阳人刘弘基都逃避辽东的征役,逃亡在晋阳投靠了李渊,他们二人与世民要好。左亲卫窦琮是窦炽的孙子,他也逃亡在太原,因平时与李世民不和,常常自己生疑;李世民特别注意地对待他,他可以随意在府上出入走动,窦琮的疑心才消除。

晋阳宫监猗氏县人裴寂,晋阳令武功人刘文静,二人住在一起,看着城上的烽火,裴寂叹息道:"贫贱到如此地步,又赶上世事离乱,靠什么得以保全呢?"刘文静笑道:"形势是可以预知的,我们二人很投合,何必忧虑贫贱?"刘文静看到李世民,很惊异他的才能,就和李世民结为深交,他对裴寂说:"李世民不是一般人,性格豁达如汉高祖刘邦一类,神态威武如魏武帝曹操,年纪虽轻,将是通世之大才。"裴寂开始并未对刘文静的话在意。

刘文静因犯有与李密通婚的罪,被关在太原的监狱里。李世民去探望他,刘文静说:"天下大乱,没有汉高祖、汉光武帝那样的才能是不能安定天下的。"李世民说:"怎么知道没有这样的人,只是人们看不出来罢了。我来探望您,不是出于儿女情长,而是打算和您商议大事。您有什么谋划吗?"刘文静说:"如今皇帝上南方巡游江、淮,李密围逼东都,群盗大概得以万来计算。在这个时候,若有真天子驱使驾驭这些人,夺取天下易如反掌。太原百姓为躲避盗贼都搬入城内,我做了几年县令,了解其中的豪杰之士,一旦把他们收拢来,可得到十万人,您父亲所率领的军队又有几万人,一言出口,谁敢不服从?以此兵力乘虚入关,号令天下,不过半年,帝王之业就可以成功。"李世民笑道:"您的话正合我的心意。"于是他就暗中部署宾客,李渊不知道这些事。李世民怕李渊不答应,犹豫了很久,不敢向李渊说。

渊与裴寂有旧,每相与宴语,或连日夜。文静欲因寂关说,乃引寂与世民交。世民出私钱数百万,使龙山令高斌廉与寂博,稍以输之,寂大喜,由是日从世民游,情款益狎。世民乃以其谋告之,寂许诺。

会突厥寇马邑,渊遣高君雅将兵与马邑太守王仁恭并力拒之。仁恭、君雅战不利,渊恐并获罪,甚忧之。世民乘间屏人说渊曰:"今主上无道,百姓困穷,晋阳城外皆为战场;大人若守小节,下有寇盗,上有严刑,危亡无日。不若顺民心,兴义兵,转祸为福,此天授之时也。"渊大惊曰:"汝安得为此言,吾今执汝以告县官!"因取纸笔,欲为表。世民徐曰:"世民观天时人事如此,故敢发言;必欲执告,不敢辞死!"渊曰:"吾岂忍告汝,汝慎勿出口!"明日,世民复说渊曰:"今盗贼日繁,遍于天下,大人受诏讨贼,贼可尽乎?要之,终不免罪。且世人皆传李氏当应图谶,故李金才无罪,一朝族灭。大人设能尽贼,则功高不赏,身益危矣!唯昨日之言,可以救祸,此万全之策也,愿大人勿疑。"渊乃叹曰:"吾一夕思汝言,亦大有理。今日破家亡躯亦由汝,化家为国亦由汝矣!"

先是,裴寂私以晋阳宫人侍渊,渊从寂饮,酒酣,寂从容言曰:"二郎阴养士马,欲举大事,正为寂以宫人侍公,恐事觉并诛,为此急计耳。众情已协,公意如何?"渊曰:"吾儿诚有此谋,事已如此,当复奈何,正须从之耳。"

帝以渊与王仁恭不能御寇,遣使者执诣江都。渊大惧,世民与寂等复说渊曰:"今主昏国乱,尽忠无益。偏裨失律,而罪及明公。事已迫矣,宜早定计。且晋阳士马精强,

李渊和裴寂有旧谊,二人常常在一起宴饮交谈,有时昼夜相连。刘文静想让裴寂为他们向李渊说通关节,于是就引见裴寂和李世民结交。李世民拿出自己的私房钱几百万,让龙山县令高斌廉与裴寂玩赌,渐渐输给裴寂,裴寂非常高兴,由此每天与李世民在一起交游往来,情谊日深。李世民把自己的意图告诉裴寂,裴寂许诺劝说李渊。

正逢突厥人侵犯马邑,李渊派高君雅率兵与马邑太守王仁恭同力抗击突厥人。王仁恭、高君雅与突厥交战不利,李渊怕一起被治罪,非常忧虑。李世民乘机屏去左右的人劝说李渊:"如今主上昏庸无道,百姓困顿贫穷,晋阳城外都成了战场;大人要是恪守小节,但下有流寇盗贼,上有严刑峻法,您的危亡就要来到了。不如顺应民心,兴起义兵,转祸为福,这是上天授予的时机。"李渊大吃一惊说:"你怎么说这种话,我现在就将你抓起来向县官告发!"说着就取来纸笔,要写状书。李世民慢慢地说:"我观察天时人事到了如此地步,才敢说这样的话;如果一定要告发我,我不敢辞死!"李渊说:"我哪里忍心告发你,你要谨慎,不要随便说!"第二天,李世民又劝李渊:"如今盗贼日益增多,遍布天下,大人受诏讨贼,可贼讨尽了吗?总而言之,最后还是不免获罪。而且世人都传说李氏当应验图谶,所以李金才无罪却在一个早晨被灭族了。大人要是能将贼剿灭尽,那么功高也不会受奖,而您自己会更危险了啊!只有昨天的话可以使您避祸,这是万全之策,希望大人不要疑虑。"李渊叹息说:"我一夜都在考虑你的话,你说得很是有理。今天就是家破人亡也由你,变家为国也由你啦!"

原先,裴寂私下用晋阳的宫人侍奉李渊,李渊和裴寂一起饮酒,饮至酒意正浓,裴寂从容地说:"二郎暗地招兵买马,要举义旗办大事,正是因为这样我私自让宫女侍奉您,恐怕事情败露出来,一起获罪被诛杀,为此才定下这应急之计。大家的意向已经协同,现在您意下如何?"李渊说:"我儿子确有这个图谋,事情已经如此,又能怎样呢?正是应当听从他的意见。"

炀帝认为李渊与王仁恭不能抵御突厥的进犯,派使者来要将他们押往江都。李渊大为恐惧,李世民与裴寂等又劝说李渊:"如今主上昏聩,国家动乱,为隋朝尽忠没有好处。本来是将佐们出战失利,却牵连到您,事情已经迫在眉睫,应该早定大计。况且晋阳军队兵强马壮,

宫监蓄积巨万,以兹举事,何患无成?代王幼冲,关中豪杰并起,未知所附,公若鼓行而西,抚而有之,如探囊中之物耳。奈何受单使之囚,坐取夷灭乎!"渊然之,密部勒,将发,会帝继遣使者驰驿赦渊及仁恭,使复旧任,渊谋亦缓。

渊之为河东讨捕使也,请大理司直夏侯端为副。端,详之孙也,善占候及相人。谓渊曰:"今玉床摇动,帝座不安,参墟得岁,必有真人起于其分,非公而谁乎?主上猜忍,尤忌诸李,金才既死,公不思变通,必为之次矣。"渊心然之。及留守晋阳,鹰扬府司马太原许世绪说渊曰:"公姓在图箓,名应歌谣;握五郡之兵,当四战之地,举事则帝业可成,端居则亡不旋踵;唯公图之。"行军司铠文水武士彟、前太子左勋卫唐宪、宪弟俭皆劝渊举兵。俭说渊曰:"明公北招戎狄,南收豪杰,以取天下,此汤、武之举也。"渊曰:"汤、武非所敢拟,在私则图存,在公则拯乱,卿姑自重,吾将思之。"宪,邕之孙也。时建成、元吉尚在河东,故渊迁延未发。

刘文静谓裴寂曰:"先发制人,后发制于人。何不早劝唐公举兵,而推迁不已?且公为宫监,而以宫人侍客,公死可尔,何误唐公也?"寂甚惧,屡趣渊起兵。渊乃使文静诈为敕书,发太原、西河、雁门、马邑民年二十已上五十已下悉为兵,期岁暮集涿郡,击高丽,由是人情恟恟,思乱者益众。

及刘武周据汾阳宫,世民言于渊曰:"大人为留守,而盗贼窃据离宫,不早建大计,祸今至矣!"渊乃集将佐谓之曰:"武周据汾阳宫,吾辈不能制,罪当族灭,若之何?"王威等皆惧,再拜请计。

宫监积蓄的军资财物巨万,以此起兵,还怕不成功?代王年幼,关中豪杰风起造反,但不知归附于谁,您要是大张旗鼓地向西进军,招抚他们并且使他们归附,这就如探囊取物一样容易。为什么要受一个使者的监禁,坐等被杀戮呢?"李渊认为这话很对,就秘密部署准备,将要举事时,恰好炀帝又派来使者驰马驿站传命赦免李渊和王仁恭,让他们官复原职,李渊他们起兵的计划也就缓行。

李渊任河东讨捕使时,他请求大理司直夏侯端做他的副手。夏侯端是夏侯详的孙子。他善于占卜天象以及给人相面。他对李渊说:"如今天床星摇动,帝座星不安定,岁星居参宿的位置,必有真龙起于晋地,不是您还能是谁?主上猜忌残忍,尤其猜忌诸李姓,李金才已经死了,您不想着变通,必然是李金才第二啊。"李渊心里很同意这一说法。到他留守晋阳时,鹰扬府司马太原人许世绪劝说李渊:"您的姓氏应在图谶上,名字应验歌谣,您手握五郡之兵,身处四面应战之地,起兵举事则可成帝业,端坐不动则指日可亡,您好好想一想吧!"行军司铠文水人武士彟、前太子左勋卫唐宪、唐宪的弟弟唐俭都劝说李渊起兵。唐俭劝李渊说:"您北面招抚戎狄,南面收招豪杰,以此来夺取天下,这是商汤和周武王的壮举。"李渊说:"商汤、周武不是我敢比的,我从私处讲是要图存,从公处讲是要拯救动乱之世,你暂且先注意一下言行,我要考虑考虑。"唐宪是唐邕的孙子。当时李建成、李元吉还在河东,所以李渊延迟而不能决定。

刘文静对裴寂说:"先发制人,后发制于人。您为何不早劝唐公起兵,却推迟拖延不已?况且您身为宫监,却用宫人侍奉宾客,您死也就罢了,为什么要误了唐公?"裴寂极为恐惧,屡次催促李渊起兵。李渊就让刘文静诈作敕书,征发太原、西河、雁门、马邑等地二十岁以上、五十岁以下的人全部当兵,规定年底在涿郡集结,去攻打高丽,因此人心惶惶,策划造反的人越来越多。

到刘武周占据了汾阳宫,李世民对李渊说:"大人身为留守,而盗贼窃据离宫,如果不早定大计,灾祸今天就要到来了。"于是李渊召集将领僚佐,对他们说:"刘武周占据汾阳宫,我们却不能制止,论罪该当灭族,怎么办?"王威等人都很害怕,拜了又拜请求定计。

渊曰："朝廷用兵，动止皆禀节度。今贼在数百里内，江都在三千里外，加以道路险要，复有他贼据之；以婴城胶柱之兵，当巨猾豕突之势，必不全矣。进退维谷，何为而可？"威等皆曰："公地兼亲贤，同国休戚，若俟奏报，岂及事机；要在平贼，专之可也。"渊阳若不得已而从之者，曰："然则先当集兵。"乃命世民与刘文静、长孙顺德、刘弘基等各募兵，远近赴集，旬日间近万人，仍密遣使召建成、元吉于河东，柴绍于长安。

王威、高君雅见兵大集，疑渊有异志，谓武士彟曰："顺德、弘基皆背征三侍，所犯当死，安得将兵？"欲收按之。士彟曰："二人皆唐公客，若尔，必大致纷纭。"威等乃止。留守司兵田德平欲劝威等按募人之状，士彟曰："讨捕之兵，悉隶唐公，威、君雅但寄坐耳，彼何能为！"德平亦止。

晋阳乡长刘世龙密告渊云："威、君雅欲因晋祠祈雨，为不利。"五月，癸亥夜，渊使世民伏兵于晋阳宫城之外。甲子旦，渊与威、君雅共坐视事，使刘文静引开阳府司马胮城刘政会入立庭中，称有密状。渊目威等取状视之，政会不与，曰："所告乃副留守事，唯唐公得视之。"渊阳惊曰："岂有是邪？"视其状，乃云："威、君雅潜引突厥入寇。"君雅攘袂大诟曰："此乃反者欲杀我耳。"时世民已布兵塞衢路，文静因与刘弘基、长孙顺德等共执威、君雅系狱。丙寅，突厥数万众寇晋阳，轻骑入外郭北门，出其东门。渊命裴寂等勒兵为备，而悉开诸城门，突厥不能测，莫敢进。众以为威、君雅实召之也，渊于是斩威、君雅以徇。渊部将王康达将千馀人出战，皆死，城中恟惧。渊夜遣军潜出城，旦则张旗鸣鼓自他道来，如援军者；突厥终疑之，留城外二日，大掠而去。

李渊说："朝廷用兵,行止进退都要向上级禀报,受上级控制。如今贼人在数百里之内,江都在三千里之外,加上道路险要,还有别的盗贼盘踞;靠着据城以守和拘泥不知变通之兵,以抵抗狡诈与狂奔乱窜之盗贼,必然无法保全。我们现在是进退维谷,怎么办才好?"王威等人都说:"您又是宗亲又是贤士,同国家命运休戚相关,要是等着奏报,哪里赶得上时机;要是平灭盗贼,专权也是可以的。"李渊佯装不得已而听从的样子,说:"既然这样就应当先征集军队。"于是他命令李世民与刘文静、长孙顺德、刘弘基等人各自募兵,远近的百姓投奔汇集,十天之内有近万人应募,李渊秘密派人去河东召李建成、李元吉,去长安召柴绍。

王威、高君雅看到李渊大肆招兵,怀疑李渊有不轨之图,就对武士彟说:"长孙顺德、刘弘基二人都是逃避征役而亡命的三侍之官,罪该处死,怎么能统兵?"他们打算把长孙顺德、刘弘基收审。武士彟说:"这两个人都是唐公的宾客,若是那样做,必然会引起大的纠纷。"王威等人于是就作罢。留守司兵田德平想劝王威等人调查招募兵丁的情况,武士彟说:"讨捕之兵,全都隶属于唐公,王威、高君雅只是寄身在唐公这里罢了,他们能管什么呢?"田德平也作罢。

晋阳乡长刘世龙密告李渊说:"王威、高君雅想去晋祠祈雨,这样做是不利的。"五月,癸亥(十四日)夜里,李渊派李世民率兵埋伏在晋阳宫城的外面。甲子(十五日)早晨,李渊与王威、高君雅坐在一起处理政务,刘文静引着开阳府司马胙城人刘政会进来立在厅堂上,声称有秘事报告。李渊用眼睛示意王威等人取状纸看,刘政会不给,说:"告发的是副留守的事,只有唐公才能看。"李渊佯作吃惊地说:"难道有这样的事?"他看了状子才说:"王威、高君雅暗中勾引突厥人入侵。"高君雅将起衣袖大骂道:"这是造反的人要杀我。"这时李世民已经在大路上布满了军队,刘文静就和刘弘基、长孙顺德等人一起将王威、高君雅抓起来投进监狱。丙寅(十七日),突厥几万兵马侵犯晋阳,其轻骑从外城北门进入,从东门出去。李渊命令裴寂等人率兵防备,而把各城门都打开,突厥人不知虚实,不敢进入。大家都以为确实是王威、高君雅把突厥人招来的,于是李渊将二人处死,悬首示众。李渊的部将王康达率领一千余人出战,全部战死,城中人心惊慌。李渊在夜里派军队悄悄出城,早晨则张旗鸣鼓从别的道路上开来,好像是援军来到了一样。突厥人始终疑惑,在城外逗留了两天,大肆抢掠而去。

14 炀帝命监门将军泾阳庞玉、虎贲郎将霍世举将关内兵援东都。柴孝和说李密曰:"秦地山川之固,秦、汉所凭以成王业者也。今不若使翟司徒守洛口,裴柱国守回洛,明公自简精锐西袭长安。既克京邑,业固兵强,然后东向以平河、洛,传檄而天下定矣。方今隋失其鹿,豪杰竞逐,不早为之,必有先我者,悔无及矣!"密曰:"此诚上策,吾亦思之久矣。但昏主尚存,从兵犹众,我所部皆山东人,见洛阳未下,谁肯从我西入?诸将出于群盗,留之各竞雌雄,如此,则大业隳矣。"孝和曰:"然则大军既未可西上,仆请间行观衅。"密许之。孝和与数十骑至陕县,山贼归之者万馀人。时密兵锋甚锐,每入苑,与隋兵连战。会密为流矢所中,尚卧营中。丁丑,越王侗使段达与庞玉等夜出兵,陈于回洛仓西北。密与裴仁基出战,达等大破之,杀伤太半,密乃弃回洛,奔洛口。庞玉、霍世举军于偃师,柴孝和之众闻密退,各散去。孝和轻骑归密,杨德方、郑德韬皆死。密以郑颋为左司马,荥阳郑乾象为右司马。

15 李建成、李元吉弃其弟智云于河东而去,吏执智云送长安,杀之。建成、元吉遇柴绍于道,与之偕行。

14 炀帝命令监门将军泾阳人庞玉、虎贲郎将霍世举率领关内兵救援东都。柴孝和劝说李密："秦地山川险固，秦、汉正是凭借着它建立帝王之业的。现在不如派翟司徒守卫洛口，裴柱国守卫回洛，您亲自挑选精锐向西袭击长安。京师既攻下，基业则巩固，兵势则更强盛。然后再挥师向东平定河、洛地区，传布檄文，天下就平定了。如今隋王室已失去了它的基业，天下豪杰竞相逐鹿，您不早些举事，必定有先于我们动手的人，到那时，后悔就来不及了！"李密说："这的确是上策，我也考虑好久了。但是隋朝的昏君还在，追随他的兵马还很多，我的部下都是崤山以东人士，看到洛阳没有攻下，谁肯跟我向西进军？各位将领都出身草莽盗贼，留在这里就会互相争一雌雄，这样，大业就会失败。"柴孝和说："既然大军不能西进，我请求潜行去窥伺官军的间隙，以便乘机进攻。"李密应允了。柴孝和与几十名骑兵到了陕县，山中的盗贼归附的有一万馀人。当时李密军队的兵势甚猛，常常攻入东都西苑与隋兵交战。恰好这时李密被流箭射中，躺在营中养伤。丁丑（二十八日），越王杨侗派段达和庞玉等人乘夜出兵，在回洛仓西北列阵，李密与裴仁基率兵出战，段达等人大破李密军，杀伤大半人马。李密只好放弃回洛，奔往洛口。庞玉、霍世举在偃师驻兵，柴孝和的部众听到李密败退，就各自溃散。柴孝和轻骑回到李密军中，杨德方、郑德韬都死了。李密任命郑颋为左司马，荥阳人郑乾象为右司马。

15 李建成、李元吉将他们的弟弟李智云丢弃在河东而离去，当地的官吏抓住李智云送到长安处死。李建成、李元吉在路上遇到柴绍，与他同行。

卷第一百八十四　隋纪八

起丁丑(617)六月尽十二月不满一年

恭皇帝下
义宁元年(丁丑,617)

1　六月己卯,李建成等至晋阳。

2　刘文静劝李渊与突厥相结,资其士马以益兵势,渊从之。自为手启,卑辞厚礼,遗始毕可汗云:"欲大举义兵,远迎主上,复与突厥和亲,如开皇之时。若能与我俱南,愿勿侵暴百姓;若但和亲,坐受宝货。亦唯可汗所择。"始毕得启,谓其大臣曰:"隋主为人,我所知也,若迎以来,必害唐公而击我无疑矣。苟唐公自为天子,我当不避盛暑,以兵马助之。"即命以此意为复书。使者七日而返,将佐皆喜,请从突厥之言,渊不可。裴寂、刘文静皆曰:"今义兵虽集而戎马殊乏,胡兵非所须,而马不可失;若复稽回,恐其有悔。"渊曰:"诸君宜更思其次。"寂等乃请尊天子为太上皇,立代王为帝,以安隋室;移檄郡县;改易旗帜,杂用绛白,以示突厥。渊曰:"此可谓'掩耳盗钟',然逼于时事,不得不尔。"乃许之,遣使以此议告突厥。

西河郡不从渊命,甲申,渊使建成、世民将兵击西河;命太原令太原温大有与之偕行,曰:"吾儿年少,以卿参谋军事;事之成败,

恭皇帝下
隋恭帝义宁元年(丁丑,公元617年)

1　六月己卯,李建成等人到达晋阳。

2　刘文静劝李渊与突厥人相结交,请突厥人资助兵马以壮大兵势,李渊听从了这个意见。他亲笔写信,言辞卑屈,送给始毕可汗的礼物十分丰厚,信中说:"我想大举义兵,远迎隋主,重新与突厥和亲,就像开皇年间那样。您要是能和我一起南下,希望不要侵扰强暴百姓;假若您只想和亲,您就坐受财物吧。这些方案请您自己选择。"始毕可汗得到李渊的信,对他的大臣说:"隋朝皇帝的为人我是了解的,若是把他迎接回来,必定会加害唐公而且向我进攻,这是毫无疑问的。如果唐公自称天子,我应当不避盛暑,以兵马去帮助他。"始毕可汗立即命令将这个意思写成回信。使者七天后返回,见信,李渊的将领僚佐们都很高兴,请李渊听从突厥人的话,李渊认为不可。裴寂、刘文静都说:"如今义兵虽然召集来了,但是军马还极为缺乏,胡兵并不是所需的,但胡人的马匹不可失去;如果再拖延而不回信,恐怕对方反悔。"李渊说:"大家最好再想想别的办法。"裴寂等人就请李渊尊炀帝为太上皇,立代王杨侑为皇帝,以安定隋王室;传布檄文到各郡县,改换旗帜,用红、白掺杂的颜色,以此向突厥示意不完全与隋室相同。李渊说:"这可以说是'掩耳盗钟',但这是形势所迫,不得不如此啊。"于是就同意这样做,派使者将这个决定通知突厥。

西河郡不服从李渊的命令,甲申(初五),李渊派李建成、李世民率兵进攻西河郡;命太原令太原人温大有与李建成等人同行。李渊对温大有说:"我儿子年轻,请您参与谋划军事,事情的成败,

当以此行卜之。"时军士新集,咸未阅习,建成、世民与之同甘苦,遇敌则以身先之。近道菜果,非买不食,军士有窃之者,辄求其主偿之,亦不诘窃者,军士及民皆感悦。至西河城下,民有欲入城者,皆听其入。郡丞高德儒闭城拒守,己丑,攻拔之。执德儒至军门,世民数之曰:"汝指野鸟为鸾,以欺人主,取高官,吾兴义兵,正为诛佞人耳!"遂斩之。自馀不戮一人,秋毫无犯,各尉抚使复业,远近闻之大悦。建成等引兵还晋阳,往返凡九日。渊喜曰:"以此行兵,虽横行天下可也。"遂定入关之计。

　　渊开仓以赈贫民,应募者日益多。渊命为三军,分左右,通谓之义士。裴寂等上渊号为大将军,癸巳,建大将军府;以寂为长史,刘文静为司马,唐俭及前长安尉温大雅为记室,大雅仍与弟大有共掌机密,武士彟为铠曹,刘政会及武城崔善为、太原张道源为户曹,晋阳长上邽姜謩为司功参军,太谷长殷开山为府掾,长孙顺德、刘弘基、窦琮及鹰扬郎将高平王长谐、天水姜宝谊、阳屯为左右统军;自馀文武,随才授任。又以世子建成为陇西公;左领军大都督,左三统军隶焉;世民为敦煌公,右领军大都督,右三统军隶焉;各置官属。以柴绍为右领军府长史;谘议谯人刘赡领西河通守。道源名河,开山名峤,皆以字行。开山,不害之孙也。

　　3　李密复帅众向东都,丙申,大战于平乐园。密左骑、右步,中列强弩,鸣千鼓以冲之,东都兵大败,密复取回洛仓。

　　4　突厥遣其柱国康鞘利等送马千匹诣李渊为互市,许发兵送渊入关,多少随所欲。丁酉,渊引见康鞘利等,受可汗书,礼容尽恭,赠遗康鞘利等甚厚。择其马之善者,

在此行就可预测出来了。"当时军队的士兵都是新近招募的,没有经过训练检阅,李建成、李世民与士卒同甘苦,攻击敌人身先士卒。附近道旁的蔬菜瓜果,不是买的不准吃,兵士有偷吃的,就找物主进行赔偿,也不责备偷窃者,士兵及百姓们都心悦诚服。李建成等率军到达西河城下,百姓有想进城的人,都听任其进入。西河郡丞高德儒闭城拒守,己丑(初十),李建成攻克西河城。将高德儒押到军营门口,李世民历数他的罪过说:"你指野鸟为凤凰来欺骗君主,骗取高官,我们兴义兵,正是要诛灭你这样的奸佞之人!"于是将高德儒斩杀。其馀官员一个不杀,秋毫无犯,分别抚慰吏民百姓,让他们各复其业,远近的百姓听到后非常高兴。李建成等人率兵返回晋阳,往返共九日。李渊高兴地说:"像这样用兵,就是横行天下也可以了!"于是就定下了入关中的计划。

李渊开仓赈济贫民,应募当兵的人日益增多。李渊命令将招募来的人分为三军,分左、右军,通称为义士。裴寂等人给李渊上尊号为大将军,癸巳(十四日),设置大将军府,任命裴寂为长史,刘文静为司马,唐俭和前长安尉温大雅为记室,温大雅仍和他弟弟温大有共同掌管机密,任命武士彟为铠曹,刘政会和武城人崔善为、太原人张道源为户曹,晋阳长上邽人姜謩为司功参军,太谷长殷开山为府掾,长孙顺德、刘弘基、窦琮和鹰扬郎将高平人王长谐、天水人姜宝谊、阳屯为左、右统军,其馀的文武僚佐都按照才能授予官职。李渊又封世子李建成为陇西公、左领军大都督,左三统军由他统辖;封李世民为敦煌公,右领军大都督,右三统军归他统辖,二人各设置官府僚属。任命柴绍为右领军府长史,谘议谯县人刘赡任西河通守。张道源名河,殷开山名峤,都是用字来称呼他们。殷开山是殷不害的孙子。

3 李密又统率部众向东都进军,丙申(十七日),与隋军在平乐园大战。李密左边部署骑兵,右边部署步兵,中间摆列强弩,敲响千面战鼓壮大声势以冲击隋军,东都兵大败,李密再次夺取了回洛仓。

4 突厥派他们的柱国康鞘利等人押送一千匹马到李渊处进行交易,并答应发兵送李渊入关,人数的多少随李渊定。丁酉(十八日),李渊会见了康鞘利等人,接受了可汗的书信,礼仪容止都极为恭敬,赠送给康鞘利等人的礼物也很丰厚。李渊挑选马匹中的良马,

止市其半;义士请以私钱市其馀,渊曰:"虏饶马而贪利,其来将不已,恐汝不能市也。吾所以少取者,示贫,且不以为急故也,当为汝贳之,不足为汝费。"

乙巳,灵寿贼帅郗士陵帅众数千降于渊。渊以为镇东将军、燕郡公,仍置镇东府,补僚属,以招抚山东郡县。

己巳,康鞘利北还。渊命刘文静使于突厥以请兵,私谓文静曰:"胡骑入中国,生民之大蠹也。吾所以欲得之者,恐刘武周引之共为边患;又,胡马行牧,不费刍粟,聊欲藉之以为声势耳。数百人之外,无所用之。"

5 秋,七月,炀帝遣江都通守王世充将江、淮劲卒,将军王隆帅邛黄蛮,河北大使太常少卿韦霁、河南大使虎牙郎将王辩等各帅所领同赴东都,相知讨李密。霁,世康之子也。

6 壬子,李渊以子元吉为太原太守,留守晋阳宫,后事悉以委之。癸丑,渊帅甲士三万发晋阳,立军门誓众,并移檄郡县,谕以尊立代王之意;西突厥阿史那大奈亦帅其众以从。甲寅,遣通议大夫张纶将兵徇稽胡。丙辰,渊至西河,慰劳吏民,赈赡穷乏;民年七十以上,皆除散官,其馀豪俊,随才授任。口询功能,手注官秩,一日除千馀人。受官皆不取告身,各分渊所书官名而去。渊入雀鼠谷;壬戌,军贾胡堡,去霍邑五十馀里。代王侑遣虎牙郎将宋老生帅精兵二万屯霍邑,左武侯大将军屈突通屯河东以拒渊。会积雨,渊不得进,遣府佐沈叔安等将赢兵还太原,更运一月粮。乙丑,张纶克离石,杀太守杨子崇。

只买了其中的一半；义士们请求用自己的私钱买下其馀的马匹，李渊说："胡人马匹多，但是贪利，他们会不断地来，恐怕你们就买不起了。我所以少买的原因就是向他们表示贫穷，而且也不是那么急用。我应当替你们付钱，不至于让你们破费。"

乙巳(二十六日)，灵寿县的贼帅郗士陵统率部众几千人归降李渊。李渊封郗士陵为镇东将军、燕郡公，仍设置镇府，补充镇东府的僚属，以此招抚潼关以东各郡县。

己巳，康鞘利返回北方。李渊命令刘文静出使突厥请求发兵，他私下对刘文静说："胡骑进入中国，是黎民百姓的大害。我所以要突厥人发兵，是怕刘武周勾结突厥一起成为边境上的祸患；另外，胡马是放牧饲养的，不用耗费草料，我只是要借突厥人的兵马以壮声势。几百人也就够了，没有别的用途。"

5　秋季，七月，炀帝派江都通守王世充率领江、淮的精兵，将军王隆率领邛都夷部的黄蛮，河北讨捕大使太常少卿韦霁、河南讨捕大使虎牙郎将王辩等人各自率领辖下的军队一同赶赴东都，协同讨伐李密。韦霁是韦世康的儿子。

6　壬子(初四)，李渊任命儿子李元吉为太原太守，留守晋阳宫，一切后方事务都委托他处理。癸丑(初五)，李渊统率甲士三万人从晋阳出发，在军营门前誓师，并向各郡县发布檄文，宣布尊立代王为帝的意图；西突厥的阿史那大奈也率其部众跟随李渊出征。甲寅(初六)，李渊派通议大夫张纶率兵攻略稽胡部落。丙辰(初八)，李渊到达西河，慰劳西河的官吏百姓，赈济贫民；几个年纪在七十岁以上的人，都授予散官的职务，其馀的豪强俊杰，都根据才能授予职务。李渊一边询问来人的功劳、才能，一边注册授予的官职等级，一天就任命官员一千馀人。接受官职的人都不拿任命状，他们各自拿着李渊所写的官名状离去。李渊率军进入雀鼠谷；壬戌(十四日)，在贾胡堡驻军，贾胡堡距霍邑五十馀里。代王杨侑派遣虎牙郎将宋老生率领精兵两万人在霍邑驻防，左武侯大将军屈突通驻军河东以抵御李渊。正逢连续大雨，李渊无法进军，他派遣府佐沈叔安等人率领老弱病兵返回太原，再运一个月的粮食来。乙丑(十七日)，张纶攻克了离石郡，杀太守杨子崇。

刘文静至突厥，见始毕可汗，请兵，且与之约曰："若入长安，民众土地入唐公，金玉缯帛归突厥。"始毕大喜，丙寅，遣其大臣级失特勒先至渊军，告以兵已上道。

渊以书招李密。密自恃兵强，欲为盟主，使祖君彦复书曰："与兄派流虽异，根系本同。自唯虚薄，为四海英雄共推盟主。所望左提右挈，戮力同心，执子婴于咸阳，殪商辛于牧野，岂不盛哉?"且欲使渊以步骑数千自至河内，面结盟约。渊得书，笑曰："密妄自矜大，非折简可致。吾方有事关中，若遽绝之，乃是更生一敌；不如卑辞推奖以骄其志，使为我塞成皋之道，缀东都之兵，我得专意西征。俟关中平定，据险养威，徐观鹬蚌之势以收渔人之功，未为晚也。"乃使温大雅复书曰："吾虽庸劣，幸承馀绪，出为八使，入典六屯。颠而不扶，通贤所责，所以大会义兵，和亲北狄，共匡天下，志在尊隋。天生烝民，必有司牧，当今为牧，非子而谁? 老夫年逾知命，愿不及此。欣戴大弟，攀鳞附翼，唯弟早膺图箓，以宁兆民! 宗盟之长，属籍见容，复封于唐，斯荣足矣。殪商辛于牧野，所不忍言；执子婴于咸阳，未敢闻命。汾晋左右，尚须安辑；盟津之会，未暇卜期。"密得书甚喜，以示将佐曰："唐公见推，天下不足定矣!"自是信使往来不绝。

雨久不止，渊军中粮乏；刘文静未返，或传突厥与刘武周乘虚袭晋阳；渊召将佐谋北还。裴寂等皆曰："宋老生、屈突通连兵据险，未易猝下。李密虽云连和，奸谋难测。

刘文静到突厥,拜见了始毕可汗,请求派兵,并且与始毕可汗约定:"要是进入长安,百姓、土地归唐公,金玉缯帛归突厥。"始毕可汗大喜,丙寅(十八日),始毕可汗派大臣级失特勒先,往李渊的军营,通知他突厥军已经上路。

李渊写书信招附李密。李密自恃兵强势盛想自做盟主,他让祖君彦回信说:"我和兄长虽然家支派系不同,但同是李姓,根系是相同的。我自认为势单力薄,但却被天下的英雄共推为盟主。希望互相扶持,同心协力,完成在咸阳抓住秦子婴、在牧野灭掉商辛这样的大业,岂不很宏伟吗?"他还想让李渊亲自率领步骑兵几千人到河内郡,二人当面缔结盟约。李渊接到信后,笑着说:"李密妄自尊大,不是书信就能招来的。我在关中正有战事,若马上断绝了与他的来往,就是又树了一个敌人;不如用阿谀奉承之语吹捧他,使他心志骄横,让他替我挡住成皋之道,牵制东都之兵,我就可以专心一意地进行西征。待到关中平定以后,我们依据险要之地,养精蓄锐,慢慢地观看鹬蚌之争以坐收渔人之利,也并不晚啊。"于是他让温大雅回信说:"我虽然平庸愚昧,幸而承继了祖宗的功业,使我出任为八使之要职,回朝任将军。国家有难而不出来扶助,是所有的贤人君子都要责备的,所以我才大规模地招集义兵,与北狄和亲,共同救助天下,志向在于尊崇隋王室。天生众生,必要有管理他们的人,而今为治民之官的人,不是您又能是谁呢?老夫我已过了知命之年,已经完不成这个心愿了。我很高兴拥戴您,这已经是攀鳞附翼了,希望您早些应验图谶,以安定万民!您是宗盟之长,我的宗属之籍都还须得到您的容纳,您将我还封在唐地,这样的殊荣已经够了。将商辛诛灭于牧野这样的大业,我是不敢说的;至于在咸阳抓住秦子婴之事,我也是不敢听命于您的。汾晋一带,还需要我安抚管理,盟津之会盟,我还顾不上卜定日期。"李密收到李渊的信后很是高兴,他将信给僚佐们看,说:"唐公推举我,天下很容易就平定了!"从此,双方的信使往来不绝。

雨下了很长时间也不止,李渊的军队缺粮,刘文静也还没有回来,有人传言突厥人与刘武周乘虚袭击晋阳;李渊召集将领僚佐们商议向北返回。裴寂等人都说:"宋老生、屈突通联合居守险要,不容易很快攻下。李密虽说要联合,但是他的奸诈图谋难以揣测。

突厥贪而无信,唯利是视。武周,事胡者也。太原一方都会,且义兵家属在焉,不如还救根本,更图后举。"李世民曰:"今禾菽被野,何忧乏粮? 老生轻躁,一战可擒。李密顾恋仓粟,未遑远略。武周与突厥外虽相附,内实相猜。武周虽远利太原,岂可近忘马邑? 本兴大义,奋不顾身以救苍生,当先入咸阳,号令天下。今遇小敌,遽已班师,恐从义之徒一朝解体,还守太原一城之地为贼耳,何以自全?"李建成亦以为然,渊不听,促令引发。世民将复入谏,会日暮,渊已寝;世民不得入,号哭于外,声闻帐中。渊召问之,世民曰:"今兵以义动,进战则克,退还则散;众散于前,敌乘于后,死亡无日,何得不悲?"渊乃悟曰:"军已发,奈何?"世民曰:"右军严而未发;左军虽去,计亦未远,请自追之。"渊笑曰:"吾之成败皆在尔,知复何言,唯尔所为。"世民乃与建成夜追左军复还。丙子,太原运粮亦至。

7 武威鹰扬府司马李轨,家富,好任侠。薛举作乱于金城,轨与同郡曹珍、关谨、梁硕、李赟、安修仁等谋曰:"薛举必来侵暴,郡官庸怯,势不能御,吾辈岂可束手并妻孥为人所虏邪! 不若相与并力拒之,保据河右以待天下之变。"众皆以为然。欲推一人为主,各相让,莫肯当。曹珍曰:"久闻图谶李氏当王;今轨在谋中,乃天命也。"遂相与拜轨,奉以为主。丙辰,轨令修仁集诸胡,轨结民间豪杰,共起兵,执虎贲郎将谢统师、郡丞韦士政。轨自称河西大凉王,置官属并拟开皇故事。关谨等欲尽杀隋官,分其家赀,轨曰:"诸人既逼以为主,当禀其号令。今兴义兵以救生民,乃杀人取货,

突厥人贪利而无信义,唯利是图。刘武周又是向胡人称臣的人。太原为一方的都会,而且义兵的家属都在太原,不如返回救援根本之地,再筹划今后的义举。"李世民说:"现在稻谷遍野都是,还愁无粮吗? 宋老生为人轻狂浮躁,一战就可以擒住他。李密舍不得粮仓粟米,顾不上向远处图谋。刘武周和突厥人表面上虽然相互依赖,但实际上却互相猜忌。刘武周虽然追逐远利而攻取太原,但岂肯忘记就近的马邑呢? 我们本来是兴大义,奋不顾身地拯救百姓,应当先行进入咸阳,号令天下。现在只遇到了小敌,立刻就要班师,恐怕跟随起义的人一旦解体,返回去守卫太原一城之地,我们就成贼了,怎么能保全自己呢?"李建成也认为李世民的话对,但李渊不听,催促军队出发。李世民再要进入李渊的营帐劝阻,可是天黑了,李渊已经躺下休息。李世民进不去,就在帐外号哭,哭声传到了帐中。李渊召见李世民问话,李世民说:"如今我们举兵是为大义,进军攻战就能取胜,后退就会溃散,到那时,部众溃散在前,敌军追击在后,我们被灭亡的日子就到了。怎么能不悲伤呢?"李渊醒悟过来,说:"军队已经出发,怎么办呢?"李世民说:"右军整装而未发,左军虽然出发,估计还没走远,请让我去追赶他们。"李渊笑道:"我的成败都在于你,知道了还说什么呢? 随你去做吧。"李世民和李建成连夜把左军追了回来。丙子(二十八日),太原的粮食也运到了。

7 武威鹰扬府司马李轨,家中富有,喜好侠义之举。薛举在金城作乱,李轨和同郡的曹珍、关谨、梁硕、李赟、安修仁等人商议说:"薛举必定前来侵犯暴虐,郡官昏庸、怯懦,看情势不能抵御,但我们怎么能毫不抵抗就让自己和妻子儿女做人家的俘虏呢? 不如大家同心协力共同抵抗薛举,据保河右以等待形势发生变化。"大家都认为这个意见很对。想推举一个人为首领,大家各自推让,不肯出来为首。曹珍说:"我久闻图谶上说李氏应当为王,今天李轨也参加了这一谋划,这是天命。"于是大家一同向李轨跪拜,奉他为主。丙辰(初八),李轨命令安修仁召集各部落的胡人,李轨结交民间的豪杰之士,共同起兵,抓住虎贲郎将谢统师,郡丞韦士政。李轨自称河西大凉王,设置官府僚属全都模仿隋文帝开皇年间的成例。关谨等人要将隋官杀尽,分掉他们的家产,李轨说:"各位既然推举我为主,就应当听我的号令。如今兴义兵是为了拯救百姓,杀人越货,

此群盗耳,将何以济?"于是以统师为太仆卿,士政为太府卿。西突厥阙度设据会宁川,自称阙可汗,请降于轨。

8　薛举自称秦帝,立其妻鞠氏为皇后,子仁果为皇太子。遣仁果将兵围天水,克之,举自金城徙都之。仁果多力,善骑射,军中号万人敌;然性贪而好杀。尝获庾信子立,怒其不降,磔于火上,稍割以啖军士。及克天水,悉召富人,倒悬之,以醋灌鼻,责其金宝。举每戒之曰:"汝之才略足以办事,然苛虐无恩,终当覆我国家。"

举遣晋王仁越将兵趋剑口,至河池郡;太守萧瑀拒却之。又遣其将常仲兴济河击李轨,与轨将李赟战于昌松,仲兴举军败没。轨欲纵遣之,赟曰:"力战获俘,复纵以资敌,将焉用之!不如尽坑之。"轨曰:"天若祚我,当擒其主,此属终为我有;若其无成,留之何益?"乃纵之。未几,攻张掖、敦煌、西平、枹罕,皆克之,尽有河西五郡之地。

9　炀帝诏左御卫大将军涿郡留守薛世雄将燕地精兵三万讨李密,命王世充等诸将皆受世雄节度,所过盗贼,随便诛翦。世雄行至河间,军于七里井。窦建德士众惶惧,悉拔诸城南遁,声言还入豆子䴚。世雄以为畏己,不复设备,建德谋还袭之。其处去世雄营百四十里,建德帅敢死士二百八十人先行,令馀众续发,建德与其士众约曰:"夜至,则击其营;已明,则降之。"未至一里所,天欲明,建德惶惑议降;会天大雾,人咫尺不相辨,建德喜曰:"天赞我也!"遂突入其营击之,世雄士卒大乱,皆腾栅走。世雄不能禁,与左右数十骑遁归涿郡,惭恚发病卒。建德遂围河间。

这就成了群盗了！我们将靠什么取得成功呢？"于是他任命谢统师为太仆卿，韦士政为太府卿。西突厥的阙度设占据会宁川，自称阙可汗，他向李轨请求投降。

8　薛举自称秦帝，立妻子鞠氏为皇后，儿子薛仁果为皇太子。派遣薛仁果率兵包围并攻克了天水，薛举从金城迁都于天水。薛仁果很有力气，善于骑射，军中号称万人敌；但是他生性贪婪、残忍、嗜杀成性。曾经抓住庾信的儿子庾立，他为庾立不肯投降而发怒，将庾立在火上分尸，然后一点点地割下肉来让军士们吃。待他攻下了天水，把天水的富人都召来，倒吊起来，用醋灌鼻子，向他们索取金宝。薛举常常训诫他说："你的才能谋略足以办事，但是生性严苛酷虐，对人不能施恩，终归要倾覆我的家和国啊！"

薛举派晋王薛仁越率兵奔赴剑口，到达河池郡时，河池太守萧瑀抵御薛仁越。薛举又派部将常仲兴渡黄河去进击李轨，与李轨的部将李赟在昌松交战，常仲兴全军覆没。李轨要将俘虏全都放走，李赟说："奋力作战才俘获的，却将他们放走去帮助敌军，为什么这样做呢？不如全部坑杀了。"李轨说："上天要是赐福于我，就应当抓住他们的首领，这些人终归还是为我所有。要是我事业无成，留下他们又有什么好处呢？"于是将俘虏放走。不久，李轨进攻张掖、敦煌、西平、枹罕，全部攻克，河西五郡全部为李轨据有。

9　炀帝下诏命左御卫大将军涿郡留守薛世雄率领燕地的精兵三万讨伐李密。他命令王世充等将领都受薛世雄指挥，所遇见的盗贼，可以随便诛杀。薛世雄走到河间，在七里井驻军。窦建德的部众惊惶恐惧，从占领的各城池中撤出向南逃走，声称返回豆子航。薛世雄认为他们是惧怕自己，不再提防，窦建德策划回击隋军。窦建德驻地距薛世雄的军营有一百四十里，窦建德率领敢死队二百八十人先行，命令其馀的人随即陆续出发，并与士兵约好，"夜里到达薛营就进攻他们，若到达时天已经放明，就投降。"他率军走到距薛营不到一里的地方，天就要亮了，窦建德惶惑，和大家商议投降之事。恰好天降大雾，人相隔咫尺都无法辨认，窦建德高兴地说："天助我也！"于是率军突入薛营袭击他们。薛世雄兵营大乱，兵卒们都翻越栅栏逃走，薛世雄无法制止，他只和左右几十名骑兵逃回涿郡。薛世雄惭愧忧愤，发病去世。窦建德就包围了河间。

10 八月己卯，雨霁。庚辰，李渊命军中曝铠仗行装。辛巳旦，东南由山足细道趣霍邑。渊恐宋老生不出，李建成、李世民曰："老生勇而无谋，以轻骑挑之，理无不出；脱其固守，则诬以贰于我。彼恐为左右所奏，安敢不出？"渊曰："汝测之善，老生不能逆战贾胡，吾知其无能为也！"渊与数百骑先至霍邑城东数里以待步兵，使建成、世民将数十骑至城下，举鞭指麾，若将围城之状，且诟之。老生怒，引兵三万自东门、南门分道而出，渊使殷开山趣召后军。后军至，渊欲使军士先食而战，世民曰："时不可失。"渊乃与建成陈于城东，世民陈于城南。渊、建成战小却，世民与军头临淄段志玄自南原引兵驰下，冲老生陈，出其背，世民手杀数十人，两刀皆缺，流血满袖，洒之复战。渊兵复振，因传呼曰："已获老生矣！"老生兵大败，渊兵先趣其门，门闭，老生下马投堑，刘弘基就斩之，僵尸数里。日已暮，渊即命登城，时无攻具，将士肉薄而登，遂克之。

渊赏霍邑之功，军吏疑奴应募者不得与良人同。渊曰："矢石之间，不辨贵贱，论勋之际，何有等差，宜并从本勋授。"壬午，渊引见霍邑吏民，劳赏如西河，选其丁壮使从军。关中军士欲归者，并授五品散官，遣归。或谏以官太滥，渊曰："隋氏吝惜勋赏，此所以失人心也，奈何效之？且收众以官，不胜于用兵乎！"

丙戌，渊入临汾郡，慰抚如霍邑。庚寅，宿鼓山。绛郡通守陈叔达拒守；辛卯，进攻，克之。叔达，陈高宗之子，有才学，渊礼而用之。

10　八月己卯(初一)，雨停了。庚辰(初二)，李渊命令部队晾晒铠甲、器械、行装。辛巳(初三)，早晨，李渊率军从山脚下的小路向东南直抵霍邑。李渊怕宋老生不出战；李建成、李世民说："宋老生有勇无谋，我们用轻骑向他挑战，按理他不会不出战；待他从营垒出来，我们就诬陷他对我们有二心。他害怕被左右的人奏报，怎敢不出战呢？"李渊说："你们估计得对，在贾胡堡时宋老生未能迎战我军，我知道他是没有作为的。"李渊和几百名骑兵先到霍邑城东面几里的地方等待步兵，派李建成、李世民率领几十骑到城下，举鞭挥旗就像要包围城池的样子，并且辱骂宋老生。宋老生大怒，率三万人从东门、南门分道出战。李渊派殷开山立刻去召集后军。后军来到后，李渊想让军士们先吃饭再战斗，李世民说："时机不可失！"李渊就和李建成在城东列阵，李世民在城南列阵。李渊、李建成与宋老生交战，稍有退却，李世民与军头临淄人段志玄从南原率兵驰马而下，冲击宋老生的军阵，出击宋老生军的背后。李世民亲手杀死几十人，两把刀都砍缺了口，飞溅的鲜血沾满衣袖，世民将血甩掉再战。李渊的兵势又振奋起来，就传话呼喊："已经抓住宋老生了！"宋老生军因此大败，李渊兵迅速直抵城门，城门关闭了，宋老生下马跳入壕沟，刘弘基就将他杀死，隋军的死尸遍布几里。天已黑了，李渊立即命令登城，当时没有攻城的器械，将士们赤膊登城，攻下霍邑。

李渊奖赏攻取霍邑的有功将士，军吏们怀疑以奴隶身份应募的人不能和良人同样论功。李渊说："在箭与石之间战斗，不分贵贱，论功行赏时，有什么等级差别？应该同样按功颁赏授官。"壬午(初四)，李渊接见了霍邑的吏民，慰劳赏赐，如同西河郡一样，并挑选霍邑强壮的男丁从军。关中的军士要回乡的，都授予五品散官，让他们回去。有人劝李渊说授官太多，李渊说："隋氏吝惜勋位赏赐，因而失去人心。我怎么能效仿他们呢？况且用官职来收拢众人，不比用兵要好吗？"

丙戌(初八)，李渊进入临汾郡，对临汾吏民的慰劳安抚如同霍邑。庚寅(十二日)，李渊军队在鼓山过夜。绛郡通守陈叔达率兵拒守。辛卯(十三日)，李渊军进攻并攻克了绛郡。陈叔达是南陈高宗陈顼的儿子，有才学。李渊待之以礼并任用他。

癸巳，渊至龙门。刘文静、康鞘利以突厥兵五百人、马二千匹来至。渊喜其来援，谓文静曰："吾西行及河，突厥始至，兵少马多，皆君将命之功也。"

汾阳薛大鼎说渊："请勿攻河东，自龙门直济河，据永丰仓，传檄远近，关中可坐取也。"渊将从之。诸将请先攻河东，乃以大鼎为大将军府察非掾。

河东县户曹任瓌说渊曰："关中豪杰皆企踵以待义兵，瓌在冯翊积年，知其豪杰，请往谕之，必从风而靡。义师自梁山济河，指韩城，逼郃阳。萧造文吏，必当望尘请服；孙华之徒，皆当远迎。然后鼓行而进，直据永丰，虽未得长安，关中固已定矣。"渊悦，以瓌为银青光禄大夫。

时关中群盗，孙华最强；丙申，渊至汾阴，以书招之。己亥，渊进军壶口，河滨之民献舟者日以百数，仍置水军。壬寅，孙华自郃阳轻骑渡河见渊。渊握手与坐，慰奖之，以华为左光禄大夫、武乡县公，领冯翊太守。其徒有功者，委华以次授官，赏赐甚厚。使之先济；继遣左右统军王长谐、刘弘基及左领军长史陈演寿、金紫光禄大夫史大奈将步骑六千自梁山济，营于河西以待大军。以任瓌为招慰大使，瓌说韩城，下之。渊谓长谐曰："屈突通精兵不少，相去五十馀里，不敢来战，足明其众不为之用。然通畏罪，不敢不出。若自济河击卿等，则我进攻河东，必不能守；若全军守城，则卿等绝其河梁：前扼其喉，后拊其背，彼不走必为擒矣。"

11 骁果从炀帝在江都者多逃去，帝患之，以问裴矩，对曰："人情非有匹偶，难以久处，请听军士于此纳室。"帝从之。九月，悉召江都境内寡妇、处女集宫下，恣将士所取；或先与奸者听自首，即以配之。

癸巳(十五日),李渊到达龙门。刘文静、康鞘利率突厥兵五百、马两千匹来到。李渊很高兴他们前来救援,对刘文静说:"我向西走到黄河,突厥人才到达,并且是兵少马多,都是您的功劳啊!"

汾阳人薛大鼎劝说李渊:"请不要进攻河东,从龙门直接渡黄河,占据永丰仓,向各地传布檄文,关中地区便坐等可取了。"李渊打算听从他的意见。诸将请求先攻取河东,于是李渊任命薛大鼎为大将军府察非掾。

河东县户曹任瓌对李渊说:"关中的豪杰都蹻着脚盼望义军,我在冯翊郡多年,了解冯翊豪杰的情况,请让我去宣召他们,他们必定会望风而动。义师从梁山渡黄河,直指韩城,逼近邻阳。萧造这样的文官,必定望尘而请求归降;孙华之流也会远迎义师。然后您大张旗鼓地进军,直接占据永丰仓,虽然您还没有得到长安,但关中却根本上稳定了。"李渊听后很高兴,任命任瓌为银青光禄大夫。

当时,关中的群盗以孙华的势力最强,丙申(十八日),李渊到达汾阴,用书信前去招抚孙华。己亥(二十日),李渊进军到壶口,河边的百姓向李渊献船的每天有一百多人,李渊又建立水军。壬寅(二十四日),孙华从邻阳轻骑渡黄河来谒见李渊。李渊拉着他的手和他坐在一起,慰劳奖赏他,封他为左光禄大夫、武乡县公,任冯翊太守之职。孙华部众有功的人,让孙华依次授予官职,赏赐的物品非常丰厚。李渊让孙华先行渡河,随即派遣左、右统军王长谐、刘弘基以及左领军长史陈演寿、金紫光禄大夫史大奈率领步骑兵六千人从梁山渡河,在黄河西岸扎营以等待大军的到来。任命任瓌为招慰大使,任瓌去劝降韩城,韩城归降。李渊对王长谐说:"屈突通精兵不少,与我军相隔仅五十余里,但不敢来战,足以证明他的部下已经不为屈突通效命了。但是屈突通害怕上边怪罪,又不敢不出战。若他亲自率军过河进攻你们,那我就进攻黄河东岸,黄河东岸肯定守不住;若是屈突通全军守城,那你们就拆毁河上的桥梁:这样前面扼住他的咽喉,后面攻击他的后背,他不逃走必定被我们擒获。"

11 跟从炀帝在江都的骁果有很多逃跑了,炀帝很忧虑这件事,问裴矩如何办,裴矩回答说:"从人情上讲,没有配偶,就难以久待,请听任军士们在此成家吧。"炀帝听从了裴矩的建议。九月,将江都境内的寡妇、处女都召集到宫下,任凭将士们娶走,有些原来就有奸情的人,任凭他们自首,然后即将此女配给他为妻。

12　武阳郡丞元宝藏以郡降李密，甲寅，密以宝藏为上柱国、武阳公。宝藏使其客钜鹿魏徵为启谢密，且请改武阳为魏州；又请帅所部西取魏郡，南会诸将取黎阳仓。密喜，即以宝藏为魏州总管，召魏徵为元帅府文学参军，掌记室。徵少孤贫，好读书，有大志，落拓不事生业。始为道士，宝藏召典书记。密爱其文辞，故召之。

初，贵乡长弘农魏德深，为政清静，不严而治。辽东之役，征税百端，使者旁午，责成郡县，民不堪命，唯贵乡闾里不扰，有无相通，不竭其力，所求皆给。元宝藏受诏捕贼，数调器械，动以军法从事。其邻城营造，皆聚于听事，官吏递相督责，昼夜喧嚣，犹不能济。德深听随便修营，官府寂然，恒若无事，唯戒吏以不须过胜徐县，使百姓劳苦；然民各自竭心，常为诸县之最，民爱之如父母。宝藏深害其能，遣将千兵赴东都。所领兵闻宝藏降密，思其亲戚，辄出都门，东向恸哭而返。或劝之降密，皆泣曰："我与魏明府同来，何忍弃去？"

河南、山东大水，饿殍满野。炀帝诏开黎阳仓赈之，吏不时给，死者日数万人。徐世勣言于李密曰："天下大乱，本为饥馑。今更得黎阳仓，大事济矣。"密遣世勣帅麾下五千人自原武济河，会元宝藏、郝孝德、李文相及洹水贼帅张升、清河贼帅赵君德共袭破黎阳仓，据之，开仓恣民就食，浃旬间，得胜兵二十馀万。武安、永安、义阳、弋阳、齐郡相继降密。窦建德、朱粲之徒亦遣使附密，密以粲为扬州总管、邓公。泰山道士徐洪客献书于密，以为："大众久聚，恐米尽人散，师老厌战，难可成功。"

12 武阳郡丞元宝藏举郡投降李密,甲寅(初六),李密封元宝藏为上柱国、武阳公。元宝藏派他的门客钜鹿人魏徵写信向李密致谢,并且请求将武阳郡改为魏州,又请求率领所部向西攻取魏郡,向南与诸将会合攻取黎阳仓。李密听后很高兴,就任命元宝藏为魏州总管,召魏徵为元帅府文学参军,掌管记室。魏徵年轻时孤苦贫穷,喜好读书,抱有大志,为人性情放浪不经营谋生之业。开始做过道士,元宝藏召他掌管书籍。李密喜欢魏徵的文辞,因此就将他召来。

当初,贵乡长弘农人魏德深,为政清廉,用法并不严苛,但治理得很好。炀帝征伐辽东的时候,苛捐杂税有上百种,征税的使者纷繁交错地来责成郡县官吏,百姓不堪忍受这样的催逼,唯独贵乡县的乡里没有受到骚扰,邻里之间互通有无,并没耗竭百姓的财力,所要求的都能供给。元宝藏受诏命讨捕盗贼,他几次征调器械,动不动就以军法论处。贵乡县的邻城营造器械,官吏们都聚集在厅堂,互相监督责备,昼夜喧嚣,还完不成任务。魏德深却任凭属下随意修造,官府里安安静静,总像是没干什么事的样子,他仅是告诫官吏们,完成征调任务即可,不必超过其他的县,而使百姓劳苦;然而百姓却都尽心竭力,供赋常常为各县之冠,百姓们爱戴魏德深如同父母。元宝藏很妒忌他的才能,派他率领一千名士兵赶赴东都。当魏德深所统之兵听到元宝藏投降李密时,士兵们思念自己的亲戚,就出了都城门,向东痛哭后返回。有人劝他们投降李密,他们都流着泪说:"我们与魏明府一同来的,怎么忍心弃他离去呢?"

河南、山东发大水,饿殍遍野。炀帝下诏开黎阳仓赈济饥民,但官吏们不按时赈济,每天有几万人死去。徐世勣对李密说:"天下大乱,本来就是因为饥馑的缘故。现在若是再得黎阳仓,大事就告成功。"李密派徐世勣率部下五千人从原武渡黄河,会同元宝藏、郝孝德、李文相及洹水贼帅张升、清河贼帅赵君德共同袭取了黎阳仓并在那里据守,开仓听任百姓来吃粮,十天之内得到精兵二十馀万人。武安、永安、义阳、弋阳、齐郡相继投降李密。窦建德、朱粲之类的人也派遣使者依附李密,李密封朱粲为扬州总管、邓公。泰山道士徐洪客向李密献书,他认为:"大批的人马长久地聚在一起,恐怕粮尽人散,出师时间长了,就会厌战,那样就难以获得成功。"

劝密"乘进取之机,因士马之锐,沿流东指,直向江都,执取独夫,号令天下"。密壮其言,以书招之,洪客竟不出,莫知所之。

13 乙卯,张纶徇龙泉、文成等郡,皆下之,获文成太守郑元璹。元璹,译之子也。

14 屈突通遣虎牙郎将桑显和将骁果数千人夜袭王长谐等营,长谐等战不利,孙华、史大奈以游骑自后击显和,大破之。显和脱走入城,仍自绝河梁。丙辰,冯翊太守萧造降于李渊。造,脩之子也。

戊午,渊帅诸军围河东,屈突通婴城自守。

将佐复推渊领太尉,增置官属,渊从之。时河东未下,三辅豪杰至者日以千数。渊欲引兵西趣长安,犹豫未决。裴寂曰:"屈突通拥大众,凭坚城,吾舍之而去,若进攻长安不克,退为河东所蹑,腹背受敌,此危道也。不若先克河东,然后西上。长安恃通为援,通败,长安必破矣。"李世民曰:"不然。兵贵神速,吾席累胜之威,抚归顺之众,鼓行而西,长安之人望风震骇,智不及谋,勇不及断,取之若振槁叶耳。若淹留自弊于坚城之下,彼得成谋修备以待我,坐费日月,众心离沮,则大事去矣。且关中蜂起之将,未有所属,不可不早招怀也。屈突通自守虏耳,不足为虑。"渊两从之,留诸将围河东,自引军而西。

朝邑法曹武功靳孝谟,以蒲津、中潬二城降,华阴令李孝常以永丰仓降,仍应接河西诸军。孝常,圆通之子也。京兆诸县亦多遣使请降。

15 王世充、韦霁、王辩及河内通守孟善谊、河阳郡尉独孤武都各帅所领会东都,唯王隆后期不至。己未,越王侗使虎贲郎将刘长恭等帅留守兵,庞玉等帅偃师兵,与世充等合十馀万众,

他劝李密"乘着有进取的时机，凭借着军队的锐气，沿运河向东，直取江都擒拿独夫民贼，号令天下"。李密认为他的建议很有远见，写信召他来，但徐洪客竟没有来，不知道到什么地方了。

13　乙卯(初七)，张纶攻打龙泉、文成等郡，攻克，俘获文成太守郑元璹。郑元璹是郑译的儿子。

14　屈突通派遣虎牙郎将桑显和率领几千名骁果乘夜袭击王长谐等人的营地。王长谐等交战不利，孙华、史大奈用游骑从后面袭击桑显和，大败桑显和。桑显和脱身逃回城里，并毁掉黄河桥梁。丙辰(初八)，冯翊太守萧造向李渊投降。萧造是萧修的儿子。

戊午(初十)，李渊统率各军包围河东郡，屈突通闭城拒守。

将佐们又推戴李渊为太尉，增设官属，李渊接受了这个建议。当时河东郡还未攻下，三辅之地的豪杰来投奔李渊的每天数以千计。李渊想率兵向西直达西安，但仍犹豫不决。裴寂说："屈突通拥有大批军队，凭借着坚固的城池，我们若舍弃他而去，要是进攻长安而不能攻克，后退就会遇到河东方面的追击，腹背受敌，这是危险的策略。不如先攻下河东，然后挥师西上。长安是依恃屈突通为后援的，屈突通被打败，长安也必定被攻破。"李世民说："不对！兵贵神速，我们乘着屡战屡胜的军威，安抚归顺的民众，大张旗鼓地西进，长安的人就会望风而震惊骇惧，智慧还来不及谋划，勇敢还来不及决断，取长安就同震动树上的枯叶一样容易。我们要是滞留，自己将自己耽误在坚城之下，他们则有时间加强防备以对待我们；而我们白白浪费了时间，大家的心就会沮丧溃散，那么大事就全完了。况且关中蜂拥而起的将领还没有归属，不能不早些将他们招抚来。屈突通是自己将自己囚禁起来，不足为虑。"两方面的意见李渊都采纳了，他留下诸将包围河东，自己率军西进。

朝邑县法曹武功人靳孝谟献蒲津、中潬两座城池归降李渊。华阴县令李孝常献永丰仓归降，并去接应河西的李渊诸军。李孝常是李圆通的儿子。京兆各县也大多派遣使者请求归降。

15　王世充、韦霁、王辩以及河内通守孟善谊、河阳都尉独孤武都各自率领所部军队汇集东都，只有王隆过了期限还没到。己未(十一日)，越王杨侗派虎贲郎将刘长恭等将领统领留守的军队，庞玉等统领偃师的军队，与王世充等人合在一起有十馀万人，

击李密于洛口，与密夹洛水相守。炀帝诏诸军皆受世充节度。

帝遣摄江都郡丞冯慈明向东都，为密所获。密素闻其名，延坐劳问，礼意甚厚。因谓曰："隋祚已尽，公能与孤立大功乎？"慈明曰："公家历事先朝，荣禄兼备。不能善守门阀，乃与玄感举兵，偶脱罔罗，得有今日，唯图反噬，未谕高旨。莽、卓、敦、玄非不强盛，一朝夷灭，罪及祖宗。仆死而后已，不敢闻命！"密怒，囚之。慈明说防人席务本，使亡走。奉表江都，及致书东都论贼形势。至雍丘，为密将李公逸所获，密又义而释之；出至营门，翟让杀之。慈明，子琮之子也。

密之克洛口也，箕山府郎将张季珣固守不下，密以其寡弱，遣人呼之。季珣骂密极口，密怒，遣兵攻之，不能克。时密众数十万在其城下，季珣四面阻绝，所领不过数百人，而执志弥固，誓以必死。久之，粮尽水竭，士卒羸病，季珣抚循之，一无离叛。自三月至于是月，城遂陷。季珣见密不肯拜，曰："天子爪牙，何容拜贼？"密犹欲降之，诱谕终不屈，乃杀之。季珣，祥之子也。

16 庚申，李渊帅诸军济河；甲子，至朝邑，舍于长春宫，关中士民归之者如市。丙寅，渊遣世子建成、司马刘文静帅王长谐等诸军数万人屯永丰仓，守潼关以备东方兵，慰抚使窦轨等受其节度；敦煌公世民帅刘弘基等诸军数万人徇渭北，慰抚使殷开山等受其节度。轨，琮之兄也。

冠氏长于志宁、安养尉颜师古及世民妇兄长孙无忌谒见渊于长春宫。师古名籀，以字行。志宁，宣敏之兄子。师古，之推之孙也。皆以文学知名，无忌仍有才略。渊皆礼而用之，以志宁为记室，师古为朝散大夫，无忌为渭北行军典签。

在洛口攻击李密,隋军与李密军隔着洛水相互防卫。炀帝下诏命令各军都受王世充的指挥。

炀帝派遣代理江都郡丞冯慈明到东都,被李密抓获。李密素来就听说冯慈明的名声,让冯慈明坐下并安慰他,向他深表敬意。李密对冯慈明说:"隋朝的气数已尽,您能和我共建大功吗?"冯慈明说:"您的家族历来侍奉先朝,荣华富贵兼备。却不能好好地恪守自己的世家门第,和杨玄感起兵造反,侥幸逃脱法网,才有今天,仍想着造反,我不理解您的高见。王莽、董卓、王敦、桓玄的势力不是不强盛,一旦诛灭,罪及祖宗。我对隋皇室唯有死而后已,不敢从命!"李密发怒,将冯慈明囚禁起来。冯慈明说通看守他的席务本,放他逃走。冯慈明向江都奉上奏表,给东都写信谈论盗贼的形势。他走到了雍丘,被李密的将领辛公逸抓获。李密又出于义气将他释放;冯慈明走到营门,被翟让杀死。冯慈明是冯子琮的儿子。

李密攻取洛口,箕山府郎将张季珣固守不降,李密认为张季珣兵少且弱,派人叫他。张季珣对李密破口大骂,李密发怒,派兵攻城,未能攻克。当时李密在城下聚众几十万,张季珣四面被围,一切都被隔绝,他率领的人马不过几百人,但他守城的决心很坚,发誓以必死的决心战斗。时间长了,水断粮绝,士兵体衰病倒,张季珣亲自抚慰,没有一个人叛离他。从三月到九月,城池才被攻陷。张季珣见到李密不肯跪下,说:"天子的武臣怎么可以给贼人跪拜呢?"李密还想让他投降,劝说引诱,张季珣始终不屈服,李密只好杀了张季珣。张季珣是张祥的儿子。

16　庚申(十二日),李渊统率各军渡河;甲子(十六日),到达朝邑,住在长春宫,关中的士人、百姓前来归附的人很多。丙寅(十八日),李渊派遣世子李建成、司马刘文静率领王长谐等诸军几万人屯驻在永丰仓,据守潼关以防备东都之兵,慰抚使窦轨等人受李建成的指挥;敦煌公李世民率领刘弘基等诸军几万人进攻渭北,慰抚使殷开山等人受李世民的指挥。窦轨是窦琮的哥哥。

冠氏县长于志宁、安养县尉颜师古和李世民的妻兄长孙无忌在长春宫谒见李渊。颜师古名籀,通常人们称呼他的字。于志宁是于宣敏的侄子,颜师古是颜之推的孙子。他们都因文才知名,长孙无忌还很有才干谋略。李渊对他们都以礼相待并任用他们,任命于志宁为记室,颜师古为朝散大夫,长孙无忌为渭北行军典签。

屈突通闻渊西入，署鹰扬郎将汤阴尧君素领河东通守，使守蒲坂，自引兵数万趣长安，为刘文静所遏。将军刘纲戍潼关，屯都尉南城。通欲往依之，王长谐先引兵袭斩纲，据城以拒通，通退保北城。渊遣其将吕绍宗等攻河东，不能克。

柴绍之自长安赴太原也，谓其妻李氏曰："尊公举兵，今偕行则不可，留此则及祸，奈何？"李氏曰："君弟速行，我一妇人，易以潜匿，当自为计。"绍遂行。李氏归鄠县别墅，散家赀，聚徒众。渊从弟神通在长安，亡入鄠县山中，与长安大侠史万宝等起兵以应渊。西域商胡何潘仁入司竹园为盗，有众数万，劫前尚书右丞李纲为长史，李氏使其奴马三宝说潘仁与之就神通，合势攻鄠县，下之。神通众逾一万，自称关中道行军总管，以前乐城长令狐德棻为记室。德棻，熙之子也。李氏又使马三宝说群盗李仲文、向善志、丘师利等，皆帅众从之。仲文，密之从父；师利，和之子也。西京留守屡遣兵讨潘仁等，皆为所败。李氏徇盩厔、武功、始平，皆下之，众至七万。左亲卫段纶，文振之子也，娶渊女，亦聚徒于蓝田，得万馀人。及渊济河，神通、李氏、纶各遣使迎渊。渊以神通为光禄大夫，子道彦为朝请大夫，纶为金紫光禄大夫；使柴绍将数百骑并南山迎李氏。何潘仁、李仲文、向善志及关中群盗，皆请降于渊，渊一一以书慰劳授官，使各居其所，受敦煌公世民节度。

刑部尚书领京兆内史卫文昇年老，闻渊兵向长安，忧惧成疾，不复预事，独左翊卫将军阴世师、京兆郡丞骨仪奉代王侑乘城拒守。己巳，渊如蒲津；庚午，自临晋济渭，至永丰劳军，开仓赈饥民。辛未，还长春宫；壬申，进屯冯翊。世民所至，吏民及群盗归之如流，世民收其豪俊以备僚属，营于泾阳，胜兵九万。

屈突通闻知李渊西行入关,就任命鹰扬郎将汤阴人尧君素代理河东通守,派他守卫蒲坂,亲自率兵几万人赶赴长安,被刘文静所阻挡。将军刘纲守卫潼关,在都尉南城屯军。屈突通想去潼关向刘纲靠拢,王长谐先率兵袭击并斩杀了刘纲,占据都尉南城以阻击屈突通,屈突通退守都尉北城。李渊派部将吕绍宗等人进攻河东,未能攻克。

柴绍从长安赶赴太原时,对他的妻子李氏说:"你父亲起兵,现在我们不能一起走,你留在此地就会遭到灾祸,怎么办?"李氏说:"你只管赶快动身,我一个女人容易躲藏,可以自己想办法。"柴绍就走了。李氏回到鄠县的别墅,她散掉家财,聚集部众。李渊的堂弟李神通住在长安,逃入鄠县的山里,与长安大侠史万宝等人起兵响应李渊。西域的商人胡人何潘仁进入司竹园为盗贼,有部众几万人,劫持前尚书右丞李纲,任用为长史,李氏派家奴马三宝去劝说何潘仁,和她一起去依附李神通,合兵一处进攻鄠县,攻下了鄠县。李神通部众超过一万人,他自称关中道行军总管,任命前乐城长令狐德棻为记室,令狐德棻是令狐熙的儿子。李氏又派马三宝去劝说群盗李仲文、向善志、丘师利等人,他们都率众归附了李氏。李仲文是李密的堂伯父,丘师利是丘和的儿子。西京留守屡次派兵讨伐何潘仁等,都被打败。李氏率军进攻盩厔、武功、始平,都攻克了,其部众达到了七万人。左亲卫段纶是段文振的儿子,他娶了李渊的女儿,也在蓝田聚众,得到一万余人。待李渊渡河,李神通、李氏、段纶各自派遣使者迎接李渊。李渊任命李神通为光禄大夫,李神通的儿子李道彦为朝请大夫,段纶为金紫光禄大夫,派柴绍率领几百名骑兵到南山迎接李氏。何潘仁、李仲文、向善志和关中的群盗都向李渊请求归降,李渊一一写信慰劳授官,让他们各自在自己的辖地受敦煌公李世民的调度。

刑部尚书兼京兆内史卫文昇已年老,他闻知李渊军队向长安进军,忧惧成疾,不再参与政事,只有左翊卫将军阴世师、京兆郡丞骨仪尊奉代王杨侑据城坚守。己巳(二十一日),李渊到蒲津;庚午(二十二日),李渊从临晋渡过渭水,到永丰慰劳军队,并开仓赈济饥民。辛未(二十三日),李渊返回长春宫;壬申(二十四日),李渊进驻冯翊。李世民所到之处,官吏、百姓及群盗归附如流,李世民收集其中的豪杰之士作为自己的僚属,在泾阳扎营驻军,有胜兵几万。

李氏将精兵万馀会世民于渭北,与柴绍各置幕府,号"娘子军"。

先是,平凉奴贼数万围扶风太守窦琎,数月不下,贼中食尽。丘师利遣其弟行恭帅五百人负米麦持牛酒诣奴贼营,奴帅长揖,行恭手斩之,谓其众曰:"汝辈皆良人,何故事奴为主,使天下谓之奴贼?"众皆俯伏曰:"愿改事公。"行恭即帅其众与师利共谒世民于渭北,世民以为光禄大夫。琎,琮之从子也。隰城尉房玄龄谒世民于军门,世民一见如旧识,署记室参军,引为谋主。玄龄亦自以为遇知己,罄竭心力,知无不为。

渊命刘弘基、殷开山分兵西略扶风,有众六万,南渡渭水,屯长安故城。城中出战,弘基逆击,破之。世民引兵趣司竹,李仲文、何潘仁、向善志皆帅众从之,顿于阿城,胜兵十三万,军令严整,秋毫不犯。乙亥,世民自盩厔遣使白渊,请期日赴长安。渊曰:"屈突东行不能复西,不足虞矣!"乃命建成选仓上精兵自新丰趣长乐宫,世民帅新附诸军北屯长安故城,至并听教。延安、上郡、雕阴皆请降于渊。丙子,渊引军西行,所过离宫园苑皆罢之,出宫女还其亲属。冬,十月辛巳,渊至长安,营于春明门之西北,诸军皆集,合二十馀万。渊命各依壁垒,毋得入村落侵暴。屡遣使至城下谕卫文升等以欲尊隋之意,不报。辛卯,命诸军进围城。甲午,渊迁馆于安兴坊。

17 巴陵校尉鄱阳董景珍、雷世猛、旅帅郑文秀、许玄彻、万瓒、徐德基、郭华、沔阳张绣等谋据郡叛隋,推景珍为主。景珍曰:"吾素寒贱,不为众所服。罗川令萧铣,梁室之后,宽仁大度,请奉之以从众望。"乃遣使报铣。铣喜从之,声言讨贼,召募得数千人。铣,岩之孙也。

李氏率一万馀名精兵在渭北与李世民会合。李氏和柴绍各自设置幕府，李氏的军队号称"娘子军"。

原先，平凉的奴贼几万人包围扶风太守窦琎，几个月攻城不下，贼军粮食吃完。丘师利派他弟弟丘行恭率领五百人背着粮食、牵着牛、拿着酒到奴贼的军营，奴贼的首领深深施礼，丘行恭挥刀把奴帅杀死，对贼众说："你们都是良人，为什么奉奴为主，让天下都说你们是奴贼？"大家都跪拜在地说："愿意侍奉您！"丘行恭就率领这些人和丘师利在渭北一同谒见李世民，李世民任命丘行恭为光禄大夫。窦琎是窦琮的侄子。郿城尉房玄龄在军门谒见李世民，李世民与房玄龄一见如故，他任命房玄龄为记室参军，让他做自己的高参。房玄龄也自认为遇到了知己，他对李世民是尽心竭力，知无不为。

李渊命令刘弘基、殷开山分兵向西攻取扶风，他们拥有部众六万人，向南渡过渭水，屯驻在长安故城。长安城中的隋军出战，刘弘基迎战，击败隋军。李世民率兵赴司竹，李仲文、何潘仁、向善志都率众跟随李世民，在阿城屯驻下，李世民有胜兵十三万，军令严整，秋毫无犯。乙亥(二十八日)，李世民从盩厔派使者禀报李渊，请求约定进攻长安的日期。李渊说："屈突通向东进军，不能再向西行了，他已不足为虑了！"于是他命李建成挑选在永丰仓的精兵，从新丰直抵长乐宫；李世民率领新归附的各军向北进军，屯驻在长安故城；准时到达规定的地点，听从调遣。延安、上郡、雕阴等地都请求归降李渊。丙子(二十九日)，李渊率军西行，所经过的炀帝的离宫园苑全部关闭，放出宫女归还其亲属。冬季，十月辛巳(初四)，李渊到达长安，在春明门西北扎营，各路军队全部汇集，共二十馀万人。李渊命令各部队驻扎在营垒内不得侵扰村落中的百姓。他屡次派使者到城下对卫文升等人宣称自己尊奉隋皇室的意思，卫文升等人不作答复。辛卯(十四日)，李渊命令诸军进发围城。甲午(十七日)，李渊将营署迁到安兴坊。

17 巴陵校尉鄱阳人董景珍、雷世猛，旅帅郑文秀、许玄徹、万瓒、徐德基、郭华，沔阳人张绣等人策划占据巴陵郡，背叛隋朝廷，大家推举董景珍为主。董景珍说："我向来贫寒微贱，不被众人所信服。罗川令萧铣是梁王宝之后，他宽仁大度，请推举他为主以顺从众望。"于是就派使者告知萧铣。萧铣高兴地同意了，他声称讨贼，招募得几千人。萧铣是萧岩的孙子。

会颍川贼帅沈柳生寇罗川，铣与战不利，因谓其众曰："今天下皆叛，隋政不行，巴陵豪杰起兵，欲奉吾为主。若从其请以号令江南，可以中兴梁祚，以此召柳生，亦当从我矣。"众皆悦，听命，乃自称梁公，改隋服色旗帜皆如梁旧。柳生即帅众归之，以柳生为车骑大将军。起兵五日，远近归附者至数万人，遂帅众向巴陵。景珍遣徐德基帅郡中豪杰数百人出迎，未及见铣，柳生与其党谋曰："我先奉梁公，勋居第一。今巴陵诸将，皆位高兵多，我若入城，返出其下。不如杀德基，质其首领，独挟梁公进取郡城，则无出我右者矣。"遂杀德基，入白铣。铣大惊曰："今欲拨乱反正，忽自相杀！吾不能为若主矣。"因步出军门。柳生大惧，伏地请罪，铣责而赦之，陈兵入城。景珍言于铣曰："徐德基建义功臣，而柳生无故擅杀之，此而不诛，何以为政？且柳生为盗日久，今虽从义，凶悖不移，共处一城，势必为变。失今不取，后悔无及！"铣又从之。景珍收柳生，斩之，其徒皆溃去。丙申，铣筑坛燔燎，自称梁王，改元鸣凤。

18　壬寅，王世充夜渡洛水，营于黑石，明日，分兵守营，自将精兵陈于洛北。李密闻之，引兵渡洛逆战，密兵大败，柴孝和溺死。密帅麾下精骑渡洛南，馀众东走月城，世充追围之。密自洛南策马直趣黑石，营中惧，连举六烽，世充释月城之围，狼狈自救；密还与战，大破之，斩首二千馀级。

19　甲辰，李渊命诸军攻城，约"毋得犯七庙及代王、宗室，违者夷三族！"孙华中流矢卒。十一月丙辰，军头雷永吉先登，遂克

正好颍川的贼帅沈柳生侵犯罗川，萧铣率军与之交战不利，他就对柳生的部众说："现在天下都造反了，隋朝的政令已经无法施行，巴陵的豪杰起兵，想推举我为主。只要听从他们的请求，以此号令江南，就可以中兴梁氏的国统，以此招纳沈柳生，他也会跟从我的。"大家听了都高兴，听命于萧铣，于是萧铣自称梁公，将隋朝的服色旗帜都恢复为梁朝的旧制。沈柳生就率众归附了萧铣，萧铣任命沈柳生为车骑大将军。萧铣起兵五天，远近前来归附的有几万人，于是就率众进军巴陵。董景珍派徐德基率领巴陵郡的豪杰几百人出来迎接，还没见到萧铣，沈柳生就与他的党羽商议道："我先推举梁公的，功勋当居第一位。如今巴陵的诸将，都是位高兵多，如果我进城，反而要位于他们之下。不如杀掉徐德基，扣押他们的首领，我单独扶制梁公，进取巴陵郡城，那样就没有地位高于我的人了。"于是他杀死了徐德基，进军营告诉了萧铣。萧铣大吃一惊说："现在要拨乱反正，我们忽然自相残杀，我不能做这样的首领。"于是走出了军门。沈柳生大为惊慌，跪在地上请罪。萧铣责备沈柳生，但赦免了他，于是列队入城。董景珍对萧铣说："徐德基是倡义大业的功臣，沈柳生却无故擅自杀害徐德基，不杀此人，怎么能治理国家？况且沈柳生做了很长时间的强盗，现在虽然参预大义，但其凶恶悖逆的本性未改，我们与他共处一城，势必会生变乱。失掉现在的机会不杀掉他，后悔就晚了！"萧铣又听从了董景珍的意见。董景珍就收押了沈柳生并将他处死，沈柳生的党羽都溃散离去。丙申（十九日），萧铣筑坛燃烧祭火，自称梁王，改年号为鸣凤。

18　壬寅（二十五日），王世充率军夜渡洛水，在黑石扎营，第二天，他分兵守营，自己率领精兵在洛北列阵。李密听到这个消息，就率兵渡过洛水迎战，李密大败，柴孝和淹死。李密率部下的精锐骑兵渡过洛水向南，其馀的部众向东逃到月城，王世充率众追击包围月城的军队。李密从洛水南岸策马直奔黑石，王世充军营中的守军惊恐，接连举了六次烽火以报警，王世充撤了月城之围，狼狈地回救自己的军垒，李密又与之交战，大破隋军，斩获首级三千馀。

19　甲辰（二十七日），李渊命令各路军攻城，规定"不得侵犯七庙以及代王、隋朝宗室，违令的人诛灭三族！"孙华中流箭而死。十一月丙辰（初九），军头雷永吉先行登城，于是攻克了

长安。代王在东宫，左右奔散，唯侍读姚思廉侍侧。军士将登殿，思廉厉声诃之曰："唐公举义兵、匡帝室，卿等毋得无礼！"众皆愕然，布立庭下。渊迎王于东宫，迁居大兴殿后，听思廉扶王至顺阳阁下，泣拜而去。思廉，察之子也。渊还，舍于长乐宫，与民约法十二条，悉除隋苛禁。

渊之起兵也，留守官发其坟墓，毁其五庙。至是，卫文升已卒。戊午，执阴世师、骨仪等，数以贪婪苛酷，且拒义师，俱斩之。死者十馀人，馀无所问。

马邑郡丞三原李靖，素与渊有隙，渊入城，将斩之。靖大呼曰："公兴义兵，欲平暴乱，乃以私怨杀壮士乎？"世民为之固请，乃舍之。世民因召置幕府。靖少负志气，有文武才略，其舅韩擒虎每抚之曰："可与言将帅之略者，独此子耳！"

20　王世充自洛北之败，坚壁不出；越王侗遣使劳之，世充惭惧，请战于密。丙辰，世充与密夹石子河而陈，密布陈南北十馀里。翟让先与世充战，不利而退；世充逐之，王伯当、裴仁基从旁横断其后，密勒中军击之，世充大败，西走。

翟让司马王儒信劝让自为大冢宰，总领众务，以夺密权，让不从。让兄柱国荥阳公弘，粗愚人也，谓让曰："天子汝当自为，奈何与人？汝不为者，我当为之！"让但大笑，不以为意，密闻而恶之。总管崔世枢自鄢陵初附于密，让囚之私府，责其货，世枢营求未办，遽欲加刑。让召元帅府记室邢义期博，逡巡未就，杖之八十。让谓左长史房彦藻曰："君前破汝南，大得宝货，独与魏公，全不与我！魏公我之所立，事未可知？"彦藻惧，

长安。代王杨侑在东宫,他身边的人奔逃溃散,只有侍读姚思廉侍立在杨侑身旁。李渊的军士将登入殿堂,姚思廉厉声斥责军士道:"唐公兴举义兵,扶助帝室,你们不得无礼!"军士们都愕然,在庭院中排列站立。李渊到东宫迎奉代王杨侑,把他迁居到大兴殿后面,让姚思廉扶着代王杨侑到顺阳阁下,李渊流泪跪拜而去。姚思廉是姚察的儿子。李渊返回,住在长乐宫,与百姓约法十二条,将隋朝的苛政酷令全部废除。

李渊起兵后,留守官挖掘他家的坟墓,毁掉他家的五庙。到这时,卫文升已去世。戊午(十一日),李渊将阴世师、骨仪等人抓起来,历数他们的贪婪苛酷,以及抗拒义师的罪行,将他们全部处死。除了处死的十馀人,其馀的人不追究。

马邑郡丞三原人李靖,平素就与李渊有矛盾,李渊入城,要杀掉李靖。李靖大喊道:"您兴义兵,想要平息暴乱,怎么能因为私怨而杀壮士呢?"李世民替他再三请求,李渊才放了李靖。李世民就将他安排在自己的幕府里。李靖从小就有抱负有志气,又有文才武略,他舅舅韩擒虎常常抚摸着他说:"能够和我谈论将帅谋略的人,只有这个孩子!"

20　王世充自从在洛水之北被李密打败后,就坚守营垒不再出战,越王杨侗派遣使者去慰劳王世充,王世充既惭愧又恐惧,就向李密要求交战。丙辰(初九),王世充与李密在石子河两岸列阵,李密阵列南北长十馀里。翟让先和王世充交战,不胜而退。王世充追击翟让,王伯当、裴仁基从旁横断隋军的后路,李密统率中军进击王世充,王世充大败,向西逃走。

翟让的司马王儒信劝说翟让自任大冢宰,总管政务,以此来夺取李密的权力,翟让不听。翟让的哥哥柱国荥阳公翟弘,为人粗鲁愚昧,他对翟让说:"天子应该自己当,干嘛要让给别人?你不做天子,让我来做!"翟让只是哈哈大笑,不放在心上。李密知道这件事后就厌恶他。总管崔世枢从鄢陵初起事就归附李密,翟让把他囚禁在自己的府第里,向他索取钱财,崔世枢请求翟让不要处罚他,翟让就要给崔世枢加刑。他召元帅府记室邢义期和他赌博,邢义期有顾虑未来,翟让就把邢义期打了八十杖。翟让对左长史房彦藻说:"你从前攻破汝南时得了很多宝货,只给了魏公,却不给我!魏公是我拥立的,怎么不知道呢?"房彦藻听后感到害怕,

以状告密，因与左司马郑颋共说密曰："让贪愎不仁，有无君之心，宜早图之。"密曰："今安危未定，遽相诛杀，何以示远？"颋曰："毒蛇螫手，壮士解腕，所全者大故也。彼先得志，悔无所及。"密乃从之，置酒召让。戊午，让与兄弘及兄子司徒府长史摩侯同诣密，密与让、弘、裴仁基、郝孝德共坐，单雄信等皆立侍，房彦藻、郑颋往来检校。密曰："今日与达官饮，不须多人，左右止留给使而已。"密左右皆引去，让左右犹在。彦藻白密曰："今方为乐，天时甚寒，司徒左右，请给酒食。"密曰："听司徒进止。"让曰："甚佳。"乃引让左右尽出，独密下壮士蔡建德持刀立侍。食未进，密出良弓，与让习射，让方引满，建德自后斫之，踣于床前，声若牛吼，并弘、摩侯、儒信皆杀之。徐世勣走出，门者斫之伤颈，王伯当遥诃止之。单雄信叩头请命，密释之。左右惊扰，莫知所为，密大言曰："与君等同起义兵，本除暴乱。司徒专行暴虐，陵辱群僚，无复上下；今所诛止其一家，诸君无预也。"命扶徐世勣置幕下，亲为傅疮。让麾下欲散，密使单雄信前往宣慰，密寻独骑入其营，历加抚谕。令世勣、雄信、伯当分领其众，中外遂定。让残忍，摩侯猜忌，儒信贪纵，故死之日，所部无哀之者；然密之将佐始有自疑之心矣。始，王世充知让与密必不久睦，冀其相图，得从而乘之。及闻让死，大失望，叹曰："李密天资明决，为龙为蛇，固不可测也！"

他把这个情况告诉了李密,于是乘机与左司马郑颋一起劝说李密:
"翟让贪婪而刚愎自用,不行仁义,有目无君长之心,应该早些想办
法。"李密说:"现在我们的安危还未确定,就相互诛杀,让别的地方
的人怎么看呢?"郑颋说:"毒蛇螫手,壮士断腕,但是根本还保全
着。若他们先得了手,您后悔就晚了。"于是李密听了他们的劝告,
他摆酒宴召翟让来。戊午(十一日),翟让和他哥哥翟弘及侄子司
徒府长史翟摩侯一同去见李密,李密和翟让、翟弘、裴仁基、郝孝德
坐在一起,单雄信等人都侍立着。房彦藻、郑颋来来往往地察看照
顾。李密说:"今天和各位达官们饮酒,不需要很多人,左右人等只
留服侍的而已。"李密身边的人都退去,翟让身边的人还在。房彦
藻对李密说:"今天正好饮宴作乐,天气很冷,请给司徒身边的人以
酒食。"李密说:"听司徒的意思。"翟让说:"很好。"于是房彦藻就把
翟让身边的人全都带走了,唯独留李密辖下的壮士蔡建德持刀侍
立。还没吃饭,李密拿出良弓,和翟让练习射箭。翟让刚拉满弓,
蔡建德就从背后用刀砍翟让,翟让扑倒在床前,声如牛吼,蔡建德
将翟弘、翟摩侯、王儒信一并杀死。徐世勣走出门,看门的卫兵把
他的脖子砍伤,王伯当在远处呵斥制止住了。单雄信叩头请求饶
命,李密将他释放。左右两旁的人都十分惊恐疑惧,不知怎么办
好,李密大声说:"我和大家一同起义兵,本来是要铲除暴虐,但司
徒翟让专行暴虐,凌辱众僚属,也不分上下尊卑,今天诛杀的只是
翟让一家,与各位无关。"他命人扶走徐世勣,安置在帐幕下,亲自
为他敷药。翟让的部众要溃散,李密派单雄信前往传达他的慰问
之意,随即,李密又独自一人骑马来到翟让的营中,对其部下倍加
安抚慰问。他命令徐世勣、单雄信、王伯当分别统领翟让的部众,
于是,李密军内外形势稳定下来。翟让性情残忍,翟摩侯性好猜
忌,王儒信为人贪婪放纵,所以他们被杀的那天,他们的部下没有
人为此而悲痛,但是李密的将佐从此开始有了猜疑和不安定的情
绪。当初,王世充知道翟让与李密必定不能长久和睦相处,希望二
人互相图谋相斗,他就可以得到机会乘虚而入。等他闻知翟让被
杀死,大失所望,叹息道:"李密天资聪颖决断,他是龙是蛇,根本无
法预测!"

21 壬戌,李渊备法驾迎代王即皇帝位于天兴殿。时年十三,大赦改元,遥尊炀帝为太上皇。甲子,渊自长乐宫入长安,以渊为假黄钺、使持节、大都督内外诸军事、尚书令、大丞相,进封唐王。以武德殿为丞相府,改教称令,日于虔化门视事。乙丑,榆林、灵武、平凉、安定诸郡皆遣使请命。丙寅,诏军国机务,事无大小,文武设官,位无贵贱,宪章赏罚,咸归相府;唯郊祀天地,四时禘祫奏闻。置丞相府官属,以裴寂为长史,刘文静为司马。何潘仁使李纲入见,渊留之,以为丞相府司录,专掌选事。又以前考功郎中窦威为司录参军,使定礼仪。威,炽之子也。渊倾府库以赐勋人,国用不足,右光禄大夫刘世龙献策,以为"今义师数万,并在京师,樵苏贵而布帛贱;请伐六街及苑中树为樵,以易布帛,可得数十万匹"。渊从之。己巳,以李建成为唐世子,李世民为京兆尹、秦公,李元吉为齐公。

22 河南诸郡尽附李密,唯荥阳太守郇王庆、梁郡太守杨汪尚为隋守。密以书招庆,为陈利害,且曰:"王之家世,本住山东,本姓郭氏,乃非杨族。芝焚蕙叹,事不同此。"初,庆祖父元孙早孤,随母郭氏养于舅族。及武元帝从周文起兵关中,元孙在邺,恐为高氏所诛,冒姓郭氏,故密云然。庆得书惶恐,即以郡降密,复姓郭氏。

23 十二月癸未,追谥唐王渊大父襄公为景王;考仁公为元王,夫人窦氏为穆妃。

24 薛举遣其子仁果寇扶风,唐弼据汧源拒之。举遣使招弼,弼乃杀李弘芝,请降于举,仁果乘其无备,袭破之,悉并其众。弼以数百骑走诣扶风请降,扶风太守窦琎杀之。举势益张,众号三十万。谋取长安;闻丞相渊已定长安,遂围扶风。

21　壬戌(十五日),李渊排列仪仗迎接代王杨侑在天兴殿即皇帝位。杨侑当时年仅十三岁,他下诏大赦天下,改年号,遥尊炀帝为太上皇。甲子(十七日),李渊从长乐宫进入长安,杨侑特赐李渊持黄钺、持节,委以大都督内外诸军事、尚书令、大丞相,晋封为唐王。李渊以武德殿为丞相府,改革政教,发布命令,每天在虔化门处理政事。乙丑(十八日),榆林、灵武、平凉、安定诸郡都派遣使者前来称臣,请求任命。丙寅(十九日),杨侑下诏:凡军政事务无论大小,以及文武官员的任职无论贵贱,典章制度的执行惩处,全部归丞相府处理;只有在郊外祭祀天地以及四季祭祀祖先要上奏杨侑。李渊设置丞相府官属,他任命裴寂为长史,刘文静为司马。何潘仁派李纲进入长安觐见,李渊将李纲留下,任命他为丞相府司录,专管选用官员之事。又任命前考功郎中窦威为司录参军,让他制订礼仪。窦威是窦炽的儿子。李渊将府库中所有的东西都拿出来赏赐给有功的人,国家的财政困难,右光禄大夫刘世龙献策,认为“现在义师有几万人都在京师,柴草贵而布帛贱,请允许砍伐长安城中六坊和苑中的树木为柴,用来换取布帛,可以得到几十万匹布帛”。李渊采纳了这个建议。己巳(二十二日),他封李建成为唐世子,封李世民为京兆尹、秦公,封李元吉为齐公。

22　河南各郡都归附了李密,唯独荥阳太守郇王杨庆、梁郡太守杨汪还效忠隋朝。李密写信去招抚郇王杨庆,陈说利害,并说:“您家世系,本住在山东,本姓郭而不属于杨家一族。虽物伤其类,但您与他们并非一类。”当初,杨庆的祖父元孙早年丧父,他跟随母亲郭氏在舅舅家族里生活。到隋武帝杨忠跟从周文帝在关中起兵,元孙在邺城,他怕被北齐高氏杀害,就顶冒姓郭,所以李密说他不姓杨。杨庆收到信很惶恐,立即举郡投降李密,又恢复郭姓。

23　十二月癸未(初七),追谥唐王李渊的祖父襄公李虎为景王,父亲仁公李昞为元王,李昞的夫人窦氏为穆妃。

24　薛举派他儿子薛仁果劫掠扶风郡,唐弼据守汧源抗击薛仁果。薛举派遣使者招降唐弼,唐弼就杀死李弘芝向薛举请求归降,薛仁果乘唐弼没有防备,袭击并攻取了汧源,收编了唐弼的全部部众。唐弼率领几百名骑兵逃到扶风郡请求投降,扶风太守窦琎杀掉唐弼。薛举的势力越加壮大,其部众号称三十万人。他筹划攻取长安,听到丞相李渊已平定长安,就包围扶风。

渊使李世民将兵击之。又使姜謩、窦轨俱出散关，安抚陇右；左光禄大夫李孝恭招慰山南；府户曹张道源招慰山东。孝恭，渊之从父兄子也。

癸巳，世民击薛仁果于扶风，大破之，追奔至垅坻而还。薛举大惧，问其群臣曰："自古天子有降事乎？"黄门侍郎钱唐褚亮曰："赵佗归汉，刘禅仕晋，近世萧琮，至今犹贵。转祸为福，自古有之。"卫尉卿郝瑗趋进曰："陛下失问！褚亮之言又何悖也！昔汉高祖屡经奔败，蜀先主亟亡妻子，卒成大业；陛下奈何以一战不利，遽为亡国之计乎？"举亦悔之曰："聊以此试君等耳。"乃厚赏瑗，引为谋主。

25　乙未，平凉留守张隆，丁酉，河池太守萧瑀及扶风汉阳郡相继来降。以窦琎为工部尚书、燕国公，萧瑀为礼部尚书、宋国公。

26　姜謩、窦轨进至长道，为薛举所败，引还。渊使通议大夫醴泉刘世让安集唐弼馀党，与举相遇，战败，为举所虏。

27　李孝恭击破朱粲，诸将请尽杀其俘，孝恭曰："不可，自是以往，谁复肯降矣？"于是自金川出巴、蜀，檄书所至，降附者三十馀州。

28　屈突通与刘文静相持月馀，通复使桑显和夜袭其营。文静与左光禄大夫段志玄悉力苦战，显和败走，尽俘其众，通势益蹙。或说通降，通泣曰："吾历事两主，恩顾甚厚。食人之禄而违其难，吾不为也！"每自摩其颈曰："要当为国家受一刀！"劳勉将士，未尝不流涕，人亦以此怀之。丞相渊遣其家僮召之，通立斩之。及闻长安不守，家属悉为渊所虏，乃留显和镇潼关，引兵东出，将趣洛阳。通适去，显和即以城降文静。文静遣窦琮等将轻骑与显和追之，及于稠桑。

李渊派李世民率兵进击薛举。又派姜謩、窦轨出使散关,安抚陇右地方的百姓,派左光禄大夫李孝恭招抚慰问山南,派府户曹张道源招抚慰问潼关以东各地。李孝恭是李渊的堂侄。

癸巳(十七日),李世民率兵在扶风进攻薛仁果,大破薛仁果军,并追击到垅坻才返回。薛举大为惊慌,问他的臣属:"自古有天子投降的事情吗?"黄门侍郎钱唐人褚亮说:"赵佗归附汉朝,刘禅侍奉晋室,近代的萧琮,到现在还地位显赫高贵,这种转祸为福的事自古就有。"卫尉卿郝瑗快步上前说:"陛下不应该问这种事! 褚亮的话又是多么荒谬! 从前汉高祖经过多次逃亡与失败,蜀汉的先主刘备屡次失去妻室儿子,但他们最后都完成了帝业,陛下怎么能因为一战失利,就要做亡国的打算呢?"薛举也后悔了,说:"我不过拿这话试试你们罢了。"于是重赏郝瑗,让他做自己的高参。

25　乙未(十九日),平凉留守张隆,丁酉(二十一日),河池太守萧瑀以及扶风、汉阳郡相继来归降李渊。李渊封窦琎为工部尚书,燕国公;封萧瑀为礼部尚书,宋国公。

26　姜謩、窦轨率军走到长道县,被薛举击败,就率军返回。李渊派遣通议大夫醴泉人刘世让安抚召集唐弼的馀党,刘世让与薛举相遇,战败,被薛举俘虏。

27　李孝恭击败朱粲,诸将请将俘虏全部杀死。李孝恭说:"不能这样做,否则,往后谁还肯投降?"于是从金川到巴中蜀地,檄文所到之处,投降归附李渊的有三十馀州。

28　屈突通和刘文静相持了一个多月,屈突通又派桑显和率兵夜袭刘文静的军营。刘文静和左光禄大夫段志玄全力苦战,桑显和兵败逃走,刘文静将桑显和的部下全部俘获,屈突通的处境愈加窘迫。有人劝屈突通投降,屈突通哭道:"我侍奉过两个主上,皇帝对我的恩宠照顾非常优厚,拿着人家的俸禄而在困难时背叛,我不能做这样的事!"他常常摸着自己的脖子说:"应当为国家挨一刀!"屈突通慰劳勉励将士时,没有不痛哭流涕的,大家对此也很感动。丞相李渊派其家僮去招降屈突通,他当即将僮仆杀死。当他听说长安已经失守,家属都被李渊俘获,就留下桑显和镇守潼关,率军东去,准备奔往洛阳。屈突通刚走,桑显和就献出潼关投降了刘文静。刘文静派窦琮等人率领轻骑与桑显和去追阻屈突通,在稠桑追上了他。

通结陈自固,窦琮遣通子寿往谕之,通骂曰:"此贼何来?昔与汝为父子,今与汝为仇雠!"命左右射之。显和谓其众曰:"今京城已陷,汝辈皆关中人,去欲何之?"众皆释仗而降。通知不免,下马东南向再拜号哭曰:"臣力屈至此,非敢负国,天地神祇实知之!"军人执通送长安,渊以为兵部尚书,赐爵蒋公,兼秦公元帅府长史。

渊遣通至河东城下招谕尧君素,君素见通,歔欷不自胜,通亦泣下沾衿,因谓君素曰:"吾军已败,义旗所指,莫不响应,事势如此,卿宜早降。"君素曰:"公为国大臣,主上委公以关中,代王付公以社稷,奈何负国生降?乃更为人作说客邪!公所乘马,即代王所赐也,公何面目乘之哉?"通曰:"吁,君素,我力屈而来!"君素曰:"方今力犹未屈,何用多言!"通惭而退。

29　东都米斗三千钱,人饿死者什二三。

30　庚子,王世充军士有亡降李密者,密问:"世充军中何所为?"军士曰:"比见益募兵,再餫将士,不知其故。"密谓裴仁基曰:"吾几落奴度中,光禄知之乎?吾久不出兵,世充刍粮将竭,求战不得,故募兵餫士,欲乘月晦以袭仓城耳,宜速备之。"乃命平原公郝孝德、琅邪公王伯当、齐郡公孟让勒兵分屯仓城之侧以待之。其夕三鼓,世充兵果至,伯当先遇之,与战,不利。世充兵即陵城,总管鲁儒拒却之;伯当更收兵击之,世充大败,斩其骁将费青奴,士卒战溺死者千馀人。世充屡与密战,不胜。越王侗遣使劳之,世充诉以兵少,数战疲弊;侗以兵七万益之。

屈突通摆好阵势以自卫,窦琮派屈突通的儿子屈突寿去劝说他,屈突通骂道:"这个贼人来干什么? 过去我和你是父子,现在我和你是仇敌!"他命令身边的人用弓箭射屈突寿。桑显和对屈突通的部众说:"如今京城已经失陷,你们都是关中人,打算去什么地方?"屈突通的士兵就扔掉兵器投降。屈突通知道自己已无法逃脱,就下马向东南方向再三跪拜号哭道:"我的力量至此已经使尽,不敢辜负国家,天地神祇是知道的!"士兵抓住了屈突通押送到长安,李渊任命他为兵部尚书,赐他蒋公的爵位,兼任秦公元帅府长史。

李渊派屈突通到河东城下招降劝说尧君素,尧君素看到屈突通,歔欷不止,悲不自胜,屈突通也流泪沾湿了衣襟。他对尧君素说:"我军已经失败,唐王义旗所指之处,无不响应,事情已到了如此地步,您还是早些归降为好。"尧君素说:"您身为国家大臣,主上委任您以防卫关中的重任,代王将社稷都托付给您了,您为什么背弃国家而投降呢? 还替人家做说客呀! 您所乘之马,就是代王赏赐的,您还有什么脸骑着这匹马呢?"屈突通说:"唉! 君素,我是力尽图穷才来的。"尧君素说:"我现在力量还未用尽,哪里用得着你多嘴!"屈突通惭愧退走。

29　东都缺粮,一斗米价值三千钱,因而饿死之人有十之二三。

30　庚子(二十四日),王世充的军士中有逃亡投降李密的人,李密问:"王世充目前在军中做什么?"军士说:"近来只见他大量招兵,又犒劳将士,不知是什么缘故。"李密对裴仁基说:"我几乎中了王世充这个奴才的谋算,你知道吗? 我很长时间不出兵,王世充的粮草将要断绝,求战不得,因此招募士兵,犒赏将士,想要乘着月夜昏黑来袭击仓城,我们应该立即作防卫准备。"于是他命令平原公郝孝德、琅邪公王伯当、齐郡公孟让率兵分别屯驻在仓城的两边以等待敌军。那天夜里三鼓时分,王世充的军队果然来了。王伯当先遭遇敌军,与之交战不利。王世充的士兵立即登城,总管鲁儒率军抵抗,王伯当收集兵卒再次进攻王世充,王世充大败,王伯当斩杀王世充的骁将费青奴,其部下士卒战死淹死的有一千馀人。王世充屡次与李密交战都无法取胜。越王杨侗派遣使者来慰劳他,王世充诉说自己兵少,几次战斗后已疲惫不堪,越王杨侗派去七万援军补充王世充的力量。

31　刘文静等引兵东略地，取弘农郡，遂定新安以西。

32　甲辰，李渊遣云阳令詹俊、武功县正李仲衮徇巴、蜀，下之。

33　乙巳，方与贼帅张善安袭陷庐江郡，因渡江，归林士弘于豫章；士弘疑之，营于南塘上。善安恨之，袭破士弘，焚其郛郭而去，士弘徙居南康。萧铣遣其将苏胡儿袭豫章，克之，士弘退保馀干。

31 刘文静等人率兵向东攻城夺地,攻占了弘农郡,于是新安以西的地方得到了安定。

32 甲辰(二十八日),李渊派云阳令詹俊、武功县正李仲衮进攻并攻下了巴蜀。

33 乙巳(二十九日),方与县的贼帅张善安袭击并攻陷了庐江郡,于是渡江,在豫章归附了林士弘。林士弘怀疑他,让他在南塘上扎营。张善安因此怀恨林士弘,就袭击并击败了林士弘,烧毁豫章郡的外城而去,林士弘迁居南康。萧铣派他的部将苏胡兒袭击并攻取了豫章,林士弘退保馀干县。

卷第一百八十五　唐纪一

起戊寅(618)正月尽七月不满一年

高祖神尧大圣光孝皇帝上之上
武德元年(戊寅,618)

1　春,正月丁未朔,隋恭帝诏唐王剑履上殿,赞拜不名。

唐王既克长安,以书谕诸郡县,于是东自商洛,南尽巴、蜀,郡县长吏及盗贼渠帅、氐、羌酋长,争遣子弟入见请降,有司复书,日以百数。

2　王世充既得东都兵,进击李密于洛北,败之,遂屯巩北。辛酉,世充命诸军各造浮桥渡洛击密,桥先成者先进,前后不一。虎贲郎将王辩破密外栅,密营中惊扰,将溃;世充不知,鸣角收众,密因帅敢死士乘之,世充大败,争桥溺死者万馀人。王辩死,世充仅自免,洛北诸军皆溃。世充不敢入东都,北趣河阳。是夜,疾风寒雨,军士涉水沾湿,道路冻死者又以万数。世充独与数千人至河阳,自系狱请罪,越王侗遣使赦之,召还东都,赐金帛、美女以安其意。世充收合亡散,得万馀人,屯含嘉城,不敢复出。

密乘胜进据金墉城,修其门堞、庐舍而居之,钲鼓之声,闻于东都;未几,拥兵三十万,陈于北邙,南逼上春门。乙丑,金紫光禄大夫段达、民部尚书韦津出兵拒之;达望见密兵盛,惧而先还,密纵兵乘之,军遂溃,韦津死。于是偃师、柏谷及河阳都尉独孤武都、检校河内郡丞柳燮、职方郎柳续等各举所部降于密。

高祖神尧大圣光孝皇帝上之上
唐高祖武德元年(戊寅,公元618年)

1　春季,正月丁未朔(初一),隋恭帝下诏允许唐王佩带宝剑穿鞋上殿朝见,不必通报姓名。

唐王攻克长安之后,便致函通告各郡县,于是东起商洛,南至巴、蜀,各地的郡县官吏、盗贼首领、氐羌酋长,争相派遣子弟见唐王请求归顺,有关衙门每天要回复数以百计的信函。

2　王世充获得东都兵马,在洛北打败了李密,便驻扎在巩县北面。辛酉(十五日),王世充命令各军分别搭设浮桥渡过洛河向李密进攻,先搭好桥的军队先攻击,各军前后不一致,虎贲郎将王辩突破李密军外层营墙,李密军营之中一片惊恐混乱,就要溃败;可王世充并不了解这一情况,吹号角收兵,李密乘机带领敢死者反攻,王世充大败,败军争相过浮桥,落水淹死了一万多人。王辩阵亡,王世充只保得自己脱身,洛北各军全线崩溃。王世充不敢回东都,率军北赴河阳。当晚,风狂雨冷,士兵蹚水浑身上下都打湿了,一路冻死的又数以万计。跟随王世充到达河阳的只有几千人,王世充绑缚自己投狱请求治罪,隋越王杨侗派人赦免了王世充,召他回东都,赐给他金钱、锦缎、美女安慰他。王世充召集逃散的旧部,得一万多人,驻扎于含嘉城,不敢再出战。

李密乘胜进据金墉城,修复城门堞、房屋,住在城内,战鼓的声音由此传到东都;不久,李密拥兵三十万,在北邙山列战阵,南边逼近东都上春门。乙丑(十九日),隋金紫光禄大夫段达、民部尚书韦津领兵抵御李密;段达见李密军势强盛,心中害怕,率先回逃,李密纵兵追击,隋军溃败,韦津死。于是隋偃师、柏谷及河阳都尉独孤武都、检校河内郡丞柳燮、职方郎柳续等各自率领部下投降了李密。

窦建德、朱粲、孟海公、徐圆朗等并遣使奉表劝进,密官属裴仁基等亦上表请正位号,密曰:"东都未平,不可议此。"

3　戊辰,唐王以世子建成为左元帅,秦公世民为右元帅,督诸军十馀万人救东都。

4　东都乏食,太府卿元文都等募守城不食公粮者进散官二品,于是商贾执象而朝者,不可胜数。

5　二月己卯,唐王遣太常卿郑元璹将兵出商洛,徇南阳,左领军府司马安陆马元规徇安陆及荆、襄。

6　李密遣房彦藻、郑颋等东出黎阳,分道招慰州县。以梁郡太守杨汪为上柱国、宋州总管,又以手书与之曰:"昔在雍丘,曾相追捕,射钩斩袪,不敢庶几。"汪遣使往来通意,密亦羁縻待之。彦藻以书招窦建德,使来见密。建德复书,卑辞厚礼,托以罗艺南侵,请捍御北垂。彦藻还,至卫州,贼帅王德仁邀杀之。德仁有众数万,据林虑山,四出抄掠,为数州之患。

7　三月己酉,以齐公元吉为镇北将军、太原道行军元帅、都督十五郡诸军事,听以便宜从事。

8　隋炀帝至江都,荒淫益甚,宫中为百馀房,各盛供张,实以美人,日令一房为主人。江都郡丞赵元楷掌供酒馔,帝与萧后及幸姬历就宴饮,酒卮不离口,从姬千馀人亦常醉。然帝见天下危乱,意亦扰扰不自安,退朝则幅巾短衣,策杖步游,遍历台馆,非夜不止,汲汲顾景,唯恐不足。

帝自晓占候卜相,好为吴语。常夜置酒,仰视天文,谓萧后曰:"外间大有人图侬,然侬不失为长城公,卿不失为沈后,且共乐饮耳!"因引满沈醉。又尝引镜自照,顾谓萧后曰:"好头颈,谁当斫之?"后惊问故,帝笑曰:"贵贱苦乐,更迭为之,亦复何伤?"

窦建德、朱粲、孟海公、徐圆朗等都派人奉表劝李密称帝,李密属下裴仁基等也上表请正位号,李密回答:"东都没有攻克,还谈不上这事。"

3 戊辰(二十二日),唐王以世子李建成为左元帅,秦公李世民为右元帅,率领各路兵马十多万救援东都。

4 东都缺粮,隋太府卿元文都等人招募守城人,不吃公粮的进散官二品,这一来手持象牙笏板上朝的商人,不计其数。

5 二月己卯(初四),唐王派太常卿郑元璹领兵从商洛攻取南阳,派左领军府司马安陆人马元规攻取安陆及南郡、襄阳。

6 李密派房彦藻、郑颋等人从黎阳向东分别招抚各州县。李密以梁郡太守杨汪为上柱国、宋州总管,给杨汪的亲笔信中写道:"过去我在雍丘曾遭您追捕,如今不敢说是效仿前贤不计前嫌以德报怨!"杨汪派人与李密联系,李密也极尽笺络。房彦藻致书窦建德,请他来见李密。窦建德复信虽然言辞很谦卑、礼数很周全,但推托罗艺南下,请求守北边,不见李密。房彦藻回程走到卫州,贼帅王德仁截击并杀了他。王德仁有数万人,占据林虑山,四处抢劫,是几个州县的祸患。

7 三月己酉(初四),唐王以齐公李元吉为镇北将军、太原道行军元帅、都督十五郡诸军事,允许他有权随机行事。

8 隋炀帝到江都,更加荒淫,宫中一百多间房,每间摆设都极尽豪华,内住美女,每天以一房的美女做主人。江都郡丞赵元楷负责供应美酒饮食,炀帝与萧后以及宠幸的美女吃遍了宴会,酒杯不离口,随从的一千多美女也经常喝醉。不过炀帝看到天下大乱,心情也忧虑不安,下朝后常头戴幅巾,身穿短衣,拄杖散步,走遍行宫的楼台馆舍,不到半夜不止步,不停地观赏四周景色,唯恐没有看全。

炀帝通晓占卜相面,爱说吴地方言。经常半夜摆酒,抬头看星象,对萧后说:"外间有不少人算计侬,不过侬不失为长城公陈叔宝,卿也不失为沈后,我们姑且只管享乐饮酒吧!"然后举杯喝得烂醉。炀帝还曾拿着镜子照着,回头对萧后说:"好一个头颅,该由谁斩下来?"萧后惊异地问他为什么这样说,炀帝笑着说:"贵贱苦乐循环更替,又有什么好伤感的?"

帝见中原已乱，无心北归，欲都丹阳，保据江东，命群臣廷议之。内史侍郎虞世基等皆以为善，右候卫大将军李才极陈不可，请车驾还长安，与世基忿争而出。门下录事衡水李桐客曰："江东卑湿，土地险狭，内奉万乘，外给三军，民不堪命，亦恐终散乱耳。"御史劾桐客谤毁朝政。于是公卿皆阿意言："江东之民望幸已久，陛下过江，抚而临之，此大禹之事也。"乃命治丹阳宫，将徙都之。

时江都粮尽，从驾骁果多关中人，久客思乡里，见帝无西意，多谋叛归，郎将窦贤遂帅所部西走，帝遣骑追斩之，而亡者犹不止，帝患之。虎贲郎将扶风司马德戡素有宠于帝，帝使领骁果屯于东城，德戡与所善虎贲郎将元礼、直阁裴虔通谋曰："今骁果人人欲亡，我欲言之，恐先事受诛；不言，于后事发，亦不免族灭，奈何？又闻关内沦没，李孝常以华阴叛，上囚其二弟，欲杀之。我辈家属皆在西，能无此虑乎？"二人皆惧，曰："然则计将安出？"德戡曰："骁果若亡，不若与之俱去。"二人皆曰："善！"因转相招引，内史舍人元敏、虎牙郎将赵行枢、鹰扬郎将孟秉、符玺郎牛方裕、直长许弘仁、薛世良、城门郎唐奉义、医正张恺、勋侍杨士览等皆与之同谋，日夜相结约，于广座明论叛计，无所畏避。有宫人白萧后曰："外间人人欲反。"后曰："任汝奏之。"宫人言于帝，帝大怒，以为非所宜言，斩之。其后宫人复白后，后曰："天下事一朝至此，无可救者，何用言之，徒令帝忧耳！"自是无复言者。

赵行枢与将作少监宇文智及素厚，杨士览，智及之甥也，二人以谋告智及，智及大喜。德戡等期以三月望日结党西遁，智及曰："主上虽无道，威令尚行，卿等亡去，正如窦贤取死耳。

炀帝见中原已乱,不想回北方,打算把国都迁到丹阳,保守江东,下令群臣在朝堂上议论迁都之事。内史侍郎虞世基等人都认为不错,右候卫大将军李才极力说明不可取,请炀帝御驾回长安,并与虞世基忿然争论下殿。门下录事衡水人李桐客说:"江东地势低洼,气候潮湿,环境恶劣,地域狭小,对内要奉养天子和朝廷,对外要供奉三军,百姓承受不起,恐怕最终要起来造反的。"御史弹劾李桐客诽谤朝政。于是公卿都曲意阿奉炀帝之意说:"江东百姓渴望陛下临幸已经很久了,陛下过江抚慰统治百姓,这是大禹那样的作为。"于是炀帝下令修建丹阳宫,准备迁都丹阳。

当时江都的粮食吃完了,随炀帝南来的骁果大多是关中人,长期在外,思恋故乡,见炀帝没有回长安的意思,大都策划逃回乡,郎将窦贤便带领部下西逃。炀帝派骑兵追赶,杀了他,但仍然不断有人逃跑,令炀帝很头痛。虎贲郎将扶风人司马德戡一向得到炀帝信任,炀帝派他统领骁果,驻扎在东城,司马德戡与平时要好的虎贲郎将元礼、直阁裴虔通商量说:"现在骁果人人想逃跑,我想说,又怕说早了被杀头;不说,事情真发生了,也逃不了灭族之祸,怎么办?又听说关内沦陷,李孝常在华阴反叛,皇上囚禁了他的两个弟弟,准备杀掉。我们这些人的家属都在西边,能不担心这事吗?"元、裴二人都慌了,问:"既然如此,有什么好办法吗?"司马德戡说:"如果骁果逃亡,我们不如和他们一齐跑。"元、裴二人都说:"好主意!"于是相互联络,内史舍人元敏、虎牙郎将赵行枢、鹰扬郎将孟秉、符玺郎牛方裕、直长许弘仁、薛世良、城门郎唐奉义、医正张恺、勋侍杨士览等人都参与同谋,日夜联系,在大庭广众之下公开商议逃跑的事,毫无顾忌。有一位宫女告诉萧后:"外面人人想造反。"萧后说:"由你去报告吧。"宫女便对炀帝说了,炀帝很生气,认为这不是宫女该过问的事,杀了这个宫女。后来又有人对萧后说起,萧后说:"天下局面到了今天这个地步,没法挽救了,不用说了,免得白让皇上担心!"从此以后,再也没人说起外面的情况。

赵行枢与将作少监宇文智及历来很要好,杨士览是宇文智及的外甥,赵、杨二人把他们的计划告诉了宇文智及,智及很高兴。司马德戡等人定于三月月圆那天结伴西逃,宇文智及说:"皇上虽然无道,可是威令还在,你们逃跑,和窦贤一样是找死。

今天实丧隋,英雄并起,同心叛者已数万人,因行大事,此帝王之业也。"德戡等然之。行枢、薛世良请以智及兄右屯卫将军许公化及为主,结约既定,乃告化及。化及性驽怯,闻之,变色流汗,既而从之。

德戡使许弘仁、张恺入备身府,告所识者云:"陛下闻骁果欲叛,多酝毒酒,欲因享会,尽鸩杀之,独与南人留此。"骁果皆惧,转相告语,反谋益急。乙卯,德戡悉召骁果军吏,谕以所为,皆曰:"唯将军命!"是日,风霾昼昏。晡后,德戡盗御厩马,潜厉兵刃。是夕,元礼、裴虔通直阁下,专主殿内;唐奉义主闭城门,与虔通相知,诸门皆不下键。至三更,德戡于东城集兵得数万人,举火与城外相应。帝望见火,且闻外喧嚣,问何事。虔通对曰:"草坊失火,外人共救之耳。"时内外隔绝,帝以为然。智及与孟秉于城外集千馀人,劫候卫虎贲冯普乐布兵分守衢巷。燕王倓觉有变,夜,穿芳林门侧水窦而入,至玄武门,诡奏曰:"臣猝中风,命悬俄顷,请得面辞。"裴虔通等不以闻,执囚之。丙辰,天未明,德戡授虔通兵,以代诸门卫士。虔通自门将数百骑至成象殿,宿卫者传呼有贼,虔通乃还,闭诸门,独开东门,驱殿内宿卫者令出,皆投仗而走。右屯卫将军独孤盛谓虔通曰:"何物兵势太异!"虔通曰:"事势已然,不预将军事;将军慎毋动!"盛大骂曰:"老贼,是何物语!"不及被甲,与左右十馀人拒战,为乱兵所杀。盛,楷之弟也。千牛独孤开远帅殿内兵数百人诣玄览门,叩阁请曰:"兵仗尚全,犹堪破贼。陛下若出临战,人情自定;不然,祸今至矣。"竟无应者,军士稍散。贼执开远,义而释之。先是,帝选骁健官奴数百人置玄武门,谓之给使,以备非常,待遇优厚,至以宫人赐之。司宫魏氏为帝所信,化及等结之使为内应。是日,魏氏矫诏悉听给使出外,仓猝际制无一人在者。

现在实在是老天爷要隋灭亡,英雄并起,同样心思想反叛的已有数万人,乘此机会起大事,正是帝王之业。"司马德戡等人同意他的意见。赵行枢、薛世良要求由宇文智及的兄长右屯卫将军许公宇文化及为首领,协商定了,才告诉宇文化及。宇文化及性格怯懦,能力低下,听说后,脸色都变了,直冒冷汗,后来又听从了众人的安排。

　司马德戡让许弘仁、张恺去备身府,对认识的人说:"陛下听说骁果想反叛,酿了很多毒酒,准备利用宴会,把骁果都毒死,只和南方人留在江都。"骁果都很恐慌,互相转告,更加速了反叛计划。乙卯(初十),司马德戡召集全体骁果军吏,宣布了计划,军吏们都说:"就听将军的吩咐!"当天,大风刮得天昏地暗。黄昏,司马德戡偷出御厩马,暗地磨快了武器。傍晚,元礼、裴虔通在阁下值班,专门负责大殿内;唐奉义负责关闭城门,唐奉义与裴虔通等商量好,各门都不上锁。到三更时分,司马德戡在东城集合数万人,点起火与城外相呼应。炀帝看到火光,又听到宫外面的喧嚣声,询问发生了什么事。裴虔通回答:"草坊失火,外面的人在一起救火呢。"当时宫城内外相隔绝,炀帝相信了。宇文智及和孟秉在宫城外面集合了一千多人,劫持了巡夜的候卫虎贲冯普乐,部署兵力分头把守街道。燕王杨倓发觉情况不对,晚上穿过芳林门边的水闸入宫,到玄武门假称:"臣突然中风,就要死了,请让我当面向皇上告别。"裴虔通等人不通报,而把杨倓关了起来。丙辰(十一日),天还没亮,司马德戡交给裴虔通兵马,用来替换各门的卫士。裴虔通由宫门率领数百骑兵到成象殿,值宿卫士高喊有贼,于是裴虔通又返回去,关闭各门,只开东门,驱赶殿内宿卫出门,宿卫纷纷放下武器往外走。右屯卫将军独孤盛对裴虔通说:"什么人的队伍,行动太奇怪了!"裴虔通说:"形势已经这样了,不关将军您的事,您小心些不要轻举妄动!"独孤盛大骂:"老贼,说的什么话!"顾不上披铠甲,就与身边十几个人一起拒战,被乱兵杀死。独孤盛是独孤楷的弟弟。千牛独孤开远带领数百殿内兵到玄览门,敲小门请求:"武器完备,足以破贼,陛下如能亲自临敌,人情自然安定;否则,祸事就在眼前。"竟然没有回答的人,军士逐渐散去。反叛者捉住独孤开远,又为他的忠义行为感动而放了他。早先,炀帝挑选了几百名勇猛矫健的官奴,安置在玄武门,称为"给使",以防备突然发生的情况,待遇优厚,甚至把宫女赐给给使。司宫魏氏受到炀帝信任,宇文化及等人勾结地做内应。这天,魏氏假传圣旨放全体给使出宫,致使仓促之际玄武门没有一个给使在场。

德戡等引兵自玄武门入，帝闻乱，易服逃于西閤。虞通与元礼进兵排左閤，魏氏启之，遂入永巷，问："陛下安在？"有美人出，指之。校尉令狐行达拔刀直进，帝映窗扉谓行达曰："汝欲杀我邪？"对曰："臣不敢，但欲奉陛下西还耳。"因扶帝下閤。虞通，本帝为晋王时亲信左右也，帝见之，谓曰："卿非我故人乎？何恨而反？"对曰："臣不敢反，但将士思归，欲奉陛下还京师耳。"帝曰："朕方欲归，正为上江米船未至，今与汝归耳！"虞通因勒兵守之。

至旦，孟秉以甲骑迎化及，化及战栗不能言，人有来谒之者，但俯首据鞍称罪过。化及至城门，德戡迎谒，引入朝堂，号为丞相。裴虞通谓帝曰："百官悉在朝堂，陛下须亲出慰劳。"进其从骑，逼帝乘之；帝嫌其鞍勒弊，更易新者，乃乘之。虞通执辔挟刀出宫门，贼徒喜噪动地。化及扬言曰："何用持此物出，亟还与手。"帝问："世基何在？"贼党马文举曰："已枭首矣！"于是引帝还至寝殿，虞通、德戡等拔白刃侍立。帝叹曰："我何罪至此？"文举曰："陛下违弃宗庙，巡游不息。外勤征讨，内极奢淫，使丁壮尽于矢刃，女弱填于沟壑，四民丧业，盗贼蜂起。专任佞谀，饰非拒谏。何谓无罪！"帝曰："我实负百姓。至于尔辈，荣禄兼极，何乃如是？今日之事，孰为首邪？"德戡曰："溥天同怨，何止一人！"化及又使封德彝数帝罪，帝曰："卿乃士人，何为亦尔？"德彝赧然而退。帝爱子赵王杲，年十二，在帝侧，号恸不已，虞通斩之，血溅御服。贼欲弑帝，帝曰："天子死自有法，何得加以锋刃！取鸩酒来！"文举等不许，使令狐行达顿帝令坐。帝自解练巾授行达，缢杀之。

司马德戡等人领兵从玄武门进入宫城,炀帝听到消息,换了衣服逃到西阁。裴虔通和元礼进兵推左阁,魏氏开阁,乱兵进了永巷,问:"陛下在哪里?"有位美人出来指出了炀帝所在。校尉令狐行达拔刀冲上去,炀帝躲在窗后对令狐行达说:"你想杀我吗?"令狐行达回答:"臣不敢,不过是想奉陛下西还长安罢了。"说完扶炀帝下阁。裴虔通本来是炀帝作晋王时的亲信,炀帝见到他,对他说:"你不是我的旧部吗? 有什么仇要谋反?"裴虔通回答:"臣不敢谋反,但是将士想回家,我不过是想奉陛下下京师罢了。"炀帝说:"朕正打算回去,只为上游的运米船未到,现在和你们回去吧!"裴虔通于是领兵守住炀帝。

天明后,孟秉派武装骑兵迎接宇文化及,宇文化及浑身颤抖说不出话,有人来参见,他只会低头靠在马鞍上连说"罪过"表示感谢。宇文化及到宫城门前,司马德戡迎接他入朝堂,称丞相。裴虔通对炀帝说:"百官都在朝堂,须陛下亲自出去慰劳。"送上自己的坐骑,逼炀帝上马,炀帝嫌他的马鞍笼头不好,换过新的才上马。裴虔通牵着马缰绳提着刀出宫城门,乱兵欢声动地。宇文化及扬言:"哪用让这家伙出来,赶快弄回去结果了。"炀帝问:"虞世基在哪儿?"乱党马文举说:"已经枭首了。"于是将炀帝带回寝殿,裴虔通、司马德戡等拔出兵刃站在边上。炀帝叹息道:"我有什么罪该当如此?"马文举说:"陛下抛下宗庙不顾不停地巡游,对外频频作战,对内极尽奢侈荒淫,致使强壮的男人都死于刀兵之下,妇女弱者死于沟壑之中,民不聊生,盗贼蜂起;一味任用奸佞,文过饰非拒不纳谏,怎么说没罪!"炀帝说:"我确实对不起老百姓,可你们这些人,荣华富贵都有了,为什么还这样? 今天这事,谁是主谋?"司马德戡说:"整个天下的人都怨恨,哪止一个人!"宇文化及又派封德彝宣布炀帝的罪状,炀帝说:"你可是士人,怎么也干这种事?"封德彝羞红了脸,退了下去。炀帝的爱子赵王杨杲才十二岁,在炀帝身边不停地号啕大哭,裴虔通杀了赵王,血溅到炀帝的衣服上。这些人要杀炀帝,炀帝说:"天子自有天子的死法,怎么能对天子动刀,取鸩酒来!"马文举等人不答应,让令狐行达按着炀帝坐下。炀帝自己解下练巾交给令狐行达,令狐行达绞死了炀帝。

初,帝自知必及于难,常以罂贮毒药自随,谓所幸诸姬曰:"若贼至,汝曹当先饮之,然后我饮。"及乱,顾索药,左右皆逃散,竟不能得。萧后与宫人撤漆床板为小棺,与赵王杲同殡于西院流珠堂。

帝每巡幸,常以蜀王秀自随,因于骁果营。化及弑帝,欲奉秀立之,众议不可,乃杀秀及其七男。又杀齐王暕及其二子并燕王倓,隋氏宗室、外戚,无少长皆死。唯秦王浩素与智及往来,且以计全之。齐王暕素失爱于帝,恒相猜忌,帝闻乱,顾萧后曰:"得非阿孩邪?"化及使人就第诛暕,暕谓帝使收之,曰:"诏使且缓儿,儿不负国家!"贼曳至街中,斩之,暕竟不知杀者为谁,父子至死不相明。又杀内史侍郎虞世基、御史大夫裴蕴、左翊卫大将军来护儿、秘书监袁充、右翊卫将军宇文协、千牛宇文晶、梁公萧钜等及其子。钜,琮之弟子也。

难将作,江阳长张惠绍驰告裴蕴,与惠绍谋矫诏发郭下兵收化及等,扣门援帝。议定,遣报虞世基。世基疑告反者不实,抑而不许。须臾,难作,蕴叹曰:"谋及播郎,竟误人事!"虞世基宗人伋谓世基子符玺郎熙曰:"事势已然,吾将济卿南渡,同死何益!"熙曰:"弃父背君,求生何地?感尊之怀,自此决矣!"世基弟世南抱世基号泣请代,化及不许。黄门侍郎裴矩知必将有乱,虽厮役皆厚遇之,又建策为骁果娶妇。及乱作,贼皆曰:"非裴黄门之罪。"既而化及至,矩迎拜马首,故得免。化及以苏威不预朝政,亦免之。威名位素重,往参化及。化及集众而见之,曲加殊礼。百官悉诣朝堂贺,给事郎许善心独不至。许弘仁驰告之曰:"天子已崩,宇文将军摄政,

当初,炀帝料到有遇难的一天,经常用罂装毒酒带在身边,对宠幸的各位美女说:"如果贼人到了,你们要先喝,然后我喝。"等到乱事真的来到,找毒酒时,左右都逃掉,竟然找不到。萧后和宫女撒下漆床板,做成小棺材,把炀帝和赵王杨杲一起停在西院流珠堂。

炀帝每次巡幸,常常将蜀王杨秀带着随行,囚禁在骁果营。宇文化及弑炀帝,准备奉杨秀为皇帝,众人认为不行,于是杀了杨秀和他的七个儿子。又杀了齐王杨暕及其两个儿子和燕王杨倓,隋朝的宗室、外戚,无论老幼一律杀死。只有秦王杨浩平时与宇文智及有来往,宇文智及想办法保全了他。齐王杨暕早年失宠于炀帝,父子一直相互猜忌,炀帝听说叛乱之事,对萧后说:"不会是阿孩吧?"宇文化及派人到杨暕府第杀人,杨暕以为是炀帝下令来收他,还说:"诏使暂且放开孩儿,儿没有对不起国家!"乱兵将他拽到街当中,杀了他,杨暕最终也不知道要杀他的是谁,父子之间至死也没能消除隔阂。乱兵又杀了内史侍郎虞世基、御史大夫裴蕴、左翊卫大将军来护儿、秘书监袁充、右翊卫将军宇文协、千牛宇文晶、梁公萧钜等人及其儿子。萧钜是萧琮弟弟的儿子。

动乱就要发生时,江阳长张惠绍飞跑通告了裴蕴,裴蕴与张惠绍商量假称圣旨调江都城外的军队逮捕宇文化及等人,敲开城门援救炀帝。二人商量好后,派人报告虞世基,虞世基怀疑来人的报告不真实,压下来没有答复。一会儿,发难,裴蕴叹息道:"和播郎商量,竟然误了事!"虞世基的同宗虞伋对世基的儿子符玺郎虞熙说:"事情已经这样了,我打算送你过长江去南边,一起死了又有什么用!"虞熙说:"扔下父亲背叛君主,又有什么脸活着? 感谢您的关心,从此永别了!"虞世基的弟弟虞世南抱着世基大哭,请求代替他赴死,宇文化及不准。黄门侍郎裴矩知道肯定要发生动乱,因此对待仆役也很优厚,又建议为骁果娶妇。等乱事发生后,乱兵都说:"不是裴黄门的错。"不久,宇文化及到了,裴矩迎到马前行礼,因此得以免去祸事。宇文化及因为苏威不参与朝政,也放过了他。苏威名声、地位历来显赫,他去参见宇文化及,宇文化及集合众人来见他,对他格外尊重。百官都到朝堂祝贺宇文化及,只有给事郎许善心不到。许弘仁骑马跑去告诉他说:"天子已经驾崩了,宇文将军代理朝政,

阖朝文武咸集，天道人事自有代终，何预于叔而低回若此？"善心怒，不肯行。弘仁反走上马，泣而去。化及遣人就家擒至朝堂，既而释之。善心不舞蹈而出，化及怒曰："此人大负气！"复命擒还，杀之。其母范氏，年九十二，抚枢不哭，曰："能死国难，吾有子矣！"因卧不食，十馀日而卒。唐王之入关也，张季珣之弟仲琰为上洛令，帅吏民拒守，部下杀之以降。宇文化及之乱，仲琰弟琮为千牛左右，化及杀之，兄弟三人皆死国难，时人愧之。

　　化及自称大丞相，总百揆。以皇后令立秦王浩为帝，居别宫，令发诏画敕书而已，仍以兵监守之。化及以弟智及为左仆射，士及为内史令，裴矩为右仆射。

　　9　乙卯，徙秦公世民为赵公。

　　10　戊辰，隋恭帝诏以十郡益唐国，仍以唐王为相国，总百揆，唐国置丞相以下官，又加九锡。王谓僚属曰："此谄谀者所为耳。孤秉大政而自加宠锡，可乎？必若循魏、晋之迹，彼皆繁文伪饰，欺天罔人，考其实不及五霸，而求名欲过三王。此孤常所非笑，窃亦耻之。"或曰："历代所行，亦何可废？"王曰："尧、舜、汤、武，各因其时，取与异道，皆推其至诚以应天顺人，未闻夏、商之末必效唐、虞之禅也。若使少帝有知，必不肯为；若其无知，孤自尊而饰让，平生素心所不为也。"但改丞相为相国府，其九锡殊礼，皆归之有司。

满朝文武都集于朝堂,天道人事自有它相互代替终结的道理,又与叔叔您有什么相干,何至于这样流连不舍?"许善心很生气,不肯去。许弘仁回身上马,哭着走了。宇文化及派人到家里把许善心捉到朝堂上,一会儿又放了他。许善心不按朝见的规矩行礼就走出朝堂,宇文化及生气地说:"这人真不知好歹!"重新下令把许善心捉回朝堂,杀了。许善心的母亲范氏九十二岁了,抚摸着灵柩但并不哭泣,说:"能死国难,真是我的儿子!"躺着不吃东西,十几天后去世。唐王李渊入关时,张季珣的弟弟张仲琰是上洛令,率领部下、百姓占据城池抵抗,部下杀了他投降唐王。宇文化及之乱,张仲琰的弟弟张琮为千牛左右,宇文化及杀了张琮,兄弟三人都死于国难,令当时的人感到羞愧。

宇文化及自称大丞相,总理百官。以炀帝皇后的命令立秦王杨浩为皇帝,住在别宫,只让皇帝签署发布诏敕而已,仍然派兵监守。宇文化及任弟弟宇文智及为左仆射,宇文士及为内史令,裴矩为右仆射。

9　乙卯(初九),迁秦公李世民为赵公。

10　戊辰(二十三日),隋恭帝下诏将十个郡增加给唐国,仍然以唐王为相国,总理百官,唐国可以设置丞相以下官吏,又加唐王九锡。唐王对手下的官员说:"这是阿谀奉承的人干的事,我自己把握大政又给自己加优宠和九锡,能吗?若说一定要照着魏、晋的规矩,那些都是些虚礼,欺骗人的;他们实际的作为赶不上春秋时的五霸,而追求的名声却想超过禹、汤、文王三王。这样的事是我经常嘲笑的,也认为是很可耻。"也有人说:"历朝都这样做,怎么可以废除?"唐王说:"尧、舜、汤、武王分别有自己的时机,得以登王位的方式虽然不同,但都是以其至诚上应天意、下顺民情,没听说夏朝、商代末年就得效法唐、虞的禅位。这事如果少帝知道,一定不肯做,如果少帝不知道,我自己尊崇自己又假意推让,是从心里不愿做的事。"唐王只是把丞相府改为相国府,九锡之类的特殊礼仪,则退还给负责官署。

11 宇文化及以左武卫将军陈稜为江都太守，综领留事。壬申，令内外戒严，云欲还长安。皇后六宫皆依旧式为御营，营前别立帐，化及视事其中，仗卫部伍，皆拟乘舆。夺江都人舟楫，取彭城水路西归。以折冲郎将沈光骁勇，使将给使营于禁内。行至显福宫，虎贲郎将麦孟才、虎牙郎钱杰与光谋曰："吾侪受先帝厚恩，今俯首事雠，受其驱帅，何面目视息世间哉？吾必欲杀之，死无所恨！"光泣曰："是所望于将军也。"孟才乃纠合恩旧，帅所将数千人，期以晨起将发时袭化及。语泄，化及夜与腹心走出营外，留人告司马德戡等，使讨之。光闻营内喧，知事觉，即袭化及营，空无所获，值内史侍郎元敏，数而斩之。德戡引兵入围之，杀光，其麾下数百人皆斗死，一无降者，孟才亦死。孟才，铁杖之子也。

12 武康沈法兴，世为郡著姓，宗族数千家。法兴为吴兴太守，闻宇文化及弑逆，举兵以讨化及为名，比至乌程，得精卒六万，遂攻馀杭、毗陵、丹阳，皆下之。据江表十馀郡，自称江南道大总管，承制置百官。

13 陈国公窦抗，唐王之妃兄也，炀帝使行长城于灵武，闻唐王定关中，癸酉，帅灵武、盐川等数郡来降。

14 夏，四月，稽胡寇富平，将军王师仁击破之。又五万馀人寇宜春，相国府谘议参军窦轨将兵讨之，战于黄钦山。稽胡乘高纵火，官军小却；轨斩其部将十四人，拔队中小校代之，勒兵复战。轨自将数百骑居军后，令之曰："闻鼓声有不进者，自后斩之！"既而鼓之，将士争先赴敌，稽胡射之不能止，遂大破之，虏男女二万口。

11　宇文化及以左武卫将军陈稜为江都太守，总管留守事宜。壬申（二十七日），命令内外戒严，声称准备回长安。皇后和六宫都按照老规矩作为御营，营房前另外搭帐，宇文化及在里面办公，仪仗和侍卫的人数，都比照着皇帝的规模。他们抢了江都人的船，取道彭城由水路向西行。宇文化及因折冲郎将沈光骁勇，让他在御营内统领给使营。行进到显福宫，虎贲郎将麦孟才、虎牙郎钱杰和沈光商议："我们都受了先帝极大的恩典，现在低头为仇人做事，受他驱使指挥，有什么脸见人？我们一定要杀了他，死了也没有什么遗憾的！"沈光流着泪说："这事就指望将军了。"于是麦孟才联合了与他有恩旧的人，率领数千名部下，约定早晨起床后准备出发时袭击宇文化及。消息走漏，夜里宇文化及和心腹走到御营外面，留人通知司马德戡，让他去诛戮麦孟才等人。沈光听到营里喧哗，知道事情被发觉了，马上袭击宇文化及的营帐，空无所获，碰着内史侍郎元敏，就列举了元敏的罪状，杀了他。司马德戡领着兵进入营中围住沈光一行，杀了沈光，沈光手下的几百人全都拼杀而死，没有一个人投降，麦孟才也死了。麦孟才是麦铁杖的儿子。

12　武康人沈法兴，世代都是当郡有声望的大姓，同一宗族就有几千家。沈法兴做吴兴太守，听说宇文化及弑君谋逆，以讨宇文化及为名起兵，待进发到乌程时，已拥有六万精兵，于是攻打馀杭、毗陵、丹阳，全都攻克。占据了长江以南十几个郡，自称江南道大总管，承制设置百官。

13　陈国公窦抗是唐王妃子的兄长，隋炀帝派遣他到灵武一带巡视长城，听说唐王平定了关中，癸酉（二十八日），率领灵武、盐川几个郡前来归顺唐王。

14　夏季，四月，稽胡侵犯富平，唐将军王师仁打败了稽胡。又有五万稽胡侵犯宜春，唐王相国府谘议参军窦轨统领兵马讨伐稽胡，在黄钦山交战。稽胡登高放火，官军稍退却；窦轨杀了十四名部将，提拔队中的小校代替，领兵重新作战。窦轨自己带领几百骑兵在军队后面，下令说："听到鼓声不前进者，我们从后面杀了他！"不一会儿，战鼓响起，将士争先冲向敌人，稽胡放箭也阻止不了，于是大败稽胡，俘虏男女两万人。

15　世子建成等至东都，军于芳华苑，东都闭门不出，遣人招谕，不应。李密出军争之，小战，各引去。城中多欲为内应者，赵公世民曰："吾新定关中，根本未固，悬军远来，虽得东都，不能守也。"遂不受。戊寅，引军还。世民曰："城中见吾退，必来追蹑。"乃设三伏于三王陵以待之。段达果将万馀人追之，遇伏而败。世民逐北，抵其城下，斩四千馀级。遂置新安、宜阳二郡，使行军总管史万宝、盛彦师镇宜阳，吕绍宗、任瓌将兵镇新安而还。

16　初，五原通守栎阳张长逊以中原大乱，举郡附突厥，突厥以为割利特勒。郝瑗说薛举，与梁师都及突厥连兵以取长安，举从之。时启民可汗之子咄苾号莫贺咄设，建牙直五原之北，举遣使与莫贺咄设谋入寇，莫贺咄设许之。唐王使都水监宇文歆赂莫贺咄设，且为陈利害，止其出兵，又说莫贺咄设遣张长逊入朝，以五原之地归之中国，莫贺咄设并从之。己卯，武都、宕渠、五原等郡皆降，王即以长逊为五原太守。长逊又诈为诏书与莫贺咄设，示知其谋。莫贺咄设乃拒举、师都等，不纳其使。

17　戊戌，世子建成等还长安。

18　东都号令不出四门，人无固志，朝议郎段世弘等谋应西师。会西师已还，乃遣人招李密，期以己亥夜纳之。事觉，越王命王世充讨诛之。密闻城中已定，乃还。

19　宇文化及拥众十馀万，据有六宫，自奉养一如炀帝。每于帐中南面坐，人有白事者，嘿然不对，下牙，方取启状与唐奉义、牛方裕、薛世良、张恺等参决。以少主浩付尚书省，令卫士十馀人守之，遣令史取其画敕，百官不复朝参。至彭城，水路不通，

15 唐王世子李建成等人到东都,驻扎在芳华苑,东都城关闭城门不出,唐军派人招谕,又不答复。李密出军与唐军相争,稍微接触,就各自离开。东都城里有不少人想作为唐军的内应,赵公李世民说:"我们平定关中不久,根基还不牢固,即使得东都,也不能守住。"于是没有答应做内应的要求。戊寅(初四),领军队回关中。李世民说:"城里看见咱们撤退,肯定会追来。"于是在三王陵设下三处埋伏等着追兵。段达果然带一万多人追来,遇到埋伏打了败仗。李世民追击败军,直到东都城下,杀了四千多人。于是设置新安、宜阳二郡,派行军总管史万宝、盛彦师镇守宜阳,吕绍宗、任瓌统兵镇守新安,唐军回师。

16 当初,五原通守栎阳人张长逊因为中原大乱,以整个郡归附突厥,突厥封他为割利特勒。郝瑗劝薛举与梁师都及突厥联合兵力攻取长安,薛举听从他的意见。当时启民可汗之子咄苾称莫贺咄设,就在五原北面设官署,薛举派使节与莫贺咄设协商入侵长安;莫贺咄设答应了薛举的邀请。唐王派遣都水监宇文歆贿赂莫贺咄设,并且向他陈述了利害得失,阻止他出兵,又劝莫贺咄设派张长逊入朝,把五原地区归还给中国,莫贺咄设全都应允。己卯(初五),武都、宕渠、五原等郡全部归顺唐王,唐王就以张长逊为五原太守。张长逊又写假诏书给莫贺咄设,表示已经知道了莫贺咄设等人的阴谋。莫贺咄设于是拒绝了薛举、梁师都等的邀请,不接见他们派来的使者。

17 戊戌(二十四日),唐世子李建成等回到长安。

18 东都隋廷能管辖的地方只有城里,人心不定,朝议郎段世弘等人谋划响应李建成等率领的西军。恰好李建成的军队已经回师,他们便派人联络李密,约定己亥(二十五日)夜里迎接李密军进城。事情被发觉,隋越王杨侗命令王世充诛杀了段世弘等人。李密听说城内已经被平定,便回去了。

19 宇文化及拥有十几万人,占有六宫,自己的供养与隋炀帝完全相同。每天像帝王一样面朝南坐在帐中,有人奏事,他默然无语;下朝后,才取出上报的启、状和唐奉义、牛万裕、薛世良、张恺等人商量着处理。把少主杨浩交付给尚书省,命十几名卫士看守,派令史取少主签署的敕书,百官不再朝见皇帝。到彭城,水路不通,

复夺民车牛得二千辆,并载宫人珍宝。其戈甲戎器,悉令军士负之,道远疲剧,军士始怨。司马德戡窃谓赵行枢曰:"君大谬误我!当今拨乱,必借英贤。化及庸暗,群小在侧,事将必败,若之何?"行枢曰:"在我等耳,废之何难?"初,化及既得政,赐司马德戡爵温国公,加光禄大夫。以其专统骁果,心忌之。后数日,化及署诸将分部士卒,以德戡为礼部尚书,外示美迁,实夺其兵柄。德戡由是愤怨,所获赏赐,皆以赂智及。智及为之言,乃使之将后军万馀人以从。于是德戡、行枢与诸将李本、尹正卿、宇文导师等谋,以后军袭杀化及,更立德戡为主。遣人诣孟海公,结为外助,迁延未发,待海公报。许弘仁、张恺知之,以告化及,化及遣宇文士及阳为游猎,至后军,德戡不知事露,出营迎谒,因执之。化及让之曰:"与公戮力共定海内,出于万死。今始事成,方愿共守富贵,公又何反也?"德戡曰:"本杀昏主,苦其淫虐,推立足下,而又甚之。逼于物情,不得已也。"化及缢杀之,并杀其支党十馀人。孟海公畏化及之强,帅众具牛酒迎之。李密据巩洛以拒化及,化及不得西,引兵向东郡,东郡通守王轨以城降之。

20 辛丑,李密将井陉王君廓帅众来降。君廓本群盗,有众数千人,与贼帅韦宝、邓豹合军虞乡,唐王与李密俱遣使招之。宝、豹欲从唐王,君廓伪与之同,乘其无备,袭击,破之,夺其辎重,奔李密,密不礼之,复来降,拜上柱国,假河内太守。

又抢百姓车、牛得两千辆，用来运载宫人和珍宝。长枪、铠甲、武器装备，全都由士兵背着，因为路远疲乏，士兵开始不满。司马德戡私下里对赵行枢说："你真是害我不浅！当今治平乱世，一定得靠杰出而有才干的人，化及没才能又糊涂，一群小人在他身边，肯定要坏事，那该怎么办？"赵行枢说："全在我们这些人了，废除他又有什么难？"当初宇文化及执政之后，便赐司马德戡温国公爵位，加光禄大夫。因为司马德戡专门统领骁果，又从心里防备他。没过几天，化及部署诸将分别领兵，以司马德戡为礼部尚书，表面看是升迁，实际是夺他的兵权。司马德戡因此愤恨不平，得到赏赐，都用来贿赂宇文智及。宇文智及替他说情，才派他领着一万多后军殿后。于是，司马德戡、赵行枢与李本、尹正卿、宇文导师等将领策划，准备用后军袭击诛杀宇文化及，改立司马德戡为主。派人到孟海公那里，联结他做外援，拖延着没有发动，等着孟海公的回音。许弘仁、张恺知道了他们的计划，报告了宇文化及，宇文化及派宇文士及装作游猎，到后军，司马德戡不知事情败露，出营迎接，宇文士及趁势逮捕了他。宇文化及责备司马德戡道："我和阁下共同努力平定海内，冒着天大的风险。如今事情刚刚成功，正想一起保富贵，阁下又为何要谋反呢？"司马德戡说："本来杀昏主，就是受不了他的荒淫暴虐；推立足下，却比昏主有过之而无不及。迫于人心，也是不得已。"宇文化及吊死了司马德戡，并杀了司马德戡十几名同党。孟海公害怕宇文化及的强盛，率领部下备办了牛和酒迎接宇文化及。李密占领巩洛抵抗宇文化及，宇文化及不能向西前进，便领着队伍朝着东郡进发，东郡通守王轨以全城投降了他。

20　辛丑(二十七日)，李密的将领井陉人王君廓率部来降唐王。王君廓部原本是一伙强盗，有数千人，和贼帅韦宝、邓豹队伍一同驻扎在虞乡，唐王和李密都派人去招降三人。韦宝、邓豹想从唐王，王君廓假意和二人相同，乘二人不防备，袭击并打败了韦、邓二人，抢了二人的辎重，投奔李密，李密对他不太尊重，又来投降唐王，唐王拜王君廓为上柱国、代理河内太守。

21　萧铣即皇帝位,置百官,准梁室故事。谥其从父琮为孝靖皇帝,祖岩为河间忠烈王,父璇为文宪王,封董景珍等功臣七人皆为王。遣宋王杨道生击南郡,下之,徙都江陵,修复园庙。引岑文本为中书侍郎,使典文翰,委以机密。又使鲁王张绣徇岭南,隋将张镇周、王仁寿等拒之,既而闻炀帝遇弑,皆降于铣。钦州刺史宁长真亦以郁林、始安之地附于铣。汉阳太守冯盎以苍梧、高凉、珠崖、番禺之地附于林士弘。铣、士弘各遣人招交趾太守丘和,和不从。铣遣宁长真帅岭南之兵自海道攻和,和欲出迎之,司法书佐高士廉说和曰:"长真兵数虽多,悬军远至,不能持久,城中胜兵足以当之,奈何望风受制于人?"和从之,以士廉为军司马,将水陆诸军逆击,破之,长真仅以身免,尽俘其众。既而有骁果自江都至,得炀帝凶问,亦以郡附于铣。士廉,劢之子也。

始安郡丞李袭志,迁哲之孙也,隋末,散家财,募士得三千人,以保郡城。萧铣、林士弘、曹武徹迭来攻之,皆不克。闻炀帝遇弑,帅吏民临三日。或说袭志曰:"公中州贵族,久临鄙郡,华、夷悦服。今隋室无主,海内鼎沸,以公威惠,号令岭表,尉佗之业可坐致也。"袭志怒曰:"吾世继忠贞,今江都虽覆,宗社尚存,尉佗狂僭,何足慕也?"欲斩说者,众乃不敢言。坚守二年,外无声援,城陷,为铣所虏,铣以为工部尚书,检校桂州总管。于是东自九江,西抵三峡,南尽交趾,北距汉川,铣皆有之,胜兵四十馀万。

22　炀帝凶问至长安,唐王哭之恸,曰:"吾北面事人,失道不能救,敢忘哀乎?"

21　萧铣即皇帝位,设置属官,完全遵照梁朝的制度。追谥他的叔父萧琮为孝靖皇帝,祖父萧岩为河间忠烈王,父亲萧璿为文宪王,董景珍等七位功臣都封为王。派宋王杨道生进攻并攻克了南郡,把都城迁到江陵,修复了园林宗庙。招岑文本为中书侍郎,派他掌管文书,把机密事务委托给他。又派鲁王张绣攻占岭南,隋朝将领张镇周、王仁寿等人抵抗张绣的进攻,不久听说隋炀帝遇弑,都投降了萧铣。钦州刺史宁长真也以郁林、始安地区归附于萧铣。汉阳太守冯盎以苍梧、高凉、珠崖、番禺地区归附了林士弘。萧铣、林士弘分别派人招降交趾太守丘和,丘和没有顺从。萧铣派宁长真率领岭南的兵力从海路攻打丘和,丘和打算出城迎接,司法书佐高士廉劝他道:"长真的军队虽然人多,但是孤军深入远道而来,不能长期坚持,我们城里能打仗的士兵足以抵抗敌人,怎么能有一点动静就想受制于人?"丘和听从他的劝告,以高士廉为军司马,统领水陆各军迎击,打败了宁长真,宁长真只身逃脱,他的部下全部被俘。不久有骁果从江都到交趾,交趾知道了隋炀帝的死讯,也以郡归附于萧铣。高士廉是高劢的儿子。

始安郡丞李袭志是李迁哲的孙子,隋末,分自己的财产,招募了三千士兵保卫郡城。萧铣、林士弘、曹武徹轮番进攻始安,都没有攻克。李袭志听说隋炀帝遇弑,率领吏民哭吊了三天。有人劝李袭志说:"您是中州的贵族,长期在这边远的郡县,无论华夏人还是夷族对您都心悦诚服。现在隋王室无主,四海之内动荡不安,凭着您的威信德行,号令岭南,不费力就可以成就尉佗那样的事业。"李袭志十分生气,说:"我家世代都是忠贞不二,现在炀帝虽然被弑,但隋的宗庙社稷还在,尉佗狂妄僭立,又有什么可以羡慕的?"要杀了劝说的人,众人于是再不敢说这样的话。李袭志坚守了两年,外面没有声援的军队,城池陷落,李袭志被萧铣俘虏,萧铣以他为工部尚书、检校桂州总管。于是东边从九江西边到三峡,南到交趾,北到汉川,都为萧铣所有,萧铣有四十万能作战的军队。

22　隋炀帝的死讯传到长安,唐王李渊恸哭,说道:"我北面称臣侍奉君王,君主失道不能挽救,岂敢忘记哀痛悲伤?"

23　五月,山南抚慰使马元规击朱粲于冠军,破之。

24　王德仁既杀房彦藻,李密遣徐世勣讨之。德仁兵
败,甲寅,与武安通守袁子幹皆来降,诏以德仁为邺郡太守。

25　戊午,隋恭帝禅位于唐,逊居代邸。甲子,唐王即皇
帝位于太极殿,遣刑部尚书萧造告天于南郊,大赦,改元。罢
郡,置州,以太守为刺史。推五运为土德,色尚黄。

26　隋炀帝凶问至东都,戊辰,留守官奉越王即皇帝位,
大赦,改元皇泰。是时于朝堂宣旨,以时钟金革,公私皆即日
大祥。追谥大行曰明皇帝,庙号世祖;追尊元德太子曰成皇
帝,庙号世宗。尊母刘良娣为皇太后。以段达为纳言、陈国
公,王世充为纳言、郑国公,元文都为内史令、鲁国公,皇甫无
逸为兵部尚书、杞国公。又以卢楚为内史令,郭文懿为内史
侍郎,赵长文为黄门侍郎,共掌朝政。时人号"七贵"。皇泰
主眉目如画,温厚仁爱,风格俨然。

27　辛未,突厥始毕可汗遣骨咄禄特勒来,宴之于太极
殿,奏九部乐。时中国人避乱者多入突厥,突厥强盛,东自契
丹、室韦,西尽吐谷浑、高昌,诸国皆臣之,控弦百馀万。帝以
初起资其兵马,前后饷遗,不可胜纪。突厥恃功骄倨,每遣使
者至长安,多暴横,帝优容之。

28　壬申,命裴寂、刘文静等修定律令。置国子、太学、
四门生,合三百馀员,郡县学亦各置生员。

29　六月甲戌朔,以赵公世民为尚书令,黄台公瑗为刑
部侍郎,相国府长史裴寂为右仆射、知政事,司马刘文静为纳
言,司录窦威为内史令,李纲为礼部尚书、参掌选事,掾殷开
山为吏部侍郎,属赵慈景为兵部侍郎,韦义节为礼部侍郎,
主簿陈叔达、博陵崔民幹并为黄门侍郎,唐俭为内史侍郎,

23 五月,山南抚慰使马元规在冠军进攻朱粲,打败了他。

24 王德仁杀了房彦藻后,李密派遣徐世勣征伐他。王德仁战败,甲寅(初十),王德仁和武安通守袁子幹都向唐王投降,诏以王德仁为邺郡太守。

25 戊午(十四日),隋恭帝禅位给唐,让出皇宫住在代邸。甲子(二十日),唐王在太极殿即皇帝位,派刑部尚书萧造在南郊报告上天,大赦天下,改换年号为武德。停止用郡,设置州,改太守为刺史。推算五行的运行属土德,颜色以黄色为尊。

26 隋炀帝的死讯传到东都,戊辰(二十四日),留守东都的隋朝官员拥戴隋越王杨侗即皇帝位,大赦,改年号为皇泰。当即在朝堂宣旨,由于当时正值战争期间,公私都以当天为守丧两年除灵的大祥日。追谥死去的皇帝为明皇帝,庙号世祖;追尊元德太子为成皇帝,庙号世宗。尊母亲刘良娣为皇太后。以段达为纳言、陈国公,王世充为纳言、郑国公,元文都为内史令、鲁国公,皇甫无逸为兵部尚书、杞国公。又以卢楚为内史令,郭文懿为内史侍郎,赵长文为黄门侍郎,共同掌握朝政。当时人称"七贵"。皇泰主杨侗眉清目秀,温和仁爱,仪容风度矜持庄重。

27 辛未(二十七日),突厥始毕可汗派遣骨咄禄特勒前来唐朝,朝廷在太极殿宴请他,奏宴乐、清商、西凉等九部乐。当时中原避乱的人大多逃入突厥,突厥强盛,东自契丹、室韦,西边包括吐谷浑、高昌,各国都臣服于突厥,突厥有一百多万士兵。唐高祖因为起事初期曾借助于突厥兵马,所以前前后后赠送给突厥的东西,无法计算。突厥凭借过去的功劳,傲慢无礼,每次派遣使者来长安,大多都胡作非为,蛮不讲理,但皇上都优待、宽容他们。

28 壬申(二十八日),唐高祖命令裴寂、刘文静等人编纂审定律令。设置国子学、太学、四门学生,共三百多人,各郡县学校也都设置学员名额。

29 六月甲戌朔(初一),任命赵公李世民为尚书令,黄台公李瑗为刑部侍郎,相国府长史裴寂为右仆射、知政事,司马刘文静为纳言,司录窦威为内史令,李纲为礼部尚书、参掌选事,掾殷开山为吏部侍郎,属赵慈景为兵部侍郎,韦义节为礼部侍郎,主簿陈叔达、博陵人崔民幹同为黄门侍郎,唐俭为内史侍郎,

录事参军裴晞为尚书左丞。以隋民部尚书萧瑀为内史令,礼部尚书窦琎为户部尚书,蒋公屈突通为兵部尚书,长安令独孤怀恩为工部尚书。瑗,上之从子;怀恩,舅子也。

上待裴寂特厚,群臣无与为比,赏赐服玩,不可胜纪,命尚书奉御日以御膳赐寂,视朝必引与同坐,入阁则延之卧内,言无不从,称为裴监而不名。委萧瑀以庶政,事无大小,无不关掌。瑀亦孜孜尽力,绳违举过,人皆惮之,毁之者众,终不自理。上尝有敕而内史不时宣行,上责其迟,瑀对曰:"大业之世,内史宣敕,或前后相违,有司不知所从,其易在前,其难在后。臣在省日久,备见其事。今王业经始,事系安危,远方有疑,恐失机会,故臣每受一敕必勘审,使与前敕不违,始敢宣行。稽缓之愆,实由于此。"上曰:"卿用心如是,吾复何忧?"

30 初,帝遣马元规慰抚山南,南阳郡丞河东吕子臧独据郡不从,元规遣使数辈谕之,皆为子臧所杀。及炀帝遇弑,子臧发丧成礼,然后请降,拜邓州刺使,封南郡公。

31 废大业律令,颁新格。

32 上每视事,自称名,引贵臣同榻而坐。刘文静谏曰:"昔王导有言:'若太阳俯同万物,使群生何以仰照?'今贵贱失位,非常久之道。"上曰:"昔汉光武与严子陵共寝,子陵加足于帝腹。今诸公皆名德旧齿,平生亲友,宿昔之欢,何可忘也。公勿以为嫌!"

录事参军裴晞为尚书左丞。任命隋民部尚书萧瑀为内史令,礼部尚书窦琎为户部尚书,蒋公屈突通为兵部尚书,长安令独孤怀恩为工部尚书。李瑗是唐高祖的侄子;独孤怀恩是唐高祖的内侄。

唐高祖对待裴寂特别优厚,群臣没有能与之相比的,赏赐给裴寂的服用和玩赏的物品无法计算,命尚书奉御每天将御膳赐给裴寂,上朝时,一定让裴寂与自己坐在一起,回到卧房,一定邀请裴寂到内室;裴寂说什么就是什么,不称裴寂的名字而称其旧官名裴监。唐高祖把各种行政事务托付给萧瑀,事情无论大小,没有不由萧瑀掌握的。萧瑀尽心尽力纠正过失,举发过错,人们都惧怕他,诋毁他的人很多,但他始终不为自己辩解。高祖曾经下达命令而内史没有及时宣布,高祖责备内史迟缓,萧瑀回答:"隋炀帝大业年间,内史宣布命令,有时前后命令相反,负责部门不知怎么办才好,只好把容易执行的命令放在前面,难的放在后面。臣下我在隋朝内史省待的时间很久,这样的事都见到了。如今陛下的大业刚刚开创,事情关系着社稷安危,远方的人有怀疑,恐怕就失去了机会,所以,臣下我每接受一个敕令,必须调查核审,使之与前面发布的敕令不相矛盾,然后才敢宣行。您所责备的命令迟迟没有宣布的过失,实际上是由于上述的缘故。"高祖说:"你这样用心办事,我还有什么可忧虑的?"

30　当初,唐高祖派马元规宣慰安抚山南,唯有南阳郡丞河东人吕子臧据郡不归顺,马元规派好几个人前往劝谕,都被吕子臧杀了。待隋炀帝遇弑,吕子臧发丧完成礼数,然后请求投降,唐任命他为邓州刺史、封南郡公。

31　唐废除隋朝大业律令,颁布新的法律条文。

32　唐高祖每次上朝,都自称名字,请贵臣们与他同坐一条榻上。刘文静劝谏说:"过去王导说过这样的话:'假如太阳俯身与万物等同,那么一切生物又怎么仰赖它的照耀呢?'现在您的做法使贵贱失去了秩序,这不是国家长久之道。"高祖回答:"过去汉光武帝与严子陵一起睡觉,严子陵把脚伸到汉光武帝的肚子上。今天诸位大臣都是德高望重的旧同僚,平生的亲友,过去的欢洽,怎能忘怀。此事您不必疑虑!"

33 戊寅，隋安阳令吕珉以相州来降，以为相州刺史。

34 己卯，祔四亲庙主。追尊皇高祖瀛州府君曰宣简公；皇曾祖司空曰懿王；皇祖景王曰景皇帝，庙号太祖，祖妣曰景烈皇后；皇考元王曰元皇帝，庙号世祖，妣独孤氏曰元贞皇后，追谥妃窦氏曰穆皇后。每岁祀昊天上帝、皇地祇、神州地祇，以景帝配，感生帝、明堂，以元帝配。庚辰，立世子建成为皇太子，赵公世民为秦王，齐公元吉为齐王，宗室黄瓜公白驹为平原王，蜀公孝基为永安王，柱国道玄为淮阳王，长平公叔良为长平王，郑公神通为永康王，安吉公神符为襄邑王，柱国德良为新兴王，上柱国博义为陇西王，上柱国奉慈为勃海王。孝基、叔良、神符、德良，帝之从父弟；博义、奉慈，弟子；道玄，从父兄子也。

35 癸未，薛举寇泾州，以秦王世民为元帅，将八总管兵以拒之。

36 遣太仆卿宇文明达招慰山东，以永安王孝基为陕州总管。时天下未定，凡边要之州，皆置总管府，以统数州之兵。

37 乙酉，奉隋帝为酅国公。诏曰：“近世以来，时运迁革，前代亲族，莫不诛夷。兴亡之效，岂伊人力？其隋蔡王智积等子孙，并付所司，量才选用。”

38 东都闻宇文化及西来，上下震惧。有盖琮者，上疏请说李密与之合势拒化及。元文都谓卢楚等曰：“今雠耻未雪而兵力不足，若赦密罪使击化及，两贼自斗，吾徐承其弊。化及既破，密兵亦疲，又其将士利吾官赏，易可离间，并密亦可擒也。”楚等皆以为然，即以琮为通直散骑常侍，赍敕书赐密。

39 丙申，隋信都郡丞东莱麴稜来降，拜冀州刺史。

33　戊寅(初五)，隋安阳令吕珉以相州降唐，唐封他为相州刺史。

34　己卯(初六)，唐祭祀四亲庙主。追尊皇高祖瀛州府君为宣简公；皇曾祖司空为懿王；皇祖义景王为景皇帝，庙号为太祖，祖母为景烈皇后；皇父元王为元皇帝，庙号为世祖，母亲独孤氏为元贞皇后；追谥皇妃窦氏为穆皇后。每年祭祀昊天上帝、皇地祇、神州地祇，以景帝配享，祭感生帝、明堂，以元帝配享。庚辰(初七)，立世子李建成为皇太子，赵公李世民为秦王，齐公李元吉为齐王，宗室黄瓜公李白驹为平原王，蜀公李孝基为永安王，柱国李道玄为淮阳王，长平公李叔良为长平王，郑公李神通为永康王，安吉公李神符为襄邑王，柱国李德良为新兴王，上柱国李博义为陇西王，上柱国李奉慈为勃海王。孝基、叔良、神符、德良，都是高祖的堂弟；博义、奉慈是高祖的侄子；道玄是高祖的堂侄。

35　癸未(初十)，薛举侵犯泾州，高祖任命秦王李世民为元帅，统率八路总管的军队去抵御。

36　唐派遣太仆卿宇文明达招抚慰问山东地区，任命永安王李孝基为陕州总管。当时天下还不安定，凡是边远重要的州郡，都设置总管府，以统率几个州的军队。

37　乙酉(十二日)，唐尊奉隋恭帝为酅国公。高祖下诏说：“近世以来，时运变革更新，以前朝代的皇帝宗族，没有不被杀戮诛灭的。但朝代所以兴亡，岂只靠人力所为？隋朝的蔡王杨智积等王室子孙，都要由有关官署选择，量才使用。”

38　东都听说宇文化及向西而来，上下震惊，一片恐慌。有位叫盖琮的人上疏请求联合李密一起抵抗宇文化及。元文都对卢楚等人说：“现在宇文化及弑主之仇未报，而兵力又不足以报仇，假如赦免李密的罪过，让他攻宇文化及，两贼互相争斗，我们可以慢慢等他们衰败下来。宇文化及败了，李密的部队也疲劳不堪，他的将士贪图我们的官爵赏赐，容易离间，连李密也可以活捉。”卢楚等人都认为确实如此，便任命盖琮为通直散骑常侍，携带敕书赐予李密。

39　丙申(二十三日)，隋信都郡郡丞东莱人麹稜前来投降唐朝，唐拜他为冀州刺史。

40 万年县法曹武城孙伏伽上表,以为:"隋以恶闻其过亡天下。陛下龙飞晋阳,远近响应,未期年而登帝位,徒知得之之易,不知隋失之之不难也。臣谓宜易其覆辙,务尽下情,凡人君言动,不可不慎。窃见陛下今日即位而明日有献鹞雏者,此乃少年之事,岂圣主所须哉!又,百戏散乐,亡国淫声。近太常于民间借妇女裙襦五百馀袭以充妓衣,拟五月五日玄武门游戏,此亦非所以为子孙法也。凡如此类,悉宜废罢。善恶之习,朝夕渐染,易以移人。皇太子、诸王参僚左右,宜谨择其人。其有门风不能雍睦,为人素无行义,专好奢靡,以声色游猎为事者,皆不可使之亲近也。自古及今,骨肉乖离,以至败国亡家,未有不因左右离间而然也。愿陛下慎之。"上省表大悦,下诏褒称,擢为治书侍御史,赐帛三百匹,仍颁示远近。

41 辛丑,内史令延安靖公窦威薨。以将作大匠窦抗兼纳言,黄门侍郎陈叔达判纳言。

42 宇文化及留辎重于滑台,以王轨为刑部尚书,使守之,引兵北趣黎阳。李密将徐世勣据黎阳,畏其军锋,以兵西保仓城。化及渡河,保黎阳,分兵围世勣。密帅步骑二万,壁于清淇,与世勣以烽火相应,深沟高垒,不与化及战。化及每攻仓城,密辄引兵以捣其后。密与化及隔水而语,密数之曰:"卿本匈奴皂隶破野头耳,父兄子弟,并受隋恩,富贵累世,举朝莫二。主上失德,不能死谏,反行弑逆,欲规篡夺。不追诸葛瞻之忠诚,乃为霍禹之恶逆,天地所不容,将欲何之?若速来归我,尚可得全后嗣。"化及默然,俯视良久,瞋目大言曰:"与尔论相杀事,何须作书语邪?"密谓从者曰:"化及庸愚如此,忽欲图为帝王,吾当折杖驱之耳!"化及盛修攻具以逼仓城,世勣于城外掘深沟以固守,化及阻堑,不得至城下。

40　万年县法曹武城人孙伏伽上表,以为:"隋朝因为不愿听批评而丧失了天下。陛下兴起于晋阳,远近响应,不到一年就登上帝位,只知道得天下容易,而不知隋朝失天下也不难。臣下我以为应当改变隋朝的作法,尽量了解民情。凡人君的言行不能不慎重。我见到今天陛下即位,明天就有人献鹞雏,这是少年人的事,哪里是圣主所需要的? 又,乐舞杂技是亡国的淫声,最近太常寺在民间借了五百多套妇女的裙子短衣充作妓衣,拟于五月五日在玄武门游戏,这可不是子孙后代可以效法的事。诸如此类,应当全部废止。好的与不好的习惯,每天接触一点,很容易改变人的性情。皇太子、诸王身边的官吏,应当谨慎挑选合适的人选。那种不能和睦相处,为人历来没有德行,专好奢侈糜烂,好乐舞娱乐游猎的人,都不能让他们接近皇太子、诸王。从古到今,骨肉亲人不和、分离,以致败国亡家,没有不是因为身边亲近的人离间造成的。希望陛下慎重对待。"高祖看了表章非常高兴,下诏奖励,提升孙伏伽为治书侍御史,赐帛三百匹,并将奖励的决定公布到各处。

41　辛丑(二十八日),唐内史令延安靖公窦威去世。任命将作大匠窦抗兼纳言,黄门侍郎陈叔达判纳言。

42　宇文化及将辎重留在滑台,任命王轨为刑部尚书,派他守卫辎重,自己率军向北到黎阳。李密的将领徐世勣占领黎阳,畏惧宇文化及的军队勇猛,率军向西保守黎阳仓城。宇文化及渡过黄河,占据黎阳,分部分兵力包围徐世勣。李密率领两万步骑兵,驻扎在清淇,与徐世勣用烽火相呼应,挖深沟筑高城墙,不和宇文化及交战。每当宇文化及攻仓城,李密就带兵牵制他的后方。李密隔着淇水斥责宇文化及道:"你本来不过是匈奴的奴隶破野头,父兄子弟都受隋的恩典,几代富贵,满朝文武没有第二家。主上没有德行,你不能以死规劝,反而谋逆弑君,还想窥测篡夺天下。你不效法诸葛亮之子诸葛瞻蜀亡而死的忠诚,却效法霍光之子霍禹谋逆,为天地所不容,还准备干什么? 如果赶快归顺我,还可以保全你的后嗣。"宇文化及默不作声,低头半天,瞪眼大声说:"和你作战较量,用不着说那么多废话!"李密对身边的人说:"化及这么糊涂,忽然想成为帝王,我要拿棍子把他赶跑!"宇文化及大规模修治攻城用具,进逼仓城,徐世勣在城外挖深沟坚守,化及受壕沟阻拦,无法到城下。

世勣于堑中为地道,出兵击之,化及大败,焚其攻具。

时密与东都相持日久,又东拒化及,常畏东都议其后,见盖琮至,大喜,遂上表乞降,请讨灭化及以赎罪,送所获雄武郎将于洪建,遣元帅府记室参军李俭、上开府徐师誉等入见。皇泰主命戮洪建于左掖门外,如斛斯政之法。元文都等以密降为诚实,盛饰宾馆于宣仁门东。皇泰主引见俭等,以俭为司农卿,师誉为尚书右丞,使具导从,列铙吹,还馆,玉帛酒馔,中使相望。册拜密太尉、尚书令、东南道大行台行军元帅、魏国公,令先平化及,然后入朝辅政。以徐世勣为右武候大将军。仍下诏称密忠款,且曰:"其用兵机略,一禀魏公节度。"

元文都喜于和解,谓天下可定,于上东门置酒作乐,自段达已下皆起舞。王世充作色谓起居侍郎崔长文曰:"朝廷官爵,乃以与贼,其志欲何为邪?"文都等亦疑世充欲以城应化及,由是有隙,然犹外相弥缝,阳为亲善。

秋,七月,皇泰主遣大理卿张权、鸿胪卿崔善福赐李密书曰:"今日以前,咸共刷荡,使至以后,彼此通怀。七政之重,伫公匡弼,九伐之利,委公指挥。"权等既至,密北面拜受诏书。既无西虑,悉以精兵东击化及。密知化及军粮且尽,因伪与和。化及大喜,恣其兵食,冀密馈之。会密下有人获罪,亡抵化及,具言其情,化及大怒,其食又尽,乃渡永济渠,与密战于童山之下,自辰达酉。密为流矢所中,堕马闷绝,左右奔散,追兵且至,唯秦叔宝独捍卫之,密由是获免。叔宝复收兵与之力战,

徐世勣在沟里挖地道,出兵攻打宇文化及,大败宇文化及,焚烧了他的攻城用具。

当时李密与东都相持了很长时间,东边又要抵御宇文化及,经常怕东都从他的后方袭击,见到前来劝降的盖琮,非常高兴,于是上表要求投降皇泰主,并请求由他讨伐消灭宇文化及来赎罪,送上他俘获的宇文化及同党雄武郎将于洪建,派元帅府记室参军李俭、上开府徐师誉等人前往东都朝见。皇泰主杨侗下令照杀斛斯政的办法在左掖门外杀于洪建。元文都等人认为李密是真心诚意地投降,在宣仁门东极力装饰宾馆。皇泰主引见了李俭等人,任命李俭为司农卿,徐师誉为尚书右丞,派导从、排列鼓吹将他们送还宾馆,赐给他们美玉绸缎与美酒佳食的官者不绝于途。册拜李密为太尉、尚书令、东南道大行台行军元帅、魏国公,命他先平定宇文化及,然后入朝辅助政事。以徐世勣为右武候大将军。并下诏宣称李密的忠诚,并说:"军队行动方略,均由魏公李密掌管调度。"

元文都对于和李密的和解深感欣慰,认为天下可以平定了,在上东门摆酒作乐,从段达以下都起身舞蹈。王世充气愤地对起居侍郎崔长文说:"朝廷的官爵竟然给了强盗,这是想干什么?"元文都等人也怀疑王世充想以东都城响应宇文化及,彼此因此有了裂痕,不过外表相互和解,假作友好。

秋季,七月,皇泰主杨侗派遣大理卿张权、鸿胪卿崔善福赐给李密书信说:"今日以前的事情,全部不论,至于今后,彼此要真诚相待。天下大事,还有待阁下匡救辅助,征伐大权,还委托阁下指挥。"张权等到清淇后,李密朝北拜受诏书。既然没有了来自西边东都方向的后顾之忧,李密将全部精锐兵力向东攻击宇文化及。李密了解到宇文化及的军粮快吃光了,就假意与宇文化及求和。宇文化及高兴万分,不再限制士卒吃粮,希望李密能送他些粮食。恰巧李密手下有人犯法,逃到宇文化及处,把李密的情景全部说了出来,宇文化及十分气愤,他的军粮又吃完了,于是渡过永济渠,与李密在童山脚下交战,从早晨七八点打到傍晚六七点。李密被流箭射中,落马昏死过去,亲随跑散了,追兵就要赶到,只有秦叔宝一个人保护着他,李密因此得以逃脱。秦叔宝重新收拾兵力与宇文化及作战,

化及乃退。化及入汲郡求军粮，又遣使拷掠东郡吏民以责米粟。王轨等不堪其弊，遣通事舍人许敬宗诣密请降。以轨为滑州总管，以敬宗为元帅府记室，与魏徵共掌文翰。敬宗，善心之子也。房公苏威在东郡，随众降密，密以其隋氏大臣，虚心礼之。威见密，初不言帝室艰危，唯再三舞蹈，称"不图今日复睹圣明"，时人鄙之。化及闻王轨叛，大惧，自汲郡引兵欲取以北诸郡，其将陈智略帅岭南骁果万馀人，樊文超帅江淮排𤏡，张童儿帅江东骁果数千人，皆降于密。文超，子盖之子也。化及犹有众二万，北趣魏县。密知其无能为，西还巩洛，留徐世勣以备之。

43 乙巳，宣州刺史周超击朱粲，败之。

44 丁未，梁师都寇灵州，骠骑将军蔺兴粲击破之。

45 突厥阙可汗遣使内附。初，阙可汗附于李轨，隋西戎使者曹琼据甘州诱之，乃更附琼，与之拒轨，为轨所败，窜于达斗拔谷，与吐谷浑相表里，至是内附。寻为李轨所灭。

46 薛举进逼高墌，游兵至于豳、岐，秦王世民深沟高垒不与战。会世民得疟疾，委军事于长史纳言刘文静、司马殷开山，且戒之曰："薛举悬军深入，食少兵疲，若来挑战，慎勿应也。俟吾疾愈，为君等破之。"开山退，谓文静曰："王虑公不能办，故有此言耳。且贼闻王有疾，必轻我，宜曜武以威之。"乃陈于高墌西南，恃众而不设备。举潜师掩其后，壬子，战于浅水原，八总管皆败，士卒死者什五六，大将军慕容罗睺、李安远、刘弘基皆没。世民引兵还长安，举遂拔高墌，收唐兵死者为京观，文静等皆坐除名。

宇文化及于是退军。宇文化及进入汲郡求军粮,又派人鞭打东郡的官吏百姓索取粮食。王轨等人受不了他的作法,派通事舍人许敬宗到李密处请求投降。李密以王轨为滑州总管,以许敬宗为元帅府记室,和魏徵一同掌管文件。许敬宗是许善心的儿子。房公苏威在东郡,随众人投降了李密,因为他是隋的大臣,李密对待他虚心而有礼貌。苏威见李密,一开始也不谈隋朝的艰难危厄,只是反复舞蹈,称颂"想不到今天又见到圣明天子",当时的人都很鄙视他。宇文化及听说王轨叛变,十分惊慌,从汲郡带军队准备攻取汲郡以北各郡县,他的将领陈智略率领一万多岭南骁果,樊文超率江淮排𣡙,张童儿率领数千江东骁果,均投降了李密。樊文超是樊子盖的儿子。宇文化及尚有兵众两万人,向北进兵魏县。李密知道宇文化及不会有什么作为,就向西回到巩洛,留下徐世勣防备宇文化及。

43　乙巳(初二),唐宣州刺史周超攻打朱粲并打败了他。

44　丁未(初四),梁师都侵犯灵州,唐骠骑将军蔺兴粲打败了他。

45　突厥阙可汗派遣使节归附中原王朝。当初阙可汗归附李轨,隋朝西戎使者曹琼占据甘州引诱阙可汗,阙可汗改为归附曹琼,与曹琼抵御李轨;被李轨打败,逃窜到达斗拔谷,和吐谷浑相表里,到此时内附。不久被李轨消灭。

46　薛举进逼高墌,散兵到达豳、岐一带,秦王李世民加深壕沟,加高壁垒,不和薛举部交锋。恰逢李世民得疟疾,把军事委托给长史纳言刘文静、司马殷开山,告诫二人说:"薛举孤军深入,粮食不多,士卒疲惫,假如来挑战,小心不要应战。等我的病痊愈后,为你们打败他。"退下后,殷开山对刘文静说道:"王爷担心您不能退敌,才说这番话。贼兵听到王爷有病,必然轻视我们,应该显示一下武力威慑敌人。"于是在高墌西南列阵,仗着人多不加防备。薛举秘密进袭唐军背后,壬子(初九),在浅水原交战,唐八位总管都败下阵,士卒死亡十分之五六,大将军慕容罗睺、李安远、刘弘基均阵亡。李世民带兵返回长安,薛举于是攻克高墌,收拾唐兵尸首筑成高台,刘文静等人均因此被罢官。

47　乙卯，榆林贼帅郭子和遣使来降，以为灵州总管。

48　李密每战胜，必遣使告捷于皇泰主，隋人皆喜，王世充独谓其麾下曰："元文都辈，刀笔吏耳，吾观其势，必为李密所擒。且吾军士屡与密战，没其父兄子弟，前后已多，一旦为之下，吾属无类矣！"欲以激怒其众。文都闻之，大惧，与卢楚等谋因世充入朝，伏甲诛之。段达性庸懦，恐其事不就，遣其婿张志以楚等谋告世充。戊午夜三鼓，世充勒兵袭含嘉门。元文都闻变，入奉皇泰主御乾阳殿，陈兵自卫，命诸将闭门拒守。将军跋野纲将兵出，遇世充，下马降之。将军费曜、田阇战于门外，不利。文都自将宿卫兵欲出玄武门以袭其后，长秋监段瑜称求门钥不获，稽留遂久。天且曙，文都复欲引兵出太阳门逆战，还至乾阳殿，世充已攻太阳门得入。皇甫无逸弃母及妻子，斫右掖门，西奔长安。卢楚匿于太官署，世充之党擒之，至兴教门，见世充，世充令乱斩杀之；进攻紫微宫门。皇泰主使人登紫微观，问："称兵欲何为？"世充下马谢曰："元文都、卢楚等横见规图；请杀文都，甘从刑典。"段达乃令将军黄桃树执送文都。文都顾谓皇泰主曰："臣今朝死，陛下夕及矣！"皇泰主恸哭遣之，出兴教门，乱斩如卢楚，并杀卢、元诸子。段达又以皇泰主命开门纳世充，世充悉遣人代宿卫者，然后入见皇泰主于乾阳殿。皇泰主谓世充曰："擅相诛杀，曾不闻奏，岂为臣之道乎？公欲肆其强力，敢及我邪？"世充拜伏流涕谢曰："臣蒙先皇采拔，粉骨非报。文都等苞藏祸心，欲召李密以危社稷，疾臣违异，深积猜嫌。臣迫于救死，不暇闻奏。

47　乙卯(十二日),榆林盗贼首领郭子和派使节前来投降,唐任命郭子和为灵州总管。

48　李密每次打了胜仗,必定派人向皇泰主报捷,隋人都很高兴,唯有王世充对他的部下说:"元文都这些人,不过是办理文书的小吏,我看这形势,必定被李密捉去。而我的部队多次与李密作战,前前后后打死李密军士的父兄子弟很多,一旦成了李密的部下,我们这些人没一个能逃得掉!"想用这些话激怒他的部下。元文都听说了,十分恐慌,和卢楚等人谋划,趁王世充入朝时,埋伏士兵杀掉王世充。段达性格胆小怕事,恐怕事情不成功,派女婿张志将卢楚等人的计划告诉了王世充。戊午(十五日)半夜三更时分,王世充率兵袭击含嘉门。元文都听说发生变故,进入内宫侍奉皇泰主至乾阳殿,部署士卒自卫,命令诸将关闭城门抵御。将军跋野纲领兵出战,遇到王世充,下马投降。将军费曜、田阇在城外与王世充交战,不能取胜。元文都自己领宿卫兵准备出玄武门,从背后袭击王世充,长秋监段瑜声称找不到城门的钥匙,拖延了很长时间。天快亮了,元文都又打算领兵出太阳门迎战王世充,回到乾阳殿,王世充已攻破太阳门进城。皇甫无逸抛下母亲和妻子儿女,砍开右披门,向西逃往长安。卢楚藏在太官署,被王世充部下抓获,到兴都门,见王世充,王世充下令乱刀砍死卢楚;进攻紫微宫门。皇泰主派人登上紫微观,问王世充:"举兵想做什么?"王世充下马谢罪说:"元文都、卢楚对臣横加陷害,请杀了元文都,我甘愿受刑罚。"于是段达命将军黄桃树绑了元文都送给王世充。元文都冲着皇泰主说:"臣今天早上死,晚上就轮到陛下了!"皇泰主恸哭送他,出兴教门,像卢楚一样被乱刀砍死,还杀了卢楚、元文都所有的儿子。段达又以皇泰主的命令开门迎王世充入城,王世充用自己的人全部替换了宿卫禁兵,然后入宫在乾阳殿见皇泰主。皇泰主对王世充说:"擅自举兵杀人,不曾闻奏,难道是作臣子的作法吗?阁下想逞武力,胆敢杀我吗?"王世充伏身下拜流泪谢罪道:"臣蒙受先皇的提拔,粉身碎骨也难报答。元文都等人包藏祸心,想召李密危及社稷,又怕臣不同意,怀疑猜忌臣;臣被迫求生,来不及闻奏。

若内怀不臧,违负陛下,天地日月,实所照临,使臣阖门殄灭,无复遗类。"词泪俱发。皇泰主以为诚,引令升殿,与语久之,因与俱入见皇太后。世充被发为誓,称不敢有贰心。乃以世充为左仆射、总督内外诸军事。比及日中,捕获赵长文、郭文懿,杀之。然后巡城,告谕以诛元、卢之意。世充自含嘉城移居尚书省,渐结党援,恣行威福。用兄世恽为内史令,入居禁中,子弟咸典兵马,分政事为十头,悉以其党主之,势震内外,莫不趋附,皇泰主拱手而已。

49 李密将入朝,至温,闻元文都等死,乃还金墉。东都大饥,私钱滥恶,太半杂以锡镴,其细如线,米斛直钱八九万。

50 初,李密尝受业于儒生徐文远。文远为皇泰主国子祭酒,自出樵采,为密军所执;密令文远南面坐,备弟子礼,北面拜之。文远曰:"老夫既荷厚礼,敢不尽言!未审将军之志欲为伊、霍以继绝扶倾乎?则老夫虽迟暮,犹愿尽力;若为莽、卓,乘危邀利,则无所用老夫矣!"密顿首曰:"昨奉朝命,备位上公,冀竭庸虚,匡济国难,此密之本志也。"文远曰:"将军名臣之子,失涂至此,若能不远而复,犹不失为忠义之臣!"及王世充杀元文都等,密复问计于文远。文远曰:"世充亦门人也,其为人残忍褊隘,既乘此势,必有异图,将军前计为不谐矣。非破世充,不可入朝也。"密曰:"始谓先生儒者,不达时事,今乃坐决大计,何其明也!"文远,孝嗣之玄孙也。

51 庚申,诏隋氏离宫游幸之所并废之。

52 戊辰,遣黄台公瑗安抚山南。

53 己巳,以隋右武卫将军皇甫无逸为刑部尚书。

如果怀有什么恶意，违背陛下，天地日月在上明鉴，让臣灭满门一个不留。"声泪俱下。皇泰主以为王世充是真心，令他上殿，和他谈了很久，又与王世充一同入后宫见皇太后。王世充披散头发发誓，声言不敢有二心。于是以王世充为左仆射、总督内外诸军事。到了中午，捉住赵长文、郭文懿，杀了二人。然后巡视全城，公布诛杀元、卢的原因。王世充从含嘉城搬到尚书省，逐渐联结同党，恣意横行作威作福。用哥哥王世恽为内史令，住在宫内，子弟都掌握兵权，把政事分为十头，全部交给同党主持，权倾朝野，人人争相趋附，皇泰主只能拱手称是。

49　李密准备入朝，行到温县，得知元文都等已死，又回到金塘城。东都极度缺粮，私铸钱泛滥，质量低劣，多半在铜钱中掺了锡钱，像线一样薄细，一斛米价值八九万钱。

50　当初，李密曾经跟随儒生徐文远学习。徐文远当了皇泰主的国子祭酒，自己出城打柴，被李密的部下捉住；李密让徐文远朝南坐，自己尽弟子的礼节，朝北拜徐文远。徐文远说："老夫我既然受了厚礼，不敢不畅所欲言了！不知道将军的志向是不是打算像伊尹、霍光那样扶助朝廷于危难之中？那老夫虽然年迈，仍愿意尽力相助；假如是像王莽、董卓，乘国家危难谋利，那老夫是没什么用的！"李密叩头说道："不久前奉了朝廷命令，位列上公，希望竭尽有限的能力挽救国难，这才是李密本来的愿望。"徐文远说："将军您是名臣之子，失意才落到今天的局面，如果能趁走得不太远及早回头，仍然不失为忠义之臣！"等到王世充杀了元文都等人，李密又向徐文远请教对策。徐文远说："王世充也是我的弟子，为人残忍狭隘，造成这种形势，必然有别的企图，将军您原来的计划不合适了。不打败王世充，不能入朝。"李密说："原来以为先生是儒生，不通时势，现在不出门就定大计，又是多么贤明啊！"徐文远是徐孝嗣的玄孙。

51　庚申（十七日），唐下诏废除隋代的皇帝离宫与行幸之处。

52　戊辰（二十五日），唐派遣黄台公李瑗安抚山南。

53　己巳（二十六日），任命隋右武卫将军皇甫无逸为刑部尚书。

54　隋河间郡丞王琮守郡城以拒群盗,窦建德攻之,岁余不下。闻炀帝凶问,帅吏士发丧,乘城者皆哭。建德遣使吊之,琮因使者请降,建德退舍具馔以待之。琮言及隋亡,俯伏流涕,建德亦为之泣。诸将曰:"琮久拒我军,杀伤甚众,力尽乃降,请烹之。"建德曰:"琮,忠臣也,吾方赏之以劝事君,奈何杀之? 往在高鸡泊为盗,容可妄杀人;今欲安百姓,定天下,岂得害忠良乎?"乃徇军中曰:"先与王琮有怨敢妄动者,夷三族!"以琮为瀛州刺史。于是河北郡县闻之,争附于建德。

先是,建德陷景城,执户曹河东张玄素,将杀之,县民千余人号泣,请代其死,曰:"户曹清慎无比,大王杀之,何以劝善?"建德乃释之,以为治书侍御史,固辞。及江都败,复以为黄门侍郎,玄素乃起。饶阳令宋正本,博学有才气,说建德以定河北之策,建德引为谋主。建德定都乐寿,命所居曰金城宫,备置百官。

54　隋河间郡丞王琮守卫郡城抵抗各路盗贼，窦建德攻王琮，一年多没有攻下。王琮得知隋炀帝被弑的噩耗，领着官吏百姓发丧，守城的人都哭泣。窦建德派使节来吊唁，王琮就顺势向使者请求投降，窦建德退军准备了饭菜招待他。王琮说到隋亡国，俯身痛哭，窦建德也流了泪。诸位将领说："王琮抵抗我军这么长时间，被他杀伤的人很多，没有抵抗能力了才投降，请求烹了他。"窦建德说："王琮是忠臣，我正要奖赏他用来勉励忠于君主，怎么能杀了他？以前在高鸡泊做强盗，也许可以随便杀人；现在要安抚百姓，平定天下，怎么可以杀害忠良呢？"于是宣告全军道："原先与王琮有仇怨而敢胡乱行事的，杀三族！"任命王琮为瀛州刺史。于是河北的郡县闻讯后，争相归附窦建德。

早先，窦建德攻下景城，捉住户曹河东人张玄素，将要杀他，一千多县里的老百姓号啕大哭，请求代替张玄素去死，说："没有比张户曹更清廉谨慎的了，大王杀了他，又怎么劝人向善？"于是窦建德释放了张玄素，任命他为治书侍御史，张玄素坚决推辞。等到隋炀帝死于江都，窦建德又任命他为黄门侍郎，张玄素才上任。隋饶阳令宋正本，知识渊博很有才华，以平定河北的策略说服窦建德，窦建德把他作为谋主。窦建德定都城于乐寿，下令住所称作金城宫，设置百官。

卷第一百八十六　唐纪二

起戊寅(618)八月尽十二月不满一年

高祖神尧大圣光孝皇帝上之中

武德元年(戊寅,618)

1　八月,薛举遣其子仁果进围宁州,刺史胡演击却之。郝瑗言于举曰:"今唐兵新破,关中骚动,宜乘胜直取长安。"举然之,会有疾而止。辛巳,举卒。太子仁果立,居于折墌城,谥举曰武帝。

2　上欲与李轨共图秦、陇,遣使潜诣凉州,招抚之,与之书,谓之从弟。轨大喜,遣其弟懋入贡。上以懋为大将军,命鸿胪少卿张俟德册拜轨为凉州总管,封凉王。

3　初,朝廷以安阳令吕珉为相州刺史,更以相州刺史王德仁为岩州刺史。德仁由是怨愤,甲申,诱山东大使宇文明达入林虑山而杀之,叛归王世充。

4　己丑,以秦王世民为元帅,击薛仁果。

5　丁酉,临洮等四郡来降。

6　隋江都太守陈稜求得炀帝之枢,取宇文化及所留辇辂鼓吹,粗备天子仪卫,改葬于江都宫西吴公台下,其王公以下,皆列瘗于帝茔之侧。

7　宇文化及之发江都也,以杜伏威为历阳太守,伏威不受,仍上表于隋。皇泰主拜伏威为东道大总管,封楚王。

高祖神尧大圣光孝皇帝上之中
唐高祖武德元年(戊寅,公元618年)

1　八月,薛举派他的儿子薛仁果进军围攻宁州,唐宁州刺史胡演击退了薛仁果。郝瑗对薛举说:"现在唐兵刚刚战败。关中骚动不安,应当乘胜直接攻取长安。"薛举同意他的意见,由于生病没有实行。辛巳(初九),薛举死。太子薛仁果立,居住在折墌城,追谥薛举为武帝。

2　唐高祖打算和李轨共同谋取秦、陇的薛举父子,派使节秘密地到凉州,招抚李轨,致李轨的书信中称李轨为堂弟。李轨非常高兴,派遣弟弟李懋入贡于唐。高祖任命李懋为大将军,命鸿胪少卿张俟德册拜李轨为凉州总管,封为凉王。

3　当初,朝廷任命安阳令吕珉为相州刺史,改任相州刺史王德仁为岩州刺史。王德仁因为此事愤恨不平,甲申(十二日),引诱山东大使宇文明达进林虑山并杀了他,叛节归附了王世充。

4　己丑(十七日),任命秦王李世民为元帅,攻打薛仁果。

5　丁酉(二十五日),临洮等四郡前来降唐。

6　隋江都太守陈稜寻找到隋炀帝的灵柩,用宇文化及留下的车驾鼓吹,大体置备了天子所用的仪仗,将炀帝改葬在江都宫西面的吴公台下。当时遇难的王公以下大臣,都依次埋葬在炀帝坟茔的两侧。

7　宇文化及从江都出发时,以杜伏威为历阳太守,杜伏威没有接受他的任命,仍然向隋上表称臣。皇泰主拜杜伏威为东道大总管,封楚王。

沈法兴亦上表于皇泰主，自称大司马、录尚书事、天门公，承制置百官，以陈杲仁为司徒，孙士汉为司空，蒋元超为左仆射，殷芊为左丞，徐令言为右丞，刘子翼为选部侍郎，李百药为府掾。百药，德林之子也。

8　九月，隋襄国通守陈君宾来降，拜邢州刺史。陈君宾，伯山之子也。

9　虞州刺史韦义节攻隋河东通守尧君素，久不下，军数不利。壬子，以工部尚书独孤怀恩代之。

10　初，李密既杀翟让，颇自骄矜，不恤士众；仓粟虽多，无府库钱帛，战士有功，无以为赏；又厚抚初附之人，众心颇怨。徐世勣尝因宴会刺讥其短，密不怿，使世勣出镇黎阳，虽名委任，实亦疏之。

密开洛口仓散米，无防守典当者，又无文券，取之者随意多少。或离仓之后，力不能致，委弃衢路，自仓城至郭门，米厚数寸，为车马所辗践。群盗来就食者并家属近百万口，无瓮盎，织荆筐淘米，洛水两岸十里之间，望之皆如白沙。密喜，谓贾闰甫曰："此可谓足食矣！"闰甫对曰："国以民为本，民以食为天。今民所以襁负如流而至者，以所天在此故也。而有司曾无爱吝，屑越如此，窃恐一旦米尽民散，明公孰与成大业哉？"密谢之，即以闰甫判司仓参军事。

密以东都兵数败微弱，而将相自相屠灭，谓旦夕可平。王世充既专大权，厚赏将士，缮治器械，亦阴图取密。时隋军乏食，而密军少衣，世充请交易，密难之，长史邴元真等各求私利，劝密许之。先是，东都人归密者，日以百数；既得食，降者益少，密悔而止。

沈法兴也向皇泰主上表，自称大司马、录尚书事、天门公，承圣旨设置百官，以陈果仁为司徒，孙士汉为司空，蒋元超为左仆射，殷芊为左丞，徐令言为右丞，刘子翼为选部侍郎，李百药为府掾。李百药是李德林的儿子。

8　九月，隋襄国通守陈君宾前来投降，官拜邢州刺史。陈君宾是陈伯山的儿子。

9　唐虞州刺史韦义节攻打隋河东通守尧君素，很久未能攻下，军队好几次陷于不利形势。壬子（初十），以工部尚书独孤怀恩替代韦义节。

10　当初，李密杀了翟让后，很有点骄矜，不体恤广大士卒；虽然仓库里的粮食很多，但是没有钱币布帛，战士立了功，没有东西可以用来行赏；对新来归附的人又极其优待，广大士卒心里很不满。徐世勣曾趁宴会讽刺他的短处，李密不高兴，让徐世勣去镇守黎阳，名义上是委以重任，实际上是疏远他。

李密打开洛口仓分发粮食，没有防守和主管的人，又没有凭证，取米的人随便取。有的人离开粮仓后，拿不动，丢散在街道上，从仓城到外城门，路上的米有几寸厚，被车马践踏。前来要粮吃的盗贼及其家属有近百万人，没有容器，就用荆条编筐盛米，洛水两岸十几里范围内，看上去像一层白沙。李密很高兴，对贾闰甫说："这可以称的上是足食了！"贾闰甫回答："国家的根本是老百姓，老百姓生存靠的是粮食。现在老百姓所以背着扛着像潮水一样涌来，是因为他们赖以生存的东西在这里的缘故。而有关官署却毫不爱惜，这样糟蹋，我恐怕一旦没有米了百姓也就走散了，明公您又靠什么来完成大业呢？"李密感激他的这番话，就任命贾闰甫为判司仓参军事。

李密因为东都的军队几次打败仗，力量微弱而且将相之间自相残杀，认为短期内就可以平东都。王世充专擅大权之后，重赏将士，修治器械，也在暗中准备谋取李密。当时隋朝的军队缺粮，而李密的部队少衣，王世充请求相互交换，李密感到为难，长史邴元真等人各自谋求私利，劝李密答应交换。原来东都每天有几百人归顺李密，得到粮食之后，投降的人越来越少，李密后悔，停止了交换。

密破宇文化及还，其劲卒良马多死，士卒疲病。世充欲乘其弊击之，恐人心不壹，乃诈称左军卫士张永通三梦周公，令宣意于世充，当勒兵相助击贼。乃为周公立庙，每出兵，辄先祈祷。世充令巫宣言周公欲令仆射急讨李密，当有大功，不即兵皆疫死。世充兵多楚人，信妖言，皆请战。世充简练精锐得二万馀人，马二千馀匹。壬子，出师击密，旗幡之上皆书永通字，军容甚盛。癸丑，至偃师，营于通济渠南，作三桥于渠上。密留王伯当守金墉，自引精兵出偃师，阻邙山以待之。

密召诸将会议，裴仁基曰："世充悉众而至，洛下必虚，可分兵守其要路，令不得东，简精兵三万，傍河西出以逼东都。世充还，我且按甲；世充再出，我又逼之。如此，则我有馀力，彼劳奔命，破之必矣。"密曰："公言大善。今东都兵有三不可当：兵仗精锐，一也；决计深入，二也；食尽求战，三也。我但乘城固守，蓄力以待之，彼欲斗不得，求走无路，不过十日，世充之头可致麾下。"陈智略、樊文超、单雄信皆曰："计世充战卒甚少，屡经摧破，悉已丧胆。《兵法》曰，'倍则战'，况不啻倍哉！且江、淮新附之士，望因此机展其勋效，及其锋而用之，可以得志。"于是诸将喧然，欲战者什七八，密惑于众议而从之。仁基苦争不能得，击地叹曰："公后必悔之。"魏徵言于长史郑颋曰："魏公虽骤胜，而骁将锐卒多死，战士心怠，此二者难以应敌。且世充乏食，志在死战，难与争锋，未若深沟高垒以拒之，不过旬月，世充粮尽，必自退，追而击之，蔑不胜矣。"颋曰："此老生之常谈耳。"徵曰："此乃奇策，何谓常谈？"拂衣而起。

李密打败宇文化及回师，丧失了很多精兵好马，士兵也疲劳，生了病。王世充准备乘李密军队疲困进攻，又怕大家不一条心，于是谎称左军卫士张永通三次梦到周公，让他转告王世充，应该统率军队互相协助打击敌人。于是建周公庙，每次出兵作战，都先祈祷。王世充命巫者宣称周公准备命仆射迅速讨伐李密，肯定会打大胜仗，否则士兵都会染上疾病死去。王世充的士兵很多是楚人，相信这种妖言，都请求出战。王世充挑出两万多精锐，马两千多匹。壬子（初十），出兵攻打李密，旗帜上都写上"永通"大字，军容很强大。癸丑（十一日），到偃师，驻扎在通济渠南边，在渠水上搭设了三座桥梁。李密留王伯当守卫金墉城，自己带领精兵去偃师，以邙山为屏障等候王世充的军队。

李密召集各位将领开会商议，裴仁基说："王世充率领他的全部军队到这儿，洛阳必然空虚，我们可以分出兵力把守王世充军队要经过的要道，使他不能再向东前进，另挑选三万精兵，沿黄河向西进逼东都。王世充回军，我方就按兵不动；王世充再次出军，我方就再逼东都。这样，我方还有富余的力量，对方疲于奔命，肯定能打败他。"李密说："您说得很好。但现在东都的军队有三个不可抵挡：武器精良，这是一；决计深入我方，这是二；粮食吃完了作战，这是三。我们只要利用城池坚守，保存力量等待，对方想交战打不成，求退兵又没退路，过不了十天，王世充的头就可以到我们手中。"陈智略、樊文超、单雄信都说："算算王世充的士兵少得很，又好几次打了败仗，都已经吓破了胆。《兵法》说，'己方力量是对方一倍则作战'，何况不止是一倍！况且刚刚来归附的江淮人士，正希望乘此机会一展身手建立功勋，趁他们的锐气利用他们作战，正可以成功。"于是众将领大声表示赞同，想打的占十分之七八，李密也受众人的意见影响，决定照办。裴仁基苦苦争辩却不能说服众人，敲着地叹息道："阁下以后一定会后悔今天的决定。"魏徵对长史郑颋说："魏公虽然屡次打了胜仗，但是精兵骁将伤亡很多，战士身心很疲倦，这两点很难应敌，况且王世充缺粮，志在决一死战，很难和他争战以决胜负，不如挖深壕沟，加高壁垒以拒敌，过不了十天半个月，王世充粮食吃完了，必然自己退兵，再追击他，没有不胜的。"郑颋说："这是老生常谈了。"魏徵道："这是奇策，怎么说是老生常谈？"拂袖而去。

程知节将内马军与密同营在北邙山上，单雄信将外马军营于偃师城北。世充遣数百骑渡通济渠攻雄信营，密遣裴行俨与知节助之。行俨先驰赴敌，中流矢，坠于地，知节救之，杀数人，世充军披靡，乃抱行俨重骑而还。为世充骑所逐，刺槊洞过，知节回身捩折其槊，兼斩追者，与行俨俱免。会日暮，各敛兵还营。密骁将孙长乐等十馀人皆被重创。

密新破宇文化及，有轻世充之心，不设壁垒。世充夜遣二百馀骑潜入北山，伏谿谷中，命军士皆秣马蓐食。甲寅旦，将战，世充誓众曰："今日之战，非直争胜负，死生之分，在此一举。若其捷也，富贵固所不论；若其不捷，必无一人获免。所争者死，非独为国，各宜勉之！"迟明，引兵薄密。密出兵应之，未及成列，世充纵兵击之。世充士卒皆江、淮剽勇，出入如飞。世充先索得一人貌类密者，缚而匿之，战方酣，使牵以过陈前，噪曰："已获李密矣！"士卒皆呼万岁。其伏兵发，乘高而下，驰压密营，纵火焚其庐舍。密众大溃，其将张童仁、陈智略皆降，密与万馀人驰向洛口。

世充夜围偃师，郑颋守偃师，其部下翻城纳世充。初，世充家属在江都，随宇文化及至滑台，又随王轨入李密，密留于偃师，欲以招世充。及偃师破，世充得其兄世伟、子玄应、玄恕、琼等，又获密将佐裴仁基、郑颋、祖君彦等数十人。世充于是整兵向洛口，得邴元真妻子、郑虔象母及密诸将子弟，皆抚慰之，令潜呼其父兄。

程知节带领内马军同李密一起扎营在北邙山上，单雄信带领外马军驻扎在偃师城北。王世充派遣数百名骑兵渡过通济渠攻打单雄信的营寨，李密派遣裴行俨和程知节援助单雄信。裴行俨率先奔赴战场，中乱箭，倒在地下；程知节救起裴行俨，杀了几个人，王世充军队所向披靡，于是程知节抱着裴行俨骑着一匹马返回，被王世充的骑兵赶上，长枪直刺过来，程知节返身折断了长枪，又杀了追赶的人，和裴行俨一起脱身。恰好天色暗了，双方各自收兵回营。李密手下的猛将孙长乐等十几人都受了重伤。

李密刚刚打败了宇文化及，有些轻视王世充，不设防御敌人的围墙。王世充派两百多骑兵夜里秘密进入北邙山，埋伏在山谷中，命令士兵喂好马匹吃饱饭，甲寅（十二日）清晨，准备出击，王世充告诫众将士说："今天这一仗，不仅仅是要争胜负，而是生与死全在此一举。如果胜了，荣华富贵自然不在话下；如果败了，一个人也逃不了。我们争相赴死，不单是为了国家，各位要努力作战！"天亮后，带兵逼近李密。李密出兵应战，还没来得及排好队，王世充放兵攻击。王世充的士兵都是长江、淮河流域的人，剽悍勇猛，出入迅捷。王世充事先找到一个长得很像李密的人，捆起来藏好，战斗正激烈时，让人牵着通过阵前，大喊："已经捉住李密了！"士兵们都呼万岁。王世充埋伏的骑兵出击，从高处冲下来，驰近李密营地，放火焚烧房屋。李密部众溃散，将领张童仁、陈智略都投降了王世充，李密和一万多人逃往洛口。

夜晚王世充包围偃师，郑颋守卫偃师，他的部下反而开城放王世充入城。当初，王世充的家属在江都，随宇文化及至滑台，又随王轨到了李密部队，李密把王世充家属留在偃师，打算用他们招降王世充。待到偃师城破，王世充寻回哥哥王世伟，儿子王玄应、王玄恕、王琼等人，又俘虏李密的将佐裴仁基、郑颋、祖君彦等几十人。王世充于是整顿兵马向洛口进发，得到邴元真的妻子、郑虔象的母亲以及李密众位将领的子弟，都加以安慰，让他们暗中招呼各自的父兄。

初，邴元真为县吏，坐赃亡命，从翟让于瓦冈，让以其尝为吏，使掌书记。及密开幕府，妙选时英，让荐元真为长史。密不得已用之，行军谋画，未尝参预。密西拒世充，留元真守洛口仓。元真性贪鄙，宇文温谓密曰：“不杀元真，必为公患。”密不应。元真知之，阴谋叛密。杨庆闻之，以告密，密固疑焉。至是，密将入洛口城，元真已遣人潜引世充矣。密知而不发，因与众谋，待世充兵半济洛水，然后击之。世充军至，密候骑不时觉，比将出战，世充军悉已济矣。单雄信等又勒兵自据，密自度不能支，帅麾下轻骑奔虎牢，元真遂以城降。

初，雄信骁捷，善用马槊，名冠诸军，军中号曰“飞将”。彦藻以雄信轻于去就，劝密除之，密爱其才，不忍也。及密失利，雄信遂以所部降世充。

密将如黎阳，或曰：“杀翟让之际，徐世勣几死，今失利而就之，安可保乎？”时王伯当弃金墉保河阳，密自虎牢归之，引诸将共议。密欲南阻河，北守太行，东连黎阳，以图进取。诸将皆曰：“今兵新失利，众心危惧，若更停留，恐叛亡不日而尽。又人情不愿，难以成功。”密曰：“孤所恃者众也，众既不愿，孤道穷矣。”欲自刎以谢众。伯当抱密号绝，众皆悲泣，密复曰：“诸君幸不相弃，当共归关中。密身虽无功，诸君必保富贵。”府掾柳燮曰：“明公与唐公同族，兼有畴昔之好；虽不陪起兵，然阻东都，断隋归路，使唐公不战而据长安，此亦公之功也。”众咸曰：“然。”密又谓王伯当曰：“将军室家重大，岂复与孤俱行哉？”伯当曰：“昔萧何尽帅子弟以从汉王，伯当恨不兄弟俱从，

当初，邴元真做县吏，犯了贪污罪逃跑在外，跟随翟让到瓦岗，翟让因为他曾经做过小官，让他掌文书。到李密开设幕府，挑选当时的出色人物时，翟让推荐邴元真为长史。李密不得已任用他为长史，但从未让他参与过军事行动的谋划。李密到西边抵抗王世充，留邴元真守洛口仓。邴元真性情贪婪浅薄，宇文温对李密说："不杀了邴元真，必然成为您的祸患。"李密没有答应。邴元真知道了此事，阴谋反叛李密。杨庆听说后，把邴元真的阴谋报告了李密，李密才真的怀疑邴元真。到此时，李密要进入洛口城，邴元真已经秘密派人招来王世充。李密知道后没有声张，乘机和众人商量，等王世充军队一半渡过洛水，然后攻击。王世充军到洛水，李密的骑哨兵没有及时发现，临到要出去时，王世充的军队已经全部过了河。单雄信等人又领兵自保；李密自己估计不能坚持，率领部下轻装乘马逃往虎牢，于是邴元真以洛口投降了王世充。

当初，单雄信勇猛敏捷，擅长骑马和使用长枪，名声为各军首位，军中称为"飞将"。房彦藻因为单雄信对去留很轻率，劝李密除掉他；但李密爱惜单雄信的才能，不忍心。待李密失利，单雄信便率领他的部下投降了王世充。

李密将要去黎阳，有人说："杀翟让的时候，徐世勣差点死了，现在失利了去投奔他，怎么能保险呢？"当时王伯当丢弃了金墉城保守河阳，李密从虎牢回到河阳，召诸将共同商议。李密想南面凭仗黄河，北面守卫太行为屏障，东面连接黎阳，以此设法进取。众将都说："现在军队刚失利，大家心中胆怯，如果再停留，恐怕要不了几天人就叛逃光了。而且人情不愿，也难以成功。"李密说："孤所依靠的就是大家，大家既然不愿意，孤没路可走了。"打算自刎以谢众人。王伯当抱住李密号啕大哭得昏了过去，大家也都伤心落泪，李密又说："有幸诸位没有抛弃我，一定一起回到关中。我自己虽然没有功劳，诸位必然保有富贵。"府掾柳燮说："明公和唐公是同一宗族，又加上有过去联合的友谊；虽然没有随唐公一同起兵，但阻隔东都，切断了隋军的归路，使唐公不战而占领了长安，这也是您的功劳。"众人都说："的确如此。"李密又对王伯当说："将军您的家庭重要，怎么可以又和孤一同走呢？"王伯当说："过去萧何率领所有的子弟跟随汉王，伯当遗憾的是兄弟们不能都跟着您，

岂以公今日失利遂轻去就乎？纵身分原野，亦所甘心！"左右莫不感激，从密入关者凡二万人。于是密之将帅、州县多降于隋。朱粲亦遣使降隋，皇泰主以粲为楚王。

11 甲寅，秦州总管窦轨击薛仁果，不利。骠骑将军刘感镇泾州，仁果围之。城中粮尽，感杀所乘马以分将士，感一无所啖，唯煮马骨取汁和木屑食之。城垂陷者数矣。会长平王叔良将士至泾州，仁果乃扬言食尽，引兵南去；乙卯，又遣高墌人伪以城降。叔良遣感帅众赴之，己未，至城下，扣城中人曰："贼已去，可逾城入。"感命烧其门，城上下水灌之。感知其诈，遣步兵先还，自帅精兵为殿。俄而城上举三烽，仁果兵自南原大下，战于百里细川，唐军大败，感为仁果所擒。仁果复围泾州，令感语城中云："援军已败，不如早降。"感许之，至城下，大呼曰："逆贼饥馁，亡在旦夕，秦王帅数十万众，四面俱集，城中勿忧，勉之！"仁果怒，执感，于城旁埋之至膝，驰骑射之；至死，声色逾厉。叔良婴城固守，仅能自全。感，丰生之孙也。

12 庚申，陇州刺史陕人常达击薛仁果于宜禄川，斩首千馀级。

13 上遣从子襄武公琛、太常卿郑元璹以女妓遗始毕可汗。壬戌，始毕复遣骨咄禄特勒来。

14 癸亥，白马道士傅仁均造《戊寅历》成，奏上，行之。

15 薛仁果屡攻常达，不能克，乃遣其将仵士政以数百人诈降，达厚抚之。乙丑，士政伺隙以其徒劫达，拥城中二千人降于仁果。达见仁果，词色不屈，仁果壮而释之。奴贼帅张贵谓达曰："汝识我乎？"达曰："汝逃死奴贼耳？"贵怒，欲杀之。人救之，得免。

怎么能因为您今天失利就不看重去留了呢？纵然是粉身碎骨葬身原野，也心甘情愿跟随！"周围的人无不深受感动。跟随李密入关的有两万人。于是李密原有的将帅、州县大多归顺了隋。朱粲也派使节投降了隋，皇泰主以朱粲为楚王。

11　甲寅（十二日），唐泰州总管窦轨进攻薛仁果，出师不利。骠骑将军刘感镇守泾州，薛仁果包围了泾州。泾州城中粮食吃光了，刘感把自己骑的马杀了分给将士们，自己没有吃一点肉，只用煮马骨的汤拌了木屑吃。城池几次濒临陷落。恰好长平王李叔良带兵至泾州，薛仁果扬言粮食吃完了，带兵向南而去。乙卯（十三日），薛仁果又派高墌人假装以城池降唐。李叔良派遣刘感率部下赴高墌；己未（十七日），到高墌城下，敲城门，城里的人说："贼已经走了，可以翻城墙进城。"刘感下令烧高墌城门，城上人倒水浇下来。刘感知道城里人是诈降，让步兵先回师，自己带领精兵走在最后。一会儿，城上点燃三座烽火，薛仁果的军队从南原大批涌下来，与刘感军在百里细川交战，唐军大败，刘感被薛仁果抓获。薛仁果又包围了泾州，命令刘感向城中喊话说："援军已经被打败了，不如尽快投降。"刘感答应了，到城下却大声喊道："反贼没粮食挨饿，很快就要灭亡了，秦王率领几十万军队从四面赶来，城里的人不要担心，努力守城！"薛仁果很恼火，捉住刘感，在城旁把刘感活埋到膝盖，骑马跑着用箭射刘感；一直到死，刘感声音愈来愈高、态度愈来愈愤怒。李叔良环城坚守，仅能保全自己，无力救刘感。刘感是刘丰生的孙子。

12　庚申（十八日），唐陇州刺史陕人常达在宜禄川攻击薛仁果，杀了他一千多人。

13　唐高祖派侄子襄武公李琛、太常卿郑元璹把女妓送给突厥始毕可汗。壬戌（二十日），始毕又派遣骨咄禄特勒来唐。

14　癸亥（二十一日），白马县的道士傅仁均编成了《戊寅历》，上奏章进呈，唐从此实行《戊寅历》。

15　薛仁果屡次攻常达，都未能取胜，于是派他的将领仵士政带几百人诈降，常达对仵士政很优厚。乙丑（二十三日），仵士政伺机带他的部下劫持了常达，带着城里的两千人投降了薛仁果。常达见了薛仁果，言辞毫不屈服，薛仁果因为他的豪气放了他。奴仆出身的贼帅张贵对常达说："你认识我吗？"常达说："你不就是该死而逃跑的奴贼吗？"张贵很气恼，要杀常达。有人相救，常达才免于一死。

16　辛未，追谥隋太上皇为炀帝。

17　宇文化及至魏县，张恺等谋去之。事觉，化及杀之。腹心稍尽，兵势日蹙，兄弟更无他计，但相聚酣宴，奏女乐。化及醉，尤智及曰："我初不知，由汝为计，强来立我。今所向无成，士马日散，负弑君之名，天下所不容。今者灭族，岂不由汝乎？"持其两子而泣。智及怒曰："事捷之日，初不赐尤，及其将败，乃欲归罪，何不杀我以降窦建德？"数相斗阋，言无长幼，醒而复饮，以此为恒。其众多亡，化及自知必败，叹曰："人生固当死，岂不一日为帝乎？"于是鸩杀秦王浩，即皇帝位于魏县，国号许，改元天寿，署置百官。

18　冬，十月壬申朔，日有食之。

19　戊寅，宴突厥骨咄禄，引骨咄禄升御坐以宠之。

20　李密将至，上遣使迎劳，相望于道。密大喜，谓其徒曰："我拥众百万，一朝解甲归唐，山东连城数百，知我在此，遣使招之，亦当尽至。比于窦融，功亦不细，岂不以一台司见处乎？"己卯，至长安，有司供待稍薄，所部兵累日不得食，众心颇怨。既而以密为光禄卿、上柱国，赐爵邢国公。密既不满望，朝臣又多轻之，执政者或来求贿，意甚不平。独上亲礼之，常呼为弟，以舅子独孤氏妻之。

21　庚辰，诏右翊卫大将军淮安王神通为山东道安抚大使，山东诸军并受节度；以黄门侍郎崔民幹为副。

16　辛未（二十七日），唐追谥隋太上皇为炀帝。

17　宇文化及到魏县，张恺等人商议要离开他；事情被察觉，宇文化及杀了张恺等人。心腹之人逐渐丧失殆尽，兵力日益削弱，兄弟们更没有什么计谋，只有相互聚会在一起尽情吃喝，演奏歌舞。宇文化及喝醉了，抱怨宇文智及道："当初我什么也不知道，是你的主意，一定要推我为首。如今一事无成，人马日益减少，背着弑君的罪名，为天下所不容，现在遭灭族，还不是因为你？"搂着两个儿子哭起来。宇文智及生气地说："当初事情成功的时候，你不怪我，到了要失败时，又想归罪于我，怎么不杀了我投降窦建德？"好几次相互争吵打了起来，说话也不分长幼，清醒后又饮酒，以此为常事。宇文化及的部下大多逃跑了，宇文化及自己知道肯定要失败，叹息道："人生自然是要死的，怎能不当一天皇帝呢？"于是用鸩酒毒死了秦王杨浩，在魏县即皇帝位，国号许，改年号天寿，设置百官。

18　冬季，十月壬申朔（初一），出现日食。

19　戊寅（初七），唐高祖宴请突厥骨咄禄，领骨咄禄登上皇帝的宝座表示恩宠。

20　李密就要到长安了，高祖接连不断地派人前去迎接慰问。李密非常高兴，对他的部下说："我拥有百万兵力，一朝脱去战袍归顺唐，山东几百座城镇，知道我在这里，派人去招降，也会全部来归顺的；比起窦融，功劳也不小，还能不给我安排一个要职吗？"己卯（初八），李密到长安，负责部门给他们的供应颇差，李密部下的士兵接连几天没饭吃，众人心里颇生怨气。不久唐以李密为光禄卿、上柱国，赐他邢国公的爵位。李密没能满足原来的期望，大臣们大多又轻视他，有些掌权的人向李密索取贿赂，李密内心很不满意。唯有高祖对待他很好，经常称他为弟，将舅舅的女儿独孤氏嫁给他。

21　庚辰（初九），唐高祖下诏任命右翊卫大将军淮安王李神通为山东安抚大使，山东各路兵马都接受他的指挥；以黄门侍郎崔民幹为副使。

22 邓州刺史吕子臧与抚慰使马元规击朱粲，破之。子臧言于元规曰："粲新败，上下危惧，请并力击之，一举可灭。若复迁延，其徒稍集，力强食尽，致死于我，为患方深。"元规不从。子臧请独以所部兵击之，元规不许。既而粲收集馀众，兵复大振，自称楚帝于冠军，改元昌达，进攻邓州。子臧抚膺谓元规曰："老夫今坐公死矣！"粲围南阳，会霖雨城坏，所亲劝子臧降。子臧曰："安有天子方伯降贼者乎？"帅麾下赴敌而死。俄而城陷，元规亦死。

23 癸未，王世充收李密美人珍宝及将卒十馀万人还东都，陈于阙下。乙酉，皇泰主大赦。丙戌，以世充为太尉、尚书令、内外诸军事，仍使之开太尉府，备置官属，妙选人物。世充以裴仁基父子骁勇，深礼之。徐文远复入东都，见世充，必先拜。或问曰："君倨见李密而敬王公，何也？"文远曰："魏公，君子也，能容贤士；王公，小人也，能杀故人。吾何敢不拜？"

24 李密总管李育德以武陟来降，拜陟州刺史。育德，谔之孙也。其馀将佐刘德威、贾闰甫、高季辅等，或以城邑，或帅众，相继来降。

初，北海贼帅綦公顺帅其徒三万攻郡城，已克其外郭，进攻子城。城中食尽，公顺自谓克在旦夕，不为备。明经刘兰成纠合城中骁健百馀人袭击之，城中见兵继之，公顺大败，弃营走，郡城获全。于是郡官及望族分城中民为六军，各将之，兰成亦将一军。有宋书佐者，离间诸军曰："兰成得众心，必为诸人不利，不如杀之。"众不忍杀，但夺其兵以授宋书佐。兰成恐终及祸，亡奔公顺。公顺军中喜噪，欲奉以为主，固辞，

22　邓州刺史吕子臧和抚慰使马元规攻打朱粲，打败了他。吕子臧向马元规建议："朱粲刚打了败仗，上上下下都胆怯，我请求和您会兵进攻他，可以一下子消灭他。如果再拖延下去，朱粲的部队逐渐收聚，力量增加而粮食吃光，会跟我们拼死，那将成为大患。"马元规没有听从他的意见。吕子臧又要求由他自己的部队去攻打朱粲，马元规也没有答应。不久，朱粲收拾招集他的馀部，重振军势，在冠军自称楚帝，改年号昌达，进攻邓州。吕子臧捶着胸对马元规说："因为您，今天要了老夫的命了！"朱粲围攻南阳，恰逢连绵大雨冲毁了城墙，亲信劝吕子臧投降，吕子臧说："哪有天子的大臣向强盗投降的？"率领部下，冲向敌人，战死。一会儿城池陷落，马元规也死了。

23　癸未（十二日），王世充收罗了李密的美女珍宝以及十几万人回到东都，排列在皇宫门前阙楼之下。乙酉（十四日），皇泰主对他们大赦。丙戌（十五日），以王世充为太尉、尚书令、内外诸军事，又让他开太尉府，备置官属，选拔优秀人物。王世充因为裴仁基父子骁勇，很尊重他们。徐文远又回到东都，见王世充，必定先行礼。有人问他："您见李密很傲慢，却很敬重王公，是什么原因？"徐文远说："魏公李密是君子，能够容纳贤士；王公是小人，老熟人也能杀，我怎么敢不行礼？"

24　李密的总管李育德以武陟来降唐，拜陟州刺史。李育德是李谔的孙子。李密手下其他的将领刘德威、贾闰甫、高季辅等人，或者以城镇，或者率领部下，相继前来降唐。

当初，北海地方的贼帅綦公顺率领他的三万人进攻郡城，已经攻陷郡城的外部，进而攻击子城。城中粮食吃光了，綦公顺自认为很快就能攻陷，不设防备。中过明经科的刘兰成集合了一百多位城里的骁健袭击綦公顺，城中现有的士兵跟上他们一同进攻，綦公顺大败，放弃了营地逃走，郡城得以保全。于是，郡里的长官及大族把城里的百姓分为六个军，各自分别统领，刘兰成领一军。有一位宋书佐离间各军，说道："刘兰成得人心，必然不利于各位，不如杀了他。"大家不忍杀刘兰成，只夺了他的兵权改交宋书佐统领。刘兰成恐怕最终逃不脱祸事，逃跑投奔了綦公顺。綦公顺的部队高兴地喧哗，想拥戴他为首领，刘兰成坚决推辞，

乃以为长史，军事咸听焉。居五十馀日，兰成简军中骁健者百五十人，往抄北海。距城四十里，留十人，使多芟草，分为百馀积；二十里，又留二十人，各执大旗；五六里，又留三十人，伏险要；兰成自将十人，夜，距城一里许潜伏；馀八十人分置便处，约闻鼓声即抄取人畜亟去，仍一时焚积草。明晨，城中远望无烟尘，皆出樵牧。日向中，兰成以十人直抵城门，城上钲鼓乱发，伏兵四出，抄掠杂畜千馀头及樵牧者而去。兰成度抄者已远，徐步而还。城中虽出兵，恐有伏兵，不敢急追；又见前有旌旗、烟火，遂不敢进而还。既而城中知兰成前者众少，悔不穷追。居月馀，兰成谋取郡城，更以二十人直抵城门。城中人竞出逐之，行未十里，公顺将大兵总至。郡兵奔驰还城，公顺进兵围之；兰成一言招谕，城中人争出降。兰成抚存老幼，礼遇郡官，见宋书佐，亦礼之如旧，仍资送出境，内外安堵。

时海陵贼帅臧君相闻公顺据北海，帅其众五万来争之。公顺众少，闻之大惧。兰成为公顺画策曰："君相今去此尚远，必不为备，请将军倍道袭击其营。"公顺从之，自将骁勇五千人，赍熟食，倍道袭之。将至，兰成与敢死士二十人前行，距君相营五十里，见其抄者负担向营，兰成亦与其徒负担蔬米、烧器，诈为抄者，择空而行听察，得其号及主将姓名。至暮，与贼比肩而入，负担巡营，知其虚实，得其更号。乃于空地燃火营食，至三鼓，忽于主将幕前交刀乱下，杀百馀人，贼众惊扰。公顺兵亦至，急攻之，君相仅以身免，俘斩数千，收其资粮甲仗以还。由是公顺党众大盛。及李密据洛口，公顺以众附之，密败，亦来降。

于是以他为长史,军队事情都听从刘兰成的。过了五十多天,刘兰成从军队中挑选了一百五十人,去北海抢掠。离城四十里,留下十人,命他们多割草,分成一百多堆;离城二十里,又留下二十人,让他们分别扛着大旗;离城五六里,又留下三十人,埋伏在险要之处;刘兰成自己带领十个人,半夜悄悄地埋伏在离城一里多的地方;其馀八十人分别安置在方便的地方,约定听到鼓声立即抢夺人畜,然后马上离开,并同时点燃草堆。第二天清晨,城中看远处没有显示战斗的烟火尘土,都出城砍柴放牧。接近中午,刘兰成带十人一直抵达城门,城上钲鼓乱敲,刘兰成的伏兵四处出击,抢夺了各种牲畜一千多头,以及砍柴放牧的人然后撤走。刘兰成计算抄掠的人已经走远,慢慢地走了回去。城里虽然出兵,但是怕有伏兵,不敢急追;又看到前方有旌旗、烟火,于是不敢前进,退了回去。不久城里知道上次刘兰成带的人很少,后悔没有追下去。过了一个多月,刘兰成又谋划攻取北海郡城,改为带二十人直接抵达城门。城中的人争相出城追逐,走了没有十里,綦公顺率领大军忽然出现。郡里的军队奔驰回城,綦公顺进军包围了郡城;刘兰成晓谕城里人,说一句话,城里的人就争相出城投降。刘兰成安抚老人儿童,对郡里的官员很尊重,见到宋书佐,还像过去一样有礼貌,依然给他钱,送他离境,城内外没有受骚扰。

当时海陵贼帅臧君相听说綦公顺占领了北海,率领他的五万人前来争夺郡城。綦公顺的人少,闻讯非常恐慌。刘兰成为綦公顺出谋划策:"君相现在离这里还远,肯定不加防备,请将军您急速行军袭击他的军营。"綦公顺听从了他的建议,亲自带领五千骁勇,携带干粮,急速行军进攻臧君相。快要到时,刘兰成和二十名敢死兵士先行,距离臧君相营地五十里,见到臧君相手下出外掠夺的人肩挑背扛地向营地走去,刘兰成和他的手下也背着蔬菜粮食、炊具冒充抢夺的人,乘机进行侦察,了解了对方的军号以及主将的姓名。傍晚,与对方并肩进入营地,背着东西走遍了营地,了解到敌营的虚实以及夜里值卫的暗号。于是在空地点火做饭,至三更时,忽然在主将帐幕前一起拔刀乱砍,杀死一百多人,对方受惊扰,綦公顺的部队也到达,急攻敌军,臧君相只身逃脱。綦公顺等俘虏并杀死了几千人,缴获臧君相的物资粮食和武器后回师,綦公顺的人马因此大大地强盛起来。当李密占据洛口,綦公顺带部下归附了李密,李密失败后,也来投降了唐。

25　隋末群盗起,冠军司兵李袭誉说西京留守阴世师遣兵据永丰仓,发粟以赈贫乏,出库物赏战士,移檄郡县,同心讨贼。世师不能用。乃求募兵山南,世师许之。上克长安,自汉中召还,为太府少卿,乙未,附袭誉籍于宗正。袭誉,袭志之弟也。

26　丙申,朱粲寇淅州,遣太常卿郑元璹帅步骑一万击之。

27　是月,纳言窦抗罢为左武候大将军。

28　十一月乙巳,凉王李轨即皇帝位,改元安乐。

29　戊申,王轨以滑州来降。

30　薛仁果之为太子也,与诸将多有隙,及即位,众心猜惧。郝瑗哭举得疾,遂不起,由是国势浸弱。秦王世民至高墌,仁果使宗罗睺将兵拒之。罗睺数挑战,世民坚壁不出。诸将咸请战,世民曰:“我军新败,士气沮丧,贼恃胜而骄,有轻我心,宜闭垒以待之。彼骄我奋,可一战而克也。”乃令军中曰:“敢言战者斩!”相持六十余日,仁果粮尽,其将梁胡郎等帅所部来降。世民知仁果将士离心,命行军总管梁实营于浅水原以诱之。罗睺大喜,尽锐攻之,梁实守险不出。营中无水,人马不饮者数日。罗睺攻之甚急,世民度贼已疲,谓诸将曰:“可以战矣!”迟明,使右武候大将军庞玉陈于浅水原。罗睺并兵击之,玉战,几不能支,世民引大军自原北出其不意,罗睺引兵还战。世民帅骁骑数十先陷陈,唐兵表里奋击,呼声动地,罗睺士卒大溃,斩首数千级。世民帅二千余骑追之,窦轨叩马苦谏曰:“仁果犹据坚城,虽破罗睺,

25 隋末,各路豪强纷纷起兵,冠军司兵李袭誉劝说西京留守阴世师派兵占据永丰仓,发放粮食救济贫穷的人,拿出库房里的物品赏给战士,通告郡县,同心讨贼。阴世师没有采用他的建议。于是李袭誉请求去山南招募士兵,阴世师答应了他。唐高祖攻陷长安,从汉中召李袭誉回长安,任命他为太府少卿;乙未(二十四日),在宗正寺把李袭誉编入天子宗族的名册。李袭誉是李袭志的弟弟。

26 丙申(二十五日),朱粲侵犯淅州,唐派太常卿郑元璹率领一万步兵、骑兵攻打朱粲。

27 这个月,唐纳言窦抗降为左武候大将军。

28 十一月乙巳(初四),凉王李轨登皇帝位,改年号安乐。

29 戊申(初七),王轨以渭州前来降唐。

30 薛仁果做太子时,和大多数的将领有矛盾;他当皇帝后,众人心里疑惑不安。薛举去世,郝瑗伤心过度得了病,一病不起,薛仁果的势力也从此逐渐衰落。秦王李世民到高墌,薛仁果派宗罗睺领兵抵御;宗罗睺几次挑战,李世民坚守营垒不出战。诸位将领都请战,李世民说:"我军才打了败仗,士气沮丧,对方仗着得胜而骄傲,有轻视我们的意思,我们应当在营垒中耐心等待。他们骄傲我们奋勇,可以一仗打败他们。"于是命令全军:"有敢请战的,斩首!"双方相持六十多天,薛仁果的军队粮食吃完了,将领梁胡郎等人率领各自的队伍前来投降。李世民了解到薛仁果手下的将领士卒有离异之心,命令行军总管梁实在浅水原扎营引诱薛仁果部下。宗罗睺知道后非常高兴,出动全部精锐攻梁实,梁实守住险要不出战。营地中没有水源,好几天人马没有水喝。宗罗睺的攻击很猛烈;李世民估计对方已经疲劳,对诸位将领说:"可以打了!"快到天亮,李世民让右武候大将军庞玉在浅水原列阵。宗罗睺合兵攻庞玉,庞玉作战,几乎不能坚持了,李世民带领大军出其不意从浅水原北方出现,宗罗睺带军迎战。李世民率领几十名骁骑率先冲入敌阵,唐军内外奋力搏斗,呼声动地,宗罗睺的部队大败,唐军杀了几千人。李世民率领两千多骑兵追击宗罗睺,窦轨扣住马缰绳苦劝道:"薛仁果还占据着坚固的城池,我们虽然打败了宗罗睺,

未可轻进，请且按兵以观之。”世民曰：“吾虑之久矣，破竹之势，不可失也，舅勿复言！”遂进。仁果陈于城下，世民据泾水临之，仁果骁将浑幹等数人临陈来降。仁果惧，引兵入城拒守。日向暮，大军继至，遂围之。夜半，守城者争自投下。仁果计穷，己酉，出降。得其精兵万馀人，男女五万口。

诸将皆贺，因问曰：“大王一战而胜，遽舍步兵，又无攻具，轻骑直造城下，众皆以为不克，而卒取之，何也？”世民曰：“罗睺所将皆陇外之人，将骁卒悍。吾特出其不意而破之，斩获不多。若缓之，则皆入城，仁果抚而用之，未易克也；急之，则散归陇外，折墌虚弱，仁果破胆，不暇为谋。此吾所以克也。”众皆悦服。世民所得降卒，悉使仁果兄弟及宗罗睺、翟长孙等将之，与之射猎，无所疑间。贼畏威衔恩，皆愿效死。世民闻褚亮名，求访，获之，礼遇甚厚，引为王府文学。

上遣使谓世民曰：“薛举父子多杀我士卒，必尽诛其党以谢冤魂。”李密谏曰：“薛举虐杀无辜，此其所以亡也，陛下何怨焉？怀服之民，不可不抚！”乃命戮其谋首，馀皆赦之。

上使李密迎秦王世民于豳州，密自恃智略功名，见上犹有傲色，及见世民，不觉惊服，私谓殷开山曰：“真英主也，不如是，何以定祸乱乎？”

诏以员外散骑常侍姜謩为秦州刺史，謩抚以恩信，盗贼悉归首，士民安之。

但不能轻易冒进，我请求暂且按兵不动，观察一下薛仁果的动静。"李世民说："我考虑这个问题很久了，现在我军势如破竹，机不可失，舅舅不要再说了！"于是进军。薛仁果在城下列阵，李世民依泾河面对薛仁果营地，薛仁果手下的骁将浑幹等人到唐军阵前投降。薛仁果怕了，带兵进城拒守。天快黑时，唐大军相继到达，于是包围了城池。半夜，守城的人纷纷下城投降。薛仁果无计可施，己酉（初八），出城投降；唐得薛仁果的一万多名精兵，五万名男女。

诸位将领都来祝贺，顺便问："大王一仗就取得了胜利，骤然舍弃步兵，又没有攻城的用具，轻骑直到城下，众人都认为无法攻克城池，却很快就取胜，是什么原因呢？"李世民说："宗罗睺的部下都是陇山之西的人，将领骁勇，士卒剽悍。我只是出其不意打败了他，杀伤不多。如果迟迟不追击，则都返回城内，薛仁果加以抚慰再派他们作战，就不容易战胜了；如果迅速追击，则跑散回到陇山之西，折墌城就虚弱，薛仁果吓破了胆，没有时间谋划，这就是我取胜的原因。"众人都心悦诚服。李世民把投降的士兵全都交给薛仁果兄弟以及宗罗睺、翟长孙等人统领，和他们一起打猎，丝毫不加怀疑戒备。这些人畏惧李世民的威严，又感受李世民的恩德，都愿以死效劳。李世民听说褚亮的名气，寻找并找到了褚亮，对他很尊重，很优厚，让他做秦王府的文学。

唐高祖派遣使者对李世民说："薛举父子杀了我们很多士卒，务必杀光他们的同党以向死去的冤魂谢罪。"李密进谏说："薛举残暴地杀害无辜者，这正是他灭亡的原因，陛下又有什么可怨恨的呢？已心悦诚服的百姓，不能不加安抚！"于是下令杀掉主要谋划者，其馀的人都给予赦免。

高祖派李密到豳州迎接秦王李世民，李密自己仗着智略功名，见皇上时还有傲慢之意，待见了李世民，不由得惊服，私下对殷开山说："这真是英主，不是这样的人，又怎么能平定祸乱呢？"

下诏任命员外散骑常侍姜謩为秦州刺史，姜謩以施恩与信义怀柔地方，盗贼全都自首，百姓也都安逸生活。

31　徐世勣据李密旧境，未有所属。魏徵随密至长安，乃自请安集山东，上以为秘书丞，乘传至黎阳，遗徐世勣书，劝之早降。世勣遂决计西向，谓长史阳翟郭孝恪曰："此民众土地，皆魏公有也。吾若上表献之，是利主之败，自为功以邀富贵也，吾实耻之。今宜籍郡县户口士马之数以启魏公，使自献之。"乃遣孝恪诣长安，又运粮以饷淮安王神通。上闻世勣使者至，无表，止有启与密，甚怪之。孝恪具言世勣意，上乃叹曰："徐世勣不背德，不邀功，真纯臣也！"赐姓李。以孝恪为宋州刺史，使与世勣经略虎牢以东，所得州县，委之选补。

32　癸丑，独孤怀恩攻尧君素于蒲坂。行军总管赵慈景尚帝女桂阳公主，为君素所擒，枭首城外，以示无降意。

33　癸亥，秦王世民至长安，斩薛仁果于市，赐常达帛三百段。赠刘感平原郡公，谥忠壮。扑杀忤士政于殿庭。以张贵尤淫暴，腰斩之。上享劳将士，因谓群臣曰："诸公共相翊戴以成帝业，若天下承平，可共保富贵。使王世充得志，公等岂有种乎？如薛仁果君臣，岂可不以为前鉴也？"己巳，以刘文静为户部尚书，领陕东道行台左仆射。复殷开山爵位。

34　李密骄贵日久，又自负归国之功，朝廷待之不副本望，郁郁不乐。尝遇大朝会，密为光禄卿，当进食，深以为耻，退，以告左武卫大将军王伯当。伯当心亦怏怏，因谓密曰："天下事在公度内耳。今东海公在黎阳，襄阳公在罗口，河南兵马，屈指可计，岂得久如此也？"密大喜，乃献策于上曰："臣虚蒙荣宠，安坐京师，曾无报效。山东之众皆臣故时麾下，

31 徐世勣占据了原属李密的地盘,没有归附任何人。魏徵随李密到长安,于是自己请求招抚潼关以东地区,高祖以他为秘书丞,乘驿站的传车到黎阳,致书徐世勣,劝他尽快投降唐。徐世勣于是决定向西投唐,对长史阳翟人郭孝恪说:"这里的百姓和土地,都是魏公的。我如果上表献百姓土地,是把主人的失败当作自己的功劳求得富贵,我深以为耻。现在应当登记郡县的户口、士人及马匹的数目,上报魏公,由他自己献上。"于是派遣郭孝恪到长安,又运粮食供给淮安王李神通。高祖听说徐世勣的使者到长安,没有奉表,只有文书给李密,非常奇怪。郭孝恪陈述了徐世勣的意思,高祖于是感叹道:"徐世勣不违背道德,不希求功劳,真是个好臣子呀!"赐他姓李。以郭孝恪为宋州刺史,让他和李世勣策划处理虎牢以东地区,得到的州县,委任他们选补官吏。

32 癸丑(十二日),独孤怀恩在蒲坂攻打尧君素。行军总管赵慈景娶高祖的女儿桂阳公主为妻,被尧君素俘虏,尧君素杀了他,把头挂在城外,以表示没有投降的意思。

33 癸亥(二十二日),秦王李世民到长安,在闹市杀了薛仁果,赐给常达三百段帛。追赠刘感平原郡公,谥号忠壮。在宫殿庭院中击杀了仵士政。因为张贵太荒淫暴虐,腰斩了张贵。高祖宴请慰劳将士,乘机对群臣说:"各位共同的辅助拥戴使我成了帝王之业,假如天下承平,可以共同保守富贵。让王世充得志,各位还能有性命身家吗?像薛仁果君臣,怎么能不作为前车之鉴呢?"己巳(二十八日),以刘文静为户部尚书,领陕东道行台左仆射。恢复殷开山的爵位。

34 李密长期地位崇高又骄纵,又仗着归附国家的功劳,朝廷给他的待遇与他的愿望不符,因此郁郁不乐。曾经适逢大朝会,李密作为光禄卿应当进奉食物,他深以为耻,退朝后,告诉了左武卫大将军王伯当。王伯当也郁郁不乐,因此对李密说:"天下的事情都在您的掌握中。现在东海公徐世勣在黎阳,襄阳公在罗口,黄河以南的兵马屈指可数,怎么能长期这样下去?"李密非常高兴,于是向高祖献策:"臣空受荣宠,安坐京师,不曾报效国家。山东之众都是臣过去的部下,

请往收而抚之。凭藉国威,取王世充如拾地芥耳!"上闻密故将士多不附世充,亦欲遣密往收之,群臣多谏曰:"李密狡猾好反,今遣之,如投鱼于泉,放虎于山,必不反矣!"上曰:"帝王自有天命,非小子所能取。借使叛去,如以蒿箭射蒿中耳!今使二贼交斗,吾可以坐收其弊。"辛未,遣密诣山东,收其馀众之未下者。密请与贾闰甫偕行,上许之,命密及闰甫同升御榻,赐食,传饮卮酒曰:"吾三人同饮是酒以明同心,善建功名,以副朕意。丈夫一言许人,千金不易。有人确执不欲弟行,朕推赤心于弟,非他人所能间也。"密、闰甫再拜受命。上又以王伯当为密副而遣之。

35 有大鸟五集于乐寿,群鸟数万从之,经日乃去。窦建德以为己瑞,改元五凤。宗城人有得玄圭献于建德者,宋正本及景城丞会稽孔德绍皆曰:"此天所以赐大禹也,请改国号曰夏。"建德从之。以正本为纳言,德绍为内史侍郎。

初,王须拔掠幽州,中流矢死,其将魏刀儿代领其众,据深泽,掠冀、定之间,众至十万,自称魏帝。建德伪与连和,刀儿弛备,建德袭击破之,遂围深泽;其徒执刀儿降,建德斩之,尽并其众。

易、定等州皆降,唯冀州刺史麴稜不下。稜婿崔履行,暹之孙也,自言有奇术,可使攻者自败,稜信之。履行命守城者皆坐,毋得妄斗,曰:"贼虽登城,汝曹勿怖,吾将使贼自缚。"于是为坛,夜,设章醮,然后自衣衰绖,杖竹登北楼恸哭;又令妇女升屋四面振裙。建德攻之急,稜将战,履行固止之。俄而城陷,履行哭犹未已。建德见稜曰:"卿忠臣也!"厚礼之,以为内史令。

请让臣前往山东收抚。凭借国家的威力,取王世充不过像拾地下的草芥一样!"高祖听说李密的旧将士大多不服王世充,也准备派遣他前往收服,群臣大多劝谏说:"李密狡猾好反,现在派他去山东,犹如放鱼于泉,放虎归山,肯定不会回来了!"高祖说:"帝王自有天命,不是小子能取的。假如他叛离,就像用蒿子作的箭射蒿子,不值得可惜!现在让二贼互相争斗,我们可以坐收渔利。"辛未(二十九日),派李密往崤山以东,收服他尚未归附的徐部。李密请求和贾闰甫一同去,皇上答应了他的请求,命李密和贾闰甫一起登上御榻,赐给他们食品,传着喝了卮中的酒说:"我们三人同饮这酒用来表明同心,二位好好建立功勋,以称朕的心意。大丈夫答应人一句话,千金也不能改变。有人确实不愿让兄弟去,朕以真心对兄弟,不是别人能够离间的。"李密、贾闰甫再三拜谢受命。高祖又以王伯当为李密的副手派他去山东。

35　有五只大鸟落在乐寿,数万只鸟随着大鸟,经过一天才离开。窦建德以为是自己的祥瑞之兆,改元五凤。宗城有人得玄圭献给窦建德,宋正本和景城丞会稽人孔德绍都说:"这是上天赐给大禹的,请将国号改为夏。"窦建德听从了他们的请求。以宋正本为纳言,孔德绍为内史侍郎。

当初王须拔夺取幽州时,中流箭而死,他的部将魏刀儿代替他率领军队,占据深泽,在冀、定之间掠夺,手下有十万人,自称魏帝。窦建德假意和魏刀儿联合,魏刀儿放松了戒备,窦建德袭击并打败了他,于是包围了深泽;魏刀儿的部下绑了他投降,窦建德斩了魏刀儿,合并了他全部队伍。

易、定等州都投降了窦建德,唯有冀州刺史麴棱未降。麴棱的女婿崔履行是崔暹的孙子,自称有奇术,可以让进攻的人自己失败,麴棱相信了他。崔履行命令守城的人都坐下,不得随意作战,说:"贼人就是登上了城墙,你们也不用怕,我能让贼人自己绑起来。"于是搭了土坛,晚上,设符策祈祷,然后自己穿着丧服,挂竹竿登上北楼恸哭;又让妇女爬上屋子四面抖动裙子。窦建德攻城很猛,麴棱要迎战,崔履行坚决阻止了他。一会儿城池陷落,履行还没哭完。窦建德见了麴棱说:"你是忠臣!"厚待他,任他为内史令。

36 十二月壬申,诏以秦王世民为太尉、使持节、陕东道大行台,其蒲州、河北诸府兵马并受节度。

37 癸酉,西突厥曷娑那可汗自宇文化及所来降。

38 隋将尧君素守河东,上遣吕绍宗、韦义节、独孤怀恩相继攻之,俱不下。时外围严急,君素为木鹅,置表于颈,具论事势,浮之于河。河阳守者得之,达于东都。皇泰主见而叹息,拜君素金紫光禄大夫。庞玉、皇甫无逸自东都来降,上悉遣诣城下,为陈利害,君素不从。又赐金券,许以不死。其妻又至城下,谓之曰:"隋室已亡,君何自苦?"君素曰:"天下名义,非妇人所知!"引弓射之,应弦而倒。君素亦自知不济,然志在守死,每言及国家,未尝不歔欷。谓将士曰:"吾昔事主上于藩邸,大义不得不死。必若隋祚永终,天命有属,自当断头以付诸君,听君等持取富贵。今城池甚固,仓储丰备,大事犹未可知,不可横生心也!"君素性严明,善御众,下莫敢叛。久之,仓粟尽,人相食,又获外人,微知江都倾覆。丙子,君素左右薛宗、李楚客杀君素以降,传首长安。君素遣朝散大夫解人王行本将精兵七百在他所,闻之,赴救不及,因捕杀君素者党与数百人,悉诛之,复乘城拒守,独孤怀恩引兵围之。

39 丁酉,隋襄平太守邓暠以柳城、北平二郡来降,以暠为营州总管。

40 辛巳,太常卿郑元璹击朱粲于商州,破之。

41 初,宇文化及遣使招罗艺,艺曰:"我隋臣也。"斩其使者,为炀帝发丧,临三日。窦建德、高开道各遣使招之,艺曰:"建德、开道,皆剧贼耳!吾闻唐公已定关中,人望归之。此真吾主也,吾将从之。敢沮议者斩!"会张道源慰抚山东,艺遂奉表,与渔阳、上谷等诸郡皆来降。癸未,诏以艺为幽州总管。薛万均,世雄之子也,与弟万彻俱以勇略为艺所亲待,诏以万均为上柱国、永安郡公,万彻为车骑将军、武安县公。

36 十二月壬申(初二)，唐高祖下诏以秦王李世民为太尉、使持节、陕东道大行台,蒲州及黄河以北各府的兵马都受他指挥。

37 癸酉(初三)，西突厥曷娑那可汗从宇文化及处前来投降。

38 隋将领尧君素守卫河东，高祖先后派吕绍宗、韦义节、独孤怀恩攻打,都没有攻克。当时,城外包围很严,攻城很急,尧君素作一只木鹅,把表章放在鹅颈中,详细叙述了形势,放入黄河。守卫河阳的人得到木鹅,送到东都,皇泰主见了叹息不已,拜君素金紫光禄大夫。庞玉、皇甫无逸从东都前来投降,高祖都派往河东城下,向尧君素讲述利害关系,尧君素不听。又赐尧君素金券,答允他不死。尧君素的妻子又到城下,对他说:"隋王室已经灭亡了,君何必自己吃苦?"君素说:"天下名义,不是女人能了解的!"拉弓射妻子,妻子随弦响倒下。尧君素自己也知道守不住,但是志在一死,每当说到隋朝,没有不抽泣的。对将士们说:"我过去在藩邸就侍奉主上,大义不能不死。如果隋的国统永远终结,天命另有所属,我会砍了自己的头交给各位,随你们拿着去取得富贵。现在城池非常坚固,仓库储备很充足,天下大事还无法预料,不能另外生二心!"尧君素性格严厉贤明,善于管理部下,部下没有敢反叛的。时间长了,仓里的粮食吃完了,就人吃人;又抓获外面的人,略微知道江都隋室灭亡。丙子(初六)，尧君素身边的薛宗、李楚客杀了他投降唐军,把尧君素的首级送到长安。此前尧君素派朝散大夫解县人王行本带七百精兵驻扎在别的地方,王行本闻知尧君素被杀的消息后,救援已来不及,于是捉住杀尧君素的人及其同党几百人,全部杀死,重新凭城池拒守,独孤怀恩带兵围攻。

39 丁酉,隋襄平太守邓暠以柳城、北平二郡前来降唐。封邓暠为营州总管。

40 辛巳(十一日)，太常卿郑元璹在商州攻打朱粲,打败了他。

41 当初,宇文化及派使节招罗艺,罗艺说:"我是隋臣。"杀了宇文化及的使节,为隋炀帝发丧,哭了三天。窦建德、高开道分别派遣使节招罗艺,罗艺说:"窦建德、高开道不过是大贼罢了!我听说唐公已经平定关中,人心向往归附他。这才是我的主人,我打算归附他,有敢阻止的斩!"恰逢张道源抚慰山东,罗艺于是奉表,和渔阳、上谷等诸郡都来投降。癸未(十三日)，下诏以罗艺为幽州总管。薛万均是薛世雄的儿子,和弟弟薛万彻都因为机智勇敢受罗艺厚待,诏令以薛万均为上柱国、永安郡公,薛万彻为车骑将军、武安县公。

窦建德既克冀州，兵威益盛，帅众十万寇幽州。艺将逆战，万均曰："彼众我寡，出战必败，不若使羸兵背城阻水为陈，彼必渡水击我。万均请以精骑百人伏于城旁，俟其半渡击之，蔑不胜矣。"艺从之。建德果引兵渡水，万均邀击，大破之。建德竟不能至其城下，乃分兵掠霍堡及雍奴等县，艺复邀击，败之。凡相拒百馀日，建德不能克，乃还乐寿。

艺得隋通直谒者温彦博，以为司马。艺以幽州归国，彦博赞成之，诏以彦博为幽州总管府长史，未几，征为中书侍郎。兄大雅，时为黄门侍郎，与彦博对居近密，时人荣之。

42　以西突厥曷娑那可汗为归义王，曷娑那献大珠，上曰："珠诚至宝，然朕宝王赤心，珠无所用。"竟还之。

43　乙酉，车驾幸周氏陂，过故墅。

44　初，羌豪旁企地以所部附薛举，及薛仁果败，企地来降，留长安。企地不乐，帅其众数千叛，入南山，出汉川，所过杀掠。武候大将军庞玉击之，为企地所败。企地行至始州，掠女子王氏，与俱醉卧野外；王氏拔其佩刀，斩首送梁州，其众遂溃。诏赐王氏号为崇义夫人。

45　壬辰，王世充帅众三万围谷州，刺史任瓌拒却之。

46　上使李密分其麾下之半留华州，将其半出关。长史张宝德预在行中，恐密亡去，罪相及；上封事，言其必叛。上意乃中变，又恐密惊骇，乃降敕书劳来，令密留所部徐行，单骑入朝，更受节度。

窦建德攻克冀州后，声威更加壮大，又率十万人侵犯幽州。罗艺准备应战，薛万均说："敌众我寡，出战必然失败，不如用老弱残兵背对城内临水列阵，对方必然渡水来攻击我们。万均我请求用百名精骑兵埋伏在城边，待他们一半过河时攻击，无不取胜。"罗艺听从了他的建议。窦建德果然领军过河，薛万均截击，大败窦建德。窦建德始终无法靠近幽州城，于是分兵抢夺霍堡及雍奴等县，罗艺又截击并打败了他。相互攻战一百多天，窦建德不能攻克幽州，于是回到乐寿。

罗艺得到隋通直谒者温彦博，用他做司马。罗艺以幽州归附唐朝，彦博赞成此事，唐下诏以温彦博为幽州总管府长史，没多久，调他为中书侍郎。温彦博的兄长温大雅，当时是黄门侍郎，与彦博的衙门一个在东、一个在西，离得很近，当时的人都认为是很荣耀的事。

42　唐以西突厥曷娑那可汗为归义王，曷娑那献大珍珠，唐高祖说："珠子确实是少有的宝物，但朕所宝贵的是归义王的赤心，珠子没有用。"最后归还了珠子。

43　乙酉(十五日)，唐高祖御驾临幸周氏陂，经过故墅。

44　当初，羌族豪强旁企地率领部落归附薛举，待薛仁果败亡，旁企地前来降唐，留在长安。旁企地感到不愉快，又率领几千部下反叛，进入南山，从汉川出，经过之处烧杀抢掠。武候大将军庞玉攻打旁企地，被旁企地打败。旁企地走到始州，抢了姓王的女子，二人一同喝醉了躺在野外；王氏拔出旁企地的佩刀，割了旁企地的头送到梁州，旁企地的部下也就溃散了。高祖下诏赐王氏号为崇义夫人。

45　壬辰(二十二日)，王世充率领三万人包围谷州，唐谷州刺史任瓌抵御并击退了王世充。

46　高祖让李密把他手下的人马分一半留在华州，带一半出关。长史张宝德在出行的一半中，恐怕李密逃亡受牵连，上密封的奏章，说李密必叛。高祖便中途改变计划，又怕李密受惊动，于是降下敕书慰问，命李密留下部队慢慢前进，一个人骑马入朝，另外接受安排。

密至稠桑，得敕，谓贾闰甫曰："敕遣我去，无故复召我还，天子向云，'有人确执不许'，此谮行矣。吾今若还，无复生理，不若破桃林县，收其兵粮，北走渡河。比信达熊州，吾已远矣。苟得至黎阳，大事必成，公意如何？"闰甫曰："主上待明公甚厚，况国家姓名，著在图谶，天下终当一统。明公既已委质，复生异图，任瓌、史万宝据熊、谷二州，此事朝举，彼兵夕至，虽克桃林，兵岂暇集，一称叛逆，谁复容人？为明公计，不若且应朝命，以明元无异心，自然浸润不行；更欲出就山东，徐思其便可也。"密怒曰："唐使吾与绛、灌同列，何以堪之？且谶文之应，彼我所共。今不杀我，听使东行，足明王者不死，纵使唐遂定关中，山东终为我有。天与不取，乃欲束手投人？公，吾之心腹，何意如是？若不同心，当斩而后行！"闰甫泣曰："明公虽云应谶，近察天人，稍已相违。今海内分崩，人思自擅，强者为雄；明公奔亡甫尔，谁相听受？且自翟让受戮之后，人皆谓明公弃恩忘本，今日谁肯复以所有之兵束手委公乎？彼必虑公见夺，逆相拒抗，一朝失势，岂有容足之地哉？自非荷恩殊厚者，讵肯深言不讳乎？愿明公熟思之，但恐大福不再。苟明公有所措身，闰甫亦何辞就戮？"密大怒，挥刃欲击之，王伯当等固请，乃释之。闰甫奔熊州。伯当亦止密，以为未可，密不从。伯当乃曰："义士之志，不以存亡易心。公必不听，伯当与公同死耳，然恐终无益也。"

李密到稠桑,接到敕书,对贾闰甫说:"敕书派我去山东,又无缘无故召我回来,天子曾经有言,'有人坚持不让你东去',这种谗言起作用了。我现在如果回去,必定要被杀了,不如攻陷桃林县,取了县里的军队、粮食,向北渡过黄河。等消息到了熊州,我们已经走远了。假如能到黎阳,大事肯定能成功,您以为怎么样?"贾闰甫说:"主上对待明公您非常好,何况国家的李姓,符合图谶,天下最终要统一。明公您既然已经归顺了,又产生了别的意图;任瓌、史万宝在熊、谷二州,这事早晨发动,晚上他们的军队就会赶到,虽然攻陷桃林,哪里有时间召集士兵,一旦被称为叛逆,谁又能容纳?我为明公您设想,不如暂且按朝廷的命令行事,以表明根本没有异心,自然那些谗言也就不起作用了。您再想出关前往山东,可以慢慢考虑怎么合适。"李密生气地说:"唐让我和绛侯周勃、灌婴一样不能割地封王,怎么能忍受?况且他和我都应了谶文。今天不杀我,听凭我向东前进,足以证明王者不死;纵然让唐平定了关中,山东最后也是我的。老天爷给的不拿,难道还要白送给人吗?您是我的心腹,怎么这样想?如果不能一条心,就斩了您然后走!"贾闰甫流着泪说:"明公您虽然说也应图谶,但近来观察天道与人事,已经逐渐地不合适了。现在海内分崩离析,人人想自己独断专行,强者称雄;明公您又开始逃亡,又有谁能听您的调遣?况且从杀了翟让以后,人人都说明公您弃恩忘本,今天谁还肯把自己的军队乖乖地交给您呢?他必定顾虑您夺兵权,要加以抵抗,一朝失势,哪里还有立足之地呢?如果不是受您特殊恩典的人,怎么能作如此深切之言而不加避讳呢?但愿明公好好考虑一下,恐怕再也不会有大的福分了。如果明公有安身之处,闰甫我又怎能怕死呢?"李密十分气恼,举刀要砍贾闰甫,王伯当等人使劲劝住,于是放了贾闰甫。贾闰甫逃往熊州。王伯当也劝阻李密,认为不可以起事,李密不听。王伯当于是说:"义士的志向,不因为存亡而改变。您一定不听,伯当和您一同死就是了,不过恐怕最终也没有用。"

密因执使者,斩之。庚子旦,密给桃林县官曰:"奉诏且还京师,家人请寄县舍。"乃简骁勇数十人,著妇人衣,戴幂䍦,藏刀裙下,诈为妻妾,自帅之入县舍,须臾,变服突出,因据县城。驱掠徒众,直趣南山,乘险而东,遣人驰告故将伊州刺史襄城张善相,令以兵应接。

右翊卫将军史万宝镇熊州,谓行军总管盛彦师曰:"李密,骁贼也,又辅以王伯当,今决策而叛,殆不可当也。"彦师笑曰:"请以数千之众邀之,必枭其首。"万宝曰:"公以何策能尔?"彦师曰:"兵法尚诈,不可为公言之。"即帅众逾熊耳山南,据要道,令弓弩夹路乘高,刀楯伏于溪谷,令之曰:"俟贼半渡,一时俱发。"或问曰:"闻李密欲向洛州,而公入山,何也?"彦师曰:"密声言向洛,实欲出人不意,走襄城,就张善相耳。若贼入谷口,我自后追之,山路险隘,无所施力,一夫殿后,必不能制。今吾先得入谷,擒之必矣。"

李密既渡陕,以为馀不足虑,遂拥众徐行,果逾山南出。彦师击之,密众首尾断绝,不得相救,遂斩密及伯当,俱传首长安。彦师以功赐爵葛国公,仍领熊州。

李世勣在黎阳,上遣使以密首示之,告以反状。世勣北面拜伏号恸,表请收葬,诏归其尸。世勣为之行服,备君臣之礼。大具仪卫,举军缟素,葬密于黎阳山南。密素得士心,哭者多欧血。

47　隋右武卫大将军李景守北平,高开道围之,岁馀不能克。辽西太守邓暠将兵救之,景帅其众迁于柳城,后将还幽州,于道为盗所杀。开道遂取北平,进陷渔阳郡,有马数千匹,众且万,自称燕王,改元始兴,都渔阳。

李密于是捉住使者,把他杀了。庚子(三十日)清晨,李密骗桃林县官说:"我奉诏暂时返回京师,家人请求寄居在县衙。"于是挑选了几十名骁勇,穿着妇女的服装,戴着面罩,把刀藏在裙子下,冒充妻妾,李密自己带着进入县里的府舍,一会儿,换了服装突然出现,乘机占据了县城。驱赶县里百姓,直奔南山,凭借险要向东而行,派人骑马通报旧部将领伊州刺史襄城人张善相,命令他派兵接应。

右翊卫将军史万宝镇守熊州,对行军总管盛彦师说:"李密是骁贼,又有王伯当辅助,现在决定反叛,几乎是不可抵抗的。"盛彦师笑着说:"请用几千兵马截击,必能砍了李密的头。"史万宝说:"您用什么办法能做到?"盛彦师说:"兵法推崇使诈,不能对您讲。"随即率兵翻过熊耳山,到山南占据要道,命令弓弩手埋伏在路两旁高处,持刀盾的士卒埋伏在溪谷,下令说:"等贼人过河到一半,一同攻击。"有人问:"听说李密准备去洛州。而您却进了山,这是为什么?"盛彦师说:"李密声称去洛州,实际是想出人不意,经襄城投奔张善相。如果贼进了谷口,我们从后面追赶,山路险要,没办法施展力量,一个人殿后,就肯定拿他们没办法。现在我们抢先进谷,肯定能捉住他们。"

李密过了陕州,认为其他地方不足为虑,就带着众人慢慢前进,果然翻过山从南面出山。盛彦师发动攻击,李密的部队首尾断绝了联系,相互不能救援。盛彦师于是杀了李密和王伯当,首级都传送到长安。盛彦师因为功劳被赐予葛国公爵位,仍然镇守熊州。

李世勣在黎阳,高祖派使节把李密的首级拿给他看,告诉他李密反叛的情况。李世勣朝北伏地行礼号啕恸哭,上表请求收葬李密;下诏将李密的尸体送给李世勣。李世勣完全按照君臣的礼节为李密服丧,备办了仪卫,全军戴孝,将李密埋葬在黎阳山之南。李密平素很得军心,很多人哭得吐了血。

47　隋右武卫大将军李景守卫北平,高开道围北平,一年多不能攻陷。辽西太守邓暠领兵增援,李景带领部下迁到柳城;后来准备回幽州,在路上被强盗杀死。高开道于是攻取了北平,进一步又攻陷渔阳郡,拥有数千匹马,近一万人,自称燕王,改年号为始兴,都城设在渔阳。

怀戎沙门高昙晟因县令设斋,士民大集,昙晟与僧五千人拥斋众而反,杀县令及镇将,自称大乘皇帝,立尼静宣为邪输皇后,改元法轮。遣使招开道,立为齐王。开道帅众五千人归之,居数月,袭杀昙晟,悉并其众。

48　有犯法不至死者,上特命杀之。监察御史李素立谏曰:"三尺法,王者所与天下共也,法一动摇,人无所措手足。陛下甫创洪业,奈何弃法?臣忝法司,不敢奉诏。"上从之。自是特承恩遇,命所司授以七品清要官。所司拟雍州司户,上曰:"此官要而不清。"又拟秘书郎,上曰:"此官清而不要。"遂擢授侍御史。素立,义深之曾孙也。

上以舞胡安比奴为散骑侍郎。礼部尚书李纲谏曰:"古者乐工不与士齿,虽贤如子野、师襄,皆世不易其业。唯齐末封曹妙达为王,安马驹为开府,有国家者以为殷鉴。今天下新定,建义功臣,行赏未遍,高才硕学,犹滞草莱,而先擢舞胡为五品,使鸣玉曳组,趋翔廊庙,非所以规模后世也。"上不从,曰:"吾业已授之,不可追也。"

　　陈岳论曰:受命之主,发号出令,为子孙法,一不中理,则为厉阶。今高祖曰"业已授之,不可追",苟授之而是则已,授之而非,胡不可追欤?君人之道,不得不以"业已授之"为诫哉!

49　李轨吏部尚书梁硕,有智略,轨常倚之以为谋主。硕见诸胡浸盛,阴劝轨宜加防察,由是与户部尚书安脩仁有隙。轨子仲琰尝诣硕,硕不为礼,乃与脩仁共谮硕于轨,诬以谋反,轨鸩硕,杀之。有胡巫谓轨曰:"上帝当遣玉女自天而降。"轨信之,发民筑台以候玉女,劳费甚广。河右饥,人相食。

怀戎的僧人高昙晟乘县令设斋,百姓聚集时,与五千名僧人裹胁参加斋会的人反叛,杀了县令以及镇守的将领,自称大乘皇帝,立尼姑静宣为邪输皇后,改年号为法轮。派人召高开道,立他为齐王。高开道率领五千人归顺了高昙晟,过了几个月,又袭击杀了高昙晟,兼并了他的全部人马。

48 有些人犯了法但不够判死罪,高祖特别下令杀了。监察御史李素立规劝说:"法律,是王者和天下百姓共同遵守的;法一动摇,人就会手足无措。陛下才开创了大事业,怎么可以丢掉法律?臣下我愧为法律官员,不敢接受诏命。"高祖听从了他的规劝。从此李素立受到特别的宠遇,命令有关部门授予他七品清要官;负责部门打算让他作雍州司户,高祖说:"这个职位虽属枢要,但不清贵。"又改为秘书郎,高祖说:"这个职位清贵,但不掌枢要。"于是提升为侍御史。李素立是李义深的曾孙。

高祖任命跳舞的胡人安比奴为散骑侍郎。礼部尚书李纲劝道:"古代乐工不能与士人并列,即便是像晋乐师子野、鲁乐师襄那样有道德的人,也是世代不许改变所从事的职业。只有北齐末年封曹妙达为王,安马驹为开府,凡是拥有国家的人,都以此作为亡国之鉴。现在天下刚刚平定,一同起义的功臣还没有全部论功行赏,有才华的博学之士仍在民间没有得到任用,而先提升跳舞的胡人当五品官,让他做官佩印,行走于庙堂之上,这不是为后世立规矩的作为。"高祖不听,说:"我已经授予他官衔了,不能追回了。"

陈岳评论道:受天命的人主,发出号令,要作为子孙后代的法则;一旦不合常规,就会成为祸端。现在高祖说:"已经授予,不可追回。"如果授予的对,可以不追;授予的不对,为什么不可以追回呢?君主的规矩,不能不把"已经授予"作为鉴戒呀!

49 李轨的吏部尚书梁硕,很机智,有谋略,李轨常常依靠他,以他为出谋定计的人。梁硕见各胡族逐渐强盛,暗中劝李轨应当加强防备,因此与户部尚书安脩仁产生了隔阂。李轨的儿子李仲琰曾经去见梁硕,梁硕对他不太尊重,于是仲琰和安脩仁一起向李轨诬陷梁硕,诬告他阴谋反叛,李轨用鸩酒杀了梁硕。有胡人巫者对李轨说:"上帝要派玉女从天而降。"李轨相信了,征百姓建高台迎接玉女,花费很多劳力费用。黄河以西饥荒,人吃人。

轨倾家财以赈之，不足，欲发仓粟，召群臣议之。曹珍等皆曰："国以民为本，岂可爱仓粟而坐视其死乎？"谢统师等皆故隋官，心终不服，密与群胡为党，排轨故人，乃诟珍曰："百姓饿者自是羸弱，勇壮之士终不至此。国家仓粟以备不虞，岂可散之以饲羸弱？仆射苟悦人情，不为国计，非忠臣也。"轨以为然，由是士民离怨。

李轨用全部家财救济饥民,仍然不够,想分发仓库中的粮食,召群臣商议,曹珍等人都说:"国家以人民为根本,怎么可以舍不得仓里的粮食而眼看着老百姓饿死呢?"谢统师等人都是隋朝的官员,心里始终不甘心,秘密地与诸胡结为团伙,排挤李轨的旧部下,于是骂曹珍说:"老百姓饿死的是因为他自己瘦弱,健壮的人怎么也饿不死。国家仓里的粮食是用来防备意外的,怎么可以用来喂那些瘦弱的人? 仆射如果要讨人情,不为国家打算,就不是忠臣。"李轨认为谢统师说得对,从此百姓官员都产生了离心怨恨。

卷第一百八十七 唐纪三

起己卯(619)正月尽十月不满一年

高祖神尧大圣光孝皇帝上之下
武德二年(己卯,619)

1 春,正月壬寅,王世充悉取隋朝显官、名士为太尉府官属,杜淹、戴胄皆预焉。胄,安阳人也。隋将军王隆帅屯卫将军张镇周、都水少监苏世长等以山南兵始至东都。王世充专总朝政,事无大小,悉关太尉府。台省监署,莫不阒然。世充立三牌于府门外:一求文学才识,堪济时务者;一求武勇智略,能摧锋陷敌者;一求身有冤滞,拥抑不申者。于是上书陈事日有数百,世充悉引见,躬自省览,殷勤慰谕,人人自喜,以为言听计从,然终无所施行。下至士卒厮养,世充皆以甘言悦之,而实无恩施。

隋马军总管独孤武都为世充所亲任,其从弟司隶大夫机与虞部郎杨恭慎、前勃海郡主簿孙师孝、步兵总管刘孝元、李俭、崔孝仁谋召唐兵,使孝仁说武都曰:"王公徒为儿女之态以悦下愚,而鄙隘贪忍,不顾亲旧,岂能成大业哉!图谶之文,应归李氏,人皆知之。唐起晋阳,奄有关内,兵不留行,英雄景附。且坦怀待物,举善责功,不念旧恶,据胜势以争天下,谁能敌之!吾属托身非所,坐待夷灭。今任管公兵近在新安,又吾之故人也,若遣间使召之,使夜造城下,吾曹共为内应,开门纳之,事无不集矣。"武都从之。事泄,世充皆杀之。恭慎,达之子也。

高祖神尧大圣光孝皇帝上之下
唐高祖武德二年(己卯,公元619年)

1　春季,正月壬寅(初二),王世充让所有隋朝的显要官吏、名士充当太尉府的官吏,杜淹、戴胄也都在其中。戴胄是安阳人。隋朝的将军王隆统率屯卫将军张镇周、都水少监苏世长等,率领山南军队刚刚到达东都。王世充专揽朝政,事情无论大小,都要通过太尉府;隋的台、省、监、署各官府,都无事可做。王世充在太尉府的门外树立三个牌子:一个牌子招求有文学才识、足能救济时务的人;一个牌子招求有武勇智略、能带头冲锋陷阵的人;一个牌子招求遭受到冤屈、郁郁不得申说的人。于是,每天都有数百人上书陈事,王世充都招来接见,亲自阅文,殷勤慰问,人人自喜,以为王世充会言听计从,然而,最后王世充什么事也没有做。甚至于到士兵伙计这层人,王世充都以好话来取悦他们,但实际上并没给他们什么恩惠。

隋朝的马军总管独孤武都受王世充信任,独孤武都的堂弟司隶大夫独孤机与虞部郎杨恭慎、前勃海郡主簿孙师孝、步兵总管刘孝元、李俭、崔孝仁谋划招引唐兵前来,便让崔孝仁对独孤武都说:"王世充只是以儿女情长取悦下属,实际上卑鄙、狭隘、贪婪、残忍,不顾亲旧,怎么能成大业呢?按图谶所说,天下应归李氏,人人都知道。唐从晋阳举事,占据关内,军队未遇阻滞,英雄景仰攀附。而且李氏待人处事襟怀坦荡,任用善人,奖励立功,不念旧恶,占据着胜利的态势来争天下,谁能与其相匹敌呢?我们这些人托身于王世充是错误的,只能坐等被消灭。现在,任管公的军队近在新安,又是我们的旧交,假如能暗中派使者把他们招来,让他们夜里来到城下,我们共同作为内应,开门纳入,事情没有不成功的。"独孤武都听从了此计。但事情泄露了,他们都被王世充杀死。杨恭慎是杨达的儿子。

2　癸卯,命秦王世民出镇长春宫。

3　宇文化及攻魏州总管元宝藏,四旬不克。魏徵往说之,丁未,宝藏举州来降。

4　戊午,淮安王神通击宇文化及于魏县,化及不能抗,东走聊城。神通拔魏县,斩获二千馀人,引兵追化及至聊城,围之。

5　甲子,以陈叔达为纳言。

6　丙寅,李密所置伊州刺史张善相来降。

7　朱粲有众二十万,剽掠汉、淮之间,迁徙无常,攻破州县,食其积粟未尽,复他适,将去,悉焚其馀资;又不务稼穑,民馁死者如积。粲无可复掠,军中乏食,乃教士卒烹妇人、婴儿啖之,曰:"肉之美者无过于人,但使他国有人,何忧于馁?"隋著作佐郎陆从典、通事舍人颜愍楚谪官在南阳,粲初引为宾客,其后无食,阖家皆为所啖。愍楚,之推之子也。又税诸城堡细弱以供军食,诸城堡相帅叛之。

淮安土豪杨士林、田瓚起兵攻粲,诸州皆应之。粲与战于淮源,大败,帅馀众数千奔菊潭。士林家世蛮酋,隋末,士林为鹰扬府校尉,杀郡官而据其郡。既逐朱粲,己巳,帅汉东四郡遣使诣信州总管庐江王瑗请降,诏以为显州道行台。士林以瓚为长史。

8　初,王世充既杀元、卢,虑人情未服,犹媚事皇泰主,礼甚谦敬。又请为刘太后假子,尊号曰圣感皇太后。既而渐骄横,尝赐食于禁中,还家大吐,疑遇毒,自是不复朝谒。皇泰主知其终不为臣,而力不能制,唯取内库彩物大造幡花,又出诸服玩,令僧散施贫乏以求福。世充使其党张绩、董浚守章善、显福二门,宫内杂物,毫厘不得出。是月,世充使人献印及剑。又言河水清,欲以耀众,为己符瑞云。

2　癸卯(初三)，唐高祖李渊命令秦王李世民出京镇守长春宫。

3　宇文化及带兵攻打魏州总管元宝藏，经四十天攻打不下。魏徵前去游说，丁未(初七)，元宝藏举州投降。

4　戊午(十八日)，淮安王李神通在魏县进攻宇文化及，宇文化及抵抗不住，向东逃往聊城。李神通攻克魏县，杀死、俘虏两千多人，带兵追击宇文化及到聊城，并包围聊城。

5　甲子(二十四日)，唐高祖任命陈叔达为纳言。

6　丙寅(二十六日)，李密所任命的伊州刺史张善相前来降唐。

7　朱粲有二十万人，在汉水、淮河之间剽掠，迁徙没有规律，每攻破一个州县，还没有吃尽该州县积聚的粮食，就又转移，将离州县时，把州县其馀的物资全部焚毁；又不注重农业，饿死的老百姓堆得像山那样高。朱粲没有再可掠夺的了，军队中缺乏吃的，就教士兵烧煮妇女、小孩吃，说："没有比人肉更好吃的了，只要其他的城镇里有人，何必为挨饿发愁呢？"隋朝的著作佐郎陆从典、通事舍人颜愍楚，被贬官住在南阳，朱粲起初都请来做自己的宾客，以后朱粲缺乏吃的，二人全家都被朱粲吃掉。颜愍楚是颜之推的儿子。朱粲又把各城堡妇女儿童供给军队为军粮，各城堡相继背叛了他。

淮安当地的豪强杨士林、田瓒起兵攻打朱粲，各州县都响应。朱粲在淮源和他们交战，大败，率领数千名残兵逃奔菊潭。杨士林家族世代都是蛮族首领，隋末，杨士林当鹰扬府校尉，杀了郡里官员占据了郡县。赶跑朱粲以后，己巳(二十九日)，杨士林率领汉东四郡派遣使节到唐信州总管庐江王李瑗处请求投降，唐高祖下诏任命杨士林为显州道行台，杨士林又任命田瓒做长史。

8　当初，王世充杀掉元文都、卢楚之后，担心人情不服，还谄媚皇泰主，礼节相当谦敬。又请求做刘太后的干儿子，尊称刘太后为圣感皇太后。以后，王世充便渐渐变得骄横了，有一次在宫中吃了赏赐的食物，回到家里大吐，他便怀疑食物被人下了毒，自那以后，王世充就不再上朝拜谒了。皇泰主知道王世充最后不会甘当臣下，而自己又无力制服他，只能从宫内仓库中取来丝织品，做了许多幡花；又拿出各种衣服玩物，让僧人到处施舍给贫穷、缺少东西的人，以求福运。王世充让其党羽张绩、董浚守住章善、显福二门，宫内的杂物，毫厘不得拿出。当月，王世充让人献给他印玺和宝剑。他又说黄河水清了，想以此向众人炫耀，为自己制造祥瑞。

9 上遣金紫光禄大夫武功靳孝谟安集边郡,为梁师都所获。孝谟骂之极口,师都杀之。二月,诏追赐爵武昌县公,谥曰忠。

10 初定租、庸、调法,每丁租二石,绢二匹,绵三两。自兹以外,不得横有调敛。

11 丙戌,诏:“诸宗姓居官者在同列之上,未仕者免其徭役。每州置宗师一人以摄总,别为团伍。”

12 张俟德至凉,李轨召其群臣廷议曰:“唐天子,吾之从兄,今已正位京邑。一姓不可自争天下,吾欲去帝号,受其封爵,可乎?”曹珍曰:“隋失其鹿,天下共逐之,称王称帝者,奚啻一人?唐帝关中,凉帝河右,固不相妨。且已为天子,奈何复自贬黜?必欲以小事大,请依萧詧事魏故事。”轨从之。戊戌,轨遣其尚书左丞邓晓入见,奉书称“皇从弟大凉皇帝臣轨”而不受官爵。帝怒,拘晓不遣,始议兴师讨之。

初,隋炀帝自征吐谷浑,吐谷浑可汗伏允以数千骑奔党项,炀帝立其质子顺为主,使统馀众,不果入而还。会中国丧乱,伏允复还收其故地。上受禅,顺自江都还长安,上遣使与伏允连和,使击李轨,许以顺还之。伏允喜,起兵击轨,数遣使入贡请顺,上遣之。

13 闰月,朱粲遣使请降,诏以粲为楚王,听自置官属,以便宜从事。

14 宇文化及以珍货诱海曲诸贼,贼帅王薄帅众从之,与共守聊城。

9 唐高祖派金紫光禄大夫武功人靳孝谟带兵安定边郡,靳孝谟被梁师都俘获。靳孝谟破口大骂梁师都,被梁师都杀掉。二月,唐高祖下诏,追赐靳孝谟为武昌县公,谥号为忠。

10 初步制定租、庸、调法,每个成年男子每年交租两石,绢两匹,绵三两。除此之外,不得横征暴敛。

11 丙戌(十一日),高祖下诏:"皇室各同族中做官的,上朝时站在同品级官员之前,没有做官的,免除其徭役。每州设立一个宗师加以管理,另为编制。"

12 张俟德到达凉州,李轨召集他的群臣在朝廷上议论说:"唐天子是我的堂兄,现在已在京邑做上皇帝。一姓之人不应自相争夺天下,我想去掉帝号,接受唐朝的封爵,合适吗?"曹珍说:"隋朝失去天下,天下人共争君权,称王称帝的,岂只一人?唐朝在关中称帝,凉朝在河右称帝,本来不相妨碍。况且您已经做了天子,何必又自己贬黜自己呢?如果您想以小事大的话,就请依照过去梁朝萧詧服从魏朝的那种做法吧。"李轨听从了曹珍的话。戊戌(二十八日),李轨派遣他的尚书左丞邓晓入见唐朝皇帝,献书上自称"皇帝的堂弟、大凉国皇帝、臣下李轨",而不接受唐朝的官爵。高祖很生气,拘留了邓晓,不让他返回,同时开始议论兴师讨伐李轨之事。

当初,隋炀帝亲自征讨吐谷浑,吐谷浑的可汗伏允带领几千骑兵逃到党项,隋炀帝扶立吐谷浑在隋做人质的伏顺为吐谷浑君主,让伏顺统率留下的部众,但伏顺没能回到吐谷浑便返回中原。恰逢中原丧乱,伏允又返回吐谷浑收回原有的领地。皇上即位时,伏顺从江都回到长安,高祖派使者与伏允联合,让伏允进攻李轨,许愿归还伏顺。伏允很高兴,发兵进攻李轨,几次派遣使者给唐朝进贡,请求归还伏顺,皇上遣返伏顺回吐谷浑。

13 闰二月,朱粲派使者到唐朝请求投降,高祖下诏立朱粲为楚王,听凭朱粲自己设立官属,方便办事。

14 宇文化及用珍奇货物引诱海边的贼众,贼帅王薄率贼众服从宇文化及,与宇文化及一起守护聊城。

窦建德谓其群下曰："吾为隋民,隋为吾君;今宇文化及弑逆,乃吾雠也,吾不可以不讨!"乃引兵趣聊城。

淮安王神通攻聊城,化及粮尽,请降,神通不许。安抚副使崔世幹劝神通许之,神通曰："军士暴露日久,贼食尽计穷,克在旦暮,吾当攻取以示国威,且散其玉帛以劳将士,若受其降,将何以为军赏乎?"世幹曰："今建德方至,若化及未平,内外受敌,吾军必败。夫不攻而下之,为功甚易,奈何贪其玉帛而不受乎?"神通怒,囚世幹于军中。既而宇文士及自济北馈之,化及军稍振,遂复拒战。神通督兵攻之,贝州刺史赵君德攀堞先登,神通心害其功,收兵不战,君德大诟而下,遂不克。建德军且至,神通引兵退。

建德与化及连战,大破之,化及复保聊城。建德纵兵四面急攻,王薄开门纳之。建德入城,生擒化及,先谒隋萧皇后,语皆称臣,素服哭炀帝尽哀,收传国玺及卤簿仪仗,抚存隋之百官,然后执逆党宇文智及、杨士览、元武达、许弘仁、孟景,集隋官而斩之,枭首军门之外。以槛车载化及并二子承基、承趾至襄国,斩之。化及且死,更无馀言,但云:"不负夏王!"

建德每战胜克城,所得资财,悉以分将士,身无所取。又不啖肉,常食蔬,茹粟饭。妻曹氏,不衣纨绮,所役婢妾,才十许人。及破化及,得隋宫人千数,即时散遣之。以隋黄门侍郎裴矩为左仆射,掌选事,兵部侍郎崔君肃为侍中,少府令何稠为工部尚书,右司郎中柳调为左丞,虞世南为黄门侍郎,欧阳询为太常卿。询,纥之子也。自馀随才授职,委以政事。

窦建德对其群下说:"我是隋朝百姓,隋是我的君主;现在宇文化及叛逆杀了皇帝,就是我的仇人,我不能不讨伐!"于是带兵开赴聊城。

淮安王李神通攻打聊城,宇文化及没有了粮食,请求投降,李神通不准。安抚副使崔世幹劝李神通准许宇文化及投降,李神通说:"军队、士卒风餐露宿这么长时间,敌人粮尽计穷,马上就能取胜,我要攻打取胜以宣扬国威,并且分了他的财宝慰劳将士,如果接受他投降,那么用什么来做赏赐军队的费用呢?"崔世幹说:"现在窦建德就要抵达,如果还没有平定宇文化及,里外受敌,我军必然失败。不打就降服了敌人,作为功劳来得太容易了,怎么还能贪图他的财宝而不接受投降呢?"李神通很生气,把崔世幹囚禁在军中。不久,宇文士及从济北运粮接济宇文化及,宇文化及的兵力逐渐恢复,于是又重新抵抗。李神通督率军队攻城,贝州刺史赵君德率先攀着城堞登上城墙,李神通心中嫉妒他的功劳,收兵不战,赵君德大骂下了城,于是未能克城。窦建德的军队即将抵达,李神通于是带兵撤退。

窦建德和宇文化及连续交锋,大败宇文化及,宇文化及重又保聊城。窦建德率兵从四面猛攻,王薄开城门迎接。窦建德进城,活捉了宇文化及,先去拜谒了隋萧皇后,言语都自称臣下,身着白色服装哭隋炀帝以尽哀节;收拾隋传国玉玺及车驾仪仗,安抚隋朝百官,然后,捉住叛逆的同党宇文智及、杨士览、元武达、许弘仁、孟景,集合隋朝官员当面斩了这几个人,割下首级悬挂于军营门外。用槛车载宇文化及和两个儿子宇文承基、宇文承趾到襄国,将他们斩首。宇文化及临死,没有什么要说的,只说:"不负夏王!"

窦建德每次打了胜仗、攻陷城池,得到的物资财产,全部用来分给将士,自己不取分文。他又不吃肉,经常吃蔬菜,下粗米饭。妻子曹氏不穿绫绢作的衣服,役使的奴婢侍妾才十几人。待到打败宇文化及,获得一千多名隋朝宫女,当即遣散。窦建德任命隋朝黄门侍郎裴矩为左仆射,掌管官吏选拔,兵部侍郎崔君肃为侍中,少府令何稠为工部尚书,右司郎中柳调为左丞,虞世南为黄门侍郎,欧阳询为太常卿。欧阳询是欧阳纥的儿子。其馀的隋朝官员也都量才授官,让他们处理政事。

其不愿留,欲诣关中及东都者亦听之,仍给资粮,以兵援之出境。隋骁果尚近万人,亦各纵遣,任其所之。又与王世充结好,遣使奉表于隋皇泰主,皇泰主封为夏王。建德起于群盗,虽建国,未有文物法度,裴矩为之定朝仪,制律令,建德甚悦,每从之谘访典礼。

15 甲辰,上考第群臣,以李纲、孙伏伽为第一,因置酒高会,谓裴寂等曰:"隋氏以主骄臣谄亡天下,朕即位以来,每虚心求谏,然惟李纲差尽忠款,孙伏伽可谓诚直,馀人犹踆敝风,俯眉而已,岂朕所望哉?朕视卿如爱子,卿当视朕如慈父,有怀必尽,勿自隐也!"因命舍君臣之敬,极欢而罢。

16 遣前御史大夫段确使于朱粲。

17 初,上为隋殿内少监,宇文士及为尚辇奉御,上与之善。士及从化及至黎阳,上手诏召之,士及潜遣家僮间道诣长安,又因使者献金环。化及至魏县,兵势日蹙,士及劝之归唐,化及不从,内史令封德彝说士及于济北征督军粮以观其变。化及称帝,立士及为蜀王。化及死,士及与德彝自济北来降。时士及妹为昭仪,由是授上仪同。上以封德彝隋室旧臣,而谄巧不忠,深消责之,罢遣就舍。德彝以秘策干上,上悦,寻拜内史舍人,俄迁侍郎。

18 甲寅,隋夷陵郡丞安陆许绍帅黔安、武陵、澧阳等诸郡来降。绍幼与帝同学,诏以绍为峡州刺史,赐爵安陆公。

19 丙辰,以徐世勣为黎州总管。

20 丁巳,骠骑将军张孝珉以劲卒百人袭王世充氾水城,入其郭,沉米船百五十艘。

对不愿留下的人,准备去关中或东都的,听任他们前往,并给予路费粮食,派兵保护他们出境。隋骁果还有近一万人,也分派遣返,听任他们选择去处。窦建德又与王世充联合交好,派遣使节奉表于皇泰主,皇泰主封他为夏王。窦建德出身盗贼,虽然建国,但没有行政制度,裴矩为他制定朝仪,修订法律,窦建德非常高兴,经常向裴矩请教礼仪典章之事。

15 甲辰(初四),唐高祖考核群臣优劣,李纲、孙伏伽为第一,于是设盛大宴会,对裴寂等人说:"隋氏因为君主骄奢,臣子谄媚,丢了天下,朕即位以来,经常虚心求谏,但是唯有李纲比较够得上忠诚,孙伏伽可以称得正直,其馀的仍然沿袭隋朝恶劣的风气,只是俯首帖耳,这岂是朕所希望的?朕对各位犹如爱子,各位应当将朕当作慈父,有什么看法一定要畅所欲言,不要埋在心里。"于是下令免去君臣之间的礼数,尽兴而罢。

16 唐派遣前御史大夫段确出使朱粲处。

17 当初,唐高祖做隋殿内少监,宇文士及当隋尚辇奉御,高祖与他很要好。宇文士及随宇文化及到黎阳,高祖亲笔写诏书召宇文士及,宇文士及暗中派家僮从小路赴长安,又托使者献金环表示想回长安。宇文化及到魏县,兵力日益衰弱,宇文士及劝他归顺唐朝,宇文化及不听,内史令封德彝劝士及在济北征收督运军粮静观其变。宇文化及称帝,立士及为蜀王。宇文化及死后,宇文士及和封德彝从济北前来降唐。当时宇文士及的妹妹是后宫中的昭仪,因此授予士及上仪同之衔。高祖因为封德彝是隋朝旧臣,但是谄媚虚伪而不忠诚,狠狠地斥责了他一番,罢免了他的官职遣返回家。封德彝用秘策迎合皇上,高祖很高兴,马上拜封德彝为内史舍人,不久又迁为侍郎一级官员。

18 甲寅(十四日),隋朝夷陵郡丞安陆人许绍带领黔安、武陵、澧阳等郡官吏前来降唐。许绍幼年与高祖在一起上学,高祖下诏任命许绍为峡州刺史,赐爵安陆公。

19 丙辰(十六日),唐高祖任命徐世勣为黎州总管。

20 丁巳(十七日),唐骠骑将军张孝珉率领一百精壮士兵袭击王世充的氾水城,进入氾水外城,将一百五十艘运米船沉入水中。

21　己未,世充寇谷州。世充以秦叔宝为龙骧大将军,程知节为将军,待之皆厚。然二人疾世充多诈,知节谓叔宝曰:"王公器度浅狭而多妄语,好为咒誓,此乃老巫妪耳,岂拨乱之主乎?"世充与唐兵战于九曲,叔宝、知节皆将兵在陈,与其徒数十骑,西驰百许步,下马拜世充曰:"仆荷公殊礼,深思报效。公性猜忌,喜信谗言,非仆托身之所,今不能仰事,请从此辞。"遂跃马来降,世充不敢逼。上使事秦王世民,世民素闻其名,厚礼之,以叔宝为马军总管,知节为左三统军。时世充骁将又有骠骑武安李君羡、征南将军临邑田留安,亦恶世充之为人,帅众来降。世民引君羡置左右,以留安为右四统军。

22　王世充囚李育德之兄厚德于获嘉,厚德与其守将赵君颖逐殷州刺史段大师,以城来降。以厚德为殷州刺史。

23　窦建德陷邢州,执总管陈君宾。

24　上遣殿内监窦诞、右卫将军宇文歆助并州总管齐王元吉守晋阳。诞,抗之子也,尚帝女襄阳公主。元吉性骄侈,奴客婢妾数百人,好使之被甲,戏为攻战,前后死伤甚众,元吉亦尝被伤。其乳母陈善意苦谏,元吉醉,怒,命壮士殴杀之。性好田猎,载罔罝三十车,尝言:"我宁三日不食,不能一日不猎。"常与诞游猎,蹂践人禾稼。又纵左右夺民物,当衢射人,观其避箭。夜开府门,宣淫他室。百姓愤怨,歆屡谏不纳,乃表言其状。壬戌,元吉坐免官。

25　癸亥,陕州刺史李育德攻下王世充河内堡聚三十一所。乙丑,世充遣其兄子君廓侵陕州,李育德击走之,斩首千馀级。李厚德归省亲疾,使李育德守获嘉,世充并兵攻之,丁卯,城陷,育德及弟三人皆战死。

21 己未(十九日),王世充侵犯谷州。王世充任命秦叔宝为龙骧大将军,程知节为将军,对待他们很好。但是二人憎恨王世充的多诈,程知节对秦叔宝说:"王公才识风度浅薄,却爱乱说,喜欢赌咒发誓,这不过是老巫婆,哪里是拨乱反正的君主?"王世充在九曲与唐军交战,秦叔宝、程知节都带兵在阵内,和他们的几十名部下,骑着马向西跑了一百来步,然后下马向王世充行礼,说道:"我等身受您的特别优待,总想报恩效力,但您性情猜忌,爱信谗言,不是我等托身之处,如今不能再侍奉您,请求从此分别。"于是跳上马前来降唐,王世充不敢追逼。高祖让他们跟着秦王李世民,李世民早已听说他们的名声,十分尊重他们,任命秦叔宝为马军总管,程知节为左三统军。当时王世充的骁将还有骠骑武安人李君羡、征南将军临邑人田留安,他们也厌恶王世充的为人,带领部下前来投降。李世民将李君羡安置在身边,任命田留安为右四统军。

22 王世充将李育德的兄长李厚德囚禁在获嘉县,李厚德与看守他的将领赵君颖赶走了殷州刺史段大师,以城池来降唐。唐任命李厚德为殷州刺史。

23 窦建德攻陷了邢州,活捉了总管陈君宾。

24 唐高祖派遣殿内监窦诞、右卫将军宇文歆协助并州总管齐王李元吉镇守晋阳。窦诞是窦抗的儿子,娶了高祖的女儿襄阳公主。李元吉性情骄横,生活奢侈,有几百名奴婢侍妾,喜欢让她们穿上战袍,做打仗的游戏,前后死了不少人,李元吉也受了伤。李元吉的奶妈陈善意苦苦劝说,李元吉喝醉,听到她的话很生气,命令力士打死了陈善意。李元吉生性喜欢打猎,有三十车捕捉鸟兽鱼虾的网,曾经说:"我宁可三天不吃饭,也不能一天不打猎。"常常和窦诞游猎,践踏百姓的庄稼。他还放纵身边的人抢夺民物,在大街上射人,看人避箭的样子。夜里打开王府大门,公然在别人家做出淫秽之事。百姓十分愤怒,宇文歆屡次规劝李元吉都不听,于是宇文歆上表报告了李元吉的情况。壬戌(二十二日),李元吉获罪免除官爵。

25 癸亥(二十三日),唐陟州刺史李育德攻下王世充在河内地区的三十一座堡垒聚集地。乙丑(二十五日),王世充派遣侄子王君廓侵犯陟州,李育德击退来敌,杀死一千多人。李厚德回乡探望生病的父母,让李育德守卫获嘉,王世充合兵攻打获嘉,丁卯(二十七日),获嘉陷落,李育德与三个弟弟全部阵亡。

26 己巳，李公逸以雍丘来降，拜杞州总管，以其族弟善行为杞州刺史。

27 隋吏部侍郎杨恭仁，从宇文化及至河北，化及败，魏州总管元宝藏获之，己巳，送长安。上与之有旧，拜黄门侍郎，寻以为凉州总管。恭仁素习边事，晓羌、胡情伪，民夷悦服，自葱岭已东，并入朝贡。

28 突厥始毕可汗将其众渡河至夏州，梁师都发兵会之，以五百骑授刘武周，欲自句注入寇太原。会始毕卒，子什钵苾幼，未可立，立其弟俟利弗设为处罗可汗。处罗以什钵苾为尼步设，使居东偏，直幽州之北。先是，上遣右武候将军高静奉币使于突厥，至丰州，闻始毕卒，敕纳于所在之库。突厥闻之，怒，欲入寇。丰州总管张长逊遣高静以币出塞为朝廷致赙，突厥乃还。

29 三月庚午，梁师都寇灵州，长史杨则击走之。

30 壬申，王世充寇谷州，刺史史万宝战不利。

31 庚辰，隋北海通守郑虔符、文登令方惠整及东海、齐郡、东平、任城、平陆、寿张、须昌贼帅王薄等并以其地来降。

32 王世充之寇新安也，外示攻取，实召文武之附己者议受禅。李世英深以为不可，曰："四方所以奔驰归附东都者，以公能中兴隋室故也。今九州之地，未清其一，遽正位号，恐远人皆思叛去矣！"世充曰："公言是也！"长史韦节、杨续等曰："隋氏数穷，在理昭然。夫非常之事，固不可与常人议之。"太史令乐德融曰："昔岁长星出，乃除旧布新之征。今岁星在角、亢。亢，郑之分野。若不亟顺天道，恐王气衰息。"世充从之。

26　己巳(二十九日),李公逸以雍丘前来降唐,官拜杞州总管,任命他的同族弟弟李善行为杞州刺史。

27　隋朝的吏部侍郎杨恭仁,跟随宇文化及来到河北;宇文化及失败,被唐魏州总管元宝藏俘获,己巳(二十九日),将杨恭仁押送到长安。唐高祖和他是老相识,于是杨恭仁官拜黄门侍郎,随即又任命为凉州总管。杨恭仁一向熟悉边境事务,了解羌、胡各族的真实情况,凉州百姓与夷族对他都心悦诚服,葱岭以东地区的各国,都前来朝拜,献纳贡品。

28　突厥始毕可汗带领手下人马渡过黄河到夏州,梁师都派出军队与突厥会合,把五百骑兵授予刘武周,准备从句注入侵太原。恰好始毕去世,始毕的儿子什钵苾年幼,不能立为可汗,突厥立始毕的弟弟俟利弗设为处罗可汗。处罗任命什钵苾为尼步设,把他安置在突厥的东部,正当幽州的北面。这之前,唐高祖派遣右武候将军高静携带礼物出使突厥,走到丰州,听说始毕去世,朝廷下令将这些礼物交到当地的仓库。突厥闻讯很气愤,打算入侵。丰州总管张长逊派高静将这些礼物出塞作为朝廷赠送给始毕丧事的用款,于是突厥回师。

29　三月庚午(初一),梁师都侵犯灵州,被唐灵州长史杨则击退。

30　壬申(初三),王世充侵犯谷州,唐谷州刺史史万宝迎战失利。

31　庚辰(十一日),隋朝北海通守郑虔符、文登县令方惠整以及东海、齐郡、东平、任城、平陆、寿张、须昌叛乱首领王薄等人都以属地降唐。

32　王世充侵新安,对外说是要攻取城池,实际召集文武官员中附和自己的人商议接受禅让帝位的事。李世英坚持认为不可,他说:"四方八面的群雄之所以迅速归附东都,是认为您能够中兴隋朝的缘故,如今全国九州之地,平定的还不及其一就仓促称帝,恐怕与您不够亲近的人,都想叛离而去了!"王世充说:"你说得对!"长史韦节、杨续等说:"隋朝的气数已经完了,这道理很明白。特殊情况,自然不可与常人商量。"太史令乐德融说:"往年长星出现,这是除旧布新的征兆,今年岁星在角宿、亢宿,亢宿是郑的分野。如果不马上顺应天道,恐怕王气就会衰落。"王世充听从了这些意见。

外兵曹参军戴胄言于世充曰:"君臣犹父子也,休戚同之。明公莫若竭忠徇国,则家国俱安矣。"世充诡辞称善而遣之。世充议受九锡,胄复固谏,世充怒,出为郑州长史,使与兄子行本镇虎牢。乃使段达等言于皇泰主,请加世充九锡。皇泰主曰:"郑公近平李密,已拜太尉,自是以来,未有殊绩,俟天下稍平,议之未晚。"段达曰:"太尉欲之。"皇泰主熟视达曰:"任公!"辛巳,达等以皇泰主之诏命世充为相国,假黄钺,总百揆,进爵郑王,加九锡,郑国置丞相以下官。

33　初,宇文化及以隋大理卿郑善果为民部尚书,从至聊城,为化及督战,中流矢。窦建德克聊城,王琮获善果,责之曰:"公名臣之家,隋室大臣,奈何为弑君之贼效命,苦战伤痍至此乎?"善果大惭,欲自杀,宋正本驰往救止之,建德复不为礼,乃奔相州,淮安王神通送之长安。庚午,善果至,上优礼之,拜左庶子、检校内史侍郎。

34　齐王元吉讽并州父老诣阙留己。甲申,复以元吉为并州总管。

35　戊子,淮南五州皆遣使来降。

36　辛卯,刘武周寇并州。

37　壬辰,营州总管邓暠击高开道,败之。

38　甲午,王世充遣其将高毗寇义州。

39　东都道士桓法嗣献《孔子闭房记》于王世充,言相国当代隋为天子。世充大悦,以法嗣为谏议大夫。世充又罗取杂鸟,书帛系颈,自言符命而纵之。有得鸟来献者,亦拜官爵。于是段达以皇泰主命,加世充殊礼,世充奉表三让。百官劝进,设位于都堂。纳言苏威年老,不任朝谒,世充以威隋氏重臣,欲以眩耀士民,每劝进,必冠威名。及受殊礼之日,扶威置百官之上,然后南面正坐受之。

外兵曹参军戴胄对王世充说:"君臣就像父子,休戚与共。明公您不如竭忠为国,则个人国家都会安定。"王世充假意称他说得很好把他打发走了。王世充商议接受九锡,戴胄又尽力规谏,王世充很生气,把他贬出东都做郑州长史,让他和王世充的侄子王行本镇守虎牢。王世充于是派段达等人对皇泰主说明,请求授予王世充九锡。皇泰主说:"郑公新近平定了李密,已经官拜太尉,从那以来,没有特别的功劳,待天下逐渐平定,再论此事也不晚。"段达说:"太尉想加九锡。"皇泰主紧紧盯着段达,说:"随您便!"辛巳(十二日),段达等人以皇泰主的名义下诏命王世充为相国,假黄钺,使他有权征伐四方,总理百官政务,爵位晋封为郑王,加九锡,郑国可设置丞相以下官员。

33　当初,宇文化及任用隋大理卿郑善果做民部尚书,郑善果跟随宇文化及到聊城,为宇文化及督战,中了流箭。窦建德攻克聊城,王琮抓获了郑善果,斥责他说:"您是名臣之后,隋朝的大臣,怎么能为弑君的反贼效命,拼命作战受伤到这副样子?"郑善果羞愧万分,想自杀,宋正本跑去制止了他,窦建德又对他不尊重,于是郑善果逃往相州,淮安王李神通送他去长安。庚午,郑善果到达长安,高祖对他很优厚,官拜左庶子、检校内史侍郎。

34　齐王李元吉暗示并州的父老赴朝中要求挽留自己;甲申(十五日),重新任命李元吉为并州总管。

35　戊子(十九日),淮南五州均派遣使节前来降唐。

36　辛卯(二十二日),刘武周侵犯并州。

37　壬辰(二十三日),唐营州总管邓暠攻打并打败了高开道。

38　甲午(二十五日),王世充派遣他的将领高毗侵犯义州。

39　东都的道士桓法嗣将《孔子闭房记》一书献给王世充,称相国王世充应取代隋做天子。王世充欣喜异常,任命桓法嗣为谏议大夫。王世充又网住各种飞禽,将布帛写上字系在鸟颈上,自称符合天命而放掉。有人得到这些鸟献上,也拜官封爵。于是段达以皇泰主的名义下令,给予王世充特殊的礼遇,王世充上表三次推让。满朝文武百官劝他称帝,在都堂设座位。纳言苏威年老,上朝难以支撑,王世充因为苏威是隋朝的重臣,想利用他向大臣、百姓炫耀,每次百官劝进,必定以苏威为首。待接受殊礼的日子,将苏威扶到百官之前,然后自己面向南坐定接受拜见。

40　夏，四月，刘武周引突厥之众，军于黄蛇岭，兵锋甚盛。齐王元吉使车骑将军张达以步卒尝寇，达辞以兵少不可往，元吉强遣之，至则俱没。达忿恨，庚子，引武周袭榆次，陷之。

41　散骑常侍段确，性嗜酒，奉诏慰劳朱粲于菊潭。辛丑，乘醉侮粲曰："闻卿好啖人，人作何味？"粲曰："啖醉人正如糟藏猪肉。"确怒，骂曰："狂贼入朝，为一头奴耳，复得啖人乎？"粲于座收确及从者数十人，悉烹之以啖左右。遂屠菊潭，奔王世充，世充以为龙骧大将军。

42　王世充令长史韦节、杨续等及太常博士衡水孔颖达，造禅代仪，遣段达、云定兴等十余人入奏皇泰主曰："天命不常，郑王功德甚盛，愿陛下遵唐、虞之迹！"皇泰主敛膝据案，怒曰："天下，高祖之天下，若隋祚未亡，此言不应辄发；必天命已改，何烦禅让！公等或祖祢旧臣，或台鼎高位，既有斯言，朕复何望？"颜色凛冽，在廷者皆流汗。退朝，泣对太后。世充更使人谓之曰："今海内未宁，须立长君，俟四方安集，当复子明辟，必如前誓。"癸卯，世充称皇泰主命，禅位于郑，遣其兄世恽幽皇泰主于含凉殿，虽有三表陈让及敕书敦劝，皇泰主皆不知也。遣诸将引兵入清宫城，又遣术人以桃汤苇火袚除禁省。

43　隋将帅、郡县及贼帅前后继有降者，诏以王薄为齐州总管，伏德为济州总管，郑虔符为青州总管，綦公顺为淮州总管，王孝师为沧州总管。

44　甲辰，遣大理卿新乐郎楚之安抚崤山以东，秘书监夏侯端安抚淮左。

40 夏季,四月,刘武周带领突厥人马,在黄蛇岭扎营,来势很猛,齐王李元吉让车骑将军张达用兵挑战。张达以兵力太少为理由认为不可前往,李元吉硬逼他出兵,士兵到敌营便全部阵亡。张达很忿怒,庚子(初二),张达带领刘武周袭击并攻陷了榆次。

41 唐散骑常侍段确生性喜欢喝酒,奉诏到菊潭慰劳朱粲。辛丑(初三),段确趁酒醉侮慢朱粲说:"听说你爱吃人肉,人肉是什么滋味?"朱粲回答:"吃醉鬼的肉就像吃酒槽猪肉。"段确生气,骂道:"狂贼入朝,不过是个奴婢,还敢吃人肉吗?"朱粲就在席间捉住段确和几十名随从者,全部煮了,分给身边的人吃。随后朱粲屠杀了菊潭百姓,投奔王世充,王世充任命他为龙骧大将军。

42 王世充命令长史韦节、杨续等人及太常博士衡水人孔颖达制订禅让的礼仪,派段达、云定兴等十几个人进宫禀告皇泰主说:"上天的旨意不是永恒不变的,如今郑王功高德重,希望陛下遵从唐尧、虞舜的业绩。"原本盘坐榻上的皇泰主不禁并拢双膝撑着矮桌气愤地说:"天下,是高祖的天下,如果隋运未亡,这种话就不应提起,如果上天的旨意已经改变,也用不着什么禅让! 各位不是祖辈旧臣,就是身居三公高位,既然你们说出这种话,朕还能指望什么?"神色严峻,在朝的各位大臣都流下冷汗。皇泰主下朝后,对着太后流泪。王世充又派人对皇泰主说:"如今海内尚未安定,需要立年长一些的人做君主,待到天下安宁,一定公开恢复您的帝位,决不违背原先的誓言。"癸卯(初五),王世充声称皇泰主之命,隋禅位于郑,派他的兄长王世恽将皇泰主软禁在含凉殿,此前虽然有王世充再三上表辞让及以皇泰主名义下敕书敦促劝进,实际皇泰主都不知道。王世充派遣众将领带兵清理宫城,又派做幻术的人用桃汤、苇火在宫中举行除凶祈福的仪式。

43 隋朝的将帅、郡县以及各地起兵者前后相继有人来降唐,唐高祖下诏任命王薄为齐州总管,伏德为济州总管,郑虔符为青州总管,綦公顺为淮州总管,王孝师为沧州总管。

44 甲辰(初六),唐派遣大理卿新乐人郎楚之安抚山东,秘书监夏侯端安抚淮左。

45　乙巳，王世充备法驾入宫，即皇帝位。丙午，大赦，改元开明。

46　丁未，隋御卫将军陈稜以江都来降。以稜为扬州总管。

47　戊申，王世充立子玄应为太子，玄恕为汉王，馀兄弟宗族十九人皆为王。奉皇泰主为潞国公。以苏威为太师，段达为司徒，云定兴为太尉，张仅为司空，杨续为纳言，韦节为内史，王隆为左仆射，韦霁为右仆射，齐王世恽为尚书令，杨汪为吏部尚书，杜淹为少吏部，郑颋为御史大夫。世恽，世充之兄也。又以国子助教吴人陆德明为汉王师，令玄恕就其家行束脩礼。德明耻之，服巴豆散，卧称病，玄恕入跪床下，对之遗利，竟不与语。德明名朗，以字行。

世充于阙下及玄武门等数处皆设榻，坐无常所，亲受章表。或轻骑历衢市，亦不清道，民但避路而已。世充按辔徐行，语之曰："昔时天子深居九重，在下事情无由闻彻。今世充非贪天位，但欲救恤时危，正如一州刺史，亲览庶务，当与士庶共评朝政，尚恐门有禁限，今于门外设坐听朝，宜各尽情。"又令西朝堂纳冤抑，东朝堂纳直谏。于是献策上书者日有数百，条流既烦，省览难遍，数日后，不复更出。

48　窦建德闻王世充自立，乃绝之，始建天子旌旗，出警入跸，下书称诏，追谥隋炀帝为闵帝。齐王暕之死也，有遗腹子政道，建德立以为郧公，然犹依倚突厥以壮其兵势。隋义成公主遣使迎萧皇后及南阳公主，建德遣千馀骑送之，又传宇文化及首以献义成公主。

45　乙巳(初七),王世充用全套皇帝车驾进入宫城,即皇帝位,丙午(初八),大赦天下,改年号为开明。

46　丁未(初九),隋御卫将军陈稜以江都来降唐;唐任命陈稜为扬州总管。

47　戊申(初十),王世充立儿子王玄应为太子,王玄恕为汉王,其馀兄弟、同族十九人都封为王。奉皇泰主为潞国公。任命苏威为太师,段达为司徒,云定兴为太尉,张仅为司空,杨续为纳言,韦节为内史令,王隆为左仆射,韦霁为右仆射,齐王王世恽为尚书令,杨汪为吏部尚书,杜淹为少吏部,郑颐为御史大夫。王世恽是王世充的兄长。又任命国子助教吴人陆德明为汉王的教师,命汉王王玄恕到他家中行拜教师的束脩礼。陆德明觉得是耻辱,吃了泻药巴豆散,卧床说有病,王玄恕进屋跪在床前,陆德明当着王玄恕面泄痢,从始至终没有和他说一句话。陆德明,名为陆朗,平素称字。

王世充在宫楼下及玄武门等几处都摆了榻,行坐没有固定场所,亲自处理奏章上表。有时轻骑简装经过闹市,也不用清道令百姓回避,老百姓只需让开道。王世充勒住马缰缓慢行走,对老百姓说:“过去的天子居住重重宫殿之中,民情无法上达帝听。如今世充不是贪图皇帝的宝座,只是想拯救现时的危难,就如一个州的长官刺史一样,亲自过问政务,并要与官员百姓共同评议朝政,还怕宫门有限制,现在在宫门外设座位听朝,各位应当把了解的情况都全部讲出来。”又命令以西朝堂受理冤情,东朝堂受理直言极谏。于是每天有几百人献策上书,分类很麻烦,也难以全部省阅,几天后,王世充就不再出宫。

48　窦建德听说王世充自立为帝,于是与王世充断绝了关系,开始自己设立天子使用的旗帜,出入都如天子清道警戒。下达的文书如天子称为诏,追谥隋炀帝为隋闵帝。隋齐王杨暕死的时候,有遗腹子杨政道,窦建德立他为郧公,但是仍然依靠突厥以壮声势。隋朝义成公主派人迎接隋萧皇后和南阳公主到突厥,窦建德派遣一千多骑兵护送,又送宇文化及的首级献给义成公主。

49 丙辰,刘武周围并州,齐王元吉拒却之。戊午,诏太常卿李仲文将兵救并州。

50 王世充将军丘怀义居门下内省,召越王君度、汉王玄恕、将军郭士衡杂妓姜饮博,侍御史张蕴古弹之。世充大怒,令散手执君度、玄恕,批其耳数十,又命引入东上阁,杖之各数十。怀义、士衡不问。赏蕴古帛百段,迁太子舍人。君度,世充之兄子也。

世充每听朝,殷勤诲谕,言词重复,千端万绪,侍卫之人不胜倦弊。百司奏事,疲于听受。御史大夫苏良谏曰:"陛下语太多而无领要,计云尔即可,何烦许辞也?"世充默然良久,亦不罪良,然性如是,终不能改也。

51 王世充数攻伊州,总管张善相拒之,粮尽,援兵不至,癸亥,城陷,善相骂世充极口而死。帝闻,叹曰:"吾负善相,善相不负吾也!"赐其子襄城郡公。

52 五月,王世充陷义州,复寇西济州。遣右骁卫大将军刘弘基将兵救之。

53 李轨将安脩仁兄兴贵,仕长安,表请说轨,谕以祸福。上曰:"轨阻兵恃险,连结吐谷浑、突厥,吾兴兵击之,尚恐不克,岂口舌所能下乎?"兴贵曰:"臣家在凉州,奕世豪望,为民夷所附。弟脩仁为轨所信任,子弟在机近者以十数。臣往说之,轨听臣固善,若其不听,图之肘腋,易矣!"上乃遣之。

兴贵至武威,轨以为左右卫大将军。兴贵乘间说轨曰:"凉地不过千里,土薄民贫。今唐起太原,取函秦,宰制中原,战必胜,攻必取,此殆天启,非人力也。不若举河西归之,则窦融之功复见于今日矣!"轨曰:"吾据山河之固,彼虽强大,

49 丙辰(十八日),刘武周包围并州,齐王李元吉抵抗来敌。戊午(二十日),唐下诏命太常卿李仲文带兵救援并州。

50 王世充的将军丘怀义在门下内省,召集越王王君度、汉王王玄恕,将军郭士衡与女妓侍妾鬼混在一起饮酒赌博,侍御史张蕴古弹劾他们。王世充非常生气,命令散手捉住王君度、王玄恕,打了他们几十个耳光,又下令带入东上阁,各自打几十大板。丘怀义、郭士衡不问罪。赏给张蕴古一百段帛,迁官太子舍人。王君度是王世充兄长的儿子。

王世充每次听朝,都反复训示,言词重复,千头万绪,令侍卫疲倦不堪,各部门上奏政事,问答太多令人疲惫。御史大夫苏良劝谏道:"陛下说得很多,但不得要领,其实计议一下就可以了,何必费这么多口舌?"王世充沉默很长时间,也不怪罪苏良,但是他就是这种性情,最终也不能改。

51 王世充几次攻打伊州,唐总管张善相拒敌,粮食吃光,还不见援军,癸亥(二十五日),城池陷落,张善相大骂王世充一直到死。唐高祖听说后,感叹道:"我对不起善相,善相却没有辜负我!"赐给张善相的儿子襄城郡公爵位。

52 五月,王世充攻陷义州之后,又侵犯西济州。唐派右骁卫大将军刘弘基带兵救援。

53 李轨的将领安脩仁的兄长安兴贵,在长安做官,上表请求去说服李轨,对他说明祸福。高祖说:"李轨拥兵凭仗险要,连结吐谷浑、突厥,我起兵攻打他,还怕不能取胜,哪里是一番口舌就可以拿下的?"安兴贵回答:"臣下的家在凉州,累世豪门望族,各族百姓多加依附。弟弟脩仁受李轨信任,有十几名子弟为李轨机密近要官员,臣前去说服李轨,李轨能听我的话固然好,如果不听,在他的身边解决他,也容易了!"于是高祖派他前往凉州。

安兴贵到达武威,李轨任命他为左右卫大将军。安兴贵找机会劝李轨说:"凉的辖地不过千里,土地瘠薄百姓贫困。如今唐从太原兴起,夺取了函秦,统制中原,战必胜,攻必取,这大概是天意,不是人力能做到的。您不如带整个河西归附唐,那么汉代窦融的功勋又可以在今天重现了!"李轨说:"我凭着山河的牢固,他们虽然强大,

若我何！汝自唐来，为唐游说耳。"兴贵谢曰："臣闻富贵不归故乡，如衣绣夜行，臣阖门受陛下荣禄，安肯附唐？但欲效其愚虑，可否在陛下耳。"于是退与脩仁阴结诸胡起兵击轨，轨出战而败，婴城自守。兴贵徇曰："大唐遣我来诛李轨，敢助之者夷三族！"城中人争出就兴贵。轨计穷，与妻子登玉女台，置酒为别。庚辰，兴贵执之以闻，河西悉平。

邓晓在长安，舞蹈称庆，上曰："汝为人使臣，闻国亡，不戚而喜，以求媚于朕，不忠于李轨，肯为朕用乎？"遂废之终身。

轨至长安，并其子弟皆伏诛。以安兴贵为右武候大将军、上柱国、凉国公，赐帛万段，安脩仁为左武候大将军、申国公。

54　隋末，离石胡刘龙儿拥兵数万，自号刘王，以其子季真为太子，虎贲郎将梁德击斩龙儿。至是，季真与弟六儿复举兵为乱，引刘武周之众攻陷石州，杀刺史王俭。季真自称突利可汗，以六儿为拓定王。六儿遣使请降，诏以为岚州总管。

55　壬午，以秦王世民为左武候大将军、使持节、凉甘等九州诸军事、凉州总管，其太尉、尚书令、雍州牧、陕东道行台并如故。遣黄门侍郎杨恭仁安抚河西。

56　丙戌，刘武周陷平遥。

57　癸巳，梁州总管、山东道安抚副使陈政为麾下所杀，携其首奔王世充。政，茂之子也。

58　王世充以礼部尚书裴仁基、左辅大将军裴行俨有威名，忌之。仁基父子知之，亦不自安，乃与尚书左丞宇文儒童、儒童弟尚食直长温、散骑常侍崔德本谋杀世充及其党，复尊立皇泰主，事泄，皆夷三族。齐王世恽言于世充曰："儒童等谋反，正为皇泰主尚在故也，不如早除之。"世充从之，

又能拿我怎么样？你从唐朝来,是为唐游说吧。"安兴贵连忙谢罪道:"我听说富贵不回乡,就像穿着锦绣衣服在夜间行走不为人所知一样,臣下我全家受陛下的荣禄,怎么会归附唐? 只不过想呈上我的想法,行不行在陛下您了。"于是退下和安脩仁秘密联合各胡部起兵攻打李轨,李轨出战,打了败仗,于是凭城自守。安兴贵宣告:"大唐派我来诛灭李轨,有胆敢援助他的,诛杀三族。"城中的人争相出城投奔安兴贵。李轨无计可施,和妻儿登上玉女台,摆酒话别。庚辰(十三日),安兴贵捉住李轨上报唐廷,河西全部平定。

李轨的使者邓晓在长安,行礼表示祝贺,高祖说:"你身为使臣,得知国家灭亡,不悲戚反而欣喜,向朕献媚,你不能忠于李轨,能够为朕所用吗?"于是废黜他终身不得任用。

李轨被押送到长安,与他的儿子兄弟等全部伏法。唐任命安兴贵为右武候大将军、上柱国、凉国公,赐一万段帛,任命安脩仁为左武候大将军、中国公。

54 隋末,离石胡人刘龙兒拥有数万兵马,自己号称刘王,以儿子刘季真为太子,唐虎贲郎将梁德攻打并杀了刘龙兒。到此时,刘季真与弟弟刘六兒又起兵叛乱,带领刘武周的军队攻陷石州,杀死唐石州刺史王俭。刘季真自称突利可汗,以刘六兒为拓定王。刘六兒派人向唐请降,唐下诏任命他为岚州总管。

55 壬午(十五日),唐任命秦王李世民为左武候大将军、使持节、凉甘等九州诸军事、凉州总管,原太尉、尚书令、雍州牧、陕东道行台等官职仍旧。又派遣黄门侍郎杨恭仁安抚河西。

56 丙戌(十九日),刘武周攻陷平遥。

57 癸巳(二十六日),唐梁州总管、山东道安抚副使陈政被部下杀死,携带他的首级投奔了王世充。陈政是陈茂的儿子。

58 王世充因为礼部尚书裴仁基、左辅大将军裴行俨很有威望,所以猜忌他们。裴仁基父子得知后,内心不安,于是与尚书左丞宇文儒童、宇文儒童之弟尚食直长宇文温、散骑常侍崔德本谋划杀死王世充及其党羽,重新尊奉皇泰主杨侗为主,事情泄露,均遭诛灭三族。齐王王世恽对王世充说:"儒童等人谋反,就是因为皇泰主还活着的缘故,不如早些除掉皇泰主。"王世充听从了他的计划,

遣兄子唐王仁则及家奴梁百年鸩皇泰主。皇泰主曰："更为请太尉，以往者之言，未应至此。"百年欲为启陈，世恽不许。又请与皇太后辞诀，亦不许。乃布席焚香礼佛："愿自今已往，不复生帝王家！"饮药，不能绝，以帛缢杀之，谥曰恭皇帝。世充以其兄楚王世伟为太保，齐王世恽为太傅，领尚书令。

59 六月庚子，窦建德陷沧州。

60 初，易州贼帅宋金刚，有众万馀，与魏刀兒连结。刀兒为窦建德所灭，金刚救之，战败，帅众四千西奔刘武周。武周闻其善用兵，得之，甚喜，号曰宋王，委以军事，中分家赀以遗之。金刚亦深自结，出其故妻，纳武周之妹。因说武周图晋阳，南向争天下。武周以金刚为西南道大行台，使将兵三万寇并州。丁未，武周进逼介州，沙门道澄以佛幡缒之入城，遂陷介州。诏左武卫大将军姜宝谊、行军总管李仲文击之。武周将黄子英往来雀鼠谷，数以轻兵挑战，兵才接，子英阳不胜而走，如是再三，宝谊、仲文悉众逐之，伏兵发，唐兵大败，宝谊、仲文皆为所房。既而俱逃归，上复使二人将兵击武周。

61 己酉，突厥使来告始毕可汗之丧，上举哀于长乐门，废朝三日，诏百官就馆吊其使者。又遣内史舍人郑德挺吊处罗可汗，赙帛三万段。

62 上以刘武周入寇为忧，右仆射裴寂请自行。癸亥，以寂为晋州道行军总管，讨武周，听以便宜从事。

63 秋，七月，初置十二军，分关内诸府以隶焉，皆取天星为名，以车骑府统之。每军将、副各一人，取威名素重者为之，督以耕战之务。由是士马精强，所向无敌。

派兄长的儿子唐王王仁则及家中奴隶梁百年毒死皇泰主。皇泰主杨侗说："就麻烦你们请问太尉，按他以前所说的话，不应该这样对待我。"梁百年想为皇泰主向王世充启奏，王世恽不准，皇泰主又请求与皇太后诀别，王世恽也不准。于是皇泰主设席焚香拜佛祈祷道："愿从今以后，不再生在帝王家！"喝下毒药，没能气绝，于是又用帛勒杀了皇泰主，谥为恭皇帝。王世充任命他的兄长楚王王世伟为太保，齐王王世恽为太傅，兼尚书令。

59　六月庚子(初三)，窦建德攻陷沧州。

60　当初，易州起义首领宋金刚，有一万多人马，和魏刀兒相连结。魏刀兒被窦建德消灭，宋金刚救援魏刀兒战败，带领四千人马向西投奔了刘武周。刘武周听说宋金刚会用兵，得到他后，非常高兴，称他为宋王，将军事大权交给宋金刚，并将自己的财产分出一半送给宋金刚。宋金刚也深加交结，休掉原来的妻子，娶了刘武周的妹妹。并趁机劝刘武周图谋晋阳，向南争夺天下。刘武周任命宋金刚为西南道大行台，让他带领三万兵马侵犯并州。丁未(初十)，刘武周进逼介州，僧人道澄用佛幡缒下把他拉入城中，于是刘武周攻陷了介州。唐命左武卫大将军姜宝谊、行军总管李仲文迎击。刘武周的将领黄子英来往于崔鼠谷，几次用小部队挑战，两军才一接触，黄子英就假作失败逃走，几次三番这样。姜宝谊、李仲文出动全部兵力追击，对方伏兵出击，唐军大败，姜宝谊、李仲文都被对方俘虏。不久均逃回，高祖重让二人带军攻刘武周。

61　己酉(十二日)，突厥使节前来通报始毕可汗讣闻，高祖在长乐门举行哀悼仪式，三天不上朝，命百官到使者住所吊唁。又派内史舍人郑德挺去慰问处罗可汗，赠丧仪三万段帛。

62　高祖因为刘武周的入侵而担心，右仆射裴寂请求派自己前去。癸亥(二十六日)，唐任命裴寂为晋州道行军总管，讨伐刘武周，听其相机行事。

63　秋季，七月，唐初次设置十二军，关内诸府分别隶属于十二军，均取天星的名称，由车骑府统领。每军将军、副将各一人，选择素有威望者充任，督察农耕与战备。从此唐兵强马壮，军队所向无敌。

64　海岱贼帅徐圆朗以数州之地请降,拜兖州总管,封鲁国公。

65　王世充遣其将罗士信寇谷州,士信帅其众千馀人来降。先是,士信从李密击世充,兵败,为世充所得,世充厚礼之,与同寝食。既而得邴元真等,待之如士信,士信耻之。士信有骏马,世充兄子赵王道询欲之,不与,世充夺之以赐道询,士信怒,故来降。上闻其来,甚喜,遣使迎劳,廪食其所部,以士信为陕州道行军总管。世充左龙骧将军临泾席辩与同列杨虔安、李君义皆帅所部来降。

66　丙子,王世充遣其将郭士衡寇谷州,刺史任瓌大破之,俘斩且尽。

甲申,行军总管刘弘基遣其将种如愿袭王世充河阳城,毁其河桥而还。

67　乙酉,西突厥统叶护可汗、高昌王麴伯雅各遣使入贡。

初,西突厥曷娑那可汗入朝于隋,隋人留之,国人立其叔父,号射匮可汗。射匮者,达头可汗之孙也,既立,拓地东至金山,西至海,遂与北突厥为敌,建庭于龟兹北三弥山。射匮卒,子统叶护立。统叶护勇而有谋,北并铁勒,控弦数十万,据乌孙故地,又移庭于石国北千泉。西域诸国皆臣之,叶护各遣吐屯监之,督其征赋。

68　辛卯,宋金刚寇浩州,浃旬而退。

69　八月丁酉,酅公薨,谥曰隋恭帝;无后,以族子行基嗣。

70　窦建德将兵十馀万趣洺州,淮安王神通帅诸军退保相州。己亥,建德兵至洺州城下。

64 海岱起义首领徐圆朗带几州之地请求降唐,官拜兖州总管,封爵鲁国公。

65 王世充派遣他的将领罗士信侵犯谷州,罗士信带领他的一千多人马前来降唐。此前,罗士信跟随李密攻打王世充,作战失败,为王世充俘获,王世充对他很优厚,和他一同就寝进餐。不久王世充又得到邴元真等人,像对罗士信一样对待他们,罗士信以此为耻。罗士信有骏马,王世充兄长的儿子赵王王道询想要,罗士信不给,王世充夺了罗士信的马赐给王道询,罗士信很气愤,因此来投降。高祖听说罗士信投降,非常高兴,派人前去迎接慰问,供给他人马军粮,任命罗士信为陕州道行军总管。王世充的左龙骧将军、临泾人席辩和同事杨虔安、李君义都率领自己的人马前来降唐。

66 丙子(初十),王世充派遣他的将领郭士衡侵犯谷州,唐谷州刺史任瓖大败郭士衡,郭士衡的部队被杀死、俘虏殆尽。

甲申(十八日),唐行军总管刘弘基派遣手下将领种如愿袭击王世充占据的河阳城,破坏了王世充所置黄河渡桥后回军。

67 乙酉(十九日),西突厥统叶护可汗、高昌王麹伯雅分别派遣使节入朝纳贡于唐。

当初,西突厥曷娑那可汗到隋朝朝见,隋朝留下了他,西突厥国人立曷娑那的叔父为可汗,称射匮可汗。射匮是达头可汗的孙子,即位后,开拓疆土东到金山,西到西海,于是与北突厥相对抗,在龟兹以北三弥山建立朝廷。射匮死后,他的儿子统叶护成为可汗。统叶护英勇而有谋略,北面吞并了铁勒,拥有几十万兵马,占据了乌孙原来的地域,又将朝廷迁到石国北面的千泉。西域各国都臣服于他,叶护分别派遣吐屯监理各国,督管征收赋税。

68 辛卯(二十五日),宋金刚侵犯浩州,十天后退军。

69 八月丁酉(初一),酅公去世,谥为隋恭帝,恭帝没有后裔,以同族子杨行基为其后嗣。

70 窦建德带领十余万兵力奔赴洺州,淮安王李神通闻讯,率领各路兵马撤退,保卫相州。己亥(初三),窦建德的军队到达洺州城下。

71 丙午,将军秦武通军至洛阳,败王世充将葛彦璋。

72 丁未,窦建德陷洺州,总管袁子幹降之。乙卯,引兵趣相州,淮安王神通闻之,帅诸军就李世勣于黎阳。

73 梁师都与突厥合数千骑寇延州,行军总管段德操兵少不敌,闭壁不战,伺师都稍怠,九月丙寅,遣副总管梁礼将兵击之。师都与礼战方酣,德操以轻骑多张旗帜,掩击其后,师都军溃,逐北二百里,破其魏州,虏男女二千馀口。德操,孝先之子也。

74 萧铣遣其将杨道生寇峡州,刺史许绍击破之。铣又遣其将陈普环帅舟师上峡,规取巴、蜀。绍遣其子智仁及录事参军李弘节等追至西陵,大破之,擒普环。铣遣兵戍安蜀城及荆门城。

先是,上遣开府李靖诣夔州经略萧铣。靖至峡州,阻铣兵,久不得进。上怒其迟留,阴敕许绍斩之。绍惜其才,为之奏请,获免。

75 己巳,窦建德陷相州,杀刺史吕珉。

76 民部尚书鲁公刘文静,自以才略功勋在裴寂之右而位居其下,意甚不平。每廷议,寂有所是,文静必非之,数侵侮寂,由是有隙。文静与弟通直散骑常侍文起饮,酒酣怨望,拔刀击柱曰:“会当斩裴寂首!”家数有妖,文起召巫于星下被发衔刀为厌胜。文静有妾无宠,使其兄上变告之。上以文静属吏,遣裴寂、萧瑀问状,文静曰:“建义之初,忝为司马,计与长史位望略同。今寂为仆射,据甲第;臣官赏不异众人,

71　丙午(初十),唐将军秦武通军队到洛阳,打败了王世充的将领葛彦璋。

72　丁未(十一日),窦建德攻陷洺州,唐总管袁子幹投降了窦建德。乙卯(十九日),窦建德又领兵马开赴相州,淮安王李神通闻讯,率领各路兵马到黎阳投靠李世勣。

73　梁师都与突厥合兵以数千骑兵侵犯延州,唐行军总管段德操兵力少寡不敌众,关闭城门不出战,等待梁师都逐渐松懈,九月丙寅(初一),唐派遣副总管梁礼带兵攻打梁师都。正当梁师都与梁礼战斗激烈时,段德操用轻骑打起很多旗帜,从背后突然袭击梁师都,梁师都的军队溃败,唐军追逐了两百里,攻克了梁师都的魏州,俘虏两千多名男女。段德操是段孝先的儿子。

74　萧铣派手下将领杨道生侵犯峡州,唐刺史许绍攻打并击败杨道生。萧铣又派部将陈普环率领水军溯江而上攻峡州,谋划取巴蜀。许绍派儿子许智仁及其录事参军李弘节等追到西陵,大败萧铣的军队,活捉陈普环。萧铣派兵守卫安蜀城和荆门城。

此前,唐高祖派遣开府李靖赴夔州筹划治理,李靖到峡州,受萧铣军队阻挡,迟迟不能前进。高祖恼怒他停滞不前,秘令许绍斩杀李靖,许绍爱惜李靖才能,替他上奏请罪,李靖才免于一死。

75　己巳(初四),窦建德攻陷相州,杀死唐相州刺史吕珉。

76　唐民部尚书鲁公刘文静,自认为才智谋略与功勋比裴寂高而职位却比裴寂低,心中愤恨不平。每当在朝堂议政,裴寂赞同的,刘文静必定反对,还经常欺凌羞辱裴寂,二人因此不和。刘文静与弟弟通直散骑常侍刘文起一起喝酒,酒喝多了不禁发怒气,拔刀砍柱子,说道:"应当砍了裴寂的脑袋!"他家里多次出现怪异现象,刘文起召来巫师在星光下披散头发、口衔刀来避邪。刘文静有位侍妾不受宠,于是她让哥哥上告刘文静要谋反。高祖因为刘文静是太原时的属下,派裴寂、萧瑀审查此事,刘文静说:"当初太原起兵时,我愧居司马,算起来与裴长史的职位声望大致相当。如今裴寂官居仆射,据有优于众人的府第;臣下我的官衔与所受赏赐却与众人没什么两样,

东西征讨,老母留京师,风雨无所庇,实有觖望之心,因醉怨言,不能自保。"上谓群臣曰:"观文静此言,反明白矣。"李纲、萧瑀皆明其不反,秦王世民为之固请曰:"昔在晋阳,文静先定非常之策,始告寂知,及克京城,任遇悬隔,令文静觖望则有之,非敢谋反。"裴寂言于上曰:"文静才略实冠时人,性复粗险,今天下未定,留之必贻后患。"上素亲寂,低回久之,卒用寂言。辛未,文静及文起坐死,籍没其家。

77　沈法兴既克毗陵,谓江、淮之南指挥可定,自称梁王,都毗陵,改元延康,置百官。性残忍,专尚威刑,将士小有过,即斩之,由是其下离怨。

时杜伏威据历阳,陈稜据江都,李子通据海陵,俱有窥江表之心。法兴军数败;会子通围稜于江都,稜送质求救于法兴及伏威,法兴使其子纶将兵数万与伏威共救之。伏威军清流,纶军扬子,相去数十里。子通纳言毛文深献策,募江南人诈为纶兵,夜袭伏威营,伏威怒,复遣兵袭纶。由是二人相疑,莫敢先进。子通得尽锐攻江都,克之,稜奔伏威。子通入江都,因纵击纶,大破之,伏威亦引去。子通即皇帝位,国号吴,改元明政。丹阳贼帅乐伯通帅众万馀降之,子通以为左仆射。

78　杜伏威请降。丁丑,以伏威为淮南安抚大使、和州总管。

79　裴寂至介休,宋金刚据城拒之。寂军于度索原,营中饮涧水,金刚绝之,士卒渴乏。寂欲移营就水,金刚纵兵击之,寂军遂溃,失亡略尽,寂一日一夜驰至晋州。先是,刘武周屡遣兵攻西河,浩州刺史刘赡拒之,李仲文引兵就之,与共守西河。及裴寂败,自晋州以北城镇俱没,唯西河独存。姜宝谊复为金刚所虏,谋逃归,金刚杀之。裴寂上表谢罪,上慰谕之,复使镇抚河东。

东征西讨,老母留在京师,风风雨雨无所庇护,确实有些不满情绪,因喝醉酒口出怨言,犯了死罪。"高祖对群臣说:"听刘文静这番话,显然是要谋反。"李纲、萧瑀都说刘文静没有谋反,秦王李世民一再替他求情,说:"过去在晋阳,文静先定起兵大策,才告诉裴寂,而攻克京城后,任用待遇相差悬殊,令文静产生不满情绪,并非胆敢谋反。"裴寂对高祖说:"文静的才智谋略在众人之上,加上性情粗疏邪恶,如今天下未定,留着他必定是后患。"高祖一向与裴寂亲近,徘徊很长时间之后,最终采纳了裴寂的意见。辛未(初六),刘文静与刘文起因罪被处死,家产全部没收入官。

77 沈法兴攻克毗陵后,认为江、淮以南发令调遣即可平定,于是自称梁王,建都于毗陵,改年号为延康,设置百官。沈法兴性情残忍,崇尚严刑,将士稍有过错,立即斩首,他的部下因此产生叛离怨恨之情。

当时杜伏威占据历阳,陈稜占据江都,李子通占据海陵,均有窥伺江南的意图。沈法兴的军队几次战败,时值李子通在江都包围陈稜,陈稜送人质于沈法兴和杜伏威以求援助,沈法兴让儿子沈纶带领几万军队与杜伏威一同救援陈稜。杜伏威驻扎在清流,沈纶驻扎在扬子,相隔数十里。李子通的纳言毛文深献计,招募江南人伪装成沈纶的士兵,夜晚袭击杜伏威军营,杜伏威很气愤,也派兵袭击沈纶。二人因此相互猜疑,谁也不敢先进军。李子通得以用全力攻打江都,攻克江都城,陈稜投奔了杜伏威。李子通进入江都,乘势挥兵进攻沈纶,大败沈纶,杜伏威也带领军队撤走。李子通即皇帝位,建立吴国,改年号为明政。丹阳义军首领乐伯通率领一万多人马投降了李子通,李子通任命他为左仆射。

78 杜伏威请求投降。丁丑(十二日),唐任命杜伏威为淮南安抚大使、和州总管。

79 裴寂到介休,宋金刚凭借城池抵抗。裴寂在度索原扎营,军营中饮用山涧水,宋金刚切断了水源,唐军士兵又乏又渴。裴寂想迁移营地靠近水源,宋金刚趁机挥兵进攻,于是裴寂的军队溃败,几乎全军覆没;裴寂经一天一夜奔驰到晋州。在此之前,刘武周屡次派兵攻打西河,唐浩州刺史刘赡抵御来敌,李仲文带兵赴浩州,与刘赡共同守卫西河。等到裴寂失败,自晋州以北的城镇全部沦陷,唯独西河保存下来。姜宝谊再次被宋金刚俘虏,他谋划逃回唐,被宋金刚杀死。裴寂上书谢罪,高祖安慰他,重新让他镇抚河东。

刘武周进逼并州,齐王元吉绐其司马刘德威曰:"卿以老弱守城,吾以强兵出战。"辛巳,元吉夜出兵,携其妻妾弃州奔还长安。元吉始去,武周兵已至城下,晋阳土豪薛深以城纳武周。上闻之,大怒,谓礼部尚书李纲曰:"元吉幼弱,未习时事,故遣窦诞、宇文歆辅之。晋阳强兵数万,食支十年,兴王之基,一旦弃之。闻宇文歆首画此策,我当斩之!"纲曰:"王年少骄逸,窦诞曾无规谏,又掩覆之,使士民愤怨,今日之败,诞之罪也。歆谏,王不悛,寻皆闻奏,乃忠臣也,岂可杀哉!"明日,上召纲入,升御座曰:"我得公,遂无滥刑。元吉自为不善,非二人所能禁也。"并诞赦之。卫尉少卿刘政会在太原,为武周所虏,政会密表论武周形势。

武周据太原,遣宋金刚攻晋州,拔之,虏右骁卫大将军刘弘基,弘基逃归。金刚进逼绛州,陷龙门。

80 西突厥曷娑那可汗与北突厥有怨,曷娑那在长安,北突厥遣使请杀之,上不许。群臣皆曰:"保一人而失一国,后必为患!"秦王世民曰:"人穷来归,我杀之不义。"上迟回久之,不得已,丙戌,引曷娑那于内殿宴饮,既而送中书省,纵北突厥使者使杀之。

81 礼部尚书李纲领太子詹事,太子建成始甚礼之。久之,太子渐昵近小人,疾秦王世民功高,颇相猜忌,纲屡谏不听,乃乞骸骨。上骂之曰:"卿为何潘仁长史,乃耻为朕尚书邪?且方使卿辅导建成,而固求去,何也?"纲顿首曰:"潘仁,贼也,每欲妄杀人,臣谏之即止,为其长史,可以无愧。陛下创业明主,臣不才,所言如水投石,言于太子亦然,臣何敢久污天台、

刘武周进逼并州,齐王李元吉欺骗他的司马刘德威说:"你带老弱守城,我带强兵出战。"辛巳(十六日),李元吉半夜出兵,携带妻妾放弃并州逃回长安。李元吉刚离开,刘武周的大军就抵达城下,晋阳当地豪强薛深率全城接纳了刘武周。高祖闻讯,极为震怒,对礼部尚书李纲说:"元吉年轻,不熟悉时事,所以才派窦诞、宇文歆辅佐他。晋阳有几万强兵,足够吃十年的粮食,王业兴起的根基,一下就放弃了。听说是宇文歆首先提出这主意,我一定要杀了他!"李纲说:"齐王年轻骄奢淫逸,窦诞不曾有所规谏,反而为他掩饰,使百姓愤怒,今天的失败,是窦诞的罪过。宇文歆劝谏,齐王不改,他将所有的情况上奏朝廷,是忠臣,怎么能杀掉?"第二天,高祖召李纲入见,升上御座说道:"我有了你,才能够没有滥施刑罚。元吉自己不学好,不是窦诞、宇文歆两个人能禁止得了的。"于是连窦诞也一起赦免了罪过。卫尉少卿刘政会在太原,被刘武周俘房,刘政会派人秘密上表论述了刘武周的形势。

刘武周占据太原,派宋金刚进攻并攻克了晋州,俘房了唐右骁卫大将军刘弘基,刘弘基逃回了唐。宋金刚进逼绛州,攻陷了龙门。

80 西突厥曷娑那可汗与北突厥有仇怨,曷娑那在长安,北突厥派使节向唐请求杀了曷娑那,高祖不答应。群臣都说:"保护了一个人却得罪一个国家,今后必然是祸患!"秦王李世民说:"别人无路可走前来投奔,我们杀了他是不义。"高祖迟疑了很长时间,不得已,丙戌(二十一日),带曷娑那在内殿设宴饮酒,然后把他送到中书省,听任北突厥的使者杀了曷娑那。

81 礼部尚书李纲兼太子詹事,太子李建成一开始对他很尊重。时间一长,太子逐渐亲近小人,嫉妒秦王李世民功劳大,颇猜忌李世民,李纲屡次规劝,李建成都不听,于是李纲请求告老退职。高祖骂他道:"你当了何潘仁的长史,就不愿做朕的尚书了吗?况且正要让你辅导建成,就坚持要离职,这是为什么?"李纲叩头谢罪道:"潘仁是个盗贼,每次想妄杀无辜,我规劝后他立刻就不杀了,做他的长史,我可以问心无愧。陛下是创业的圣明君主,我没有能力,说的话犹如用水浇石,虽然石头湿了可并不能渗透,对太子的规劝也是一样不起作用,我怎么敢长期使尚书省受玷污,

辱东朝乎!"上曰:"知公直士,勉留辅吾儿。"戊子,以纲为太子少保,尚书、詹事如故。纲复上书谏太子饮酒无节,及信谗慝,疏骨肉,太子不怿,而所为如故。纲郁郁不得志,是岁,固称老病辞职,诏解尚书,仍为少保。

82　淮安王神通使慰抚使张道源镇赵州。庚寅,窦建德陷赵州,执总管张志昂及道源。建德以二人及邢州刺史陈君宾不早下,欲杀之,国子祭酒凌敬谏曰:"人臣各为其主用,彼坚守不下,乃忠臣也。今大王杀之,何以励群下乎?"建德怒曰:"吾至城下,彼犹不降,力屈就擒,何可舍也?"敬曰:"今大王使大将高士兴拒罗艺于易水,艺才至,兴即降,大王之意以为何如?"建德乃悟,即命释之。

83　乙未,梁师都复寇延州,段德操击破之,斩首二千馀级,师都以百馀骑遁去。德操以功拜柱国,赐爵平原郡公。鄜州刺史鄜城壮公梁礼战没。

84　冬,十月己亥,就加凉州总管杨恭仁纳言,赐幽州总管燕公罗艺姓李氏,封燕郡王。

辛丑,李艺破窦建德于衡水。

85　癸卯,以左武候大将军庞玉为梁州总管。时集州獠反,玉讨之,獠据险自守,军不得进,粮且尽。熟獠与反者皆邻里亲党,争言贼不可击,请玉还。玉扬言:"秋谷将熟,百姓毋得收刈,一切供军,非平贼吾不返。"闻者大惧曰:"大军不去,吾曹皆将馁死。"其中壮士乃入贼营,与所亲潜谋,斩其渠帅而降,馀党皆散,玉追讨,悉平之。

而使东宫蒙受耻辱呢?"高祖说:"朕知道您是位正直的人,请您勉为其难留下辅导我的儿子。"戊子(二十三日),任命李纲为太子少保,原礼部尚书、太子詹事的官职依旧保留。李纲又上书规劝太子饮酒没有节制,以及相信谗言谄语,而疏远骨肉兄弟,太子不高兴,所作所为依然如故。李纲郁郁不得志,本年,坚持因年老多病辞职,高祖下诏解除他的尚书职务,仍然保留少保头衔。

82　淮安王李神通命慰抚使张道源镇守赵州。庚寅(二十五日),窦建德攻陷赵州,捉住唐总管张志昂及张道源。窦建德因为他们二人以及邢州刺史陈君宾没有尽早投降,打算杀了他们,窦建德的国子祭酒凌敬规谏道:"人臣各自为他们的主人效力,他们坚守城池不投降,是忠臣。现在大王杀了他们,用什么来勉励部下呢?"窦建德生气地说:"我到了城下,他们还不投降,力尽被擒,怎么能放过他们?"凌敬说道:"现在大王派大将高士兴在易水抵御罗艺,罗艺才到,高士兴就投降,大王认为怎么样?"于是窦建德才醒悟,立即下令释放了他们。

83　乙未(三十日),梁师都再次侵犯延州,段德操打败了他,并杀死两千多人,梁师都率一百多骑兵逃遁。段德操因功官拜柱国,赐爵平原郡公。鄜州刺史鄜城壮公梁礼阵亡。

84　冬季,十月己亥(初四),唐凉州总管杨恭仁加官为纳言;赐幽州总管燕公罗艺姓李,封燕郡王。

辛丑(初六),李艺在衡水打败窦建德。

85　癸卯(初八),唐任命左武候大将军庞玉为梁州总管。当时集州獠民反叛,庞玉讨伐叛獠,獠民凭借险要自保,唐军队不能前进,而且军粮食尽。靠近边境的熟獠与反叛的獠民都是乡亲,争相进言说无法攻打叛獠,请求庞玉回军。庞玉大声说:"秋谷即将成熟,百姓不得收割,一切供给军需,不平叛贼我不撤军。"听说此话的人大为惊恐,说:"大军不走,我们这些人都要被饿死。"其中的壮士便进入叛獠营地,和认识的叛獠暗中谋划,杀了叛獠头领投降唐军,馀众全部溃散,庞玉追逐讨伐,全部平定了叛獠。

86　刘武周将宋金刚进攻浍州，陷之，军势甚锐。裴寂性怯，无将帅之略，唯发使骆驿，趣虞、泰二州居民入城堡，焚其积聚。民惊扰愁怨，皆思为盗，夏县民吕崇茂聚众自称魏王，以应武周，寂讨之，为所败。诏永安王孝基、独孤怀恩、陕州总管于筠、内史侍郎唐俭等将兵讨之。

时王行本犹据蒲反，未下，亦与武周相应，关中震骇。上出手敕曰："贼势如此，难与争锋，宜弃大河以东，谨守关西而已。"秦王世民上表曰："太原，王业所基，国之根本；河东富实，京邑所资，若举而弃之，臣窃愤恨。愿假臣精兵三万，必冀平殄武周，克复汾、晋。"上于是悉发关中兵以益世民所统，使击武周。乙卯，幸华阴，至长春宫以送之。

87　窦建德引兵趣卫州。建德每行军，常为三道，辎重、细弱居中央，步骑夹左右，相去三里许。建德以千骑前行，过黎阳三十里，李世勣遣骑将丘孝刚将三百骑侦之。孝刚骁勇，善马矟，与建德遇，遂击之，建德败走；右方兵救之，击斩孝刚。建德怒，还攻黎阳，克之，虏淮安王神通、李世勣父盖、魏徵及帝妹同安公主。唯李世勣以数百骑走渡河，数日，以其父故，还诣建德降；卫州闻黎阳陷，亦降。建德以李世勣为左骁卫将军，使守黎阳，常以其父盖自随为质。以魏徵为起居舍人。滑州刺史王轨奴杀轨，携其首诣建德降。建德曰："奴杀主大逆，吾何为受之？"立命斩奴，返其首于滑州。吏民感悦，即日请降。于是其旁州县及徐圆朗等皆望风归附。己未，建德还洺州，筑万春宫，徙都之。置淮安王神通于下博，待以客礼。

86　刘武周的将领宋金刚进攻并攻克了浍州，军势很猛。裴寂性格怯懦，没有将帅的才干，只是不断地派出使者，催促虞、泰二州的居民进入城堡，焚毁了他们的积蓄。百姓惊恐不安忧愁抱怨，都想去当强盗，夏县居民吕崇茂聚众自称魏王，响应刘武周，裴寂去讨伐，被吕崇茂打败。唐下诏命令永安王李孝基、独孤怀恩、陕州总管于筠、内史侍郎唐俭等人带兵讨伐吕崇茂。

当时王行本还占据着蒲反，没有被攻下，也与刘武周相互呼应，关中震惊，高祖下亲笔敕书道："贼势到如此地步，很难与他们抗争，宜放弃黄河以东地区，好好地守住关西。"秦王李世民上表称："太原是王业的基础，国家的根本；河东地区富饶，京城靠它供给，如果全部放弃，臣深感愤恨。希望给臣三万精兵，必定可望消灭刘武周，收复汾、晋。"于是高祖征发关中所有兵力扩充李世民的部队，让他攻打刘武周。乙卯（二十日），高祖驾临华阴，至长春宫为秦王送行。

87　窦建德带兵赴卫州。窦建德每次行军，经常将部队分为三道，辎重、弱小在中央，步兵骑兵在两边，相隔三里左右。窦建德带千名骑兵走在前面，过黎阳三十里，李世勣派骑兵将领丘孝刚率领三百骑兵侦察窦建德的军情。丘孝刚勇猛善战，善于骑马使长枪，和窦建德遭遇，便攻击窦建德，窦建德败退，右边骑兵救援，攻打丘孝刚并杀了他。窦建德很气愤，回军攻打并攻陷了黎阳，俘虏了唐淮安王李神通、李世勣的父亲李盖、魏徵以及唐高祖的妹妹同安公主。唯有李世勣带几百骑兵逃过黄河，几天后，李世勣又因为父亲被俘的缘故，返回黎阳投降了窦建德，卫州得知黎阳陷落，也投降了窦建德。窦建德任命李世勣为左骁卫将军，命他守卫黎阳，并把他的父亲李盖带在身边作为人质。任命魏徵为起居舍人。唐滑州刺史王轨的奴仆杀了王轨，携带王轨的首级到窦建德处投降。窦建德说："奴仆杀死主人是大逆不道，我怎么能接受他呢？"立即下令斩了那个奴仆，将王轨的首级送回滑州。滑州百姓深受感动，当天就请求投降。于是附近的州县以及徐圆朗等人都望风归附。己未（二十四日），窦建德返回洺州，修建万春宫，将夏国都城迁到洺州。窦建德将唐淮安王李神通安置在下博，用宾客的礼节对待他。

88　行军总管罗士信帅勇士夜入洛阳外郭，纵火焚清化里而还。壬戌，士信拔青城堡。

89　王世充自将兵徇地至滑台，临黎阳。尉氏城主时德叡、汴州刺史王要汉、亳州刺史丁叔则遣使降之。以德叡为尉州刺史。要汉，伯当之兄也。

夏侯端至黎阳，李世勣发兵送之，自澶渊济河，传檄州县，东至于海，南至于淮，二十馀州，皆遣使来降。行至谯州，会汴、亳降于王世充，还路遂绝。端素得众心，所从二千人，虽粮尽不忍委去，端坐泽中，杀马以飨士，因歔欷谓曰："卿等乡里皆已从贼，特以共事之情，未能见委。我奉王命，不可从卿；卿有妻子，无宜效我。可斩吾首归贼，必获富贵。"众皆流涕曰："公于唐室非有亲属，直以忠义，志不图存。某等虽贱，心亦人也，宁肯害公以求利乎？"端曰："卿不忍见杀，吾当自刭。"众抱持之，乃复同进，潜行五日，馁死及为贼所击奔溃相失者太半，唯馀五十二人同走，采茎豆生食之。端持节未尝离身，屡遣从者散，自求生，众又不可。时河南之地皆入世充，唯杞州刺史李公逸为唐坚守，遣兵迎端，馆给之。世充遣使召端，解衣遗之，仍送除书，以端为淮南郡公、尚书少吏部。端对使者焚书毁衣，曰："夏侯端天子大使，岂受王世充官乎？汝欲吾往，唯可取吾首耳。"因解节旄怀之，置刃于竿，自山中西走，无复蹊径，冒践荆棘，昼夜兼行，得达宜阳，从者坠崖溺水，为虎狼所食，又丧其半，其存者鬓发秃落，无复人状。端诣阙见上，但谢无功，初不自言艰苦，上复以为秘书监。

88 唐行军总管罗士信率领勇士于夜晚进入洛阳外城,放火焚烧清化里后返回营地。壬戌(二十七日),罗士信攻破青城堡。

89 王世充亲自带领兵马攻占土地到滑台,逼近黎阳。唐尉氏城主时德叡、汴州刺史王要汉、亳州刺史丁叔则派人投降了王世充。王世充任命时德叡为尉州刺史。王要汉是王伯当的兄长。

夏侯端到黎阳,李世勣派兵护送他,从澶渊渡过黄河,传递檄文到各州县,东至海滨,南到淮河,二十多个州县,均派人前来降唐。夏侯端走到谯州,恰好汴、亳投降了王世充,切断了返回长安的道路。夏侯端历来得人心,虽然粮食吃光了,两千多名随行人员不忍丢下他离去,夏侯端坐在水草中,杀掉马匹犒劳士兵,他抽泣着说道:"你们的家乡都已投降了贼人,只是因为共事的情分,没有丢下我。我奉王命,不能随你们去,你们有妻儿,也不宜效仿我。可以砍下我的头归附贼人,一定能得到富贵。"众人都流着泪说:"您和唐室没有什么亲属关系,只是为了忠义,存心不想活。我们虽然很卑贱,也有人心,难道能害了您去求得自己的利益吗?"夏侯端说:"你们不忍心杀我,我就当自刎而死。"众人抱住他,于是又重新一起前进,偷偷地走了五天,两千人饿死以及被王世充军队追击逃散失去了大半,只剩下五十二个人与他同行,采野果生吃。夏侯端拿着使臣的信物仗节始终不离身,屡次让随从离去,自求生路,众人又不干。当时河南都是王世充的势力范围,只有杞州刺史李公逸为唐坚守,李公逸派兵迎接夏侯端,供给他食宿。王世充派人召夏侯端,脱下衣服送给他,并送去委任状,任命夏侯端为淮南郡公,尚书少吏部。夏侯端当着王世充使者的面烧了委任状毁掉衣服,说道:"夏侯端是天子的大使,怎么能接受王世充的官职?你想让我去,除非取了我的脑袋!"于是解下持节的旄放入怀中,将刀插在持节竿上,从山中向西行,不再有道路,踏着荆棘,昼夜兼程,到达宜阳,随行的人坠崖溺水,为虎狼吃掉的,又丧失了一半,活下来的人鬓发脱落,不像人样。夏侯端上殿谒见皇上,只道歉说没有功劳,丝毫不提一路上的艰苦,高祖仍然任命他为秘书监。

郎楚之至山东,亦为窦建德所获,楚之不屈,竟得还。

王世充遣其从弟世辩以徐、亳之兵攻雍丘,李公逸遣使求救,上以隔贼境,不能救。公逸乃留其属李善行守雍丘,身帅轻骑入朝,至襄城,为世充伊州刺史张殷所获,世充谓曰:"卿越郑臣唐,其说安在?"公逸曰:"我于天下,唯知有唐,不知有郑。"世充怒,斩之。善行亦没。上以公逸子为襄邑公。

90　甲子,上祠华山。

郎楚之出使到山东,也被窦建德俘获,郎楚之不屈服,最终得以返回长安。

王世充派遣他的堂弟王世辩用徐、兖州的军队攻打雍丘,李公逸派人向唐求救,高祖因为雍丘与关中隔着敌人占领区,不能救援。李公逸于是留他的亲属李善行守卫雍丘,自己率领轻骑入朝,到襄城,被王世充的伊州刺史张殷抓获,王世充对他说:"你越过郑国向唐称臣,哪有这种道理?"李公逸回答:"我对天下,只知道有唐,不知道有郑。"王世充很生气,杀了他。李善行也遇害。高祖封李公逸的儿子为襄邑公。

90　甲子(二十九日),唐高祖祭华山。

卷第一百八十八　唐纪四

起己卯(619)十一月尽辛巳(621)二月凡一年有奇

高祖神尧大圣光孝皇帝中之上

武德二年(己卯，619)

1　十一月己卯，刘武周寇浩州。

2　秦王世民引兵自龙门乘冰坚渡河，屯柏壁，与宋金刚相持。时河东州县，俘掠之馀，未有仓廪，人情恇扰，聚入城堡，征敛无所得，军中乏食。世民发教谕民，民闻世民为帅而来，莫不归附，自近及远，至者日多，然后渐收其粮食，军食以充。乃休兵秣马，唯令偏裨乘间抄掠，大军坚壁不战，由是贼势日衰。

世民尝自帅轻骑觇敌，骑皆四散，世民独与一甲士登丘而寝。俄而贼兵四合，初不之觉，会有蛇逐鼠，触甲士之面，甲士惊寤，遂白世民俱上马，驰百馀步，为贼所及，世民以大羽箭射殪其骁将，贼骑乃退。

3　李世勣欲归唐，恐祸及其父，谋于郭孝恪。孝恪曰："吾新事窦氏，动则见疑，宜先立效以取信，然后可图也。"世勣从之。袭王世充获嘉，破之，多所俘获，以献建德，建德由是亲之。

初，漳南人刘黑闼，少骁勇狡狯，与窦建德善，后为群盗，转事郝孝德、李密、王世充。世充以为骑将，每见世充所为，窃笑之。世充使黑闼守新乡，李世勣击虏之，献于建德。建德署为将军，赐爵汉东公，常使将奇兵东西掩袭，或潜入敌境觇视虚实，黑闼往往乘间奋击，克获而还。

高祖神尧大圣光孝皇帝中之上
唐高祖武德二年(己卯,公元619年)

1　十一月己卯(十四日),刘武周侵犯浩州。

2　秦王李世民乘冰冻坚硬,带兵从龙门渡过黄河,驻扎在柏壁,与宋金刚对峙。当时黄河以东的州县遭抢劫后,没有粮仓,人们惧怕侵扰,聚居在城堡中,征集不到东西,军队缺粮。李世民发布王教晓谕百姓,百姓听说李世民率军前来,无不前来归顺,由近及远,前来的人日益增加。然后唐军逐渐征收粮食,军粮因此充足。于是休兵喂马,只命小部队乘机抄掠,大军则坚壁不战,宋金刚的势力因此日益衰落。

李世民曾经亲自带轻骑兵去侦察敌情,随从的骑兵四下分散,李世民只和一名穿铠甲的士卒登上山丘睡觉。不久,敌人从四下包围了二人,开始二人毫不知觉,恰巧蛇追老鼠,碰到了甲士的脸,甲士惊醒后告诉了李世民,二人一起上马,才走了百多步,就被敌人追上,李世民用大羽箭射死了敌人的骁将,敌骑兵于是退去。

3　李世勣想归顺唐,又怕牵连了老父,便和郭孝恪商量。郭孝恪说:"我才跟随窦建德,一做事就受猜忌,您应当先立功取得信任,然后就可以谋划归唐了。"李世勣听从了他的劝告。袭击王世充的获嘉,攻陷了城池,俘虏了许多人并缴获很多东西,都献给窦建德,窦建德因此对李世勣很好。

当初,漳南人刘黑闼年轻时勇猛又狡猾,与窦建德很要好,后来当了强盗,相继跟随郝孝德、李密、王世充。王世充任命他为骑将,刘黑闼看到王世充的作为,常常暗地里嘲笑他。王世充让刘黑闼守卫新乡,李世勣袭击并俘虏了刘黑闼,献给窦建德。窦建德任命刘黑闼为将军,赐予汉东公的爵位,常常让他率奇兵四处偷袭,或者潜入敌人的后方侦察敌人兵力部署,刘黑闼往往乘机攻击,得胜后回军。

4　十二月庚申，上猎于华山。

5　于筠说永安王孝基急攻吕崇茂，独孤怀恩请先成攻具，然后进，孝基从之。崇茂求救于宋金刚，金刚遣其将善阳尉迟敬德、寻相将兵奄至夏县。孝基表里受敌，军遂大败，孝基、怀恩、筠、唐俭及行军总管刘世让皆为所虏。敬德名恭，以字行。

上征裴寂入朝，责其败军，下吏，既而释之，宠待弥厚。

尉迟敬德、寻相将还浍州，秦王世民遣兵部尚书殷开山、总管秦叔宝等邀之于美良川，邀击，大破之，斩首二千馀级。顷之，敬德、寻相潜引精骑援王行本于蒲反，世民自将步骑三千从间道夜趋安邑，大破之。敬德、相仅以身免，悉俘其众，复归柏壁。

诸将咸请与宋金刚战，世民曰："金刚悬军深入，精兵猛将，咸聚于是，武周据太原，倚金刚为扞蔽。军无蓄积，以虏掠为资，利在速战。我闭营养锐以挫其锋，分兵汾、隰，冲其心腹，彼粮尽计穷，自当遁走。当待此机，未宜速战。"

永安壮王孝基谋逃归，刘武周杀之。

6　李世勣复遣人说窦建德曰："曹、戴二州，户口完实，孟海公窃有其地，与郑人外合内离，若以大军临之，指期可取。既得海公，以临徐、兖，河南可不战而定也。"建德以为然，欲自将徇河南，先遣其行台曹旦等将兵五万济河，世勣引兵三千会之。

三年(庚辰,620)

1　春，正月，将军秦武通攻王行本于蒲反。行本出战而败，粮尽援绝，欲突围走，无随之者，戊寅，开门出降。辛巳，上幸蒲州，斩行本。秦王世民轻骑谒上于蒲州。宋金刚围绛州。癸巳，上还长安。

4　十二月庚申(二十五日)，唐高祖在华山打猎。

5　于筠劝永安王李孝基抓紧攻击吕崇茂，独孤怀恩请求先准备好攻城器械，然后进攻，李孝基答应了他的请求。吕崇茂向宋金刚求援，宋金刚派遣手下将领善阳人尉迟敬德、寻相带兵很快赶到夏县。李孝基腹背受敌，于是打了大败仗，李孝基、独孤怀恩、于筠、唐俭以及行军总管刘世让都做了俘虏。尉迟敬德名叫尉迟恭，平素只称其字敬德。

高祖征召裴寂入朝，责备他打了败仗，交给官司审问，不久又释放了他，对他的优宠有增无减。

尉迟敬德、寻相就要回浍州，秦王李世民派兵部尚书殷开山、总管秦叔宝等人在美良川截击，大败尉迟敬德，杀了两千多人。不久，尉迟敬德、寻相又秘密带精骑往蒲反援救王行本，李世民自己率领两千步兵骑兵从小路连夜赶到安邑，截击并大败尉迟敬德。尉迟敬德、寻相二人只身逃脱，部下全部被俘，李世民又回到柏壁。

各位将领都请求与宋金刚交战，李世民说："宋金刚孤军深入，麾下集中了精兵猛将，刘武周占据太原，依仗宋金刚为屏障。宋金刚的军队没有储备，靠掠夺补充军需，利于速战。我们关闭营门不出，养精蓄锐，可以挫败他的锐气；分兵攻汾州、隰州，骚扰他的心腹之地，他们粮尽无计可施，自然会退军。我们应当等待到那时再战，目前不宜速战。"

永安壮王李孝基谋划逃归，被刘武周杀死。

6　李世勣又派人劝窦建德说："曹、戴二州，户口充实，孟海公占据二州，与东都的郑国貌合神离，如果发大军进取二州，指日可待。得孟海公后，再兵临徐州、兖州，黄河以南可不战而定。"窦建德认为这意见很对，便准备亲自领兵攻取河南，先派他的行台曹旦等人率五万兵马渡过黄河，李世勣带三千兵马与窦军会合。

唐高祖武德三年(庚辰，公元620年)

1　春季，正月，唐将军秦武通在蒲反攻打王行本。王行本出军迎战，打了败仗，粮草已尽，没有后援，打算突围逃走，又没有跟随的人。戊寅(十四日)，开城门出城投降。辛巳(十七日)，唐高祖临幸蒲州，斩王行本。秦王李世民轻骑到蒲州谒见高祖。宋金刚包围了绛州。癸巳(二十九日)，高祖返回长安。

2 李世勣谋俟窦建德至河南,掩袭其营,杀之,冀得其父并建德土地以归唐。会建德妻产,久之不至。

曹旦,建德之妻兄也,在河南,多所侵扰,诸贼羁属者皆怨之。贼帅魏郡李文相,号李商胡,聚五千馀人,据孟津中渚。母霍氏,亦善骑射,自称霍总管。世勣结商胡为昆弟,入拜商胡之母。母泣谓世勣曰:"窦氏无道,如何事之?"世勣曰:"母无忧,不过一月,当杀之,相与归唐耳!"世勣辞去,母谓商胡曰:"东海公许我共图此贼,事久变生,何必待其来,不如速决。"是夜,商胡召曹旦偏裨二十三人,饮之酒,尽杀之。旦别将高雅贤、阮君明尚在河北未济,商胡以巨舟四艘济河北之兵三百人,至中流,悉杀之。有兽医游水得免,至南岸,告曹旦,旦严警为备。商胡既举事,始遣人告李世勣。世勣与曹旦连营,郭孝恪劝世勣袭旦,世勣未决,闻旦已有备,遂与孝恪帅数十骑来奔。商胡复引精兵二千北袭阮君明,破之。高雅贤收众去,商胡追之,不及而还。

建德群臣请诛李盖,建德曰:"世勣,唐臣,为我所虏,不忘本朝,乃忠臣也,其父何罪?"遂赦之。

甲午,世勣、孝恪至长安。曹旦遂取济州,复还洺州。

3 二月庚子,上幸华阴。

4 刘武周遣兵寇潞州,陷长子、壶关。潞州刺史郭子武不能御,上以将军河东王行敏助之。行敏与子武不叶,或言子武将叛,行敏斩子武以徇。乙巳,武周复遣兵寇潞州,行敏击破之。

2 李世勣计划待窦建德到河南,便偷袭他的营地,杀窦建德,希望找回父亲并且以窦建德的地盘归附唐朝。恰巧窦建德的妻子生产,久等不到。

曹旦是窦建德妻子的哥哥,在河南大肆掠夺骚扰,归附的众起义者愤愤不平。起义首领魏郡人李文相,号李商胡,聚集了五千多人,占据了孟津中潬城;他的母亲霍氏,也善于骑马射箭,自称霍总管。李世勣和李商胡结拜为兄弟,入内室拜见李商胡的母亲。霍氏流着泪对李世勣说:"窦氏丧失了道德信义,怎么能够侍奉他?"李世勣说:"母亲不要担心,不超过一个月,我们就杀了他,一起归顺唐了!"李世勣告辞走后,霍氏对李商胡说:"东海公答应与我们共同杀了窦建德这些贼,时间长了会发生变化,何必要等到他来,不如速战速决。"当晚,李商胡召来曹旦手下的二十三位将领,用酒把他们灌醉,然后全部杀死。曹旦的别将高雅贤、阮君明还在黄河北岸没有过河,李商胡用四艘大船运送河北岸的三百士兵过河,船到河中心,将三百人全部杀光。一位兽医游泳逃脱,到南岸,报告了曹旦,曹旦严加警戒以为防备。李商胡起事后,才派人通知李世勣。李世勣营地与曹旦相接,郭孝恪劝李世勣袭击曹旦,李世勣犹豫不决,听说曹旦已有防备,便和郭孝恪率数十骑投奔唐。李商胡又带两千精兵,向北袭击阮君明,打败了他。高雅贤收拾部众退却,李商胡追击,没有追赶上于是返回。

窦建德的诸位大臣请求杀掉李盖,窦建德说:"世勣是唐臣,被我俘虏,仍不忘唐朝,这是忠臣,他父亲有什么罪?"于是赦免了李盖。

甲午(三十日),李世勣、郭孝恪到达长安。曹旦于是取得济州,之后又回到洺州。

3 二月庚子(初六),唐高祖临幸华阴。

4 刘武周派兵侵犯潞州,攻陷长子、壶关二县。潞州刺史郭子武不能抵御刘武周军的攻势,高祖派将军河东人王行敏援助郭子武。王行敏与郭子武不和,有人说郭子武要叛唐,王行敏杀了郭子武以示众。乙巳(十一日),刘武周又派兵侵犯潞州,被王行敏击退。

5　壬子，开州蛮冉肇则陷通州。

6　甲寅，遣将军桑显和等攻吕崇茂于夏县。

7　初，工部尚书独孤怀恩攻蒲反，久不下，失亡多，上数以敕书诮让之，怀恩由是怨望。上尝戏谓怀恩曰："姑之子皆已为天子，次应至舅之子乎？"怀恩亦颇以此自负，或时扼腕曰："我家岂女独贵乎？"遂与麾下元君宝谋反。会怀恩、君宝与唐俭皆没于尉迟敬德，君宝谓俭曰："独孤尚书近谋大事，若能早决，岂有此辱哉？"及秦王世民败敬德于美良川，怀恩逃归，上复使之将兵攻蒲反。君宝又谓俭曰："独孤尚书遂拔难得还，复在蒲反，可谓王者不死！"俭恐怀恩遂成其谋，乃说尉迟敬德，请使刘世让还与唐连和，敬德从之，遂以怀恩反状闻。时王行本已降，怀恩入据其城，上方济河幸怀恩营，已登舟矣，世让适至。上大惊曰："吾得免，岂非天也？"乃使召怀恩，怀恩未知事露，轻舟来至，即执以属吏，分捕党与。甲寅，诛怀恩及其党。

8　窦建德攻李商胡，杀之。建德至洺州劝课农桑，境内无盗，商旅野宿。

9　突厥处罗可汗迎杨政道，立为隋王。中国士民在北者，处罗悉以配之，有众万人。置百官，皆依隋制，居于定襄。

10　三月乙丑，刘武周遣其将张万岁寇浩州，李仲文击走之，俘斩数千人。

11　改纳言为侍中，内史令为中书令，给事郎为给事中。

12　甲戌，以内史侍郎封德彝为中书令。

5　壬子(十八日),开州蛮冉肇则攻陷通州。

6　甲寅(二十日),唐派遣将军桑显和等人在夏县攻打吕崇茂。

7　当初,工部尚书独孤怀恩攻打蒲反,长期不能攻克,损失惨重,唐高祖几次下敕书责备他,于是怀恩心生怨气。高祖曾经和怀恩开玩笑说:"你们独孤家姑姑的儿子都做了皇帝,下面是否该轮到我舅舅的儿子当皇帝了?"怀恩颇以此自负,有时也惋惜道:"难道我们家唯独女人才尊贵吗?"此时便和手下的元君宝谋反。时值怀恩、元君宝和唐俭都被尉迟敬德俘房,元君宝对唐俭说:"独孤尚书近来在谋划一件大事,如果能早些决定,哪会受这番屈辱?"待秦王李世民在美良川打败尉迟敬德,独孤怀恩逃回唐朝,高祖重又让他带兵攻打蒲反。元君宝又对唐俭说:"独孤尚书终于逃脱得以回朝,重到蒲反,这真称得上是王者不死!"唐俭恐怕独孤怀恩阴谋得逞,于是说服尉迟敬德,请求让刘世让回唐,与唐讲和,尉迟敬德听从了他的意见,于是上奏报告了独孤怀恩谋反的情况。当时王行本已经降唐,独孤怀恩进驻占据了蒲反,高祖正过黄河准备临幸怀恩的营地,已经登上了渡船,刘世让恰好赶到。高祖大惊,说:"我能够免于祸事,这难道不是天意吗?"于是召见怀恩,独孤怀恩不知道事情已经败露,驾小船来见高祖,立即被抓起来交给有关官员,又分头搜捕独孤怀恩的同党。甲寅(二十日),处决独孤怀恩及其同党。

8　窦建德攻打李商胡,杀了李商胡。窦建德到洺州教授、鼓励百姓耕作,所辖地区没有盗贼,商贾行人露宿。

9　突厥处罗可汗迎接杨政道,立为隋王。在突厥的中原官员百姓,处罗全部配给杨政道,共有一万人。杨政道设置百官,全部依照隋朝制度,居住在隋时的定襄郡。

10　三月乙丑(初二),刘武周派遣手下将领张万岁侵犯浩州,李仲文击退来敌,杀伤俘房数千人。

11　唐改纳言为侍中,内史令为中书令,给事郎为给事中。

12　甲戌(十一日),任命内史侍郎封德彝为中书令。

13　王世充将帅、州县来降者,时月相继。世充乃峻其法,一人亡叛,举家无少长就戮,父子、兄弟、夫妇许相告而免之。又使五家为保,有举家亡者,四邻不觉,皆坐诛。杀人益多而亡者益甚,至于樵采之人,出入皆有限数。公私愁窘,人不聊生。又以宫城为大狱,意所忌者,并其家属收系宫中。诸将出讨,亦质其家属于宫中,禁止者常不减万口,馁死者日有数十。世充又以台省官为司、郑、管、原、伊、殷、梁、凑、嵩、穀、怀、德等十二州营田使,丞、郎得为此行者,喜若登仙。

14　甲申,行军副总管张纶败刘武周于浩州,俘斩千馀人。

15　西河公张纶、真乡公李仲文引兵临石州,刘季真惧而诈降。乙酉,以季真为石州总管,赐姓李氏,封彭山郡王。

16　蛮酋冉肇则寇信州,赵郡公孝恭与战,不利。李靖将兵八百,袭击,斩之,俘五千馀人。己丑,复开、通二州。孝恭又击萧铣东平王阇提,斩之。

17　夏,四月丙申,上祠华山。壬寅,还长安。

18　置益州道行台,以益、利、会、廊、泾、遂六总管隶焉。

19　刘武周数攻浩州,为李仲文所败。宋金刚军中食尽,丁未,金刚北走,秦王世民追之。

20　罗士信围慈涧,王世充使太子玄应救之,士信刺玄应坠马,人救之,得免。

21　壬子,以显州道行台杨士林为行台尚书令。

22　甲寅,加秦王世民益州道行台尚书令。

13 王世充的将领、州县络绎不绝地前来降唐。王世充于是加重了法律，一人叛逃，全家无论老少全部杀死，父子、兄弟、夫妻相互告发的可以免死。又以五家结为一保，一家逃亡，四邻未察觉，四家均获死罪。但杀的人越多，逃亡的人也越多，以至于砍柴的人，出入城都有限额。上下愁怨，民不聊生。王世充又将宫城作为大监牢，平素忌恨的人，连家属一道囚禁在宫内。诸将如要出城作战，也要把家属留在宫内当人质，囚禁的人经常不下一万人，每天都有几十人饿死。王世充又任命中央台省的官员为司、郑、管、原、伊、殷、梁、凑、嵩、榖、怀、德十二州的营田使，尚书左右丞、诸曹郎官得了此任的，高兴得像做了神仙。

14 甲申(二十一日)，唐行军副总管张纶在浩州打败刘武周，俘虏、斩首一千多人。

15 西河公张纶、真乡公李仲文带兵逼近石州，刘季真胆怯，假称投降。乙酉(二十二日)，唐任命刘季真为石州总管，赐姓李，封为彭山郡王。

16 蛮族首领冉肇则侵犯信州，赵郡公李孝恭与冉肇则交锋，失利。李靖率八百兵马袭击，杀了冉肇则，俘虏五千多人。己丑(二十六日)，唐收复开州、通州。李孝恭又袭击萧铣手下的东平王阉提，杀了他。

17 夏季，四月丙申(初三)，唐高祖祭祀华山。壬寅(初九)，返回长安。

18 设置益州道行台，将益、利、会、廓、泾、遂六州总管划归益州道行台统辖。

19 刘武周几次进攻浩州，都被李仲文打败。宋金刚的军队粮食吃光，丁未(十四日)，宋金刚向北逃窜，秦王李世民带兵追击。

20 罗士信围攻慈涧，王世充派太子王玄应救援，罗士信把王玄应刺下马，有人搭救，王玄应才逃脱。

21 壬子(十九日)，唐任命显州道行台杨士林为行台尚书令。

22 甲寅(二十一日)，加封秦王李世民为益州道行台尚书令。

23 秦王世民追及寻相于吕州，大破之，乘胜逐北，一昼夜行二百馀里，战数十合。至高壁岭，总管刘弘基执辔谏曰："大王破贼，逐北至此，功亦足矣，深入不已，不爱身乎？且士卒饥疲，宜留壁于此，俟兵粮毕集，然后复进，未晚也。"世民曰："金刚计穷而走，众心离沮。功难成而易败，机难得而易失，必乘此势取之。若更淹留，使之计立备成，不可复攻矣。吾竭忠徇国，岂顾身乎？"遂策马而进，将士不敢复言饥。追及金刚于雀鼠谷，一日八战，皆破之，俘斩数万人。夜，宿于雀鼠谷西原，世民不食二日，不解甲三日矣，军中止有一羊，世民与将士分而食之。丙辰，陕州总管于筠自金刚所逃来。世民引兵趣介休，金刚尚有众二万，出西门，背城布陈，南北七里。世民遣总管李世勣与战，小却，为贼所乘，世民帅精骑击之，出其陈后，金刚大败，斩首三千级。金刚轻骑走，世民追之数十里，至张难堡。浩州行军总管樊伯通、张德政据堡自守，世民免胄示之，堡中喜噪且泣。左右告以王不食，献浊酒、脱粟饭。

尉迟敬德收馀众守介休，世民遣任城王道宗、宇文士及往谕之，敬德与寻相举介休及永安降。世民得敬德，甚喜，以为右一府统军，使将其旧众八千，与诸营相参。屈突通虑其变，骤以为言，世民不听。

刘武周闻金刚败，大惧，弃并州走突厥。金刚收其馀众，欲复战，众莫肯从，亦与百馀骑走突厥。

世民至晋阳，武周所署仆射杨伏念以城降。唐俭封府库以待世民，武周所得州县皆入于唐。

23　秦王李世民在吕州追上了寻相,打了大胜仗,并乘胜追击,一昼夜走了两百多里,打了几十仗。到高壁岭,总管刘弘基抓住马缰绳规劝道:"大王打败敌人,追到这里,功劳已足够了,不断深入,就不爱惜自己吗?况且士兵们饥饿疲惫,应当在此停留扎营,等到兵马粮草都齐备了,然后再进去也不晚。"李世民说:"宋金刚无计可施才逃跑,军心涣散。功劳难立而失败颇易,机会难得,转瞬即逝,一定要趁此机会消灭他。如果我们停滞不前,让他有时间考虑对策加强防备,就不可能轻易打败他了。我尽心竭力效忠国家,怎么能只顾惜自己的身体呢?"于是打马追击,将士们也不敢再提饥饿。唐军在雀鼠谷追上宋金刚,一天交锋八次,都打了胜仗,杀死、俘虏了几万人。当夜,在雀鼠谷宿营,李世民已经两天没有吃东西,三天没有脱下战袍了,全军只有一只羊,世民与将士们分吃了这一只羊。丙辰(二十三日),唐陕州总管于筠从宋金刚手下脱身逃回唐军中。李世民带兵赴介休,宋金刚还有两万人,出西门,背对城墙排列战阵,南北长七里。李世民派总管李世勣出战,不利,稍稍退却,宋金刚乘机反扑,李世民率领精骑从宋金刚背后袭击,宋金刚大败,唐军杀了三千人。宋金刚骑马逃走,李世民追出几十里,来到张难堡。唐浩州行军总管樊伯通、张德政占据堡垒自卫,李世民摘下头盔示意堡内,堡中守军见后欢呼雀跃,高兴得流下泪来。随从告诉守军秦王还未进食,守军献上浑酒、粗米饭。

尉迟敬德收拾残部守介休,李世民派任城王李道宗、宇文士及前去晓谕,尉迟敬德于是和寻相以介休、永安二县降唐。李世民得到尉迟敬德非常高兴,任命尉迟敬德为右一府统军,并让他仍然统领八千旧部,和各营相杂在一起。屈突通恐怕尉迟敬德会反叛,屡次向李世民提起,但李世民不听。

刘武周听说宋金刚失败,大为惊恐,放弃并州逃入突厥。宋金刚收拾残部,准备再战,但众人都不肯跟随他与唐作战,于是宋金刚也和一百多骑兵逃往突厥。

李世民到晋阳,刘武周任命的仆射杨伏念以晋阳城投降。唐俭封存了刘武周的仓库留待李世民处置,刘武周先后所占领的州县全部并入唐。

未几，金刚谋走上谷，突厥追获，腰斩之。岚州总管刘六儿从宋金刚在介休，秦王世民擒斩之。其兄季真，弃石州，奔刘武周将马邑高满政，满政杀之。

武周之南寇也，其内史令苑君璋谏曰："唐主举一州之众，直取长安，所向无敌，此乃天授，非人力也。晋阳以南，道路险隘，悬军深入，无继于后，若进战不利，何以自还？不如北连突厥，南结唐朝，南面称孤，足为长策。"武周不听，留君璋守朔州。及败，泣谓君璋曰："不用君言，以至于此。"久之，武周谋亡归马邑，事泄，突厥杀之。突厥又以君璋为大行台，统其馀众，仍令郁射设督兵助镇。

24　庚申，怀州总管黄君汉击王世充太子玄应于西济州，大破之。熊州行军总管史万宝邀之于九曲，又破之。

25　辛酉，王世充陷邓州。

26　上闻并州平，大悦。壬戌，宴群臣，赐缯帛，使自入御府，尽力取之。复唐俭官爵，仍以为并州道安抚大使。所籍独孤怀恩田宅资财，悉以赐之。

世民留李仲文镇并州，刘武周数遣兵入寇，仲文辄击破之，下城堡百馀所。诏仲文检校并州总管。

27　五月，窦建德遣高士兴击李艺于幽州，不克，退军笼火城。艺袭击，大破之，斩首五千级。建德大将军王伏宝，勇略冠军中，诸将疾之，言其谋反，建德杀之，伏宝曰："大王奈何听谗言，自斩左右手乎？"

不久,宋金刚打算跑回起兵初期的上谷,被突厥追上捉回,突厥腰斩了宋金刚。去年五月投降宋金刚的唐岚州总管刘六儿跟着宋金刚在介休,秦王李世民活捉并杀了他。刘六儿的兄长刘季真,丢弃石州,逃奔刘武周的将领马邑人高满政,高满政杀了他。

刘武周向南侵犯唐时,他的内史令苑君璋曾经规劝道:"唐主以一个州的兵力,直取长安,所向无敌,这是上天有助,不是人力。晋阳以南,道路狭窄险要,孤军深入,后无援军,假如进军攻战不利,怎么回军?不如北面联合突厥,南面与唐结交,在此一方称王称霸,才是长远之计。"刘武周不听,留苑君璋守朔州。待刘武周失败后,流着泪对苑君璋说:"我没有采纳您的意见,以至于到了现在这种地步。"过了一段时间,刘武周策划从突厥逃回马邑,事情泄露,突厥杀了刘武周。突厥人任命苑君璋为大行台,统领刘武周的馀部,仍然令郁射设督兵协助镇守。

24 庚申(二十七日),唐怀州总管黄君汉在西济州袭击王世充的太子王玄应,重创王玄应。熊州行军总管史万宝在九曲截击王玄应,又打败了他。

25 辛酉(二十八日),王世充攻陷邓州。

26 唐高祖听说平定了并州,非常高兴。壬戌(二十九日),宴请群臣,赐给缯帛,让人自己进御府,随便拿。又恢复了唐俭的官爵,仍然任并州道安抚大使。将没收的独孤怀恩的田地房屋资财,全部赏赐给了唐俭。

李世民留李仲文镇守并州,刘武周屡次派兵侵入并州境内,都被李仲文击退,李仲文还攻克了一百多所城堡。唐下诏以李仲文代理并州总管。

27 五月,窦建德派高士兴在幽州袭击李艺,没有攻克,撤军到笼火城。李艺袭击了高士兴,重创高军,斩首五千级。窦建德手下的大将军王伏宝勇猛机智,全军数第一,众将领憎恨他,说他要谋反,窦建德杀了王伏宝,刑前王伏宝说:"大王怎么能够听信谗言,自己断了自己的左右手呢?"

28　初,尉迟敬德将兵助吕崇茂守夏县,上潜遣使赦崇茂罪,拜夏州刺史,使图敬德,事泄,敬德杀之。敬德去,崇茂馀党复据夏县拒守。秦王世民引军自晋州还攻夏县,壬午,屠之。

29　辛卯,秦王世民至长安。

30　是月,突厥遣阿史那揭多献马千匹于王世充,且求婚,世充以宗女妻之,并与之互市。

31　六月壬辰,诏以和州总管、东南道行台尚书令楚王杜伏威为使持节、总管江淮以南诸军事、扬州刺史、东南道行台尚书令、淮南道安抚使,进封吴王,赐姓李氏。以辅公祏为行台左仆射,封舒国公。

32　丙午,立皇子元景为赵王,元昌为鲁王,元亨为酆王。

33　显州行台尚书令楚公杨士林,虽受唐官爵,而北结王世充,南通萧铣,诏庐江王瑗与安抚使李弘敏讨之。兵未行,长史田瓒为士林所忌,甲寅,瓒杀士林,降于世充,世充以瓒为显州总管。

34　秦王世民之讨刘武周也,突厥处罗可汗遣其弟步利设帅二千骑助唐。武周既败,是月,处罗至晋阳,总管李仲文不能制,又留伦特勒,使将数百人,云助仲文镇守,自石岭以北,皆留兵戍之而去。

35　上议击王世充,世充闻之,选诸州镇骁勇皆集洛阳,置四镇将军,募人分守四城。秋,七月壬戌,诏秦王世民督诸军击世充。陕东道行台屈突通二子在洛阳,上谓通曰:"今欲使卿东征,如卿二子何?"通曰:"臣昔为俘囚,分当就死,陛下释缚,加以恩礼。当是之时,臣心口相誓,期以更生馀年为陛下尽节,但恐不获死所耳。今得备先驱,二儿何足顾乎?"上叹曰:"徇义之士,一至此乎!"

28 当初，尉迟敬德带兵帮助吕崇茂保卫夏县，唐高祖暗中派人赦免了吕崇茂的罪过拜他为夏州刺史，让他谋取尉迟敬德，事情泄露，尉迟敬德杀了吕崇茂。尉迟敬德离开夏县后，吕崇茂余部又占据夏县拒守。秦王李世民率军从晋州回师攻夏县，壬午（二十四日），屠城。

29 辛卯（二十九日），秦王李世民到长安。

30 本月，突厥派遣阿史揭多向王世充进献一千匹马，并求婚，王世充以同族之女嫁突厥，并与突厥相互贸易。

31 六月壬辰（初一），唐下诏任命和州总管、东南道行台尚书令楚王杜伏威为使持节、总管江淮以南诸军事、扬州刺史、东南道行台尚书令、淮南道安抚使，晋封为吴王，赐姓李氏。任命辅公祏为东南道行台左仆射，封为舒国公。

32 丙午（初三），唐立皇子李元景为赵王，李元昌为鲁王，李元亨为酆王。

33 显州行台尚书令楚公杨士林虽然接受了唐的官爵，但北面交结王世充，南面勾结萧铣，唐下诏命庐江王李瑗与安抚使李弘敏讨伐杨士林。军队还未出发，长史田瓒遭杨士林的猜忌，甲寅（二十三日），田瓒杀死杨士林，投降了王世充，王世充任命田瓒为显州总管。

34 秦王李世民讨伐刘武周时，突厥处罗可汗派弟弟步利设率两千骑兵协助唐军。刘武周失败后，当月，处罗可汗到晋阳，唐检校并州总管李仲文不能统制处罗，处罗又留下伦特勒，让伦特勒统领数百人，声称帮助李仲文镇守，从石岭往北关隘，都留下突厥兵戍守，然后离去。

35 唐高祖商议攻打王世充之事，王世充闻讯，从各州镇选拔骁勇，集中到洛阳，设置四镇将军，又招募人分别守卫洛阳城四面。秋季，七月壬戌（初一），高祖诏命秦王李世民统率诸军攻打王世充。唐陕东道行台左仆射屈突通的两个儿子都在洛阳，皇上对屈突通说："现在想让你东征洛阳，你的两个儿子怎么办？"屈突通答道："臣下我过去作为阶下囚，理当被处死，陛下不但释放了我，还施予很多恩惠。那时我就在内心发誓，希望能在有生之年为陛下尽节，只是唯恐没有机会尽节捐躯罢了。如今能够有机会效力，两个儿子又有什么可顾惜的？"高祖赞叹道："真是一位忠义之士，竟能如此！"

36　癸亥,突厥遣使潜诣王世充,潞州总管李袭誉邀击,败之,虏牛羊万计。

37　骠骑大将军可朱浑定远告:"并州总管李仲文与突厥通谋,欲俟洛阳兵交,引胡骑直入长安。"甲戌,命皇太子镇蒲反以备之,又遣礼部尚书唐俭安抚并州,暂废并州总管府,征仲文入朝。

38　壬午,秦王世民至新安。王世充遣魏王弘烈镇襄阳,荆王行本镇虎牢,宋王泰镇怀州,齐王世恽检校南城,楚王世伟守宝城,太子玄应守东城,汉王玄恕守含嘉城,鲁王道徇守曜仪城,世充自将战兵,左辅大将军杨公卿帅左龙骧二十八府骑兵,右游击大将军郭善才帅内军二十八府步兵,左游击大将军跋野纲帅外军二十八府步兵,总三万人,以备唐。弘烈、行本,世伟之子。泰,世充之兄子也。

39　梁师都引突厥、稽胡兵入寇,行军总管段德操击破之,斩首千馀级。

40　罗士信将前军围慈涧,世充自将兵三万救之。己丑,秦王将轻骑前觇世充,猝与之遇,众寡不敌,道路险厄,为世充所围。世民左右驰射,获其左建威将军燕琪,世充乃退。世民还营,尘埃覆面,军不复识,欲拒之,世民免胄自言,乃得入。旦日,帅步骑五万进军慈涧。世充拔慈涧之戍,归于洛阳。世民遣行军总管史万宝自宜阳南据龙门,将军刘德威自太行东围河内,上谷公王君廓自洛口断其饷道,怀州总管黄君汉自河阴攻迴洛城,大军屯于北邙,连营以逼之。世充洧州长史繁水张公谨与刺史崔枢以州城来降。

36　癸亥(初二),突厥暗中派使节赴王世充处,唐潞州总管李袭誉截击并打败了突厥使者,夺得的牛羊数以万计。

37　唐骠骑大将军可朱浑定远报告:"并州总管李仲文与突厥勾结,商定准备等洛阳唐、郑交战时,引导突厥骑兵直驱长安。"甲戌(十三日),唐高祖命令皇太子镇守蒲反以为防备,又派礼部尚书唐俭安抚并州,暂时废除并州总管府,征李仲文入朝。

38　壬午(二十一日),秦王李世民到达新安,王世充派遣魏王王弘烈镇守襄阳,荆王王行本镇守虎牢,宋王王泰镇守怀州,齐王王世恽负责洛阳南城,楚王王世伟守洛阳宝城,太子王玄应守洛阳东城,汉王王玄恕守含嘉城,鲁王王道徇守曜仪城,王世充亲自统率作战军队,左辅大将军杨公卿统率左龙骧二十八府骑兵,右游击大将军郭善才统率内军二十八府步兵,左游击大将军跋野纲统率外军二十八府步兵,总计三万人,以防备唐的进攻。王弘烈、王行本是楚王王世伟的儿子。王泰是王世充哥哥的儿子。

39　梁师都带突厥、稽胡军队入侵唐,唐行军总管段德操打败入侵之敌,斩首一千多级。

40　罗士信率领先头部队包围了慈涧,王世充亲自带领三万兵马救援慈涧。己丑(二十八日),秦王李世民亲自带领轻骑前去观察王世充军情,突然遇到王世充的部队,双方人数相差悬殊,道路又很艰险,于是被王世充包围。李世民策马飞奔并左右开弓,敌人应弦而倒,抓获了王世充手下的左建威将军燕琪,王世充于是退军。李世民返回营地,满面灰尘,部下认不出要将他拒之门外,李世民摘下头盔发话,才进了军门。次日,李世民率领五万步兵骑兵开赴慈涧。王世充撤除了在慈涧的防守,返回洛阳。李世民派遣行军总管史万宝自宜阳向南占据伊阙龙门,派将军刘德威自太行向东包围郑河内郡,派上谷人王君廓从洛口切断郑军的粮草运输线,派遣怀州总管黄君汉从河阴进攻迴洛城,唐大军驻扎在洛阳北面的北邙,连营进逼洛阳。王世充所设洧州长史繁水人张公谨与洧州刺史崔枢以洧州城降唐。

41 八月丁酉,南宁西爨蛮遣使入贡。初,隋末蛮酋爨翫反,诛,诸子没为官奴,弃其地。帝即位,以翫子弘达为昆州刺史,令持其父尸归葬。益州刺史段纶因遣使招谕其部落,皆来降。

42 己亥,窦建德共州县令唐纲杀刺史,以州来降。

43 邓州土豪执王世充所署刺史来降。

44 癸卯,梁师都石堡留守张举帅千馀人来降。

45 甲辰,黄君汉遣校尉张夜叉以舟师袭迴洛城,克之,获其将达奚善定,断河阳南桥而还,降其堡聚二十馀。世充使太子玄应帅杨公卿等攻迴洛,不克,乃筑月城于其西,留兵戍之。

世充陈于青城宫,秦王世民亦置陈当之。世充隔水谓世民曰:"隋室倾覆,唐帝关中,郑帝河南,世充未尝西侵,王忽举兵东来,何也?"世民使宇文士及应之曰:"四海皆仰皇风,唯公独阻声教,为此而来!"世充曰:"相与息兵讲好,不亦善乎?"又应之曰:"奉诏取东都,不令讲好也。"至暮,各引兵还。

46 上遣使与窦建德连和,建德遣同安长公主随使者俱还。

47 乙卯,刘德威袭怀州,入其外郭,下其堡聚。

48 九月庚午,梁师都将刘旻以华池来降。以为林州总管。

49 癸酉,王世充显州总管田瓒以所部二十五州来降;自是襄阳声问与世充绝。

41 八月丁酉（初七），南宁西爨蛮派遣使节入贡于唐。早先，隋末西爨蛮首领爨翫反叛，被诛杀，所有的儿子都被没为官奴，放弃了领地。唐高祖即皇帝位后，任命爨翫的儿子爨弘达为昆州刺史，命他携父亲尸骨回乡安葬。唐益州刺史段纶乘此时机派人招谕西爨蛮各部落，诸部落均降唐。

42 己亥（初九），窦建德属下共州县令唐纲杀死刺史，以共州降唐。

43 邓州当地的豪门大族捉住王世充任命的邓州刺史，前来降唐。

44 癸卯（十三日），梁师都的石堡留守张举带领一千多人降唐。

45 甲辰（十四日），唐怀州总管黄君汉派校尉张夜叉用水军袭击迥洛城，攻克城池，捉住郑守将达奚善定，切断河阳南桥后回军，又收服了郑二十馀处堡垒、聚落。王世充命太子王玄应率领杨公卿等人攻迥洛城，没有攻克，于是在城西修筑月城，留兵戍守。

王世充在青城宫列阵，秦王李世民也列阵相应。王世充隔着河水对李世民说："隋朝灭亡，唐在关中称帝，郑在河南称雄，我王世充未曾向西侵唐，而秦王您却忽然率军东来犯郑，这是为什么？"李世民让宇文士及答复道："普天之下均敬慕皇帝的声威教化，唯独阁下阻隔皇帝声教，我们就为此事而来！"王世充说："我们互相息兵讲和，不是很好吗？"宇文士及又回答："奉诏命令我们攻取东都，没有命令我们讲和。"到傍晚，对方各自带兵回营。

46 唐高祖派人与窦建德联系，窦建德送唐高祖同母妹妹同安公主随使者一同返回长安。

47 乙卯（二十五日），唐将军刘德威袭击怀州，进入怀州外城，攻陷外城的堡垒聚落。

48 九月庚午（初十），梁师都的部将刘旻以华池县来降唐，唐任命他为林州总管。

49 癸酉，王世充的显州总管田瓒以所管辖的二十五个州前来降唐，从此，襄阳的王弘烈军与洛阳王世充之间断绝了消息。

50　史万宝进军甘泉宫。丁丑，秦王世民遣右武卫将军王君廓攻辕辕，拔之。王世充遣其将魏隐等击君廓，君廓伪遁，设伏，大破之，遂东徇地，至管城而还。先是，王世充将郭士衡、许罗汉掠唐境，君廓以策击却之，诏劳之曰："卿以十三人破贼一万，自古以少制众，未之有也。"

世充尉州刺史时德叡帅所部杞、夏、陈、随、许、颍、尉七州来降。秦王世民以便宜命州县官并依世充所署，无所变易，改尉州为南汴州，于是河南郡县相继来降。

刘武周降将寻相等多叛去。诸将疑尉迟敬德，囚之军中，行台左仆射屈突通、尚书殷开山言于世民曰："敬德骁勇绝伦，今既囚之，心必怨望，留之恐为后患，不如遂杀之。"世民曰："不然，敬德若叛，岂在寻相之后邪？"遂命释之，引入卧内，赐之金，曰："丈夫意气相期，勿以小嫌介意，吾终不信谗言以害忠良，公宜体之。必欲去者，以此金相资，表一时共事之情也。"辛巳，世民以五百骑行战地，登魏宣武陵。王世充帅步骑万馀猝至，围之，单雄信引槊直趋世民，敬德跃马大呼，横刺雄信坠马，世充兵稍却，敬德翼世民出围。世民、敬德更帅骑兵还战，出入世充陈，往反无所碍。屈突通引大兵继至，世充兵大败，仅以身免。擒其冠军大将军陈智略，斩首千馀级，获排稍兵六千。世民谓敬德曰："公何相报之速也？"赐敬德金银一箧，自是宠遇日隆。

50　唐行军总管史万宝进军甘泉宫。丁丑(十七日),秦王李世民派遣右武卫将军王君廓攻打镮辕,王君廓攻克镮辕。王世充派魏隐等将领攻击王君廓,王君廓伪装逃跑,设下埋伏,大败郑兵,于是又向东攻占到管城后回军。在此之前,王世充的将领郭士衡、许罗汉进入唐境攻掠,王君廓设计击退郭、许,唐高祖下诏慰问王君廓说:"你率领十三人打败一万敌人,自古以来以少胜多,还没有过这样的先例。"

王世充的尉州刺史时德叡率领所辖杞、夏、陈、随、许、颍、尉七州前来降唐。秦王李世民相机行事,命归附的各州县的官吏仍用王世充所任命的官员,不作变动,改尉州为南汴州,于是郑的河南郡县相继前来归附。

降唐的原刘武周将领寻相等人大多又叛唐而去。唐军诸将怀疑尉迟敬德也会叛离,将他囚禁在军中,行台左仆射屈突通、尚书殷开山向李世民进言道:"尉迟敬德骁勇绝伦,现在被囚禁,内心必然怨恨,留着恐怕会成为后患,不如索性杀了他。"李世民说:"不然,尉迟敬德如果真要叛离,又怎么会在寻相之后呢?"马上下令放开尉迟敬德,将他带入卧室,赐给金子,说:"男子汉大丈夫相互之间讲的是意气相投,不要因为一些小事而介意,我最终没有相信谗言而害了忠良,您应该明白。如果您一定要走,这点金子就算作路费,以表这一段共事之情。"辛巳(二十一日),李世民带五百骑兵巡视战区地形,登上魏宣武帝陵。王世充率领一万多步骑兵突然而至,包围了李世民,单雄信挺长枪直奔李世民而去,尉迟敬德跳上马大喊着将单雄信横刺下马,王世充军稍稍后退,尉迟敬德又护卫着李世民突出包围。李世民、尉迟敬德重新率骑兵回击,出入王世充队伍,如入无人之境。屈突通带领大军随后赶到,王世充军队大败,王世充只身逃脱。唐军活捉了王世充的冠军大将军陈智略,斩首一千多级,俘虏六千排稍兵。李世民对尉迟敬德说:"怎么这么快就得到了您的回报?"赐给尉迟敬德一箱金银,尉迟敬德从此日见宠遇。

敬德善避矟，每单骑入敌陈中，敌丛矟刺之，终莫能伤，又能夺敌矟返刺之。齐王元吉以善马矟自负，闻敬德之能，请各去刃相与校胜负，敬德曰："敬德谨当去之，王勿去也。"既而元吉刺之，终不能中。秦王世民问敬德曰："夺矟与避矟，孰难？"敬德曰："夺矟难。"乃命敬德夺元吉矟。元吉操矟跃马，志在刺之，敬德须臾三夺其矟。元吉虽面相叹异，内甚耻之。

51　叛胡陷岚州。

52　初，王世充以邴元真为滑州行台仆射。濮州刺史杜才幹，李密故将也，恨元真叛密，诈以其众降之。元真恃其官势，自往招慰，才幹出迎，延入就坐，执而数之曰："汝本庸才，魏公置汝元僚，不建毫发之功，乃构滔天之祸，今来送死，是汝之分！"遂斩之，遣人赍其首到黎阳祭密墓。壬午，以濮州来降。

53　突厥莫贺咄设寇凉州，总管杨恭仁击之，为所败，掠男女数千人而去。

54　丙戌，以田瓒为显州总管，赐爵蔡国公。

55　冬，十月甲午，王世充大将军张镇周来降。

56　甲辰，行军总管罗士信袭王世充硖石堡，拔之。士信又围千金堡，堡中人骂之。士信夜遣百馀人抱婴儿数十至堡下，使儿啼呼，诈云"从东都来归罗总管"。既而相谓曰："此千金堡也，吾属误矣。"即去。堡中以为士信已去，来者洛阳亡人，出兵追之。士信伏兵于道，伺其门开，突入，屠之。

尉迟敬德善于避让长矛,每次单枪匹马冲入敌阵,敌人密集的长矛刺来,却始终伤不了他,他还能夺取敌人长矛回刺过去。齐王李元吉颇以擅长骑术使长矛自负,听说尉迟敬德的名声,请求各自去掉枪头相互较量,一决胜负,尉迟敬德说:"敬德自当去枪头,王不必去。"然后李元吉刺尉迟敬德,始终刺不中他。秦王李世民问尉迟敬德:"夺矛和避矛哪个难?"敬德回答:"夺矛难。"于是秦王又命尉迟敬德夺齐王李元吉手中的长矛。李元吉手持长矛跳上马,一心要刺中尉迟敬德,但尉迟敬德只一会儿就三次夺了李元吉手中长矛。李元吉虽然脸上一副惊叹诧异的样子,而内心却深以为耻。

51 反叛的胡人攻陷岚州。

52 当初,王世充任命邴元真为滑州行台仆射。濮州刺史杜才干是李密的旧部,恨邴元真背叛李密,假意率众投降邴元真。邴元真仗着官势,自己前往濮州招慰,杜才干出门迎接邴元真并请邴元真入内就座,捉住邴元真斥责道:"你本来是个庸才,魏公给了你很高的职位,你不曾建立一点功劳,却构成了滔天大祸,如今来此送死,正是你应得的下场!"于是斩了邴元真,派人带着邴元真的首级到黎阳祭拜李密墓。壬午(二十二日),杜才干以濮州降唐。

53 突厥莫贺咄设侵犯凉州,唐总管杨恭仁迎战,被突厥打败,突厥掠夺了几千名唐朝百姓后离去。

54 丙戌(二十六日),唐任命田瓒为显州总管,赐爵蔡国公。

55 冬季,十月甲午(初五),王世充手下的大将军张镇周前来降唐。

56 甲辰(十五日),唐行军总管罗士信袭击并攻克了王世充的碛石堡。罗士信又包围千金堡,堡中人大骂罗士信。罗士信连夜派一百多人怀抱几十个婴儿到千金堡下,让婴儿啼哭呼叫,诈称"从东都来投奔罗总管",然后又互相说:"这是千金堡,我们搞错了。"马上离去。堡中人以为罗士信已经离去,来的是从洛阳逃亡出来的人,派兵出堡追赶。罗士信在途中设下埋伏,待千金堡门一开,猛地冲入,将堡中所藏之人屠杀殆尽。

57　窦建德之围幽州也,李艺告急于高开道,开道帅二千骑救之,建德兵引去,开道因艺遣使来降。戊申,以开道为蔚州总管,赐姓李氏,封北平郡王。开道有矢镞在颊,召医出之,医曰:"镞深,不可出。"开道怒,斩之。别召一医,曰:"出之恐痛。"又斩之。更召一医,医曰:"可出。"乃凿骨,置楔其间,骨裂寸馀,竟出其镞;开道奏妓进膳不辍。

58　窦建德帅众二十万复攻幽州。建德兵已攀堞,薛万均、万彻帅敢死士百人从地道出其背,掩击之,建德兵溃走,斩首千馀级。李艺兵乘胜薄其营,建德陈于营中,填堑而出,奋击,大破之,建德逐北,至其城下,攻之不克而还。

59　李密之败也,杨庆归洛阳,复姓杨氏。及王世充称帝,庆复姓郭氏,世充以为管州总管,妻以兄女。秦王世民逼洛阳,庆潜遣人请降,世民遣总管李世勣将兵往据其城。庆欲与其妻偕来,妻曰:"主上使妾侍巾栉者,欲结君之心也。今君既辜付托,徇利求全,妾将如君何?若至长安,则君家一婢耳,君何用为?愿送至洛阳,君之惠也。"庆不许。庆出,妻谓侍者曰:"若唐遂胜郑,则吾家必灭;郑若胜唐,则吾夫必死。人生至此,何用生为?"遂自杀。庚戌,庆来降,复姓杨氏,拜上柱国、郇国公。

时世充太子玄应镇虎牢,军于荥、汴之间,闻之,引兵趣管城,李世勣击却之。使郭孝恪为书说荥州刺史魏陆,陆密请降。

57　窦建德包围幽州时，李艺向高开道告急，高开道率两千骑兵救幽州，窦建德军队撤离幽州，高开道于是随李艺派遣的使者降唐。戊申（十九日），唐任命高开道为蔚州总管，赐他姓李，封为北平郡王。高开道的面颊中了一枚箭头，找来医生，让医生拔去箭头，医生说："箭头太深，没法拔。"高开道一生气，杀了医生。另外又找来一位医生，医生回答："要拔箭头恐怕很痛。"高开道又杀了这位医生。第三次找来一位医生，医生说："有办法拔。"于是凿颊骨，钉入楔子，骨头裂开一寸多的缝，到底取出了箭头；而手术时高开道依然如故地边奏乐舞边进餐。

58　窦建德率领二十万兵马再次攻打幽州。窦建德的士兵已经登上城堞，薛万均、薛万彻率领一百多人的敢死队从地道中出城到窦建德军背后，突然出现袭击窦军，窦建德军溃败逃走，被唐军斩首一千多级。李艺军队乘胜迫近窦建德营地，窦建德在营中列阵，填平壕沟出营奋力还击，大败李艺军，又追逐到幽州城下，攻城不克而后还军。

59　李密败时，杨庆返回洛阳，恢复旧姓杨姓。待王世充称帝，杨庆又恢复姓郭，王世充任命他为管州总管，把兄长的女儿嫁给他。秦王李世民进逼洛阳，郭庆又暗中派人请求归顺，李世民派遣总管李世勣带兵前往并占据了管州城。郭庆打算和妻子一同归唐，他妻子说："主上让我来服侍您，是想结交您的心。如今您既然辜负了主上的托付，追逐名利金钱，我将怎么对待您呢？假如到长安，我则不过是您家里的一个奴婢罢了，对您又有什么用？希望送我回洛阳，就是您对我的恩惠了。"郭庆不答应妻子的请求。郭庆离去，他妻子对侍者说："如果唐最终胜了郑，我们家必然灭族，郑如果胜了唐，我丈夫定然是死罪。人生至此，活着有什么用？"于是便自杀了。庚戌（二十一日），郭庆前来降唐，又恢复姓杨，唐拜他为上柱国，封爵郇国公。

当时，王世充的太子王玄应镇守虎牢关，驻扎在荥泽与汜水之间，听说杨庆降唐，带兵开赴管城，李世勣击退了王玄应。李世勣让郭孝恪写书信劝说王世充的荥州刺史魏陆，魏陆秘密地请求归顺。

玄应遣大将军张志就陆征兵，丙辰，陆擒志等四将，举州来降。阳城令王雄帅诸堡来降，秦王世民使李世勣引兵应之，以雄为嵩州刺史，嵩南之路始通。魏陆使张志诈为玄应书，停其东道之兵，令其将张慈宝且还汴州，又密告汴州刺史王要汉使图慈宝，要汉斩慈宝以降。玄应闻诸州皆叛，大惧，奔还洛阳。诏以要汉为汴州总管，赐爵郧国公。

60　王弘烈据襄阳，上令金州总管府司马泾阳李大亮安抚樊、邓以图之。十一月庚申，大亮攻樊城镇，拔之，斩其将国大安，下其城栅十四。

61　萧铣性褊狭，多猜忌。诸将恃功恣横，好专诛杀，铣患之，乃宣言罢兵营农，实欲夺诸将之权。大司马董景珍弟为将军，怨望，谋作乱，事泄，伏诛。景珍时镇长沙，铣下诏赦之，召还江陵。景珍惧，甲子，以长沙来降，诏峡州刺史许绍出兵应之。

62　云州总管郭子和，先与突厥、梁师都相连结，既而袭师都宁朔城，克之。又诇得突厥衅隙，遣使以闻，为突厥候骑所获。处罗可汗大怒，囚其弟子升。子和自以孤危，请帅其民南徙，诏以延州故城处之。

63　张举、刘旻之降也，梁师都大惧，遣其尚书陆季览说突厥处罗可汗曰："比者中原丧乱，分为数国，势均力弱，故皆北面归附突厥。今定杨可汗既亡，天下将悉为唐有。师都不辞灰灭，亦恐次及可汗，不若及其未定，南取中原，如魏道武所为，师都请为向导。"处罗从之，谋使莫贺咄设入自原州，泥步设与师都入自延州，突利可汗与奚、霫、契丹、靺鞨入自幽州，会窦建德之师自滏口西入，会于晋、绛。莫贺咄设者，处罗之弟咄苾也。突利者，始毕之子什钵苾也。

王玄应派大将军张志到魏陆处征兵,丙辰(二十七日),魏陆活捉张志等四员将领,举州前来投降。郑阳城县令王雄率领诸堡来降唐,秦王李世民派李世勣带兵接应,任命王雄为嵩州刺史,这才打通了嵩山以南的道路。魏陆让张志伪造王玄应的信,命王玄应的东道兵马停止前进,命令将领张慈宝暂且返回汴州,又秘密通知郑汴州刺史王要汉让他杀了张慈宝,王要汉斩了张慈宝投降了唐。王玄应得知各州都已反叛,大为惊恐,逃回洛阳。唐下诏任命王要汉为汴州总管,赐爵郧国公。

60　王弘烈占据襄阳,唐高祖命令金州总管府司马泾阳人李大亮安抚樊州、邓州,以伺机攻取襄阳。十一月庚申(初一),李大亮进攻并攻克樊城镇,王弘烈手下将领国大安被斩首,李大亮又攻破十四座城栅。

61　萧铣性格狭隘,爱猜忌。他手下的将领恃功恣意骄横,又好专擅杀人,萧铣对此深感不安,于是宣布命令要裁军兴农,实际是想夺诸将的兵权。大司马董景珍之弟是将军,心怀不满,谋划反叛,事情泄露,被杀死。董景珍当时镇守长沙,萧铣下诏赦免了董景珍,召他返回江陵。董景珍惧怕,甲子(初五),以长沙投降唐,唐诏令峡州刺史许绍出兵接应。

62　云州总管郭子和早先与突厥、梁师都互相联合结盟,后来又袭击并攻克了梁师都的宁朔城。又刺探到突厥嫌隙,派人报告给唐,被突厥的巡逻骑兵查获。突厥处罗可汗非常愤怒,囚禁了郭子和弟郭子升。郭子和因为自己孤立无援,形势危急,向唐请求率领所辖百姓南迁,唐下诏将他们安置在延州旧城。

63　张举、刘旻降唐,梁师都十分恐慌,派遣他的尚书陆季览游说突厥处罗可汗,说:"近来中原丧乱,分裂成几个国家,势力都不强,因此都向北面归附突厥。如今定杨可汗刘武周已经败亡,天下都将为唐所有。师都躲不过覆灭,恐怕也会轮到可汗,可汗不如趁唐还未平定天下,像魏道武帝那样南下夺取中原,师都愿做向导。"处罗可汗听从了他的建议,策划莫贺咄设从原州、泥步设和梁师都从延州侵唐,突利可汗与奚、霫、契丹、靺鞨诸部从幽州南下,会合窦建德的军队,从滏口向西会师于晋、绛二州。莫贺咄设就是处罗可汗之弟咄苾。突利可汗就是始毕可汗之子什钵苾。

处罗又欲取并州以居杨政道,其群臣多谏,处罗曰:"我父失国,赖隋得立,此恩不可忘。"将出师而卒。义成公主以其子奥射设丑弱,废之,更立莫贺咄设,号颉利可汗。乙酉,颉利遣使告处罗之丧,上礼之如始毕之丧。

64　戊子,安抚大使李大亮取王世充洎、华二州。

65　是月,窦建德济河击孟海公。

初,王世充侵建德黎阳,建德袭破殷州以报之。自是二国交恶,信使不通。及唐兵逼洛阳,世充遣使求救于建德。建德中书侍郎刘彬说建德曰:"天下大乱,唐得关西,郑得河南,夏得河北,共成鼎足之势。今唐举兵临郑,自秋涉冬,唐兵日增,郑地日蹙,唐强郑弱,势必不支,郑亡,则夏不能独立矣。不如解仇除忿,发兵救之,夏击其外,郑攻其内,破唐必矣。唐师既退,徐观其变,若郑可取则取之,并二国之兵,乘唐师之老,天下可取也!"建德从之,遣使诣世充,许以赴援。又遣其礼部侍郎李大师等诣唐,请罢洛阳之兵,秦王世民留之,不答。

66　十二月辛卯,王世充许、亳等十一州皆请降。

67　壬辰,燕郡王李艺又击窦建德军于笼火城,破之。

68　辛丑,王世充随州总管徐毅举州降。

69　癸卯,峡州刺史许绍攻萧铣荆门镇,拔之。绍所部与梁、郑邻接,二境得绍士卒,皆杀之,绍得二境士卒,皆资给遣之。敌人愧感,不复侵掠,境内以安。

处罗可汗又打算取并州以安置杨政道,他部下群臣大多以为不可,处罗说:"我父亲丧失了国家,靠隋朝才得立为汗,如此大恩不能忘却。"处罗可汗准备出兵时去世。义成公主因为处罗的儿子奥射设面貌丑陋身体虚弱,废除奥射设,改立莫贺咄设,号颉利可汗。乙酉(二十六日),颉利派遣使者向唐通报了处罗去世的消息,高祖以对待始毕可汗丧事一样的礼节处理处罗可汗的丧事。

64　戊子(二十九日),唐安抚大使李大亮取得王世充的沮、华二州之地。

65　本月,窦建德渡过黄河攻击孟海公。

当初,王世充侵占了窦建德的黎阳,窦建德便攻破殷州报复王世充。从此郑、夏两国关系恶化,不再互派使节通信。等到唐军逼近洛阳,王世充派遣使节向窦建德求救。窦建德的中书侍郎刘彬劝他说:"天下大乱,唐得关西,郑得河南,夏得河北,形成三足鼎立之势。如今唐起兵攻郑,从秋到冬,唐军日见增多,郑国地域日益狭小,唐强郑弱,势必不能支撑,郑灭亡,夏也不能单独存立了。不如放弃仇怨,发兵救郑,夏从外袭击,郑自内反攻,一定能打败唐军。唐军退兵后,再慢慢观察形势变化,如果郑可取就取郑,合并两国的兵力,趁唐军疲劳,可以夺取天下!"窦建德听从此论,派人见王世充,答应出师援救。窦建德又派遣礼部侍郎李大师等人赴唐军,请求唐停止进攻洛阳,秦王李世民留下使者,但不予答复。

66　十二月辛卯(初三),王世充境内的许、亳等十一州均请求降唐。

67　壬辰(初四),唐燕郡王李艺再次在笼火城攻打窦建德的军队,并打败了夏军。

68　辛丑(十三日),王世充任命的随州总管徐毅举州降唐。

69　癸卯(十五日),唐峡州刺史许绍进攻萧铣的荆门镇,夺取该镇。许绍所辖峡州与王世充的郑、萧铣的梁两国接壤,郑、梁抓获许绍的部下,全部杀死;而许绍抓获郑、梁的士兵,却发放路费全部遣返。敌人深感羞愧,也颇受感动,不再侵犯骚扰,峡州境内得以安定。

70　萧铣遣其齐王张绣攻长沙，董景珍谓绣曰："'前年醢彭越，往年杀韩信'，卿不见之乎，何为相攻？"绣不应，进兵围之，景珍欲溃围走，为麾下所杀，铣以绣为尚书令。绣恃功骄横，铣又杀之。由是功臣诸将皆有离心，兵势益弱。

71　王世充遣其兄子代王琬、长孙安世诣窦建德报聘，且乞师。

72　突厥伦特勒在并州，大为民患，并州总管刘世让设策擒之。上闻之，甚喜。张道源从窦建德在河南，密遣人诣长安，请出兵攻洺州以震山东。丙午，诏世让为行军总管，使将兵出土门，趣洺州。

73　己酉，瓜州刺史贺拔行威执骠骑将军达奚暠，举兵反。

74　是岁，李子通渡江攻沈法兴，取京口。法兴遣其仆射蒋元超拒之，战于庱亭，元超败死，法兴弃毗陵，奔吴郡。于是丹阳、毗陵等郡皆降于子通。子通以法兴府掾李百药为内史侍郎、国子祭酒。

杜伏威遣行台左仆射辅公祏将卒数千攻子通，以将军阚稜、王雄诞为之副。公祏渡江攻丹阳，克之，进屯溧水，子通帅众数万拒之。公祏简精甲千人，执长刀为前锋，又使千人蹑其后，曰："有退者即斩之。"自帅馀众，复居其后。子通为方陈而前，公祏前锋千人殊死战，公祏复张左右翼以击之，子通败走，公祏逐之，反为所败，还，闭壁不出。王雄诞曰："子通无壁垒，又狃于初胜，乘其无备，击之可破也。"公祏不从。雄诞以其私属数百人夜出击之，因风纵火，子通大败，降其卒数千人。子通食尽，弃江都，保京口，江西之地尽入于伏威，伏威徙居丹阳。

70 萧铣派他手下的齐王张绣攻打长沙的董景珍,董景珍对张绣说:"你没见西汉高祖'前年醢彭越,往年杀韩信'这样诛杀功臣的事吗?为什么要互相攻杀呢?"张绣不作回答,进兵包围了长沙。董景珍打算突围,被部下杀死。萧铣任命张绣为尚书令。张绣仗着有功,骄傲蛮横,萧铣又杀了张绣。经过此事后,梁国的功臣及众将领都产生了离异的念头,兵力也日益衰弱。

71 王世充派遣兄长的儿子代王王琬与长孙王安世前往窦建德处修好,并且请求出师救援。

72 突厥的伦特勒在并州是百姓的一大祸患,唐并州总管刘世让设计活捉了伦特勒。唐高祖闻讯非常高兴。张道源随窦建德在河南,派人秘密赴长安,请唐出兵攻打窦建德夏国的都城洺州,以震慑山东地区。丙午(十八日),唐下诏任命刘世让为行军总管,由他统领军队出土门关,奔赴洺州。

73 己酉(二十一日),瓜州刺史贺拔行威捉住骠骑将军达奚暠,起兵反叛。

74 当年,李子通渡过长江攻打沈法兴,夺取京口。沈法兴派遣他的仆射蒋元超抵抗李子通,在废亭交战,蒋元超兵败身亡,沈法兴放弃毗陵,逃奔吴郡。于是丹阳、毗陵等郡都投降了李子通。李子通任命原沈法兴的府掾李百药为内史侍郎、国子祭酒。

杜伏威派行台左仆射辅公祏率数千士卒攻李子通,任命将军阚稜、王雄诞为辅公祏的副将。辅公祏渡过长江攻打丹阳,攻克丹阳后进军驻扎于溧水,李子通率数万兵马拒敌。辅公祏挑选了一千名精兵手持长刀做前锋,又命一千人跟随在后,对这一千人说:"有退却的,立即斩首。"自己带领其馀的兵马,跟在这千人的后面。李子通列方阵前进,辅公祏的前锋部队殊死战斗,辅公祏又以左右翼攻击李子通的方阵,李子通兵败逃跑,辅公祏追逐反而被李子通所败,返回军营,坚壁不出战。王雄诞说:"李子通没有营寨壁垒,又满足于小胜,我们乘他不加防备袭击,可以打败他。"辅公祏不听。王雄诞便带自己的几百名士兵于夜晚袭击李子通,乘风势放火,李子通大败,数千士卒投降。李子通粮草食尽,放弃了江都,保守京口,于是江西地区全部为杜伏威所有,杜伏威迁居丹阳。

子通复东走太湖，收合亡散，得二万人，袭沈法兴于吴郡，大破之。法兴帅左右数百人弃城走，吴郡贼帅闻人遂安遣其将叶孝辩迎之，法兴中途而悔，欲杀孝辩，更向会稽。孝辩觉之，法兴窘迫，赴江溺死。子通军势复振，徙都馀杭，尽收法兴之地，北自太湖，南至岭，东包会稽，西距宣城，皆有之。

75 广、新二州贼帅高法澄、沈宝徹杀隋官，据州，附于林士弘。汉阳太守冯盎击破之。既而宝徹兄子智臣复聚兵于新州，盎引兵击之。贼始合，盎免胄大呼曰："尔识我乎？"贼多弃仗肉袒而拜，遂溃，擒宝徹、智臣等，岭外遂定。

76 窦建德行台尚书令恒山胡大恩请降。

四年(辛巳,621)

1 春，正月癸酉，以大恩为代州总管，封定襄郡王，赐姓李氏。代州石岭之北，自刘武周之乱，寇盗充斥，大恩徙镇雁门，讨击，悉平之。

2 稽胡酋帅刘仚成部落数万，为边寇。辛巳，诏太子建成统诸军讨之。

3 王世充梁州总管程嘉会以所部来降。

4 杜伏威遣其将陈正通、徐绍宗帅精兵二千，来会秦王世民击王世充，甲申，攻梁，克之。

5 丙戌，黔州刺史田世康攻萧铣五州、四镇，皆克之。

6 秦王世民选精锐千馀骑，皆皂衣玄甲，分为左右队，使秦叔宝、程知节、尉迟敬德、翟长孙分将之。每战，世民亲被玄甲帅之为前锋，乘机进击，所向无不摧破，敌人畏之。行台仆射屈突通、赞皇公窦轨引兵按行营屯，猝与王世充遇，战不利。秦王世民帅玄甲救之，世充大败，获其骑将葛彦璋，俘斩六千馀人。世充遁归。

李子通又向东逃往太湖,收拾散兵,得两万人,在吴郡袭击沈法兴,大败沈法兴。沈法兴带几百个亲随放弃吴郡城逃走,吴郡贼帅闻人遂安派手下将领叶孝辩迎接沈法兴,沈法兴在半路又后悔,想杀了叶孝辩,改奔会稽。叶孝辩发觉了沈法兴的意图,沈法兴处境很窘迫,于是投江而死。李子通的兵力重新强盛起来,便将都城迁到馀杭,接收了沈法兴的全部地盘,北从太湖,南到五岭,东包会稽,西至宣城,全为其所有。

75 广州和新州的贼帅高法澄、沈宝徹杀死隋朝的州官,占据二州,归附于林士弘。隋汉阳太守冯盎攻打并打败了二人。不久,沈宝徹兄长的儿子沈智臣重新在新州纠合兵力,冯盎带兵攻打沈智臣。贼兵刚刚汇合,冯盎脱下头盔大声喊道:"你们认识我吗?"贼众大多数都放下兵仗赤膊行礼,于是溃散,冯盎活捉了沈宝徹、沈智臣等人,岭南地区于是得以平定。

76 窦建德的行台尚书令恒山人胡大恩请求降唐。

唐高祖武德四年(辛巳,公元621年)

1 春季,正月癸酉(十五日),唐任命胡大恩为代州总管,封为定襄郡王,赐姓李。代州石岭以北,从刘武周起兵,充斥了寇盗,李大恩将治所迁至雁门,出兵征讨,平定了所有的寇盗。

2 稽胡族酋长刘仚成部落有数万人,是唐边境的祸患。辛巳(二十三日),唐高祖下诏命太子李建成统领各路兵马讨伐稽胡。

3 王世充的梁州总管程嘉会带领部下前来降唐。

4 杜伏威派遣将领陈正通、徐绍宗带领两千精兵,与秦王李世民会师,攻打王世充。甲申(二十六日),攻克梁县。

5 丙戌(二十八日),黔州刺史田世康攻打萧铣的五个州、四个镇,全部攻克。

6 秦王李世民挑选一千多精锐骑兵,全部着黑衣黑甲,分为左右队,分别由秦叔宝、程知节、尉迟敬德、翟长孙统领。每次作战,李世民都亲自披上黑甲率领他们作为先锋,乘机进击,所向披靡,令敌人畏惧。行台仆射屈突通、赞皇公窦轨带兵巡行营屯,突然与王世充遭遇,交战后不利,秦王李世民带领玄甲军救援,王世充大败,唐军俘获王世充的骑将葛彦璋,俘虏歼灭了六千多敌人。王世充逃跑回城。

7　李靖说赵郡王孝恭以取萧铣十策，孝恭上之。二月辛卯，改信州为夔州，以孝恭为总管，使大造舟舰，习水战。以孝恭未更军旅，以靖为行军总管，兼孝恭长史，委以军事。靖说孝恭悉召巴、蜀酋长子弟，量才授任，置之左右，外示引擢，实以为质。

8　王世充太子玄应将兵数千人，自虎牢运粮入洛阳，秦王世民遣将军李君羡邀击，大破之，玄应仅以身免。

世民使宇文士及奏请进围东都，上谓士及曰："归语尔王：今取洛阳，止于息兵，克城之日，乘舆法物，图籍器械，非私家所须者，委汝收之。其馀子女玉帛，并以分赐将士。"

辛丑，世民移军青城宫，壁垒未立，王世充帅众二万自方诸门出，凭故马坊垣堑，临谷水以拒唐兵，诸将皆惧。世民以精骑陈于北邙，登魏宣武陵以望之，谓左右曰："贼势窘矣，悉众而出，徼幸一战，今日破之，后不敢复出矣！"命屈突通帅步卒五千渡水击之，戒通曰："兵交则纵烟。"烟作，世民引骑南下，身先士卒，与通合势力战。世民欲知世充陈厚薄，与精骑数十冲之，直出其背，众皆披靡，杀伤甚众。既而限以长堤，与诸骑相失，将军丘行恭独从世民，世充数骑追及之，世民马中流矢而毙。行恭回骑射追者，发无不中，追者不敢前。乃下马以授世民，行恭于马前步执长刀，距跃大呼，斩数人，突陈而出，得入大军。世充亦帅众殊死战，散而复合者数四，自辰至午，世充兵始退。世民纵兵乘之，直抵城下，俘斩七千人，遂围之。骠骑将军段志玄与世充兵力战，深入，马倒，为世充兵所擒，两骑夹持其髻，将渡洛水，志玄踊身而奋，二人俱坠马，志玄驰归，追者数百骑，不敢逼。

7　李靖向赵郡王李孝恭献十条平萧铣的计策,李孝恭将十策奏报朝廷。二月辛卯(初三),唐改信州为夔州,任命李孝恭为夔州总管,命他大造船舰,训练军队练习水战。又因为李孝恭不熟悉军事,任命李靖为行军总管,兼任李孝恭的长史,将军事委任给李靖掌管。李靖劝李孝恭征召巴、蜀地区所有酋长的子弟,量才任用,安置在身边,对外显示是引用提拔,实际作为人质。

8　王世充的太子王玄应率领几千人,从虎牢运粮到洛阳,秦王李世民派遣将军李君羡截击,大败王玄应运粮军,王玄应只身逃脱。

李世民派宇文士及回朝上奏请求进军包围东都洛阳,高祖对宇文士及说:"回去跟你们秦王殿下说:这次攻打洛阳,不获全胜,决不收兵,攻陷东都之际,隋朝皇室的车驾法物、图书簿籍以及器械,除去各人所必需的,就都委托你收集起来,其他的男男女女玉器布帛,都用来分赐给将士们。"

辛丑(十三日),李世民将军营转移到青城宫,尚未修好壁垒,王世充就率两万兵马从方诸门而出,凭借旧马坊的墙垣沟堑,靠近榖水抵御唐军,唐诸将全都惊慌。李世民让精骑在北邙山列阵,自己登上北魏宣武帝陵观察郑军,对身边的人说:"贼子的处境已窘迫了,倾巢而出,想侥幸打一战,今日打败他,以后他再也不敢出战了!"李世民命令屈突通率领五千步兵过榖水进击王世充,并告诫屈突通道:"军队一交锋立即放烟火。"待到起烟,李世民带领骑兵向南冲击,身先士卒,与屈突通汇合兵力奋力战斗。李世民想了解王世充军阵兵力分布情况,率几十精锐骑兵冲入敌阵,一直冲到敌阵背后,不可阻挡,杀伤很多敌人。不久因长堤所限,李世民和众骑兵走散,唯有将军丘行恭跟随着李世民,几名王世充的骑兵追上来,李世民的坐骑中箭倒毙。丘行恭掉转马头向回骑,射击追赶的郑兵,箭无虚发,追兵不敢向前。于是丘行恭下马将自己的坐骑给李世民,自己在马前步行,手挥大刀跳跃大喊斩杀几人,冲出王世充军阵,得以回归唐军大部队。王世充也率领部下殊死战斗,军队几次三番打散后重又集合起来,从上午七八点钟直到中午,王世充的军队才退军。李世民挥军追击,直到城下,俘虏歼灭了七千人,于是包围了洛阳。唐骠骑将军段志玄奋力与王世充的士卒交战,深入敌阵,坐骑倒下,段志玄被王世充的士兵俘获,两名骑兵夹着他并抓住他的发髻,准备过河,段志玄奋勇跳起,那两名骑兵都掉下马来,段志玄骑上马奔回唐军,后面有几百名骑兵追赶,但不敢靠近。

初，骠骑将军王怀文为唐军斥候，为世充所获，世充欲慰悦之，引置左右。壬寅，世充出右掖门，临洛水为陈，怀文忽引槊刺世充，世充衷甲，槊折不能入，左右猝出不意，皆愕眙不知所为。怀文走趣唐军，至写口，追获，杀之。世充归，解去衷甲，袒示群臣曰："怀文以槊刺我，卒不能伤，岂非天所命乎？"

先是御史大夫郑颋不乐仕世充，多称疾不预事，至是谓世充曰："臣闻佛有金刚不坏身，陛下真是也。臣实多幸，得生佛世，愿弃官削发为沙门，服勤精进，以资陛下之神武。"世充曰："国之大臣，声望素重，一旦入道，将骇物听。俟兵革休息，当从公志。"颋固请，不许。退谓其妻曰："吾束发从官，志慕名节，不幸遭遇乱世，流离至此，侧身猜忌之朝，累足危亡之地，智力浅薄，无以自全。人生会有死，早晚何殊，姑从吾所好，死亦无憾。"遂削发被僧服。世充闻之，大怒曰："尔以我为必败，欲苟免邪？不诛之，何以制众？"遂斩颋于市。颋言笑自若，观者壮之。

诏赠王怀文上柱国、朔州刺史。

9　并州安抚使唐俭密奏："真乡公李仲文与妖僧志觉有谋反语，又娶陶氏之女以应桃李之谣。诣事可汗，甚得其意，可汗许立为南面可汗；及在并州，赃贿狼籍。"上命裴寂、陈叔达、萧瑀杂鞫之。乙巳，仲文伏诛。

10　庚戌，王泰弃河阳走，其将赵夐等以城来降。别将单雄信、裴孝达与总管王君廓相持于洛口，秦王世民帅步骑五千援之，至辍辕，雄信等遁去，君廓追败之。

早先，骠骑将军王怀文在唐军中任侦察敌情的斥候，被王世充俘获，王世充想笼络他，将他安置在身边。壬寅(十四日)，王世充出右掖门，临洛水列阵，王怀文忽然举起长矛刺王世充，王世充衣内穿有护甲，长矛折断未能刺进，周围的人猝不及防，都惊呆了不知所措。王怀文逃往唐军，到写口被追兵赶上，遇害。王世充回城，脱下内甲，袒露给群臣看，并说："怀文用长矛刺我，竟没能伤我，这岂不是天意属我吗？"

先前，御史大夫郑颋不愿做王世充的官，总是说有病不参与政事，这时，对王世充说："我听说佛有金刚不坏身，陛下就是这金刚不坏身。我真是很幸运，能够生于佛世，我愿意放弃官爵削发为僧，勤于修炼，以助您的神武。"王世充说："您是国家大臣，一向声高望重，一旦进身佛门，必将惊世骇俗。等到战事过后，一定尊重您的志向。"郑颋再三请求，王世充不许。郑颋下朝后对他的妻子说："我自幼年为官，一心向往名誉节操，不幸遭遇乱世，落到如此地步，身处这互相猜忌、危机四伏将要灭亡的朝廷，而我的能力有限，无法保全自身。人生在世总有一死，早晚又有什么差别，姑且遂了我的心愿，死了也没有什么可遗憾的。"于是他剃发穿上了僧服。王世充闻讯，大为震怒，说："你认为我必然失败，想以此逃脱一死吗？不杀了你，又怎么能制众？"于是在闹市中将郑颋斩首。郑颋临刑谈笑自如，旁观者很佩服他的胆量。

唐下诏赠王怀文上柱国、朔州刺史。

9　并州安抚使唐俭秘密奏报："真乡公李仲文与蛊惑人心的和尚志觉有谋反的言论，李仲文又娶陶氏女子以符桃李的谣言。向突厥献殷勤，很合他的心意，可汗应允立其为南面可汗，李仲文等在并州，贪赃枉法收受贿赂，声名狼藉。"唐高祖命裴寂、陈叔达、萧瑀多方审讯。乙巳(十七日)，李仲文被斩。

10　庚戌(二十二日)，王泰放弃河阳逃跑，他手下的将领赵夐等人以河阳城降唐。王世充的别将单雄信、裴孝达和唐总管王君廓在洛口相持，秦王李世民率五千步骑兵援助王君廓，行到辕辕，单雄信等人逃遁，王君廓追上打败了他们。

11　壬子，延州总管段德操击刘仚成，破之，斩首千馀级。

12　乙卯，王世充怀州刺史陆善宗以城降。

13　秦王世民围洛阳宫城。城中守御甚严，大炮飞石重五十斤，掷二百步，八弓弩箭如车辐，镞如巨斧，射五百步。世民四面攻之，昼夜不息，旬馀不克。城中欲翻城者凡十三辈，皆不果发而死。唐将士皆疲弊思归，总管刘弘基等请班师，世民曰："今大举而来，当一劳永逸。东方诸州已望风款服，唯洛阳孤城，势不能久，功在垂成，奈何弃之而去？"乃下令军中曰："洛阳未破，师必不还，敢言班师者斩！"众乃不敢复言。上闻之，亦密敕世民使还，世民表称洛阳必可克，又遣参谋军事封德彝入朝面论形势。德彝言于上曰："世充得地虽多，率皆羁属，号令所行，唯洛阳一城而已，智尽力穷，克在朝夕。今若旋师，贼势复振，更相连结，后必难图！"上乃从之。世民遗世充书，谕以祸福，世充不报。

14　戊午，王世充郑州司兵沈悦遣使诣左武候大将军李世勣请降。左卫将军王君廓夜引兵袭虎牢，悦为内应，遂拔之，获其荆王行本及长史戴胄。悦，君理之孙也。

15　窦建德克周桥，虏孟海公。

11　壬子(二十四日)，唐延州总管段德操进攻并打败了刘仚成，歼敌一千多。

12　乙卯(二十七日)，王世充的怀州刺史陆善宗以怀州城降唐。

13　秦王李世民包围了洛阳宫城。城中王世充的防御十分严密，大炮可以射五十斤重的石头，投出两百步远，八个弓的弩的箭杆像车辐，箭镞如同巨斧，可以射五百步远。李世民四面攻城，昼夜不停，十几天未能攻克。城中先后有十三个人想以城倒戈应唐，均没有来得及发动就被杀死。唐军将士都疲惫不堪想回关中，总管刘弘基等人请求班师回朝，李世民说："如今大举而来，应当一劳永逸。洛阳以东的各州已望风归服，唯有洛阳一座孤城，其势已不能持久，成功在即，怎么能放弃而回朝呢？"于是下令全军："洛阳不破，决不回军，再有胆敢提起班师的一律斩首。"众人才不敢再提班师一事。高祖听说后，也下密敕让李世民还军，李世民上表说明洛阳必定可以攻克，又派参谋军事封德彝回朝面陈军前形势。封德彝对皇上说："王世充得到的地方虽然多，但都不过是加以笼络略有联系的部属，实际号令所能管辖的只不过洛阳一城而已，他已经智尽力穷，克城之日就在近期之内。现在如果回师，他的势力重新振作起来，再加上各地互相联合，以后想要消灭他就难了！"于是高祖听从李世民的建议。李世民写信给王世充，晓以祸福利害，王世充没有回复。

14　戊午(三十日)，王世充的郑州司兵沈悦派人到唐左武候大将军李世勣处请降。唐左卫将军王君廓夜晚带兵攻击虎牢，沈悦做内应，于是唐夺取了虎牢，抓获了郑国的荆王王行本及其长史戴胄。沈悦是沈君理的孙子。

15　窦建德攻克了周桥，俘虏了孟海公。

卷第一百八十九　唐纪五

起辛巳(621)三月尽十二月不满一年

高祖神尧大圣光孝皇帝中之中
武德四年(辛巳，621)

1　三月庚申，以靺鞨渠帅突地稽为燕州总管。

2　太子建成获稽胡千馀人，释其酋帅数十人，授以官爵，使还，招其馀党，刘仚成亦降。建成诈称增置州县，筑城邑，命降胡年二十以上皆集，以兵围而杀之，死者六千馀人，仚成觉变，亡奔梁师都。

3　行军总管刘世让攻窦建德黄州，拔之。洺州严备，世让不得进。会突厥将入寇，上召世让还。

窦建德所署普乐令平恩程名振来降，上遥除名振永宁令，使将兵徇河北。名振夜袭邺，俘其男女千馀人。去邺八十里，阅妇人乳有渖者，九十馀人，悉纵遣之，邺人感其仁，为之饭僧。

4　突厥颉利可汗承父兄之资，士马雄盛，有凭陵中国之志。妻隋义成公主，公主从弟善经，避乱在突厥，与王世充使者王文素共说颉利曰："昔启民为兄弟所逼，脱身奔隋，赖文皇帝之力，有此土宇，子孙享之。今唐天子非文皇帝子孙，可汗宜奉杨政道以伐之，以报文皇帝之德。"颉利然之。上以中国未宁，待突厥甚厚，而颉利求请无厌，言辞骄慢。甲戌，突厥寇汾阴。

高祖神尧大圣光孝皇帝中之中

唐高祖武德四年(辛巳,公元621年)

1　三月庚申(初二),唐任命靺鞨首领突地稽为燕州总管。

2　唐太子李建成俘获一千多名稽胡首长、将领,授予他们官爵,让他们返回部落,招降同党,刘仚成也投降。李建成假称增置州县,要修建城邑,下令投降的稽胡年纪在二十岁以上的集中起来,然后派军队包围全部杀死,共杀死了六千多人,刘仚成发觉情况不对,逃跑投奔了梁师都。

3　唐行军总管刘世让攻打窦建德的黄州,夺取了黄州。但洺州却严加防备,刘世让不能推进。恰值突厥准备进犯,高祖召刘世让回师。

窦建德任命的普乐县令平恩人程名振前来投降,高祖任命程名振为永宁县令,让他带兵攻略河北。程名振于夜晚袭击邺县,俘虏了一千多男女。离开邺县已八十里,看见有九十多名妇女乳汁流出,就全都将她们放了回去,邺人受他仁义之心的感动,为他施僧求福。

4　突厥颉利可汗继承了父兄的兵马,势力强盛,颇有侵辱中原王朝的志向。颉利的妻子是隋朝的义成公主,公主的堂弟杨善经在突厥躲避战乱,杨善经和王世充的使者王文素一同劝颉利道:"过去启民可汗遭兄弟逼迫,脱身后投奔隋朝,全靠文皇帝的力量,才拥有了突厥的领土君权,子孙后代享用不尽。现在唐天子非隋文皇帝的子孙,可汗您应当挟立杨政道为帝并伐唐,来报答昔日文皇帝的恩德。"颉利也深表赞同。唐高祖因为中原尚未平定,对待突厥十分优厚,而颉利可汗要求无度,言辞又很傲慢。甲戌(十六日),突厥侵犯汾阴县。

5　唐兵围洛阳，掘堑筑垒而守之。城中乏食，绢一匹直粟三升，布十匹直盐一升，服饰珍玩，贱如土芥。民食草根木叶皆尽，相与澄取浮泥，投米屑作饼食之，皆病，身肿脚弱，死者相枕倚于道。皇泰主之迁民入宫城也，凡三万家，至是无三千家。虽贵为公卿，糠覈不充，尚书郎以下，亲自负戴，往往馁死。

窦建德使其将范愿守曹州，悉发孟海公、徐圆朗之众，西救洛阳。至滑州，王世充行台仆射韩洪开门纳之。己卯，军于酸枣。

6　壬午，突厥寇石州，刺史王集击却之。

7　窦建德陷管州，杀刺史郭士安，又陷荥阳、阳翟等县，水陆并进，泛舟运粮，溯河西上。王世充之弟徐州行台世辩遣其将郭士衡将兵数千会之，合十馀万，号三十万，军于成皋之东原，筑宫板渚，遣使与王世充相闻。

先是，建德遗秦王世民书，请退军潼关，返郑侵地，复修前好。世民集将佐议之，皆请避其锋，郭孝恪曰："世充穷蹙，垂将面缚，建德远来助之，此天意欲两亡之也。宜据武牢之险以拒之，伺间而动，破之必矣！"记室薛收曰："世充保据东都，府库充实，所将之兵，皆江、淮精锐，即日之患，但乏粮食耳。以是之故，为我所持，求战不得，守则难久。建德亲帅大众，远来赴援，亦当极其精锐。若纵之至此，两寇合从，转河北之粟以馈洛阳，则战争方始，偃兵无日，混一之期，殊未有涯也。今宜分兵守洛阳，深沟高垒，世充出兵，慎勿与战，大王亲帅骁锐，先据成皋，厉兵训士，以待其至，

5 唐军包围洛阳,挖沟筑垒困守。洛阳城内缺粮,一匹绢才值三升粟,十匹布才值一升盐,服饰珍玩,也低贱得如同泥土草芥。百姓把草根树叶都吃光了,就一起澄取浮泥,放入米屑做成饼吃,食后都得病,身体肿胀脚跟发软,饿死的人交错着倒在路上。当初皇泰主迁百姓入宫城时,有三万家,到这时不足三千家。就是地位高贵的公卿,这时连糠糁都吃不饱,尚书郎以下官吏,需自己亲自参加劳动,还往往饿死。

窦建德命他的将领范愿守卫曹州,调孟海公、徐圆朗的所有兵马,向西救援洛阳。到滑州,王世充的行台仆射韩洪打开城门迎他们入城。己卯(二十一日),军队到酸枣。

6 壬午(二十四日),突厥侵犯石州,石州刺史王集打退了进犯的突厥兵。

7 窦建德攻陷管州,杀了管州刺史郭士安;又攻陷了荥阳、阳翟等县,水陆并进,用船运粮,向西溯黄河而上。王世充的弟弟徐州行台王世辩派遣手下的将领郭士衡带几千兵马与窦建德会合,共十几万人,号称有三十万,在成皋东原扎营,在板渚修筑宫室,派人和王世充互通消息。

当初,窦建德写信给秦王李世民,请唐军退到潼关,退还夺取的郑国领地,重修原来的睦邻关系。李世民召集将佐商议此事,众人都请求避开窦建德的兵锋,郭孝恪说:"王世充已是穷途末路,马上就会成阶下囚,窦建德远道而来救助王世充,这是天意要郑、夏两国灭亡。我们应当凭借武牢之险抵御窦建德,视情况而动,肯定能打败他们!"记室薛收说:"王世充保据东都,仓库充实,统率的兵马,都是江淮地区的精锐,现在的困难只不过是缺粮。因为这个缘故,被我们拖住,想打打不了,要坚守又难以持久。窦建德亲自统率大军远道赴援,也会尽出其精锐。如果放他到此,两寇合兵,将河北的粮食运来供给洛阳,那么大战才展开,不知什么时候结束,统一天下的日子更是遥遥无期了。现在我们应当分出兵力围困洛阳,加深壕沟增高壁垒,如果王世充出兵,要小心不和他交战,大王您亲自率领骁勇精锐,先占据成皋,磨快兵器训练兵马,等他们到来,

以逸待劳,决可克也。建德既破,世充自下,不过二旬,两主就缚矣!"世民善之。收,道衡之子也。萧瑀、屈突通、封德彝皆曰:"吾兵疲老,世充凭守坚城,未易猝拔,建德席胜而来,锋锐气盛,吾腹背受敌,非完策也,不若退保新安,以承其弊。"世民曰:"世充兵摧食尽,上下离心,不烦力攻,可以坐克。建德新破海公,将骄卒惰,吾据武牢,扼其咽喉。彼若冒险争锋,吾取之甚易。若狐疑不战,旬月之间,世充自溃。城破兵强,气势自倍,一举两克,在此行矣。若不速进,贼入武牢,诸城新附,必不能守。两贼并力,其势必强,何弊之承?吾计决矣!"通等又请解围据险以观其变,世民不许。中分麾下,使通等副齐王元吉围守东都,世民将骁勇三千五百人东趋武牢。时正昼出兵,历北邙,抵河阳,趋巩而去。王世充登城望见,莫之测也,竟不敢出。

癸未,世民入武牢。甲申,将骁骑五百,出武牢东二十馀里,觇建德之营。缘道分留从骑,使李世勣、程知节、秦叔宝分将之,伏于道旁,才馀四骑,与之偕进。世民谓尉迟敬德曰:"吾执弓矢,公执槊相随,虽百万众若我何?"又曰:"贼见我而还,上策也。"去建德营三里所,建德游兵遇之,以为斥候也。世民大呼曰:"我秦王也。"引弓射之,毙其一将。建德军中大惊,出五六千骑逐之,从者咸失色。世民曰:"汝弟前行,吾自与敬德为殿。"于是按辔徐行,追骑将至,则引弓射之,辄毙一人。

以逸待劳，一定能够克敌。打败窦建德后，王世充自然也就败亡，不出二十天，就会捉住两国君!"李世民十分赞赏他的计策。薛收是薛道衡的儿子。萧瑀、屈突通、封德彝都认为："我军疲惫不堪士气低落，王世充凭借洛阳宫城坚固辅以防守，不容易很快攻克，窦建德挟胜利之势而来，士气高涨锐不可当，我军腹背受敌，不是好办法，不如撤退保守新安，以便等待时机。"李世民说："王世充损兵折将，粮食吃尽，上下离心，我们不必花气力攻打，可以坐等他败亡。窦建德刚刚打败了孟海公，将领骄傲，士卒疲惫，我们占据武牢，等于扼住他的咽喉。他如果冒险作战，我们可以轻而易举打败他。如果他犹豫不决，不来交战，要不了十天半个月，王世充自己就会溃败。破城后兵力增强，士气军势自然提高，一下打败两个敌人，就在这一仗了。如果不迅速进军，窦建德进入武牢，周围各城新归附，必然不能坚守。两敌合力，势力必然强大，怎么会有机可乘呢? 我的计划决定了!"屈突通等人又请求解除洛阳之围，凭借险要以观敌人变化，李世民不答应。于是将军队平分为两部分，由屈突通等人辅助齐王李元吉围困东都，李世民率领三千五百名骁勇向东奔赴武牢。于正午时分出发，过北邙，至河阳，取道巩县而去。王世充登上洛阳城墙望见唐军行动，不知唐军意图，竟不敢出城交战。

　　癸未(二十五日)，李世民进入武牢。甲申(二十六日)，带领五百骁骑，出武牢，到城东二十多里处，观察窦建德的营地。沿路分别留下随行的骑兵，让李世勣、程知节、秦叔宝分别统领，埋伏在路旁，只带四名骑兵和他一起前去。李世民对尉迟敬德说："我拿着弓箭，你手握长枪跟着我，就是来一百万人又能拿我们怎么样?"又说："敌人看见我就返回，是上策。"离窦建德营地三里处，李世民等与窦建德的游兵相遇，游兵以为他们是侦察敌情的斥候。李世民大喊："我是秦王。"拉弓射箭，射死对方一员将领。窦建德军中大为惊慌，出动五六千骑兵追赶，跟随李世民的人都吓得变了脸色。李世民说："你们只管在前面走，我自己和敬德殿后。"于是勒住缰绳慢慢走，追兵快赶上了就拉弓放箭，每射一箭就杀死一人。

追者惧而止，止而复来，如是再三，每来必有毙者，世民前后射杀数人，敬德杀十许人，追者不敢复逼。世民逡巡稍却以诱之，入于伏内，世勣等奋击，大破之，斩首三百馀级，获其骁将殷秋、石瓚以归。乃为书报建德，谕以"赵、魏之地，久为我有，为足下所侵夺。但以淮安见礼，公主得归，故相与坦怀释怨。世充顷与足下修好，已尝反覆，今亡在朝夕，更饰辞相诱，足下乃以三军之众，仰哺他人，千金之资，坐供外费，良非上策。今前茅相遇，彼遽崩摧，郊劳未通，能无怀愧？故抑止锋锐，冀闻择善，若不获命，恐虽悔难追。"

8　立秦王世民之子泰为卫王。

9　夏，四月己丑，丰州总管张长逊入朝。时言事者多云，长逊久居丰州，为突厥所厚，非国家之利。长逊闻之，请入朝，上许之。会太子建成北伐稽胡，长逊帅所部会之，因入朝，拜右武候将军。益州行台左仆射窦轨帅巴、蜀兵来会秦王击王世充，以长逊检校益州行台右仆射。

10　己亥，突厥颉利可汗寇雁门，李大恩击走之。

11　壬寅，王世充骑将杨公卿、单雄信引兵出战，齐王元吉击之，不利，行军总管卢君谔战死。

12　太子还长安。

13　王世充平州刺史周仲隐以城来降。

14　戊申，突厥寇并州。初，处罗可汗与刘武周相表里，寇并州，上遣太常卿郑元璹往谕以祸福，处罗不从。未几，处罗遇疾卒，国人疑元璹毒之，留不遣。上又遣汉阳公瑰赂颉利可汗以金帛，颉利欲令瑰拜，瑰不从，亦留之。又留左骁卫大将军长孙顺德。上怒，亦留其使者。瑰，孝恭之弟也。

追兵惧怕便停止了追击,停一会儿又重新追赶,几次三番,每次追赶上必定有人被杀死,李世民先后射杀了几个人,尉迟敬德杀死十几人,追兵不敢再进逼。李世民有意徘徊或稍稍后退引诱追兵到埋伏圈内,李世勣等人奋力战斗,大败追兵,斩首三百多级,俘获窦建德的将领殷秋、石瓒返回武牢。于是李世民致函窦建德,说:"赵、魏地区,历来为我大唐所有,被您侵夺,只为了淮安王被俘受到您的礼遇,又蒙送回同安公主,所以彼此真诚相待放弃旧怨。王世充曾与您修好,但已经反复,现在王世充的灭亡就在眼前,却花言巧语引诱您,您于是就率领三军之众,来听命于他,千金军费,白白为别人消耗,实在不是上策。如今与您的前哨相遇,他们不堪一击,您与王世充还没能相见,能不心中有愧吗?我所以稍挫您的锐气,是希望您能听从善意的劝告,如果您不听,恐怕将会后悔莫及。"

8 唐立秦王李世民的儿子李泰为卫王。

9 夏季,四月己丑(初二),唐丰州总管张长逊回到朝中。当时许多议论政事的人都说,张长逊长期在丰州,受到突厥的重视,不利于国家。张长逊听到这些议论,请求回朝,高祖准许了他的请求。恰好太子李建成北伐稽胡,张长逊率领部队与建成汇合,顺势回朝,官拜右武候将军。唐益州行台左仆射窦轨率领巴、蜀兵马前来与秦王会师攻打王世充,唐任命张长逊为益州行台右仆射。

10 己亥(十二日),突厥颉利可汗侵犯雁门,李大恩击退来敌。

11 壬寅(十五日),王世充的骑将杨公卿、单雄信带兵出战,齐王李元吉迎击,失利,行军总管卢君谔战死。

12 太子李建成返回长安。

13 王世充的平州刺史周仲隐以城池前来降唐。

14 戊申(二十一日),突厥侵犯并州。当初,处罗可汗与刘武周内外呼应,侵犯并州;高祖派太常卿郑元璹前去晓以祸福,处罗不听。不久,处罗患病身亡,突厥国的人怀疑是被郑元璹毒死,扣留了郑元璹,不许他回国。高祖又派汉阳公李瑗用金子布帛贿赂颉利可汗,颉利想让李瑗行礼,李瑗不从,也被扣留了下来。突厥还扣留了唐左骁卫大将军长孙顺德。唐高祖很气愤,也扣留了突厥的使者。李瑗是李孝恭的弟弟。

15　甲寅,封皇子元方为周王,元礼为郑王,元嘉为宋王,元则为荆王,元茂为越王。

16　窦建德迫于武牢不得进,留屯累月,战数不利,将士思归。丁巳,秦王世民遣王君廓将轻骑千馀抄其粮运,又破之,获其大将军张青特。

凌敬言于建德曰:"大王悉兵济河,攻取怀州、河阳,使重将守之,更鸣鼓建旗,逾太行,入上党,徇汾、晋,趣蒲津,如此有三利:一则蹈无人之境,取胜可以万全;二则拓地收众,形势益强;三则关中震骇,郑围自解。为今之策,无以易此。"建德将从之,而王世充遣使告急相继于道,王琬、长孙安世朝夕涕泣,请救洛阳,又阴以金玉啗建德诸将,以挠其谋。诸将皆曰:"凌敬书生,安知战事,其言岂可用也?"建德乃谢敬曰:"今众心甚锐,天赞我也,因之决战,必将大捷,不得从公言。"敬固争之,建德怒,令扶出。其妻曹氏谓建德曰:"祭酒之言不可违也。今大王自滏口乘唐国之虚,连营渐进以取山北,又因突厥西抄关中,唐必还师自救,郑围何忧不解?若顿兵于此,老师费财,欲求成功,在于何日?"建德曰:"此非女子所知!吾来救郑,郑今倒悬,亡在朝夕,吾乃舍之而去,是畏敌而弃信也,不可。"

谍者告曰:"建德伺唐军刍尽,牧马于河北,将袭武牢。"五月戊午,秦王世民北济河,南临广武,察敌形势,因留马千馀匹,牧于河渚以诱之,夕还武牢。己未,建德果悉众而至,自板渚出牛口置陈,北距大河,西薄汜水,南属鹊山,亘二十里,

15 甲寅(二十七日),唐封皇子李元方为周王,李元礼为郑王,李元嘉为宋王,李元则为荆王,李元茂为越王。

16 窦建德在武牢受阻不能前进,停留了一个多月,打了几仗都未能取胜,将士们人心思归。丁巳(三十日),秦王李世民派王君廓率领一千多轻骑抢夺窦建德的运粮队,再次打败了他,并俘获窦建德的大将军张青特。

凌敬对窦建德说:"大王您不如出动全部兵力渡过黄河,攻取了怀州、河阳,派重将守卫,又擂响战鼓挥起战旗,翻越太行山,进入上党,略地汾州、晋州,奔赴蒲津,这样做有三点好处:一是进入无人之境,取胜可以说是万无一失;二是开拓了领土召收兵马,国势更加强盛;三是关中的唐受震骇,郑国洛阳之围自然会解除。眼下的计策,没有比这更妥当的了。"窦建德准备按照凌敬的建议行事,但是王世充连续不断地派人来告急,王琬、长孙安世也日夜哭泣,请求窦建德援救洛阳,又暗地里用金玉收买窦建德手下的将领,阻挠凌敬的计划。诸将都说:"凌敬是个书生,哪里懂得打仗的事,他的话怎么能听呢?"于是窦建德向凌敬道歉说:"现在大家士气很高,这是上天在帮助我,趁此机会决战,必定能大胜,不能照您的意见办了。"凌敬再三争辩,窦建德不高兴,命人把他架了出去。窦建德的妻子曹氏对他说:"祭酒凌敬的话不能不遵从。现在大王从滏口趁唐国空虚,连营渐进夺取山北并、代、汾、晋等地,又借助突厥从西部掠夺关中,唐军必然回师自救,还用担心郑国的东都之围不解吗?如果在此地停顿不前,磨灭了士气,消耗了财力,要想成功,就没有日期了!"窦建德说:"这不是女人能懂的!我来救郑,郑如今处境很危急,就要亡国,我弃他而去,是畏惧敌人而背信弃义,不能这么做。"

唐军密探报告:"窦建德探听到唐军草料已用完,在黄河以北放马,准备袭击武牢。"五月戊午(初一),秦王李世民向北渡过黄河,从南面逼近广武,侦察敌情,乘机留下一千多匹马,在河中沙州放牧以引诱窦建德,当晚返回武牢。己未(初二),窦建德果然倾巢而出,从板渚出牛口列战阵,北靠黄河,西临汜水,南连鹊山,连绵二十里,

鼓行而进。诸将皆惧,世民将数骑升高丘而望之,谓诸将曰:
"贼起山东,未尝见大敌,今度险而嚣,是无纪律,逼城而陈,
有轻我心。我按甲不出,彼勇气自衰,陈久卒饥,势将自退,
追而击之,无不克者。与公等约,甫过日中,必破之矣!"建德
意轻唐军,遣三百骑涉汜水,距唐营一里所止。遣使与世民
相闻曰:"请选锐士数百与之剧。"世民遣王君廓将长槊二百
以应之,相与交战,乍进乍退,两无胜负,各引还。王琬乘隋
炀帝骢马,铠仗甚鲜,迥出陈前以夸众。世民曰:"彼所乘真
良马也!"尉迟敬德请往取之,世民止之曰:"岂可以一马丧猛
士。"敬德不从,与高甑生、梁建方三骑直入其陈,擒琬,引其
马驰归,众无敢当者。世民使召河北马,待其至乃出战。

建德列陈,自辰至午,士卒饥倦,皆坐列,又争饮水,逡巡
欲退。世民命宇文士及将三百骑经建德陈西,驰而南上,戒
之曰:"贼若不动,尔宜引归,动则引兵东出。"士及至陈前,陈
果动,世民曰:"可击矣!"时河渚马亦至,乃命出战。世民帅
轻骑先进,大军继之,东涉汜水,直薄其陈。建德群臣方朝
谒,唐骑猝来,朝臣趋就建德,建德召骑兵使拒唐兵,骑兵阻
朝臣不得过,建德挥朝臣令却,进退之间,唐兵已至,建德窘
迫,退依东陂。窦抗引兵击之,战小不利。世民帅骑赴之,所
向皆靡。淮阳王道玄挺身陷陈,直出其后,复突陈而归,再入
再出,飞矢集其身如猬毛,勇气不衰,射人,皆应弦而仆。世
民给以副马,使从己,于是诸军大战,尘埃涨天。世民帅史大
奈、程知节、秦叔宝、宇文歆等卷旆而入,出其陈后,张唐旗帜,

擂鼓前进。唐军诸将都十分惊慌，李世民带几名骑兵登上高丘瞭望敌阵，对诸将说："敌人从山东起兵，还没有碰见过强大的对手，如今身涉险境却很喧嚣，是没有纪律，逼近城池排列战阵，有轻视我们的意思。我们如果按兵不动，他们的勇气自然就会衰竭，列阵时间一长士卒饥饿，势必就会自动撤退，我们再追上去攻击，必然会取胜。我和各位打赌，一过正午，肯定能打败他们！"窦建德轻视唐军，派三百骑兵涉过汜水，在离唐营一里地方停止。派人通报李世民说："请挑选几百名精兵和他们打着玩玩。"李世民派王君廓带领两百名长枪手应战，相互交锋，骤进骤退，双方不分胜负，各自返回营地。王琬骑着隋炀帝的青骢马，铠甲兵器都很新，远离阵前向众人夸耀。李世民说："他骑的真是匹好马！"尉迟敬德请求去夺马，李世民制止他说："怎么能为了一匹马损失一员猛士呢？"尉迟敬德不听，和高甑生、梁建方三人骑马直冲入敌阵，活捉了王琬，牵着他的坐骑奔回唐营，众人没有敢阻挡的。李世民让他去召回黄河以北的牧马，等他返回才出战。

　　窦建德排列战阵，从早晨到中午，士卒们饥饿疲惫，都坐了下来，又争着喝水，迟疑着想撤退。李世民命令宇文士及带三百骑兵经过窦建德军阵西边向南奔驰，告诫他："敌人如果不动，你就带兵返回，如果动了，就带兵从东面出击。"宇文士及到窦建德阵前，敌阵果然动了，李世民说："可以打了！"这时黄河滩上的牧马也已到达，于是下令出击。李世民率领轻骑率先冲进，大军跟随在后，向东涉过汜水，直扑敌阵。窦建德的群臣正在朝谒，唐军骑兵突然降临，朝臣都跑向窦建德，窦建德召骑兵抵御唐军，因朝臣阻隔骑兵过不去，窦建德又令朝臣退下，这一进一退之际，唐军已到阵前。窦建德形势窘迫，后撤靠近东面的山坡。窦抗带兵攻打，交战后形势稍不利。李世民率领骑兵赴援，所向披靡。淮阳王李道玄挺身冲锋陷阵，直冲出敌阵后方，又重新返回冲入阵中，几番进出，身上聚集箭羽像刺猬一样，勇气仍然不减，放箭射人，都应声倒地。李世民把自己备用的战马送给他，让他跟随自己，于是各军大战，战场上尘土飞扬遮天蔽日。李世民率领史大奈、程知节、秦叔宝、宇文歆等人将旌旗卷起，冲入敌阵，从阵后而出，打开唐军旗帜，

建德将士顾见之，大溃，追奔三十里，斩首三千馀级。建德中槊，窜匿于牛口渚。车骑将军白士让、杨武威逐之，建德坠马，士让援槊欲刺之，建德曰："勿杀我，我夏王也，能富贵汝。"武威下擒之，载以从马，来见世民。世民让之曰："我自讨王世充，何预汝事，而来越境，犯我兵锋！"建德曰："今不自来，恐烦远取。"建德将士皆溃去，所俘获五万人，世民即日散遣之，使还乡里。

封德彝入贺，世民笑曰："不用公言，得有今日。智者千虑，不免一失乎！"德彝甚惭。

建德妻曹氏与左仆射齐善行将数百骑遁归洺州。

甲子，世充偃师、巩县皆降。

乙丑，以太子左庶子郑善果为山东道抚慰大使。

世充将王德仁弃故洛阳城而遁，亚将赵季卿以城降。秦王世民囚窦建德、王琬、长孙安世、郭士衡等至洛阳城下，以示世充。世充与建德语而泣，仍遣安世等入城言败状。世充召诸将议突围，南走襄阳，诸将皆曰："吾所恃者夏王，夏王今已为擒，虽得出，终必无成。"丙寅，世充素服帅其太子、群臣、二千馀人诣军门降。世民礼接之，世充俯伏流汗。世民曰："卿常以童子见处，今见童子，何恭之甚邪？"世充顿首谢罪。于是部分诸军，先入洛阳，分守市肆，禁止侵掠，无敢犯者。

丁卯，世民入宫城，命记室房玄龄先入中书、门下省，收隋图籍制诏，已为世充所毁，无所获。命萧瑀、窦轨等封府库，收其金帛，颁赐将士。收世充之党罪尤大者段达、王隆、崔洪丹、薛德音、杨汪、孟孝义、单雄信、杨公卿、郭什柱、郭士衡、董叡、张童儿、王德仁、朱粲、郭善才等十馀人斩于洛水之上。

窦建德的士兵回头看见唐旗在阵后飘扬,迅速崩溃,唐军追出三十里,杀了三千多人。窦建德被长枪刺中,逃窜到牛口渚躲避。唐车骑将军白士让、杨武威追逐窦建德,窦建德落马,白士让挺枪欲刺,窦建德说:"别杀我,我是夏王,献上我可以使你们得到富贵荣华。"杨武威下马捉住窦建德,用备用马匹驮着窦建德,来见李世民。李世民斥责窦建德道:"我们讨伐王世充,与你有什么相干,竟跑到你的领土之外,来与我们交战!"窦建德说:"现在我不自己来,恐怕以后还得烦您远途去攻取。"窦建德的将士都逃走了,唐军俘虏了五万人,李世民当天就遣散了俘虏,让他们返回家乡。

封德彝进帐表示庆贺,李世民笑着说:"没听您的话,才有今天的胜利。智者千虑,难免有一失呀!"封德彝羞愧万分。

窦建德的妻子曹氏和左仆射齐善行带着几百名骑兵逃回洺州。

甲子(初七),王世充的偃师、巩县均降唐。

乙丑(初八),唐任命太子左庶子郑善果为山东道抚慰大使。

王世充的将领王德仁放弃旧洛阳城逃跑,副将赵季卿以城降唐。秦王李世民押解着窦建德、王琬、长孙安世、郭士衡等人到洛阳城下,显示给王世充看。王世充流着泪和窦建德接话,于是李世民让长孙安世等人进城叙说失败的情况。王世充召集诸将商议突围,准备南奔襄阳,众将领都说:"我们依赖的是夏王窦建德,如今夏王已被俘,我们就是突围,最终也无法成功。"丙寅(初九),王世充身穿素衣带领郑国的太子、百官及两千人到军营门前投降。李世民按礼节接受他们投降,王世充俯下身汗流浃背。李世民说道:"你总认为我是个小孩,如今见了小孩,为什么这么恭敬?"王世充叩头谢罪。于是李世民分派出一部分人,先进入洛阳,分别把守市场商店,禁止骚扰抢掠,没有一人敢违犯禁令。

丁卯(初十),李世民进入洛阳宫城,命令记室房玄龄先进入中书省和门下省,收集隋朝的地图户籍、制文诏书,但已经都被王世充销毁,没有找到什么。又命令萧瑀、窦轨等人封存了隋的仓库,收集金钱布帛,颁赐给将士们。拘押了罪行特别大的十几名王世充的同党,有段达、王隆、崔洪丹、薛德音、杨汪、孟孝义、单雄信、杨公卿、郭什柱、郭士衡、董叡、张童儿、王德仁、朱粲、郭善才等,在洛水岸边斩首。

初,李世勣与单雄信友善,誓同生死。及洛阳平,世勣言雄信骁健绝伦,请尽输己之官爵以赎之,世民不许。世勣固请不能得,涕泣而退。雄信曰:"我固知汝不办事。"世勣曰:"吾不惜馀生,与兄俱死,但既以此身许国,事无两遂。且吾死之后,谁复视兄之妻子乎?"乃割股肉以啖雄信,曰:"使此肉随兄为土,庶几不负昔誓也!"士民疾朱粲残忍,竞投瓦砾击其尸,须臾如冢。囚韦节、杨续、长孙安世等十馀人送长安。士民无罪为世充所囚者皆释之,所杀者祭而诔之。

初,秦王府属杜如晦叔父淹事王世充。淹素与如晦兄弟不协,谮如晦兄杀之,又囚其弟楚客,饿几死,楚客终无怨色。及洛阳平,淹当死,楚客涕泣请如晦救之,如晦不从。楚客曰:"曩者叔已杀兄,今兄又杀叔,一门之内,自相残而尽,岂不痛哉!"欲自刭,如晦乃为之请于世民,淹得免死。

秦王世民坐闻阖门,苏威请见,称老病不能拜。世民遣人数之曰:"公隋室宰相,危不能扶,使君弑国亡。见李密、王世充皆拜伏舞蹈。今既老病,无劳相见。"及至长安,又请见,不许。既老且贫,无复官爵,卒于家,年八十二。

秦王世民观隋宫殿,叹曰:"逞侈心,穷人欲,无亡得乎?"命撤端门楼,焚乾阳殿,毁则天门及阙。废诸道场,城中僧尼,留有名德者各三十人,馀皆返初。

17 前真定令周法明,法尚之弟也,隋末结客,袭据黄梅,遣族子孝节攻蕲春,兄子绍则攻安陆,子绍德攻沔阳,皆拔之。庚午,以四郡来降。

当初,李世勣与单雄信很要好,发誓同生共死。等到唐平定了洛阳,李世勣说起单雄信骁健无比,请求用自己所有的官爵来赎单雄信,李世民不准。李世勣再三请求仍不得,痛哭着退下。单雄信对他说:"我早知道你办不成事。"李世勣说:"我不惜馀生,和兄长你一同死;但是既然将这条命献给了国家,事情就无法两全。况且我死了以后,谁照顾兄长你的妻儿呢?"于是割下一块大腿肉,让单雄信吃下,说道:"让这块肉随兄长化为尘土,也许可以不负当年的誓言吧!"老百姓痛恨朱粲的残忍,争相用瓦块砖头砸他的尸体,不一会儿堆成了一座小山。李世民囚禁了韦节、杨续、长孙安世等十几个人送往长安。老百姓没有罪而被王世充关押起来的,一律释放;被杀死的,作诔文加以祭奠。

当初,秦王府的官员杜如晦的叔父杜淹侍奉王世充。杜淹与杜如晦兄弟一向不和,进谗言杀了杜如晦的大哥,又把杜如晦的弟弟杜楚客关了起来,几乎饿死,但杜楚客却始终没有怨恨的样子。待到平定了洛阳,杜淹应当处死,杜楚客痛哭流涕请杜如晦救杜淹,杜如晦不答应。杜楚客说:"过去叔父已经杀了大哥,如今兄长又要杀叔父,一家人自相残杀,死光了,岂不令人痛心!"说着要自杀,于是杜如晦替他向李世民请求,杜淹因此免于一死。

秦王李世民在阊阖门办公,苏威请求参见,却推托年老有病不能行礼。李世民派人去列举他的罪状,说:"您是隋朝宰相,国家危亡不能匡扶,致使君主被弑、国家灭亡。见了李密、王世充都能叩头行礼,现在既然年老有病,就不必麻烦相见了。"后来到了长安,苏威又请求参见,仍然不准。苏威既老又穷,再也没能做官,死在家中,年纪八十二岁。

秦王李世民看到隋朝的宫殿,感叹道:"穷奢极欲,能不亡国吗?"下令拆了端门楼,烧了乾阳殿,毁去则天门及其门阙,废除诸佛寺,城中的和尚尼姑,只各留下三十名有德之人,其馀都下令还俗。

17　前真定县令周法明是周法尚的弟弟,隋末交结宾客,攻占了黄梅县,派族子周孝节攻蕲春,侄子周绍则攻安陆,儿子周绍德攻沔阳,三郡全部攻克。庚午(十三日),周法明以黄梅等四郡前来降唐。

18　壬申，齐善行以洺、相、魏等州来降。时建德馀众走至洺州，欲立建德养子为主，征兵以拒唐，又欲剽掠居民，还向海隅为盗。善行独以为不可，曰："隋末丧乱，故吾属相聚草野，苟求生耳。以夏王之英武，平定河朔，士马精强，一朝为擒，易如反掌，岂非天命有所属，非人力所能争邪！今丧败如此，守亦无成，逃亦不免，等为亡国，岂可复遗毒于民？不若委心请命于唐，必欲得缯帛者，当尽散府库之物，勿复残民也！"于是运府库之帛数十万段，置万春宫东街，以散将卒，凡三昼夜乃毕。仍布兵守坊巷，得物者即出，无得更入人家。士卒散尽，然后与仆射裴矩、行台曹旦，帅其百官奉建德妻曹氏及传国八玺并破宇文化及所得珍宝请降于唐。上以善行为秦王左二护军，仍厚赐之。

初，窦建德之诛宇文化及也，隋南阳公主有子曰禅师，建德虎贲郎将於士澄问之曰："化及大逆，兄弟之子皆当从坐，若不能舍禅师，当相为留之。"公主泣曰："虎贲既隋室贵臣，兹事何须见问。"建德竟杀之。公主寻请为尼。及建德败，公主将归长安，与宇文士及遇于洛阳，士及请与相见，公主不可。士及立于户外，请复为夫妇。公主曰："我与君仇家，今所以不手刃君者，但谋逆之日，察君不预知耳。"诃令速去。士及固请，公主怒曰："必欲就死，可相见也。"士及知不可屈，乃拜辞而去。

19　乙亥，以周法明为黄州总管。

20　戊寅，王世充徐州行台杞王世辩以徐、宋等三十八州诣河南道安抚大使任瓌请降，世充故地悉平。

18　壬申(十五日),齐善行以洺、相、魏等州来降唐。此时,窦建德溃逃的部众跑到洺州,打算扶立窦建德的养子为王,征兵抵抗唐军,这些人又剽掠当地居民,准备回到海边做强盗。唯有齐善行不赞成这样做,他说:"隋末丧乱,因此我们这些人才在民间聚合起来,暂且求得生存罢了。以夏王那样的英武之人,平定了河朔地区,兵强马壮,但是还被唐军一战打败被俘,竟然易如反掌,这岂不是天命已有所归属,决不是人力能够争到的!如今败亡到这种程度,守也没用,逃也不免一死,同样是亡国,我们怎么可以再给百姓带来灾难呢?不如倾心向唐投降,一定想要得到酬劳,就分光仓库里的财物,不要再残害老百姓了!"于是将仓库中几十万段帛运到万春宫东面街上,分发给将士,发了三天三夜才分完。仍旧部署士兵把守街市坊巷,已分得布匹的人立即离开,不准再进老百姓家。士卒走光以后,齐善行和夏国的仆射裴矩、行台曹旦,带领百官奉窦建德的妻子曹氏和传国八玺以及打败宇文化及时得到的珍宝,向唐请求投降。唐高祖任命齐善行为秦王左二护军,并给他很优厚的赏赐。

当初,窦建德杀宇文化及时,宇文士及的妻子隋南阳公主的儿子名宇文禅师,窦建德的虎贲郎将於士澄问公主道:"宇文化及犯大逆罪,兄弟的儿子都要连坐从死,如果您舍不得禅师,会替您留下他来。"公主流泪道:"虎贲您既然是隋室的贵臣,这种事还用得着问我吗?"最终窦建德杀了宇文禅师。公主接着请求出家做尼姑。待到窦建德败亡,公主将要返回长安,在洛阳和宇文士及相遇,宇文士及请求和她相见,公主不答应。宇文士及站在门外,请求恢复夫妻关系。公主说:"我和你家是仇人,现在之所以没有亲手杀了你,是因为我知道谋逆时你未曾参与密谋罢了。"怒声让宇文士及马上离开。宇文士及再三请求,公主生气地说:"你一定想要死,就可以相见。"宇文士及知道不能有改变,于是作揖告辞。

19　乙亥(十八日),唐任命周法明为黄州总管。

20　戊寅(二十一日),王世充的徐州行台杞王王世辩到河南道安抚大使任瑰处,以徐、宋等三十八州之地请求投降,原属王世充的地区全部平定。

21　窦建德博州刺史冯士羡复推淮安王神通为慰抚山东使,徇下三十馀州,建德之地悉平。

22　己卯,代州总管李大恩击苑君璋,破之。

23　突厥寇边,长平靖王叔良督五将击之,叔良中流矢,师旋,六月戊子,卒于道。

24　戊戌,孟海公馀党蒋善合以郓州,孟啖鬼以曹州来降。啖鬼,海公之从兄也。

25　庚子,营州人石世则执总管晋文衍,举州叛,奉靺鞨突地稽为主。

26　黄州总管周法明攻萧铣安州,拔之,获其总管马贵迁。

27　乙巳,以右骁卫将军盛彦师为宋州总管,安抚河南。

28　乙卯,海州贼帅臧君相以五州来降,拜海州总管。

29　秋,七月庚申,王世充行台王弘烈、王泰、左仆射豆卢行褒、右仆射苏世长以襄州来降。上与行褒、世长皆有旧,先是,屡以书招之,行褒辄杀使者。既至长安,上诛行褒而责世长。世长曰:"隋失其鹿,天下共逐之。陛下既得之矣,岂可复忿同猎之徒,问争肉之罪乎?"上笑而释之,以为谏议大夫。尝从校猎高陵,大获禽兽,上顾群臣曰:"今日畋,乐乎?"世长对曰:"陛下游猎,薄废万机,不满十旬,未足为乐!"上变色,既而笑曰:"狂态复发邪?"对曰:"于臣则狂,于陛下甚忠。"尝侍宴披香殿,酒酣,谓上曰:"此殿炀帝之所为邪?"上曰:"卿谏似直而实多诈,岂不知此殿朕所为,而谓之炀帝乎?"

21　窦建德的博州刺史冯士美又推举唐淮安王李神通为慰抚山东使,攻下三十几州,窦建德的领地全部平定。

22　己卯(二十二日),唐代州总管李大恩进攻并打败了苑君璋。

23　突厥侵犯唐边境,长平靖王李叔良督率五位将领还击,李叔良身中流箭,回师。六月戊子(初二),李叔良在途中去世。

24　戊戌(十二日),孟海公的馀党蒋善合以郓州,孟啖鬼以曹州来降唐。孟啖鬼是孟海公的堂兄。

25　庚子(十四日),营州人石世则捉住总管晋文衍,以全州反叛,拥戴靺鞨族突地稽为主。

26　唐黄州总管周法明攻打萧铣的安州,攻陷安州并俘获萧铣的安州总管马贵迁。

27　乙巳(十九日),唐任命右骁卫将军盛彦师为宋州总管,安抚河南。

28　乙卯(二十九日)海州贼帅臧君相带着五个州地区来降唐,官拜海州总管。

29　秋季,七月庚申(初五),王世充的行台王弘烈、王泰、左仆射豆卢行褒、右仆射苏世长以襄州前来降唐。高祖与豆卢行褒、苏世长都有交情,早先,多次通过书信召二人,豆卢行褒总是杀了唐的使者。他们到了长安后,高祖杀了豆卢行褒并责备苏世长。苏世长回答说:"隋丧失了政权,天下之人都在追逐以争得政权。陛下既然得到了皇位,怎么能够责备同您一起追逐的人,要判他们争权的罪呢?"高祖笑了,释放了苏世长,任命他为谏议大夫。苏世长曾经随高祖在高陵围猎,捉了很多飞禽野兽,高祖对群臣说:"今天打猎,高兴吗?"世长回答:"陛下游猎,只稍稍耽误了政事,打猎不足十旬,还称不上高兴!"高祖听后脸色大变,一会儿笑着说:"你又发狂了?"世长回答:"在臣下我来说是狂,对陛下而言是绝对忠诚。"苏世长还曾在披香殿侍奉宴会,酒喝到兴头上,对高祖说:"这披香殿是隋炀帝建的吧?"高祖说:"你的劝告好像挺直率,其实很多是装傻,你难道不知道这披香殿是朕建造的,怎么能是炀帝建的?"

对曰:"臣实不知,但见其华侈如倾宫、鹿台,非兴王之所为故也。若陛下为之,诚非所宜。臣昔侍陛下于武功,见所居宅仅庇风雨,当时亦以为足。今因隋之宫室,已极侈矣,而又增之,将何以矫其失乎?"上深然之。

30　甲子,秦王世民至长安。世民被黄金甲,齐王元吉、李世勣等二十五将从其后,铁骑万匹,前后部鼓吹,俘王世充、窦建德及隋乘舆、御物献于太庙,行饮至之礼以飨之。

31　乙丑,高句丽王建武遣使入贡。建武,元之弟也。

32　上见王世充而数之,世充曰:"臣罪固当诛,然秦王许臣不死。"丙寅,诏赦世充为庶人,与兄弟子侄处蜀,斩窦建德于市。

33　丁卯,以天下略定,大赦百姓,给复一年。陕、鼎、函、虢、虞、芮六州,转输劳费,幽州管内,久隔寇戎,并给复二年。律、令、格、式,且用开皇旧制。赦令既下,而王、窦馀党尚有远徙者,治书侍御史孙伏伽上言:"兵、食可去,信不可去,陛下已赦而复徙之,是自违本心,使臣民何所凭依?且世充尚蒙宽宥,况于馀党,所宜纵释。"上从之。

王世充以防守未备,置雍州廨舍。独孤机之子定州刺史修德帅兄弟至其所,矫称敕呼郑王,世充与兄世恽趋出,修德等杀之。诏免修德官。其馀兄弟子侄等,于道亦以谋反诛。

苏世长回答道:"臣下我实在不知道是谁建的,只不过因为看到这殿像商纣王的倾宫、鹿台一样华丽奢侈,不是新兴帝王所应该做的。如果是陛下建造的,确实不合适。我过去在武功侍奉陛下,看见您所住的房屋仅能够遮住风雨,当时您认为很满足了。如今继承隋朝的宫殿已经极端奢侈了,却又增加新的宫殿,这样又怎么能够矫正隋朝的过失呢?"高祖深表同意。

30 甲子(初九),秦王李世民到达长安。李世民身披黄金甲,齐王李元吉、李世勣等二十五员战将跟随其后,有一万匹铁骑,前后奏响军乐,到太庙献俘获的王世充、窦建德以及隋皇家的车驾、御物,举行清点战利品的"饮至礼"祭祀祖先。

31 乙丑(初十),高句丽国王高建武派遣使节到唐朝进贡。高建武是高元的弟弟。

32 唐高祖见到王世充,历数他的罪行,王世充说:"我的罪固然该杀,但是秦王答应我不死。"丙寅(十一日),唐下诏赦免王世充,让他作为平民和兄弟子侄安置在蜀中,在闹市中将窦建德处斩。

33 丁卯(十二日),唐因为天下已大致平定,大赦天下,免除一年的徭役。陕、鼎、函、虢、虞、芮六州因运输消耗,幽州境内因长期受战事阻隔,均免除两年徭役。国家法典律、令、格、式,暂使用隋朝开皇旧制。赦令颁布后,王世充、窦建德的余党仍然有人被迁移到很远的地方,治书侍御史孙伏伽上言:"可以没有军队、粮食,但不可以不讲信义。陛下既然已经发布赦令,又将人迁走,这是自己违背了自己的本心,让大臣平民以哪个为标准呢?而且王世充尚且得到宽大,何况是他的余党,应当将他们释放。"高祖听从了他的劝谏。

因为防守人员尚未配备好,王世充一行被安置在雍州官衙房内。被王世充所杀的独孤机的儿子定州刺史独孤修德带着兄弟们到王世充停留的地方,假称有敕令传唤郑王,王世充和兄长王世恽跑出门,被独孤修德等人杀死。唐下诏罢免了独孤修德的官爵。王世充其余的兄弟子侄等人,也在赴蜀途中以谋反罪被处死。

34　隋末钱弊滥薄，至裁皮糊纸为之，民间不胜其弊。至是，初行开元通宝钱，重二铢四参，积十钱重一两，轻重大小最为折衷，远近便之。命给事中欧阳询撰其文并书，回环可读。

35　以屈突通为陕东道大行台右仆射，镇洛阳，以淮阳王道玄为洛州总管。李世勣父盖竟无恙而还，诏复其官爵。窦轨还益州。轨将兵征讨，或经旬月不解甲。性严酷，将佐有犯，无贵贱立斩之，鞭挞吏民，常流血满庭，所部重足屏息。

36　癸酉，置钱监于洛、并、幽、益等诸州，秦王世民、齐王元吉赐三炉，裴寂赐一炉，听铸钱。自馀敢盗铸者，身死，家口配没。

37　河北既平，上以陈君宾为洺州刺史。将军秦武通等将兵屯洺州，欲使分镇东方诸州。又以郑善果等为慰抚大使，就洺州选补山东州县官。

窦建德之败也，其诸将多盗匿库物，及居间里，暴横为民患，唐官吏以法绳之，或加捶挞，建德故将皆惊惧不安。高雅贤、王小胡家在洺州，欲窃其家以逃，官吏捕之，雅贤等亡命至贝州。会上征建德故将范愿、董康买、曹湛及雅贤等，于是愿等相谓曰："王世充以洛阳降唐，其将相大臣段达、单雄信等皆夷灭，吾属至长安，必不免矣。吾属自十年以来，身经百战，当死久矣，今何惜馀生，不以之立事。且夏王得淮安王，遇以客礼，唐得夏王即杀之。吾属皆为夏王所厚，今不为之报仇，将无以见天下之士！"乃谋作乱，卜之，以刘氏为主吉，因相与之漳南，见建德故将刘雅，以其谋告之。雅曰："天下适安定，吾将老于耕桑，不愿复起兵！"

34 隋朝末年,钱币的弊病是质量低劣,分量不足,甚至有裁剪皮革或糊纸作钱的,老百姓无法承受其弊端。到此时,才开始行用"开元通宝"钱,一枚重二铢四参,十枚钱重一两,轻重、大小很合适,各地使用方便。唐高祖命给事中欧阳询撰写钱币上的文字,文字不仅可以上下左右读,还可以环起来读。

35 唐任命屈突通为陕东道大行台右仆射,镇守洛阳;任命淮阳王李道玄为洛州总管。李世勣之父李盖终于平安归来,下诏恢复了他的官爵。窦轨返回益州。窦轨带兵征讨,有时一连十天半个月不脱战袍,性格严峻,部下将佐有过错,不分贵贱立即斩首,鞭打下属官吏和老百姓,经常鲜血流满庭院,他的部下都很惧怕他,不敢有一点动静。

36 癸酉(十八日),唐在洛、并、幽、益等州设置钱监,赐予秦王李世民、齐王李元吉各三处官炉冶,裴寂一处官炉冶,准许他们铸钱。除此之外,有敢暗中私铸钱者,本人处死,家属没收流放。

37 平定河北之后,高祖任命陈君宾为洺州刺史。将军秦武通等人统兵驻扎在洺州,高祖想让他们分别镇守东部各州。唐又任命郑善果等人为慰抚大使,赴洺州选拔任命山东各州县的官员。

窦建德败亡时,他手下的将领有不少抢夺了仓库中的财物藏起来,待到在民间安居,又暴虐横行乡里,成了老百姓的祸害,唐朝官吏将他们绳之以法,有时用鞭子痛笞他们,因此窦建德的旧将领都惊恐不安。高雅贤、王小胡的家在洺州,打算暗中带家财逃跑,官吏追捕他们,高雅贤等人逃到贝州。恰好高祖征召窦建德的旧将范愿、董康买、曹湛以及高雅贤等人,于是范愿等人互相商量:"王世充以洛阳降唐,他的将相大臣段达、单雄信等人都遭满门抄斩,我们到长安,肯定也逃不脱。自大业十年以来,我们这些人身经百战,早就该死了,现在为什么还吝惜馀生,而不用有生之年干一番大事呢?况且夏王抓住唐淮安王李神通,以客人的礼节对待他,而唐捉住夏王却马上杀了他。我们这些人都是夏王的亲信,现在不替他报仇,以后拿什么见天下的人?"于是策划反叛,预卜的结果,姓刘主吉,于是一同到漳南县,去见窦建德的旧将领刘雅,将计划告诉了刘雅。刘雅说:"天下刚刚安定,我打算在乡下养老,不想再起兵!"

众怒,且恐泄其谋,遂杀之。故汉东公刘黑闼,时屏居漳南,诸将往诣之,告以其谋,黑闼欣然从之。黑闼方种蔬,即杀耕牛与之共饮食定计,聚众得百人。甲戌,袭漳南县据之。是时,诸道有事则置行台尚书省,无事则罢之。朝廷闻黑闼作乱,乃置山东道行台于洺州,魏、冀、定、沧并置总管府。丁丑,以淮安王神通为山东道行台右仆射。

38　辛巳,襄州道安抚使郭行方攻萧铣郢州,拔之。

39　孟海公与窦建德同伏诛,戴州刺史孟啖鬼不自安,挟海公之子义以曹、戴二州反,以禹城令蒋善合为腹心。善合与其左右同谋斩之。

40　八月丙戌朔,日有食之。

41　丁亥,命太子安抚北边。

42　丁酉,刘黑闼陷鄃县,魏州刺史权威、贝州刺史戴元祥与战,皆败死,黑闼悉取其馀众及器械。窦建德旧党稍稍出归之,众至二千人,为坛于漳南,祭建德,告以举兵之意,自称大将军。诏发关中步骑三千,使将军秦武通、定州总管蓝田李玄通击之,又诏幽州总管李艺引兵会击黑闼。

43　癸卯,突厥寇代州,总管李大恩遣行军总管王孝基拒之,举军皆没。甲辰,进围崞县。乙巳,王孝基自突厥逃归,李大恩众少,据城自守,突厥不敢逼,月馀引去。

44　上以南方寇盗尚多,丙午,以左武候将军张镇周为淮南道行军总管,大将军陈智略为岭南道行军总管,镇抚之。

45　丁未,刘黑闼陷历亭,执屯卫将军王行敏,使之拜,不可,遂杀之。

众人很生气,又怕计划被泄露,于是杀了刘雅。窦建德所封汉东公刘黑闼,这时在漳南隐居,众将领去拜见他,告诉了他计划,刘黑闼欣然从命。刘黑闼正在种菜,当即杀了耕牛和众将领一同边吃边商定大计,集合了一百人。甲戌(十九日),他们袭击并占领了漳南县。当时,各道如若有事就设置行台尚书省,无事就停罢。唐朝廷得知刘黑闼作乱,于是在澶州设置了山东行台,在魏、冀、定、沧等州都设置了总管府。丁丑(二十二日),唐任命淮安王李神通为山东道行台右仆射。

38　辛巳(二十六日),唐襄州道安抚使郭行方攻打并夺取了萧铣的郜州。

39　孟海公与窦建德一同伏法被诛杀,他的堂兄戴州刺史孟啖鬼内心不安,挟持孟海公的儿子孟义以曹、戴二州反唐,将禹城县令蒋善合当作心腹。蒋善合与身边的人合谋杀了孟啖鬼。

40　八月丙戌朔(初一),出现日食。

41　丁亥(初二),唐命太子李建成安抚北部边疆。

42　丁酉(十二日),刘黑闼攻陷鄃县,唐魏州刺史权威、贝州刺史戴元祥和他交战,均失败身亡,刘黑闼重新得到他原来的残部及全部武器装备。窦建德的旧部有些人投奔刘黑闼,刘黑闼拥有了两千人马,在漳南筑坛,祭奠窦建德,向窦的亡魂报告他们起兵的意图,自称大将军。唐高祖下诏调发关中三千步骑兵,由将军秦武通、定州总管蓝田人李玄通率领攻打刘黑闼,又下诏命幽州总管李艺带兵合力攻刘黑闼。

43　癸卯(十八日),突厥侵犯代州,唐总管李大恩派遣行军总管王孝基拒敌,全军覆没。甲辰(十九日),突厥进军包围崞县。乙巳(二十日),王孝基从突厥逃回,李大恩人马不多,据城自守,突厥不敢进逼,一个多月后撤兵。

44　高祖因为南方的寇盗还很多,丙午(二十一日),任命左武候将军张镇周为淮南道行军总管,大将军陈智略为岭南道行军总管,镇守安抚淮南、岭南。

45　丁未(二十二日),刘黑闼攻陷历亭县,捉住唐屯卫将军王行敏,让他行礼,王行敏不拜,于是刘黑闼杀了他。

46　初,洛阳既平,徐圆朗请降,拜兖州总管,封鲁郡公。刘黑闼作乱,阴与圆朗通谋。上使葛公盛彦师安集河南,行至任城,辛亥,圆朗执彦师,举兵反。黑闼以圆朗为大行台元帅,兖、郓、陈、杞、伊、洛、曹、戴等八州豪右皆应之。圆朗厚礼彦师,使作书与其弟,令举虞城降。彦师为书曰:"吾奉使无状,为贼所擒,为臣不忠,誓之以死。汝善侍老母,勿以吾为念。"圆朗初色动,而彦师自若。圆朗乃笑曰:"盛将军有壮节,不可杀也。"待之如旧。

河南道安抚大使任瓌行至宋州,属圆朗反,副使柳浚劝瓌退保汴州,瓌笑曰:"柳公何怯也?"圆朗又攻陷楚丘,引兵将围虞城,瓌遣部将崔枢、张公谨自鄢陵帅诸豪右质子百馀人守虞城。浚曰:"枢与公谨皆王世充将,诸州质子父兄皆反,恐必为变。"瓌不应。枢至虞城,分质子使与土人合队共守城。贼稍近,质子有叛者,枢斩其队帅。于是诸队帅皆惧,各杀其质子,枢不禁,枭其首于门外,遣使白瓌。瓌阳怒曰:"吾所以使与质子俱者,欲招其父兄耳,何罪而杀之?"退谓浚曰:"吾固知崔枢能办此也。县人既杀质子,与贼深仇,吾何患乎?"贼攻虞城,果不克而去。

47　初,窦建德以鄱阳崔元逊为深州刺史,及刘黑闼反,元逊与其党数十人谋于野,伏甲士于车中,以禾覆其上,直入听事,自禾中呼噪而出,执刺史裴晞杀之,传首黑闼。

48　九月乙卯,文登贼帅淳于难请降,置登州,以难为刺史。

46　当初,洛阳平定后,徐圆朗请求投降,唐授予他兖州总管,封鲁郡公。刘黑闼反叛,秘密地与徐圆朗联系。高祖命葛公盛彦师安抚河南,走到任城。辛亥(二十六日),徐圆朗逮捕盛彦师,起兵反唐。刘黑闼以徐圆朗为大行台元帅,兖、郓、陈、杞、伊、洛、曹、戴等八州的豪强均响应徐圆朗。徐圆朗对盛彦师极其优待,让盛彦师写信给他的弟弟,命他举虞城投降。盛彦师在信中写道:"我奉命出使未能称职,被贼人俘虏,作为臣子不忠,立誓赴死;你好好奉养老母亲,不要牵挂我。"徐圆朗一开始变了脸色,而盛彦师神色自如。徐圆朗于是笑了,说:"盛将军很有胆量气节,不可杀。"像原来一样对待盛彦师。

河南道安抚大使任瓌走到宋州,恰好遇徐圆朗反叛,副使柳浚劝任瓌返回汴州自保,任瓌笑着说:"柳公胆子怎么这么小?"徐圆朗又攻陷了楚丘,带兵准备围攻虞城,任瓌派部下将领崔枢、张公谨从鄢陵率领各州豪强做人质的子弟一百多人去守卫虞城。柳浚说:"崔枢和张公谨原来都是王世充的部下,各州人质的父兄也都反叛了,这一去恐怕会叛变。"任瓌不作回答。崔枢到虞城,分派人质让他们和本地人混合编队共同守城。叛军逐渐逼近,有人质反叛的,崔枢就杀了他们的队长。于是各个队长都害怕,纷纷杀了队里的人质,崔枢也不禁止,将人质的头割下挂在城门外,并派人告诉了任瓌。任瓌假装很生气地说:"我所以让人质一起去,是打算用来招降他们的父兄,他们有什么罪而要杀了他们?"退下后对柳浚说:"我早知道崔枢能这么做。虞城县人既然杀了人质,加深与叛军的仇恨,我还担心什么呢?"叛军攻打虞城,果然未能攻克而撤走。

47　当初,窦建德任命鄱阳人崔元逊为深州刺史,等到刘黑闼反叛,崔元逊和几十名同党在郊外谋划,在车中埋伏下武装士兵,用稻草盖在上面,直接冲入州府衙门,从草中呐喊着冲出来,捉住唐任命的深州刺史裴晞,杀了他,把首级送给刘黑闼。

48　九月乙卯(初一),文登贼帅淳于难请求投降,唐设置登州,任命淳于难为登州刺史。

49 突厥寇并州,遣左屯卫大将军窦琮等击之。戊午,突厥寇原州,遣行军总管尉迟敬德等击之。

50 辛酉,徐圆朗自称鲁王。

51 隋末,歙州贼汪华据黟、歙等五州,有众一万,自称吴王。甲子,遣使来降,拜歙州总管。

52 隋末,弋阳卢祖尚纠合壮士以卫乡里,部分严整,群盗畏之。及炀帝遇弑,乡人奉之为光州刺史,时年十九,奉表于皇泰主。及王世充自立,祖尚来降,丙子,以祖尚为光州总管。

53 己卯,诏括天下户口。

54 徐圆朗寇济州,治中吴俣论击走之。

55 癸未,诏以太常乐工皆前代因罪配没,子孙相承,多历年所,良可哀愍,宜并蠲除为民,且令执事,若仕宦入流,勿更追集。

56 甲申,灵州总管杨师道击突厥,破之。师道,恭仁之弟也。

57 诏发巴、蜀兵,以赵郡王孝恭为荆湘道行军总管,李靖摄行军长史,统十二总管,自夔州顺流东下。以庐江王瑗为荆郢道行军元帅出襄州道,黔州刺史田世康出辰州道,黄州总管周法明出夏口道,以击萧铣。是月,孝恭发夔州。时峡江方涨,诸将请俟水落进军,李靖曰:“兵贵神速。今吾兵始集,铣尚未知,若乘江涨,倏忽抵其城下,掩其不备,此必成擒,不可失也!”孝恭从之。

58 淮安王神通将关内兵至冀州,与李艺兵合。又发邢、洺、相、魏、恒、赵等兵合五万馀人,与刘黑闼战于饶阳城南,布陈十馀里。黑闼众少,依堤单行而陈以当之。会风雪,神通乘风击之,既而风返,神通大败,士马军资失亡三分之二。李艺居西偏,击高雅贤,破之,逐奔数里,闻大军不利,退保槁城。黑闼就击之,艺亦败,薛万均、万彻皆为所虏,截发驱之。万均兄弟亡归,艺引兵归幽州。黑闼兵势大振。

49　突厥侵犯并州，唐派遣左屯卫大将军窦琮等人迎击。戊午(初四)，突厥侵犯原州，唐派行军总管尉迟敬德等人迎击。

50　辛酉(初七)，徐圆朗自称鲁王。

51　隋末，歙州贼首汪华占据黟、歙等五州，拥有一万人，自称吴王。甲子(初十)，汪华派人前来投降，唐授予他歙州总管之官。

52　隋末，弋阳人卢祖尚纠集青壮保卫乡里，军队严整，群盗都惧怕他。隋炀帝被杀后，乡亲拥戴卢祖尚为光州刺史，当时年仅十九，上表给隋东都的皇泰主。待王世充自立，卢祖尚前来降唐。丙子(二十二日)，唐任命卢祖尚为光州总管。

53　己卯(二十五日)，唐高祖下诏搜检天下户口。

54　徐圆朗侵济州，唐济州治中吴伋论击退徐圆朗的进攻。

55　癸未(二十九日)，唐下诏以为太常寺乐工均是前代因犯罪而被发配或收为奴的人，子子孙孙相互继承，经过多年，实是可哀可惜，宜一律免除为民，并令管理此事的官吏，如果他们已经做官入流内，不要再追查。

56　甲申(三十日)，唐灵州总管杨师道攻打突厥，大败突厥。杨师道是杨恭仁的弟弟。

57　唐下诏征发巴、蜀军队，任命赵郡王李孝恭为荆湘道行军总管，李靖代理行军长史，统领十二总管，从夔州沿长江向东顺流而下。又任命庐江王李瑗为荆郢道行军元帅出襄州道，黔州刺史田世康取道辰州道，黄州总管周法明由夏口道出击，会同攻打萧铣。当月，李孝恭从夔州出发。当时峡江正涨水，众位将领请求待水落后再进军，李靖说："兵贵神速。现在我们的兵力刚刚调集，萧铣还不知道，如果趁长江涨水，疾速抵达他的城下，趁他没有防备突然袭击，这样必定能活擒萧铣，不可失去良机！"李孝恭听从了他的意见。

58　淮安王李神通率领关内兵到冀州，与李艺军会师。唐又征调邢、洺、相、魏、恒、赵等州兵力共五万多人，在饶阳城南与刘黑闼会战，列战阵长达十几里。刘黑闼的人少，只沿河堤排成单行列阵以抵挡唐军。时值刮风下雪，李神通乘风进攻，一会儿风向逆转，李神通大败，兵马物资损失了三分之二。李艺在西边攻打高雅贤，打败了高雅贤并追逐出几里，得知大军失利，退保槁城。刘黑闼到槁城攻打李艺，李艺也被打败，薛万均、薛万彻兄弟都被刘黑闼俘虏，被剪了头发供驱使。薛万均兄弟逃回，李艺带兵返回幽州。刘黑闼的军势大振。

59　上以秦王功大,前代官皆不足以称之,特置天策上将,位在王公上。冬,十月,以世民为天策上将,领司徒、陕东道大行台尚书令,增邑二万户,仍开天策府,置官属。以齐王元吉为司空。世民以海内浸平,乃开馆于宫西,延四方文学之士,出教以王府属杜如晦、记室房玄龄、虞世南、文学褚亮、姚思廉、主簿李玄道、参军蔡允恭、薛元敬、颜相时、谘议典签苏勖、天策府从事中郎于志宁、军谘祭酒苏世长、记室薛收、仓曹李守素、国子助教陆德明、孔颖达、信都盖文达、宋州总管府户曹许敬宗,并以本官兼文学馆学士,分为三番,更日直宿,供给珍膳,恩礼优厚。世民朝谒公事之暇,辄至馆中,引诸学士讨论文籍,或夜分乃寝。又使库直阎立本图像,褚亮为赞,号十八学士。士大夫得预其选者,时人谓之"登瀛州"。允恭,大宝之弟子;元敬,收之从子;相时,师古之弟;立本,毗之子也。

初,杜如晦为秦王府兵曹参军,俄迁陕州长史。时府僚多补外官,世民患之。房玄龄曰:"馀人不足惜,至于杜如晦,王佐之才,大王欲经营四方,非如晦不可。"世民惊曰:"微公言,几失之。"即奏为府属。与玄龄常从世民征伐,参谋帷幄,军中多事,如晦剖决如流。世民每破军克城,诸将佐争取宝货,玄龄独收采人物,致之幕府。又将佐有勇略者,玄龄必与之深相结,使为世民尽死力。世民每令玄龄入奏事,上叹曰:"玄龄为吾儿陈事,虽隔千里,皆如面谈。"

李玄道尝事李密为记室,密败,官属为王世充所虏,惧死,皆达曙不寐。独玄道起居自若,曰:"死生有命,非忧可免!"众服其识量。

59　高祖因为秦王李世民功勋卓著,前代王朝的官爵都不能够与之相称,于是特别设置天策上将,位置在王、公之上。冬季,十月,任命秦王李世民为天策上将,领司徒、陕东道大行台尚书令,食邑增加到两万户,于是开天策府,设置官员。任命齐王李元吉为司空。李世民因为国家逐渐平定,于是在宫殿西侧设馆,接待四方博学之人,发布亲王教令任命秦王府属杜如晦、记室房玄龄、虞世南、文学褚亮、姚思廉、主簿李玄道、参军蔡允恭、薛元敬、颜相时、谘议典签苏勖、天策府从事中郎于志宁、军谘祭酒苏世长、记室薛收、仓曹李守素、国子助教陆德明、孔颖达、信都人盖文达、宋州总管府户曹许敬宗,均以本人官职兼任文学馆学士,分三班每日轮值,供给珍馐美味,礼遇恩宠格外优厚。李世民上朝、办公之馀,总是来到文学馆,找各位学士讨论文章典籍,有时到半夜才就寝。李世民又让库直阎立本分别给各位画像,由褚亮作赞,号称"十八学士"。士大夫能够成为文学馆学士人选,当时人就称为"登瀛州",比喻他们一步成仙。蔡允恭是蔡大宝弟弟的儿子,薛元敬是薛收的侄子,颜相时是颜师古的弟弟,阎立本是阎毗的儿子。

当初,杜如晦做秦王府兵曹参军,不久迁升为陕州长史。当时王府的幕僚大多转任为外地官,李世民对此不满。房玄龄说:"别人不可惜,至于杜如晦,是辅佐帝王之业的人才,大王要想经营四方,非得杜如晦不可。"李世民惊叹道:"不是您说起,几乎失去了人才。"立即奏请杜如晦为王府属。杜如晦与房玄龄经常跟随李世民征伐,在军中参谋策划,军中事务繁杂,但杜如晦分析判决十分从容。李世民每次打胜仗,攻克城池,各位将领争相搜取珠宝财物,唯有房玄龄调查征收人才,罗致于幕府。无论哪位将佐有勇略,房玄龄必定竭力与他交结,让他可以为秦王李世民不惜生命。李世民常派房玄龄入朝奏事,高祖感叹道:"玄龄代我儿陈奏事宜,虽然远隔千里,但都好像我与我儿面谈一样。"

李玄道曾经是李密的记室,李密败亡,他的官员多被王世充俘虏,都怕死,通夜不眠。唯独李玄道照常起居,说:"生死有命,不是担心就能免除的!"众人都很佩服他的见识胆量。

60　庚寅，刘黑闼陷瀛州，杀刺史卢士叡。观州人执刺史雷德备，以城降之。

61　辛卯，萧铣鄂州刺史雷长颖以鲁山来降。

62　赵郡王孝恭帅战舰二千馀艘东下，萧铣以江水方涨，殊不为备，孝恭等拔其荆门、宜都二镇，进至夷陵。铣将文士弘将精兵数万屯清江，癸巳，孝恭击走之，获战舰三百馀艘，杀溺死者万计，追奔至百里洲。士弘收兵复战，又败之，进入北江。铣江州总管盖彦举以五州来降。

63　毛州刺史赵元恺性严急，下不堪命。丁卯，州民董灯明等作乱，杀元恺以应刘黑闼。

64　盛彦师自徐圆朗所逃归。王薄因说青、莱、密诸州，皆下之。

65　萧铣之罢兵营农也，才留宿卫数千人，闻唐兵至，文士弘败，大惧，仓猝征兵，皆在江、岭之外，道涂阻远，不能遽集，乃悉见兵出拒战。孝恭将击之，李靖止之曰："彼救败之师，策非素立，势不能久，不若且泊南岸，缓之一日，彼必分其兵，或留拒我，或归自守，兵分势弱，我乘其懈而击之，蔑不胜矣。今若急之，彼则并力死战，楚兵剽锐，未易当也。"孝恭不从，留靖守营，自帅锐师出战，果败走，趣南岸。铣众委舟收掠军资，人皆负重，靖见其众乱，纵兵奋击，大破之，乘胜直抵江陵，入其外郭。又攻水城，拔之，大获舟舰，李靖使孝恭尽散之江中。诸将皆曰："破敌所获，当藉其用，奈何弃以资敌？"靖曰："萧铣之地，南出岭表，东距洞庭。吾悬军深入，若攻城未拔，援军四集，吾表里受敌，进退不获，虽有舟楫，将安用之？今弃舟舰，使塞江而下，援兵见之，必谓江陵已破，未敢轻进，往来觇伺，动淹旬月，吾取之必矣。"铣援兵见舟舰，

60　庚寅(初六),刘黑闼攻陷瀛州,杀死唐瀛州刺史卢士叡。观州老百姓捉住刺史雷德备,以城投降刘黑闼。

61　辛卯(初七),萧铣的鄂州刺史雷长颖以鲁山来降唐。

62　赵郡王李孝恭率领两千多艘战船沿长江向东而下,萧铣因为长江正在涨水,未做任何防备,李孝恭等人率军攻克了萧铣荆门、宜都二镇,推进到夷陵。萧铣的将领文士弘率数万精兵驻扎在清江,癸巳(初九),李孝恭打退了他,缴获三百多艘战船,杀死、淹死的人数以万计,一直追击到百里洲。文士弘收拾残兵再战,唐军又打败了他,进入北江。萧铣的江州总管盖彦举以五州降唐。

63　唐毛州刺史赵元恺性情严厉急躁,他管辖的百姓都忍受不了。丁卯,毛州百姓董灯明等人暴动,杀死赵元恺响应刘黑闼。

64　盛彦师从徐圆朗处逃归唐。王薄乘机游说青、莱、密各州,各州都被他说服投降。

65　萧铣裁去军队经营农业时,只留了几千名士兵宿卫,听说唐军已压境,文士弘战败,大为惊慌,仓促征兵,所征之兵都在长江、五岭以南,路途遥远,不能马上调集,于是将现有兵力全部用来迎敌。李孝恭准备攻打萧铣,李靖劝阻道:"对方是挽救败局的军队,计谋没有预先制订,势头不会持久,不如暂且停泊在南岸,缓一天进攻,他们必然会分散兵力,有的留下来阻挡我军,有的返回城守卫,兵力一分散势力削弱,我军乘敌军松懈发起进攻,必然取胜。现在如果马上攻打,敌方会拼力死战,楚兵又剽悍勇猛,不易抵挡。"李孝恭不听,留李靖守卫军营,自己带领精锐部队出战,果然失败逃跑,奔向南岸。萧铣的部队放弃船只去收拾抢夺唐军丢下的军资,人人都背负很多,李靖见敌军混乱,挥兵奋击,大败敌军,乘胜直抵江陵城,进入江陵外城。又攻克了水城,缴获大批船舰,李靖让李孝恭把所获船舰全部散到长江中。诸将领都说:"打败敌人缴获战利品,应当利用,怎么能够放弃用来资助敌人?"李靖说:"萧铣的地盘,南到五岭以南,东到洞庭湖。我们孤军深入,如果攻城不下,敌人援军从四方赶来,我军腹背受敌,进退不成,虽然有船舰又怎么能用?现在放弃船舰,让它们堵满长江顺流而下,敌方援军见到,必然认为江陵城已被攻陷,就不敢轻易进军,要前来侦察,他们行动迟缓十天半个月,我军取胜就有把握了。"萧铣的援兵见到舟舰,

果疑不进。其交州刺史丘和、长史高士廉、司马杜之松将朝江陵，闻铣败，悉诣孝恭降。

孝恭勒兵围江陵，铣内外阻绝，问策于中书侍郎岑文本，文本劝铣降。铣乃谓群下曰："天不祚梁，不可复支矣。若必待力屈，则百姓蒙患，奈何以我一人之故陷百姓于涂炭乎？"乙巳，铣以太牢告于太庙，下令开门出降，守城者皆哭。铣帅群臣缌缞布帻诣军门，曰："当死者唯铣耳，百姓无罪，愿不杀掠。"孝恭入据其城，诸将欲大掠，岑文本说孝恭曰："江南之民，自隋末以来，困于虐政，重以群雄虎争，今之存者，皆锋镝之馀，跂踵延颈以望真主，是以萧氏君臣、江陵父老决计归命，庶几有所息肩。今若纵兵俘掠，恐自此以南，无复向化之心矣！"孝恭称善，遽禁止之。诸将又言："梁之将帅与官军拒斗死者，其罪既深，请籍没其家，以赏将士。"李靖曰："王者之师，宜使义声先路。彼为其主斗死，乃忠臣也，岂可同叛逆之科籍其家乎？"于是城中安堵，秋毫无犯。南方州县闻之，皆望风款附。铣降数日，援兵至者十馀万，闻江陵不守，皆释甲而降。

孝恭送铣于长安，上数之，铣曰："隋失其鹿，天下共逐之。铣无天命，故至此。若以为罪，无所逃死！"竟斩于都市。诏以孝恭为荆州总管；李靖为上柱国，赐爵永康县公，仍使之安抚岭南，得承制拜授。

先是，铣遣黄门侍郎江陵刘洎略地岭表，得五十馀城，未还而铣败，洎以所得城来降，除南康州都督府长史。

果然怀疑,不敢前进。萧铣的交州刺史丘和、长史高士廉、司马杜之松准备去江陵朝见,得知萧铣失败,全都到李孝恭军前投降。

李孝恭带军包围江陵,萧铣内外断绝消息,向中书侍郎岑文本询问对策,岑文本劝他投降,于是萧铣对他的大臣们说:"上天不保佐梁,我们不能再支撑了。如果一定要等到力尽粮绝,百姓就会蒙受忧患,怎么能为了我一个人的缘故让百姓遭涂炭呢?"乙巳(二十一日),萧铣用牛、羊、猪三牲太牢在太庙禀告了祖先,下令打开城门出城投降,守城的人都哭泣。萧铣带领他的群臣穿着丧服到唐军门前,说:"该死的只有我萧铣一个人,百姓无罪,希望不要杀烧抢掠。"李孝恭进城占领了江陵,各位将领想大肆掠夺,岑文本劝李孝恭说:"江南的百姓,从隋末以来,受虐政的残害,加上群雄争斗,如今生存下来的,都是刀枪下逃出的性命,苦苦盼望着贤明的君主,萧氏君臣、江陵的父老所以决定归顺,是认为也许可以从此安定了。眼下若是放纵军队抢掠,恐怕从此向南的广大地区,不再有归化之心了!"李孝恭认为他的意见很对,立即下令禁止抢掠。诸将领又说:"梁的将帅抵抗官军拒绝投降战死的,罪恶深重,请求籍没他们的家产,用来赏赐将士。"李靖说:"王者之师,应当以礼义为先声。他们为自己的君主战斗而死,是忠臣,怎么能与叛逆罪一样籍没其家呢?"于是,江陵城中井然有序,秋毫无犯。南方各州县闻讯,均望风归顺。萧铣投降几天后,他的十几万援军来到江陵,听说江陵失守,纷纷脱下征袍放下武器降唐。

李孝恭送萧铣到长安,高祖数说他的罪过,萧铣说:"隋朝残暴失去了天下,天下人都起兵纷纷来争夺。我萧铣没有上天的照应,才到了今天这种境地;如果要以此来定罪,我只有死路一条了!"最终在闹市斩了萧铣。高祖下诏任命李孝恭为荆州总管;李靖为上柱国,赐永康县公的爵位,仍然让他安抚岭南地区,可以承制任命官员。

早先,萧铣派遣黄门侍郎江陵人刘洎攻打岭南,夺取了五十多座城池,尚未回师,萧铣已败亡,刘洎以所得的城池来投降。唐授予他南康州都督府长史的职位。

66　戊申，徐圓朗昌州治中劉善行以須昌來降。

67　庚戌，詔陝東道大行臺尚書省自令、僕至郎中、主事，品秩皆與京師同，而員數差少，山東行臺及總管府、諸州并隸焉。其益州、襄州、山東、淮南、河北等道令、僕以下，各降京師一等，員數又減焉。行臺尚書令得承制補署。其秦王、齊王府官之外，各置左右六護軍府，及左右親事帳內府。

68　閏月乙卯，上幸稷州，己未，幸武功舊墅。壬戌，獵於好畤，乙丑，獵於九嵕，丁卯，獵於仲山，戊辰，獵於清水谷，遂幸三原。辛未，幸周氏陂，壬申，還長安。

69　十一月甲申，上祀圜丘。

70　杜伏威使其將王雄誕擊李子通，子通以精兵守獨松嶺。雄誕遣其將陳當將千餘人，乘高據險以逼之，多張旗幟，夜則縛炬火於樹，布滿山澤。子通懼，燒營走保杭州，雄誕追擊之，又敗之於城下。庚寅，子通窮蹙請降。伏威執子通并其左僕射樂伯通送長安，上釋之。

先是，汪華據黟、歙，稱王十餘年，雄誕還軍擊之，華拒之於新安洞口，甲兵甚銳。雄誕伏精兵於山谷，帥羸弱數千犯其陳，戰才合，陽不勝，走還營，華進攻之，不能克，會日暮，引還，伏兵已據其洞口，華不得入，窘迫請降。

聞人遂安據昆山，無所屬，伏威使雄誕擊之，雄誕以昆山險隘，難以力勝，乃單騎造其城下，陳國威靈，示以禍福，遂安感悅，帥諸將出降。

66　戊申(二十四日),徐圆朗的昌州治中刘善行以须昌来投降。

67　庚戌(二十六日),下诏规定陕东道大行台尚书省从尚书令、仆射到郎中、主事,官员的品级均与京师官员相同,但人员数目较少,山东行台及总管府、各州均隶属于陕东道大行台。益州、襄州、山东、淮南、河北等道的尚书令、仆射以下官员的品级,分别比京师官员降低一等,人员比陕东道大行台更少。行台尚书令可以承制补充设置官员。秦王、齐王府除亲王府官员外,分别设置左右六护军府,及左右亲事府、帐内府。

68　闰十月乙卯(初二),唐高祖临幸稷州;己未(初六),又临幸武功旧宅;壬戌(初九),在好畤狩猎;乙丑(十二日),在九嵏山狩猎;丁卯(十四日),在仲山狩猎;戊辰(十五日),在清水谷狩猎,于是又临幸三原县;辛未(十八日),驾临周氏陂;壬申(十九日),返回长安。

69　十一月甲申(初一),高祖在圜丘祭祀。

70　杜伏威命他的将领王雄诞攻打李子通,李子通用精兵把守独松岭。王雄诞派他的将领陈当带一千多人登高占据险要之处进逼李子通,打了许多旗帜,夜晚将火把绑在树上,布满山上山下。李子通惧怕,烧毁营寨逃走,退守杭州,王雄诞追击李子通,又在杭州城下打败了他。庚寅(初七),李子通穷途末路,请求投降。杜伏威捉住李子通及其左仆射乐伯通押送长安,高祖释放了他们。

早先,汪华占据黟、歙二州,称王十多年,王雄诞回师攻打汪华,汪华在新安洞抵御王雄诞,军队武器都很精良。王雄诞在山谷埋伏下精兵,自己带着几千老弱进攻汪华的队伍,才一接触,就假装失利,逃回营地,汪华攻打王雄诞的营地,打不下,恰好天黑了,于是带兵返回,王雄诞的伏兵已占领了洞口,汪华不能进入,形势窘迫,请求投降。

闻人遂安占据了昆山,不归附任何人,杜伏威让王雄诞攻打他,王雄诞因为昆山地势险要,难以取胜,于是独自一人来到昆山城下,向闻人遂安陈述唐朝的威灵,并说明了祸福,闻人遂安心悦诚服,率领手下将领出城投降。

于是伏威尽有淮南、江东之地,南至岭,东距海。雄诞以功除歙州总管,赐爵宜春郡公。

71 壬辰,林州总管刘旻击刘企成,大破之。企成仅以身免,部落皆降。

72 李靖度岭,遣使分道招抚诸州,所至皆下。萧铣桂州总管李袭志帅所部来降,赵郡王孝恭即以袭志为桂州总管,明年入朝。以李靖为岭南抚慰大使,检校桂州总管,引兵下九十六州,得户六十馀万。

73 壬寅,刘黑闼陷定州,执总管李玄通,黑闼爱其才,欲以为大将,玄通不可。故吏有以酒肉馈之者,玄通曰:"诸君哀吾幽辱,幸以酒肉来相开慰,当为诸君一醉。"酒酣,谓守者曰:"吾能剑舞,愿假吾刀。"守者与之,玄通舞竟太息曰:"大丈夫受国厚恩,镇抚方面,不能保全所守,亦何面目视息世间哉?"即引刀自刺,溃腹而死。上闻,为之流涕,拜其子伏护为大将。

74 庚戌,杞州人周文举杀刺史王文矩,以城应徐圆朗。

75 幽州大饥,高开道许以粟赈之。李艺遣老弱诣开道就食,开道皆厚遇之。艺喜,于是发民三千人,车数百乘,驴马千馀匹往受粟,开道悉留之,告绝于艺,复称燕王,北连突厥,南与刘黑闼相结,引兵攻易州不克,大掠而去。又遣其将谢稜诈降于艺,请兵援接,艺出兵应之,将至怀戎,稜袭击破之。开道与突厥连兵数入为寇,恒、定、幽、易咸被其患。

76 十二月乙卯,刘黑闼陷冀州,杀刺史麹稜。黑闼既破淮安王神通,移书赵、魏,故窦建德将卒争杀唐官吏以应黑闼。庚申,遣右屯卫大将军义安王孝常将兵讨黑闼。黑闼将兵数万进逼宗城,黎州总管李世勣先屯宗城,弃城走保洺州。

于是杜伏威占据了全部淮南、江东地区,南到岭南,东到大海。王雄诞因功官拜歙州总管,赐爵宜春郡公。

71　壬辰(初九),唐林州总管刘旻攻打刘㐨成,大败刘㐨成。刘㐨成只身逃脱,他的部落全部投降。

72　李靖翻越五岭,派人分别到各道招抚诸州,所到之处都纷纷投降。萧铣的桂州总管李袭志率领他的部属前来投降,赵郡王李孝恭当即任命李袭志为桂州总管,第二年李袭志入朝。唐任命李靖为岭南抚慰大使,代理桂州总管,带领军队夺取了九十六个州,得六十多万户。

73　壬寅(十九日),刘黑闼攻陷定州,捉住唐总管李玄通,刘黑闼爱惜他的才能,想任命他为大将,李玄通不干。一些李玄通原来的部下送给他酒肉,李玄通说:“各位可怜我身受囚禁之辱,幸以酒肉来开导安慰我,我要为各位一醉方休。”酒喝得正在兴头上,李玄通对看守说:“我能舞剑,希望能把刀借我用一下。”看守把刀给了他,李玄通舞完后叹息道:“我作为大丈夫受国家厚恩,镇守一方,不能保全所守领地。还有什么脸面见世上的人呀?”于是举刀自杀,剖腹而死。唐高祖闻讯,为他痛哭,拜他的儿子李伏护为大将。

74　庚戌(二十七),杞州人周文举杀死唐杞州刺史王文矩,以城响应徐圆朗。

75　幽州发生大饥荒,高开道答应给粮救济饥民。李艺让老人小孩到高开道处去求食,高开道都给予厚待。李艺大喜,于是让三千人,几百辆车,一千多匹驴马到高开道处领粮,高开道全部扣留了下来,与李艺断绝关系,重新称燕王,北面联络突厥,南面和刘黑闼勾结,带兵攻打易州,没有攻克,于是大肆掠夺而去。他又派遣将领谢稜向李艺诈降,请求李艺出兵援救,李艺出兵接应谢稜,快到怀戎时,谢稜袭击并打败了李艺。高开道几次与突厥联兵入侵,恒、定、幽、易几州都受他的危害。

76　十二月乙卯(初三),刘黑闼攻陷冀州,杀唐冀州刺史麹稜。刘黑闼打败淮安王李神通后,致函赵、魏两地,窦建德的旧部纷纷起兵杀死唐朝官吏响应刘黑闼。庚申(初八),唐派遣右屯卫大将军义安王李孝常带兵讨伐刘黑闼。刘黑闼带几万兵马进逼宗城,唐黎州总管李世勣驻扎在宗城,此时放弃宗城逃走,退保洺州。

甲子,黑闼追击世勣等,破之,杀步卒五千人,世勣仅以身免。丙寅,洺州土豪翻城应黑闼,黑闼于城东南告天及祭窦建德而后入。后旬日,引兵攻拔相州,执刺史房晃,右武卫将军张士贵溃围走。黑闼南取黎、卫二州,半岁之间,尽复建德旧境。又遣使北连突厥,颉利可汗遣俟斤宋邪那帅胡骑从之。右武卫将军秦武通、洺州刺史陈君宾、永宁令程名振皆自河北遁归长安。

77　丁卯,命秦王世民、齐王元吉讨黑闼。

78　昆弥遣使内附。昆弥,即汉之昆明也。巂州治中吉弘纬通南宁,至其国说之,遂来降。

79　己巳,刘黑闼陷邢州、赵州。庚午,陷魏州,杀总管潘道毅。辛未,陷莘州。

80　壬申,徙宋王元嘉为徐王。

甲子(十二日),刘黑闼追击李世勣等人,打败了唐军,杀了五千名士兵,李世勣只身逃脱。丙寅(十四日),洺州当地豪强在城中反叛响应刘黑闼,刘黑闼在洺州城东南祭告上天及窦建德,然后进入洺州城。此后十天,带兵攻下相州,捉住唐相州刺史房晃,右武卫将军张士贵突围逃走。刘黑闼向南攻取了黎、卫两州,半年之间,恢复了全部窦建德旧地。刘黑闼又派遣使节北面联合突厥,颉利可汗派俟斤宋邪那率领突厥骑兵随刘黑闼征战。唐右武卫将军秦武通、洺州刺史陈君宾、永宁县令程名振都从河北逃回长安。

77　丁卯(十五日),唐高祖命令秦王李世民、齐王李元吉率兵讨伐刘黑闼。

78　昆弥蛮派遣使节归附唐朝。昆弥就是汉代的昆明。巂州治中吉弘纬沟通了与南宁的联系,到昆弥国游说,于是昆弥前来归附。

79　己巳(十七日),刘黑闼攻陷邢州、赵州。庚午(十八日),攻陷魏州,杀死唐总管潘道毅。辛未(十九日),攻陷莘州。

80　壬申(二十日),唐改封宋王李元嘉为徐王。

卷第一百九十　唐纪六

起壬午(622)尽甲申(624)五月凡二年有奇

高祖神尧大圣光孝皇帝中之下
武德五年(壬午,622)

1　春,正月,刘黑闼自称汉东王,改元天造,定都洺州。以范愿为左仆射,董康买为兵部尚书,高雅贤为右领军,征王琮为中书令,刘斌为中书侍郎,窦建德时文武悉复本位。其设法行政,悉师建德,而攻战勇决过之。

2　丙戌,同安贼帅殷恭邃以舒州来降。

3　丁亥,济州别驾刘伯通执刺史窦务本,以州附徐圆朗。

4　庚寅,东盐州治中王才艺杀刺史田华,以城应刘黑闼。

5　秦王世民军至获嘉,刘黑闼弃相州,退保洺州。丙申,世民复取相州,进军肥乡,列营洺水之上以逼之。

6　萧铣既败,散兵多归林士弘,军势复振。

7　己酉,岭南俚帅杨世略以循、潮二州来降。

8　唐使者王义童下泉、睦、建三州。

9　幽州总管李艺将所部兵数万会秦王世民讨刘黑闼,黑闼闻之,留兵万人,使范愿守洺州,自将兵拒艺。夜,宿沙河,程名振载鼓六十具,于城西二里堤上急击之,城中地皆震动。范愿惊惧,驰告黑闼,黑闼遽还,遣其弟十善与行台张君立将兵一万击艺于鼓城。壬子,战于徐河,十善、君立大败,所失亡八千人。

高祖神尧大圣光孝皇帝中之下

唐高祖武德五年(壬午,公元622年)

1　春季,正月,刘黑闼自称汉东王,改年号为天造,都城设在洺州。任命范愿为左仆射,董康买为兵部尚书,高雅贤为右领军,征召王琮为中书令,刘斌为中书侍郎,窦建德时期的文武官员全部恢复了原来的职位。刘黑闼的法令行政,全部效法窦建德,但他作战勇猛果敢则超过窦建德。

2　丙戌(初四),同安盗贼首领殷恭邃以舒州降唐。

3　丁亥(初五),唐济州别驾刘伯通捉住刺史窦务本,以济州归附徐圆朗。

4　庚寅(初八),唐东盐州治中王才艺杀死刺史田华,以城池响应刘黑闼。

5　秦王李世民的大军到获嘉,刘黑闼放弃相州,撤退保卫洺州。丙申(十四日),李世民再次收复相州,进军肥乡,在洺水边布营进逼刘黑闼。

6　萧铣败亡后,他的散兵大部分投靠了林士弘,林士弘的军队因此重振势力。

7　己酉(二十七日),岭南俚族首领杨世略以循、潮二州降唐。

8　唐朝使者王义童夺取泉、睦、建三州。

9　唐幽州总管李艺率领他的几万部队会同秦王李世民讨伐刘黑闼,刘黑闼闻讯,留下一万兵力,命范愿守卫洺州,自己率军抵抗李艺。夜晚,刘黑闼在沙河县宿营,程名振带六十面大鼓,在洺州城西二里处的河堤上猛擂鼓,城中的地面都感到震动。范愿惊慌失措,飞骑报告刘黑闼,刘黑闼迅速返回洺州,派他的弟弟刘十善和行台张君立率领一万兵马在鼓城攻打李艺。壬子(三十日),双方在徐河交战,刘十善、张君立大败,损失八千人。

10　洺水人李去惑据城来降,秦王世民遣彭公王君廓将千五百骑赴之,入城共守。二月,刘黑闼引兵还攻洺水,癸亥,行至列人,秦王世民使秦叔宝邀击,破之。

11　豫章贼帅张善安以虔、吉等五州来降,拜洪州总管。

12　戊辰,金乡人阳孝诚叛徐圆朗,以城来降。

13　己巳,秦王世民复取邢州。辛未,井州人冯伯让以城来降。

14　丙子,李艺取刘黑闼定、栾、廉、赵四州,获黑闼尚书刘希道,引兵与秦王世民会洺州。

15　刘黑闼攻洺水甚急。城四旁皆有水,广五十馀步,黑闼于城东北筑二甬道以攻之;世民三引兵救之,黑闼拒之,不得进。世民恐王君廓不能守,召诸将谋之,李世勣曰:“若甬道达城下,城必不守。”行军总管郯勇公罗士信请代君廓守之。世民乃登城南高冢,以旗招君廓,君廓帅其徒力战,溃围而出;士信帅左右二百人乘之入城,代君廓固守。黑闼昼夜急攻,会大雪,救兵不得往,凡八日,丁丑,城陷。黑闼素闻其勇,欲生之,士信词色不屈,乃杀之,时年二十。

16　戊寅,汴州总管王要汉攻徐圆朗杞州,拔之,获其将周文举。

17　庚辰,延州道行军总管段德操击梁师都石堡城,师都自将救之;德操与战,大破之,师都以十六骑遁去。上益其兵,使乘胜进攻夏州,克其东城,师都以数百人保西城。会突厥救至,诏德操引还。

10　洺水县人李去惑占据城池降唐,秦王李世民派彭公王君廓率一千五百名骑兵赴洺水,进城与李去惑共同守城。二月,刘黑闼带军回师攻打洺水,癸亥(十一日),走到列人县,秦王李世民命秦叔宝截击并打败了刘黑闼。

11　豫章盗贼首领张善安以虔、吉等五州降唐,官拜洪州总管。

12　戊辰(十六日),金乡人阳孝诚背叛徐圆朗,以金乡县城降唐。

13　己巳(十七日),秦王李世民收复邢州。辛未(十九日),井州人冯伯让以城池降唐。

14　丙子(二十四日),李艺夺取刘黑闼占据的定、栾、廉、赵四州,抓获刘黑闼的尚书刘希道,然后带兵与秦王李世民在洺州会师。

15　刘黑闼攻洺水很猛。洺水城四周都是水,水宽五十多步,刘黑闼在城东北修建二条甬道用来攻城;秦王李世民三次带军救援,都受到刘黑闼的阻拦,无法前进。李世民怕王君廓守不住城池,召集众将领商议救援之事,李世勣说:"如果甬道修到城下,城池必定失守。"行军总管郯勇公罗士信请求代替王君廓守城。李世民于是登上城南的高山顶,用旗语招王君廓,王君廓率领部下备战,突出包围,罗士信趁机率两百士卒进城,代替王君廓坚守城池。刘黑闼昼夜猛攻洺水,恰逢大雪,唐军无法增援,经过八天,丁丑(二十五日),洺水城陷落。刘黑闼早就听说罗士信的勇猛,不想杀他,罗士信言辞态度威武不屈,于是刘黑闼杀了他,当时罗士信仅二十岁。

16　戊寅(二十六日),唐汴州总管王要汉攻打徐圆朗占据的杞州,夺取了城池,抓获徐圆朗的将领周文举。

17　庚辰(二十八日),唐延州道行军总管段德操攻击梁师都的石堡城,梁师都亲自带兵救援,段德操与梁师都交锋,大败梁师都,梁师都只带十六名骑兵逃跑。高祖增加了段德操的兵力,让他乘胜进军攻打夏州,段德操攻克了夏州东城,梁师都带几百人保守夏州西城。恰好突厥救援梁师都的军队到达,高祖下诏命段德操撤军。

18　辛巳,秦王世民拔洺水。三月,世民与李艺营于洺水之南,分兵屯水北。黑闼数挑战,世民坚壁不应,别遣奇兵绝其粮道。壬辰,黑闼以高雅贤为左仆射,军中高会。李世勣引兵逼其营,雅贤乘醉,单骑逐之,世勣部将潘毛刺之坠马,左右继至,扶归,未至营而卒。甲午,诸将复往逼其营,潘毛为王小胡所擒。黑闼运粮于冀、贝、沧、瀛诸州,水陆俱进,程名振以千馀人邀之,沉其舟,焚其车。

19　宋州总管盛彦师帅齐州总管王薄攻须昌,征军粮于潭州。刺史李义满与薄有隙,闭仓不与。及须昌降,彦师收义满,系齐州狱,诏释之。使者未至,义满忧愤,死狱中。薄还,过潭州,戊戌夜,义满兄子武意执薄,杀之,彦师亦坐死。

20　上遣使略突厥颉利可汗,且许结婚。颉利乃遣汉阳公瑰、郑元璹、长孙顺德等还,庚子,复遣使来修好,上亦遣其使者特勒热寒、阿史那德等还。并州总管刘世让屯雁门,颉利与高开道、苑君璋合众攻之,月馀,乃退。

21　甲辰,以隋交趾太守丘和为交州总管,和遣司马高士廉奉表请入朝,诏许之,遣其子师利迎之。

22　秦王世民与刘黑闼相持六十馀日。黑闼潜师袭李世勣营,世民引兵掩其后以救之,为黑闼所围,尉迟敬德帅壮士犯围而入,世民与略阳公道宗乘之得出。道宗,帝之从子也。世民度黑闼粮尽,必来决战,乃使人堰洺水上流,谓守吏曰:"待我与贼战,乃决之。"丁未,黑闼帅步骑二万南渡洺水,压唐营而

18 辛巳(二十九日),秦王李世民攻下洺水。三月,李世民和李艺在洺水以南扎营,分兵驻扎在洺水以北。刘黑闼多次来挑战,李世民坚壁不应战,却另派奇兵切断了刘黑闼的粮食运输线。壬辰(十一日),刘黑闼任命高雅贤为左仆射,军中举行盛大宴会。李世勣带兵逼近刘黑闼军营,高雅贤趁酒醉,单枪匹马追逐李世勣,李世勣的部将潘毛把他刺下马,高雅贤随从继后赶到,扶高雅贤回营,未到营地高雅贤就死了。甲午(十三日),唐军诸将领再次前进逼近刘黑闼的营地,潘毛被王小胡抓获。刘黑闼从冀、贝、沧、瀛各州运粮,水陆并进,程名振用一千多人截击,弄沉了运粮船,烧毁了运粮车。

19 唐宋州总管盛彦师率领齐州总管王薄攻打须昌,在潭州征发军粮。潭州刺史李义满因与王薄有矛盾,关闭粮仓不给军粮。待须昌投降,盛彦师逮捕了李义满,关入齐州监狱,高祖下诏命令释放李义满。朝中下达诏令的使者还没到齐州,李义满因为忧愤,已经死在狱中。王薄回师,经过潭州,戊戌(十七日)夜晚,李义满的侄子李武意捉住王薄并杀了他,盛彦师也获罪被处死。

20 高祖派遣使节贿赂突厥颉利可汗,并且答应与颉利结为婚姻之好。于是颉利送汉阳公李瑗、郑元璹、长孙顺德等人返回唐朝,庚子(十九日),颉利重新派遣使节来唐修好,高祖也送突厥使者特勒热寒、阿史那德等人回突厥。唐并州总管刘世让驻扎在雁门,颉利与高开道、苑君璋合兵攻打刘世让,一个多月才退军。

21 甲辰(二十三日),唐任命隋朝交趾太守丘和为交州总管,丘和派司马高士廉奉表请求入朝,皇帝下诏准许他的请求,并派丘和的儿子丘师利前往迎接。

22 秦王李世民与刘黑闼相持六十多天。刘黑闼暗中率军袭击李世勣的营地,李世民带兵突然袭击刘黑闼的背后以救援李世勣,被刘黑闼包围,尉迟敬德率领壮士冲入包围圈,李世民与略阳公李道宗趁势脱险。李道宗是皇帝的堂侄。李世民推测刘黑闼的粮食已经吃光,必定前来决战,于是命人在洺水上游筑坝截断河水,对看守的官吏说:"等我和敌人交战时,就决开堤坝。"丁未(二十六日),刘黑闼率领两万步兵、骑兵向南渡过洺水,逼近唐军营寨

陈,世民自将精骑击其骑兵,破之,乘胜蹂其步兵。黑闼帅众殊死战,自午至昏,战数合,黑闼势不能支。王小胡谓黑闼曰:“智力尽矣,宜早亡去。”遂与黑闼先遁,馀众不知,犹格战。守吏决堰,洺水大至,深丈馀,黑闼众大溃,斩首万馀级,溺死数千人,黑闼与范愿等二百骑奔突厥,山东悉平。

23　高开道寇易州,杀刺史慕容孝幹。

24　夏,四月己未,隋鸿胪卿宁长真以宁越、郁林之地请降于李靖,交、爱之道始通,以长真为钦州总管。

25　以夔州总管赵郡王孝恭为荆州总管。

26　徐圆朗闻刘黑闼败,大惧,不知所出。河间人刘复礼说圆朗曰:“有刘世彻者,其才不世出,名高东夏,且有非常之相,真帝王之器。将军若自立,恐终无成;若迎世彻而奉之,天下指挥可定。”圆朗然之,使复礼迎世彻于浚仪。或说圆朗曰:“将军为人所惑,欲迎刘世彻而奉之,世彻若得志,将军岂有全地乎?仆不敢远引前古,将军独不见翟让之于李密乎?”圆朗复以为然。世彻至,已有众数千人,顿于城外,以待圆朗出迎,圆朗不出,使人召之。世彻知事变,欲亡走,恐不免,乃入谒。圆朗悉夺其兵,以为司马,使徇谯、杞二州,东人素闻其名,所向皆下,圆朗遂杀之。

秦王世民自河北引兵将击圆朗,会上召之,使驰传入朝,乃以兵属齐王元吉。庚申,世民至长安,上迎之于长乐。世民具陈取圆朗形势,上复遣之诣黎阳,会大军趋济阴。

列阵,李世民亲自统率精锐骑兵攻打刘黑闼的骑兵,打败了刘军,乘胜用马踩踏刘的步兵。刘黑闼带领部队殊死战斗,从中午到黄昏,几度交锋,刘黑闼的兵力无法再坚持下去。王小胡对刘黑闼说:"我们的智能体力都已耗尽,应该快点逃走。"王小胡便和刘黑闼先逃跑,其馀的将士不知道头领已经逃走,还在继续格斗。唐在上游的守吏决开堤坝,洺水一下子涌到战场,水深一丈多,刘黑闼的军队大败,一万多人被杀,几千人被淹死,刘黑闼与范愿等两百人骑马逃入突厥,唐平定了整个山东地区。

23 高开道侵犯易州,杀死唐易州刺史慕容孝幹。

24 夏季,四月己未(初八),隋朝鸿胪卿宁长真以宁越、郁林地区向李靖请求投降,这才打通了通往交州与爱州的道路。唐任命宁长真为钦州总管。

25 唐任命夔州总管赵郡王李孝恭为荆州总管。

26 徐圆朗听说刘黑闼失败,大为恐慌,不知所措。河间人刘复礼劝徐圆朗道:"有位名叫刘世徹的人,是很难得的人才,在东夏有很高的名望,并且相貌非凡,是真正的帝王人选。将军您如果自立为王,恐怕最终会一事无成;如果迎刘世徹并拥戴他为主,就可以轻易地取得天下。"徐圆朗同意了他的意见,命刘复礼到浚仪迎接刘世徹。有人对徐圆朗说:"将军被人骗了,想迎立刘世徹,世徹如果得志,哪里有将军您的保全之地呢?我不用援引前代之事,您就没看到翟让与李密的例子吗?"徐圆朗也认为很对。刘世徹到来时,已有几千人马停在城外,等待徐圆朗出城迎接,徐圆朗不出城,命人召刘世徹进城。刘世徹知道事情发生了变化,想逃走,又怕逃不脱,于是进城谒见徐圆朗。徐圆朗夺了他的全部人马,任命他为司马,让他攻打谯、杞二州,东部的人久闻他的大名,刘世徹所到之处纷纷投降,徐圆朗便杀了刘世徹。

秦王李世民从河北带兵准备攻打徐圆朗,恰好高祖召他,让他乘驿站车马急速回长安,于是李世民将军队交给齐王李元吉统领。庚申(初九),李世民到达长安,高祖到长乐坂迎接他。李世民详细陈述了攻打徐圆朗的形势,高祖又派他赴黎阳,会同大军火速赶到济阴。

27　丁卯,废山东行台。

28　壬申,代州总管定襄王李大恩为突厥所杀。先是,大恩奏称突厥饥馑,马邑可取,诏殿内少监独孤晟将兵与大恩共击苑君璋,期以二月会马邑;失期不至,大恩不能独进,顿兵新城。颉利可汗遣数万骑与刘黑闼共围大恩,上遣右骁卫大将军李高迁救之。未至,大恩粮尽,夜遁,突厥邀之,众溃而死,上惜之。独孤晟坐减死徙边。

29　丙子,行台民部尚书史万宝攻徐圆朗陈州,拔之。

30　戊寅,广州贼帅邓文进、隋合浦太守宁宣、日南太守李畯并来降。

31　五月庚寅,瓜州土豪王幹斩贺拔行威以降,瓜州平。

32　突厥寇忻州,李高迁击破之。

33　六月辛亥,刘黑闼引突厥寇山东,诏燕郡王李艺击之。

34　癸丑,吐谷浑寇洮、旭、叠三州,岷州总管李长卿击破之。

35　乙卯,遣淮安王神通击徐圆朗。

36　丁卯,刘黑闼引突厥寇定州。

37　秋,七月甲申,为秦王世民营弘义宫,使居之。世民击徐圆朗,下十馀城,声震淮、泗,杜伏威惧,请入朝。世民以淮、济之间略定,使淮安王神通、行军总管任瓖、李世勣攻圆朗。乙酉,班师。

38　丁亥,杜伏威入朝,延升御榻,拜太子太保,仍兼行台尚书令,留长安,位在齐王元吉上,以宠异之。以阚稜为左领军将军。

27　丁卯(十六日),唐废除山东行台。

28　壬申(二十一日),唐代州总管定襄王李大恩被突厥杀害。此前,李大恩上奏章说明突厥闹饥荒,可攻取马邑,高祖下诏命殿内少监独孤晟带兵与李大恩共同攻打苑君璋,约定二月在马邑会师,独孤晟未能按期到达,李大恩不能孤军挺进,将军队停在新城。突厥颉利可汗派几万骑兵与刘黑闼一起包围了李大恩,高祖派右骁卫大将军李高迁救援李大恩。李高迁还未到达,李大恩因军粮吃光,半夜逃遁,遭突厥阻截,军队溃败而亡,高祖很痛惜他的死亡。独孤晟获罪被判处减死,流放到边远地区。

29　丙子(二十五日),唐行台民部尚书史万宝攻打徐圆朗占据的陈州,攻克陈州。

30　戊寅(二十七日),广州义军首领邓文进、隋朝合浦太守宁宣、日南太守李畯一同降唐。

31　五月庚寅(初九),瓜州土豪王幹杀死贺拔行威降唐,瓜州平定。

32　突厥侵犯忻州,被李高迁击败。

33　六月辛亥(初一),刘黑闼带突厥侵犯山东,唐高祖下令命燕郡王李艺迎敌。

34　癸丑(初三),吐谷浑侵犯洮、旭、叠三州,唐岷州总管李长卿打败了来犯之敌。

35　乙卯(初五),唐派淮安王李神通攻打徐圆朗。

36　丁卯(十七日),刘黑闼带突厥侵犯定州。

37　秋季,七月甲申(初五),唐为秦王李世民建造弘义宫,供李世民居住。李世民攻打徐圆朗,夺取了十几座城池,声势震动了淮水、泗水地区,杜伏威很恐惧,请求入朝。李世民因淮、济之间已大致平定,让淮安王李神通、行军总管任瓌、李世勣攻打徐圆朗。乙酉(初六),李世民班师回朝。

38　丁亥(初八),杜伏威入朝,被引进登上御榻,官拜太子太保,仍兼行台尚书令,留在长安,上朝位置在齐王李元吉之前,表示对他特别恩宠。唐任命阚稜为左领军将军。

李子通谓乐伯通曰："伏威既来,江东未定,我往收旧兵,可以立大功。"遂相与亡至蓝田关,为吏所获,俱伏诛。

39　刘黑闼至定州,其故将曹湛、董康买亡命在鲜虞,复聚兵应之。甲午,以淮阳王道玄为河北道行军总管以讨之。

40　丙申,迁州人邓士政执刺史李敬昂以反。

41　丁酉,隋汉阳太守冯盎承李靖檄,帅所部来降,以其地为高、罗、春、白、崖、儋、林、振八州,以盎为高州总管,封耿国公。先是,或说盎曰："唐始定中原,未能及远,公所领二十州地已广于赵佗,宜自称南越王。"盎曰:"吾家居此五世矣,为牧伯者不出吾门,富贵极矣,常惧不克负荷,为先人羞,敢效赵佗自王一方乎?"遂来降。于是岭南悉平。

42　八月辛亥,以洺、荆、交、并、幽五州为大总管府。

43　改葬隋炀帝于扬州雷塘。

44　甲戌,吐谷浑寇岷州,败总管李长卿。诏益州行台右仆射窦轨、渭州刺史且洛生救之。

45　乙卯,突厥颉利可汗寇边,遣左武卫将军段德操、云州总管李子和将兵拒之。子和本姓郭,以讨刘黑闼有功,赐姓。丙辰,颉利十五万骑入雁门,己未,寇并州,别遣兵寇原州。庚子,命太子出幽州道,秦王世民出秦州道以御之。李子和趋云中,掩击可汗,段德操趋夏州,邀其归路。

辛酉,上谓群臣曰:"突厥入寇而复求和,和与战孰利?"太常卿郑元璹曰:"战则怨深,不如和利。"中书令封德彝曰:"突厥恃犬羊之众,有轻中国之意,若不战而和,示之以弱,明年将复来。臣愚以为不如击之,既胜而后与和,则恩威兼著矣!"上从之。

李子通对乐伯通说:"杜伏威既然来长安,江东尚未平定,我们回去收拾旧部,可以立大功。"于是一起逃跑,到蓝田关,被官吏抓获,均被处死。

39　刘黑闼到定州,他的旧部下曹湛、董康买逃亡在鲜虞,重新召集兵马响应刘黑闼。甲午(十五日),唐任命淮阳王李道玄为河北道行军总管讨伐刘黑闼。

40　丙申(十七日),迁州人邓士政捉住刺史李敬昂反叛。

41　丁酉(十八日),隋朝汉阳太守冯盎接受了李靖的檄文,率领部属降唐,唐在冯盎的辖地设置高、罗、春、白、崖、儋、林、振八州,任命冯盎为高州总管,封爵耿国公。此前,有人劝冯盎道:"唐才平定了中原,还无力顾及边远地区,您所管辖的二十州的范围已超过汉代的赵佗,应当自称南越王。"冯盎说:"我家在此地定居已经五代了,此地的长官都由我家的人担任,极尽富贵了,常常怕承担不起重担,使先人蒙受耻辱,怎么敢效法赵佗自己称王一方呢?"于是前来投降。从此岭南地区全部得以平定。

42　八月辛亥(初二),唐以洺、荆、交、并、幽五州为大总管府。

43　唐将隋炀帝改葬于扬州雷塘。

44　甲戌,吐谷浑侵犯岷州,打败了唐总管李长卿。唐高祖下诏命益州行台右仆射窦轨、渭州刺史且洛生救援李长卿。

45　乙卯(初六),突厥颉利可汗侵犯唐国边境,唐派遣左武卫将军段德操、云州总管李子和带兵抵抗。李子和本姓郭,因讨伐刘黑闼有功,赐姓李。丙辰(初七),颉利的十五万骑兵进入雁门,己未(初十),侵犯并州,另外又派兵侵原州。庚子,唐高祖命太子李建成从幽州道,秦王李世民从秦州道出兵抵御突厥。李子和急速赶赴云中,突然袭击颉利可汗,段德操赶赴夏州,阻截突厥的退路。

辛酉(十二日),高祖对群臣说:"突厥入侵,但又来求和,和与战哪个更有利?"太常卿郑元璹说:"交战会加深仇怨,不如讲和有利。"中书令封德彝认为:"突厥仗着兵力众多,轻视我们中原的大唐王朝,如果不战而和,是向他们显示软弱,明年还会重来。以臣的愚见不如打击他们,取胜以后再讲和,这样就恩威并重了!"皇上听从了封德彝的意见。

己巳，并州大总管襄邑王神符破突厥于汾东；汾州刺史萧颋破突厥，斩首五千馀级。

46　吐谷浑寇洮州，遣武州刺史贺拔亮御之。

47　丙子，突厥寇廉州，戊寅，陷大震关。上遣郑元璹诣颉利。是时，突厥精骑数十万，自介休至晋州，数百里间，填溢山谷。元璹见颉利，责以负约，与相辨诘，颉利颇惭。元璹因说颉利曰："唐与突厥，风俗不同，突厥虽得唐地，不能居也。今虏掠所得，皆入国人，于可汗何有？不如旋师，复修和亲，可无跋涉之劳，坐受金币，又皆入可汗府库，孰与弃昆弟积年之欢，而结子孙无穷之怨乎？"颉利悦，引兵还。元璹自义宁以来，五使突厥，几死者数焉。

48　九月癸巳，交州刺史权士通、弘州总管宇文歆、灵州总管杨师道击突厥于三观山，破之。乙未，太子班师。丙申，宇文歆邀突厥于崇岗镇，大破之，斩首千馀级。壬寅，定州总管双士洛击突厥于恒山之南，丙午，领军将军安兴贵击突厥于甘州，皆破之。

49　刘黑闼陷瀛州，杀刺史马匡武。盐州人马君德以城叛附黑闼。高开道寇蠡州。

50　冬，十月己酉，诏齐王元吉讨刘黑闼于山东。壬子，以元吉为领军大将军、并州大总管。癸丑，贝州刺史许善护与黑闼弟十善战于鄡县，善护全军皆没。甲寅，右武候将军桑显和击黑闼于晏城，破之。观州刺史刘会以城叛附黑闼。

51　契丹寇北平。

52　甲子，以秦王世民领左、右十二卫大将军。

己巳(二十日),唐并州大总管襄邑王李神符在汾东打败突厥;汾州刺史萧颙打败突厥,斩首五千多级。

46 吐谷浑侵犯洮州,唐派武州刺史贺拔亮抵御来敌。

47 丙子(二十七日),突厥侵犯廉州,戊寅(二十九日),攻陷大震关。高祖派郑元璹去见颉利可汗。当时,突厥几十万精骑兵,充斥着从介休到晋州几百里之间的山谷。郑元璹见到颉利,责备他背叛盟约,与颉利展开辩论,颉利颇为惭愧。郑元璹趁机劝颉利道:"唐与突厥,风俗不同,突厥就是得到唐的领土,也不能居住。如今俘虏与抢夺的财物,都给了突厥百姓,可汗您得到了什么?不如回军,重新和亲,可以免除了跋涉的辛劳,坐享金银财物,并且都进了可汗您的仓库,比起抛弃了兄弟之间多年的交情,给子孙后代结下无穷的仇怨,哪一个更好呢?"颉利愉快地听从了他的意见,带兵撤回突厥。郑元璹从义宁年间以来,五次出使突厥,多次面临死亡的威胁。

48 九月癸巳(十五日),唐交州刺史权士通、弘州总管宇文歆、灵州总管杨师道在三观山攻击并打败了突厥。乙未(十七日),太子李建成班师回朝。丙申(十八日),宇文歆在崇岗镇阻截突厥,大败突厥,斩首一千多级。壬寅(二十四日),唐定州总管双士洛在恒山南麓攻击突厥,丙午(二十八日),唐领军将军安兴贵在甘州攻打突厥,均打败了突厥。

49 刘黑闼攻陷瀛州,杀死唐瀛州刺史马匡武。盐州人马君德以盐州城反叛归附了刘黑闼。高开道侵犯蠡州。

50 冬季,十月己酉(初一),唐高祖下诏命齐王李元吉在山东讨伐刘黑闼。壬子(初四),任命李元吉为领军大将军、并州大总管。癸丑(初五),唐贝州刺史许善护在鄃县与刘黑闼之弟刘十善交战,许善护全军覆没。甲寅(初六),唐右武候将军桑显和在晏城攻击并打败了刘黑闼。唐观州刺史刘会以观州城反叛,归附了刘黑闼。

51 契丹侵犯北平。

52 甲子(十六日),唐以秦王李世民统领左、右十二卫大将军。

53　乙丑,行军总管淮阳壮王道玄与刘黑闼战于下博,军败,为黑闼所杀。时道玄将兵三万,与副将史万宝不协。道玄帅轻骑先出犯陈,使万宝将大军继之。万宝拥兵不进,谓所亲曰:"我奉手敕云,淮阳小儿,军事皆委老夫。今王轻脱妄进,若与之俱,必同败没,不如以王饵贼,王败,贼必争进,我坚陈以待之,破之必矣。"由是道玄独进败没。万宝勒兵将战,士卒皆无斗志,军遂大溃,万宝逃归。道玄数从秦王世民征伐,死时年十九,世民深惜之,谓人曰:"道玄常从吾征伐,见吾深入贼陈,心慕效之,以至于此。"为之流涕。世民自起兵以来,前后数十战,常身先士卒,轻骑深入,虽屡危殆而未尝为矢刃所伤。

54　林士弘遣其弟鄱阳王药师攻循州,刺史杨略与战,斩之,其将王戎以南昌州降。士弘惧,已巳,请降。寻复走保安成山洞,袁州人相聚应之。洪州总管若干则遣兵击破之。会士弘死,其众遂散。

55　淮阳王道玄之败也,山东震骇,洺州总管庐江王瑗弃城西走,州县皆叛附于黑闼,旬日间,黑闼尽复故地,乙亥,进据洺州。十一月庚辰,沧州刺史程大买为黑闼所迫,弃城走。齐王元吉畏黑闼兵强,不敢进。

上之起兵晋阳也,皆秦王世民之谋,上谓世民曰:"若事成,则天下皆汝所致,当以汝为太子。"世民拜且辞。及为唐王,将佐亦请以世民为世子,上将立之,世民固辞而止。太子建成,性宽简,喜酒色游畋,齐王元吉,多过失,皆无宠于上。世民功名日盛,上常有意以代建成,建成内不自安,乃与元吉协谋,共倾世民,各引树党友。

53　乙丑(十七日),唐行军总管淮阳壮王李道玄与刘黑闼在下博交战,唐军失败,李道玄被刘黑闼杀死。当时李道玄带领三万兵马,与副将史万宝不和,李道玄率领轻骑兵率先出战冲入敌阵,命史万宝率大军随后。史万宝按兵不动,对他的亲信说:"我奉皇帝手书敕令说淮阳王是毛孩子,军队行动均委托老夫我。现在淮阳王冒冒失失地出击,如果和他一同进攻,必然一起失败导致覆没,不如用淮阳王做饵引诱敌人,如果淮阳王失败,敌人必定争相前进,我坚守以待,就一定能够打败敌人!"因此李道玄孤军深入敌阵战败身亡。史万宝带兵准备战斗,但士兵都没有了斗志,唐军因此大败,史万宝逃回。李道玄多次跟随秦王李世民征伐,死时才十九岁,李世民深为痛惜,对人说道:"道玄常跟随我征伐,见我深入敌阵,心中羡慕想要模仿,才会这样。"并为李道玄的阵亡而痛哭。李世民自从太原起兵以来,前前后后经过几十仗,经常身先士卒,轻骑深入敌阵,虽然屡次濒临绝境但从来没有被刀箭伤过。

54　林士弘派遣他的弟弟鄱阳王林药师攻打循州,唐循州刺史杨略与林药师交战,杀了他,林药师的将领王戎以南昌州投降。林士弘害怕了,己巳(二十一日),也请求投降。随即又逃入安成的山洞,袁州百姓相互聚合响应林士弘。唐洪州总管若干则派兵打败了他们。恰好林士弘死亡,他的部下便散去。

55　淮阳王李道玄失败,山东地区感到震惊,唐洺州总管庐江王李瑗放弃城池向西逃跑,州县也都反叛归附了刘黑闼,十天之内,刘黑闼就收复了他原来的全部地盘,乙亥(二十七日),进军占据了洺州。十一月庚辰(初三),唐沧州刺史程大买因为刘黑闼的逼近,放弃城池逃跑。齐王李元吉畏惧刘黑闼军队的强盛,不敢进军。

高祖在晋阳起兵,都是秦王李世民的计谋,高祖对李世民说:"如果事业成功,那么天下都是你带来的,该立你为太子。"李世民拜谢并推辞。待到高祖成为唐王,将领们也请求以李世民为世子,高祖准备立他,李世民坚决推辞才作罢。太子李建成性情松散惰慢,喜欢饮酒,贪恋女色,爱打猎;齐王李元吉,常有过错。他们都不受高祖宠爱。李世民功名望日增,高祖常常有意让他取代李建成为太子,李建成心中不安,于是与李元吉共同谋划,一起搞掉李世民,他们各自交结建立自己的党羽。

上晚年多内宠，小王且二十人，其母竞交结诸长子以自固。建成与元吉曲意事诸妃嫔，诣谀赂遗，无所不至，以求媚于上。或言蒸于张婕妤、尹德妃，宫禁深秘，莫能明也。是时，东宫、诸王公、妃主之家及后宫亲戚横长安中，恣为非法，有司不敢诘。世民居承乾殿，元吉居武德殿后院，与上台、东宫昼夜通行，无复禁限。太子、二王出入上台，皆乘马、携弓刀杂物，相遇如家人礼。太子令、秦齐王教与诏敕并行，有司莫知所从，唯据得之先后为定。世民独不奉事诸妃嫔，诸妃嫔争誉建成、元吉而短世民。

世民平洛阳，上使贵妃等数人诣洛阳选阅隋宫人及收府库珍物。贵妃等私从世民求宝货及为亲属求官，世民曰："宝货皆已籍奏，官当授贤才有功者。"皆不许，由是益怨。世民以淮安王神通有功，给田数十顷。张婕妤之父因婕妤求之于上，上手敕赐之，神通以教给在先，不与。婕妤诉于上曰："敕赐妾父田，秦王夺之以与神通。"上遂发怒，责世民曰："我手敕不如汝教邪？"他日，谓左仆射裴寂曰："此儿久典兵在外，为书生所教，非复昔日子也。"尹德妃父阿鼠骄横，秦王府属杜如晦过其门，阿鼠家童数人曳如晦坠马，殴之，折一指，曰："汝何人，敢过我门而不下马？"阿鼠恐世民诉于上，先使德妃奏云："秦王左右陵暴妾家。"上复怒责世民曰："我妃嫔家犹为汝左右所陵，况小民乎？"世民深自辩析，上终不信。

高祖晚年宠幸的妃嫔很多,有二十位小王子,他们的母亲争相交结各位年长的王子来巩固自己的地位。李建成和李元吉都曲意侍奉各位妃嫔,奉承、献媚、贿赂、馈赠,无所不用,以求得皇上的宠爱。也有人说他们与张婕妤、尹德妃私通,宫禁幽深神秘,此事无从证实。当时,太子东宫、各王公、妃主之家以及后宫妃嫔的亲属在长安横行霸道,为非作歹,而主管部门却不敢追究。李世民住在承乾殿,李元吉住在武德殿后院,他们与皇帝寝宫、太子东宫之间日夜通行,不再有所限制。太子与秦、齐二王出入皇帝寝宫,均乘马、携带刀弓杂物,彼此相遇只按家人行礼。太子所下达的令,秦、齐二王所下达的教和皇帝的诏敕并行,有关部门不知所从,只有按照收到的先后为准。唯有李世民不去讨好诸位妃嫔,诸妃嫔争相称赞李建成、李元吉而诋毁李世民。

　　李世民平定洛阳,高祖让贵妃等几人到洛阳挑选隋朝宫女以及仓库里的珍宝。贵妃等人私下向李世民索要宝物并为自己的亲戚求官,李世民回答说:"宝物都已经登记在册上报朝廷了,官位应当授予贤德有才能和有功劳的人。"没有答应她们的任何要求,因此妃嫔们更加恨他。李世民因为淮安王李神通有功,拨给他几十顷田地。张婕妤的父亲通过张婕妤向高祖请求要这些田,高祖手写敕令将这些田赐给他,李神通因为秦王的教在先,不让田。张婕妤向高祖告状道:"皇上敕赐给我父亲的田地,被秦王夺去给了神通。"高祖因此发怒,责备李世民说:"难道我的手敕不如你的教吗?"过了些天,高祖对左仆射裴寂说:"这孩子长期在外掌握军队,受书生们教唆,已经不再是原来的那个儿子了。"尹德妃的父亲尹阿鼠骄横跋扈,秦王府的官员杜如晦经过他的门前,尹阿鼠的几名家童把杜如晦拽下马,揍了他一顿并打断了他一根手指,说道:"你是什么人,胆敢过我的门前不下马?"尹阿鼠怕李世民告诉皇上,先让尹德妃对皇上说:"秦王的亲信欺侮我家人。"高祖又生气地责备李世民说:"我的妃嫔家都受你身边的人欺凌,何况是小老百姓?"李世民反复为自己辩解,但高祖始终不相信他。

世民每侍宴宫中,对诸妃嫔,思太穆皇后早终,不得见上有天下,或歔欷流涕,上顾之不乐。诸妃嫔因密共譖世民曰:"海内幸无事,陛下春秋高,唯宜相娱乐,而秦王每独涕泣,正是憎疾妾等,陛下万岁后,妾母子必不为秦王所容,无子遗矣!"因相与泣,且曰:"皇太子仁孝,陛下以妾母子属之,必能保全。"上为之怆然。由是无易太子意,待世民浸疏,而建成、元吉日亲矣。

太子中允王珪、洗马魏徵说太子曰:"秦王功盖天下,中外归心;殿下但以年长位居东宫,无大功以镇服海内。今刘黑闼散亡之馀,众不满万,资粮匮乏,以大军临之,势如拉朽,殿下宜自击之以取功名,因结纳山东豪杰,庶可自安。"太子乃请行于上,上许之。珪,頍之兄子也。甲申,诏太子建成将兵讨黑闼,其陕东道大行台及山东道行军元帅、河南河北诸州并受建成处分,得以便宜从事。

56 乙酉,封宗室略阳公道宗等十八人为郡王。道宗,道玄从父弟也,为灵州总管,梁师都遣弟洛儿引突厥数万围之,道宗乘间出击,大破之。突厥与师都相结,遣其郁射设入居故五原,道宗逐出之,斥地千馀里。上以道宗武幹如魏任城王彰,乃立为任城郡王。

57 丙申,上幸宜州。

58 己亥,齐王元吉遣兵击刘十善于魏州,破之。

59 癸卯,上校猎于富平。

60 刘黑闼拥兵而南,自相州以北州县皆附之,唯魏州总管田留安勒兵拒守。黑闼攻之,不下,引兵南拔元城,复还攻之。

李世民每次在宫中侍奉宴会,面对诸位妃嫔,想起母亲太穆皇后死得早,没能看到高祖拥有天下,有时不免叹气流泪,高祖看到后很不高兴。各位妃嫔趁机暗中一同诋毁李世民道:"天下幸好平安无事,陛下年寿已高,只适合娱乐娱乐,而秦王总是一个人流泪,这实际上是憎恨我们,陛下作古后,我们母子必定不为秦王所容,会被杀得一个不留!"因此相互对着流泪,并且说:"皇太子仁义孝顺,陛下将我们母子托付给太子,必然能获得保全。"高祖也为此很伤心。从此高祖打消了改立太子的念头,对李世民逐渐疏远,对李建成、李元吉却日益亲密了。

太子中允王珪、太子洗马魏徵劝太子说:"秦王功盖天下,内外归心于他;而殿下不过是因为年长才被立为太子,没有大功可以镇服天下。现在刘黑闼的兵力分散逃亡之后,剩下不足一万人,又缺乏粮食物资,如果用大军进逼,势如摧枯拉朽,殿下应当亲自去攻打以获得功劳名望,趁机结交山东的豪杰,也许就可以保住自己的地位了。"太子于是向高祖请求出兵,高祖答应了他的请求。王珪是王颙兄长的儿子。甲申(初七),高祖下诏命太子李建成带兵讨伐刘黑闼,陕东道大行台及山东道行军元帅、河南河北各州均受建成处置,他有权随机行事。

56　乙酉(初八),唐封宗室略阳公李道宗等十八人为郡王。李道宗是李道玄的堂弟,官居灵州总管,梁师都派弟弟梁洛兒带几万突厥军包围他,李道宗趁机出击,大败敌军。突厥与梁师都相互勾结,派郁射设进入唐境,居住在原先的五原,李道宗把郁射设赶出五原,并开拓了一千多里的领土。高祖因为道宗的武功才干犹如曹魏的任城王曹彰,于是立他为任城郡王。

57　丙申(十九日),唐高祖亲临宜州。

58　己亥(二十二日),齐王李元吉派兵在魏州攻击刘十善,打败了他。

59　癸卯(二十六日),唐高祖在富平围猎。

60　刘黑闼召集兵马向南进发,自相州以北的唐朝州县均归附了刘黑闼,唯有魏州总管田留安带兵坚守抵抗。刘黑闼攻不下魏州,便带军向南攻取了元城,又回军攻打魏州。

61 十二月庚戌,立宗室孝友等八人为郡王。孝友,神通之子也。

62 丙辰,上校猎于华池。

63 戊午,刘黑闼陷恒州,杀刺史王公政。

64 庚申,车驾至长安。

65 癸亥,幽州大总管李艺复廉、定二州。

66 甲子,田留安击刘黑闼,破之,获其莘州刺史孟柱,降将卒六千人。是时,山东豪杰多杀长吏以应黑闼,上下相猜,人益离怨;留安待吏民独坦然无疑,白事者无问亲疏,皆听直入卧内,每谓吏民曰:"吾与尔曹俱为国御贼,固宜同心协力,必欲弃顺从逆者,但自斩吾首去。"吏民皆相戒曰:"田公推至诚以待人,当共竭死力报之,必不可负。"有苑竹林者,本黑闼之党,潜有异志。留安知之,不发其事,引置左右,委以管钥,竹林感激,遂更归心,卒收其用。以功进封道国公。

乙丑,并州刺史成仁重击范愿,破之。

67 刘黑闼攻魏州未下,太子建成、齐王元吉大军至昌乐,黑闼引兵拒之,再陈,皆不战而罢。魏徵言于太子曰:"前破黑闼,其将帅皆悬名处死,妻子系房,故齐王之来,虽有诏书赦其党与之罪,皆莫之信。今宜悉解其囚俘,慰谕遣之,则可坐视离散矣!"太子从之。黑闼食尽,众多亡,或缚其渠帅以降。黑闼恐城中兵出,与大军表里击之,遂夜遁。至馆陶,永济桥未成,不得度。壬申,太子、齐王以大军至,黑闼使王小胡背水而陈,自视作桥成,即过桥西,众遂大溃,舍仗来降。大军度桥追黑闼,度者才千馀骑,桥坏,由是黑闼得与数百骑亡去。

61 十二月庚戌(初三),唐立宗室李孝友等八人为郡王。李孝友是淮安王李神通的儿子。

62 丙辰(初九),唐高祖在华池县围猎。

63 戊午(十一日),刘黑闼攻陷恒州,杀死唐恒州刺史王公政。

64 庚申(十三日),唐高祖回到长安。

65 癸亥(十六日),幽州大总管李艺收复廉、定二州。

66 甲子(十七日),田留安攻打刘黑闼,打败了他,并抓获刘黑闼的莘州刺史孟柱,刘黑闼六千名将领士兵投降了田留安。当时,山东地区的豪杰纷纷杀死本地长官响应刘黑闼,因此上下互相猜疑,百姓也日益离心离德;只有田留安对待下属、百姓坦然无疑,有人报告事情,无论亲疏都听任他们直接到寝室,还常常对下属、百姓说:"我和各位都是为国家抵抗来敌,自然应当同心协力,如果有人一定要弃顺从逆,只管自己来砍了我的头拿走。"下属、百姓都相互提醒道:"田公以至诚之心待人,我们应当共同尽心竭力报答他,一定不要辜负他的信任。"有一位名叫苑竹林的人,本来是刘黑闼的党羽,暗中怀有异心。田留安知道苑竹林的事,却没有揭发他,而是将他安置在身边,让他掌管钥匙;苑竹林深受感动,便改而归顺了田留安,最终被田留安收服了。田留安因功进爵封为道国公。

乙丑(十八日),唐并州刺史成仁重攻打范愿,打败了他。

67 刘黑闼没有攻下魏州,太子李建成、齐王李元吉的大军到达昌乐,刘黑闼带兵来抵抗,两次列阵,都没有打就停了下来。魏徵对太子说:"以前打败刘黑闼,他的将帅都预先写上名字处以死罪,妻儿被俘虏,因此齐王前来,虽然有诏书赦免刘黑闼党羽的罪过,但他们都不相信。如今应当全部放掉那些被囚禁和俘虏的人,加以安慰晓谕并放他们走,这样就可以眼看着刘黑闼的势力分崩离析了!"太子听从了他的意见。刘黑闼粮食吃光了,部下纷纷逃跑,有些绑了自己的头领投降了唐军。刘黑闼恐怕魏州城里的守军出来,与唐大军里外夹击,便于夜晚逃跑。跑到馆陶,永济桥还未建好,不能过河。壬申(二十五日),太子、齐王调大军到馆陶,刘黑闼让王小胡背靠河水列阵,自己看着桥搭好,立即过桥到了西岸,他的兵马迅速崩溃,士兵放下兵器前来投降。唐大军过桥追击,才过了一千多骑兵,桥梁毁坏,刘黑闼因此得以和几百名骑兵逃走。

68　上以隋末战士多没于高丽,是岁,赐高丽王建武书,使悉遣还,亦使州县索高丽人在中土者,遣归其国。建武奉诏,遣还中国民前后以万数。

六年(癸未,623)

1　春,正月己卯,刘黑闼所署饶州刺史诸葛德威执黑闼,举城降。时太子遣骑将刘弘基追黑闼,黑闼为官军所迫,奔走不得休息,至饶阳,从者才百馀人,馁甚。德威出迎,延黑闼入城,黑闼不可,德威涕泣固请,黑闼乃从之。至城旁市中憩止,德威馈之食;食未毕,德威勒兵执之,送诣太子,并其弟十善斩于洺州。黑闼临刑叹曰:"我幸在家锄菜,为高雅贤辈所误至此!"

2　壬午,嶲州人王摩沙举兵,自称元帅,改元进通,遣骠骑将军卫彦讨之。

3　庚子,以吴王杜伏威为太保。

4　二月庚戌,上幸骊山温汤;甲寅,还宫。

5　平阳昭公主薨。戊午,葬公主,诏加前后部鼓吹、班剑四十人,武贲甲卒。太常奏:"礼,妇人无鼓吹。"上曰:"鼓吹,军乐也。公主亲执金鼓,兴义兵以辅成大业,岂与常妇人比乎?"

6　丙寅,徐圆朗穷蹙,与数骑弃城走,为野人所杀,其地悉平。

7　林邑王梵志遣使入贡。初,隋人破林邑,分其地为三郡。及中原丧乱,林邑复国,至是始入贡。

68 高祖因为隋朝末年有很多战士沦落在高丽,这一年,赐予高丽王建武信函,让他遣返沦陷在高丽的所有隋朝战士;又让州县搜寻在中土的高丽人,遣送他们回国。建武接到诏书,前后放回了数以万计的中国百姓。

唐高祖武德六年(癸未,公元 623 年)

1 春季,正月己卯(初五),刘黑闼任命的饶州刺史诸葛德威捉住刘黑闼,举城降唐。当时太子李建成派骑兵将领刘弘基追击刘黑闼,刘黑闼被唐军追赶,日夜奔逃无法休息,到达饶阳,随行的才一百多人,十分饥饿。诸葛德威出城迎接刘黑闼,请他进城,刘黑闼不进城,诸葛德威流泪反复请求,于是刘黑闼答应了他的邀请。到城旁边的市场中稍事休整,诸葛德威送给他们食物,还没吃完,诸葛德威带兵把刘黑闼抓了起来,送到李建成处,刘黑闼和弟弟刘十善一起在洺州被斩首。刘黑闼在临刑前叹息道:"我有幸在家种菜,却被高雅贤这些人害得落到如此下场!"

2 壬午(初六),巂州人王摩沙起兵,自称元帅,改年号为进通,唐派遣骠骑将军卫彦讨伐。

3 庚子(二十四日),唐任命吴王杜伏威为太保。

4 二月庚戌(初四),唐高祖亲临骊山温泉浴池;甲寅(初八),返回宫中。

5 平阳昭公主去世。戊午(十二日),为公主送葬,高祖下诏送葬行列增加前后鼓吹、持班剑的仪仗队四十人,以及武装勇士仪仗。太常寺上奏:"按礼所规定,妇人没有鼓吹。"高祖回答:"鼓吹是军乐。公主亲自号令军队,兴起义军辅成帝王大业,怎么能与普通妇人相比呢?"

6 丙寅(二十日),徐圆朗因形势窘迫,放弃城池和几名骑兵逃走,被乡村百姓杀死,他占据的地区全部得以平定。

7 林邑王梵志派遣使节到唐进献贡品。当初,隋朝打败林邑,在林邑地区分别设置三个郡。待到中原大乱,林邑国家恢复,到这时开始进贡。

8　幽州总管李艺请入朝。庚午,以艺为左翊卫大将军。

9　废参旗等十二军。

10　三月癸未,高开道掠文安、鲁城,骠骑将军平善政邀击,破之。

11　庚子,梁师都将贺遂、索同以所部十二州来降。

12　乙巳,前洪州总管张善安反,遣舒州总管张镇周等击之。

13　夏,四月,吐谷浑寇芳州,刺史房当树奔松州。

14　张善安陷孙州,执总管王戎而去。

15　乙丑,鄜州道行军总管段德操击梁师都,至夏州,俘其民畜而还。

16　丙寅,吐谷浑寇洮、岷二州。

17　丁卯,南州刺史庞孝恭、南越州民宁道明、高州首领冯暄俱反,陷南越州,进攻姜州,合州刺史宁纯引兵救之。

18　壬申,立皇子元轨为蜀王、凤为豳王、元庆为汉王。

19　癸酉,以裴寂为左仆射,萧瑀为右仆射,杨恭仁为吏部尚书兼中书令,封德彝为中书令。

20　五月庚辰,遣岐州刺史柴绍救岷州。

21　庚寅,吐谷浑及党项寇河州,刺史卢士良击破之。

22　丙申,梁师都将辛獠兒引突厥寇林州。

23　戊戌,苑君彰将高满政寇代州,骠骑将军林宝言击走之。

24　癸卯,高开道引奚骑寇幽州,长史王诜击破之。刘黑闼之叛也,突地稽引兵助唐,徙其部落于幽州之昌平城。高开道引突厥寇幽州,突地稽将兵邀击,破之。

8 唐幽州总管李艺请求入朝。庚午(二十四日),唐任命李艺为左翊卫大将军。

9 唐废除武德二年设置的参旗等十二军。

10 三月癸未(初七),高开道掠夺文安、鲁城,唐骠骑将军平善政阻截并打败了他。

11 庚子(二十四日),梁师都的将领贺遂、索同以所管辖的十二个州降唐。

12 乙巳(二十九日),前洪州总管张善安反叛,唐派遣舒州总管张镇周等人攻打张善安。

13 夏季,四月,吐谷浑侵犯芳州,唐芳州刺史房当树逃奔松州。

14 张善安攻陷孙州,捉住总管王戎后撤军。

15 乙丑(二十日),唐鄜州道行军总管段德操攻打梁师都,到夏州,掳获梁师都的百姓、牲畜后回军。

16 丙寅(二十一日),吐谷浑侵犯洮、岷二州。

17 丁卯(二十二日),唐南州刺史庞孝恭、南越州百姓宁道明、高州首领冯暄均反叛,攻陷南越州,进而又攻打姜州;唐合州刺史宁纯率军救姜州。

18 壬申(二十七日),唐立皇子李元轨为蜀王、李凤为豳王、李元庆为汉王。

19 癸酉(二十八日),唐任命裴寂为左仆射,萧瑀为右仆射,杨恭仁为吏部尚书兼中书令,封德彝为中书令。

20 五月庚辰(初五),唐派遣岐州刺史柴绍救岷州。

21 庚寅(十五日),吐谷浑以及党项侵犯河州,唐河州刺史卢士良击败来敌。

22 丙申(二十一日),梁师都的将领辛獠儿带突厥侵犯林州。

23 戊戌(二十三日),苑君璋的将领高满政侵犯代州,唐骠骑将军林宝言击退了来敌。

24 癸卯(二十八日),高开道带奚族骑兵侵犯幽州,唐幽州长史王诜打败了他。刘黑闼反叛时,突地稽带兵协助唐朝,将他的部落迁到幽州的昌平城。高开道带突厥侵犯幽州,突地稽带兵阻截,打败了高开道等。

25　六月戊午,高满政以马邑来降。先是,前并州总管刘世让除广州总管,将之官,上问以备边之策,世让对曰:"突厥比数为寇,良以马邑为之中顿故也。请以勇将戍崞城,多贮金帛,募有降者厚赏之,数出骑兵掠其城下,蹂其禾稼,败其生业,不出岁馀,彼无所食,必降矣。"上然其计,曰:"非公,谁为勇将?"即命世让戍崞城,马邑病之。是时,马邑人多不愿属突厥,上复遣人招谕苑君璋。高满政说苑君璋尽杀突厥戍兵降唐,君璋不从。满政因众心所欲,夜袭君璋,君璋觉之,亡奔突厥,满政杀君璋之子及突厥戍兵二百人而降。

26　壬戌,梁师都以突厥寇匡州。

27　丁卯,苑君璋与突厥吐屯设寇马邑,高满政与战,破之。以满政为朔州总管,封荣国公。

28　瓜州总管贺若怀广按部至沙州,值州人张护、李通反,怀广以数百人保子城。凉州总管杨恭仁遣兵救之,为护等所败。

29　癸酉,柴绍与吐谷浑战,为其所围,虏乘高射之,矢下如雨。绍遣人弹胡琵琶,二女子对舞。虏怪之,驻弓失相与聚观,绍察其无备,潜遣精骑出虏陈后,击之,虏众大溃。

30　秋,七月丙子,苑君璋以突厥寇马邑,右武候大将军李高迁及高满政御之,战于腊河谷,破之。

31　张护、李通杀贺拔怀广,立汝州别驾窦伏明为主,进逼瓜州,长史赵孝伦击却之。

32　高开道掠赤岸镇及灵寿、九门、行唐三县而去。

25　六月戊午(十四日),高满政以马邑降唐。此前,前并州总管刘世让调任广州总管,即将赴任,高祖向他询问边备的策略,刘世让回答道:"突厥近来多次入侵,实在是有马邑作为中途休整进食的缘故。希望派勇将戍守崞城,多贮藏物资,招到投降的人就给予厚赏,经常派兵掠夺马邑城下,毁掉他们的庄稼,破坏他们的谋生之业,不出一年,敌人没有粮食,必然会投降。"高祖很赞同他的计策,说道:"除了您,还有谁是勇将?"当即命令刘世让戍守崞城,马邑人很怵他。当时,马邑人大多不愿意隶属于突厥,高祖又派人招谕苑君璋。高满政劝苑君璋杀死所有的突厥守军投降唐朝,苑君璋不听。高满政利用人心所向,半夜袭击苑君璋,苑君璋发觉后,逃入突厥,高满政杀死苑君璋的儿子以及突厥的两百名守军,投降了唐朝。

26　壬戌(十八日),梁师都利用突厥军队侵犯匡州。

27　丁卯(二十三日),苑君璋与突厥的吐屯设侵犯马邑,高满政和他们交战,打败了来敌。唐任命高满政为朔州总管,封爵荣国公。

28　唐瓜州总管贺若怀广巡视到沙州,恰遇瓜州人张护、李通反叛,贺若怀广用几百人保卫子城。唐凉州总管杨恭仁派兵救援,被张护等人打败。

29　癸酉(二十九日),柴绍与吐谷浑作战,被吐谷浑包围,敌军占据高处射击柴绍的军队,箭羽犹如下雨一样密集。柴绍让人弹奏胡琵琶,两名女子相对起舞。敌军觉得很奇怪,放下弓箭相互围聚观看,柴绍观察敌军没有了防备,暗中派精锐骑兵绕到敌军背后,攻打敌军,吐谷浑军队大败。

30　秋季,七月丙子(初二),苑君璋利用突厥军队侵犯马邑,唐右武候大将军李高迁及高满政迎击,在腊河谷地交战,打败了苑君璋。

31　张护、李通杀死贺若怀广,立汝州别驾窦伏明为首领,进逼瓜州,被瓜州长史赵孝伦击退。

32　高开道掠夺赤岸镇以及灵寿、九门、行唐三个县之后离去。

33 丁丑,冈州刺史冯士翙据新会反,广州刺史刘感讨降之,使复其位。

34 辛巳,高开道所部弘阳、统汉二镇来降。

35 癸未,突厥寇原州,乙酉,寇朔州。李高迁为虏所败,行军总管尉迟敬德将兵救之。己亥,遣太子将兵屯北边,秦王世民屯并州,以备突厥。八月丙辰,突厥寇真州,又寇马邑。

36 壬子,淮南道行台仆射辅公祏反。初,杜伏威与公祏相友善,公祏年长,伏威兄事之,军中谓之伯父,畏敬与伏威等。伏威浸忌之,乃署其养子阚稜为左将军,王雄诞为右将军,潜夺其兵权。公祏知之,怏怏不平,与其故人左游仙阳为学道、辟谷以自晦。及伏威入朝,留公祏守丹杨,令雄诞典兵为之副,阴谓雄诞曰:"吾至长安,苟不失职,勿令公祏为变。"伏威既行,左游仙说公祏谋反,而雄诞握兵,公祏不得发。乃诈称得伏威书,疑雄诞有贰心,雄诞闻之不悦,称疾不视事,公祏因夺其兵,使其党西门君仪谕以反计。雄诞始寤而悔之,曰:"今天下方平,吴王又在京师,大唐兵威,所向无敌,奈何无故自求族灭乎?雄诞有死而已,不敢闻命。今从公为逆,不过延百日之命耳,大丈夫安能爱斯须之死而自陷于不义乎?"公祏知不可屈,缢杀之。雄诞善抚士卒,得其死力,又约束严整,每破城邑,秋毫无犯,死之日,江南军中及民间皆为之流涕。公祏又诈称伏威不得还江南,贻书令其起兵,大修铠仗,运粮储。寻称帝于丹杨,国号宋,修陈故宫室而居之,署置百官,以左游仙为兵部尚书、东南道大使、越州总管,与张善安连兵,以善安为西南道大行台。

33 丁丑(初三)，冈州刺史冯士翙占据新会反叛，唐广州刺史刘感讨伐，冯士翙投降，刘感恢复了他的职位。

34 辛巳(初七)，高开道占领的弘阳、统汉二镇降唐。

35 癸未(初九)，突厥侵犯原州；乙酉(十一日)，又侵犯朔州。李高迁被突厥打败，行军总管尉迟敬德带兵救援。己亥(二十五日)，唐派遣太子李建成统率军队驻扎在北部边境，秦王李世民驻扎在并州，防备突厥。八月丙辰，突厥侵犯真州，又侵犯马邑。

36 壬子(初九)，唐淮南道行台仆射辅公祏反叛。当初，杜伏威与辅公祏互相很要好，辅公祏年纪大，杜伏威像对兄长一样对他，军中称辅公祏为伯父，敬畏他同敬畏杜伏威一样。杜伏威逐渐猜忌他，于是任命自己的养子阚稜为左将军，王雄诞为右将军，暗中夺辅公祏的兵权。辅公祏知道后，很不服气，假装和他的老相识左游仙学道、辟谷掩饰自己。等杜伏威入朝，留辅公祏守卫丹杨，命王雄诞掌握军队做辅公祏的副手，私下对王雄诞说："我到了长安，假如没有失去职位，千万不要让公祏发生变故。"杜伏威走了以后，左游仙劝辅公祏反叛，但是王雄诞握兵权，辅公祏无法发动。于是他假称收到杜伏威的来信，怀疑王雄诞有二心，王雄诞听说后很不高兴，声称有病不能办事，辅公祏趁机夺了王雄诞的兵，让自己的党羽西门君仪告诉王雄诞反叛的计划。王雄诞才醒悟并后悔不已，说道："如今天下刚刚平定，吴王又在京师长安，大唐军队威力，所向无敌，怎么可以无缘无故自找族灭呢？我王雄诞唯有一死相报，恕不能听从命令。现在跟着您倒行逆施，也不过是延长一百天的性命罢了，大丈夫怎能因为舍不得片刻之死而陷自己于不义呢？"辅公祏知道不能说服他，便勒死了王雄诞。王雄诞很会体恤部下，能让士兵为他卖命，而且纪律严明，每次攻下城镇，都秋毫无犯，他死的那天，江南军中的将士以及民间百姓都失声痛哭。辅公祏又假称杜伏威无法返回江南，留下书信命他起兵，于是他大肆装备武器，运粮储备。随即在丹杨称帝，国号为宋，修复陈朝的旧宫殿居住，设置百官，任命左游仙为兵部尚书、东南道大使、越州总管，和张善安联合，以张善安为西南道大行台。

資治通鑑

37 己未,突厥寇原州。

38 乙丑,诏襄州道行台仆射赵郡王孝恭以舟师趣江州,岭南道大使李靖以交、广、泉、桂之众趣宣州,怀州总管黄君汉出谯、亳,齐州总管李世勣出淮、泗以讨辅公祏。孝恭将发,与诸将宴集,命取水,忽变为血,在坐者皆失色,孝恭举止自若,曰:"此乃公祏授首之征也!"饮而尽之,众皆悦服。

39 丙寅,吐谷浑内附。

40 辛未,突厥陷原州之善和镇,癸酉,又寇渭州。

41 高开道以奚侵幽州,州兵击却之。

42 九月,太子班师。

43 戊子,辅公祏遣其将徐绍宗寇海州,陈政通寇寿阳。

44 邛州獠反,遣沛公郑元璹讨之。

45 庚寅,突厥寇幽州。

46 壬辰,诏以秦王世民为江州道行军元帅。

47 乙未,窦伏明以沙州降。

48 高昌王麹伯雅卒,子文泰立。

49 丙申,渝州人张大智反,刺史薛敬仁弃城走。

50 壬寅,高开道引突厥二万骑寇幽州。

51 突厥恶弘农公刘世让为己患,遣其臣曹般陁来,言世让与可汗通谋,欲为乱,上信之。冬,十月丙午,杀世让,籍其家。

52 秦王世民犹在并州,己未,诏世民引兵还。

53 上幸华阴。

54 张大智侵涪州,刺史田世康等讨之,大智以众降。

37　己未(十六日),突厥侵犯原州。

38　乙丑(二十二日),唐高祖下诏命襄州道行台仆射赵郡王李孝恭率兵开赴江州,岭南道大使李靖带交、广、泉、桂等州兵力开赴宣州,怀州总管黄君汉取道谯州、亳州,齐州总管李世勣取道淮水、泗水以讨伐辅公祏。李孝恭出发前和众将领会餐,命人取水,忽然水变成了血,在座的人都吓得变了脸色,李孝恭却神色自如地说道:"这是辅公祏灭亡的征兆!"喝光血水,众人都很佩服他。

39　丙寅(二十三日),吐谷浑归附唐朝。

40　辛未(二十八日),突厥攻陷原州的善和镇;癸酉(三十日),突厥又侵犯渭州。

41　高开道利用奚族军队侵犯幽州,唐幽州军队击退来敌。

42　九月,太子李建成班师回朝。

43　戊子(十五日),辅公祏派遣他的将领徐绍宗攻打海州,陈政道攻打寿阳。

44　邛州獠民反叛,唐派遣沛公郑元璹前往讨伐。

45　庚寅(十七日),突厥侵犯幽州。

46　壬辰(十九日),唐高祖下诏任命秦王李世民为江州道行军元帅。

47　乙未(二十二日),窦伏明以沙州投降。

48　高昌王麴伯雅去世,他的儿子麴文泰继立为王。

49　丙申(二十三日),渝州人张大智反叛,唐渝州刺史薛敬仁放弃城池逃跑。

50　壬寅(二十九日),高开道带两万突厥骑兵侵犯幽州。

51　突厥恨弘农公刘世让成为他们的威胁,派大臣曹般陁来唐,说刘世让和突厥可汗交通密谋,准备叛乱,高祖相信了这些话。冬季,十月丙午(初四),唐杀死刘世让,没收了他的家产。

52　秦王李世民还停留在并州,己未(十七日),诏命李世民率军返回长安。

53　唐高祖驾临华阴。

54　张大智侵犯涪州,唐涪州刺史田世康等人讨伐他,张大智带领人马投降。

55　初,上遣右武候大将军李高迁助朔州总管高满政守马邑,苑君璋引突厥万馀骑至城下,满政击破之。颉利可汗怒,大发兵攻马邑。高迁惧,帅所部二千人斩关宵遁,虏邀之,失亡者半。颉利自帅众攻城,满政出兵御之,或一日战十馀合。上命行军总管刘世让救之,至松子岭,不敢进,还保崞城。会颉利遣使求婚,上曰:"释马邑之围,乃可议婚。"颉利欲解兵,义成公主固请攻之。颉利以高开道善为攻具,召开道,与之攻马邑甚急。颉利诱满政使降,满政骂之。粮且尽,救兵未至,满政欲溃围走朔州,右虞候杜士远以虏兵盛,恐不免,壬戌,杀满政降于突厥,苑君璋复杀城中豪杰与满政同谋者三十馀人。上以满政子玄积为上柱国,袭爵。丁卯,突厥复请和亲,以马邑归唐,上以将军秦武通为朔州总管。

56　突厥数为边患,并州大总管府长史窦静表请于太原置屯田以省馈运,议者以为烦扰,不许。静切论不已,敕征静入朝,使与裴寂、萧瑀、封德彝相论难于上前,寂等不能屈,乃从静议,岁收谷数千斛,上善之,命检校并州大总管。静,抗之子也。十一月辛巳,秦王世民复请增置屯田于并州之境,从之。

57　黄州总管周法明将兵击辅公祏,张善安据夏口,拒之。法明屯荆口镇,壬午,法明登战舰饮酒,善安遣刺客数人诈乘鱼艓而至,见者不以为虞,遂杀法明而去。

58　甲申,舒州总管张镇周等击辅公祏将陈当世于猷州之黄沙,大破之。

55　当初,高祖派遣右武候大将军李高迁协助朔州总管高满政守卫马邑,苑君璋带着一万多突厥骑兵到马邑城下,高满政打败了苑君璋。颉利可汗发怒,出动大军攻打马邑。李高迁怕了,带领两千名部下冲破关卡连夜逃跑,遭到突厥阻截,损失一半兵力。颉利可汗亲自率领大军攻马邑,高满政出兵抵抗,有时一天打十几仗。高祖命令行军总管刘世让救援马邑,刘世让到了松子岭,不敢再前进,回军保守崞城。恰好颉利派遣使节向唐求婚,高祖说:"先撤了马邑的围,才能够谈论婚姻。"颉利想撤军,隋义成公主坚持要求攻打马邑。颉利因为高开道擅长制造攻城武器,便召来高开道,和他一起猛攻马邑。颉利诱劝高满政投降,高满政大骂颉利。马邑城中粮食耗尽,救兵未到,高满政想突围去朔州,右虞候杜士远见突厥兵力强大,恐怕突围不成,壬戌(二十日),杜士远杀死高满政投降了突厥,苑君璋又杀死城中与高满政同谋的豪杰三十多人。高祖任命高满政的儿子高玄积为上柱国,承袭高满政的爵位。丁卯(二十五日),突厥再次向唐请求和亲,把马邑归还给唐朝,高祖任命将军秦武通为朔州总管。

56　突厥屡次为祸边境,唐并州大总管府长史窦静上表请求在太原设置屯田以节省军粮的运输,议政者认为过于麻烦,不批准。窦静不停地极力论说此事,高祖下敕令征窦静入朝,让他与裴寂、萧瑀、封德彝等人在皇上面前辩论此事,裴寂等人无法说服窦静,于是服从了窦静的建议,每年收获数千斛粮食,高祖很赞赏他,命窦静检校并州大总管。窦静是窦抗的儿子。十一月辛巳(初九),秦王李世民又请求在并州境内增设屯田,高祖批准了他的请求。

57　唐黄州总管周法明带兵攻打辅公祏,张善安占据夏口抵抗周法明。周法明驻扎在荆口镇,壬午(初十),周法明登上战船饮酒,张善安派遣几名刺客伪装成渔民乘着渔船到荆口镇,见到的人没有产生怀疑,于是他们杀了周法明后离去。

58　甲申(十二日),唐舒州总管张镇周等在歙州的黄沙攻打辅公祏的将领陈当世,大败陈军。

59　丁亥,上校猎于华阴。己丑,迎劳秦王世民于忠武顿。

60　十二月癸卯,安抚使李大亮诱张善安,执之。大亮击善安于洪州,与善安隔水而陈,遥相与语。大亮谕以祸福,善安曰:"善安初无反心,正为将士所误,欲降又恐不免。"大亮曰:"张总管有降心,则与我一家耳。"因单骑渡水入其陈,与善安执手共语,示无猜间。善安大悦,遂许之降。既而善安将数十骑诣大亮营,大亮止其骑于门外,引善安入,与语。久之,善安辞去,大亮命武士执之,从骑皆走。善安营中闻之,大怒,悉众而来,将攻大亮。大亮使人谕之曰:"吾不留总管。总管赤心归国,谓我曰:'若还营,恐将士或有异同,为其所制。'故自留不去耳,卿辈何怒于我?"其党复大骂曰:"张总管卖我以自媚于人。"遂皆溃去。大亮追击,多所虏获。送善安于长安,善安自称不与辅公祏交通,上赦其罪,善遇之,及公祏败,得所与往还书,乃杀之。

61　甲寅,车驾至长安。

62　己巳,突厥寇定州,州兵击走之。

63　庚申,白简、白狗羌并遣使入贡。

七年(甲申,624)

1　春,正月,依周、齐旧制,每州置大中正一人,掌知州内人物,品量望第,以本州门望高者领之,无品秩。

2　壬午,赵郡王孝恭击辅公祏别将于枞阳,破之。

3　庚寅,邹州人邓同颖杀刺史李士衡反。

59 丁亥(十五日),高祖在华阴围猎。己丑(十七日),在忠武顿迎接慰问秦王李世民。

60 十二月癸卯(初二),唐安抚使李大亮诱骗张善安,捉住了他。李大亮在洪州攻打张善安,与张善安隔水列阵,遥相对话。李大亮向张善安说明祸福利害关系,张善安说:"善安最初没有反叛的意思,被部下将士们所害,想投降又怕不能免罪。"李大亮说:"张总管有投降的心意,和我就是一家人了。"于是一个人骑马渡过河进入张善安的阵地,和张善安拉着手交谈,表示相互没有猜忌。张善安十分喜悦,便向李大亮保证投降。不久张善安带领几十名骑兵到李大亮的营地,李大亮让随行的骑兵停在营门之外,带张善安入营,和他交谈。过了很长时间,张善安告辞,李大亮命令武士把他捉起来,张善安随行的骑兵全部逃走。张善安的军队闻讯,十分气愤,全部出动,准备攻打李大亮。李大亮派人对他们说:"不是我留住张总管,是总管一心归国,对我说:'如果返回营地,恐怕将士们有不同意见,受他们钳制。'因此自己留下来不走,你们这些人为什么生我的气?"张善安的部下又大骂道:"张总管出卖我们,自己去讨好别人。"随即溃散而去。李大亮出兵追击,俘虏了许多人。李大亮送张善安到长安,张善安自己声称和辅公祏并没有来往,高祖赦免了他的罪过,对他很好;待到辅公祏失败后,得到他们相互往来的信件,于是杀了张善安。

61 甲寅(十三日),唐高祖回到长安。

62 己巳(二十八日),突厥入侵定州,定州军队击退来敌。

63 庚申,白简、白狗羌均派遣使节到唐进献贡品。

唐高祖武德七年(甲申,公元624年)

1 春季,正月,唐按照北周、北齐的旧制度,每州设置大中正一人,掌管了解州内人物、鉴定名望等级,由本州门第名望高的人担任,没有官员的品秩。

2 壬午(十一日),赵郡王李孝恭在枞阳打败辅公祏的别将。

3 庚寅(十九日),邹州人邓同颖杀死唐邹州刺史李士衡,反叛。

4　丙申,以白狗等羌地置维、恭二州。

5　二月,辅公祏遣兵围猷州,刺史左难当婴城自守。安抚使李大亮引兵击公祏,破之。赵郡王孝恭攻公祏鹊头镇,拔之。

6　丁未,高丽王建武遣使来请班历。遣使册建武为辽东郡王、高丽王。以百济王扶馀璋为带方郡王,新罗王金真平为乐浪郡王。

7　始州獠反,遣行台仆射窦轨讨之。

8　己酉,诏:"诸州有明一经以上未仕者,咸以名闻。州县及乡皆置学。"

9　壬子,行军副总管权文诞破辅公祏之党于猷州,拔其枚洄等四镇。

10　丁巳,上幸国子监,释奠。诏诸王公子弟各就学。

11　戊午,改大总管为大都督府。

12　己未,高开道将张金树杀开道来降。开道见天下皆定,欲降,自以数反覆不敢,且恃突厥之众,遂无降意。其将卒皆山东人,思乡里,咸有离心。开道选勇敢士数百,谓之假子,常直阁内,使金树领之。故刘黑闼将张君立亡在开道所,与金树密谋取开道。金树遣其党数人入阁内,与假子游戏,向夕,潜断其弓弦,藏刀槊于床下,合瞑,抱之趋出,金树帅其党大噪,攻开道阁,假子将御之,弓弦皆绝,刀槊已失,争出降。君立亦举火于外与相应,内外惶扰。开道知不免,乃擐甲持兵坐堂上,与妻妾奏乐酣饮,众惮其勇,不敢逼。天且明,开道缢妻妾及诸子,乃自杀。金树陈兵,悉收假子斩之,并杀君立,死者五百馀人。遣使来降,诏以其地置妫州。壬戌,以金树为北燕州都督。

4　丙申(二十五日),唐在白狗等羌族地区设置维、恭二州。

5　二月,辅公祏派兵围攻猷州,唐猷州刺史左难当环城自卫。安抚使李大亮带兵打败辅公祏。赵郡王李孝恭攻克辅公祏的鹊头镇。

6　丁未(初七),高丽王建武派遣使节来唐,请求颁赐历法。唐派遣使节册封建武为辽东郡王、高丽王;任命百济王扶馀璋为带方郡王,新罗王金真平为乐浪郡王。

7　始州獠民反叛,唐派行台仆射窦轨讨伐叛獠。

8　己酉(初九),唐颁布诏令:"各州有通晓一种以上经书而没有入仕的,均将姓名上报奏闻。州县及乡均设置学校。"

9　壬子(十二日),唐行军副总管权文诞在猷州打败辅公祏的党羽,攻克枚洄等四镇。

10　丁巳(十七日),唐高祖亲临国子监,行释奠礼。下诏命诸王公子弟分别入学。

11　戊午(十八日),唐改大总管为大都督府。

12　己未(十九日),高开道的将领张金树杀死高开道来降唐。高开道见天下全部得到平定,想投降,但因为自己几次降而复叛,所以不敢来降;而且依仗突厥的势力,便打消了投降的念头。高开道手下的将士都是山东人,思念故乡,都想逃走。高开道挑选了几百名勇士,称为义子,经常在阁内值班,由张金树统领。原刘黑闼的将领张君立逃到高开道处,和张金树密谋杀高开道。张金树派他的几名同党进入阁内,和高开道的义子们玩耍,临近黄昏,暗中搞断了义子们的弓弦,把刀枪藏到床下,到就寝时,抱着刀枪迅速离去,张金树带领同党大声喧哗,攻打高开道的阁房,义子们准备抵抗,但弓弦已断,刀枪已失,于是争相投降。张君立也在外放火作为呼应,内外惶惶不安。高开道知道逃不脱,于是身披铠甲手持兵器坐在堂上,和妻妾们奏乐畅饮,众人害怕他的英勇,不敢靠近。天快亮时,高开道勒死妻妾和儿子们,然后自杀身亡。张金树列阵,捉住高开道所有的义子,全部杀死,并杀死张君立,一共死了五百多人。张金树派人向唐投降,唐下诏命于原地设置妫州。壬戌(二十二日),任命张金树为北燕州都督。

13　戊辰,洋、集二州獠反,陷隆州晋城。

14　是月,太保吴王杜伏威薨。辅公祏之反也,诈称伏威之命以绐其众。及公祏平,赵郡王孝恭不知其诈,以状闻,诏追除伏威名,籍没其妻子。及太宗即位,知其冤,赦之,复其官爵。

15　三月,初定令,以太尉、司徒、司空为三公,次尚书、门下、中书、秘书、殿中、内侍为六省,次御史台,次太常至太府为九寺,次将作监,次国子学,次天策上将府,次左、右卫至左、右领卫为十四卫。东宫置三师、三少、詹事及两坊、三寺、十率府。王、公置府佐、国官,公主置邑司,并为京职事官。州、县、镇、戍为外职事官。自开府仪同三司至将仕郎,二十八阶,为文散官,骠骑大将军至陪戎副尉三十一阶,为武散官。上柱国至武骑尉十二等,为勋官。

16　丙戌,赵郡王孝恭破辅公祏于芜湖,拔梁山等三镇。辛卯,安抚使任瓌拔扬子城,广陵城主龙龛降。

17　丁酉,突厥寇原州。

18　戊戌,赵郡王孝恭克丹杨。

先是,辅公祏遣其将冯慧亮、陈当世将舟师三万屯博望山,陈正通、徐绍宗将步骑三万屯青林山,仍于梁山连铁锁以断江路,筑却月城,延袤十馀里,又结垒江西以拒官军。孝恭与李靖帅舟师次舒州,李世勣帅步卒一万渡淮,拔寿阳,次硖石。慧亮等坚壁不战,孝恭遣奇兵绝其粮道,慧亮等军乏食,夜,遣兵薄孝恭营,孝恭坚卧不动。孝恭集诸将议军事,皆曰:"慧亮等拥强兵,据水陆之险,攻之不可猝拔,不如直指丹杨,掩其巢穴,丹杨既溃,慧亮等自降矣!"孝恭将从其议,

13　戊辰(二十八日),洋、集二州獠民反叛,攻陷隆州晋城。

14　当月,太保吴王杜伏威去世。辅公祏反叛时,诈称杜伏威的命令欺骗部下。待到辅公祏被平定,赵郡王李孝恭不知道是辅公祏使诈,上报朝廷;唐下诏追免杜伏威官职,没收了他的财产及妻儿。等到太宗即位,知道杜伏威被冤枉,赦免并恢复了杜伏威的官爵。

15　三月,唐初次定令,以太尉、司徒、司空为三公,其次是尚书、门下、中书、秘书、殿中、内侍六个省,其次是御史台,其次太常至太府等九个寺,其次是将作监,其次国子学,其次天策上将府,其次左右卫至左右领卫等十四卫。东宫设置三师、三少、詹事以及两坊、三寺、十率府;王、公设置府佐、国官,公主设置邑司,所有官员均为京职事官。州、县、镇、戍的官员为外职事官。从开府仪同三司到将仕郎,共二十八阶,为文散官;骠骑大将军至陪戎副尉共三十一阶,为武散官。上柱国到武骑尉共十二等,为勋官。

16　丙戌(十六日),赵郡王李孝恭在芜湖打败辅公祏,攻克梁山等三镇。辛卯(二十一日),唐安抚使任瓌攻克扬子城,广陵城主龙龛投降。

17　丁酉(二十七日),突厥侵犯原州。

18　戊戌(二十八日),赵郡王李孝恭攻克丹杨。

在此之前,辅公祏派遣手下将领冯慧亮、陈当世率领三万水兵驻扎在博望山,陈正通、徐绍宗率领三万步兵、骑兵驻扎在青林山,又在梁山用锁链切断江中航道,修筑却月城,延绵十多里,又在长江之西构筑工事抵抗唐军。李孝恭与李靖率领水军停泊在舒州,李世勣率领一万步兵渡过淮河,攻下寿阳,驻扎在硖石。冯慧亮等人坚壁不战,李孝恭派奇兵切断了敌军的粮食运输线,冯慧亮等军缺乏军粮,半夜,派兵逼近李孝恭的军营,李孝恭照旧坚守不动。李孝恭召集诸位将领商议军事行动,各位将领都说:"冯慧亮等人拥有强大的军队,凭借水陆两方面的险要,我军进攻不能很快奏效,不如直接进逼丹杨,出其不备袭击辅公祏的老巢,丹杨溃败后,冯慧亮等人自然就会投降了!"李孝恭准备采纳众将领的意见,

李靖曰：“公祐精兵虽在此水陆二军，然所自将亦不为少，今博望诸栅尚不能拔，公祐保据石头，岂易取哉！进攻丹杨，旬月不下，慧亮蹑吾后，腹背受敌，此危道也。慧亮、正通皆百战馀贼，其心非不欲战，正以公祐立计使之持重，欲以老我师耳。我今攻其城以挑之，一举可破也！”孝恭然之，使羸兵先攻贼营而勒精兵结陈以待之。攻垒者不胜而走，贼出兵追之，行数里，遇大军，与战，大破之。阚稜免胄谓贼众曰：“汝曹不识我邪？何敢来与我战！”贼多稜故部曲，皆无斗志，或有拜者，由是遂败。孝恭、靖乘胜逐北，转战百馀里，博山、青林两戍皆溃，慧亮、正通等遁归，杀伤及溺死者万馀人。李靖兵先至丹杨，公祐大惧，拥兵数万，弃城东走，欲就左游仙于会稽，李世勣追之。公祐至句容，从兵能属者才五百人，夜，宿常州，其将吴骚等谋执之。公祐觉之，弃妻子，独将腹心数十人，斩关走。至武康，为野人所攻，西门君仪战死，执公祐，送丹杨枭首，分捕馀党，悉诛之，江南皆平。

己亥，以孝恭为东南道行台右仆射，李靖为兵部尚书。顷之，废行台，以孝恭为扬州大都督，靖为府长史。上深美靖功，曰：“靖，萧、辅之膏肓也。”

阚稜功多，颇自矜伐。公祐诬稜与己通谋。会赵郡王孝恭籍没贼党田宅，稜及杜伏威、王雄诞田宅在贼境者，孝恭并籍没之；稜自诉理，忤孝恭，孝恭怒，以谋反诛之。

李靖说:"辅公祏的精锐部队虽然在这里有水陆两支军队,但是他自己统率的军队也不少,如今博望的各个敌营尚且不能攻克,辅公祏凭借石头城自保,又岂是容易攻克的!进军攻打丹杨,十天半个月攻不下,冯慧亮等人紧随在我军背后,我军腹背受敌,这是很危险的。冯慧亮、陈正通都是身经百战的老将,并非他们不想出战,这是因为辅公祏定下的计策让他们按兵不动,想以此拖垮我军罢了。我们现在主动挑战攻城,可一举破敌!"李孝恭表示赞同,用老弱残兵先进攻敌人的营垒,自己统领着精兵严阵以待。攻打敌人营垒的部队失败逃跑,敌军出兵追击,走出几里地,遇到唐大军,双方交战,唐军大败敌军。阚稜摘下头盔对敌军说道:"你们不认识我吗?怎么胆敢来与我交战!"敌军中大多是阚稜的家兵,均丧失了斗志,也有一些人向阚稜行礼,敌军因此溃败。李孝恭、李靖乘胜追击,转战一百多里,敌军博山、青林两处部队均溃败,冯慧亮、陈正通等人逃回丹杨,被唐军杀伤及淹死的敌军有一万多人。李靖的部队先到达丹杨,辅公祏大为惊慌,带着几万兵马,放弃丹杨城向东逃跑,打算到会稽投靠左游仙,李世勣在后追击他。辅公祏到句容,跟随的士兵能跟上他的才五百人,夜晚,在常州宿营,他手下的将领吴骚等人谋划把他逮起来。辅公祏觉察到吴骚等人的意图,丢下妻儿,独身带领几十名心腹,冲破关卡逃走。辅公祏到武康,受到农民的攻击,西门君仪战死,农民捉住辅公祏,送到丹杨处死,悬首示众,唐军分别搜捕辅公祏的馀党,全部处决,江南地区全部平定。

己亥(二十九日),唐任命李孝恭为东南道行台右仆射,李靖为行台兵部尚书。不久,又废除东南道行台,任命李孝恭为扬州大都督,李靖为大都督府长史。高祖深深地赞美李靖的功劳,说道:"李靖是萧铣、辅公祏的克星。"

阚稜立了功勋,颇自傲。辅公祏诡称阚稜与自己合谋。恰好赵郡王李孝恭查封没收辅公祏党羽的田地房产,阚稜以及杜伏威、王雄诞在辅公祏境内的田地房产,李孝恭一起加以没收;阚稜自己申诉说明,触犯了李孝恭,李孝恭很生气,以谋反的罪名杀了阚稜。

19　夏,四月庚子朔,赦天下。是日,颁新律令,比开皇旧制增新格五十三条。

20　初定均田租、庸、调法:丁、中之民,给田一顷,笃疾减什之六,寡妻妾减七,皆以什之二为世业,八为口分。每丁岁入租,粟二石。调随土地所宜,绫、绢、絁、布。岁役二旬,不役则收其佣,日三尺。有事而加役者,旬有五日,免其调,三旬,租、调俱免。水旱虫霜为灾,什损四以上免租,损六以上免调,损七已上课役俱免。凡民赀业分九等。百户为里,五里为乡,四家为邻,四邻为保。在城邑者为坊,田野者为村。食禄之家,无得与民争利;工商杂类,无预士伍。男女始生为黄,四岁为小,十六为中,二十为丁,六十为老。岁造计帐,三年造户籍。

21　丁未,党项寇松州。

22　庚申,通事舍人李凤起击万州反獠,平之。

23　五月辛未,突厥寇朔州。

24　甲戌,羌与吐谷浑同寇松州,遣益州行台左仆射窦轨自翼州道,扶州刺史蒋善合自芳州道击之。

25　丙戌,作仁智宫于宜君。

26　丁亥,窦轨破反獠于方山,俘二万馀口。

19 夏季,四月庚子朔(初一),唐大赦天下。当天,颁布新的律令,新律比隋朝开皇的旧制度增加了五十三条新格。

20 唐初次制定均田制与租、庸、调的办法:每位成年丁男及十六岁以上二十以下的中男,给一顷田,有严重疾病者减去十分之六,寡妻、寡妾减去十分之七,所有授田均以其中十分之二为世业田,十分之八为口分田。每一成年男子每年交纳的租是两石粟。调按照当地物产情况,分别交纳绫、绢、绝、布。每年劳役二十日,不服劳役则收取佣,每天三尺;有事增加劳役者,加十五日劳役,免除应交之调;加三十日劳役,应交纳的租、调均予免除。如遇水、旱、虫、霜等自然灾害,收成损失十分之四以上,免除租;损失十分之六以上,免除调;损失在十分之七以上,免去全部应交纳的租税及应服劳役。百姓的资产分为九等。一百户为一里,五个里成为一乡,四家为邻,四个邻成一保。在城镇居住区为坊,在乡村居住区为村。官宦之家有国家俸禄,不准与百姓争夺利益;工商杂色人等,不准加入士人阶层。男女初生为黄,四岁以上为小,十六岁以上为中,二十岁以上为丁,六十岁以上为老。每年编制计账,每三年编造一次户籍。

21 丁未(初八),党项侵犯松州。

22 庚申(二十一日),唐通事舍人李凤起攻打并平定了万州反叛的獠民。

23 五月辛未(初二),突厥侵犯朔州。

24 甲戌(初五),羌族与吐谷浑一同侵犯松州,唐派遣益州行台左仆射窦轨从翼州道,扶州道刺史蒋善合从芳州道攻击羌与吐谷浑。

25 丙戌(十七日),唐在宜君县修建仁智宫。

26 丁亥(十八日),窦轨在方山打败反叛的獠民,俘虏两万多人。

卷第一百九十一　唐纪七

起甲申(624)六月尽丙戌(626)八月凡二年有奇

高祖神尧大圣光孝皇帝下之上

武德七年(甲申,624)

1　六月辛丑,上幸仁智宫避暑。

2　辛亥,泷州、扶州獠作乱,遣南尹州都督李光度等击平之。

3　丙辰,吐谷浑寇扶州,刺史蒋善合击走之。

4　壬戌,庆州都督杨文幹反。

初,齐王元吉劝太子建成除秦王世民,曰:"当为兄手刃之!"世民从上幸元吉第,元吉伏护军宇文宝于寝内,欲刺世民,建成性颇仁厚,遽止之。元吉愠曰:"为兄计耳,于我何有?"

建成擅募长安及四方骁勇二千馀人为东宫卫士,分屯左、右长林,号长林兵。又密使右虞候率可达志从燕王李艺发幽州突骑三百,置宫东诸坊,欲以补东宫长上。为人所告,上召建成责之,流可达志于嶲州。

杨文幹尝宿卫东宫,建成与之亲厚,私使募壮士送长安。上将幸仁智宫,命建成居守,世民、元吉皆从。建成使元吉就图世民,曰:"安危之计,决在今岁。"又使郎将尔朱焕、校尉桥公山以甲遗文幹。二人至豳州,上变,告太子使文幹举兵,

高祖神尧大圣光孝皇帝下之上

唐高祖武德七年(甲申,公元624年)

1 六月辛丑(初三),高祖前往仁智宫避暑。

2 辛亥(十三日),泷州、扶州獠人发生叛乱,高祖派遣南尹州都督李光度等人进击并平定了他们。

3 丙辰(十八日),吐谷浑侵犯扶州,扶州刺史蒋善合将他们击退。

4 壬戌(二十四日),庆州都督杨文幹反叛朝廷。

当初,齐王李元吉劝说太子李建成除去秦王李世民,他说:"我自当替哥哥亲手将他杀掉!"李世民随从高祖前往李元吉的府第,李元吉将护军宇文宝埋伏在寝室里面,准备刺杀李世民,李建成生性颇为仁爱宽厚,连忙制止了他。元吉恼怒地说:"我这是为哥哥着想,对我有什么好处?"

李建成擅自招募长安及各地的骁勇之士两千多人充当东宫卫士,让他们分别在东宫左右长林门驻扎下来,号称长林兵。李建成还暗中让右虞候率可达志从燕王李艺那里调集来幽州突骑三百人,将他们安置在东宫东面的各个坊市中,准备用他们来补充东宫宿卫的军官。结果被人告发,于是,高祖把李建成叫去责备了一番,将可达志流放到嶲州去了。

杨文幹曾经在东宫值宿警卫,李建成亲近并厚待他,私下里让他募集勇士送往长安。高祖准备前往仁智宫,命令李建成留守京城,李世民与李元吉一起随行。李建成让李元吉乘机图谋李世民,他说:"无论我们的打算是平安无事还是面临危险,都要在今年决定下来。"李建成又指使郎将尔朱焕和校尉桥公山将铠甲赠给杨文幹。两人来到幽州的时候,上报发生变故,告发太子指使杨文幹起兵,

使表里相应。又有宁州人杜凤举亦诣宫言状。上怒,托他事,手诏召建成,令诣行在。建成惧,不敢赴。太子舍人徐师謩劝之据城举兵;詹事主簿赵弘智劝之贬损车服,屏从者,诣上谢罪,建成乃诣仁智宫。未至六十里,悉留其官属于毛鸿宾堡,以十馀骑往见上,叩头谢罪,奋身自掷,几至于绝。上怒不解,是夜,置之幕下,饲以麦饭,使殿中监陈福防守,遣司农卿宇文颖驰召文幹。颖至庆州,以情告之,文幹遂举兵反。上遣左武卫将军钱九陇与灵州都督杨师道击之。

甲子,上召秦王世民谋之,世民曰:“文幹竖子,敢为狂逆,计府僚已应擒戮,若不尔,正应遣一将讨之耳。”上曰:“不然。文幹事连建成,恐应之者众。汝宜自行,还,立汝为太子。吾不能效隋文帝自诛其子,当封建成为蜀王。蜀兵脆弱,他日苟能事汝,汝宜全之;不能事汝,汝取之易耳!”

上以仁智宫在山中,恐盗兵猝发,夜,帅宿卫南出山外。行数十里,东宫官属继至,皆令三十人为队,分兵围守之。明日,复还仁智宫。

世民既行,元吉与妃嫔更迭为建成请,封德彝复为之营解于外,上意遂变,复遣建成还京师居守。惟责以兄弟不睦,归罪于太子中允王珪、左卫率韦挺、天策兵曹参军杜淹,并流于巂州。挺,冲之子也。初,洛阳既平,杜淹久不得调,欲求事建成。房玄龄以淹多狡数,恐其教导建成,益为世民不利,乃言于世民,引入天策府。

让他与自己内外呼应。还有一位宁州人杜凤举也前往仁智宫讲了这一情形。高祖大怒，借口别的事情，以亲笔诏书传召李建成，让他前往仁智宫。李建成心中害怕，不敢前去。太子舍人徐师謩劝他占据京城，发兵起事；詹事主簿赵弘智劝他免去太子的车驾章服，屏除随从人员，到高祖那里去承认罪责，于是，李建成决定前往仁智宫。还没有走完六十里的路程，李建成便将所属官员全部留在北魏毛鸿宾遗留下来的堡栅中，带领十多个人骑马前去进见皇帝，向皇帝伏地叩头，承认罪责，把身子猛然用力撞了出去，撞得几乎晕死过去。但是，高祖的怒气仍然没有消除，这一天夜里，高祖将他放在帷幕下面，给他麦饭充饥，让殿中监陈福看守着他，派遣司农卿宇文颖速去传召杨文幹。宇文颖来到庆州，将情况告诉了杨文幹。于是，杨文幹起兵造反。高祖派遣左武卫将军钱九陇和灵州都督杨师道进击杨文幹。

甲子(二十六日)，高祖传召秦王李世民商量此事，李世民说："杨文幹这小子竟敢做狂妄叛逆的事情，想来他幕府的僚属应当已经将他擒获并杀掉了，如果不是这样，就应当派遣一员将领去讨伐他。"高祖说："不能这样。杨文幹的事情关联着建成，恐怕响应他的人为数众多。你最好亲自前往，回来以后，我便将你立为太子。我不愿意效法隋文帝去诛杀自己的儿子，届时就把李建成封为蜀王。蜀中兵力薄弱，如果以后他能够事奉你，你应该保全他的性命；如果他不肯事奉你，你要捉取他也容易一些啊！"

仁智宫建造在山中，高祖担心盗兵突然发难，便连夜率领担任警卫的军队从南面走出山来。走了数里地的时候，太子东宫所属的官员相继到来，高祖让大家一概以三十人为一队，将兵马分散开来，围绕并守卫着。第二天，高祖才又返回仁智宫。

李世民出发以后，李元吉与嫔妃轮番替李建成讲情，封德彝又在外朝设法解救李建成，于是，高祖改变了原意，又让李建成回去驻守京城。高祖只以兄弟关系不睦责备他，将罪责推了太子中允王珪、左卫率韦挺和天策兵曹参军杜淹，将他们一并流放到了巂州。韦挺是韦冲的儿子。当初，洛阳平定以后，杜淹因长时间没有得到升迁，打算谋求事奉李建成。房玄龄认为杜淹狡诈的招数很多，担心他会教唆引导李建成，越发对李世民不利，便向李世民进言，将杜淹推荐到天策府任职。

5　突厥寇代州之武周城,州兵击破之。

6　秋,七月己巳,苑君璋以突厥寇朔州,总管秦武通击却之。

7　杨文幹袭陷宁州,驱掠吏民出据百家堡。秦王世民军至宁州,其党皆溃。癸酉,文幹为其麾下所杀,传首京师。获宇文颖,诛之。

8　丁丑,梁师都行台白伏愿来降。

9　戊寅,突厥寇原州,遣宁州刺史鹿大师救之,又遣杨师道趋大木根山。庚辰,突厥寇陇州,遣护军尉迟敬德击之。

10　吐谷浑寇岷州。辛巳,吐谷浑、党项寇松州。

11　癸未,突厥寇阴盘。

12　甲申,扶州刺史蒋善合击吐谷浑于松州赤磨镇,破之。

13　己丑,突厥吐利设与苑君璋寇并州。

14　甲午,车驾还京师。

15　或说上曰:"突厥所以屡寇关中者,以子女玉帛皆在长安故也。若焚长安而不都,则胡寇自息矣。"上以为然,遣中书侍郎宇文士及逾南山至樊、邓,行可居之地,将徙都之。太子建成、齐王元吉、裴寂皆赞成其策,萧瑀等虽知其不可而不敢谏。秦王世民谏曰:"戎狄为患,自古有之。陛下以圣武龙兴,光宅中夏,精兵百万,所征无敌,奈何以胡寇扰边,遽迁都以避之,贻四海之羞,为百世之笑乎?彼霍去病汉廷一将,犹志灭匈奴,况臣忝备藩维,愿假数年之期,请系颉利之颈,致之阙下。若其不效,迁都未晚。"上曰:"善。"建成曰:

5 突厥侵犯代州的武周城,代州兵马打败了他们。

6 秋季,七月己巳(初一),苑君璋带领突厥兵马侵犯朔州,总管秦武通击退了他们。

7 杨文幹掩袭并攻陷宁州,驱赶劫掠官吏与百姓出城,占据了百家堡。秦王李世民的军队来到宁州以后,杨文幹的党羽便全部溃散。癸酉(初五),杨文幹被自己的部下杀死,他的头颅被传送到京城。李世民捉获了宇文颖,便将他杀掉了。

8 丁丑(初九),梁师都的行台白伏愿前来归降。

9 戊寅(初十),突厥侵犯原州,高祖派遣宁州刺史鹿大师前去援救,又派遣杨师道奔赴大木根山。庚辰(十二日),突厥侵犯陇州,高祖派遣护军尉迟敬德进击突厥。

10 吐谷浑侵犯岷州。辛巳(十三日),吐谷浑与党项侵犯松州。

11 癸未(十五日),突厥侵犯阴盘。

12 甲申(十六日),扶州刺史蒋善合在松州赤磨镇进击吐谷浑,并打败了他们。

13 己丑(二十一日),突厥吐利设与苑君璋侵犯并州。

14 甲子,高祖返回京城。

15 有人劝高祖说:"突厥之所以屡次侵犯关中地区,是由于我们的人口与财富都集中在长安的缘故。如果烧毁长安,不在这里定都,胡人的侵犯便会自然平息下来了。"高祖认为所言有理,便派遣中书侍郎宇文士及越过终南山来到樊州、邓州一带,巡视可以居留的地方,准备将都城迁徙到那里去。太子李建成、齐王李元吉和裴寂都赞成这一策略,萧瑀等人虽然知道不应当如此,但没有谏阻的胆量。秦王李世民劝谏说:"戎狄造成祸患,从古时候起就时有发生。陛下凭着自己的圣明英武,创建新的王朝,统辖着中国的领土,拥有上百万的精锐兵马,所向无敌,怎么能够因有胡人搅扰边境,便连忙迁徙都城来躲避他们,给举国臣民留下羞辱,让后世来讥笑陛下呢?那霍去病是汉朝的一员将领,尚且决心消灭匈奴,何况我还愧居藩王之位呢,希望陛下给我几年时间,请让我把绳索套在颉利的脖子上,将他送到宫阙之下。如果不能获得成功那时再迁徙都城,也为时不晚。"高祖说:"讲得好。"李建成说:

"昔樊哙欲以十万众横行匈奴中,秦王之言得无似之!"世民曰:"形势各异,用兵不同,樊哙小竖,何足道乎?不出十年,必定漠北,非虚言也!"上乃止。建成与妃嫔因共譖世民曰:"突厥虽屡为边患,得赂即退。秦王外托御寇之名,内欲总兵权,成其篡夺之谋耳!"

上校猎城南,太子、秦、齐王皆从,上命三子驰射角胜。建成有胡马,肥壮而喜蹶,以授世民曰:"此马甚骏,能超数丈涧,弟善骑,试乘之。"世民乘以逐鹿,马蹶,世民跃立于数步之外,马起,复乘之,如是者三,顾谓宇文士及曰:"彼欲以此见杀,死生有命,庸何伤乎?"建成闻之,因令妃嫔譖之于上曰:"秦王自言,我有天命,方为天下主,岂有浪死!"上大怒,先召建成、元吉,然后召世民入,责之曰:"天子自有天命,非智力可求。汝求之一何急邪?"世民免冠顿首,请下法司案验。上怒不解,会有司奏突厥入寇,上乃改容劳勉世民,命之冠带,与谋突厥。闰月己未,诏世民、元吉将兵出豳州以御突厥,上饯之于兰池。上每有寇盗,辄命世民讨之,事平之后,猜嫌益甚。

"当年樊哙打算率领十万兵马在匈奴人中间纵横驰骋，秦王的话该不会是与樊哙相似的吧！"李世民说："面对的情况各有区别，采取军事行动的方法也不相同。樊哙那小子有什么值得称道的呢？不会超过十年时间，我肯定能够将沙漠以北地区平定下来，这可并不是凭空妄言的啊！"于是，高祖不再迁徙都城。李建成与嫔妃因而共同诬陷李世民说："虽然突厥屡次造成边疆上的祸患，但是只要他们得到财物就会撤退。秦王表面上假托抵御突厥的名义，实际上是打算总揽兵权，成就他篡夺帝位的阴谋罢了！"

高祖在京城南面设场围猎，太子李建成、秦王李世民和齐王李元吉都随同前往，高祖让这三个儿子骑马射猎，角逐胜负。李建成有一匹胡马，膘肥体壮，但是喜欢尥蹶子，李建成将这匹胡马交给李世民说："这匹马跑得很快，能够越过几丈宽的涧水，弟弟善于骑马，骑上它试一试吧。"李世民骑着这匹胡马追逐野鹿，胡马忽然尥起后蹶，李世民跃身而起，跳到数步以外立定，胡马站起来以后，李世民便再次骑到这匹马上，这样连续三次，李世民回过头来看着宇文士及说："他打算借这匹胡马杀害我，但是生死是命运主宰着的，难道他就能够伤害我吗？"李建成听到此言，于是让嫔妃向高祖诬陷李世民说："秦王自称：上天授命于我，正要让我去当天下的共主，怎么会白白死去呢！"高祖非常生气，先将李建成和李元吉二人叫来，然后又把李世民叫进，责备他说："谁是天子，自然会有上天授命于他，不是人的智力所能够谋求的。你谋求帝位怎么这般急切呢？"李世民摘去王冠，伏地叩头，请求将自己交付执法部门查讯证实。高祖仍然怒气不息，适逢有关部门奏称突厥前来侵扰，高祖这才改变了生气的脸色，转而劝勉李世民，让他戴上王冠，系好腰带，与他商议对付突厥的办法。闰七月己未（二十一日），高祖颁诏命令李世民与李元吉率领兵马由豳州进发前去抵御突厥，在兰池为他们饯行。每当发生敌情，高祖总是命令李世民前去讨伐敌人，但在战事平息以后，高祖对李世民的猜疑却越发严重了。

16 初,隋末京兆韦仁寿为蜀郡司法书佐,所论囚至市,犹西向为仁寿礼佛然后死。唐兴,爨弘达帅西南夷内附。朝廷遣使抚之,类皆贪纵,远民患之,有叛者。仁寿时为巂州都督长史,上闻其名,命检校南宁州都督,寄治越巂,使之岁一至其地慰抚之。仁寿性宽厚,有识度,既受命,将兵五百人至西洱河,周历数千里,蛮、夷豪帅皆望风归附,来见仁寿。仁寿承制置七州、十五县,各以其豪帅为刺史、县令,法令清肃,蛮、夷悦服。将还,豪帅皆曰:"天子遣公都督南宁,何为遽去?"仁寿以城池未立为辞。蛮、夷即相帅为仁寿筑城,立廨舍,旬日而就。仁寿乃曰:"吾受诏但令巡抚,不敢擅留。"蛮、夷号泣送之,因各遣子弟入贡。壬戌,仁寿还朝,上大悦,命仁寿徙镇南宁,以兵戍之。

17 苑君璋引突厥寇朔州。

18 八月戊辰,突厥寇原州。

19 己巳,吐谷浑寇鄯州。

20 壬申,突厥寇忻州,丙子,寇并州,京师戒严。戊寅,寇绥州,刺史刘大俱击却之。

是时,颉利、突利二可汗举国入寇,连营南上,秦王世民引兵拒之。会关中久雨,粮运阻绝,士卒疲于征役,器械顿弊,朝廷及军中咸以为忧。世民与虏遇于幽州,勒兵将战。己卯,可汗帅万馀骑奄至城西,陈于五陇阪,将士震恐。

16　当初，隋朝末年京兆人氏韦仁寿担任蜀郡的司法书佐，经他论定处死的囚犯在绑赴闹市行刑的时候，还要向西方替韦仁寿礼拜弥勒佛以后，才肯受死。唐朝兴起以后，爨弘达率领西南地区的夷人归附朝廷。朝廷派出安抚西南夷人的使者，大都贪婪无度，边地百姓将之视为祸患，还发生了叛离朝廷的事件。当时，韦仁寿担任巂州都督长史，高祖得知他的名声以后，便任命他为检校南宁州都督，将官署所在地暂设在越巂，让他每年一次前往南宁州抚慰当地的夷人。韦仁寿性情宽和仁厚，有见识有胸怀，他接受任命以后，带领士兵五百人来到西洱河，走遍辖境内的数千里地，当地蛮人、夷人豪强的首领纷纷向往其风采，表示归附，前来会见韦仁寿。韦仁寿遵照制命在当地设置了七个州，下辖十五个县，分别任命当地豪强的首领为刺史和县令，他实行的法令清明整肃，蛮人与夷人都心悦诚服。韦仁寿准备返回越巂时，豪强的首领们都说："天子派遣您担任南宁州的都督，您为什么忙着离去？"韦仁寿托称南宁州并没有修筑城池。蛮人、夷人当即聚合起来为韦仁寿修筑南宁州城，建造韦仁寿的官署与住处，只用了十天时间便竣工了。韦仁寿这才说："根据我所接受的诏命，只让我前来巡视抚慰，所以我不敢擅自留在这里。"蛮人、夷人哭泣着为他送行，于是分别派遣子弟入朝进贡。壬戌（二十四日），韦仁寿回到朝廷，高祖非常高兴，便命令韦仁寿迁移到南宁州坐镇，并派兵戍守南宁州城。

17　苑君璋招引突厥侵犯朔州。

18　八月戊辰（初一），突厥侵犯原州。

19　己巳（初二），吐谷浑侵犯鄯州。

20　壬申（初五），突厥侵犯忻州，丙子（初九），突厥侵犯并州，京城严密防备。戊寅（十一日），突厥侵犯绥州，绥州刺史刘大俱将突厥击退。

这时候，颉利、突利两可汗率领全国兵马前来侵犯，兵营相互连接着向南进军，秦王李世民带领兵马抵御敌兵。适逢关中地区多日降雨不止，粮食运输被隔断，将士们因行军跋涉而疲惫，军用器械钝损破败，朝廷百官与军中将领都为此担忧。李世民在豳州与突厥遭遇，准备率领兵马交战。己卯（十二日），突厥可汗率领骑兵一万多人突然来到豳州城的西面，在五陇阪布成阵势，唐军将士惊恐不安。

世民谓元吉曰:"今虏骑凭陵,不可示之以怯,当与之一战,汝能与我俱乎?"元吉惧曰:"虏形势如此,奈何轻出?万一失利,悔可及乎?"世民曰:"汝不敢出,吾当独往,汝留此观之。"世民乃帅骑驰诣虏陈,告之曰:"国家与可汗和亲,何为负约,深入我地?我秦王也,可汗能斗,独出与我斗;若以众来,我直以此百骑相当耳。"颉利不之测,笑而不应。世民又前,遣骑告突利曰:"尔往与我盟,有急相救。今乃引兵相攻,何无香火之情也?"突利亦不应。世民又前,将渡沟水,颉利见世民轻出,又闻香火之言,疑突利与世民有谋,乃遣止世民曰:"王不须渡,我无他意,更欲与王申固盟约耳。"乃引兵稍却。是后霖雨益甚,世民谓诸将曰:"虏所恃者弓矢耳,今积雨弥时,筋胶俱解,弓不可用,彼如飞鸟之折翼。吾屋居火食,刀槊犀利,以逸制劳,此而不乘,将复何待?"乃潜师夜出,冒雨而进,突厥大惊。世民又遣说突利以利害,突利悦,听命。颉利欲战,突利不可,乃遣突利与其夹毕特勒阿史那思摩来见世民,请和亲,世民许之。思摩,颉利之从叔也。突利因自托于世民,请结为兄弟,世民亦以恩意抚之,与盟而去。

庚寅,岐州刺史柴绍破突厥于杜阳谷。

李世民对李元吉说:"现在突厥进逼我军,我军不能够向他们显示出畏缩不前的样子来,应当与他们大战一场,你能够与我一同前去迎敌吗?"李元吉害怕地说:"突厥军队的阵势这样盛大,怎么能够轻易出兵呢?万一交战失利,后悔还来得及吗?"李世民说:"既然你不敢前去,我就独自前往,你留在这里看我的吧。"于是,李世民便率领骑兵驱马疾驰到突厥的军阵前面,告诉他们说:"我国与可汗和睦相亲,为什么违背盟约,深入到我国的领土中来?我就是秦王,如果可汗能够比武,就出来与我比武;倘若可汗让大家一齐上,我就只有用这一百名骑兵来抵挡了。"颉利摸不清李世民的底细,只是笑了一笑,并不回答。李世民又向前推进,派遣骑兵告诉突利说:"以往你与我订有盟约,约定在发生急难的时候互相援救。现在你却率领兵马攻打我,你怎么连一点盟誓的情分都不讲呢?"突利也没有回答。李世民再次向前推进,准备渡过当地的一条河沟,颉利看到李世民轻装出战,又听到他关于同盟立誓的话,怀疑突利与李世民另有计谋,便派人阻止李世民说:"秦王不必渡过河沟,我没有别的意思,只是打算与秦王重申并加强原有的盟约罢了。"于是,颉利率领兵马略微后退。此后,连绵大雨愈发落个不停,李世民对各位将领说:"突厥所仗恃着的是弓箭,现在雨水经久不息,筋弦松弛,胶性失粘,弓就不能够使用了,这使他们像飞鸟折断了翅膀一样。我们居住在房屋里,取火进食,兵器锐利,可以养精蓄锐,相机制服疲乏的敌军。假如对这一时机都不加利用,还准备等待什么样的时机呢?"于是,李世民在夜间暗中出兵,冒雨前进,突厥大为震惊。李世民又派人向突利陈述利弊得失,突利很高兴,愿意服从命令。颉利打算出战,突利不同意,颉利这才派遣突利和他的夹毕特勒阿史那思摩前来会见李世民,请求通和修好,李世民答应了他们。阿史那思摩是颉利的叔父。突利于是主动依托李世民,请求与李世民结拜成兄弟,李世民也以恩爱的情意安抚他,与他立下盟约,这才离去。

庚寅(二十三日),岐州刺史柴绍在杜阳谷打败突厥。

　　壬申，突厥阿史那思摩入见，上引升御榻，慰劳之。思摩貌类胡，不类突厥，故处罗疑其非阿史那种，历处罗、颉利世，常为夹毕特勒，终不得典兵为设。既入朝，赐爵和顺王。

　　丁酉，遣左仆射裴寂使于突厥。

21　九月癸卯，日南人姜子路反，交州都督王志远击破之。

22　癸卯，突厥寇绥州，都督刘大俱击破之，获特勒三人。

　　冬，十月己巳，突厥寇甘州。

23　辛未，上校猎于鄠之南山，癸酉，幸终南。

24　吐谷浑及羌人寇叠州，陷合川。

25　丙子，上幸楼观，谒老子祠。癸未，以太牢祭隋文帝陵。十一月丁卯，上幸龙跃宫。庚午，还宫。

26　太子詹事裴矩权检校侍中。

八年（乙酉，625）

1　春，正月丙辰，以寿州都督张镇周为舒州都督。镇周以舒州本其乡里，到州，就故宅多市酒肴，召亲戚故人，与之酣宴，散发箕踞，如为布衣时，凡十日。既而分赠金帛，泣，与之别，曰："今日张镇周犹得与故人欢饮，明日之后，则舒州都督治百姓耳，君民礼隔，不得复为交游。"自是亲戚故人犯法，一无所纵，境内肃然。

壬申(五日),突厥阿史那思摩入京朝见,高祖招他登上御榻前面,好言安慰他。阿史那思摩的相貌很像胡人,而不像突厥人,所以处罗可汗怀疑他不是出于阿史那种族,阿史那思摩历经处罗可汗和颉利可汗两代,经常担任夹毕特勒,终竟没有能够掌管军事,设立牙帐。阿史那思摩入京朝见以后,高祖赐给他和顺王的爵位。

　　丁酉(三十日),高祖派遣左仆射裴寂出使突厥。

　　21　九月癸卯(初六),日南人姜子路反叛朝廷,交州都督王志远将他打败。

　　22　癸卯(初六),突厥侵犯绥州,绥州都督刘大俱打败了他们,捉获了三名特勒。

　　冬季,十月己巳(初三),突厥侵犯甘州。

　　23　辛未(初五),高祖在鄠县境内的终南山下设场围猎,癸酉(初七),高祖前往终南山。

　　24　吐谷浑与羌人侵犯叠州,攻陷合川。

　　25　丙子(初十),高祖前往楼观,拜谒老子祠。癸未(十七日),以牛、羊、猪三牲祭祀隋文帝的陵墓。十一月丁卯,前往龙跃宫。庚午,高祖回宫。

　　26　太子詹事裴矩代理检校侍中。

唐高祖武德八年(乙酉,公元625年)

　　1　春季,正月丙辰(二十一日),高祖任命寿州都督张镇周为舒州都督。张镇周因舒州本是自己的家乡,所以在来到舒州以后,便回到往日的住宅中,买来许多酒菜,叫来亲戚朋友与他们尽情宴饮,张镇周鬓发不整,箕踞而坐,就像他身为平民的时候一样,总共这样度过了十天。不久,张镇周将金银布帛分别赠送给亲戚朋友,哭泣着向他们告别说:"今天我张镇周还能够与往日的朋友们欢乐地饮酒,明天以后,我便就任舒州都督治理百姓了,官府与百姓之间的礼法上下悬隔,我就不能够再与大家交往了。"从此,如果亲戚朋友触犯法令,他也全然不肯纵容,于是,辖境之内,风气整肃。

2　丁巳,遣右武卫将军段德操徇夏州地。

3　吐谷浑寇叠州。

4　是月突厥、吐谷浑各请互市,诏皆许之。先是,中国丧乱,民乏耕牛,至是资于戎狄,杂畜被野。

5　夏,四月乙亥,党项寇渭州。

6　甲申,上幸鄠县,校猎于甘谷,营太和宫于终南山。丙戌,还宫。

7　西突厥统叶护可汗遣使请婚,上谓裴矩曰:"西突厥道远,缓急不能相助,今求婚,何如?"对曰:"今北狄方强,为国家今日计,且当远交而近攻。臣谓宜许其婚以威颉利,俟数年之后,中国完实,足抗北夷,然后徐思其宜。"上从之。遣高平王道立至其国,统叶护大喜。道立,上之从子也。

8　初,上以天下大定,罢十二军。既而突厥为寇不已,辛亥,复置十二军,以太常卿窦诞等为将军,简练士马,议大举击突厥。

9　甲寅,凉州胡睦伽陀引突厥袭都督府,入子城,长史刘君杰击破之。

10　六月甲子,上幸太和宫。

11　丙子,遣燕郡王李艺屯华亭县及弹筝峡,水部郎中姜行本断石岭道以备突厥。

丙戌,颉利可汗寇灵州。丁亥,以右卫大将军张瑾为行军总管以御之,以中书侍郎温彦博为长史。先是,上与突厥书用敌国礼。秋,七月甲辰,上谓侍臣曰:"突厥贪婪无厌,朕将征之,自今勿复为书,皆用诏敕。"

2 丁巳(二十二日),高祖派遣右武卫将军段德操夺取夏州地区。

3 吐谷浑侵犯叠州。

4 本月,突厥与吐谷浑分别请求在边地设置贸易市场,高祖颁诏答应了他们的要求。在此之前,中原地区历经丧亡祸乱,百姓缺少耕牛,至此,借助与突厥吐谷浑开展边疆贸易,中原的各种牲畜又遍布原野了。

5 夏季,四月乙亥(十二日),党项侵犯渭州。

6 甲申(二十一日),高祖前往鄠县,在甘谷设场围猎,于终南山营建太和宫。丙戌(二十三日),高祖回宫。

7 西突厥的统叶护可汗派遣使者请求通婚,高祖对裴矩说:"西突厥与我们相距甚为遥远,一旦发生危急,无法前来援助,现在西突厥请求通婚,应当怎样对待?"裴矩回答说:"现在北狄正在强盛,为国家当前的利益着想,应当姑且交好远邦,攻伐近国。我认为应当答应与西突厥通婚以便威慑颉利,待到数年以后,中原地区城郭完聚,储备充实,足以抵御北狄族的时候,然后再从容不迫地考虑适当的对策。"高祖听从了他的建议。派遣高平王李道立前往西突厥国,统叶护非常高兴。李道立是高祖的侄子。

8 当初,高祖认为天下完全平定了,便罢除了十二军的建制。不久,由于突厥不停地前来侵犯,辛亥,又重新设置十二军,任命太常卿窦诞等人为将军,检选操练人马,计议大规模地进击突厥。

9 甲寅,凉州胡人睦伽陀带领突厥袭击凉州都督府,攻入内城,凉州长史刘君杰将他们击败。

10 六月甲子(初二),高祖来到太和宫。

11 丙子(十四日),高祖派遣燕郡王李艺在华亭县及弹筝峡驻兵,派遣水部郎中姜行本切断石岭的通路,以便防备突厥。

丙戌(二十四日),颉利可汗侵犯灵州。丁亥(二十五日),高祖任命右卫大将军张瑾为行军总管抵御突厥,任命中书侍郎温彦博为行军长史。在此之前,高祖写给突厥的国书用的是地位相当的国家间的礼节。秋季,七月甲辰(十二日),高祖对随侍的官员说:"突厥贪得无厌,朕准备征讨他们,从现在起,对他们不要再写国书,一概采用诏书敕令。"

12 丙午,车驾还宫。

13 己酉,突厥颉利可汗寇相州。

14 睦伽陀攻武兴。

15 丙辰,代州都督蔺暮与突厥战于新城,不利。复命行军总管张瑾屯石岭,李高迁趋大谷以御之。丁巳,命秦王出屯蒲州以备突厥。

八月壬戌,突厥逾石岭,寇并州;癸亥,寇灵州;丁卯,寇潞、沁、韩三州。

16 左武候大将军安脩仁击睦伽陀于且渠川,破之。

17 诏安州大都督李靖出潞州道,行军总管任瓌屯太行,以御突厥。颉利可汗将兵十馀万大掠朔州。壬申,并州道行军总管张瑾与突厥战于太谷,全军皆没,瑾脱身奔李靖。行军长史温彦博为虏所执,虏以彦博职在机近,问以国家兵粮虚实,彦博不对,虏迁之阴山。庚辰,突厥寇灵武。甲申,灵州都督任城王道宗击破之。丙戌,突厥寇绥州。丁亥,颉利可汗遣使请和而退。

九月癸巳,突厥没贺咄设陷并州一县,丙申,代州都督蔺暮击破之。

18 癸卯,初令太府检校诸州权量。

19 丙午,右领军将军王君廓破突厥于幽州,俘斩二千馀人。

突厥寇蔺州。

20 冬,十月壬申,吐谷浑寇叠州,遣扶州刺史蒋善合救之。

21 戊寅,突厥寇鄯州,遣霍公柴绍救之。

12　高祖的车驾返回宫中。

13　己酉(十七日),突厥颉利可汗侵犯相州。

14　睦伽陀进攻武兴。

15　丙辰(二十四日),代州都督蔺謩在新城与突厥交战失利。高祖又命令行军总管张瑾在石岭驻兵,命令李高迁奔赴大谷抵御突厥。丁巳(二十五日),高祖命令秦王李世民前往蒲州驻兵以便防备突厥。

八月壬戌(初一),突厥越过石岭,侵犯并州;癸亥(初二),侵犯灵州;丁卯(初六),侵犯潞、沁、韩三州。

16　左武侯大将军安脩仁在且渠川进击睦伽陀,并将他打败。

17　高祖颁诏命令安州大都督李靖由潞州道出兵,命令行军总管任瓌在太行山驻兵以便抵御突厥。颉利可汗率领十多万兵马大规模地掳掠朔州。壬申(十一日),并州道行军总管张瑾在太谷与突厥交战,全军覆没,张瑾逃脱出来投奔李靖。行军长史温彦博被突厥俘获,突厥认为温彦博的职务处于机密近要的地位,便向他询问国家的兵力与粮储情况,温彦博不肯回答,突厥便将他迁到阴山。庚辰(十九日),突厥侵犯灵武。甲申(二十三日),灵州都督任城王李道宗将突厥击败。丙戌(二十五日),突厥侵犯绥州。丁亥(二十六日),颉利可汗派遣使者请求讲和,于是便撤退了。

九月癸巳(初二),突厥的没贺咄设攻陷了并州的一个县,丙申(初五),代州都督蔺謩将突厥击败。

18　癸卯(十二日),高祖初次命令太府检查核实各州的度量衡器。

19　丙午(十五日),右领军将军王君廓在幽州打败突厥,俘获斩杀了两千多人。

突厥侵犯蔺州。

20　冬季,十月壬申(十一日),吐谷浑侵犯叠州,高祖派遣扶州刺史蒋善合援救叠州。

21　戊寅(十七日),突厥侵犯鄯州,高祖派遣霍公柴绍援救鄯州。

十一月辛卯朔,上幸宜州。

22 权检校侍中裴矩罢判黄门侍郎。

23 戊戌,突厥寇彭州。

24 庚子,以天策司马宇文士及权检校侍中。

25 辛丑,徙蜀王元轨为吴王,汉王元庆为陈王。

26 癸卯,加秦王世民中书令,齐王元吉侍中。

27 丙午,吐谷浑寇岷州。

28 戊申,眉州山獠反。

29 十二月辛酉,上还至京师。

30 庚辰,上校猎于鸣犊泉。辛巳,还宫。

31 以襄邑王神符检校扬州大都督。始自丹杨徙州府及居民于江北。

九年(丙戌,626)

1 春,正月己亥,诏太常少卿祖孝孙等更定雅乐。

2 甲寅,以左仆射裴寂为司空,日遣员外郎一人更直其第。

3 二月庚申,以齐王元吉为司徒。

4 丙子,初令州县祀社稷,又令士民里闬相从立社。各申祈报,用洽乡党之欢。戊寅,上祀社稷。

5 丁亥,突厥寇原州,遣折威将军杨毛击之。

6 三月庚寅,上幸昆明池;壬辰,还宫。

7 癸巳,吐谷浑、党项寇岷州。

十一月辛卯朔(初一),高祖前往宜州。

22　权检校侍中裴矩被罢免为判黄门侍郎。

23　戊戌(初八),突厥侵犯彭州。

24　庚子(初十),高祖任命天策司马宇文士及为权检校侍中。

25　辛丑(十一日),高祖将蜀王李元轨改封为吴王,将汉王李元庆改封为陈王。

26　癸卯(十三日),高祖加封秦王李世民为中书令,加封齐王李元吉为侍中。

27　丙午(十六日),吐谷浑侵犯岷州。

28　戊申(十六日),眉州山獠反叛朝廷。

29　十二月辛酉(初一),高祖回到京城。

30　庚辰(二十日),高祖在鸣犊泉设场围猎。辛巳(二十一日),高祖回宫。

31　高祖任命襄邑王李神符检校扬州大都督。朝廷初次将州府及居民从丹杨迁移到长江北岸。

唐高祖武德九年(丙戌,公元 626 年)

1　春季,正月己亥(初十),高祖颁诏,命令太常少卿祖孝孙等人重新制定雅乐。

2　甲寅(二十五日),高祖任命左仆射裴寂为司空,每天派遣一名员外郎轮番到他的宅第中值班。

3　二月庚申(初一),高祖任命齐王李元吉为司徒。

4　丙子(十七日),高祖初次让州县祭祀土地五谷之神,还让百姓以乡里为单位,设立土地神庙。分别举行春祈丰年、秋报神功的祭祀活动,用以协调乡里百姓的乐趣。戊寅(十九日),高祖祭祀土地五谷之神。

5　丁亥(二十八日),突厥侵犯原州,高祖派遣折威将军杨毛进击突厥。

6　三月庚寅(初二),高祖来到昆明池。壬辰,高祖回宫。

7　癸巳(初五),吐谷浑与党项侵犯岷州。

8　戊戌,益州道行台尚书郭行方击眉州叛獠,破之。

9　壬寅,梁师都寇边,陷静难镇。

10　丙午,上幸周氏陂。

11　辛亥,突厥寇灵州。

12　乙卯,车驾还宫。

13　癸丑,南海公欧阳胤奉使在突厥,帅其徒五十人谋掩袭可汗牙帐;事泄,突厥囚之。

14　丁巳,突厥寇凉州,都督长乐王幼良击走之。

15　戊午,郭行方击叛獠于洪、雅二州,大破之,俘男女五千口。

16　夏,四月丁卯,突厥寇朔州;庚午,寇原州;癸酉,寇泾州。戊寅,安州大都督李靖与突厥颉利可汗战于灵州之硖石,自旦至申,突厥乃退。

17　太史令傅奕上疏请除佛法曰:"佛在西域,言妖路远,汉译胡书,恣其假托。使不忠不孝削发而揖君亲,游手游食易服以逃租赋。伪启三涂,谬张六道,恐愒愚夫,诈欺庸品。乃追忏既往之罪,虚规将来之福。布施万钱,希万倍之报;持斋一日,冀百日之粮。遂使愚迷,妄求功德,不惮科禁,轻犯宪章。有造为恶逆,身坠刑网,方乃狱中礼佛,规免其罪。且生死寿夭,由于自然,刑德威福,关之人主,贫富贵贱,功业所招,

8 戊戌(初十),益州道行台尚书郭行方进击眉州反叛朝廷的獠人,并且打败了他们。

9 壬寅(十四日),梁师都侵犯边疆地区,攻陷了静难镇。

10 丙午(二十八日),高祖来到周氏陂。

11 辛亥(二十三日),突厥侵犯灵州。

12 乙卯(二十七日),高祖的车驾返回宫中。

13 癸丑(二十五日),南海公欧阳胤奉命出使,正在突厥,他率领属下五十人策划突然袭击可汗的牙帐,结果事情泄露,突厥将他囚禁起来。

14 丁巳(二十九日),突厥侵犯凉州,凉州都督长乐王李幼良反击并赶走了他们。

15 戊午(三十日),郭行方在洪州与雅州两地进击反叛朝廷的獠人,并大败獠人,俘获了獠人男女五千口。

16 夏季,四月丁卯(初九),突厥侵犯朔州;庚午(十二日),突厥侵犯原州;癸酉(十五日),突厥侵犯泾州。戊寅(二十日),安州大都督李靖与突厥颉利可汗在灵州的硖石交战,从早晨起直打到申时,突厥才回军撤退。

17 太史令傅奕进上奏疏,请求废除佛法说:"佛教生在西域,妄言邪说,远离中国。所以,汉朝翻译佛经,任意假托。佛教让不忠于君主、不孝敬父母的人落发为僧,于是对君主与亲人仅仅拱手行礼;使懒散游荡、不务正业的人改穿僧装,因而就可以逃脱租税负担。佛教虚假地开启了地狱、饿鬼、畜生三恶道的教义,又错误地加入人、天、阿修罗,扩充为六道轮回之说,以此恫吓愚昧无知的匹夫,欺骗平庸鄙陋的人们。然后,佛教让人们追悔已往的罪过,凭空规划未来的福缘。让人们布施一万钱,便希望得到一万倍的回报;让人们持守斋戒一天,便企图得到一百天的口粮。这就使愚蠢迷惘的人们虚诞地追求功德之举,对科条禁令肆无忌惮,轻率地触犯典章制度。有些人起初去做大恶大逆的事情,待到自己落入法网以后,这才在监牢中礼拜佛祖,向佛祖祈求免除自己的罪恶。况且,生存与死亡、长寿与短命由自然法则主宰,实行刑罚或恩德的权柄由君主掌握,贫穷与富有、高贵与卑贱由人们建立的功劳业绩所招致,

而愚僧矫诈,皆云由佛。窃人主之权,擅造化之力,其为害政,良可悲矣! 降自羲、农,至于有汉,皆无佛法,君明臣忠,祚长年久。汉明帝始立胡神,西域桑门自传其法。西晋以上,国有严科,不许中国之人辄行髡发之事。洎于苻、石、羌、胡乱华,主庸臣佞,政虐祚短,梁武、齐襄,足为明镜。今天下僧尼,数盈十万,剪刻缯彩,装束泥人,竞为厌魅,迷惑万姓。请令匹配,即成十万馀户,产育男女,十年长养,一纪教训,可以足兵。四海免蚕食之殃,百姓知威福所在,则妖惑之风自革,淳朴之化还兴。窃见齐朝章仇子佗表言:'僧尼徒众,糜损国家,寺塔奢侈,虚费金帛。'为诸僧附会宰相,对朝谗毁,诸尼依托妃、主,潜行谤讟,子佗竟被囚系,刑于都市。周武平齐,制封其墓。臣虽不敏,窃慕其踪。"

上诏百官议其事,唯太仆卿张道源称奕言合理。萧瑀曰:"佛,圣人也,而奕非之;非圣人者无法,当治其罪。"奕曰:"人之大伦,莫如君父。佛以世嫡而叛其父,以匹夫而抗天子。萧瑀不生于空桑,乃遵无父之教。非孝者无亲,瑀之谓矣!"瑀不能对,但合手曰:"地狱之设,正为是人!"

然而，愚蠢的僧人假托名义，进行诈骗，一概说成是由佛造成的。可见，佛教窃取君主的权威，独揽自然创造化育的伟力，他们的作为损害朝政，这实在是令人可悲的了！自伏羲、神农以下以至于汉朝，从来没有佛法存在，只要君主贤明，臣下忠诚，就会国运长远，历时经久。汉明帝在位时期开始设立佛像这一胡人的神明，西域的僧人自然就要传播佛法。在西晋以前，国家设有严厉的法令条规，不允许中国百姓擅自去做剃发为僧的事情。及至前秦苻氏、后赵石氏在位时期以来，羌人与胡人搅乱了中华的秩序，君主昏庸，臣下奸佞，朝政残暴，国运短促，梁武帝、北齐文襄帝的下场，值得借鉴。现在，全国的僧人与尼姑的数量，超过了十万人，他们剪裁文缯彩帛，装饰打扮泥土制作的佛像，争相以禁咒之术压伏鬼魅，以此迷惑百姓。请让僧人与尼姑各自婚配，就会成为十万多户人家，他们生男育女，经过十年的生长养育，十二年的教育训导，可以使兵源充足。全国免除了逐渐遭受侵吞的祸殃，百姓懂得了权力掌握在谁的手中，妖言惑众的风气就会自然革除，淳厚质朴的习俗就会重新兴起。我私下里看到北齐朝章仇子佗的表章说：'僧人与尼姑人数众多，就会浪费损失国家的资财；建造寺塔挥霍无度，就会白白耗费金银布帛。'由于诸僧人依附宰相，在朝廷上公然恶言诋毁他，诸尼姑倚傍王妃与公主，偷偷地非议埋怨他，章仇子佗竟然被囚禁起来，结果在都城的闹市中被杀害了。北周武帝平定北齐以后，颁布制书为他的坟墓培土。我自愧不才，私下里还是仰慕他的行为的。"

高祖颁布诏令让百官议论这件事情，只有太仆卿张道源声称傅奕讲得合乎道理。萧瑀说："佛是圣人，傅奕却要非难佛；非难圣人的人目无法纪，应当惩治他的罪过。"傅奕说："人们的伦常大道，没有比君主与父亲更为重要的了。佛作为嫡长世子却背叛了自己的父亲，作为一个平民却拒不执行天子的命令。萧瑀并不是从空桑中无父而生，却遵从目无父亲的宗教。非难孝道的人目无至亲，说的就是萧瑀这样的人了。"萧瑀无言以对，只好两手合十说："设置地狱，正是为了此人！"

上亦恶沙门、道士苟避征徭,不守戒律,皆如奕言。又寺观邻接廛邸,溷杂屠沽,辛巳,下诏命有司沙汰天下僧、尼、道士、女冠,其精勤练行者,迁居大寺观,给其衣食,毋令阙乏。庸猥粗秽者,悉令罢道,勒还乡里。京师留寺三所、观二所,诸州各留一所,馀皆罢之。

傅奕性谨密,既职在占候,杜绝交游,所奏灾异,悉焚其稿,人无知者。

18　癸未,突厥寇西会州。

19　五月戊子,虔州胡成郎等杀长史,叛归梁师都。都督刘旻追斩之。

20　壬辰,党项寇廓州。

21　戊戌,突厥寇秦州。

22　壬寅,越州人卢南反,杀刺史宁道明。

23　丙午,吐谷浑、党项寇河州。

24　突厥寇兰州。

25　丙辰,遣平道将军柴绍将兵击胡。

26　六月丁巳,太白经天。

秦王世民既与太子建成、齐王元吉有隙,以洛阳形胜之地,恐一朝有变,欲出保之,乃以行台工部尚书温大雅镇洛阳,遣秦府车骑将军荥阳张亮将左右王保等千馀人之洛阳,阴结纳山东豪杰以俟变,多出金帛,恣其所用。元吉告亮谋不轨,下吏考验,亮终无言,乃释之,使还洛阳。

高祖也憎恶僧人和道士逃避赋税和徭役，不遵守本教的法规，完全像傅奕所讲的那样。再加上寺院、道观与市肆民居相连，与屠户酒店混杂在一起，辛巳(二十三日)，高祖颁诏，命令有关部门淘汰全国的僧人、尼姑和男女道士，将那些专心勤奋修行的人们迁居到较大的寺院道观中去，供给他们衣服与食品，不要使他们缺少什么。对那些庸俗猥琐、粗疏秽恶的人，让他们全部停止修行，强制他们返回家乡。京城保留寺院三所、道观两所，各州分别保留寺院道观各一所，其馀的寺院道观一律罢除。

傅奕生性谨慎细密，在担任观测天象的职务以后，断绝了与朋友的交往，他奏报的自然灾害与自然的反常现象，底稿全部焚毁，没有人能够知道。

18　癸未(二十五日)，突厥侵犯西会州。

19　五月戊子(初一)，虔州胡人成郎等人杀死长史，背叛朝廷归附梁师都叛降，虔州都督刘旻追击并斩杀了他。

20　壬辰(初五)，党项侵犯廓州。

21　戊戌(十一日)，突厥侵犯秦州。

22　壬寅(十五日)，越州人卢南反叛朝廷，杀死越州刺史宁道明。

23　丙午(十九日)，吐谷浑与党项侵犯河州。

24　突厥侵犯兰州。

25　丙辰(二十九日)，高祖派遣平道将军柴绍率领兵马进击胡人。

26　六月丁巳(初一)，金星白天出现在天空正南方的午位。

秦王李世民与太子李建成、齐王李元吉结下嫌隙以后，认为洛阳地势优越便利，担心一时发生变故，打算离京防守此地，所以就让行台工部尚书温大雅镇守洛阳，派秦王府车骑将军荥阳人张亮率领亲信王保等一千多人前往洛阳，暗中结交山东的杰出人士，等待时势的变化，拿出大量的金银布帛，任凭他们使用。李元吉告发张亮图谋不轨，张亮被交付法官考察验证，张亮始终不发一言，朝廷便释放了他，让他返回洛阳。

建成夜召世民，饮酒而鸩之。世民暴心痛，吐血数升，淮安王神通扶之还西宫。上幸西宫，问世民疾，敕建成曰："秦王素不能饮，自今无得复夜饮。"因谓世民曰："首建大谋，削平海内，皆汝之功。吾欲立汝为嗣，汝固辞，且建成年长，为嗣日久，吾不忍夺也。观汝兄弟似不相容，同处京邑，必有纷竞，当遣汝还行台，居洛阳，自陕以东皆主之。仍命汝建天子旌旗，如汉梁孝王故事。"世民涕泣，辞以不欲远离膝下，上曰："天下一家，东、西两都，道路甚迩，吾思汝即往，毋烦悲也。"将行，建成、元吉相与谋曰："秦王若至洛阳，有土地甲兵，不可复制，不如留之长安，则一匹夫耳，取之易矣。"乃密令数人上封事，言："秦王左右闻往洛阳，无不喜跃，观其志趣，恐不复来。"又遣近幸之臣以利害说上，上意遂移，事复中止。

建成、元吉与后宫日夜潜诉世民于上，上信之，将罪世民。陈叔达谏曰："秦王有大功于天下，不可黜也。且性刚烈，若加挫抑，恐不胜忧愤，或有不测之疾，陛下悔之何及？"上乃止。元吉密请杀秦王，上曰："彼有定天下之功，罪状未著，何以为辞？"元吉曰："秦王初平东都，顾望不还，散钱帛以树私恩，又违敕命，非反而何？但应速杀，何患无辞？"上不应。

李建成在夜间叫来李世民，与他饮酒，以经过鸩羽浸泡的毒酒毒害他。李世民突然心脏痛楚，吐了几升血，淮安王李神通搀扶着他返回西宫。高祖来到西宫，询问李世民的病情，命令李建成说："秦王平素不善于饮酒，从今以后，你不能够再与他夜间饮酒。"高祖因而对李世民说："第一个提出反隋的谋略，消灭平定国内的敌人，这都是你的功劳。我打算将你立为继承人，你却坚决推辞掉了，而且，建成年纪最大，作为继承人为时已久，我也不忍心削去他的权力啊。我看你们兄弟似乎难以相容，你们一起住在京城里面，肯定要发生纷争，我应当派你返回行台，让你留居洛阳，陕州以东的广大地区都由你主持。我还要让你设置天子的旌旗，一如汉梁孝王开创的先例。"李世民哭泣着，以不愿意远离高祖膝下为理由表示推辞，高祖说："天下都是一家，东都和西都两地，路程很近，只要我想念你，便可动身前去，你不用烦恼悲伤。"李世民准备出发的时候，李建成和李元吉一起商议说："如果秦王到了洛阳，拥有土地与军队，便再也不能够控制了，不如将他留在长安，他就只是一个独夫而已，捉取他也就容易了。"于是，他们暗中让好几个人以密封的奏章上奏皇帝，声称："秦王身边的人们得知前往洛阳的消息以后，无不欢喜雀跃，察看李世民的意向，恐怕他不会重新回来了。"他们还指使高祖宠信的官员以秦王去留的得失利弊来劝说高祖，高祖便改变了主意，秦王前往洛阳的事情又半途搁置了。

李建成、李元吉与后宫的嫔妃日夜不停地向高祖诬陷李世民，高祖信以为真，便准备惩治李世民。陈叔达进谏说："秦王为全国立下了巨大的功劳，是不能够废免的。况且，他性情刚强严正，倘若折辱并贬斥了他，恐怕经受不住内心的忧伤愤郁，一旦染上难以测知的疾病，陛下后悔还来得及吗？"于是，高祖没有处罚李世民。李元吉暗中请求杀掉秦王李世民，高祖说："他立下了平定天下的功劳，而他犯罪的事实并不显著，怎么才能找到借口呢？"李元吉说："秦王刚刚平定东都洛阳的时候，观望形势，不肯返回，散发钱财布帛以便树立个人的恩德，又违背陛下的命令，不是造反又是什么？只应该赶紧将他杀掉，何必担心找不到借口？"高祖没有回答他。

秦府僚属皆忧惧不知所出。行台考功郎中房玄龄谓比部郎中长孙无忌曰："今嫌隙已成，一旦祸机窃发，岂惟府朝涂地，乃实社稷之忧，莫若劝王行周公之事以安家国。存亡之机，间不容发，正在今日！"无忌曰："吾怀此久矣，不敢发口。今吾子所言，正合吾心，谨当白之。"乃入言世民。世民召玄龄谋之，玄龄曰："大王功盖天地，当承大业！今日忧危，乃天赞也。愿大王勿疑。"乃与府属杜如晦共劝世民诛建成、元吉。

建成、元吉以秦府多骁将，欲诱之使为己用，密以金银器一车赠左二副护军尉迟敬德，并以书招之曰："愿迂长者之眷，以敦布衣之交。"敬德辞曰："敬德，蓬户瓮牖之人，遭隋末乱离，久沦逆地，罪不容诛。秦王赐以更生之恩，今又策名藩邸，唯当杀身以为报。于殿下无功，不敢谬当重赐。若私交殿下，乃是贰心，徇利忘忠，殿下亦何所用！"建成怒，遂与之绝。敬德以告世民，世民曰："公心如山岳，虽积金至斗，知公不移。相遗但受，何所嫌也？且得以知其阴计，岂非良策？不然，祸将及公。"既而元吉使壮士夜刺敬德，敬德知之，洞开重门，安卧不动，刺客屡至其庭，终不敢入。元吉乃谮敬德于上，

秦王府所属的官员人人忧虑，个个恐惧，不知所措。行台考功郎中房玄龄对比部郎中长孙无忌说："现在仇怨已经造成，有朝一日祸患的机括暗中发动起来，岂只是秦王府不可收拾，实际上便是国家的存亡都成问题，不如劝说秦王采取周公平定管叔与蔡叔的行动，以便安定皇室与国家。存亡的枢机，已经到了一触即发的危急关头，采取行动，就在今天！"长孙无忌说："我有这一想法已经有很长时间了，只是不敢讲出口来。现在你说的这一席话，正好符合我的心愿，请让我为您禀告秦王。"于是，长孙无忌进去告诉了李世民。李世民传召房玄龄计议此事，房玄龄说："大王的功劳足以遮盖天地，应当继承皇帝的伟大勋业！现在大王心怀忧虑戒惧，正是上天在帮助大王啊。希望大王不要疑惑不定了。"于是，房玄龄与秦王府的属官杜如晦共同劝说李世民诛杀李建成与李元吉。

　　由于秦王府拥有许多骁勇的将领，李建成与李元吉打算引诱他们为己所用，便暗中将一车金银器物赠送给左二副护军尉迟敬德，并且写就一封书信招引他说："希望得到您的屈驾眷顾，以便加深我们之间的布衣之交。"尉迟敬德推辞说："我是编蓬为户、破瓮做窗人家的小民，遇到隋朝末年战乱不息、百姓流亡的时局，长期沦落在抗拒朝廷的环境里，罪大恶极，死有馀辜。秦王赐给我再生的恩典，现在我又在秦王府注册姓名为官，只应当以死报答秦王。我没有为殿下立过尺寸之功，不敢凭空接受殿下如此丰厚的赏赐。倘若我私自与殿下交往，就是对秦王怀有二心，就是因贪图财利而忘掉忠义，殿下要这种人又有什么用处呢！"李建成大怒，便与他断绝了往来。尉迟敬德将此事告诉了李世民，李世民说："您的心就像山岳那样坚实牢靠，即使他赠送给您的金子堆积得顶住了北斗星，我知道您的心还是不会动摇的。他赠给您什么，您就接受什么，这又有什么值得猜疑的呢？况且，这样做能够了解他的阴谋，难道不是一个上好的计策吗？否则，祸事就将降临到您的头上了。"不久，李元吉指使勇士在夜间刺杀尉迟敬德，尉迟敬德得知这一消息以后，将层层门户敞开，自己安然躺着不动，刺客屡次来到他的院子中间，终究没敢进屋。于是，李元吉向高祖诬陷尉迟敬德，

下诏狱讯治,将杀之,世民固请,得免。又谮左一马军总管程知节,出为康州刺史。知节谓世民曰:"大王股肱羽翼尽矣,身何能久?知节以死不去,愿早决计。"又以金帛诱右二护军段志玄,志玄不从。建成谓元吉曰:"秦府智略之士,可惮者独房玄龄、杜如晦耳。"皆谮之于上而逐之。

世民腹心唯长孙无忌尚在府中,与其舅雍州治中高士廉、右候车骑将军三水侯君集及尉迟敬德等,日夜劝世民诛建成、元吉。世民犹豫未决,问于灵州大都督李靖,靖辞;问于行军总管李世勣,世勣辞。世民由是重二人。

会突厥郁射设将数万骑屯河南,入塞,围乌城,建成荐元吉代世民督诸军北征,上从之,命元吉督右武卫大将军李艺、天纪将军张瑾等救乌城。元吉请尉迟敬德、程知节、段志玄及秦府右三统军秦叔宝等与之偕行,简阅秦王帐下精锐之士以益元吉军。率更丞王晊密告世民曰:"太子语齐王:'今汝得秦王骁将精兵,拥数万之众,吾与秦王饯汝于昆明池,使壮士拉杀之于幕下,奏云暴卒,主上宜无不信。吾当使人进说,令授吾国事。敬德等既入汝手,宜悉坑之,孰敢不服?'"世民以晊言告长孙无忌等,无忌等劝世民先事图之。世民叹曰:"骨肉相残,古今大恶。吾诚知祸在朝夕,欲俟其发,然后以义讨之,不亦可乎?"敬德曰:"人情谁不爱其死?今众人以死奉王,乃天授也。祸机垂发,而王犹晏然不以为忧,大王纵自轻,

敬德被关进奉诏特设的狱中审问处治,准备将他杀掉,由于李世民再三请求保全他的生命,这才得以不死。李元吉又诬陷左一马军总管程知节,高祖将他外放为康州刺史。程知节对李世民说:"大王的辅佐大臣快走光了,大王自身又怎么能够长久呢?我誓死不离开京城,希望大王及早将计策决定下来。"李元吉又用金银布帛诱惑右二护军段志玄,段志玄也不肯从命。李建成对李元吉说:"在秦王府有智谋才略的人物中,值得畏惧的是房玄龄和杜如晦。"李建成与李元吉又向高祖诬陷他们二人,使他们遭到斥逐。

李世民的亲信只剩下长孙无忌还留在秦王府中,他与他的舅舅雍州治中高士廉、右候车骑将军三水人侯君集以及尉迟敬德等人,日以继夜地劝说李世民诛讨李建成和李元吉。李世民犹豫不决,向灵州大都督李靖问计,李靖推辞了;又向行军总管李世勣问计,李世勣也推辞了。从此,李世民便器重他们二人了。

适逢突厥郁射设带领数万骑兵驻扎在黄河以南,进入边塞,包围乌城,李建成便推荐以李元吉代替李世民督率各军北去征讨。高祖听从了他的建议,命令李元吉督率右武卫大将军李艺、天纪将军张瑾等人前去援救乌城。李元吉请求让尉迟敬德、程知节、段志玄以及秦王府右三统军秦叔宝等人与自己一同前往,检阅并挑选秦王军中精悍勇锐的将士来增强李元吉的军队。率更丞王晊秘密禀告李世民说:"太子与齐王谈话时说:'现在你已经得到秦王骁勇的将领和精悍的士兵,拥有数万人马了,我与秦王在昆明池为你饯行,让勇士在帐幕里面摧折他的肋骨,将他杀死,上奏时就说他是突然死去的,皇上该不会不相信。我自当让人进言申说,使皇上将国家事务交给我。尉迟敬德等人被你掌握以后,应该将他们悉数活埋,谁敢不服呢?'"李世民将王晊的话告诉了长孙无忌等人,长孙无忌等人劝说李世民在事发以前设法对付他们。李世民叹息着说:"骨肉相互残杀,是古往今来的大丑恶。我诚然知道祸事即将来临,但我打算在祸事发动以后,仗义讨伐他们,不也是可以的吗?"尉迟敬德说:"作为人们的常情,有谁能够舍得死去?现在大家誓死拥戴大王,这是上天所授。祸患的枢机就要发动,大王却仍旧态度安然,不为此事担忧,即使大王把自己看得很轻,

如宗庙社稷何？大王不用敬德之言，敬德将窜身草泽，不能留居大王左右，交手受戮也！"无忌曰："不从敬德之言，事今败矣。敬德等必不为王有，无忌亦当相随而去，不能复事大王矣！"世民曰："吾所言亦未可全弃，公更图之。"敬德曰："王今处事有疑，非智也；临难不决，非勇也。且大王素所畜养勇士八百馀人，在外者今已入宫，擐甲执兵，事势已成，大王安得已乎？"

世民访之府僚，皆曰："齐王凶戾，终不肯事其兄。比闻护军薛实尝谓齐王曰：'大王之名，合之成"唐"字，大王终主唐祀。'齐王喜曰：'但除秦王，取东宫如反掌耳。'彼与太子谋乱未成，已有取太子之心。乱心无厌，何所不为？若使二人得志，恐天下非复唐有。以大王之贤，取二人如拾地芥耳，奈何徇匹夫之节，忘社稷之计乎？"世民犹未决，众曰："大王以舜为何如人？"曰："圣人也。"众曰："使舜浚井不出，则为井中之泥，涂廪不下，则为廪上之灰，安能泽被天下，法施后世乎？是以小杖则受，大杖则走，盖所存者大故也。"世民命卜之，幕僚张公谨自外来，取龟投地，曰："卜以决疑，今事在不疑，尚何卜乎？卜而不吉，庸得已乎？"于是定计。

又怎么对得起宗庙社稷呢？如果大王不肯采用我的主张，我便准备逃身荒野了，我是不能够留在大王身边，拱手任人宰割的！"长孙无忌说："如果大王不肯听从尉迟敬德的主张，事情便没指望了。尉迟敬德等人肯定不会再追随大王了，我也应当跟着他们离开大王，不能够再事奉大王了！"李世民说："我讲的意见也不能够完全舍弃，您再计议一下吧。"尉迟敬德说："如今大王处理事情尚有疑虑，这是不明智的；面临危难不能决断，这是不果敢的。况且，大王平时蓄养的八百多名勇士，凡是在外面的，现在已经进入宫中，他们穿好衣甲，握着兵器，起事的形势已经促成，大王怎么能够制止得住呢？"

李世民就此事征求秦王府僚属的意见，大家都说："齐王凶恶乖张，是终究不愿意事奉自己的兄长的。近来听说护军薛实曾经对齐王说：'大王的名字，合起来可以成为一个唐字，看来大王终究是要主持大唐的祭祀的。'齐王欢喜地说：'只要能够除去秦王，捉取太子就易如反掌了。'李元吉与太子谋划作乱还没有成功，就已经有了捉取太子的心思。作乱的心思没个满足，又有什么事情做不出来呢？假使这两个人如愿以偿了，恐怕天下就不再归大唐所有。凭着大王的贤能，捉取这两个人就像拾取地上的草芥一般容易，怎么能够为了信守平常人的节操，就忘记了国家大计呢？"李世民仍然没有做出决定，大家说："大王认为虞舜是什么样的人呢？"李世民说："是圣人。"大家说："假如虞舜在疏浚水井的时候没有躲过父亲与哥哥在上面填土的毒害，他便化为井中的泥土了，假如他在涂饰粮仓的时候没有逃过父亲和哥哥在下面放火的毒害，他便化为粮仓上的灰烬了，还怎么能够使自己恩泽遍及天下，法度流传后世呢？所以，虞舜遭到父亲用小棍棒笞打的时候便忍受了，在遭到父亲用大棍棒笞打的时候便逃走了，这恐怕因为虞舜心里所想的是大事啊。"李世民让人卜算是否应该采取行动，适逢幕府的僚属张公瑾从外面进来，便将龟甲拿过来扔在地上说："占卜是为了决定疑难之事的，现在事情并无疑难，还占卜什么呢？如果卜算的结果是不吉利的，难道就能够不采取行动了吗？"于是，大家便定下了采取行动的办法。

世民令无忌密召房玄龄等,曰:"敕旨不听复事王。今若私谒,必坐死,不敢奉教!"世民怒,谓敬德曰:"玄龄、如晦岂叛我邪?"取所佩刀授敬德曰:"公往观之,若无来心,可断其首以来。"敬德往,与无忌共谕之曰:"王已决计,公宜速入共谋之。吾属四人,不可群行道中。"乃令玄龄、如晦著道士服,与无忌俱入,敬德自他道亦至。

己未,太白复经天。傅奕密奏:"太白见秦分,秦王当有天下。"上以其状授世民。于是世民密奏建成、元吉淫乱后宫,且曰:"臣于兄弟无丝毫负,今欲杀臣,似为世充、建德报雠。臣今枉死,永违君亲,魂归地下,实耻见诸贼!"上省之,愕然,报曰:"明当鞫问,汝宜早参。"

庚申,世民帅长孙无忌等入,伏兵于玄武门。张婕妤窃知世民表意,驰语建成。建成召元吉谋之,元吉曰:"宜勒宫府兵,托疾不朝,以观形势。"建成曰:"兵备已严,当与弟入参,自问消息。"乃俱入,趣玄武门。上时已召裴寂、萧瑀、陈叔达等,欲按其事。

建成、元吉至临湖殿,觉变,即跋马东归宫府。世民从而呼之,元吉张弓射世民,再三不彀,世民射建成,杀之。尉迟敬德将七十骑继至,左右射元吉坠马。世民马逸入林下,

李世民让长孙无忌秘密地将房玄龄等人召集起来,房玄龄等人说:"敕书的旨意是不允许我们大家再事奉秦王的。如果我们现在私下去谒见秦王,肯定要因此获罪致死,因此我们不敢接受秦王的教令!"李世民生气地对尉迟敬德说:"房玄龄与杜如晦难道要背叛我吗?"他摘下佩刀交给尉迟敬德说:"您前去察看一下情况,如果他们没有前来的意思,您可以砍下他们的头颅带着回来见我。"尉迟敬德前去与长孙无忌一起晓谕房玄龄等人说:"秦王已经将采取行动的办法决定下来了,您们最好赶紧前去秦王府共同计议大事。我们这四个人,不能够在街道上同行。"于是让房玄龄与杜如晦穿上道士的服装,与长孙无忌一同进入秦王府,尉迟敬德由别的道路也来到了秦王府。

己未(初三),金星再次白天出现在天空正南方的午位。傅奕秘密上奏说:"金星出现在秦地的分野上,这是秦王应当拥有天下的征兆。"高祖将傅奕的密状交给了李世民。此时,李世民暗中奏陈李建成与李元吉淫乱后宫嫔妃,而且说:"我丝毫也没有对不起哥哥与弟弟的地方,现在他们却打算杀死我,似乎是要为王世充和窦建德报仇。如今我含冤而死,永远离开父皇陛下,魂魄回到地下,如果见到王世充等人,实在感到羞耻!"高祖望着李世民,惊讶不已,便回答说:"明天就审问此事,你最好及早前来朝参。"

庚申(初四),李世民率领长孙无忌等人入朝,将兵力埋伏在玄武门。张婕妤暗中得知了李世民上表的大意,便前去告诉李建成。李建成将李元吉叫来商议此事,李元吉说:"我们应当统率着东宫与齐王府中的兵力,托称有病,不去上朝,以便观察形势。"李建成说:"兵力已经布置严密了,我与你应当入朝参见,亲自打听消息。"于是,二人一起入朝,向着玄武门走来。当时,高祖已经将裴寂、萧瑀、陈叔达等人召集前来,准备查验这件事情了。

李建成与李元吉来到临湖殿的时候,察觉到发生了变故,立即勒转马头,准备向东返回东宫和齐王府。李世民跟在后面招呼他们,李元吉拉开弓去射李世民,一连两三次,都没有将弓拉满,李世民箭射李建成,却将他射死了。尉迟敬德带领骑兵七十人相继赶到,他身边的将士将李元吉射下马来。李世民的坐骑奔入树林,

为木枝所絓,坠不能起。元吉遽至,夺弓将扼之,敬德跃马叱之。元吉步欲趣武德殿,敬德追射,杀之。翊卫车骑将军冯翊冯立闻建成死,叹曰:"岂有生受其恩而死逃其难乎?"乃与副护军薛万彻、屈咥直府左车骑万年谢叔方帅东宫、齐府精兵二千驰趣玄武门。张公谨多力,独闭关以拒之,不得入。云麾将军敬君弘掌宿卫兵,屯玄武门,挺身出战,所亲止之曰:"事未可知,且徐观变,俟兵集,成列而战,未晚也。"君弘不从,与中郎将吕世衡大呼而进,皆死之。君弘,显隽之曾孙也。守门兵与万彻等力战良久,万彻鼓噪欲攻秦府,将士大惧,尉迟敬德持建成、元吉首示之,宫府兵遂溃。万彻与数十骑亡入终南山。冯立既杀敬君弘,谓其徒曰:"亦足以少报太子矣!"遂解兵,逃于野。

上方泛舟海池,世民使尉迟敬德入宿卫,敬德擐甲持矛,直至上所。上大惊,问曰:"今日乱者谁邪?卿来此何为?"对曰:"秦王以太子、齐王作乱,举兵诛之,恐惊动陛下,遣臣宿卫。"上谓裴寂等曰:"不图今日乃见此事,当如之何?"萧瑀、陈叔达曰:"建成、元吉本不预义谋,又无功于天下,疾秦王功高望重,共为奸谋。今秦王已讨而诛之,秦王功盖宇宙,率土归心,陛下若处以元良,委之国事,无复事矣!"上曰:"善!此吾之夙心也。"时宿卫及秦府兵与二宫左右战犹未已,敬德请降手敕,

被树枝挂住，倒在地上，不能起来。李元吉急忙赶到，夺过弓来，准备掐死李世民，尉迟敬德跃马奔来大声呵斥他。李元吉打算步行前往武德殿，尉迟敬德追着射他，将他射死了。翊卫车骑将军、冯翊人冯立得知李建成死去的消息以后，叹息说："难道能够人家活着时蒙受人家的恩惠，人家一死便逃脱人家的祸难吗？"于是，他与副护军薛万徹、屈咥直府左车骑万年人谢叔方率领东宫和齐王府的精锐兵马两千人急驰玄武门。张公谨膂力过人，他独自关闭了大门抵御冯立等人，冯立等人无法进入。云麾将军敬君弘掌管着宿卫军，驻扎在玄武门，他挺身而起，准备出战，与他亲近的人阻止他说："事情未见分晓，姑且慢慢观察事态的发展变化，等到兵力集合起来，结成阵列出战，也是为时不晚的啊。"敬君弘不肯听从，便与中郎将吕世衡大声呼喊着奔向前去，结果全部战死。敬君弘是敬显隽的曾孙。把守玄武门的士兵与薛万徹等人奋力交战，持续了很长时间，薛万徹擂着鼓，呼喊着，准备进攻秦王府，将士们大为恐惧，这时，尉迟敬德提着李建成和李元吉的头颅给薛万徹等人去看，东宫和齐王府的人马因而溃散。薛万徹与骑兵数十人逃进终南山。冯立杀死敬君弘以后，对手下人说："这也足够略微报答太子了。"于是，他丢掉兵器，落荒而逃。

高祖正在海池划船，李世民让尉迟敬德入宫担任警卫，尉迟敬德身披铠甲、手握长矛，径直来到高祖的住所。高祖极为震惊，便问他说："今天作乱的人是谁呀？你到这里来做什么？"尉迟敬德回答说："由于太子和齐王作乱，秦王起兵诛杀了他们，秦王担心惊动了陛下，便派我担任警卫。"高祖对裴寂等人说："不料今天竟然会出现这种事情，你们认为应当怎么办呢？"萧瑀和陈叔达说："李建成与李元吉原来就没有参与举义反隋的谋议，又没有为天下立下功劳，他们嫉妒秦王功勋大、威望高，便一起策划邪恶的阴谋。现在，秦王已经声讨并诛杀了他们，秦王的功绩布满天下，我国疆域以内的人们都诚心归向于他，如果陛下能够决定立他为太子，将国家政务交托给他，就不会再发生事端了。"高祖说："好！这也正是我平素的心愿啊。"当时，宿卫军和秦王府的兵马与东宫和齐王府的亲信交战还没有停止，尉迟敬德请求高祖颁布亲笔敕令，

令诸军并受秦王处分,上从之。天策府司马宇文士及自东上阁门出宣敕,众然后定。上又使黄门侍郎裴矩至东宫晓谕诸将卒,皆罢散。上乃召世民,抚之曰:"近日以来,几有投杼之惑。"世民跪而吮上乳,号恸久之。

建成子安陆王承道、河东王承德、武安王承训、汝南王承明、钜鹿王承义,元吉子梁郡王承业、渔阳王承鸾、普安王承奖、江夏王承裕、义阳王承度皆坐诛,仍绝属籍。

初,建成许元吉以正位之后,立为太弟,故元吉为之尽死。诸将欲尽诛建成、元吉左右百馀人,籍没其家,尉迟敬德固争曰:"罪在二凶,既伏其诛,若及支党,非所以求安也!"乃止。是日,下诏赦天下。凶逆之罪,止于建成、元吉,自馀党与,一无所问。其僧、尼、道士、女冠并宜依旧。国家庶事,皆取秦王处分。

辛酉,冯立、谢叔方皆自出。薛万彻亡匿,世民屡使谕之,乃出。世民曰:"此皆忠于所事,义士也。"释之。

癸亥,立世民为皇太子。又诏:"自今军国庶事,无大小悉委太子处决,然后闻奏。"

臣光曰:立嫡以长,礼之正也。然高祖所以有天下,皆太宗之功;隐太子以庸劣居其右,地嫌势逼,必不相容。向使高祖有文王之明,隐太子有泰伯之贤,太宗有子臧之节,则乱何自而生矣!既不能然,太宗始欲俟其先发,

命令各军一并接受秦王的处置,高祖听从了他的建议。天策府司马宇文士及由东上阎门出来宣布敕令,大家便安定下来。高祖又让黄门侍郎裴矩前往东宫明白开导各个将士,将士们便都弃职散开。于是,高祖传召李世民前来,抚慰他说:"近些日子以来,我几乎出现了曾母误听曾参杀人而丢开织具逃走的疑惑。"李世民跪了下来,伏在高祖的胸前,长时间地放声痛哭。

李建成的儿子安陆王李承道、河东王李承德、武安王李承训、汝南王李承明、钜鹿王李承义,李元吉的儿子梁郡王李承业、渔阳王李承鸾、普安王李承奖、江夏王李承裕、义阳王李承度等人都获罪被杀,还在宗室的名册上除去他们的名字。

当初,李建成答应李元吉在自己即位以后,将他立为皇太弟,所以李元吉为李建成竭力效死。各位将领准备将李建成和李元吉的一百多名亲信全部诛除,将他们的家产没收官府,尉迟敬德再三争论着说:"罪过都在两个元凶身上,他们已经受到死刑的处罚了,倘若还要牵连他们旁出支属的党羽,就不是谋求安定的做法了!"于是各位将领停止追杀下去。当天,高祖颁诏赦免天下罪囚。叛逆的罪名只加给李建成和李元吉二人,对其余的党羽,一概不加追究。僧人、女尼和男女道士应当一律遵行旧章。国家的各项政务,全部听候秦王的处置。

辛酉(初五),冯立和谢叔方都自动出来。薛万徹逃亡躲避起来以后,李世民多次让人晓示他,他也出来了。李世民说:"这些人都能够忠于自己所事奉的人,是义士啊!"于是将他们都免罪。

癸亥(初七),高祖将李世民立为皇太子。还颁布诏书说:"从今天起,军队和国家的各项事务,无论大小,全部交付太子处置决定,然后朕再听取奏报。"

臣司马光说:将嫡长子立为太子,是礼典的正宗。然而,高祖之所以拥有天下,完全是由于李世民的劳绩。隐太子李建成平庸低劣,却位居在李世民之上,所处的地位易生嫌猜,所拥有的权力相互威胁,兄弟二人必然不能相容。假如高祖有周文王的明智,隐太子李建成有泰伯的贤达,太宗有子臧的节操,变乱又会从哪里产生出来呢!既然不能如此,太宗这才打算等待李建成首先发难,

然后应之,如此,则事非获已,犹为愈也。既而为群下所迫,遂至蹀血禁门,推刃同气,贻讥千古,惜哉!夫创业垂统之君,子孙之所仪刑也,彼中、明、肃、代之传继,得非有所指拟以为口实乎?

27　戊辰,以宇文士及为太子詹事,长孙无忌、杜如晦为左庶子,高士廉、房玄龄为右庶子,尉迟敬德为左卫率,程知节为右卫率,虞世南为中舍人,褚亮为舍人,姚思廉为洗马。悉以齐王国司金帛什器赐敬德。

初,洗马魏徵常劝太子建成早除秦王,及建成败,世民召徵谓曰:"汝何为离间我兄弟?"众为之危惧,徵举止自若,对曰:"先太子早从徵言,必无今日之祸。"世民素重其才,改容礼之,引为詹事主簿。亦召王珪、韦挺于巂州,皆以为谏议大夫。

世民命纵禁苑鹰犬,罢四方贡献,听百官各陈治道,政令简肃,中外大悦。

以屈突通为陕东道行台左仆射,镇洛阳。

益州行台仆射窦轨与行台尚书韦云起、郭行方不协。云起弟庆俭及宗族多事太子建成,建成死,轨诬云起与建成同反,收斩之。行方惧,逃奔京师,轨追之,不及。

28　吐谷浑寇岷州。

29　突厥寇陇州,辛未,寇渭州。遣右卫大将军柴绍击之。

30　废益州大行台,置大都督府。

31　壬申,上以手诏赐裴寂等曰:"朕当加尊号为太上皇。"

然后采取相应的行动,这样说来,太宗也是出于不得已,尚且算是做得较好的了。不久,李世民被各位下属施加压力,于是导致宫廷门前发生了流血事件,对自己的同胞兄弟白刃相加,为后世所讥刺,真是太可惜了!一般说来,创立基业传给后世的君主,便是子孙后代的典范,后来中宗、玄宗、肃宗、代宗的帝位传承,能不是在对太宗的指顾与效法中找到借口的吗?

27 戊辰(十二日),朝廷任命宇文士及为太子詹事,长孙无忌与杜如晦为左庶子,高士廉与房玄龄为右庶子,尉迟敬德为左卫率,程知节为右卫率,虞世南为中舍人,褚亮为舍人,姚思廉为洗马。还将齐王国司的金银布帛全部赏赐给尉迟敬德。

当初,洗马魏徵经常劝说太子李建成及早除去秦王,李建成事败以后,李世民便传令召魏徵说:"你为什么从中挑拨我们兄弟的关系?"大家都为他担惊受怕,魏徵却举动如常地回答说:"如果已故的太子早些听从我的进言,肯定不会有今天的祸事。"李世民素来器重他的才能,便改变了原来的态度,向他表示敬意,引荐他担任了詹事主簿。李世民还将王珪和韦挺从巂州召回,让他们担任了谏议大夫。

李世民命令将宫苑的鹰犬放生,免除各地进献贡物,听凭百官各自陈说治理国家的方法,行政措施与法令简明整肃,朝廷内外的人们大为欣悦。

朝廷任命屈突通为陕东道行台左仆射,镇守洛阳。

益州行台仆射窦轨与行台尚书韦云起、郭行方不睦。韦云起的弟弟韦庆俭以及同宗亲属有许多人事奉太子李建成,李建成死去以后,窦轨诬告韦云起与李建成一起谋反,将他收捕斩杀。郭行方逃奔京城,窦轨追赶他,但没有追上。

28 吐谷浑侵犯岷州。

29 突厥侵犯陇州,辛未(十五日),突厥侵犯渭州。朝廷派遣右卫大将军柴绍进击突厥。

30 朝廷废除益州大行台,设置益州大都督府。

31 壬申(十六日),高祖将亲笔诏书赐给裴寂说:"朕应当加上太上皇的尊号。"

32　辛巳,幽州大都督庐江王瑗反,右领军将军王君廓杀之,传首。

初,上以瑗懦怯非将帅才,使君廓佐之。君廓故群盗,勇悍险诈,瑗推心倚仗之,许为婚姻。太子建成谋害秦王,密与瑗相结。建成死,诏遣通事舍人崔敦礼驰驿召瑗。瑗心不自安,谋于君廓。君廓欲取瑗以为功,乃说曰:"大王若入,必无全理。今拥兵数万,奈何受单使之召,自投罔罟乎?"因相与泣。瑗曰:"我今以命托公,举事决矣。"乃劫敦礼,问以京师机事,敦礼不屈,瑗囚之。发驿征兵,且召燕州刺史王诜赴蓟,与之计事。兵曹参军王利涉说瑗曰:"王君廓反覆,不可委以机柄,宜早除去,以王诜代之。"瑗不能决。君廓知之,往见诜,诜方沐,握发而出,君廓手斩之,持其首告众曰:"李瑗与王诜同反,囚执敕使,擅自征兵。今诜已诛,独有李瑗,无能为也。汝宁随瑗族灭乎,欲从我以取富贵乎?"众皆曰:"愿从公讨贼。"君廓乃帅其麾下千馀人,逾西城而入,瑗不之觉。君廓入狱出敦礼,瑗始知之,遽帅左右数百人被甲而出,遇君廓于门外。君廓谓瑗众曰:"李瑗为逆,汝何为随之入汤火乎?"众皆弃兵而溃。唯瑗独存,骂君廓曰:"小人卖我,行自及矣!"遂执瑗,缢之。壬午,以王君廓为左领军大将军兼幽州都督,以瑗家口赐之。敦礼,仲方之孙也。

32　辛巳(二十五日),幽州大都督庐江王李瑗反叛朝廷,右领军将军王君廓将他杀掉,把他的头颅送往京城。

当初,高祖看到李瑗怯懦无能,没有担任将帅的才能,便让王君廓辅佐他。王君廓过去当过强盗,骁勇强悍,阴险狡诈,而李瑗推心置腹地倚赖他,答应与他通婚。太子李建成图谋杀害秦王的时候,暗中与李瑗相互交结。李建成死去以后,高祖颁诏派遣通事舍人崔敦礼乘着驿站的车马前去征召李瑗。李瑗不能安心,便与王君廓计议。王君廓打算捉取李瑗,以便建立功劳,因而劝说他说:"如果大王入朝,肯定没有全活的道理。现在大王拥有数万兵马,怎么能够接受使者单身一人的传召,去自投罗网呢?"因而他与李瑗一起哭泣起来。李瑗说:"现在,我将性命交托给您,决定起事了。"于是,他劫持了崔敦礼,向他询问京城中的机密要事,崔敦礼不肯屈服,李瑗便将他囚禁起来。李瑗通过驿站调集兵力,并且传召燕州刺史王诜前往蓟州,与他计议起事。兵曹参军王利涉劝李瑗说:"王君廓反复无常,不能够将权柄交托给他,应当及早将他除掉,让王诜来代替他。"李瑗没有能够决定下来。王君廓得知这一消息以后,前去见王诜,王诜正在洗头,握着头发便走出来了,王君廓亲手将他斩杀,提着他的头颅向大家宣告说:"李瑗与王诜共同谋反,囚禁皇上的使者,擅自征调兵力。现在王诜已经被杀,只剩下李瑗,是无能为力的了。你们是跟着李瑗去举族受戮呢,还是打算随从我去获取富贵呢?"大家都说:"我们愿意随从您声讨逆贼。"王君廓便率领自己的部下一千多人,翻越西城,进入城内,李瑗没有发觉。王君廓进入监狱将崔敦礼放了出来,李瑗这才知道王君廓有变,连忙率领数百名亲信身著铠甲而出,在门外遇到了王君廓。王君廓对李瑗的部下说:"李瑗叛逆朝廷,你们为什么要跟随他赴汤蹈火呢?"大家都丢下兵器,溃散而去。只有李瑗独自留在那里,大骂王君廓说:"你这个出卖我的小人,你也将会自取祸殃的!"于是,王君廓捉住李瑗,将他勒死。壬午(二十六日),朝廷任命王君廓为左领军大将军兼幽州都督,将李瑗家中的人口赏赐给他。崔敦礼是崔仲方的孙子。

33 乙酉,罢天策府。

34 秋,七月己丑,柴绍破突厥于秦州,斩特勒一人,士卒首千馀级。

35 以秦府护军秦叔宝为左卫大将军,又以程知节为右武卫大将军,尉迟敬德为右武候大将军。

36 壬辰,以高士廉为侍中,房玄龄为中书令,萧瑀为左仆射,长孙无忌为吏部尚书,杜如晦为兵部尚书。癸巳,以宇文士及为中书令,封德彝为右仆射,又以前天策府兵曹参军杜淹为御史大夫,中书舍人颜师古、刘林甫为中书侍郎,左卫副率侯君集为左卫将军,左虞候段志玄为骁卫将军,副护军薛万彻为右领军将军,右内副率张公谨为右武候将军,右监门率长孙安业为右监门将军,右内副率李客师为领左右军将军。安业,无忌之兄,客师,靖之弟也。

37 太子建成、齐王元吉之党散亡在民间,虽更赦令,犹不自安,徼幸者争告捕以邀赏。谏议大夫王珪以启太子。丙子,太子下令:"六月四日已前事连东宫及齐王,十七日前连李瑗者,并不得相告言,违者反坐。"

丁酉,遣谏议大夫魏徵宣慰山东,听以便宜从事。徵至磁州,遇州县锢送前太子千牛李志安、齐王护军李思行诣京师,徵曰:"吾受命之日,前宫、齐府左右皆赦不问。今复送思行等,则谁不自疑? 虽遣使者,人谁信之? 吾不可以顾身嫌,不为国虑。且既蒙国士之遇,敢不以国士报之乎?"遂皆解纵之。太子闻之,甚喜。

右卫率府铠曹参军唐临出为万泉丞,县有系囚十许人,会春雨,临纵之,使归耕种,皆如期而返。临,令则之弟子也。

33 乙酉(二十九日),朝廷撤除了天策府。

34 秋季,七月己丑(初三),柴绍在秦州打败突厥,斩杀特勒一人及将士一千多。

35 朝廷任命秦王府护军秦叔宝为左卫大将军,又任命程知节为右武卫大将军,尉迟敬德为右武候大将军。

36 壬辰(初六),朝廷任命高士廉为侍中,任命房玄龄为中书令,萧瑀为左仆射,长孙无忌为吏部尚书,杜如晦为兵部尚书。癸巳(初七),朝廷任命宇文士及为中书令,封德彝为右仆射,还任命前任天策府兵曹参军杜淹为御史大夫,中书舍人颜师古和刘林甫为中书侍郎,左卫副率侯君集为左卫将军,左虞候段志玄为骁卫将军,副护军薛万彻为右领军将军,右内副率张公谨为右武候将军,右监门率长孙安业为右监门将军,右内副率李客师为领左右将军。长孙安业是长孙无忌的哥哥,李客师是李靖的弟弟。

37 太子李建成和齐王李元吉的党羽流散逃亡到民间,虽然连续颁布赦令,仍然感到内心不安,侥幸贪利的人们争着告发捕捉他们以求奖赏。谏议大夫王珪将这种情况告诉了太子李世民。丙子,太子颁布命令:"六月四日以前与东宫和齐王有牵连的人、同月十七日以前与李瑗有牵连的人,一概不允许相互告发,对违反规定的人以诬告治罪。"

丁酉(十一日),朝廷派遣谏议大夫魏徵安抚山东,任凭他见机行事。魏徵来到磁州的时候,遇到州县枷送原来的太子千牛李志安、齐王的护军李思行前往京城,魏徵说:"我接受命令的时候,对原来的东宫与齐王府亲信已经一概赦免,不予追究。现在又押送李思行等人,谁不对赦令产生怀疑呢?虽然朝廷为此派遣了使者,又有谁会相信这些呢?我不能够因顾虑自身遭受嫌疑,便不为国家考虑。何况我既然被视为国中才能出众的人士而受到礼遇,怎么敢不以国中才能出众人士的本色来报答太子呢?"于是,他将李志安等人一律释放。太子李世民得知消息以后甚为高兴。

右卫率府铠曹参军唐临被外放为万泉县丞,县内有在押囚犯约十人左右,适逢春雨降临,唐临便将他们放走,让他们回乡耕田种地,他们也全部按照规定的日期返回。唐临是唐令则弟弟的儿子。

38 八月丙辰,突厥遣使请和。

39 壬戌,吐谷浑遣使请和。

40 癸亥,制传位于太子,太子固辞,不许。甲子,太宗即皇帝位于东宫显德殿,赦天下。关内及蒲、芮、虞、泰、陕、鼎六州免二年租调,自馀给复一年。

41 诏以"宫女众多,幽闭可愍,宜简出之,各归亲戚,任其适人"。

42 初,稽胡酋长刘仚成帅众降梁师都,师都信谗,杀之。由是所部猜惧,多来降者。师都浸衰弱,乃朝于突厥,为之画策,劝令入寇。于是颉利、突利二可汗合兵十馀万寇泾州,进至武功,京师戒严。

43 丙子,立妃长孙氏为皇后。后少好读书,造次必循礼法。上为秦王,与太子建成、齐王元吉有隙,后奉事高祖,承顺妃嫔,弥缝其阙,甚有内助。及正位中宫,务存节俭,服御取给而已。上深重之,尝与之议赏罚,后辞曰:"'牝鸡之晨,唯家之索。'妾妇人,安敢豫闻政事?"固问之,终不对。

44 己卯,突厥进寇高陵。辛巳,泾州道行军总管尉迟敬德与突厥战于泾阳,大破之,获其俟斤阿史德乌没啜,斩首千馀级。

癸未,颉利可汗进至渭水便桥之北,遣其腹心执失思力入见,以观虚实。思力盛称"颉利与突利二可汗将兵百万,今至矣"。上让之曰:"吾与汝可汗面结和亲,赠遗金帛,前后无算。汝可汗自负盟约,引兵深入,于我无愧! 汝虽戎狄,亦有人心,

38　八月丙辰(初一),突厥派遣使者请求通好言和。

39　壬戌(初七),吐谷浑派遣使者请求通好言和。

40　癸亥(初八),高祖颁布制书,将皇位传给太子李世民,太子李世民再三推辞,高祖不肯答应。甲子(初九),太宗在东宫显德殿即皇帝位,大赦天下。关内地区以及蒲州、芮州、虞州、泰州、陕州、鼎州六地免除租调两年,其馀各地免除徭役一年。

41　太宗颁诏认为:"为数众多的宫女,被关闭在幽深的宫苑之中值得哀怜,应当经过拣选,外放宫女,让她们分别回到自己的亲属身边,听凭她们嫁人。"

42　当初,稽胡酋长刘仚成率领部众向梁师都归降,梁师都听信谗言,将刘仚成杀掉。从此,他的部下心怀疑惧,有许多人前来投降。梁师都逐渐衰弱下来,便去朝见突厥,替突厥谋划筹策,劝说突厥前来侵犯。因此,颉利可汗与突利可汗二人汇合兵马十多万人侵犯泾州,开进到武功,京城严加戒备。

43　丙子(二十一日),太宗将皇妃长孙氏立为皇后。长孙皇后年少时喜欢读书,即使在仓促之间,她的行为也一定要遵守礼教的法度。太宗在当秦王的时候,与太子李建成和齐王李元吉结下嫌隙,长孙皇后侍奉高祖,顺从妃嫔,弥合秦王的缺失,给秦王带来很大的帮助。长孙氏被立为中宫皇后以后,务求保持节约俭朴的风尚,车马衣服等物品也是仅够需用罢了。太宗很器重她,曾经与她议论奖赏与刑罚,长孙皇后推辞说:"'如果母鸡在早晨打鸣,就只会使这个人家倾家荡产。'我是妇人,怎么敢参与和过问朝中政务?"太宗再三问她,她到底没有回答。

44　己卯(二十四日),突厥进军侵犯高陵县。辛巳(二十六日),泾州道行军总管尉迟敬德与突厥在泾阳交战,大破突厥,擒获了突厥的俟斤阿史德乌没啜,斩首一千多级。

癸未(二十八日),颉利可汗开进到渭水便桥的北岸,派遣他的亲信执失思力入京进见,以便观察形势。执失思力极力声称"颉利可汗与突利可汗两人率领着百万大军,现在已经来到"。太宗斥责他说:"我与你们的可汗当面约定和睦通好,前后赠给你们金银布帛,多得无法计算。你们的可汗独自背弃盟约,率领兵马深入内地,我可没有对不起你们的地方!虽然你们是戎狄族之人,但也是长着一颗人心的,

何得全忘大恩，自夸强盛！我今先斩汝矣！"思力惧而请命。萧瑀、封德彝请礼遣之。上曰："我今遣还，虏谓我畏之，愈肆凭陵。"乃囚思力于门下省。

上自出玄武门，与高士廉、房玄龄等六骑径诣渭水上，与颉利隔水而语，责以负约。突厥大惊，皆下马罗拜。俄而诸军继至，旌甲蔽野，颉利见执失思力不返，而上挺身轻出，军容甚盛，有惧色。上麾诸军使却而布陈，独留与颉利语。萧瑀以上轻敌，叩马固谏，上曰："吾筹之已熟，非卿所知。突厥所以敢倾国而来，直抵郊甸者，以我国内有难，朕新即位，谓我不能抗御故也。我若示之以弱，闭门拒守，虏必放兵大掠，不可复制。故朕轻骑独出，示若轻之，又震曜军容，使之必战，出虏不意，使之失图。虏入我地既深，必有惧心，故与战则克，与和则固矣。制服突厥，在此一举。卿第观之！"是日，颉利来请和，诏许之。上即日还宫。乙酉，又幸城西，斩白马，与颉利盟于便桥之上。突厥引兵退。

萧瑀请于上曰："突厥未和之时，诸将争请战，陛下不许，臣等亦以为疑，既而虏自退，其策安在？"上曰："吾观突厥之众虽多而不整，君臣之志唯贿是求，当其请和之时，可汗独在水西，

怎么能够完全忘却对你们的巨大恩惠,自夸兵强马壮！今天我可要先将你杀死了！"执失思力害怕了,便请求饶命。萧瑀和封德彝也请求按照礼节打发他回去。太宗说:"如果我现在就放他回去,突厥认为我害怕他们,就会更加肆意侵凌了。"于是,将执失思力囚禁在门下省。

太宗亲自出玄武门,与高士廉、房玄龄等六人骑马径直来到渭水边上,同颉利可汗隔着渭水对话,责备他背弃盟约。突厥大为吃惊,纷纷跳下马来,并排对着太宗下拜。一会儿,唐朝各军相继赶到,旗帜与盔甲遮盖了原野,颉利可汗看到执失思力没有回来,而太宗挺身而出,唐军的阵容又很盛大,脸上也浮现出恐惧的神色。太宗指挥各军退出一些地方来结成阵列,自己仍然独自与颉利可汗交谈。萧瑀认为太宗轻敌,便勒住太宗的坐骑再三劝阻,太宗说:"朕已经周密地谋划过了,你还不了解其中的用意。突厥之所以胆敢竭尽全国兵力前来,径直抵达京城的郊野,是因为我们国家内部出现了祸难,朕又是新近即位,认为我军不能抵抗防御他们的缘故。如果我军向他们示弱,关闭城门,防守抵御,突厥必然要放纵兵马大规模地劫掠,使我们难以遏制。所以,朕轻装骑马独自前往,是要显示出看不起他们的样子；又向他们炫耀阵容,是要让他们知道我军肯定会出战；朕的行动出于突厥的意料之外,是要让他们失去主张。突厥已经深入到我国疆域中来,肯定怀有戒惧之心,所以,如果我军与他们交战,便能取胜,与他们通好言和,便能够巩固。制服突厥,就看这一行动了。你尽管看着好了！"当日,颉利可汗前来请求讲和,得到了太宗的许可。太宗当天返回宫中。乙酉(三十日),又前往城西,宰马歃血,与颉利可汗在便桥会盟。突厥率领兵马撤退。

萧瑀向太宗请教说:"在突厥没有准备言和的时候,各位将领争先请求出战,陛下没有允许,我等对陛下的做法也感到疑惑不解,不久,突厥果然自动撤退了,奥妙何在？"太宗说:"朕观察突厥兵马虽然为数众多,但是阵容并不整饬,突厥君臣的意图只是一味贪图物品,当突厥请求讲和的时候,唯独可汗留在渭水西岸,

达官皆来谒我,我若醉而缚之,因袭击其众,势如拉朽。又命长孙无忌、李靖伏兵于豳州以待之,虏若奔归,伏兵邀其前,大军蹑其后,覆之如反掌耳。所以不战者,吾即位日浅,国家未安,百姓未富,且当静以抚之。一与虏战,所损甚多。虏结怨既深,惧而修备,则吾未可以得志矣。故卷甲韬戈,啖以金帛,彼既得所欲,理当自退,志意骄惰,不复设备,然后养威伺衅,一举可灭也。将欲取之,必固与之,此之谓矣。卿知之乎?"瑀再拜曰:"非所及也。"

他的职位显要的官员都来向朕谒见，如果我们将他们灌醉了，再将他们捉拿起来，就势袭击突厥兵马，那形势就如摧毁朽坏的物品一样容易。朕再让长孙无忌和李靖在豳州埋伏兵力等待他们前往，假如突厥向回逃奔，前面有埋伏着的兵马阻拦截击，后面有大部队跟踪追击，消灭他们易如反掌。朕不肯与他们交战，是由于朕即位的时间太短，国家尚未安定，百姓并不富足，应当休息生养，以抚慰为务。一经与突厥开战，带来的损失就有很多。突厥在与我们结下深深的怨仇以后，因恐惧而整饬武备，我们便不能够得其所欲了。所以才决定停战息兵，以金银布帛诱惑他们，他们的欲望得到满足以后，理应自动撤退，心志骄矜，意气怠惰，不再设置军备，此后，我军蓄养军威，窥伺破绽，就能够一举消灭他们。打算有所索取，就要先有所给予，说的就是这个道理。你明白了吗？"萧瑀拜了两拜说："这不是我所能够想到的啊！"

卷第一百九十二　唐纪八

起丙戌(626)九月尽戊子(628)七月凡二年

高祖神尧大圣光孝皇帝下之下

武德九年(丙戌,626)

1　九月,突厥颉利献马三千匹,羊万口。上不受,但诏归所掠中国户口,征温彦博还朝。

丁未,上引诸卫将卒习射于显德殿庭,谕之曰:"戎狄侵盗,自古有之,患在边境少安,则人主逸游忘战,是以寇来莫之能御。今朕不使汝曹穿池筑苑,专习弓矢,居闲无事,则为汝师,突厥入寇,则为汝将,庶几中国之民可以少安乎!"于是日引数百人教射于殿庭,上亲临试,中多者赏以弓、刀、帛,其将帅亦加上考。群臣多谏曰:"于律,以兵刃至御在所者绞。今使卑碎之人张弓挟矢于轩陛之侧,陛下亲在其间,万一有狂夫窃发,出于不意,非所以重社稷也。"韩州刺史封同人诈乘驿马入朝切谏。上皆不听,曰:"王者视四海如一家,封域之内,皆朕赤子,朕一一推心置其腹中,奈何宿卫之士亦加猜忌乎?"由是人思自励,数年之间,悉为精锐。

上尝言:"吾自少经略四方,颇知用兵之要,每观敌陈,则知其强弱,常以吾弱当其强,强当其弱。彼乘吾弱,逐奔不过数十百步,吾乘其弱,必出其陈后反击之,无不溃败,所以取胜,多在此也!"

高祖神尧大圣光孝皇帝下之下
唐高祖武德九年(丙戌,公元 626 年)

1　九月,突厥颉利可汗进献唐帝国三千匹马、一万头羊。唐太宗推辞不受,只是下诏令其归还所掠夺的中原人口,并让上一年被俘的温彦博回到朝中。

丁未(二十二日),太宗带领各护卫将士在显德殿庭院操习箭术,并当面训话道:"自古以来就有周边的戎狄等族侵扰盗伐,值得忧虑的是边境稍有安宁,君主就放逸游荡,而忘记战争的威胁,因而一俟敌人来犯则难以抵御。现在朕不让你们修池榭筑宫苑,而是专门熟习射箭技术,闲居无事时,朕就当你们的老师,一旦突厥入侵,则做你们的将领,只有这样中原的百姓也许能过上安宁的日子!"从此,太宗皇帝每日带领数百人在宫殿庭院里教他们射箭,并亲自测试,射中靶多的士兵赏赐给弓箭、短刀、布帛,他们的将领考核时列为上等。许多大臣劝谏道:"依照大唐律令,在皇帝住处手持兵刃的要处以绞刑。现在陛下您让这些卑微之人张弓挟箭在殿宇之旁,陛下身处其中,万一有一个狂徒恣肆妄为,出现意外,陛下受到伤害,这是不重视社稷江山的重要。"韩州刺史封同人假称传信,骑驿马来到朝廷直言苦谏。太宗均听不进去,他说:"真正的君主视四海如同一家,大唐辖土之内,都是朕的忠实臣民,我对每个人都能推心置腹,以诚相待,却为何要对保卫朕的将士横加猜忌呢?"从此人人想着自强自励,几年之后,都成为精锐之士。

太宗曾说过:"朕年轻的时候南征北战,东略西讨,颇知用兵之道,观察敌军阵形,即知道它的强弱,并常以我军弱旅抵挡其强兵,而以强师击其弱旅。敌军追逐我方弱旅不过数百步,我军攻其弱旅,一定要冲破其阵形后乘势反击,敌军无不溃败奔逃,这就是我军取胜之道!"

2 己酉,上面定勋臣长孙无忌等爵邑,命陈叔达于殿下唱名示之,且曰:"朕叙卿等勋赏或未当,宜各自言。"于是诸将争功,纷纭不已。淮安王神通曰:"臣举兵关西,首应义旗,今房玄龄、杜如晦等专弄刀笔,功居臣上,臣窃不服。"上曰:"义旗初起,叔父虽首唱举兵,盖亦自营脱祸。及窦建德吞噬山东,叔父全军覆没。刘黑闼再合馀烬,叔父望风奔北。玄龄等运筹帷幄,坐安社稷,论功行赏,固宜居叔父之先。叔父,国之至亲,朕诚无所爱,但不可以私恩滥与勋臣同赏耳!"诸将乃相谓曰:"陛下至公,虽淮安王尚无所私,吾侪何敢不安其分。"遂皆悦服。房玄龄尝言:"秦府旧人未迁官者,皆嗟怨曰:'吾属奉事左右,几何年矣,今除官,返出前宫、齐府人之后。'"上曰:"王者至公无私,故能服天下之心。朕与卿辈日所衣食,皆取诸民者也。故设官分职,以为民也,当择贤才而用之,岂以新旧为先后哉?必也新而贤,旧而不肖,安可舍新而取旧乎?今不论其贤不肖而直言嗟怨,岂为政之体乎?"

3 诏:"民间不得妄立妖祠。自非卜筮正术,其馀杂占,悉从禁绝。"

4 上于弘文殿聚四部书二十馀万卷,置弘文馆于殿侧,精选天下文学之士虞世南、褚亮、姚思廉、欧阳询、蔡允恭、萧德言等,以本官兼学士,令更日宿直,听朝之隙,引入内殿,讲论前言往行,商榷政事,或至夜分乃罢。又取三品已上子孙充弘文馆学士。

5 冬,十月丙辰朔,日有食之。

2 己酉(二十四日),太宗与群臣当面议定开国元勋长孙无忌等人的爵位田邑,命陈叔达在宫殿下唱名公布,太宗说:"朕分级排列你们的功劳赏赐,如有不当之处,可以各自申明。"于是各位将领纷纷争功,议论不休。淮安王李神通说:"我在关西起兵首先响应义旗,而房玄龄、杜如晦等人只是提刀弄笔,功劳却在我之上,我感到难以钦服。"太宗说:"义旗初起,叔父虽然首先响应义旗举兵,这也是自谋摆脱灾祸。等到窦建德侵吞山东,叔父全军覆没。刘黑闼再次纠集馀部,叔父丢兵弃甲,望风脱逃。房玄龄等人运筹帷幄、决胜千里,使大唐江山得以安定,论功行赏,功劳自然在叔父之上。叔父您是皇族至亲,朕对您确实毫不吝惜,但不可徇私情与有功之臣同行封赏!"众位将领相互议论道:"陛下如此公正,即使对皇叔淮安王也不徇私情,我们这些人怎么敢不安分守己呢。"大家都心悦诚服。房玄龄曾说:"秦王府的旧僚属未能升官的,皆满腹怨言道:'我等跟随侍奉陛下身边,也有许多年了,现今拜官封爵,反而都在前太子东宫、齐王府僚属的后面。'"太宗说:"君主大公无私,才能使天下人信服。老百姓是朕与你们的衣食父母。因此设官吏定职守都是为了百姓,理应选择贤才,量才使能,怎么能以新人、旧人来作为选拔人才的先后顺序呢?如果新人有贤能,故旧无贤无能,怎么可以放弃新人而径取故旧呢?现在你们不论其是否有贤能而只是怨声不断,这岂是为政之道?"

3 太宗下诏:"民间百姓不得私自设立妖祠。除了卜筮等正常占术,其馀杂滥占卜,一律禁绝。"

4 太宗聚集经史子集四部书二十馀万卷藏于弘文殿,并于殿旁设置弘文馆。遴选虞世南、褚亮、姚思廉、欧阳询、蔡允恭、萧德言等国内精通学术文章练达之人,以所任官职兼任弘文馆学士,让他们轮流值宿,太宗在听政之眼,常领他们进入内殿,讲论先哲言行与故事,商榷当朝大政,有时要到午夜时分才结束。又选取三品以上官员的子孙充任弘文馆学士。

5 冬季,十月丙辰朔(初一),出现日食。

6　诏追封故太子建成为息王,谥曰隐。齐王元吉为剌王,以礼改葬。葬日,上哭之于宜秋门,甚哀。魏徵、王珪表请陪送至墓所,上许之,命宫府旧僚皆送葬。

7　癸亥,立皇子中山王承乾为太子,生八年矣。

8　庚辰,初定功臣实封有差。

9　初,萧瑀荐封德彝于上皇,上皇以为中书令。及上即位,瑀为左仆射,德彝为右仆射。议事已定,德彝数反于上前,由是有隙。时房玄龄、杜如晦新用事,皆疏瑀而亲德彝,瑀不能平,遂上封事论之,辞指寥落,由是忤旨。会瑀与陈叔达忿争于上前,庚辰,瑀、叔达皆坐不敬,免官。

10　甲申,民部尚书裴矩奏:"民遭突厥暴践者,请户给绢一匹。"上曰:"朕以诚信御下,不欲虚有存恤之名而无其实,户有大小,岂得雷同给赐乎!"于是计口为率。

11　初,上皇欲强宗室以镇天下,故皇再从、三从弟及兄弟之子,虽童孺皆为王,王者数十人。上从容问群臣:"遍封宗子,于天下利乎?"封德彝对曰:"前世唯皇子及兄弟乃为王,自馀非有大功,无为王者。上皇敦睦九族,大封宗室,自两汉以来未有如今之多者。爵命既崇,多给力役,恐非示天下以至公也!"上曰:"然。朕为天子,所以养百姓也,岂可劳百姓以养己之宗族乎?"十一月庚寅,降宗室郡王皆为县公,惟有功者数人不降。

6 太宗下诏追封已故太子皇兄李建成为息王,谥号为隐。皇弟齐王李元吉谥号为刺,以皇家丧礼重新安葬。安葬那一天,太宗皇帝在宜秋门大哭一场,显得十分哀痛。魏徵、王珪上表请求陪送棺木到安葬地,太宗答应他们的请求,下令原东宫和齐王府的旧僚属均可送葬。

7 癸亥(初八),朝廷立中山王李承乾为皇太子,时年仅八岁。

8 庚辰(二十五日),唐朝初步规定功臣应得食邑封户的等级差别。

9 起初,萧瑀向高祖荐举封德彝,高祖任命他为中书令。到了太宗即位,改任萧瑀为尚书左仆射,封德彝为右仆射。二人商定将要上奏的事,到了太宗面前封德彝屡次变易,由此二人之间产生隔阂。当时房玄龄、杜如晦刚被起用,均疏远萧瑀而亲近封德彝,萧瑀愤愤不平,于是上秘密奏章理论,用词凄凉,由此触犯圣意。适逢萧瑀与陈叔达又在太宗面前严词争辩,庚辰(二十五日),萧瑀、陈叔达皆因对皇上不恭敬的罪名,被罢官免职。

10 甲申(二十九日),民部尚书裴矩上奏言道:"对遭受突厥暴虐践踏的百姓,请求每户赐给绢帛一匹。"太宗答复道:"朕以诚、信二字统治天下,不想徒有体恤百姓的名声而没有实在的东西,每户中人数多少不等,怎么能整齐划一,赏赐都一样呢!"于是按人口作为赏赐的标准。

11 起初,高祖想以加强皇室宗族的力量来威震天下,所以皇帝同曾祖、同高祖的远房堂兄弟以及他们的儿子,即使童孺幼子均封为王,达数十人。为此,太宗语气和缓地征求群臣的意见:"遍封宗亲为王,对天下有利吗?"封德彝回答道:"以前只有皇帝的儿子及兄弟才封为王,其他宗亲如果不是有大功勋,便没有封王的。太上皇亲善皇亲九族,大肆分封宗室,自东西汉以来均没有如此之多。既尊崇爵命,又多赐给劳力仆役,恐怕难以昭示天下的公道!"太宗说:"有道理。朕做天子,就是为了养护百姓,怎么可以劳顿百姓来养护自己的宗族呢?"十一月庚寅(初五),将宗室郡王降格为县公,只有功勋卓著的几位不降。

12　丙午,上与群臣论止盗。或请重法以禁之,上哂之曰:"民之所以为盗者,由赋繁役重,官吏贪求,饥寒切身,故不暇顾廉耻耳。朕当去奢省费,轻徭薄赋,选用廉吏,使民衣食有馀,则自不为盗,安用重法邪?"自是数年之后,海内升平,路不拾遗,外户不闭,商旅野宿焉。

上又尝谓侍臣曰:"君依于国,国依于民。刻民以奉君,犹割肉以充腹,腹饱而身毙,君富而国亡。故人君之患,不自外来,常由身出。夫欲盛则费广,费广则赋重,赋重则民愁,民愁则国危,国危则君丧矣。朕常以此思之,故不敢纵欲也。"

13　十二月己巳,益州大都督窦轨奏称獠反,请发兵讨之。上曰:"獠依阻山林,时出鼠窃,乃其常俗。牧守苟能抚以恩信,自然帅服,安可轻动干戈,渔猎其民,比之禽兽,岂为民父母之意邪?"竟不许。

14　上谓裴寂曰:"比多上书言事者,朕皆粘之屋壁,得出入省览,每思治道,或深夜方寝。公辈亦当恪勤职业,副朕此意。"

上厉精求治,数引魏徵入卧内,访以得失。徵知无不言,上皆欣然嘉纳。上遣使点兵,封德彝奏:"中男虽未十八,其躯干壮大者,亦可并点。"上从之。敕出,魏徵固执以为不可,不肯署敕,至于数四。上怒,召而让之曰:"中男壮大者,乃奸民诈妄以避征役,取之何害,而卿固执至此!"对曰:"夫兵在御之得其道,不在众多。陛下取其壮健,以道御之,足以无敌于天下,何必多取细弱以增虚数乎?且陛下每云:'吾以诚信御天下,欲使臣民皆无欺诈。'今即位未几,失信者数矣!"

12 丙午(二十一日),太宗与群臣讨论防盗问题。有人请求设严刑重法以禁盗,太宗微笑着答道:"老百姓之所以做盗贼,是因为赋役繁重,官吏贪污求贿,百姓饥寒交集,便顾不得廉耻了。朕主张应当杜绝奢侈浪费,轻徭薄赋,选用廉臣循吏,使老百姓吃穿有馀裕,自然不去做盗贼,何必用严刑重法呢?"从此几年之后,天下太平,出现路不拾遗、夜不闭户、商人旅客可在街头露宿的新景象。

太宗曾对身边的大臣说:"君主依靠国家,国家仰仗百姓。剥削百姓来奉迎君主,如同割下身上的肉来充腹,腹饱而身死,君主富了而国家灭亡。所以君主的忧虑,不来自于外面,而常在于自身。凡是欲望强烈则花费过大,花费大则赋役繁重,赋役繁重则百姓愁苦,百姓愁苦则国家危亡,国家危亡则君主地位不保。朕常常思考这些,所以不敢放纵自己欲望过多。"

13 十二月己巳(十五日),益州大都督窦轨上奏,声称当地的獠民造反,请求朝廷派兵讨伐。太宗说:"獠民依山傍林,常有鸡鸣狗盗之类小举动,这是他们的生活习惯。地方官如果能以恩信安抚,他们自然会钦服,怎么可以轻易地大动干戈,捕打獠民,把他们当做禽兽一般,这难道是做百姓的父母官的宗旨吗?"最后没有准许出兵。

14 太宗对大臣裴寂说:"近来很多上书言事的奏章,朕都将它们贴在寝宫的墙壁上,这样可以进出看得见,时常思考为政之道,有时要到深夜才能入睡。希望你们也要恪尽职守,不辜负朕的苦心。"

太宗励精图治,多次让魏徵进入卧室内,询问政治得失。魏徵知无不言,太宗均高兴地采纳。太宗派人征发兵员,封德彝上奏言道:"中男虽不到十八岁,其身体强壮的,也可一并点发。"太宗同意。敕令传出,魏徵固执己见加以反对,不肯签署,如是往返四次。太宗大怒,将他召进宫中并责备道:"中男中身体强壮的,都是那些奸猾虚报年龄以逃避徭役的人,征发他们有什么害处,而你却如此固执!"魏徵答道:"军队在于治理得法,而不在于以多为胜。陛下征召身体壮健的成丁,治理得法,便足以无敌于天下,又何必多征年幼之人以充虚数呢?而且陛下总说:'朕以诚、信治理天下,欲使百姓均没有欺诈行为。'现在陛下即位没多久,却已经多次失信了!"

上愕然曰："朕何为失信？"对曰："陛下初即位，下诏云：'逋负官物，悉令蠲免。'有司以为负秦府国司者，非官物，征督如故。陛下以秦王升为天子，国司之物，非官物而何？又曰：'关中免二年租调，关外给复一年。'既而继有敕云：'已役已输者，以来年为始。'散还之后，方复更征，百姓固已不能无怪。今既征得物，复点为兵，何谓以来年为始乎！又陛下所与共治天下者在于守宰，居常简阅，咸以委之，至于点兵，独疑其诈，岂所谓以诚信为治乎？"上悦曰："向者朕以卿固执，疑卿不达政事，今卿论国家大体，诚尽其精要。夫号令不信，则民不知所从，天下何由而治乎？朕过深矣！"乃不点中男，赐徵金瓮一。

上闻景州录事参军张玄素名，召见，问以政道，对曰："隋主好自专庶务，不任群臣。群臣恐惧，唯知禀受奉行而已，莫之敢违。以一人之智决天下之务，借使得失相半，乖谬已多，下谀上蔽，不亡何待！陛下诚能谨择群臣而分任以事，高拱穆清而考其成败以施刑赏，何忧不治？又，臣观隋末乱离，其欲争天下者不过十馀人而已，其馀皆保乡党、全妻子，以待有道而归之耳。乃知百姓好乱者亦鲜，但人主不能安之耳。"上善其言，擢为侍御史。

前幽州记室直中书省张蕴古上《大宝箴》，其略曰："圣人受命，拯溺亨屯，故以一人治天下，不以天下奉一人。"又曰："壮九重于内，所居不过容膝；彼昏不知，瑶其台而琼其室。罗八珍于前，所食不过适口；惟狂罔念，丘其糟而池其酒。"又曰："勿没没而暗，勿察察而明，虽冕旒蔽目而视于未形，虽黈纩塞耳而听于无声。"上嘉之，赐以束帛，除大理丞。

太宗惊愕地问道:"朕怎么失信了?"魏徵答道:"陛下刚即位时,就下诏说:'百姓拖欠官家的财物,一律免除。'有关部门认为拖欠秦王国司的财物,不属于官家财物,仍旧征求索取。陛下由秦王升为天子,府库国司物品不是官家之物又是什么呢?又说:'关中地区免收两年的租调,关外地区免除徭役一年。'不久又有敕令说:'已纳税和已服徭役的,从下一年开始。'等到归还已纳税物之后,又重新开始征调,这样百姓不能没有责怪之意。现在是既征收到租调,又点发为兵员,还谈什么从下一年开始免除呢!况且与陛下共同治理天下的都是这些地方官员,日常公务都委托他们办理;至于征点兵员,却怀疑他们使诈,这难道是以诚信为治国之道吗?"太宗高兴地说:"以前朕认为你比较固执,怀疑你不通达政务,现在看到你议论国家大政方针,确实都切中要害。朝廷政令不讲信用,则百姓不知所从,国家如何能得到治理呢?朕的过失很深呐!"于是不征点中男做兵员,并且赐给魏徵一只金瓮。

太宗素闻景州录事参军张玄素的大名,便召他进宫,问他为政之道,张玄素答道:"隋朝皇帝好自作主张,独自处理日常政务,而不委任给群臣。群臣内心恐惧,只知道禀承旨意加以执行,没有人敢违命不遵。然而以一个人的智力决断天下事务,即使得失参半,乖谬失误之处已属不少,加上臣下谄谀皇上蒙蔽,国家不灭亡更待何时!陛下如能慎择群臣而让他们各职其事,自己拱手安坐,清和静穆,考察他们的成败得失实施刑罚赏赐,国家还能治理不好?而且,我观察隋末大动乱,其中想要争夺天下的不过十几人而已,其馀大部分都想保全乡里和妻子儿女,等待有道之君而归附。由此可知百姓很少希望天下大乱的,关键在于君主不能安定罢了。"太宗欣赏他的言论,提拔他为侍御史。

前幽州记室参军、入直中书省官员的张蕴古,呈给太宗一篇《大宝箴》,大略写道:"圣人上承天命,拯黎民于水火,救世势于危难,所以以一个人来治理天下,而不以天下专奉一人。"又写道:"内廷重屋叠室、宽大无比,而帝王居住的不过一片狭小之地;他们却昏庸无知,大肆修筑瑶台琼室。席前堆着山珍海味,他们不过吃几口合口味的;他们却忽发狂想,堆糟成丘,以酒为池。"又写道:"对事物不要无声无息,糊里糊涂,也不要苛察小事,自以为精明;这样虽有冠冕前的垂旒遮住双眼也能看清事物的未成形状态,虽有黈纩挡住耳朵,也能听到尚未发出的声音。"太宗深为嘉许,赏赐给束帛,官拜大理丞。

15　上召傅奕,赐之食,谓曰:"汝前所奏,几为吾祸。然凡有天变,卿宜尽言皆如此,勿以前事为惩也。"上尝谓奕曰:"佛之为教,玄妙可师,卿何独不悟其理?"对曰:"佛乃胡中桀黠,诳耀彼土。中国邪僻之人,取庄、老玄谈,饰以妖幻之语,用欺愚俗,无益于民,有害于国,臣非不悟,鄙不学也。"上颇然之。

16　上患吏多受赇,密使左右试赂之。有司门令史受绢一匹,上欲杀之,民部尚书裴矩谏曰:"为吏受赂,罪诚当死,但陛下使人遗之而受,乃陷人于法也,恐非所谓'道之以德,齐之以礼。'"上悦,召文武五品已上告之曰:"裴矩能当官力争,不为面从,傥每事皆然,何忧不治?"

臣光曰:"古人有言:君明臣直。裴矩佞于隋而忠于唐,非其性之有变也。君恶闻其过,则忠化为佞;君乐闻直言,则佞化为忠。是知君者表也,臣者景也,表动则景随矣。

17　是岁,进皇子长沙郡王恪为汉王、宜阳郡王祐为楚王。

18　新罗、百济、高丽三国有宿仇,迭相攻击。上遣国子助教朱子奢往谕指,三国皆上表谢罪。

太宗文武大圣大广孝皇帝上之上
贞观元年(丁亥,627)

1　春,正月乙酉,改元。

15　太宗召见傅奕,赐给精美食物,对他说:"你六月所奏太白金星现于秦的分野,秦王当有天下,差一点害我遭殃。不过今后凡有天象变化,希望你一如既往,不要心有馀悸,总记着过去的事。"太宗曾对傅奕说:"佛作为宗教,其玄妙处可以师法,为何惟独你不明悟其道理?"傅奕答道:"佛乃是胡族中的诡辩理论,欺言诳世辉耀于西域。中国的一些邪僻之人,择取老、庄玄谈理论,用妖幻之语加以修饰,用来欺蒙愚昧的民众,这既不利于百姓,更有害于国家,我不是不能明悟,而是鄙视它不愿意接触它。"太宗颇以为然。

16　太宗担心官吏中多有接受贿赂的,便秘密安排身边的人去试探他们。有一个刑部下属的司门令史收受绢帛一匹,太宗得悉后想要杀掉他,民部尚书裴矩劝谏道:"当官的接受贿赂,罪当处死;但是陛下派人送上门去让其接受,这是有意使其触犯法律,恐怕不符合孔子所谓'用道德加以诱导,以礼教来整齐民心'的古训。"太宗听了很高兴,召集文武五品以上的官员对他们说:"裴矩能够在其位谋其政,当面谏诤,并不一味地顺从我,假如每件事情都能这样做,国家怎么能治理不好呢?"

　　臣司马光说:古人说过:君主明察则臣下多直言。裴矩在隋朝是位佞臣而在唐则是忠臣,不是他的品性变化。君主讨厌听人揭短,则大臣的忠诚便转化为谄媚;君主乐意听到直言劝谏,则谄媚又转化为忠诚。由此可知君主如同测影的表,大臣便似影子,表一动则影子随之而动。

17　这一年,将皇子长沙郡王李恪升为汉王,宜阳郡王李祐升为楚王。

18　新罗、百济、高丽三国之间世代不和睦,相互攻伐,战事连绵。太宗派遣国子监助教朱子奢前去传达圣旨,劝他们讲和,三国表示谢罪。

太宗文武大圣大广孝皇帝上之上
唐太宗贞观元年(丁亥,公元627年)

1　春季,正月乙酉(初一),改年号。

2　丁亥，上宴群臣，奏《秦王破陈乐》，上曰："朕昔受委专征，民间遂有此曲，虽非文德之雍容，然功业由兹而成，不敢忘本。"封德彝曰："陛下以神武平海内，岂文德之足比。"上曰："戡乱以武，守成以文，文武之用，各随其时。卿谓文不及武，斯言过矣！"德彝顿首谢。

3　己亥，制："自今中书、门下及三品以上入阁议事，皆命谏官随之，有失辄谏。"

4　上命吏部尚书长孙无忌等与学士、法官更议定律令，宽绞刑五十条为断右趾，上犹嫌其惨，曰："肉刑废已久，宜有以易之。"蜀王法曹参军裴弘献请改为加役流，徙三千里，居作三年，诏从之。

5　上以兵部郎中戴胄忠清公直，擢为大理少卿。上以选人多诈冒资荫，敕令自首，不首者死。未几，有诈冒事觉者，上欲杀之。胄奏："据法应流。"上怒曰："卿欲守法而使朕失信乎？"对曰："敕者出于一时之喜怒，法者国家所以布大信于天下也。陛下忿选人之多诈，故欲杀之，而既知其不可，复断之以法，此乃忍小忿而存大信也。"上曰："卿能执法，朕复何忧！"胄前后犯颜执法，言如涌泉，上皆从之，天下无冤狱。

6　上令封德彝举贤，久无所举。上诘之，对曰："非不尽心，但于今未有奇才耳！"上曰："君子用人如器，各取所长，古之致治者，岂借才于异代乎？正患己不能知，安可诬一世之人？"德彝惭而退。

2　丁亥(初三)，太宗大宴群臣，席间演奏《秦王破阵乐》，太宗说："朕从前曾受命专事征伐隋朝和各路割据势力，民间于是流传着这个曲子。虽然不具备文德之乐的温文尔雅，但立国的功业却由此而得，所以始终不敢忘本。"封德彝说："陛下以神武之力平定天下，岂是文德所堪比拟。"太宗说："平乱建国应以武力为主，治理国家保卫胜利果实却赖文才，文武的妙用，全在于各因时制宜。你说文才赶不上武功，此言差矣！"封德彝磕头道歉。

3　己亥(十五日)，唐朝廷下制文："从今以后，中书省、门下省以及三品以上官员入内廷议事，都应让谏议官随行，议政与决策有失误立即加以劝谏。"

4　太宗让吏部尚书长孙无忌等人与学士、法官重新议定律令，宽释绞刑五十条，改为断右趾，太宗仍嫌其苛刻，说道："肉刑废除已经很长时间，应当用其他刑罚代替。"蜀王属僚法曹参军裴弘献请求改断趾为加劳役流放，流放到三千里外，刑期三年，太宗下诏依此办理。

5　太宗认为兵部郎中戴胄忠诚清正耿直，提升为大理少卿。当时许多候选官员都假冒资历和门荫，太宗令他们自首，否则即处死。没过几天，有假冒的被发觉，太宗要杀掉他。戴胄上奏道："根据法律应当流放。"太宗大怒道："你想以守法为由而让我失信于天下吗？"戴胄回答道："敕令出于君主一时的喜怒，法令则是国家向天下昭示信用的。陛下气愤于候选官员的假冒，所以想要杀他们，但是既然已知其不可行，再以法令为裁断，这才是忍住一时的愤怒而向天下保全最大信用的处理方法。"太宗说："你如此执法，朕还有何忧虑！"戴胄前后多次冒犯皇上而执行法律，奏答时滔滔不绝，太宗都从善如流，国内没有冤案。

6　太宗令封德彝荐举贤才，很长时间没有选荐一个人。太宗质问其原因，答道："不是我不尽心竭力，而是现在没有奇才！"太宗说："君子用人如用器物，各取其长处，古时候国家达到大治的，难道从别的时代去借人才吗？正应当怪自己不能识别人才，怎么能诬蔑一个时代的人呢？"封德彝羞惭地退下。

御史大夫杜淹奏:"诸司文案恐有稽失,请令御史就司检校。"上以问封德彝,对曰:"设官分职,各有所司。果有愆违,御史自应纠举;若遍历诸司,搜摘疵颣,太为烦碎。"淹默然。上问淹:"何故不复论执?"对曰:"天下之务,当尽至公,善则从之,德彝所言,真得大体,臣诚心服,不敢遂非。"上悦曰:"公等各能如是,朕复何忧?"

7 右骁卫大将军长孙顺德受人馈绢,事觉,上曰:"顺德果能有益国家,朕与之共有府库耳,何至贪冒如是乎!"犹惜其有功,不之罪,但于殿庭赐绢数十匹。大理少卿胡演曰:"顺德枉法受财,罪不可赦,奈何复赐之绢?"上曰:"彼有人性,得绢之辱,甚于受刑;如不知愧,一禽兽耳,杀之何益?"

8 辛丑,天节将军燕郡王李艺据泾州反。

艺之初入朝也,恃功骄倨,秦王左右至其营,艺无故殴之。上皇怒,收艺系狱,既而释之。上即位,艺内不自安。曹州妖巫李五戒谓艺曰:"王贵色已发!"劝之反。艺乃诈称奉密敕,勒兵入朝,遂引兵至豳州。豳州治中赵慈皓驰出谒之,艺入据豳州。诏吏部尚书长孙无忌等为行军总管以讨之。赵慈皓闻官军将至,密与统军杨岌图之,事泄,艺囚慈皓。岌在城外觉变,勒兵攻之,艺众溃,弃妻子,将奔突厥。至乌氏,左右斩之,传首长安。弟寿,为利州都督,亦坐诛。

9 初,隋末丧乱,豪桀并起,拥众据地,自相雄长。唐兴,相帅来归,上皇为之割置州县以宠禄之,由是州县之数,倍于开皇、大业之间。上以民少吏多,思革其弊。二月,命大加并省,因山川形便,分为十道:一曰关内,二曰河南,三曰河东,四曰河北,五曰山南,六曰陇右,七曰淮南,八曰江南,九曰剑南,十曰岭南。

御史大夫杜淹上奏道:"各部门文件案宗恐有稽延错漏,请求下令让御史到各部门检查核对。"太宗征求封德彝的意见,封德彝回答说:"设官分职,各有分工。如果真有过失,御史自当纠察举报。假如让御史到各部门巡视,吹毛求疵,实在是太繁琐。"杜淹默不作声。太宗问杜淹:"你为什么不加争辩呢?"杜淹回答说:"国家事务无论大小,应当务求公正,从善而行,封德彝讲的话深得要领,我心悦诚服,不敢有所非议。"太宗高兴地说:"你们如果都能做到这一点,朕还有什么忧虑呢?"

7 右骁卫大将军长孙顺德接受别人送的绢帛,事情暴露,太宗说:"长孙顺德如果能有益于国家,朕与他共享府库资财,他何至于如此贪婪呢!"太宗仍念其有功于大唐,不予惩罚,反而在宫殿上赐给他数十匹绢帛。大理少卿胡演说:"长孙顺德贪赃枉法,犯下的罪不可饶恕,为什么又要赐他绢帛呢?"太宗说:"如果他有人性的话,得到朕赐给绢帛的羞辱,远甚于受到刑罚;如果不知道羞耻,则不过如一个禽兽而已,杀他又有何用呢?"

8 辛丑(十七日),天节将军、燕郡王李艺占据泾州反叛朝廷。
李艺当初进入朝廷时,居功自傲,秦王李世民身边的人到他的营地,李艺无缘无故地殴打他。高祖皇帝大怒,将李艺拿入牢中,不久又释放。等到太宗即皇位,李艺自然内心不安。曹州邪恶的巫师李五戒对李艺说:"郡王您已然面呈贵相!"劝他反叛。李艺于是假称奉皇帝密诏,带兵进入朝廷,李艺带领兵马到豳州城下。豳州治中赵慈皓出城迎接,李艺入城占据了豳州。太宗下诏令吏部尚书长孙无忌等人为行军总管,率兵讨伐。赵慈皓听说官兵即将到来,便私下秘密与统军杨岌商议谋取李艺,事情败露,李艺囚禁了赵慈皓。杨岌在城外觉察到变化,便率兵攻城,李艺手下兵将溃逃,李艺抛下妻子儿女,想要投奔突厥。到了乌氏城,身边的人将他杀掉,送首级回长安。李艺弟李寿,官做利州都督,也受牵连被处斩。

9 起初,隋朝末年天下大乱,英雄豪杰蜂拥并起,割地拥兵,称雄一方。唐兴起后相继归附,高祖为他们分置州县,施以恩惠,由此州县的数字,大大超过隋朝开皇、大业年间。太宗认为官多民少,想革除其弊端。二月,下令州县加以合并,依山川地势条件,将全国分为十道:一关内,二河南,三河东,四河北,五山南,六陇右,七淮南,八江南,九剑南,十岭南。

10　三月癸巳,皇后帅内外命妇亲蚕。

11　闰月癸丑朔,日有食之。

12　壬申,上谓太子少师萧瑀曰:"朕少好弓矢,得良弓十数,自谓无以加,近以示弓工,乃曰'皆非良材'。朕问其故,工曰:'木心不直,则脉理皆邪,弓虽劲而发矢不直。'朕始寤向者辨之未精也。朕以弓矢定四方,识之犹未能尽,况天下之务,其能遍知乎?"乃令京官五品以上更宿中书内省,数延见,问以民间疾苦,政事得失。

13　凉州都督长乐王幼良,性粗暴,左右百馀人,皆无赖子弟,侵暴百姓,又与羌、胡互市。或告幼良有异志,上遣中书令宇文士及驰驿代之,并按其事。左右惧,谋劫幼良入北虏,又欲杀士及据有河西。复有告其谋者,夏,四月癸巳,赐幼良死。

14　五月,苑君璋帅众来降。初,君璋引突厥陷马邑,杀高满政,退保恒安。其众皆中国人,多弃君璋来降。君璋惧,亦降,请捍北边以赎罪,上皇许之。君璋请约契,上皇使雁门人元普赐之金券。颉利可汗复遣人招之,君璋犹豫未决,恒安人郭子威说君璋以"恒安地险城坚,突厥方强,且当倚之以观变,未可束手于人"。君璋乃执元普送突厥,复与之合,数与突厥入寇。至是,见颉利政乱,知其不足恃,遂帅众来降。上以君璋为隰州都督、芮国公。

10 三月癸巳(初十),皇后带领着后宫妃嫔及宫外有爵号的妇女行蚕桑礼。

11 闰三月癸丑朔(初一),出现日食。

12 壬申(二十日),太宗对太子少师萧瑀说:"朕年轻时喜好弓箭,曾得到十几张好弓,自认为没有能超过它们的,最近拿给做弓箭的弓匠看,他说'都不是好材料'。朕问他原因,弓匠说:'弓子木料的中心部分不是直线,所以脉纹也都是斜的,弓劲力虽大但箭发出去不走直线。'朕这才醒悟到以前对弓箭的性能分辨不清。朕以弓箭等武力手段平定天下,而对弓箭的性能还没有完全认识清楚,何况对于天下的事务,又怎么能遍知其理呢?"于是下令在京五品以上官员轮流在中书省衙署值班,太宗多次让他们进入皇宫内,询问民间百姓疾苦和政治得失。

13 凉州都督、长乐王李幼良,性情暴躁,身边一百多人,都是无赖之徒,侵扰残虐百姓,又和羌、胡等族人开展互市贸易。有人上告太宗说李幼良存有二心,太宗特派中书令宇文士及飞奔前往,暂代理职权,并按察其事。李幼良身边的人恐惧,密谋劫持李幼良到北方胡虏之地,又想要杀掉宇文士及,占据河西地区。不久又有人将其密谋上告朝廷,夏季,四月癸巳(十二日),太宗赐李幼良自杀。

14 五月,苑君璋率领手下兵马投降。起初,苑君璋勾引突厥兵攻陷马邑,杀掉了高满政,退兵据守恒安。他的士兵都是中原人,大多脱离他投奔唐朝。苑君璋十分害怕,便也主动投诚,请求让他固守北部边区以赎罪,高祖允诺。苑君璋请求订契约,高祖派雁门人元普送给他金券。颉利可汗又派人招降,苑君璋犹豫不决,恒安人郭子威劝他说:"恒安地势险要城墙坚固,突厥正当兴盛时,姑且倚重它以观其变化,不可过分受别人约束。"苑君璋于是捆绑上元普送到突厥,又一次与突厥联合,并数次入侵唐帝国。到了五月,看到颉利可汗政事混乱,知道突厥不足以依靠,于是率兵马投降。太宗封苑君璋为隰州都督、芮国公。

15　有上书请去佞臣者，上问："佞臣为谁?"对曰："臣居草泽，不能的知其人，愿陛下与群臣言，或阳怒以试之。彼执理不屈者，直臣也；畏威顺旨者，佞臣也。"上曰："君，源也；臣，流也。浊其源而求其流之清，不可得矣。君自为诈，何以责臣下之直乎? 朕方以至诚治天下，见前世帝王好以权谲小数接其臣下者，常窃耻之。卿策虽善，朕不取也。"

16　六月辛巳，右仆射密明公封德彝薨。

17　壬辰，复以太子少师萧瑀为左仆射。

18　戊申，上与侍臣论周、秦修短，萧瑀对曰："纣为不道，武王征之。周及六国无罪，始皇灭之。得天下虽同，人心则异。"上曰："公知其一，未知其二。周得天下，增修仁义；秦得天下，益尚诈力：此修短之所以殊也。盖取之或可以逆得，守之不可以不顺故也。"瑀谢不及。

19　山东大旱，诏所在赈恤，无出今年租赋。

20　秋，七月壬子，以吏部尚书长孙无忌为右仆射。无忌与上为布衣交，加以外戚，有佐命功，上委以腹心，其礼遇群臣莫及，欲用为宰相者数矣。文德皇后固请曰："妾备位椒房，家之贵宠极矣，诚不愿兄弟复执国政。吕、霍、上官，可为切骨之戒，幸陛下矜察!"上不听，卒用之。

21　初，突厥性淳厚，政令质略。颉利可汗得华人赵德言，委用之。德言专其威福，多变更旧俗，政令烦苛，国人始不悦。颉利又好信任诸胡而疏突厥，胡人贪冒，多反覆，兵革岁动。

15 有大臣上书请求除去奸佞之人,太宗问:"谁是奸佞之人?"回答道:"臣我身居草野,不能确知谁是奸佞之人,希望陛下对群臣明言,或者假装恼怒加以试探。那个坚持己见、不屈服于压力的,便是耿直的忠臣;畏惧皇威顺从旨意的,便是奸佞之人。"太宗说:"君主,是水的源头;大臣,是水的支流。混浊了源头而去希冀支流的清澈,是不可能的事。君主自己先行做假使诈,又如何能要求臣下耿直呢?朕刚刚以至诚之心治理天下,看见前代帝王喜好用权谋小计来对待臣下,常常觉得可鄙。你的建议虽好,朕不采用。"

16 六月辛巳(初一),右仆射密明公封德彝去世。

17 壬辰(十二日),重新任命太子少师萧瑀为尚书左仆射。

18 戊申(二十八日),太宗与大臣议论周朝、秦朝的政治得失,萧瑀说:"纣王大逆不道,周武王讨伐商朝。周朝及六国均无罪,秦始皇分别灭掉他们。取得天下的方式虽然相同,人心所向却不一样。"太宗说:"你只知其一,不知其二。周朝取得天下,更加修行仁义;秦朝取得天下,一味崇尚暴力,这就是长短得失的不同。所以说打天下也许可以通过武力,治天下则不可以不顺应民心。"萧瑀钦服不已。

19 山东大旱,诏令当地赈济抚恤,今年的租赋不必交纳。

20 秋季,七月壬子(初二),任命吏部尚书长孙无忌为尚书右仆射。无忌与太宗早年为布衣之交,加上皇后兄长的外戚身份,又有辅佐太宗即位的大功,太宗视为心腹,对他礼遇无人堪比,几次想重用他为宰相。文德皇后坚决地请求道:"我身为后妃之首,家族的尊贵荣耀已达到顶点,实在不愿意我的兄、弟再去执掌国政。吕后、霍太后、上官夫人都是痛彻骨髓的前车之鉴,望陛下明察!"太宗不听,最后还是予以重用。

21 起初,突厥族风俗淳厚,政令简质疏略。颉利可汗得到汉人赵德言,加以重用。德言得到较大的权力,大量地改变旧有风俗习惯,政令也变得繁琐苛刻,百姓大为不满。颉利又信任各胡族人,而疏远突厥本族人,这些胡族人贪得无厌,反复无常,干戈连年不息。

会大雪,深数尺,杂畜多死,连年饥馑,民皆冻馁。颉利用度不给,重敛诸部,由是内外离怨,诸部多叛,兵浸弱。言事者多请击之,上以问萧瑀、长孙无忌曰:"颉利君臣昏虐,危亡可必。今击之,则新与之盟;不击,恐失机会。如何而可?"瑀请击之。无忌对曰:"虏不犯塞而弃信劳民,非王者之师也。"上乃止。

22 上问公卿以享国久长之策,萧瑀言:"三代封建而久长,秦孤立而速亡。"上以为然,于是始有封建之议。

23 黄门侍郎王珪有密奏,附侍中高士廉,寝而不言。上闻之,八月戊戌,出士廉为安州大都督。

24 九月庚戌朔,日有食之。

25 辛酉,中书令宇文士及罢为殿中监,御史大夫杜淹参豫朝政。他官参豫政事自此始。

淹荐刑部员外郎邸怀道,上问其行能,对曰:"炀帝将幸江都,召百官问行留之计,怀道为吏部主事,独言不可。臣亲见之。"上曰:"卿称怀道为是,何为自不正谏?"对曰:"臣尔时不居重任,又知谏不从,徒死无益。"上曰:"卿知炀帝不可谏,何为立其朝? 既立其朝,何得不谏? 卿仕隋,容可云位卑;后仕王世充,尊显矣,何得亦不谏?"对曰:"臣于世充非不谏,但不从耳。"上曰:"世充若贤而纳谏,不应亡国;若暴而拒谏,卿何得免祸?"淹不能对。上曰:"今日可谓尊任矣,可以谏未?"对曰:"愿尽死。"上笑。

26 辛未,幽州都督王君廓谋叛,道死。

又赶上大雪天,雪深达数尺,牲畜多冻死,加以连年饥荒,百姓饥寒交迫。颉利挥霍无度,补给亏空,便向各部落征收重税,由此上下怨声载道,各部落多反叛,士兵羸弱。唐朝大臣议事时多请求乘机出兵,太宗问萧瑀和长孙无忌:"颉利君臣昏庸腐败,必然面临危亡。现在出兵讨伐,则刚刚与突厥订立盟约,师出无名;不出兵,恐怕又要失去机会。怎么办呢?"萧瑀请求出兵。长孙无忌说:"突厥并没有侵我边塞,却要背信弃义、劳民伤财,这不是正义之师的所为。"太宗于是没有出兵。

22　太宗向公卿大臣询问国运长久的政策,萧瑀说:"夏、商、周分封诸侯而统治时间长,秦国孤立专制而加速灭亡。"太宗认为有道理,于是有分封诸侯亲王的动议。

23　黄门侍郎王珪有密报要上奏,交给侍中高士廉转呈,士廉搁置起来没有转达。太宗得知后,八月戊戌(十九日)这一天,遣出高士廉,任命为安州大都督。

24　九月庚戌朔(初一),出现日食。

25　辛酉(十二日),中书令宇文士及降职为殿中监,御史大夫杜淹参与朝廷大政。宰相以外官员参预朝政由此而始。

杜淹推荐刑部员外郎邸怀道,太宗问他有何才能,杜淹答道:"隋炀帝将要巡游江都,召集百官询问去留之计,怀道当时官居吏部主事,只有他一人坚持认为不可去江都。我亲眼得见。"太宗说:"你称赞邸怀道做得对,你自己为什么不劝谏?"杜淹答道:"我当时地位卑微,不任要职,知道劝谏也不会听从,徒然去死毫无益处。"太宗说:"你知道炀帝不可进谏,为什么要在朝为官?既然在朝为官,又为什么不进谏?你供职于隋朝,姑且可以说位卑言轻;后来辅佐王世充,地位尊显,为什么也不进谏?"杜淹答道:"我对王世充不是不进谏,只是他丝毫听不进去。"太宗说:"王世充如果是有贤能又能纳谏,便不应亡国;假若残暴又拒谏,你怎么能够免于灾祸呢?"杜淹答不上来。太宗说:"现在你的地位称得上尊贵了,可以进谏吗?"杜淹回答:"甘愿冒死强谏。"太宗笑了。

26　辛未(二十二日),幽州都督王君廓密谋叛乱,中途被杀。

君廓在州，骄纵多不法，征入朝。长史李玄道，房玄龄从甥也，凭君廓附书。君廓私发之，不识草书，疑其告己罪，行至渭南，杀驿吏而逃，将奔突厥，为野人所杀。

27　岭南酋长冯盎、谈殿等迭相攻击，久未入朝，诸州奏称盎反，前后以十数。上命将军蔺謩等发江、岭数十州兵讨之。魏徵谏曰："中国初定，岭南瘴疠险远，不可以宿大兵。且盎反状未成，未宜动众。"上曰："告者道路不绝，何云反状未成？"对曰："盎若反，必分兵据险，攻掠州县。今告者已数年，而兵不出境，此不反明矣。诸州既疑其反，陛下又不遣使镇抚，彼畏死，故不敢入朝。若遣信臣示以至诚，彼喜于免祸，可不烦兵而服。"上乃罢兵。冬，十月乙酉，遣员外散骑侍郎李公掩持节慰谕之，盎遣其子智戴随使者入朝。上曰："魏徵令我发一介之使，而岭表遂安，胜十万之师，不可不赏。"赐徵绢五百匹。

28　十二月壬午，左仆射萧瑀坐事免。

29　戊申，利州都督李孝常等谋反，伏诛。

孝常因入朝，留京师，与右武卫将军刘德裕及其甥统军元弘善、监门将军长孙安业互说符命，谋以宿卫兵作乱。安业，皇后之异母兄也，嗜酒无赖。父晟卒，弟无忌及后并幼，安业斥还舅氏。及上即位，后不以旧怨为意，恩礼甚厚。及反事觉，后涕泣为之固请曰："安业罪诚当万死，然不慈于妾，天下知之。今寘以极刑，人必谓妾所为，恐亦为圣朝之累。"由是得减死，流巂州。

王君廓在幽州时，骄横自恣，无法无天，后征召入朝廷。房玄龄的外甥、长史李玄道请王君廓捎信给房玄龄。王君廓私下拆启，不认识草书字体，怀疑他是状告自己的罪过，走到渭南，杀死驿站吏卒逃跑，将要奔往突厥，途中被野人杀死。

27　岭南部落首领冯盎、谈殿等人互相争斗，很久没有入朝，各地方州府前后有十几次奏书称冯盎谋反。太宗命令将军蔺謩等人征发江、岭数十州兵马大举讨伐。魏徵劝谏说："中原刚刚平定，岭南路途遥远、地势险恶有瘴气瘟疫，不可以驻扎大部队。而且冯盎谋反意图未明，不宜兴兵动众。"太宗说："上告冯盎谋反者络绎不绝，怎么能说谋反的意图还不明显呢？"魏徵答道："冯盎如要反叛，必然分兵几路占据险要之地，攻掠邻近州县。现在上告其谋反已有几年了，而冯氏兵马还没出境，这明显没有反叛的迹象。各州府既然怀疑冯氏谋反，陛下又不派使臣前往安抚，冯氏怕死，所以不敢来朝廷。如果陛下派守信用的使臣向他示以诚意，冯氏欣喜能免于祸患，这样可以不劳动军队而使他钦服。"太宗于是下令收兵。冬季，十月乙酉（初六），派员外散骑侍郎李公掩持旌节往岭南慰问冯盎，冯盎则让他的儿子冯智戴随着使臣返回朝廷。太宗说"魏徵让我派遣一个使者，岭南就得以安定，胜过十万大军的作用，不能不加赏。"赐给魏徵绢帛五百匹。

28　十二月壬午（初四），尚书左仆射萧瑀因事犯罪被免职。

29　戊申（三十日），利州都督李孝常等图谋反叛，被处死。

李孝常因上朝办公务，留在京城，与右武卫将军刘德裕及其外甥统军元弘善、监门将军长孙安业相互议论受命于天的征兆，密谋借助宿卫士兵叛乱。长孙安业是长孙皇后的异母哥哥，嗜酒如命，不务正业。其父长孙晟死后，弟弟长孙无忌与长孙皇后均年幼，安业把二人赶回他们的舅舅高士廉家。等到太宗即位，皇后不念旧怨、不计前嫌，对安业礼遇仍十分优厚。直到谋反事被察觉，皇后哭诉着向太宗请求说："安业所犯罪行，实在是罪该万死，他以前对我不好，国人都知道。现在处他以极刑，大家必然认为是我存心报复，恐怕影响我朝盛世之名。"安业由此得以免死，流配到巂州。

30　或告右丞魏徵私其亲戚，上使御史大夫温彦博按之，无状。彦博言于上曰："徵不存形迹，远避嫌疑，心虽无私，亦有可责。"上令彦博让徵，且曰："自今宜存形迹。"他日，徵入见，言于上曰："臣闻君臣同体，宜相与尽诚，若上下俱存形迹，则国之兴丧尚未可知。臣不敢奉诏。"上瞿然曰："吾已悔之。"徵再拜曰："臣幸得奉事陛下，愿使臣为良臣，勿为忠臣。"上曰："忠、良有以异乎？"对曰："稷、契、皋陶，君臣协心，俱享尊荣，所谓良臣；龙逢、比干，面折廷争，身诛国亡，所谓忠臣。"上悦，赐绢五百匹。

上神采英毅，群臣进见者，皆失举措。上知之，每见人奏事，必假以辞色，冀闻规谏。尝谓公卿曰："人欲自见其形，必资明镜；君欲自知其过，必待忠臣。苟其君愎谏自贤，其臣阿谀顺旨，君既失国，臣岂能独全？如虞世基等谄事炀帝以保富贵，炀帝既弑，世基等亦诛。公辈宜用此为戒，事有得失，毋惜尽言！"

31　或上言秦府旧兵，宜尽除武职，追入宿卫。上谓之曰："朕以天下为家，惟贤是与，岂旧兵之外皆无可信者乎？汝之此意，非所以广朕德于天下也。"

32　上谓公卿曰："昔禹凿山治水而民无谤讟者，与人同利故也。秦始皇营宫室而人怨叛者，病人以利己故也。夫靡丽珍奇，固人之所欲，若纵之不已，则危亡立至。朕欲营一殿，材用已具，鉴秦而止。王公已下，宜体朕此意。"由是二十年间，风俗素朴，衣无锦绣，公私富给。

30　有人上告右丞魏徵偏袒他的亲属，太宗派御史大夫温彦博按察其事，查无所获。彦博对太宗说："魏徵不能留下行为的痕迹，远远地躲开嫌疑，内心即使无私心，但也有应责备的地方。"太宗让温彦博去数落魏徵，而且说道："从今往后，应留下行为的痕迹。"有一天，魏徵入朝，对太宗说："我听说君主与臣下应上下一心，以诚相待，如果上下都追求留下行为的痕迹，那么国家的兴衰隆替难以逆料。我不敢尊奉这个诏令。"太宗惊奇地说："我已经后悔了。"魏徵两次拜谢道："我很荣幸为陛下做事，愿陛下让我做良臣，不要让我做忠臣。"太宗问："忠、良有什么区别吗？"回答道："后稷、契、皋陶的时代，君臣齐心合力，共享荣耀，这就是所说的良臣；龙逄、比干当面与君主争论谏议，身死国亡，这就是所说的忠臣。"太宗听后十分高兴，赐给绢五百匹。

太宗的神情、风采英武刚毅，众位大臣看见他时，皆手足无措。太宗知道后，每次见人上朝奏事，都要对他们和颜悦色，希望听到规谏之言。曾对公卿说："人想要看见自己的形体，一定要借助于镜子；君主想自己知道过错，必然要善待忠正耿直的大臣。如果君主刚愎自用，自以为是，大臣阿谀逢迎，君主失去了国家，大臣岂能独自保全？像虞世基等人向隋炀帝进谀言以保全富贵，炀帝被杀后，世基等也难免一死。望你们以此为戒，每件事都有得失，希望不惜畅所欲言！"

31　有人上书主张秦王府旧兵应全部任命为武官，将其并入宿卫部队。太宗对他说："朕视天下为一家，按才能用人，怎么能认为旧属士兵之外别无可信用的呢？你这个想法，并不是让朕的威德广被于天下。"

32　太宗对公卿说："从前大禹凿山治水而百姓没有怨谤之言，是因为与民利益攸关的缘故。秦始皇营造宫室而百姓怨声载道、图谋反叛，是因为秦始皇损民以利己的缘故。奇珍异宝，固然是每个人都想得到的，假如放纵自己挥霍无度，国家就很危险了。朕想要营造一个宫殿，材料已经齐备，有鉴于秦的灭亡，便停止了这项工程。亲王公卿以下，应当体会到朕的想法。"从此二十年间，风俗质朴淳厚，穿着不用锦绣，官府与百姓均很富足。

33　上谓黄门侍郎王珪曰:"国家本置中书、门下以相检察,中书诏敕或有差失,则门下当行驳正。人心所见,互有不同,苟论难往来,务求至当,舍己从人,亦复何伤? 比来或护己之短,遂成怨隙,或苟避私怨,知非不正,顺一人之颜情,为兆民之深患,此乃亡国之政也。炀帝之世,内外庶官,务相顺从。当是之时,皆自谓有智,祸不及身。及天下大乱,家国两亡,虽其间万一有得免者,亦为时论所贬,终古不磨。卿曹各当徇公忘私,勿雷同也!"

34　上谓侍臣曰:"吾闻西域贾胡得美珠,剖身以藏之,有诸?"侍臣曰:"有之。"上曰:"人皆知彼之爱珠而不爱其身也。吏受赇抵法,与帝王徇奢欲而亡国者,何以异于彼胡之可笑邪?"魏徵曰:"昔鲁哀公谓孔子曰:'人有好忘者,徙宅而忘其妻。'孔子曰:'又有甚者,桀、纣乃忘其身。'亦犹是也。"上曰:"然。朕与公辈宜戮力相辅,庶免为人所笑也!"

35　青州有谋反者,州县逮捕支党,收系满狱。诏殿中侍御史安喜崔仁师覆按之。仁师至,悉脱去杻械,与饮食汤沐,宽慰之,止坐其魁首十馀人,馀皆释之。还报,敕使将往决之。大理少卿孙伏伽谓仁师曰:"足下平反者多,人情谁不贪生,恐见徒侣得免,未肯甘心,深为足下忧之。"仁师曰:"凡治狱当以平恕为本,岂可自规免罪,知其冤而不为伸邪? 万一暗短,误有所纵,以一身易十囚之死,亦所愿也。"伏伽惭而退。及敕使至,更讯诸囚,皆曰:"崔公平恕,事无枉滥,请速就死。"无一人异辞者。

33　太宗对黄门侍郎王珪说:"朝中本来设置中书省、门下省,为了相互监督按察,中书省起草诏旨制敕如有差误,则门下省当予纠驳指正。人的见解各有不同,如果往来辩论,务求准确恰当,放弃个人见解从善如流,又有什么不好呢?近来有人护己之短,于是出现怨怼隔阂,有的为了避开私人恩怨,明知其错误也不加驳正,顺从顾及某个人的脸面,造成芸芸众生的灾患,这是亡国的政治。隋炀帝在位时,内外官吏一团和气。在那时,均自认为有智慧,祸患殃及不到自身。等到天下大乱,家庭与国家俱亡,虽然这中间偶有某个人得以幸免,也要被舆论所针砭,臭名远扬。你们每个人都应徇公忘私,不要犯同样的错误!"

34　太宗对亲近的大臣说:"我听说西域有一个胡族的商人得到一粒宝珠,用刀割开身上的肉将宝珠藏在里面,有这么回事吗?"大臣答道:"有这回事。"太宗说:"人们都知道这个人爱珍珠而不爱惜自己的身体。官吏受贿贪赃受刑,和帝王追求奢华而遭致国家灭亡,这些与胡族商人的可笑之处有何区别呢?"魏徵说:"从前鲁哀公对孔子说:'有的人非常健忘,搬家而忘记自己的妻子。'孔子说:'还有比这严重的,夏桀、商纣均贪恋身外之物而忘记自身。'也是这样。"太宗说:"对。朕与你们应当同心合力,共治朝政,以免被后人耻笑!"

35　青州有人谋反,州县官员逮捕其同伙,致使牢狱中人满为患。诏令殿中侍御史、安喜人崔仁师重新按察定罪。崔仁师到了青州,命令去掉他们的枷具,给他们饮食、沐浴,加以宽慰,只将其首犯十馀人定罪,其他人都释放。崔仁师回朝禀报,太宗又派人前往判决。大理少卿孙伏伽对崔仁师说:"您平反了很多人,依人之常情谁不贪生,只恐怕这些首犯见同伙免罪释放,不肯甘心,我深为您忧虑。"崔仁师说:"凡定罪断刑应当以公正宽恕为根本,怎么可以自己为了逃避责任,明知其冤枉而不为他们申诉呢?万一判断不准,放错了人,我宁愿以自己一个换取十个死囚的生命。"孙伏伽羞惭地退下。等到太宗派的人到了当地,重新审讯犯人,他们都说:"崔公公正宽仁,断案没有冤枉,请求立刻处死我们。"没有一人有二话的。

36　上好骑射，孙伏伽谏，以为："天子居则九门，行则警跸，非欲苟自尊严，乃为社稷生民之计也。陛下好自走马射的以娱悦近臣，此乃少年为诸王时所为，非今日天子事业也。既非所以安养圣躬，又非所以仪刑后世，臣窃为陛下不取。"上悦。未几，以伏伽为谏议大夫。

37　隋世选人，十一月集，至春而罢，人患其期促。至是，吏部侍郎观城刘林甫奏四时听选，随阙注拟，人以为便。

唐初，士大夫以乱离之后，不乐仕进，官员不充。省符下诸州差人赴选，州府及诏使多以赤牒补官。至是尽省之，勒赴省选，集者七千馀人，林甫随才铨叙，各得其所，时人称之。诏以关中米贵，始分人于洛州选。

上谓房玄龄曰："官在得人，不在员多。"命玄龄并省，留文武总六百四十三员。

38　隋秘书监晋陵刘子翼，有学行，性刚直，朋友有过，常面责之。李百药常称："刘四虽复骂人，人终不恨。"是岁，有诏征之，辞以母老，不至。

39　郿令裴仁轨私役门夫，上怒，欲斩之。殿中侍御史长安李乾祐谏曰："法者，陛下所与天下共也，非陛下所独有也。今仁轨坐轻罪而抵极刑，臣恐人无所措手足。"上悦，免仁轨死，以乾祐为侍御史。

40　上尝语及关中、山东人，意有同异。殿中侍御史义丰张行成跪奏曰："天子以四海为家，不当有东西之异，恐示人以隘。"上善其言，厚赐之。自是每有大政，常使预议。

41　初，突厥既强，敕勒诸部分散，有薛延陀、回纥、都播、骨利干、多滥葛、同罗、仆固、拔野古、思结、浑、斛薛、结、阿跌、契苾、白霫等十五部，皆居碛北，风俗大抵与突厥同。薛延陀于诸部为最强。

36 太宗喜好骑马射箭,孙伏伽苦谏道:"天子居住则要有九重门,行路则要警戒开道,这不是自榜尊严,而是为国家百姓考虑。陛下喜好骑马射箭以便让亲近的侍臣们高兴,这是年轻做亲王时的所作所为,而不是今日贵为天子应做的事。既不能靠此来养护身体,又不能用此来为后代做典范,我认为陛下不应如此。"太宗十分高兴。没几天,任命孙伏伽为谏议大夫。

37 隋朝选拔官员,每年十一月候选者聚集京城,到次年春天结束,人们苦于时间过短。到此时,吏部侍郎观城人刘林甫上奏请求四季都可选官,根据空缺随时补充,人们颇以为便。

唐朝初年,士大夫经过动乱之后,都不愿意做官,政府官员人数不够。尚书省下文让各州派人赴选,州府及皇帝特使常用赤色文牒直接委任官吏。到此时全都废止,勒令他们都到尚书省候选,聚集有七千馀人,刘林甫量才录用,各得其所,当时人十分称赞。太宗以为关中地区米价贵,开始分一部分人在洛州铨选。

太宗对房玄龄说:"官吏在于得到合适人,而不在于人多。"命令房玄龄裁并消减,只留下文武官员总计六百四十三人。

38 隋朝秘书监晋陵人刘子翼,学问人品俱佳,性格刚正直爽,朋友偶有过失,常常当面指责。李百药常说:"刘四虽然总是骂人,人们却不恨他。"这一年,有诏令征召他入朝,他以母亲年迈为由,辞谢不去。

39 郿县县令裴仁轨私下役使看门人,太宗大怒,要处斩他。殿中侍御史、长安人李乾祐劝谏道:"法令,是陛下与天下百姓共有的,并非陛下独享之物。现在裴仁轨犯罪较轻却处以重刑,我担心人们无所适从。"太宗高兴,免除裴仁轨死罪,任命李乾祐为侍御史。

40 太宗曾说及关中与山东人,认为有所不同。殿中侍御史义丰人张行成跪下奏道:"天子以四海为一家,不应当有东、西的差别,恐怕让人觉得您心胸狭隘。"太宗欣赏他的话,赏赐丰厚。此后每次遇有朝廷大事,都让他参与议事。

41 起初,突厥族已经强大,敕勒各部落分散,有薛延陀、回纥、都播、骨利干、多滥葛、同罗、仆固、拔野古、思结、浑、斛薛、结、阿跌、契苾、白霫等十五部,均居住在漠北地区,风俗习惯大致与突厥相同。薛延陀在各部族中实力最强。

西突厥曷萨那可汗方强，敕勒诸部皆臣之。曷萨那征税无度，诸部皆怨。曷萨那诛其渠帅百馀人，敕勒相帅叛之，共推契苾哥楞为易勿真莫贺可汗，居贪于山北。又以薛延陀乙失钵为也咥小可汗，居燕末山北。及射匮可汗兵复振，薛延陀、契苾二部并去可汗之号以臣之。

回纥等六部在郁督军山者，东属始毕可汗。统叶护可汗势衰，乙失钵之孙夷男帅部落七万馀家，附于颉利可汗。颉利政乱，薛延陀与回纥、拔野古等相帅叛之。颉利遣其兄子欲谷设将十万骑讨之，回纥酋长菩萨将五千骑，与战于马鬣山，大破之。欲谷设走，菩萨追至天山，部众多为所虏，回纥由是大振。薛延陀又破其四设，颉利不能制。

颉利益衰，国人离散。会大雪，平地数尺，羊马多死，民大饥，颉利恐唐乘其弊，引兵入朔州境上，扬言会猎，实设备焉。鸿胪卿郑元璹使突厥还，言于上曰："戎狄兴衰，专以羊马为候。今突厥民饥畜瘦，此将亡之兆也，不过三年。"上然之。群臣多劝上乘间击突厥，上曰："新与人盟而背之，不信；利人之灾，不仁；乘人之危以取胜，不武。纵使其种落尽叛，六畜无馀，朕终不击，必待有罪，然后讨之。"

西突厥统叶护可汗遣真珠统俟斤与高平王道立来，献万钉宝钿金带，马五千匹，以迎公主。颉利不欲中国与之和亲，数遣兵入寇，又遣人谓统叶护曰："汝迎唐公主，要须经我国中过。"统叶护患之，未成婚。

西突厥曷萨那可汗正强大时候,敕勒各部皆向他称臣。曷萨那横征暴敛,各部族均有怨言。曷萨那诛杀他们的首领一百多人,导致敕勒各部相继叛离,一致推举契苾部的哥楞做易勿真莫贺可汗,聚居在贪于山北麓。又推薛延陀部乙失钵为也咥小可汗,聚居在燕末山北。等到西突厥射匮可汗的部队重新兴盛,薛延陀、契苾二部便去掉可汗称号再次称臣。

回纥等六部聚居在郁督军山,东隶属于突厥始毕可汗。西突厥统叶护可汗势力衰微,乙失钵的孙子夷男率本部族七万多户,依附于颉利可汗。颉利政局混乱,薛延陀与回纥、拔野古等相继反叛。颉利可汗派他的侄子欲谷设统领十万骑兵讨伐,回纥酋长菩萨率五千骑兵迎战于马鬣山,大败欲谷设。欲谷设仓皇奔逃,菩萨追到天山,俘获其大部,回纥从此兴盛。薛延陀又乘机大破突厥四个设的军队,颉利可汗鞭长莫及。

颉利可汗日渐衰败,百姓纷纷离散。正赶上天下大雪,雪深达数尺,羊、马多冻死,百姓饥寒交迫,颉利可汗担心大唐帝国乘人之危,于是带领兵马到朔州边境,扬言要会猎,实际上是防备唐朝。鸿胪卿郑元璹出使突厥还朝,对太宗说:"北方少数民族兴隆衰替,专以羊马的情状作为征候。现在突厥百姓饥饿、牲畜瘦弱,这是将要灭亡的先兆,不会超过三年。"太宗颇以为然。众大臣都劝说太宗乘此机会袭击突厥,太宗说:"刚刚与人家订盟却要背约,这样是不守信用;利用人的灾祸,这是不仁义;乘人之危来取胜,这不是勇武的行为。即使突厥的各部落都叛离,牲畜所剩无几,朕还是不出击为好,一定要等到他们有罪过,然后讨伐他们。"

西突厥统叶护可汗,派真珠统俟斤与高平王李道立来到长安,献上一万钉宝钿金带、五千匹马,以迎接下嫁的公主。颉利可汗不希望大唐与统叶护和亲,几次派兵侵扰,对统叶护说:"你要是迎娶大唐公主,必须从我们的领地经过。"统叶护深为忧虑,最后没有成婚。

二年(戊子,628)

1　春,正月辛亥,右仆射长孙无忌罢。时有密表称无忌权宠过盛者,上以表示之,曰:"朕于卿洞然无疑,若各怀所闻而不言,则君臣之意有不通。"又召百官谓之曰:"朕诸子皆幼,视无忌如子,非他人所能间也。"无忌自惧满盈,固求逊位,皇后又力为之请,上乃许之,以为开府仪同三司。

2　置六司侍郎,副六尚书,并置左右司郎中各一人。

3　癸丑,吐谷浑寇岷州,都督李道彦击走之。

4　丁巳,徙汉王恪为蜀王,卫王泰为越王,楚王祐为燕王。

5　上问魏徵曰:"人主何为而明,何为而暗?"对曰:"兼听则明,偏信则暗。昔尧清问下民,故有苗之恶得以上闻;舜明四目,达四聪,故共、鲧、驩兜不能蔽也。秦二世偏信赵高,以成望夷之祸;梁武帝偏信朱异,以取台城之辱;隋炀帝偏信虞世基,以致彭城阁之变。是故人君兼听广纳,则贵臣不得拥蔽,而下情得以上通也。"上曰:"善!"

上谓黄门侍郎王珪曰:"开皇十四年大旱,隋文帝不许赈给,而令百姓就食山东,比至末年,天下储积可供五十年。炀帝恃其富饶,侈心无厌,卒亡天下。但使仓廪之积足以备凶年,其馀何用哉?"

6　二月,上谓侍臣曰:"人言天子至尊,无所畏惮。朕则不然,上畏皇天之监临,下惮群臣之瞻仰,兢兢业业,犹恐不合天意,未副人望。"魏徵曰:"此诚致治之要,愿陛下慎终如始,则善矣。"

唐太宗贞观二年(戊子,公元628年)

1　春季,正月辛亥(初三),尚书右仆射长孙无忌被免职。当时有人密报称长孙无忌职位过高,荣宠过度,太宗将此密报让长孙无忌看,并说:"朕对你丝毫不怀疑,假如心里装着各种传闻又不明说,则君臣的想法便有所不通。"又召集百官对他们说:"朕的儿子均年幼,所以待无忌如亲子一般,不是其他人所能离间的。"长孙无忌担心富贵至极会带来灾祸,一再请求辞职,长孙皇后也为他请求,太宗于是准许离职,改封开府仪同三司。

2　设置六部侍郎,为六部尚书的副职,同时设置左右司郎中各一人。

3　癸丑(初五),吐谷浑入侵岷州,都督李道彦将其击退。

4　丁巳(初九),改汉王李恪为蜀王,卫王李泰为越王,楚王李祐为燕王。

5　太宗问魏徵:"君主如何做称为明,如何做称为暗?"魏徵答道:"听取各方面的意见,就是明,偏听偏信一方面的意见,就是暗。从前尧帝体恤下情,询问民间疾苦,所以能够听到有苗的恶行;舜帝目明视四方,耳聪听四方,所以共工、鲧、驩兜不能掩匿罪过。秦二世偏信赵高,导致望夷宫自杀的灾祸;梁武帝偏信朱异,自取台城的羞辱;隋炀帝偏信虞世基,遭致彭城阁的变故。所以君主善于听取各方面意见,则亲贵的大臣就无法阻塞言路,下情也得以上达。"太宗说:"非常对!"

太宗对黄门侍郎王珪说:"隋朝开皇十四年天下大旱,隋文帝不准许赈济百姓,而让百姓到山东地区自己寻找食物,等到了文帝末年,全国储备的粮食可供五十年食用。隋炀帝依仗着这些富足的粮食,奢侈无度,遂遭致国家的灭亡。所以只要使仓库中的粮食足以够应付灾年,其他多馀的又有何用呢?"

6　二月,太宗对亲近的大臣说:"人们都说君主至为尊贵,行事无所顾忌。朕则并非如此,上怕皇天的监督,下惧群臣的注视,兢兢业业,还怕不符合上天的意旨和百姓的期望。"魏徵说:"这的确是达到治世的要旨,希望陛下能慎始慎终,那就好了。"

7　上谓房玄龄等曰："为政莫若至公。昔诸葛亮窜廖立、李严于南夷,亮卒而立、严皆悲泣,有死者,非至公能如是乎！又高颎为隋相,公平识治体,隋之兴亡,系颎之存没。朕既慕前世之明君,卿等不可不法前世之贤相也！"

8　三月戊寅朔,日有食之。

9　壬子,大理少卿胡演进每月囚帐;上命自今大辟皆令中书、门下四品已上及尚书议之,庶无冤滥。既而引囚,至岐州刺史郑善果,上谓胡演曰："善果虽复有罪,官品不卑,岂可使与诸囚为伍。自今三品已上犯罪,不须引过,听于朝堂俟进止。"

10　关内旱饥,民多卖子以接衣食。己巳,诏出御府金帛为赎之,归其父母。庚午,诏以去岁霖雨,今兹旱、蝗,赦天下。诏书略曰："若使年谷丰稔,天下乂安,移灾朕身,以存万国,是所愿也,甘心无吝。"会所在有雨,民大悦。

11　夏,四月己卯,诏以"隋末乱离,因之饥馑,暴骸满野,伤人心目,宜令所在官司收瘗"。

12　初,突厥突利可汗建牙直幽州之北,主东偏,奚、霫等数十部多叛突厥来降,颉利可汗以其失众责之。及薛延陀、回纥等败欲谷设,颉利遣突利讨之,突利兵又败,轻骑奔还。颉利怒,拘之十馀日而挞之,突利由是怨,阴欲叛颉利。颉利数征兵于突利,突利不与,表请入朝。上谓侍臣曰："向者突厥之强,控弦百万,凭陵中夏,用是骄恣以失其民。今自请入朝,非困穷,肯如是乎？朕闻之,且喜且惧。何则？突厥衰则边境安矣,故喜。然朕或失道,他日亦将如突厥,能无惧乎？卿曹宜不惜苦谏,以辅朕之不逮也。"

7　太宗对房玄龄等人说:"处理政务没有比公正无私更重要的了。以前诸葛亮外放廖立、李严到南夷之地,诸葛亮死的时候,廖立悲痛万分,李严哀伤而死,如果不是至公无私能这样吗! 再如高颎为隋朝丞相,公正无私,颇识治国之道,隋朝的兴亡,与高颎的生死休戚攸关。朕既然仰慕前代的明君,你们也不可不效法前代的贤相啊!"

8　三月戊寅朔,出现日食。

9　壬子(初五),大理少卿胡演进呈每月囚禁的罪犯名簿。太宗下令从今以后大辟死刑均由中书、门下省四品以上官员及六部尚书议决,尽量减除冤案。随即带引囚犯走过,见有岐州刺史郑善果,太宗对胡演说:"郑善果虽然有罪,毕竟官衔品级不低,怎能与其他囚犯同列。从现在起三品以上官员犯法,不必引入殿前过目,只让他们在太极宫承天门外东西朝堂听候议决。"

10　关内地区大旱饥荒,百姓多卖儿卖女换取食物。己巳(二十二日),诏令用皇宫府库中的金银财物赎回被变卖的子女们,归还给父母。庚午(二十三日),诏令说因为上一年连绵大雨,今年又遇旱、蝗灾害,因此大赦天下。诏令大略说道:"假如五谷丰登、天下安定,即使将灾害移到朕身上来保全百姓也心甘情愿,毫不吝惜。"不久旱区天降喜雨,百姓大为高兴。

11　夏季,四月己卯(初三),下诏说:"隋朝末年天下大乱,造成饥荒,尸骨遍野,触目伤悲,命令各地官府掩埋尸骨。"

12　起初,突厥突利可汗建衙署于幽州北面,主持东部事务,奚、霫等数十部大多反叛突厥投降唐朝,颉利可汗责备他失去了这些部族。等到薛延陀、回纥等打败欲谷设,颉利派突利讨伐,突利的军队又吃败仗,单枪匹马逃回。颉利大怒,将突利拘禁了十几天,并鞭笞他,突利从此怨恨颉利,密谋反叛颉利。颉利几次向他征兵,他都不给,向唐朝上表请求归附。太宗对大臣们说:"以前突厥强盛,拥有百万兵马,侵扰中原,却以这种恣意骄横的态度而失去百姓的支持。现在请求归附,如果不是深陷困境,能这么做吗? 朕听到这个消息是又惊又喜。为什么呢? 突厥衰败则大唐边境即得安宁,所以高兴。然而朕若有过失,日后也会像突厥一样,能不担心忧虑吗? 望你们直言苦谏,来帮助朕弥补不足。"

颉利发兵攻突利,丁亥,突利遣使来求救,上谋于大臣曰:"朕与突利为兄弟,有急不可不救。然颉利亦与之有盟,奈何?"兵部尚书杜如晦曰:"戎狄无信,终当负约,今不因其乱而取之,后悔无及。夫取乱侮亡,古之道也。"

丙申,契丹酋长帅其部落来降。颉利遣使请以梁师都易契丹,上谓使者曰:"契丹与突厥异类,今来归附,何故索之?师都中国之人,盗我土地,暴我百姓,突厥受而庇之,我兴兵致讨,辄来救之,彼如鱼游釜中,何患不为我有!借使不得,亦终不以降附之民易之也。"

先是,上知突厥政乱,不能庇梁师都,以书谕之,师都不从。上遣夏州都督长史刘旻、司马刘兰成图之,旻等数遣轻骑践其禾稼,多纵反间,离其君臣,其国渐虚,降者相属。其名将李正宝等谋执师都,事泄,来奔,由是上下益相疑。旻等知可取,上表请兵。上遣右卫大将军柴绍、殿中少监薛万均击之,又遣旻等据朔方东城以逼之。师都引突厥兵至城下,刘兰成偃旗卧鼓不出。师都宵遁,兰成追击,破之。突厥大发兵救师都,柴绍等未至朔方数十里,与突厥遇,奋击,大破之,遂围朔方。突厥不敢救,城中食尽。壬寅,师都从父弟洛仁杀师都,以城降,以其地为夏州。

13　太常少卿祖孝孙,以梁、陈之音多吴、楚,周、齐之音多胡、夷,于是斟酌南北,考以古声,作《唐雅乐》,凡八十四调、三十一曲、十二和。诏协律郎张文收与孝孙同修定。六月乙酉,孝孙等奏新乐。上曰:"礼乐者,盖圣人缘情以设教耳,

颉利可汗举兵攻打突利,丁亥(十一日),突利派人向大唐帝国求援,太宗与大臣们谋划道:"朕与突利情同手足,他有急难我不能不救。然而颉利可汗也与我们有盟约,怎么办呢?"兵部尚书杜如晦说:"北方少数族不守信用,以后肯定要背约,如今如不乘其混乱而进攻,以后悔之不及。攻击混乱者,侵凌将亡之师,这是自古以来就有的道理。"

丙申(二十日),契丹族首领率领所辖部落投降唐朝。颉利可汗派使臣来到大唐,请求用梁师都来换回契丹部族,太宗对突厥使臣说:"契丹族与你们突厥是不同的种族,现在来归顺我大唐,你们有什么理由讨还? 梁师都本是中原汉人,侵占我大唐土地,欺压我大唐百姓,突厥接受他并加以庇护,大唐兴兵讨伐梁师都,你们总出兵救援,梁氏已如鱼游釜底,早晚要被我们消灭! 即使一时消灭不掉,也不会用归降的契丹百姓去换他。"

在此之前,太宗得悉突厥内部争斗,政局混乱,不能够庇护梁师都,曾寄书信晓谕,劝他归降,梁师都执意不从。太宗派夏州都督府长史刘旻、司马刘兰成寻机剿灭他,刘旻等人多次派遣轻骑兵践踏梁氏占据区的土地禾苗,又使反间计,离间其君臣,其国势渐衰,投降唐朝的人接踵而至。梁氏手下名将李正宝等密谋将梁氏抓起来,事情败露,投奔唐朝,从此梁氏内部上下互相猜忌。刘旻等知道时机已到,上表请求出兵。太宗派右卫大将军柴绍、殿中少监薛万均出兵进攻,又让刘旻等据守朔方东城进逼梁氏。梁师都带引突厥兵到了朔方城下,刘兰成偃旗息鼓按兵不动。梁氏半夜逃跑,刘兰成追击,大败梁氏。突厥征调大批兵力救援梁氏,柴绍等率兵马走到离朔方数十里的地方,与突厥兵相遇,奋力拼杀,大败突厥兵,于是包围朔方城。突厥兵不敢前去救援,城中粮绝。壬寅(二十六日),梁师都的堂弟梁洛仁杀死师都,举城投降,唐朝以该地建夏州。

13　太常寺少卿祖孝孙,认为南朝梁、陈的音乐杂入很多吴、楚的音调;而北朝周、齐的音乐杂入很多北方胡、夷的音调,于是斟酌南、北方的音乐,又用古代声韵,加以考核订正作《唐雅乐》,总共八十四调、三十一曲、十二和。太宗又下诏令协律郎张文收与祖孝孙共同修定唐乐。六月乙酉(初十),孝孙等人演奏新乐。太宗说:"礼乐不过是古代圣人根据情况的不同而施以教化的产物,

治之隆替,岂由于此?"御史大夫杜淹曰:"齐之将亡,作《伴侣曲》,陈之将亡,作《玉树后庭花》,其声哀思,行路闻之皆悲泣,何得言治之隆替不在乐也!"上曰:"不然。夫乐能感人,故乐者闻之则喜,忧者闻之则悲,悲喜在人心,非由乐也。将亡之政,民必愁苦,故闻乐而悲耳。今二曲具存,朕为公奏之,公岂悲乎?"右丞魏徵曰:"古人称'礼云礼云,玉帛云乎哉? 乐云乐云,钟鼓云乎哉?'乐诚在人和,不在声音也。"

　　臣光曰:臣闻垂能目制方圆,心度曲直,然不能以教人,其所以教人者,必规矩而已矣。圣人不勉而中,不思而得,然不能以授人,其所以授人者,必礼乐而已矣。礼者,圣人之所履也;乐者,圣人之所乐也。圣人履中正而乐和平,又思与四海共之,百世传之,于是乎作礼乐焉。故工人执垂之规矩而施之器,是亦垂之功已;王者执五帝、三王之礼乐而施之世,是亦五帝、三王之治已。五帝、三王,其违世已久,后之人见其礼知其所履,闻其乐知其所乐,炳然若犹存于世焉,此非礼乐之功邪?

　　夫礼乐有本、有文:中和者,本也;容声者,末也。二者不可偏废。先王守礼乐之本,未尝须臾去于心;行礼乐之文,未尝须臾远于身。兴于闺门,著于朝廷,被于乡遂比邻,达于诸侯,流于四海,自祭祀军旅至于饮食起居,未尝不在礼乐之中。如此数十百年,然后治化周浃,凤凰来仪也。苟无其本而徒有其末,一日行之而百日舍之,求以移风易俗,诚亦难矣。是以汉武帝置协律,歌天瑞,非不美也,不能免哀痛之诏;王莽建羲和,考律吕,非不精也,不能救渐台之祸;晋武制笛尺,调金石,非不详也,

国家政治的兴衰隆替,难道也由此而生?"御史大夫杜淹说:"北齐将要灭亡时,产生《伴侣曲》;陈国将亡时,又出现《玉树后庭花》,其声调哀思绵绵,过路人听到都悲伤落泪,怎么能说政治的兴衰隆替不在于音乐呢!"太宗说:"不对。音乐能够触动人的感情,所以高兴的人听到音乐则喜悦,忧伤的人听到它则感到悲痛,悲痛与喜悦全在于人的内心,不是由于音乐引起的。将要衰亡的政治,百姓必然感到愁苦,所以听到音乐更加悲切。现在这两个曲子都还存在,朕为你弹奏出来,你难道会悲痛吗?"右丞魏徵说:"古人说:'礼难道仅指玉圭束帛而言吗?乐难道仅指钟鼓之类乐器吗?'乐的意义在于使人心和睦,而不在于声音本身。"

臣司马光说:我听说古代巧匠垂能够用眼睛测方圆,用内心衡量曲直,但是不能将自己的技术传给别人,他能够传授给别人的,必定是圆规曲尺罢了。古代圣人不费力而能切中事物的道理,不深思而能获得治国之道,但却不能传授给别人,所能传的,一定是礼、乐罢了。礼,是圣人所躬亲实践的;乐,是圣人喜爱的。圣人亲履中正的道理而喜爱和悦平实的音乐,又想到与天下人共享,传之百世,于是便作礼乐。所以工匠手拿垂所传授的圆规曲尺去制作器物,这也是垂的功劳;君主按照五帝三王的礼乐来治理国家,这是五帝三王的政治了。五帝三王离今世已很久远,后代人看见他们的礼而知道他们的行止,听其乐知道他们的喜好,昭昭然如同存在于当世,这不是礼乐的功劳吗?

礼乐有本质,也有外形:中正平和者为本;容貌声音为其末。二者不可偏废。先代君王谨守礼乐之本质,一刻也没有离心远去;笃行礼乐的外形,一刻也没有远离其躯体。兴起于闺阁家门,显达于朝廷,广被于乡野近邻,通达于诸侯,流播于四海,从祭祀行军旅次到饮食起居,都离不开礼乐。长此以往数十百年,然后天下大治,普行教化。如果没有本原而只存其枝末,一日行礼乐而百天舍弃,如此来求得移风易俗,实在是难。所以汉武帝设置协律都尉歌颂天降祥瑞,不能说不美,但仍不能不下伤感的罪己诏;王莽设立执掌天地四时的官吏羲和,考定律吕之音,不能说不精确,但仍不能挽救渐台之祸;晋武帝制笛尺,调金石之声,不能说不详尽,

不能弭平阳之灾;梁武帝立四器、调八音,非不察也,不能免台城之辱。然则《韶》、《夏》、《濩》、《武》之音,具存于世,苟其馀不足以称之,曾不能化一夫,况四海乎! 是犹执垂之规矩而无工与材,坐而待器之成,终不可得也。况齐、陈淫昏之主,亡国之音,諠奏于庭,乌能变一世之哀乐乎! 而太宗遽云治之隆替不由于乐,何发言之易而果于非圣人也如此?

夫礼非威仪之谓也,然无威仪则礼不可得而行矣;乐非声音之谓也,然无声音则乐不可得而见矣。譬诸山,取其一土一石而谓之山则不可,然土石皆去,山于何在哉? 故曰:“无本不立,无文不行。”奈何以齐、陈之音不验于今世而谓乐无益于治乱,何异睹拳石而轻泰山乎? 必若所言,则是五帝、三王之作乐皆妄也。“君子于其所不知,盖阙如也”,惜哉!

14 戊子,上谓侍臣曰:“朕观《隋炀帝集》,文辞奥博,亦知是尧、舜而非桀、纣,然行事何其反也?”魏徵对曰:“人君虽圣哲,犹当虚己以受人,故智者献其谋,勇者竭其力。炀帝恃其俊才,骄矜自用,故口诵尧、舜之言而身为桀、纣之行,曾不自知以至覆亡也。”上曰:“前事不远,吾属之师也!”

15 畿内有蝗。辛卯,上入苑中,见蝗,掇数枚,祝之曰:“民以谷为命,而汝食之,宁食吾之肺肠。”举手欲吞之,左右谏曰:“恶物或成疾。”上曰:“朕为民受灾,何疾之避?”遂吞之。是岁,蝗不为灾。

但仍不得消弭平阳的灾异；梁武帝设立四器，调理八音，不能说不分明，但仍不能免除台城的耻辱。然而舜、禹、汤、周武王时的《韶》、《夏》、《濩》、《武》四音乐，如果流行于当世，相配的德行均不足以称道，并不能感化一个人，更何况普天之下的民众呢！这如同拿着垂的圆规曲尺而没有其他工具、材料，徒劳等待器具的制成，最后一无所得。况且齐、陈淫荡昏庸之主，皆行亡国之音，暂奏于朝廷，怎么能改变其为一世哀乐的本质呢！太宗说政治的兴衰隆替不在于乐，为什么讲话轻率，非难圣人又如此果决呢？

礼并不是指威仪而言，然而没有威仪则礼难以施行；乐并非指声音而言，然而没有声音则乐难以听得见。譬如一座山，取其一土一石则不能称为山，但是如果去掉土石，山又何在？所以说："没有本质不能成立，没有外形不能施行。"怎么能因为齐、陈之音对当朝无效而说乐无益于治乱兴衰，这与看见拳头大的石头便轻视泰山有什么不同？如果像上述这种议论所说的，则五帝、三王所作乐均为诬妄。"君子对于他所不知道的，暂付阙如"，可惜呀！

14　戊子（十三日），太宗对亲近的大臣说："朕翻阅《隋炀帝集》，见其文辞深奥博雅，也知道推崇尧、舜而不崇桀、纣，然而其做事为何与其文章相反呢？"魏徵回答道："君主虽然是圣哲之人，也应当虚心去接受别人的谏议，所以智慧的人奉献他的谋略，勇武之人竭尽其心力。炀帝恃才自傲，骄矜自大，所以是口诵尧、舜的言语而身行桀、纣的作为，竟然不知不觉导致灭亡。"太宗说："前事不远，当成为我们的借鉴。"

15　长安地区出现了蝗虫。辛卯（十六日），太宗到玄武门北面的禁苑，看见了蝗虫，拾取几只蝗虫，祷祝说："百姓视谷子如生命，而你们却吃它们，宁肯让你们吃我的肺肠。"举手想吞掉蝗虫，身边的人劝谏道："吃脏东西容易得病。"太宗说："朕为百姓承受灾难，为什么要回避疾病？"于是吞食掉蝗虫。这一年，蝗虫没有成为灾害。

16 上曰:"朕每临朝,欲发一言,未尝不三思,恐为民害,是以不多言。"给事中知起居事杜正伦曰:"臣职在记言,陛下之失,臣必书之,岂徒有害于今,亦恐贻讥于后。"上悦,赐帛二百段。

17 上曰:"梁武帝君臣惟谈苦空,侯景之乱,百官不能乘马。元帝为周师所围,犹讲《老子》,百官戎服以听。此深足为戒。朕所好者,唯尧、舜、周、孔之道,以为如鸟有翼,如鱼有水,失之则死,不可暂无耳。"

18 上以辰州刺史裴虔通,隋炀帝故人,特蒙宠任,而身为弑逆。虽时移事变,屡更赦令,幸免族夷,不可犹使牧民,乃下诏除名,流驩州。虔通常言"身除隋室以启大唐",自以为功,颇有觖望之色。及得罪,怨愤而死。

19 秋,七月,诏宇文化及之党莱州刺史牛方裕、绛州刺史薛世良、广州都督长史唐奉义、隋武牙郎将元礼并除名徙边。

20 上谓侍臣曰:"古语有之:'赦者小人之幸,君子之不幸。''一岁再赦,善人喑哑。'夫养稂莠者害嘉谷,赦有罪者贼良民,故朕即位以来,不欲数赦,恐小人恃之轻犯宪章故也!"

16　太宗说："朕每次临朝听政，想要说一句话，都要再三思忖，担心给百姓造成伤害，所以不多说话。"给事中知起居事杜正伦说："我的职责在于记言，陛下的每一个过失，我一定要记上，陛下有过岂止有害于当今，恐怕还会让后人讥笑。"太宗高兴，赐给帛二百段。

17　太宗说："梁武帝君臣只是会谈论佛教的苦行与空寂，侯景之乱，百官不能够骑马。梁元帝被北周的军队包围，还在讲论《老子》，百官穿着戎装听讲。这些深足为戒。朕所喜好的，只有尧、舜、周公、孔子之道，认为这如鸟长翅膀、鱼得活水，失去它们将要死去，不可片刻没有它们。"

18　太宗认为辰州刺史裴虔通是隋炀帝时的旧官吏，特别受到宠爱，最后却杀了炀帝。虽然星移斗转、时世变迁，几次颁布赦令，裴虔通也幸免于诛灭全族，但不可以让他再做官，于是下诏将其除名，流放到瓘州。裴虔通常说："亲身除掉隋朝皇室，开启大唐江山"，自以为有功，颇有怨恨不满的意思。等到开罪于朝廷，怨愤而死。

19　秋季，七月，下诏将宇文化及的死党莱州刺史牛方裕、绛州刺史薛世良、广州都督长史唐奉义、隋虎牙郎将元礼一并除名流边。

20　太宗对大臣说："古语说道：'赦者小人之幸，君子之不幸。''一岁再赦，善人喑哑。'养恶草则对好谷子有害，宽赦罪犯则使善良的百姓遭殃，所以自从朕即位以来，不想过多的宽赦，唯恐小人有恃无恐、动辄触犯法令。"